密教図像と儀軌の研究

上巻

真鍋俊照著

法藏館

口絵 4　同部分・厨子後壁
触金剛菩薩口

口絵 3　同部分・厨子天井　龍図

口絵 2　同部分・厨子後壁
愛金剛菩薩

口絵 1　（重要文化財）厨子入金属製愛染明王坐像〈鎌倉時代・称名寺蔵〉

口絵 6　同部分・厨子後壁
欲金剛菩薩

口絵 5　同部分・厨子後壁
慢金剛菩薩

口絵７　摩尼珠像（摩尼宝珠曼荼羅）〈紙本淡彩・大法房実任本写・称名寺蔵〉

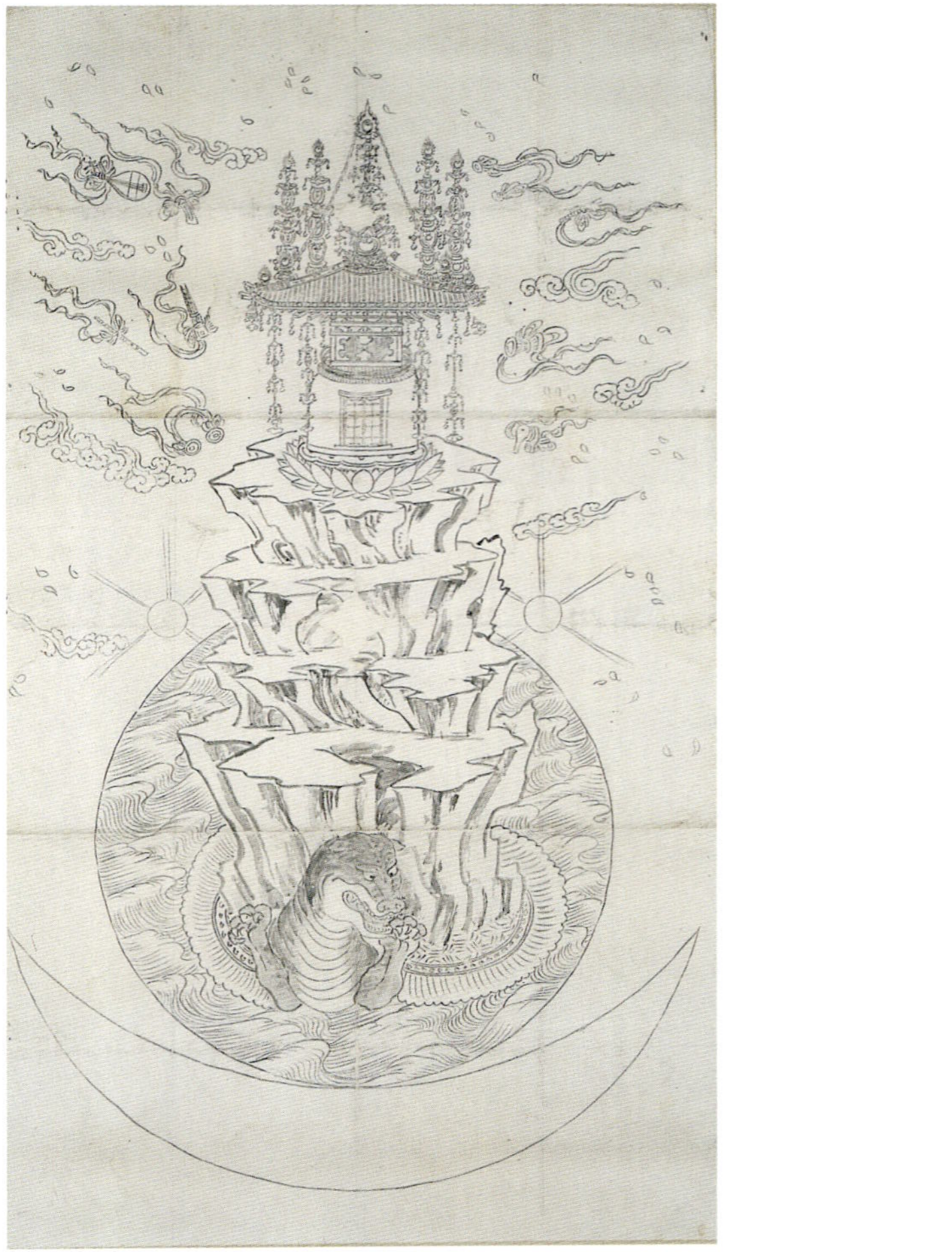

口絵８　瑜祇塔図〈紙本墨画・鎌倉時代・称名寺蔵〉

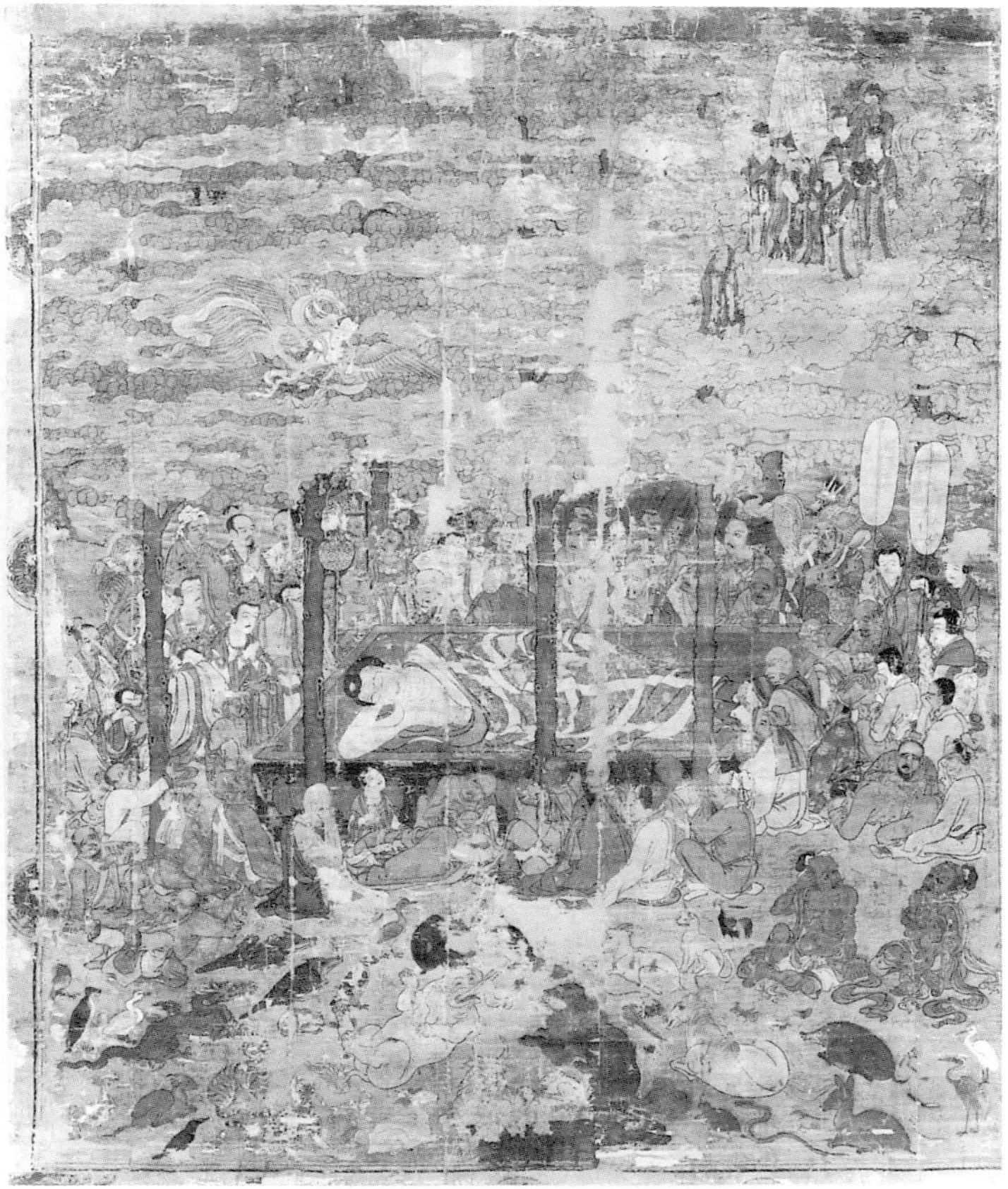

口絵９　仏涅槃図（修理前）〈南北朝時代・称名寺蔵〉

口絵10　同（修理後）

口絵12　（神奈川県重要文化財）三千仏図（甲本）
部分・左　未来世弥勒

口絵11　仏涅槃図（修理後）部分・拡大

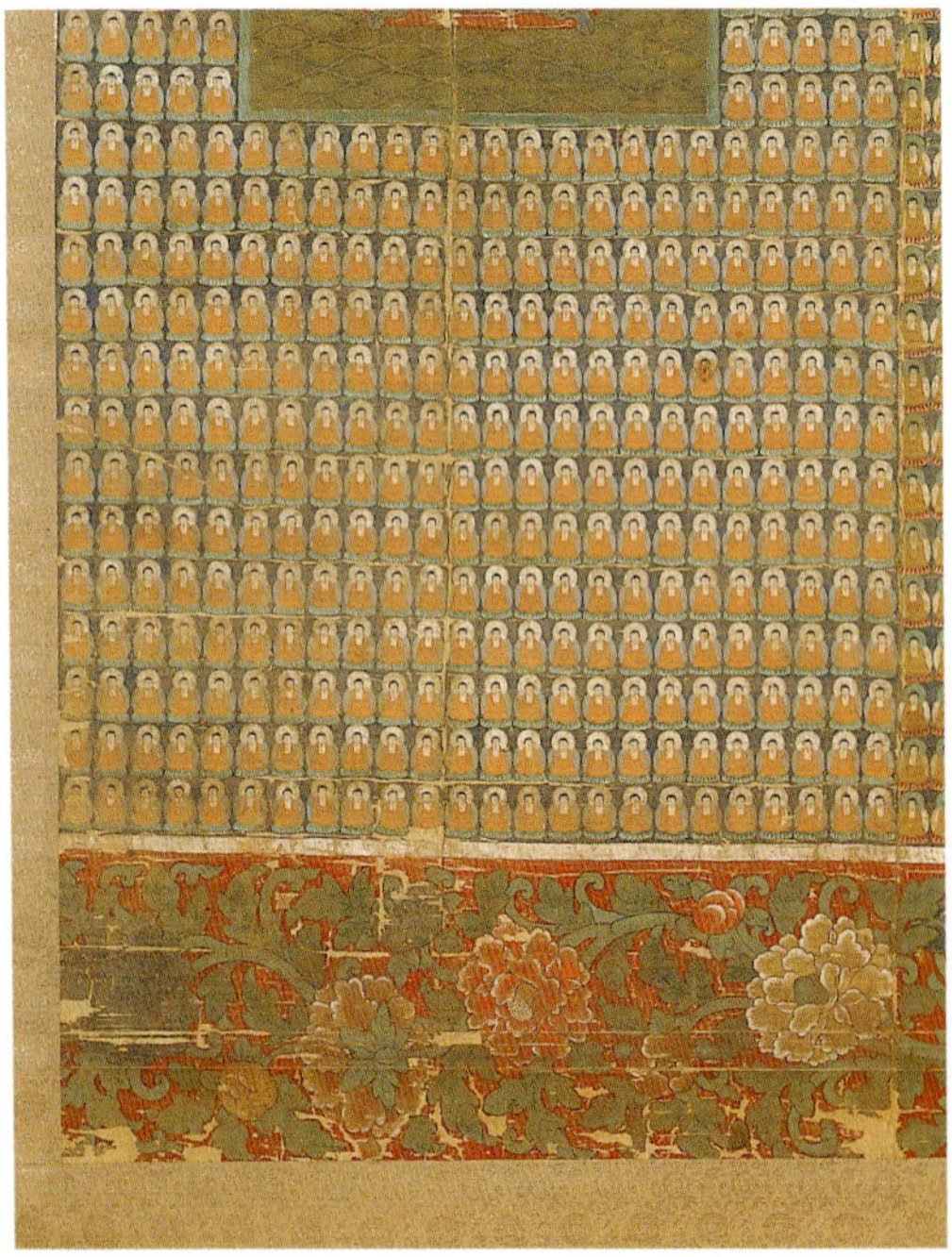

口絵14　同部分・左下　描表具

口絵13　同部分・中央　現在世釈迦

口絵15　（重要文化財）『別尊雑記』第十七巻　千手観音〔56〕〈紙本墨画・平安時代・仁和寺蔵〉

口絵16　（重要文化財）『密教図像』蜜菩薩像〈平安時代・仁和寺蔵〉

口絵17 『別尊雑記』第二十七巻　普賢延命〔110〕

口絵18 『別尊雑記』第二十七巻　普賢延命〔111〕

口絵19 『別尊雑記』第三十四巻　大威徳明王〔174〕

口絵20 『別尊雑記』第三十四巻　金剛夜叉〔180〕

口絵21　『別尊雑記』第四巻　右：薬師〔15〕／左：薬師八大菩薩〔16〕

口絵22　『別尊雑記』第三十四巻　右：文殊師利菩薩〔176〕／左：大威徳明王〔２〕

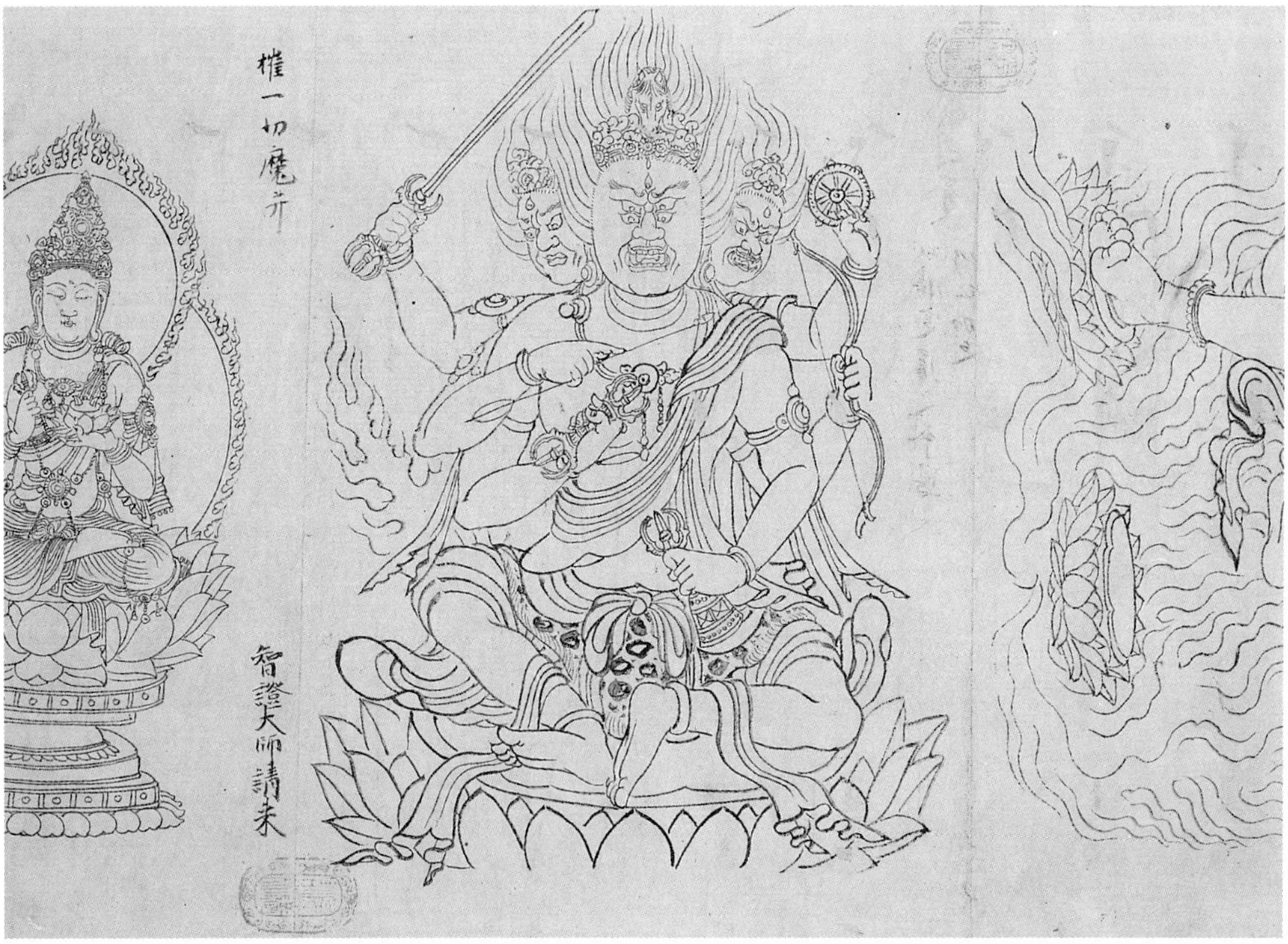

口絵23 『別尊雑記』第三十四巻　右：金剛夜叉第二〔180〕部分／中央：金剛夜叉第三〔181〕／
左：摧一切魔菩薩〔182〕部分

口絵24 『別尊雑記』第十九巻　馬頭観音第四〔71〕

口絵25 『別尊雑記』第十八巻　如意輪第一（十二臂）〔58〕

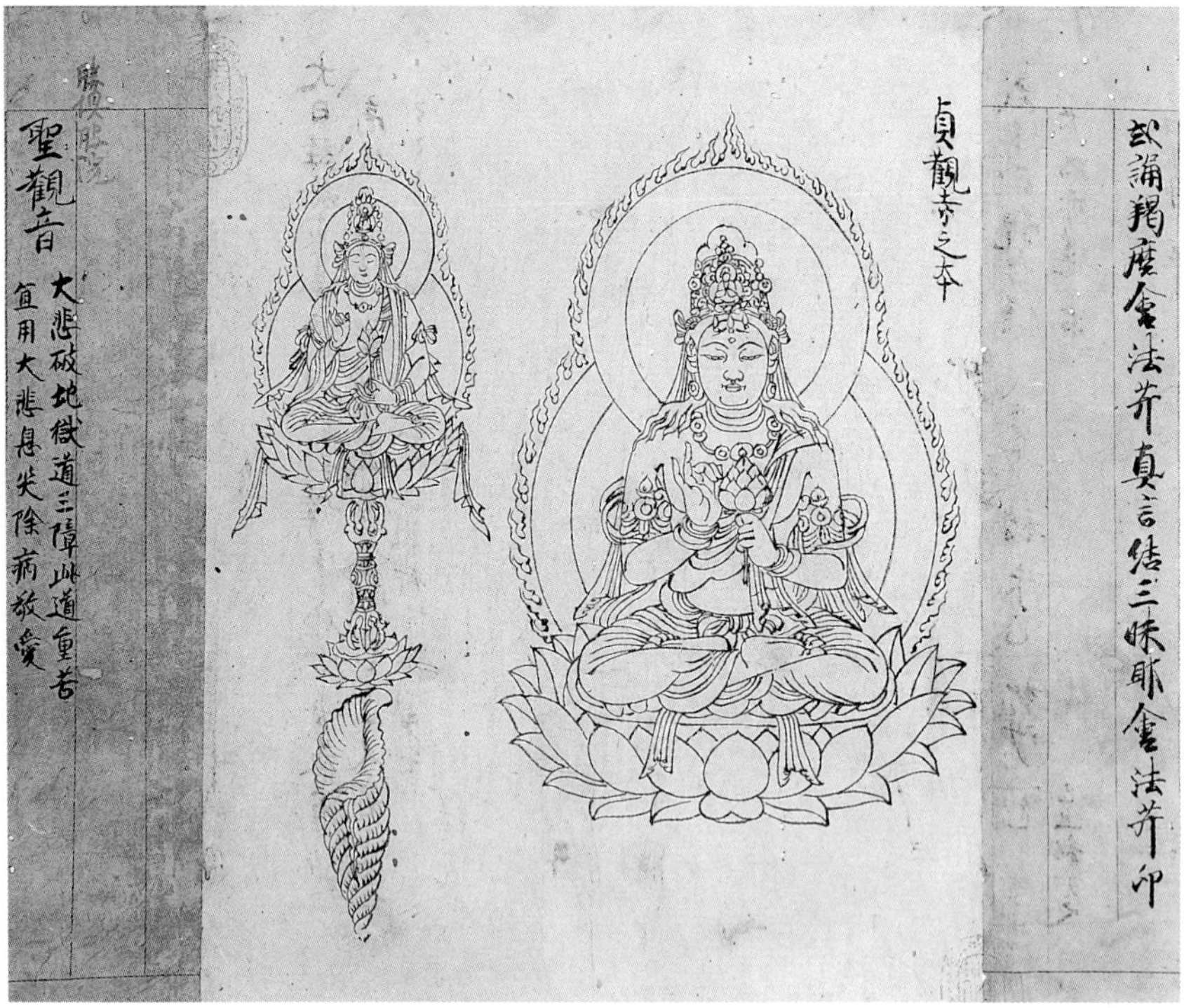

口絵26　貞観寺本『別尊雑記』第十七巻　右：聖観音第一〔54〕／左：聖観音第二〔55〕

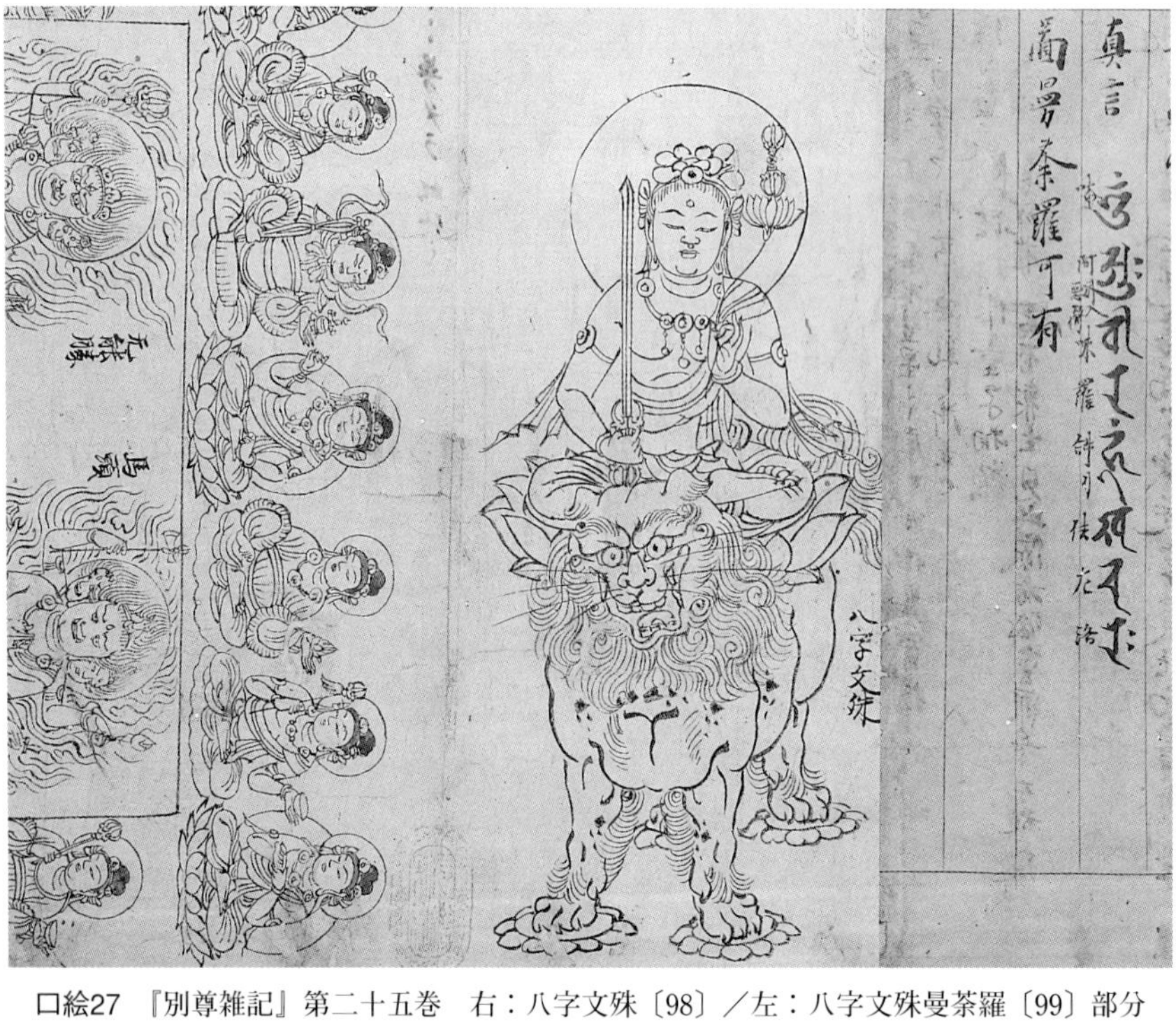

口絵27　『別尊雑記』第二十五巻　右：八字文殊〔98〕／左：八字文殊曼荼羅〔99〕部分

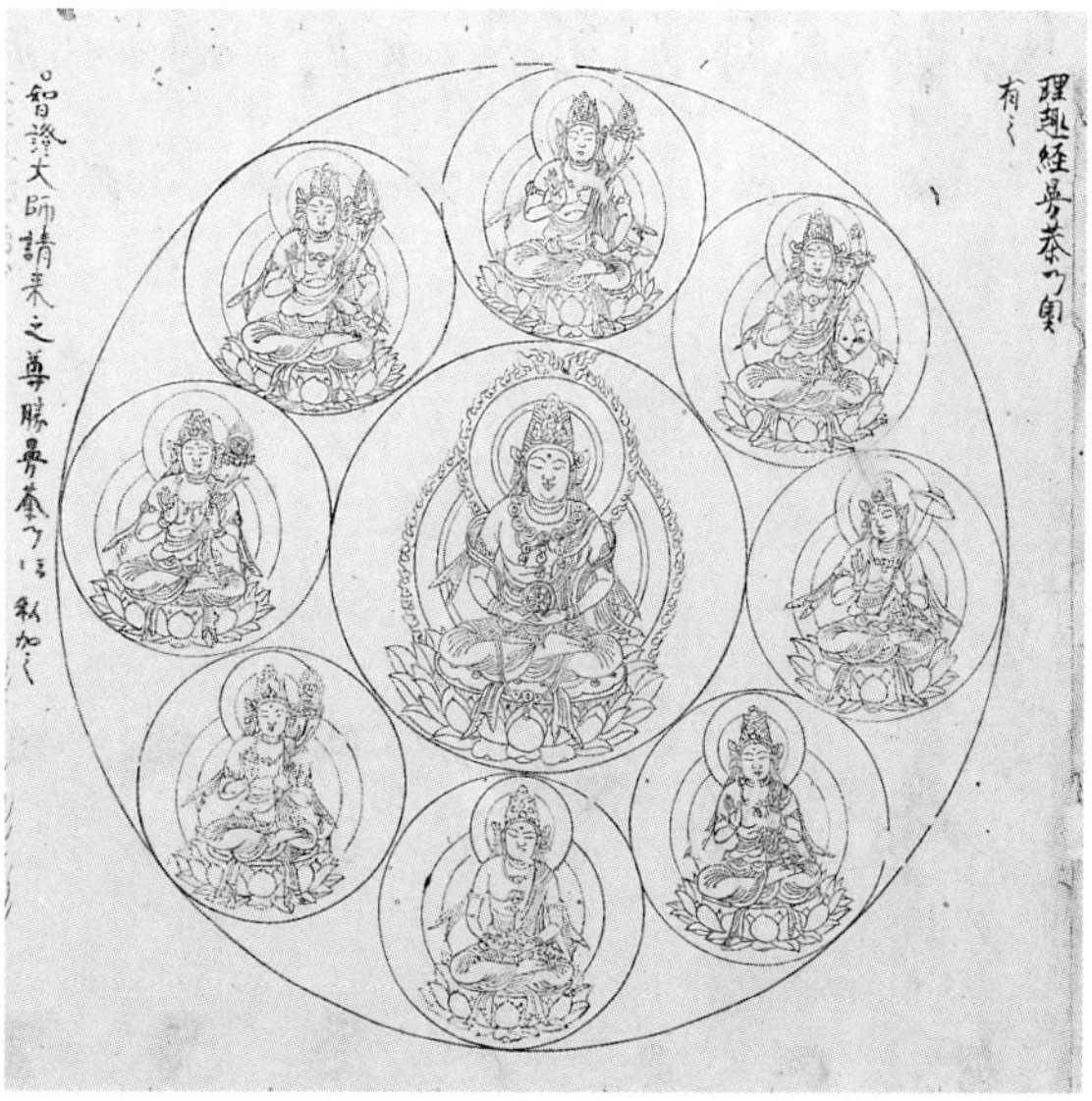

口絵28 『別尊雑記』第八巻　尊勝曼荼羅第二〔27〕

口絵29 『別尊雑記』第八巻　尊勝曼荼羅第三〔28〕

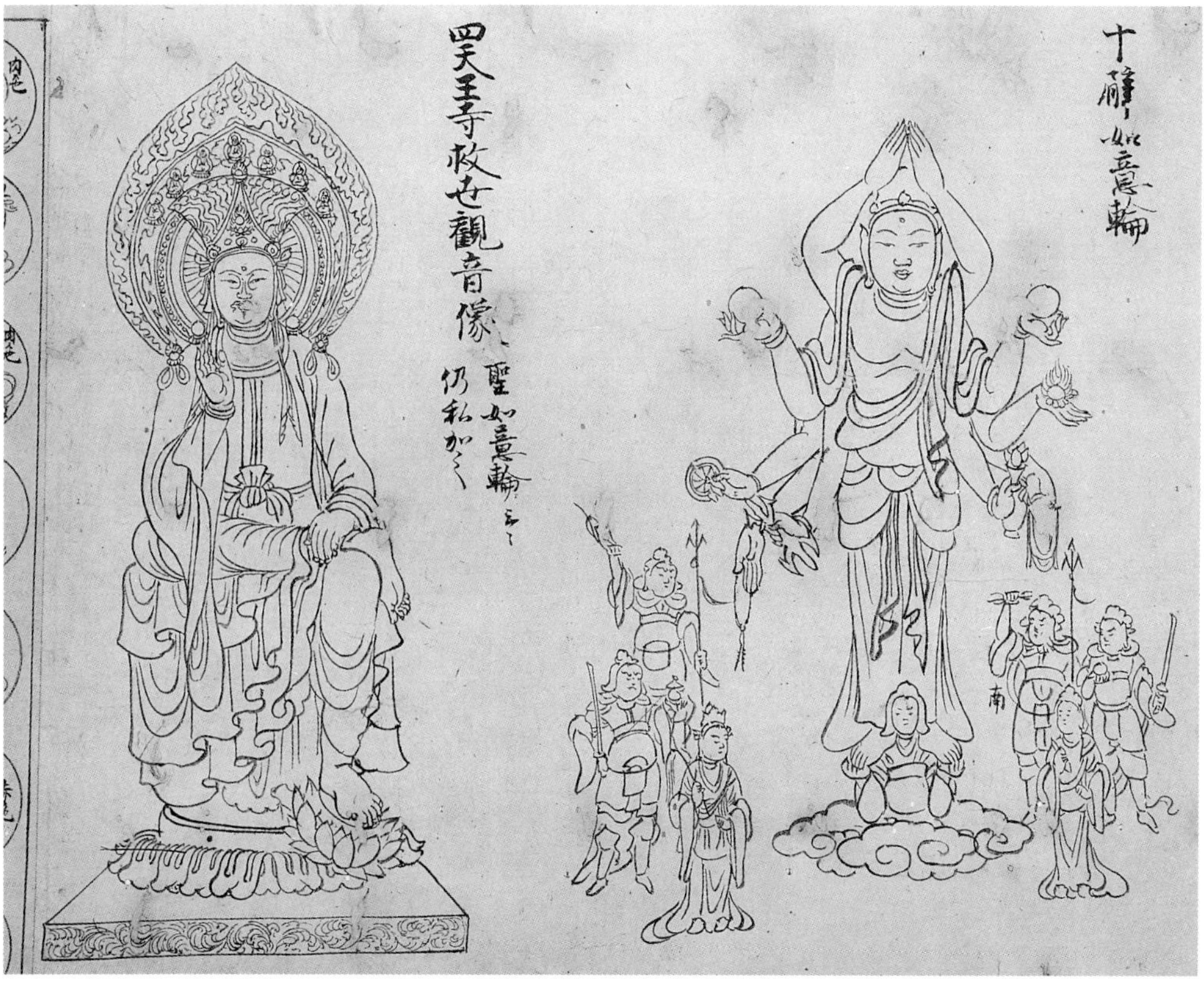

口絵30 『別尊雑記』第十八巻　右：十臂如意輪〔62〕／左：四天王寺救世観音〔63〕

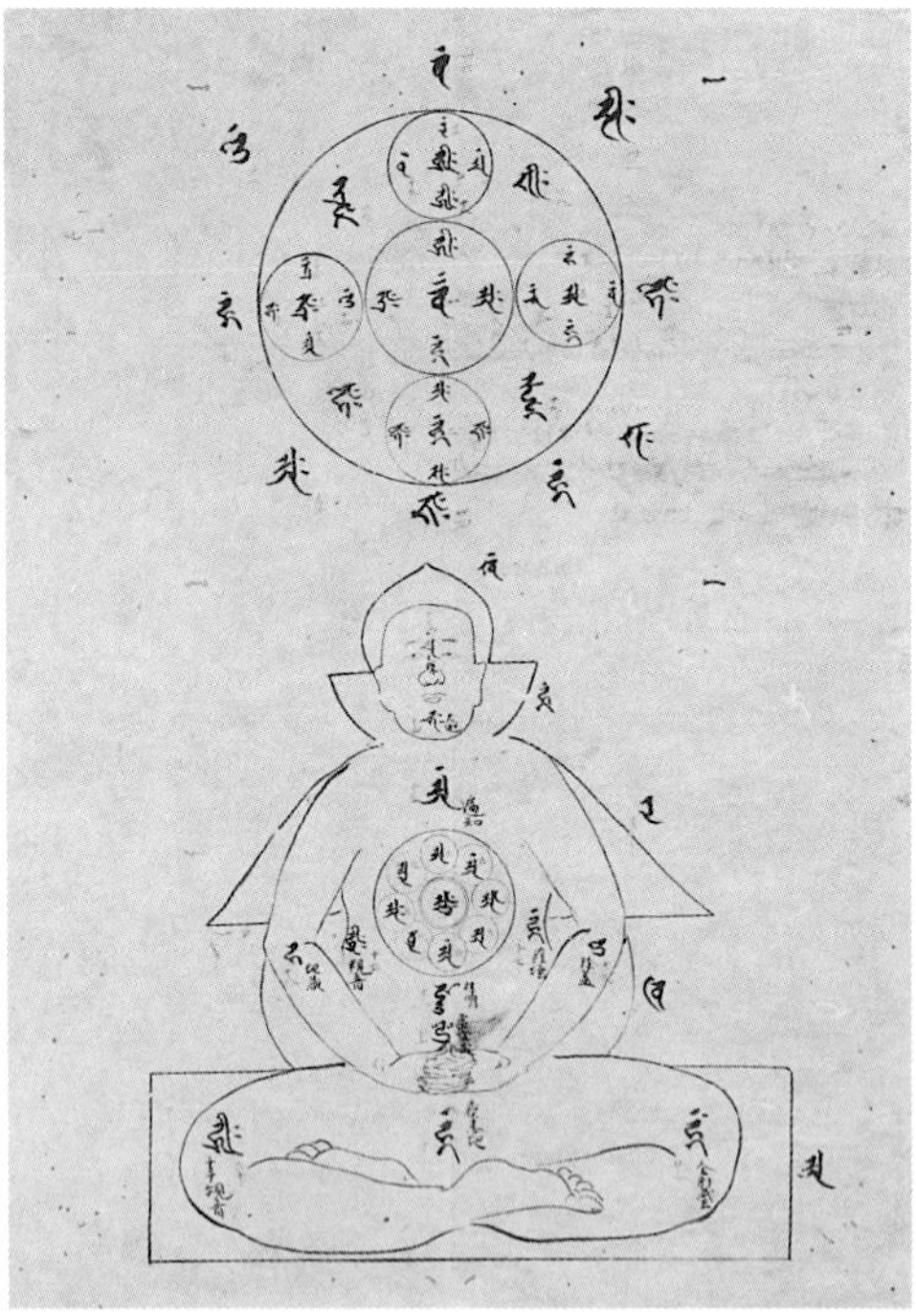

口絵31 『瑜祇経臨終秘決』図〈鎌倉時代・称名寺〉

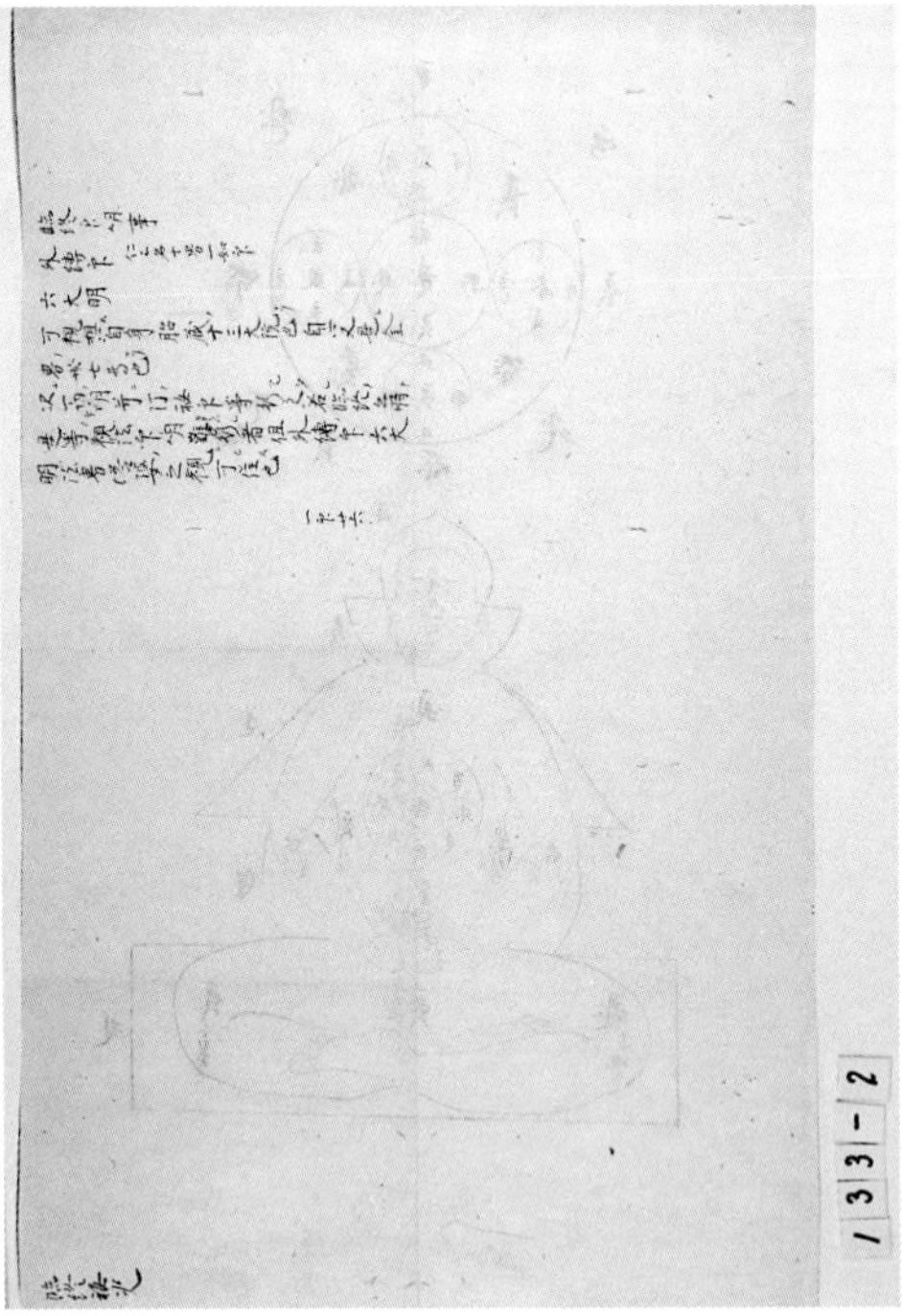

口絵32 同表紙及び裏書

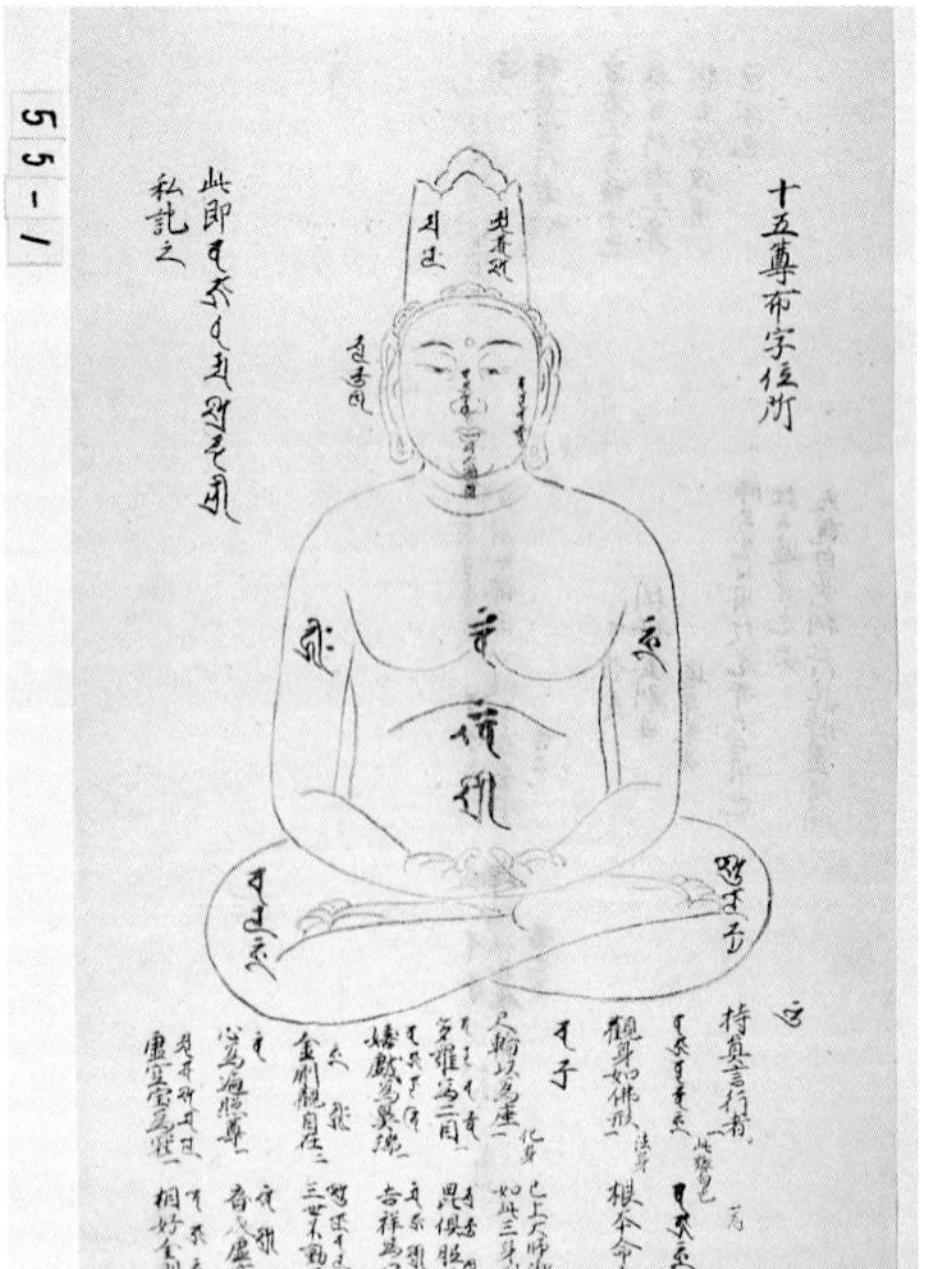

口絵33 『十五尊布字位所』〈鎌倉時代・称名寺〉

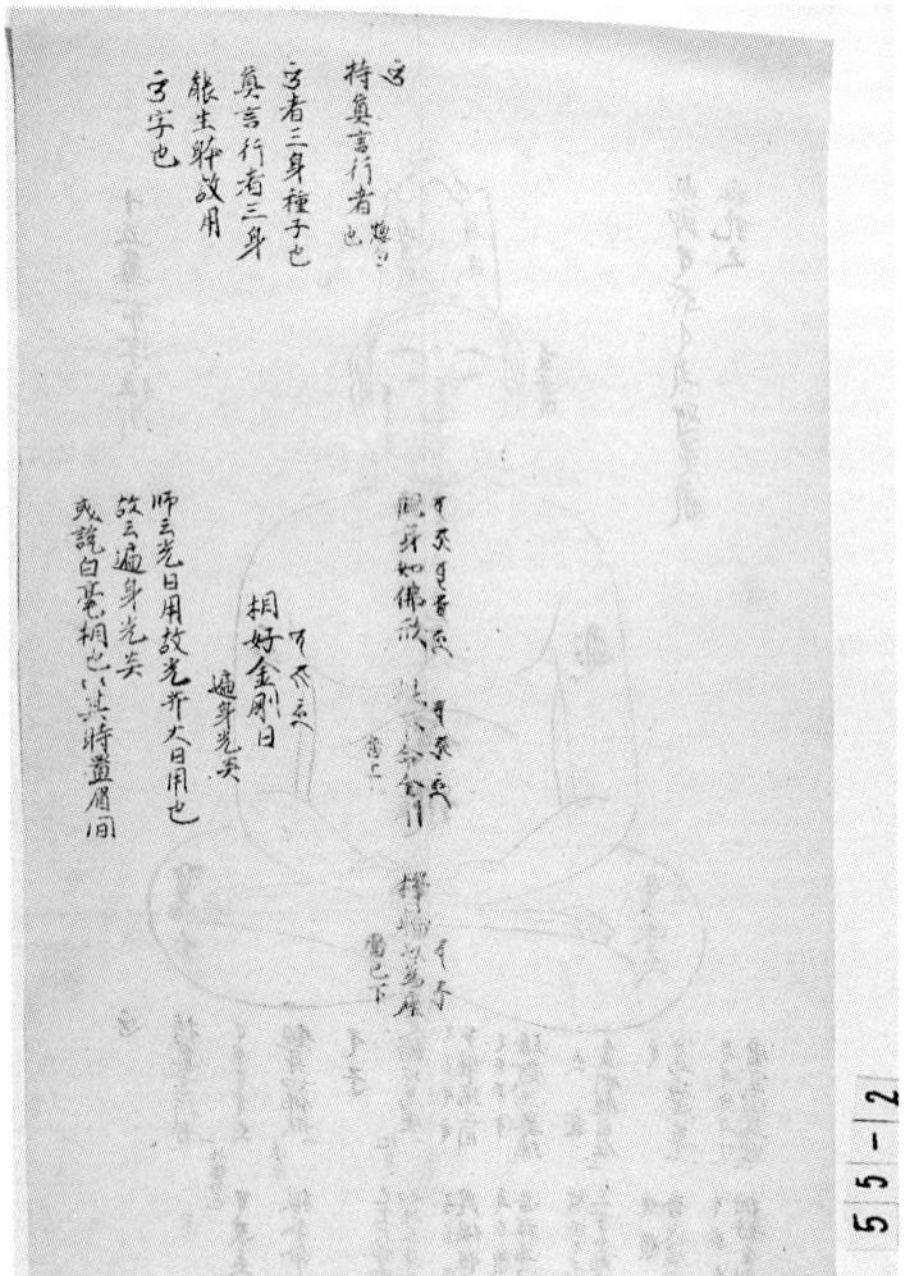

口絵34 同裏書

序辞

「密蔵深玄にして翰墨に載せがたし。さらに図画を仮りて悟らざるに開示す。」（空海『請来目録』）

密教の真理の世界が造形表現に托される根拠が、ここに明示されている。

本書は、第一に蘇悉地儀軌と契印図との関係について論証し、虚空蔵求聞持法画像とその儀軌が鎌倉時代に関東地方に流布した実態について究明している。第二には心覚の『別尊雑記』の研究が著者のライフワークであるが、ここではとくに心覚の行状と雑記の成立に関して解明している。第三には空海請来の『梵字法身偈』が大師信仰の形成にどのような影響を与えたかについて現存図像を中核として多角的に考察する。第四に明恵の念持仏として高名な鏡弥勒図像と百光遍照観との関わりについて論究したものをはじめとして数多くの密教図像に関する論考を改める。

著者は永年に亘って密教芸術について研鑽を重ねてきた気鋭の美術学者である。鏤骨の論文が一作毎に斯学界の注目するところとなったのは、われわれの記憶になお新たなるところである。が、このたび、著書としてまとめられた。思うに、密教芸術の研究分野ではとくに資料の綿密な吟味と厳正な実証が要求されることはいうまでもない。加うるに常に客観的な幅広い史眼と美的な直観力が不可欠であろう。

著者は恵まれた資質と弛まぬ精進とによって密教図像の未踏の分野に鋭利な斧斤を揮われている。その一端の成果を問うたのが、本書である。学界への少なからぬ寄与に対して衷心より敬意を表し、粗辞を呈する次第である。

名古屋大学名誉教授
文学博士（東北大学）　宮坂宥勝

はじめに

密教の位置付けは、インドに仏教が発生して以来、今なお脈々と流れる地下水のごときものである。図像と儀軌を育む仏教芸術全体は地下から湧出する真水のようなものである。その真水を利用する信仰者は、水の中に、ちょうど「聖なるもの」と「俗なるもの」の造形上の変容ともいうべき関係を見出すことになる。そして神秘的な密教信仰を心の中で、それぞれがしっかりと受けとめ、独自の密教美術のパラダイムが、構築されてきた、と私は考える。

もちろんその「俗なるもの」の範疇には、「聖なるもの」の重要な概念が、造形表現の細部にまで包括されていることは、いうまでもない。その諸相をインド密教の、とくにインド後期のタントラに照らし合わせるならば、すでに松長有慶先生が入念に分析[1]され結論を得られているように、密教の構造を俗から非俗、そして（聖）俗という脈絡の中で、それを肯定する、否定する、大肯定するという歴史的あるいは経過的な捉え方が既に定着しているようにも考えられる。また新たな現況認識のもとで、密教美術の美意識を通した造形遺品を丹念に見てゆくと、注目に値する新たな解釈が、今後見出しえないとも限らない。

さて、密教図像と儀軌の諸問題を解明しようとする本書の意図は、その密教の「俗なるもの」の造形表現とも大いにかかわってくる。つまり礼拝対象を個別に考察することにより、造形の発想の基盤である図像と儀軌の相互関係、あるいは変化のようすをとらえようとする。考察の眼目は、密教画としての曼荼羅も含めた多彩な絵画類（法具）を研究対象とする。したがって、図解・作画の典拠となる儀軌類は、両者の相互関係を考えるうえで極めて重要な資料となる。

密教では入唐八家が、中国より図像・儀軌類を請来してしばらくすると、密教事相《じそう》（修法・儀式・作法の実践実修）のやり方の違いで分派がはじまる。そういう状況の中で、図像も散逸の危機を余儀なくされる。しかし逆に京都では東寺、仁和寺、勧修寺、随心院、三井園城寺、鳥羽宝蔵、醍醐寺、高山寺、石山寺、それに高野山、比叡山、大和長谷寺、関東の称名寺（金澤文庫）、奈

不空訳出に基づく別尊曼荼羅（図像）と儀軌

1阿弥陀曼荼羅	無量寿如来観行供養儀軌（不空）
2一字金輪曼荼羅	金剛頂経一字頂輪王瑜伽一切時処念誦成就儀軌（不空）
3尊勝曼荼羅	尊勝仏頂修瑜伽法儀軌（善無畏） 仏頂尊勝陀羅尼念誦儀軌（不空）
4仁王経曼荼羅	仁王護国般若波羅蜜多経陀羅尼念誦儀軌（不空）
5孔雀経曼荼羅	仏母大孔雀明王画像壇場儀軌（不空）
6法華経曼荼羅	成就妙法蓮華経王瑜伽観智儀軌（不空） 法華曼荼羅威儀形色法経（不空）
7菩提場荘厳経曼荼羅	菩提場荘厳陀羅尼経（不空）
8出生無辺門経曼荼羅	出生無辺門陀羅尼経、同儀軌（不空）
9宝楼閣曼荼羅	大宝広博楼閣善住祕密陀羅尼経（不空）
10請雨経曼荼羅	大雲経祈雨壇法（不空） 大雲輪請雨経（那連提耶舎）
11理趣会曼荼羅	大楽金剛薩埵修行成就儀軌（不空） 普賢金剛薩埵略瑜伽念誦儀軌（不空） 金剛頂勝初瑜伽普賢菩薩念誦法（不空） 金剛頂勝初瑜伽経中略出大楽金剛薩埵念誦儀軌（不空）
12阿嚕力経曼荼羅	阿唎多羅陀羅尼阿嚕力経（不空）
13聖観音曼荼羅	大楽金剛不空真実三昧耶経般若波羅蜜多理趣釈（不空）
14千手観音曼荼羅	千光眼観自在菩薩祕密法経（三昧蘇嚩羅） 千眼千臂観世音菩薩陀羅尼神呪経（智通） 摂無礙大悲心大陀羅尼経（補陀落海会軌）（不空） 千手観音造次第法儀軌（善無畏）

良東大寺、興福寺、西大寺、唐招提寺などでは、図像が儀軌と共に収集整備される気運も高まってくる。その時期は平安時代末期から十一世紀以降、十四世紀末期頃迄と考えられる。整理された図像集としては、恵什・永厳の『図像抄』（『十巻抄』十巻）、心覚の『別尊雑記』（五十七巻）、興然の『曼荼羅集』（三巻）、覚禅の『覚禅鈔』（一二六巻）、承澄の『阿娑縛抄』（二二七巻）などで、その多くは別尊を中心に編纂されている。これらの諸本のうち、私は常喜院流祖の心覚（一一一七—一一八〇）にまず注目し、その大著『別尊雑記』の全巻を調査した。その結果、これが成蓮房兼意について高野山で、保元元年（一一五六）より治承四年（一一八〇）の二十年間にまとめられたことを究明した。と同時に心覚の別本である事相の口伝集成『別尊要記』にも研究の幅を拡げることができた。図像といっても、『図像抄』のように密教尊像の集成には基本的な区分けが判明する。(1)仏部は仏（如来）を中心とする。(2)経法部は修法の「経法」を中心とし、その経法曼荼羅も含まれる。(3)菩薩部は諸菩薩と「諸尊法」が中心とな

15七星如意輪曼荼羅	七星如意輪秘密要経（不空）
16般若菩薩曼荼羅	修習般若波羅蜜菩薩観行念誦儀軌（不空）
17五字文殊曼荼羅	金剛頂経曼殊室利菩薩五字心陀羅尼品（金剛智） 曼殊室利童子菩薩五字瑜伽法（不空）
18普賢延命曼荼羅	金剛寿命陀羅尼経（不空）
19虚空蔵曼荼羅	大楽金剛不空真実三昧耶経般若波羅蜜多理趣釈（不空）
20五秘密曼荼羅	金剛頂瑜伽金剛薩埵五秘密修行念誦儀軌（不空） 金剛頂瑜伽十八会指帰（不空） 大乗金剛不空真実三昧耶経般若波羅蜜多理趣釈（不空）
21金剛王曼荼羅	金剛王菩薩秘密念誦儀軌（不空）
22大輪明王曼荼羅	大楽金剛不空真実三昧耶経般若波羅蜜多理趣釈（不空）
23降三世明王曼荼羅	大楽金剛不空真実三昧耶経般若波羅蜜多理趣釈（不空）
24軍荼利明王曼荼羅	甘露軍荼利菩薩供養念誦成就儀軌（不空）
25十天曼荼羅	金剛頂瑜伽護摩儀軌（不空）
26毘沙門天曼荼羅	毘沙門天王経（不空）

る。(4)観音部は同じ菩薩の中でも別立となる。(5)忿怒部および(6)天部の諸尊は、密教独得の流布像である。図像はこのような分類に基づく順序に従って儀軌から注出した尊名（仏像名）・梵号（梵名）・密号・種子・三昧耶形などを説き、場合によっては観想の根本となる道場観・作壇法も示す。

道場観は、インドの美意識と密教儀礼の構造という関係において、清水乞先生も指摘[2]されている。特に観想次第の表現は、観想のシステムの中で段階的に育まれてきたと考えられる。すなわち、本尊の形像・種子・光という行法体系に生み出される「心のかたち」は、観想という修行体験の中で広観（Spharana）と斂観（Samhara）が二度、繰り返された結果であると考えられる。清水先生は前者を「普遍化」、後者を「具象化」と定義されている。おそらく、このイメージ化の重層性の根拠は、日本密教における図像化の展開において、別尊と道場観という観想体系を通して伝承されてきたからこそ、今日、容易に尊像の「かたち」「いろ」をつかむことができる。真言行者が観想のシステムにこだわるゆえんは、道場観の師資相承を命とするからである。また、この道場観の具現という脈絡に注目し、中国で儀軌と図像を結合《リンク》させたのは、他ならぬ不空三蔵（七〇五―七七四）であった。特に別尊曼荼羅の図像[3]に注目すると、仏・如来部で三件、経法部で九件、観音部で三件、菩薩部で六件、明王部で四件、天部で一件と合計二十六件の図像と儀軌の関連確実な作例をあげることができる。儀軌は中国では古くから「軌儀《きぎ》」という言葉があり、それはゆるぎない規範・規則は当然のことながら、確固たる儀式・儀礼を司るとされた。

かなり早い時期にインドから中国に雑部的密教が流伝するが、中国では密教の念誦や供養の作法などの専門的な儀式次第書をも儀軌とよぶようになる。インド伝来の規範・規則書であるカルパ（Kalpa）、ヴィッディ（Vidhi）が盛んに漢訳されるようになるのも、ちょうどこの頃である。ただ私の解釈では、図像化そのもののメカニズムはそう簡単ではないようである。たとえば彩色濃厚に画像化する場合、チベットの『死者の書』でも例があるように識の具現化の問題とも考え合わせて、考察すべきであると考える。その根拠は川﨑信定先生の(4)「転生の主体については、意識という言葉を用い魂、いのちの諸語は注意深く避けられている」という点にある。図像はまさしく識の具現なのである。

インド撰述の儀軌類は、七世紀になると、礼拝対象の尊像にかかわる印相（結印）、念誦すべき真言、簡単な作壇、画像等の規定が整備されたと考えられる。雑密経典に分類されている『金剛界大道場経』の妙訳といわれる『陀羅尼集経』十二巻はその代表的な儀軌でもある。阿地瞿多（Atikūṭa）の訳出で、構成は仏部（巻一―二）、菩薩部（巻三―六）、金剛部（巻七―九）、諸天部（巻十―十一）、普集会壇法（巻十二）から成る。これを永徽三年（六五二）に長安に入り、弟子玄楷の助力も得て完成したといわれている。儀軌は一面において造像儀軌の性格が強いが、それは供養念誦の実修の中で詳説されている。わが国では、広沢流では儀軌を重視するが、小野流では師資相承の口伝を通して伝授する仕組みをもっている。「『蘇悉地儀軌契印図』の考察」「蘇悉地儀軌の系統について・序説」「石山寺蔵『蘇悉地手契図』」では、そのような儀軌と図像の関係をまず印相と儀軌の図像化という課題で考察した。その中国・晩唐時代（九世紀）を代表する作例『蘇悉地儀軌契印図』一巻と諸儀軌を比較しながら、全巻を写真資料で公表し、特徴を分析した。と同時に模本として石山寺に伝えられた『蘇悉地手契図』についても検討した。

また、虚空蔵菩薩を本尊とする求聞持法という苦行があるが、これに付随する画像が求聞持儀軌と一組になって京都から鎌倉（東国）へ流布することになり、その様子は中世に入って顕著になる。「虚空蔵求聞持法画像と儀軌の東国進出」では、日本における儀軌流伝のメカニズムも図像の位置付け（展開・持続する図像と消え去り衰微してゆく図像とがある）とともに研究対象とした。あるいは四大図像のうち『別尊雑記』（五十七巻）を心覚編纂の有力な作例の一つとして調査研究してきた。その成果をまとめたのが「心覚と『別尊雑記』」で「心覚の応保二年卯月記と師説」が付属する。

なお、これらは昭和四十三年度文部省科学研究費（奨励研究A）の成果の一部である。また密教美術における図像と儀軌のテーマは、シンボルとしての三昧耶形と「梵字」「種子」の関連性を美意識の中で包括されていると考えられている。「白描下絵伊勢物語梵字経の梵字」はその貴重な例の解明であり、『梵字法身偈』と摩尼宝珠曼荼羅の密接な結びつきは、空海請来の意図と重要なかかわりがあることを証明したものである。さらに次の「灌頂堂曼荼羅の史的考察」とは、両界曼荼羅を灌頂堂内陣に懸けた状態から発想を得た論考である。「愛染明王曼荼羅図の立体化」「瑜祇塔図の成立」それに「貞応三年銘の鏡弥勒像と百光遍照観」は、それぞれ図像と諸儀軌の具現化を探求したものである。曼荼羅のもつ平面と立体の問題意識を造像と絵画化と主題をとりまく構造上（厨子など）の視点からとらえた成果である。このように儀軌から図像が生み出されるシステムは平安・鎌倉時代とはいえ決して一様ではない。むしろ図像の模写・模倣が進展するにつれて多様化してゆく傾向がある。

また、図像は描写してゆく作画過程において、道場観などを基調として虚空・空間に湧現する、という問題をとらえることができる。「船中湧現」の図像は、弘法大師信仰と結びついた最も有力な例である。ただし、そうした図像化を可能にするイメージの展開は、真言行者の側で静止画像とした「三部四処字輪観」や「十五尊図」「十五尊布字観」の観法を分析することにより明確になるのではと考えた。その成果が本書である。興教大師覚鑁（一〇九五―一一四三）の主要著書『五輪九字明秘密釈』の写本の考察は、従来無かった彩色図像を発見した成果として考察したものである。さらに図像と儀軌に基づきながら異色の作例を絵画化した例として「絵所澤間長祐と三千仏図」の関係を検討した。これは若干の供養の資料をひもときながら澤間派の作品を追跡調査したものである。最後に「紅頗梨色阿弥陀如来像の図像」や「女神像の図像展開と三弁宝珠」は、主として図像を長期にわたって、フィールド調査したライフワークの成果の一部である。

註

（1）松長有慶「タントラ仏教に対する批判と擁護の立場」（『密教文化』第五三・五四合併号、一九六一年）。及び、同「密教における俗と非俗の構造」（『エピステーメー』第七六号、一九七六年）。
（2）清水乞「密教儀礼におけるイメージの重層性」（『日本仏教学年報』第五七号、一九九二年）。
（3）濱田隆「曼荼羅」（『日本の美術』第一七三号、一九八〇年）。
（4）川﨑信定「チベットの死者の書」（『エピステーメー』第七六号、一九七六年）。

密教図像と儀軌の研究　上巻＊目次

IV

密教図像と儀軌の研究　上巻

I

密教の絵画・彫刻・図像

一　空海の請来品と曼荼羅

弘法大師空海は延暦二十三年（八〇四）七月六日に入唐して恵果阿闍梨に師事、両部の大法を受けて、大同元年（八〇六）十月に帰朝した。その際わが国にもたらされた請来品は多数の仏教経典と曼荼羅図、祖師像、法具類等であった。こうした請来品はいわゆる密教芸術の原点と考えられるが、これらが日本文化に与えた影響については、すでに先学がふれているのでここでは述べない(1)。空海は弘仁十四年（八二三）正月に嵯峨天皇より東寺を賜り、ここを真言密教の根本道場とした。そして請来品の多くをこの東寺に納めると同時に造寺、造像、作画等へかかわってきたと考えられている。

ところで空海が請来した品目は、現在東寺に所蔵されている『請来目録』（国宝、伝教大師筆）一巻によって知ることができる。中でも重要なものは、恵果阿闍梨が唐の代表的な道釈画家李真ら十余人に描かせた両部の大曼荼羅と、金剛智・不空・善無畏・一行・恵果の五人の阿闍梨の肖像画である。とくに李真の筆になる真言五祖像は、真言密教の秘宝として東寺に保存され現在にいたっている。李真は徳宗時代に招福寺庫院の鬼子母神を制作しているが、当時、画壇に君臨していた長安の貴公子、周昉とならび称せられるほどの画家であった。この真言五祖像は唐代絵画の熟達した境地を示したもので、その画技は、細い鉄線描をゆっくり運筆させ、簡潔でむだのない輪郭を形成している。そして的確に、精密に、人物の表情を表現する。しかも驚くことは「不空像」でも明らかなように、その人物の心理内容まで表現し得て余すところがない。李真の鋭い理智的探求と人間的洞察によって描かれたこれらの祖師画像は、東洋の写実的精神を代表する類品の少ない作例である。

大師が請来したもので第一にあげられるべきものは、真言密教の主尊である両界曼荼羅である。この両界曼荼羅は密教の根本義すなわち菩提の境地をあらわしたもので、大日如来を中心とする諸仏、諸菩薩、明王、諸天の整然とした配置図を介して、悟りにかかわる宇宙的生命としての大日如来および諸尊の体系を二種に分けて表現する。両界とは『大日経』に基づく胎蔵界、『金剛頂経』に基づく金剛界の両部を具体化し絵画化したものである。

この二つはインドで成立した二種の異なる部の思想を、本来一具のものとして組織しなおし具体化したのが中国においてであり、このことは密教史上きわめて注目すべき展開であった。この教理と組織を体系的にシステム化したのが恵果（七四六―八〇五）であるといわれ、両界曼荼羅も胎蔵界十二大院と金剛界九会の組織を持つ二幅一具の掛幅曼荼羅図として完成させた。むろんこの構成は、この恵果の創意によって成立したものと一般に認められている。

ところが空海の帰朝後の活躍から考えて、請来された両界曼荼羅図は繁雑に使われ、約二十年にして早くも朽損したという。空海が在世した弘仁十二年（八二一）四月に現図である両界曼荼羅図の第一転写本胎蔵界、金剛界が新写され、このとき同時に真言七祖像のうち龍猛、龍智像（二幅、国宝）も写され、その他合わせて二十六点が描かれている（『性霊集』第七、『東宝記』第二）。この両界曼荼羅図はその後朽損したために転写された。すなわち建久二年（一一九一）、永仁四年（一二九六）、元禄六年（一六九三）と次々に転写されたものが、今日東寺に伝えられている正系現図曼荼羅である。現在、後七日の御修法《みしほ》に使用されている現図曼荼羅は、このうちの元禄本である。これは宗覚筆の大幅の両界曼荼羅図（二幅、重文）である。弘仁十二年の空海作と伝える画像で現存しているものは、今述べた龍猛、龍智の二幅である。請来の真言五祖像に加えて、真言七祖像の完成は大師によって考案されたものという。五祖像のすぐれた写実性に比してこの二図は、それぞれ金剛智、善無畏像を祖型とする肖像画であるため迫真性を欠くが、空海当時の作品という点で、他の肖像画に比較して一段と光彩を放つ大作である。鎌倉時代になってこれに弘法大師像が加えられ、真言宗の真言八祖像[2]として広く伝持されるにいたったことは、わが国の仏教絵画史上における肖像画伝統の保存という点で特異な価値をもっている。

空海の請来した画像は、伝承によれば、このほかにも金剛智が南天竺より請来し、不空、恵果を経て空海に伝授された別本の曼荼羅もあるという。しかし、これは血脈上の想像にすぎない。さらに空海の創案になる仁王経曼荼羅および天形像などの図像もある。とくに仁王経五方諸尊図はすぐれた転写本がいく本か伝存し、その中の東寺本（重文）は治承五年（一一八一）五月に寛舜が写し、図像蒐集家として名高い金胎房覚禅（一一四三—一二一三）の所持本であったことが知られる。本図像は不空訳の『仁王般若念誦儀軌』を図画したもので東寺講堂諸尊における曼荼羅配置の典拠になったものと思われ、平安末期に定智、珍海ら有名な画僧によっても転写されたという。

大師の晩年における大法の勤修として銘記しなければならないのは、承和元年（八三四）より中務省で始行された後、宮中真言院で正月八日より一週間を限って行なわれる後七日の御修法である。これは国家の安泰と繁栄を祈願するもので、東寺の長者が導師をつとめ、東寺の僧が中心になって勤仕した。その修法に用いる画像、法具類の管理は東寺で行なわれた。この儀式画像は両界曼荼羅図二幅、五大尊像五幅、十二天像十二幅であるが、空海当時の伝世品は現存しない。貞観末年に長者宗叡が宮中修法院に安置したといわれる曼荼羅図も、同じく現存していない。

この真言院御修法にちなんで東寺に現存するのが、わが国最古の彩色曼荼羅である伝真言院曼荼羅図（二幅、国宝）である。これは神護寺のわが国最古の両界曼荼羅図（高雄曼荼羅）[3]とともに、密教芸術の双璧といわれ、東寺西院本曼荼羅と呼称されている。この曼荼羅図が、宮中真言院で用いられたかどうかは史料的には確証がない。その画風は濃彩で肉身の多くは明るい肌色に強い隈をつけた立体感あふるる官能的な尊像が描かれている。画面全体に朱、丹、緑青、群青、金泥、切金を十分に使用した美しい彩色を保存している。尊像の顔は丸く、エキゾチックな顔相を表現し、短軀で連眉などの特色が見られる。画法とくに図像は、中国における晩唐時代の影響を強く受けた様式を伝えている。しかし諸尊細部の表現は唐画にならいながらもすでに和様化の描法も進んでいる。いずれにせよ彩色本として現在最古の貴重な作例である。

ところで空海がもたらした曼荼羅ほど見る側にとって目の位置の重要性を強調する礼拝対象も数少ない。[4]ごく一般に知られている意味は、インドのサンスクリットのマンダラ（maṇḍala）を漢音に音訳したものが「曼荼羅」である。

マンダは「本質」あるいは「心髄」、ラは「得る」という解釈で、マンダラとは「本質を得る」、いいかえれば「本質そのもの」「一切諸法を具足しているもの」「輪円具足」という悟りの境地を表現したものになる。この場合の本質とは経典の注釈によれば「聚集」「壇」「道場」など、そこで得られた境地はこの上なくすぐれ、正しく平等円満であるとされる。ところが、この「本質＝悟り」の境地をどのように感得し具象化しうるかという表現上の可能性が実は問題なのである。悟りという秘かな空間に向かって、密教は『大日経』と『金剛頂経』の理論を用いながらこの表現に挑戦したのである。(5) それは曼荼羅を構築してゆく過程をたどることによって、尊の表現における五彩の感得とか、あるいは区画ごとの五色界道《ごしきかいどう》の設定など、前へ前へ、空間へ空間へと常に大宇宙に迫りながら描写のテクニックを前面に押し出そうとする姿勢が見られる。また、画面を見ると何者か、きわめて擬人的な生きた力がマンダ（聚集）の中に潜んでいるようにも思える。したがって曼荼羅は平面ではあるが、よく見つめていると目の前で立体になり、血がかよって生きもののように見える。つまり見るもの（真言行者）と見られる側（曼荼羅）の相対的観念は、秘法による秘密の世界にある生命観によって裏づけられ育まれていることがわかる。(6)

このことはいいかえるならば、自分の住している場所が自己の生命を宿しているところの絶対的な平面（世界観）であり、空間そのものであるということを定義づけている。その場所を確認するために、大空に舞い上がり私自身を俯瞰してみると、その俯瞰の目の位置を定めることによって現世曼荼羅ともいうことができる。そこには私を中心にしてうごめく根源的な曼荼羅のパターンがあるはずである。その画面はよく見ると無量に広がる福智の功徳を聚集されている。そしてその空間は身《しん》、口《く》、意《い》の三密が円満に支配している。

空間は宇宙に広がり、身体上、言語上、精神上のすべての活動を包括する。しかもそれは宇宙そのものの境地をはなれては絶対に存在しない。なぜなら、この本質的なものを意味する菩提とは大日如来のシンボル体系だからである。仮に、この感覚を身体でうけとめたとしてみよう。すると宇宙の森羅万象のすみずみまで大日如来をはなれてはありえない、とする関連性が成立するからだ。それゆえ、宇宙こそ大日如来そのものであるともいいうる。このように表現の中心をなす大日如来は、三世《さんぜ》（過去、現在、未来世）にわたって十方に遍満し、時間的にも空間的にも永遠なものとして位置づける。このような関係から、曼荼羅の画面に無数の仏、菩薩天などが描かれていることを理解しうる。むろんこの表現には尊像だけでなく多様なシンボル化の問題が、画面の中に隠されている。(7)

空海は曼荼羅の種類を四つに分けた。

> 画作に約せば三十七尊等の形像《すがた》を画絵するを大曼荼羅の躰と為し、諸尊所持の刀剣輪等を平等曼荼羅の躰と為し、捏鋳《ねっちゅう》刻等の像を事業威儀《じごういぎ》曼荼羅の躰と為し、諸尊の種子の字を書くを法曼荼羅の躰と為す。（中略）真実の仏に於て亦四種曼荼羅を具

せり。（『即身成仏義』）

ここでいう大曼荼羅とは今日われわれが最も多く見ることのできる①現図《げんず》曼荼羅（両界曼荼羅）のことで、[8]②法曼荼羅すなわち梵字の種子《しゅじ》曼荼羅とともに絵画であらわす。それから理論をシンボル化したものとしては少々難解であるが、③平等曼荼羅は三昧《さま》耶《や》曼荼羅のことで絵画と工芸品に多くの遺品が残っている。④事業威儀曼荼羅は羯磨曼荼羅といい立体的な彫刻であらわす。

むろんこの四つの分類は、表現形式から見たものであるが、[9]もう少し尊像の機能（はたらき）の側から分けられないものだろうか、と考えだされた解釈が次の三つの言いかたである。①都会《とえ》（都門）曼荼羅は、都会壇・都法壇ともいい、諸尊の集会《しゅうえ》（諸尊のすべて）の表現で、両界曼荼羅のこと。②部会《ぶえ》（普門）曼荼羅は仏部、蓮華部に分けた部分的表現をとる曼荼羅。③別尊曼荼羅は、一門曼荼羅ともいい、一尊を主役として構成したもので、日本では個別に行なわれる別尊曼荼羅の用途はきわめて多い。[10]ただし、この分けかたのうち②部会曼荼羅という呼び名は今日あまり使われていない。ところが『大日経疏』巻四にも示されているように、諸尊が大日如来をたすけて衆生を普門一門〔すべてにゆきわたる普遍的な開口〕にゆきつかせる、という解釈が考えられることは、曼荼羅というものが成立の根源にさかのぼる造形上のリアリティーが当初から内蔵していたことを示している。実際に曼荼羅の意味の造形化の次元では、「諸尊が大日如来をたすけて」という解釈は消え、相互関係はむしろ中心と外側の関係に力点がおかれている。つまりこの次元でもういちど曼荼羅の本質的な意味を問うならば、それは諸仏菩薩の諸尊が集まるところ、ということになろう。大日如来が生命的な中心で諸仏、菩薩が現世の烏合《うごう》の衆のような存在であるとするならば、両界曼荼羅の構図は胎蔵界曼荼羅が東の生命、金剛界曼荼羅が西の生命というように理解することもできよう。それはやがて生命という範疇においては不二《ふに》という法門を生むからである。すなわち相対的な差別を超え、絶対的な平等の真理＝生命という画面があるのは、以上のような理由による。[11]

また構図からみると放射的な胎蔵界と幾何学的な金剛界はいずれも現代の都市がもっている生きもののような構造と類似している。曼荼羅という舞台は、もともと釈尊のみが悟りの境地に入るという特定の狭い場所ではなく、すべての人々が悟りに入りうる種子（菩提心）を宿して転ずることのできる可能性を最大限に認めた平面と空間の世界なのである。別な見方をすれば、この感覚を心に留めたものが自性《じしょう》曼荼羅である。自性という場合の内に秘められた人間の可能な限りのエネルギー、悟りとはこの最も純化したエネルギーの完全燃焼の際に起きる一刹那であり、一つの静寂である。曼荼羅を漢訳のうえで旧訳では壇、新訳では輪円具足、聚集と訳しているのは、その世界が静寂であるか否かを暗示しているように思われる。むろん、人のたくさんいる場合の静寂感というものも表現のうえでとらえることが可能なようにも思われる。これを融合させると神聖な壇上に仏、菩薩が「かたち」となって充満している曼荼羅の風景を見ることができる。

曼荼羅はもともと壇を中心としたものであったが、時代とともに次第に統合されるようになった。インドの曼荼羅については、『一字仏頂輪王経』に曼荼羅がわずかに出る。それによれば金剛智や善無畏の時代にインドに絵画として曼荼羅があったと記しているが現存しない。インドのそれは一般には『陀羅尼集経』（大正蔵一八、八一三―六頁）に詳しく述べられているように土を盛って壇をつくり、香泥を塗り、その上に曼荼羅を描いたもので、これを土曼荼羅という。その作法は七日作壇といい、最初に界線をひき最後にアジャリ（阿闍梨）が尊像を描き込むまで七日かかる。曼荼羅ができると、そこで厳粛な灌頂の儀式が行なわれる。儀式が終わるとその曼荼羅はすぐさま壊してしまうのが通例であった。しかしこの土壇の曼荼羅は灌頂儀式の際における投花得仏（花を壇上に投げて仏と縁を結ぶこと）の本尊として、修法のたびに作られては壊されたので形式を明らかにしえないが、灌頂のパターンとしては敷曼荼羅が近く今日でも日本に残されている。最古の例は東寺に現存する彩色本で、縦横約二八〇センチメートルの大きなものである。天永三年（一一一二）賢禅《けんぜん》の描いたものといわれ、弘法大師誕生千二百年記念に大修理を完了した。敷曼荼羅を毎年使っている高野山金堂での結縁灌頂は最も一般的なものとして有名である。これは投花得仏と壇上の敷曼荼羅の実物に接することができる唯一の機会である。

両界曼荼羅は真言密教の根本経典『大日経』と『金剛頂経』の所説を絵画にしたものである。それは所説の図解、図像化であるから一言でいえば経典からの訳《やく》図である。前者の『大日経』は七世紀の半ばごろ西南インドで成立したといい、後者の『金剛頂経』は南インドにおいて七―八世紀のはじめにかけて成立したという。(12) そしてその各々に胎蔵界曼荼羅と金剛界曼荼羅が説かれ描かれるようになった。とくに中国の唐に両経典が伝播されるや急速に全体や細部が整えられていった。弘法大師空海の師恵果阿闍梨は胎蔵界の構成に着目して左右調和のある両界曼荼羅に仕上げたという。これが九世紀のはじめ弟子空海によって請来され、以降わが国では現図曼荼羅として親しまれてきたのである。

胎蔵界曼荼羅は詳しくは大悲胎蔵生曼荼羅といい、大悲の種を宿した人間の心が、次第に奥にひそむ菩提心に目ざめ悟りの世界に導かれてゆく大悲万行の母胎（胎蔵）を指している。つまり大日如来の理法身《りほっしん》をあらわして、仏の大悲を胎蔵にたとえるという生命そのものの世界観をいう。十二大院（中台八葉院、遍智院、持明院、金剛手院、観音院、釈迦院、文殊院、除蓋障院、地蔵院、虚空蔵院、蘇悉地院、最外院）からなり四百十四尊をおさめる。

金剛界曼荼羅は真言密教では九会《くえ》曼荼羅を用い、天台密教では一部で成身会《じょうじんね》一会《いちえ》の曼荼羅（金剛界八十一尊曼荼羅）を用いる。一説に九会は天竺随宣《ずいせん》の説だともいう。大日如来の智法身をあらわし、金剛とは悟りの知恵の身体のことで、金属のように堅固だという。そしてその機能はものをことごとく摧《くだ》き破る働きをもつ。九会（成身会、三昧耶会、微細会、供養会、四印会、一印会、理趣会、降三世羯磨会、降三世三昧耶会）からなり、千四百六十一尊をおさめる。

ところで、わが国で最初の曼荼羅作画のことを述べたのは『性霊集』第七である。大師が帰朝されすでに御請来の曼荼羅が絹破れ彩色が落ちたので転写したというのである。既述したように昭和九年（一九三四）に東寺で発見された通称、伝真言院曼荼羅（各縦一八三・〇×横一六四・〇センチメートル）とよばれるものは尊形で彩色本としては最古（平安時代前期＝九世紀）の遺品である。寺伝では御七日の御修法用の曼荼羅であるといわれ、もと東寺西院（御影堂）にかけてあったという。『東宝記』にはこれを大師筆と伝え、文治二年（一一八六）守覚法親王により『三十帖策子』とともに仁和寺に借り出され、鎌倉時代の杲宝《ごうほう》の時までは返却されなかった曰く付きのものである。この図に登場する諸尊の顔は、一種の媚笑を浮かべ、はなはだ表情豊かなものが多い。身体も肉感的な五彩につつまれているかのように見事な量感をあらわしている。

もう一つ彩色本ではないもので有名なのは、高雄神護寺にある通称、高雄曼荼羅とよばれるもので、両界曼荼羅として最古の作例（平安時代前期、八二九―八三三年の製作）である。紫綾《むらさきあや》地《じ》金銀泥《きんぎんでい》絵で前の真言院曼荼羅より二倍も大きい（胎蔵界縦四四六・四×横四〇六・三センチメートル、金剛界縦三五一・五×横三六六・五センチメートル）。画面全体に鳳凰の文様を散らして織り出している紫綾地に金泥と銀泥だけで諸尊を線描きしている。彩色は無くとも綾地に浮き出た尊像の形態は端正に整い、動きのある強い鉄線描のデッサン力は実に見事なスケールを感じさせる。東寺甲本と比較して、おそらく大師が請来した根本曼荼羅に基づいて製作されたと考えられている。画面全体の格調の高さからいえば彩色以上のものを感じさせる。『神護寺略記』に引用さ

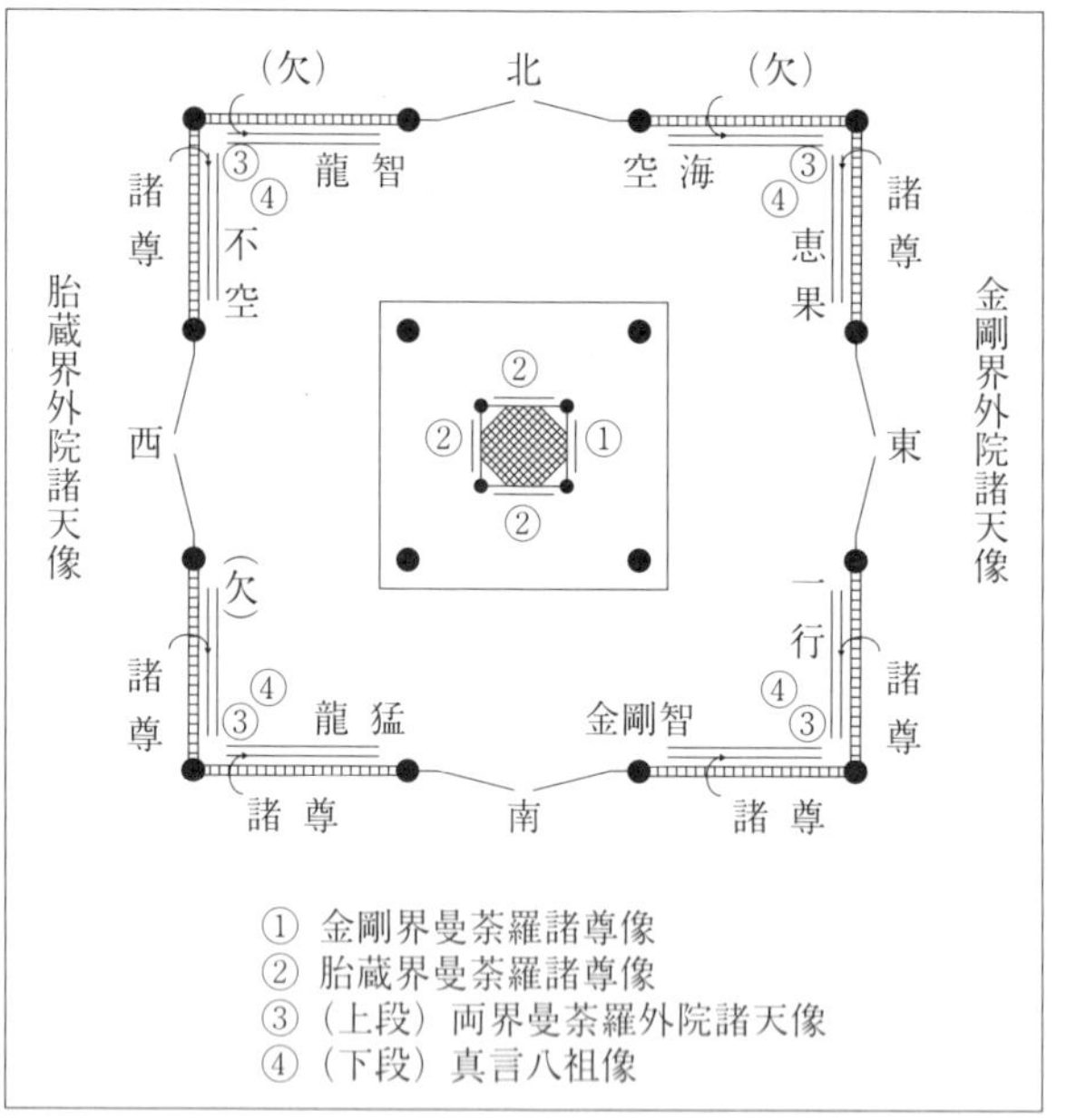

図1　醍醐寺五重塔　内部壁画

れた「承平《じょうへい》実録帳」によって十世紀には神護寺灌頂堂にかけられていたことがわかり、天長年間（八二四―八三四）の作らしいこともだんだんわかってきた。なお高雄曼荼羅と同系統のものに子島《こじま》曼荼羅がある。(13) 両界曼荼羅で面白いエピソードをもつのは、何といっても高野山に奉納された平清盛の大きな血曼荼羅であろう。平安後期の曼荼羅では最大のもの（縦四二四・〇×横三九三・〇センチメートル）であるが、久安六年（一一五〇）七月に再興された金堂の東西壁にかけるため、清盛が頭血をしぼって朱に混ぜ絵仏師常明《じょうみょう》に描かせたという。筆使いが強く精巧細緻なものであるが、残されている画面は暗く一種異様な感じがするものである。

　また壁画として両界曼荼羅が残されている例も少なくない。最古の例は、天暦五年（九五一）に竣工、翌年に落慶供養を行なった醍醐寺五重塔の初層内部に見られる建立当初の板絵壁画である（図1）。ちょうど中心柱をおおう四面の細長い板と四天柱と周囲の八つの連子窓《れんじまど》裏に両界曼荼羅を描き、とくに東面を金剛界にあて、他を胎蔵界にあてて優美な彩色をほどこした傑作である。また鎌倉時代になると舎利信仰とあいまって春日厨子に入った両界曼荼羅あるいはその一部を描いたものがあらわれる。高野山の金剛峯寺にある成身会八葉蒔絵厨子（高さ三四・五センチメートル）には金剛界の成身会を種子であらわした曼荼羅、法華八葉曼荼羅の裏に仁王立像を描いており、工夫された厨子入りの曼荼羅は奈良、京都はもとより各地に意外と珍品が残っている。

　最後に別尊の曼荼羅および神道美術の曼荼羅についてふれておこう。密教には現世利益を目的とする修法が四つ（息災、増益、降伏、敬愛）ほどある。いわゆる災いのないことを祈る法で、旱天、洪水、地震の天変地異はもとより、病気、火災あるいは長寿延命、繁栄、怨敵退散の願望をみたすため個別の本尊が必要であった。①阿弥陀曼荼羅（中央は観自在菩薩）、②法華曼荼羅（法華経宝塔品に基づき、法華信仰が密教に摂取されたもの）、③請雨経曼荼羅（雨ごいの本尊で、中央は釈迦、白描の簡単なものが多い）、④宝楼閣曼荼羅（堂塔供養滅罪のために使用）、⑤仏眼曼荼羅（息災、降伏のために使用）、⑥一字金輪曼荼羅（東寺の長者でないとできない秘法の本尊）、⑦六字経曼荼羅（呪、反逆、病気を祈る本尊。紺紙金泥のものもある）、⑧尊勝曼荼羅（出産などに用いられた）、⑨五秘密曼荼羅、⑩如意輪曼荼羅（園城寺に珍しい遺品がある）、⑪八字文殊曼荼羅（天変地異に用いられた）、⑫弥勒曼荼羅、⑬仁王経曼荼羅（鎮護国家のために用いられた）、⑭愛染曼荼羅（敬愛法の本尊）、⑮十二天曼荼羅（安鎮法の本尊、安鎮曼荼羅とは別）、⑯閻魔天曼荼羅（除災を目的とし冥道供の本尊）、⑰童子経曼荼羅（童子の病気を除くための童子経法の本尊）、⑱星曼荼羅（北斗法の本尊で、星宿を供養し除災延命を目的とした）。

このほか神道の中に垂迹美術と称するものがあり、神道的影像に密教的なモチーフを加味した神道曼荼羅も多い。春日信仰の春日宮あるいは春日曼荼羅、八幡信仰の八幡宮曼荼羅、山王《さんのう》信仰の山王曼荼羅、あるいは熊野曼荼羅など、密教教理からの影響はきわめて濃厚である。

二　空海と画像・東寺の彫刻

空海の画像は真如様と八祖様の二系統に分けられる。前者は真如親王筆と伝えられるもので、高野山御影堂に安置したいわゆる御影《みえい》の流れに属するもので、高野山龍泉院、金剛寺、安養院等にすぐれた作例が伝えられている。また後者の八祖様は東寺の談義の本尊に見られるような牀式の牀座に正座するもので、両者とも大師自身の姿勢や持物に関しては大差がない。

塔頭の宝菩提院蔵の大師像（一幅、鎌倉時代、縦一三九・〇×横一一八・〇センチメートル）はこれら両様式と多少異なる像で、下着の袖口や袈裟のたたみ方が著しく異なっている。天文九年（一五四〇）の裏書があり、それによると神護寺で託磨法眼が描いた三幅のうちの一幅と知られる。

また、観智院に伝わる大師像は小幅であるが真如様を示し、後宇多天皇の宸筆といわれ、箱書にも「弘法大師影像後宇多院宸筆

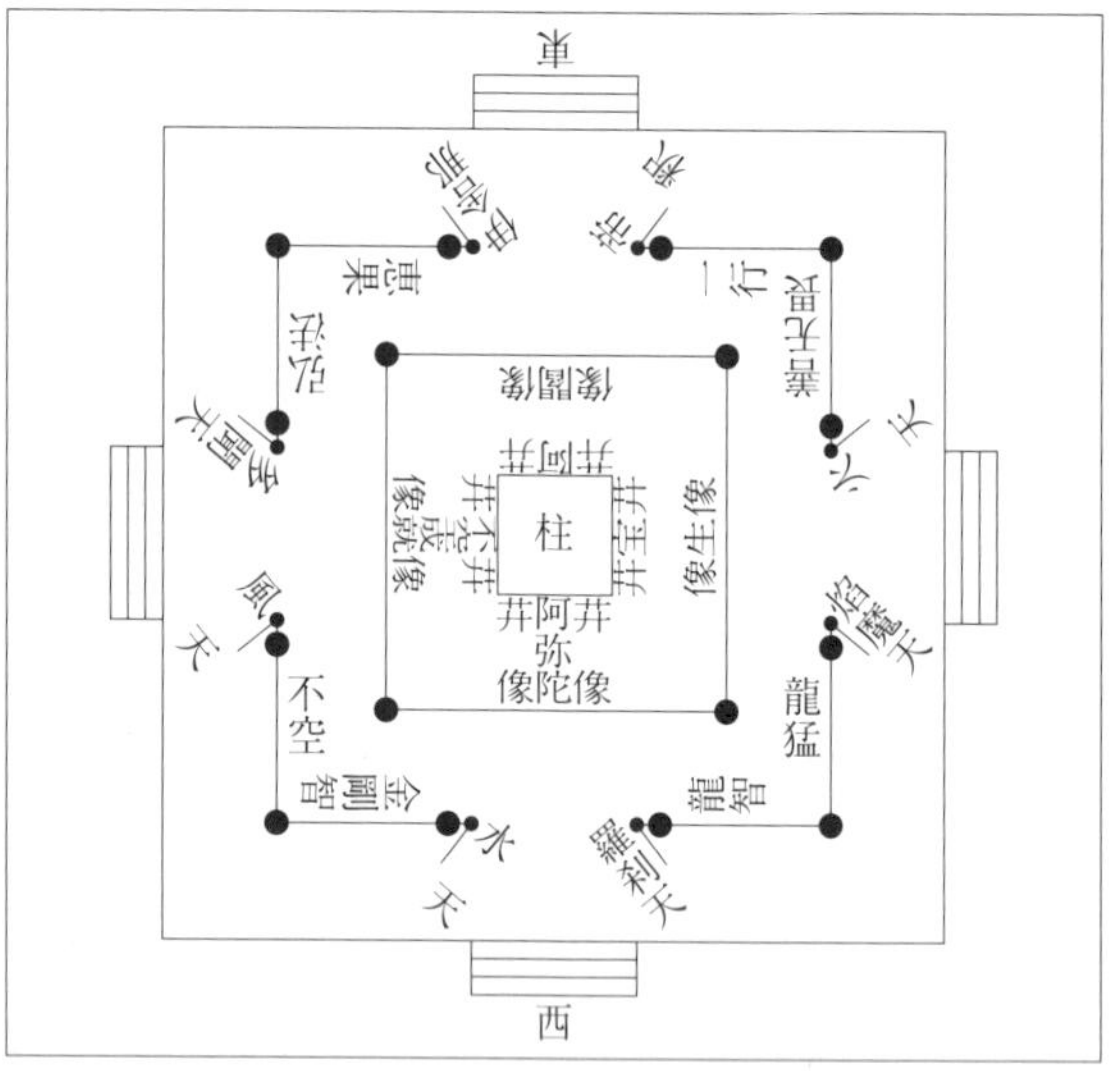

図2　東寺の五重塔（内部諸尊配置）

東寺観智院」と書かれている。ともに大師古画像として注目される作品である。(14)

東寺が空海の修行実践の場であるならば、当然絵画のみならず、彫刻においても具体的なプランが見られるはずである。空海の彫刻として表現されているものは何といっても講堂の諸尊である。二十一躯の彫像の表現する仁王経曼荼羅は密教の大伽藍にふさわしく厳粛さをきわめており、奈良の諸寺には見られなかった像容が多い。(15)これは密教の教理に基づいて配置された自性輪身の五仏、正法輪身の五菩薩、教令輪身の五大明、五梵釈二天・四天王の諸尊は、真言密教の根本道場と鎮護国家の二つの意味をかねており、とくに五大明王がこうした規模において造顕されたことは、わが国の仏像彫刻に新しい幅と深さを加えたということができる。五仏と五菩薩の中尊（金剛波羅蜜）の六軀は文明の一揆により焼失して後補のものとかわっているが、後の十五軀は承和六年（八三九）の仁明天皇病気全快のために開眼された（『続日本後紀』）ものといわれている。これら平安初期の諸像の特徴は、材質面で奈良時代の伝統を受けついだ木心乾漆の技法（五菩薩、梵天）が継承されていることである。厚手に乾漆を盛りじつに整った面相、体貌を示す。中でも梵天像のモデリングの自然さ、おおらかさは中国唐代の正統的な仏像に比しても遜色なく、わが国の仏像作例中でも稀有な造型を示している。また五重塔内にも仏像が安置されている（図2）。永仁年間（一二九三―一二九九）における新造当時のようすは『東宝記』に伝えられているが、壁画は未完成だという説がある。(16)

これに対して、講堂の五大明王中の四躯、四天王像は、平安初期木彫像の代表作として重量感、運動感、するどい深い刀技は目をみはるものがある。とくに四天王中の持国天、増長天は、すべてを本躰とともに木取りした大作である。衣文のひるがえりの巧みさとともに、作者が完成された技法を持った人であることを推測させる。空海の指導によって全く新しい像容を刻むにいたった仏師のイメージが、平安初期木彫のかたちの中に育まれて今日に伝わっている。

平安初期の彫刻の宝庫といわれる東寺には、また唐から請来された大陸作品が見出されるのも当然といえる。その代表的なものは兜跋毘沙門天立像（一躰、国宝）である。像高約二メートルのこの像は中国産の桜材を用いて彫られ、宝冠の鳳凰形と異形の人物、その猛々しい瞋怒の相、下半身の長くすらりとした躰貌、金鎖甲に海老籠手《こて》をつけ地天の両掌上に立つ姿は、兜跋毘沙門天のわが国における祖型として注目すべきものである。とくに後世の作が原像の大陸的大容と精妙な刀技を感じている故に東寺像の価値はつくしがたい。技法的にも遺品の少ない唐木彫の名品として注目されるのである。

また観智院に伝来してきた木造五大虚空蔵（五躰、重文）は入唐八家の一人恵運が請来し、承和十四年（八四七）安祥寺に安置したことが知られている。細おもての、薄く高い面相や、長くのびた胴の躰貌に特色があり、その粗豪な力づよい作風に大陸作品としての異風が示されている。九世紀の中国作品として、五躰一具の形を今日に伝えていることも貴重であり、神護寺像と比較してみても興味はつきないものである。

さらに東寺の平安初期彫像で忘れられないものは八幡三神像（国宝）である。これらはもと東寺南西の鎮守八幡社の神体であったもので、明治元年（一八六八）社壇が雷火のため焼失し、西院御影堂に安置されていた。法体に袈裟の男神、袍衣《ほうえ》に背子《せこ》を重ねる二躰の女神で、三躰とも檜材の一木造である。施された極彩色は長年秘仏として扱われてきたために鮮やかに残り、豊かな面相、重く張りの大きな膝の作り、堂々たる体貌に、平安初期の特色を示している。本像がわが国神像の最古の作であるということは、わが国の神仏習合史の中でも特筆さるべきことであり、密教の接触によって初めて神像の彫像が行なわれたと考えられるのである。とくに三像は朽損を伴う材を用いており、霊木を御衣木《みそぎ》として一材から木取りされたと認められることは、この像に対する信仰の一断面を明らかにしている意味で注目される。また食堂に安置されていた聖僧文殊像（一躰、重文）と六メートルあまりの木像千手観音像（重文）が納められている。前者は九世紀末から十世紀初にかけての造立と思われる古像で、枯れた老人の姿をした珍らしい文殊像である。千手観音もやはり食堂に安置されていた。昭和五年（一九三〇）の火災で焼損してしまったが、近年に復元修理を加えられた。元来は千臂を配した大ぶりの面相をした大作であったが、現在の像は鎌倉初期の顔容を残した落ち着いた厳粛な趣を持った像である。寺伝では聖宝の造立といわれるが、その寺伝を裏づけるほどの作風といってよい。近年の修理の際、この脇手中から発見された檜扇（重文）の一柄から、元慶元年（八七七）十二月の年紀が見出されたことが注目をあびた。この年紀が像の造立に関係するかどうかは、今後の調査に期待しなければならない。

こうした東寺に対して、起死回生の転機を与えたのは、十二世紀に彗星のごとく政界におどり出た僧文覚上人（一二〇〇ごろ）であった。源頼朝の援助によって東寺伽藍復興に乗り出すのである。とくに後白河法皇にはたらきかけ、その財源には法皇の知行の国、播磨国が当てられた。しかし文覚が本格的に東寺復興に取り組むのは建久三年（一一九二）三月十三日に後白河法皇が崩御した以降のことである。関白九条兼実と源頼朝とは、法皇遺領の処置について相談し、鎮護国家のために比類のないほどの重要な東寺が、弘法大師の遺跡でありながら寺として存在していないのも同然で、これを再興することが法皇に対する最大の追善供養になると考え、播磨国の収入をもって東寺の根本修理を継続することになったのである。文覚の東寺復興と軌を一にして生まれた東寺の美術に、十二天屏風（六曲一双、国宝）がある。この十二天屏風は、山水《せんずい》屏風とともに伝法大阿闍梨[17]の座右に置き、道場を荘厳する。とくに十二天屏風は、伝法灌頂に際し十二天行道が行なわれていたが、その儀式の簡略化のために屏風で代用されるようになったといわれている。この屏風の図像的特色は立像であることで、行道の姿を写したからであろう。この東寺本は建久二年（一一九一）に灌頂院修理完了に供養のために、時の長者俊證僧正が絵師・宅磨法橋勝賀に描かせた（『東宝記』、『東寺長者補任』）もので、種子（梵字）は御室二品守覚親王が書いたといわれている。絵師勝賀は、今日建久本と伝えられる両界曼荼羅図（二幅、重文）をその際に描いているという自伝（『東宝記』）を持つが、これについては今後の建久本（甲本）の研究をまつとして、十二天屏風は当代の特徴ある作品として注目される。これは箇葉描という肥痩のある墨線で、曲折し、弾力に富む描線を駆使する。彩色も薄く、淡彩がほどこされ、その表現からにじみ出る流動感はじつに見事である。これは従来の鉄線描と華麗な彩色の仏画と異なる新しい密教画の表現方法である。こうした描法は宅磨派が中国宋画の影響をとり入れることにより、はつらつとした鎌倉時代の密教美が画面の中ににじみ出している。

三　空海と工芸品

真言密教の工芸を語る場合、やはり注目しなければならないものとして、空海が唐より請来した「密教法具」類がある。その一覧は『請来目録』によって窺うことができるが、今日その中で該当すると思われるものは五宝五鈷金剛杵一口、五宝五鈷鈴一口、（中略）金剛盤子、仏舎利八十粒、刻白檀仏菩薩金剛等像一龕、犍陀穀子袈裟一領がある。

このうちで東寺に現存しているものは五鈷鈴、五鈷杵、金剛盤（三口、国宝）、犍陀穀子袈裟（一領、国宝）で、従来から東寺の修法の根本道具として伝えられている。これらは『東宝記』（国宝）に杲宝《ごうほう》が解説しているごとく、大師請来品として疑う余地のない唐代の工芸であり、後世これの類品は根本形として製作するようになり、弘法大師請来形としている（高野山、東寺に伝わる）。

密教では古来インドのヴァジュラ（金剛）という武器を法具に転じて、人間の魔性を断つ力を象徴して様々な形を生み出してきた。この意味で唐より伝来の三口の法具は形と大きさで他の追従を許さず、唐代工芸の粋を示した法具の王者として大切にされてきた。また、羯磨（四口、重文）も『請来目録』中の「五宝羯磨金剛四口」に該当するかどうかは判断のむずかしいところであるが、この様式や製作手法の点から後世の作にくらべてはるかに古式を保っており、請来品の姿をそのまま示すものと考えられ、年代的にも請来品に迫ると見てよい。ともかく現存羯磨中では最古の優品である。この他、密教法具の初期の遺品として注目すべきものに御影堂の本尊で大師の念持仏といわれた秘法不動明王の前に据えてある木造彩色華形大壇（重文）と、宝物館に収蔵されている金銅鋺（九口、重文）、金銅皿（十三口、重文）、金銅鉢（五口、重文）がある。大壇は平安初期の作で現存している壇では最古、最大の壇である。側面の蓮弁の形などは本尊の光背のそれと酷似しており、優雅な蓮弁飾りと素朴な基壇の組み合わせの中に安定感と迫力を持った大壇である。後者の一群の器具も唐風で豊かな形姿をそなえた鋳製仕上げの大形の仏供器であり、その数から察して六器に相当する古代の大壇供の一具と思われる珍らしい遺品である。

大師所用と伝える遺品の中には、伝恵果阿闍梨の「鉄鉢」「風字硯」、木目を刻した「刻文脇息」（一基、重文）、蓮池に土坡を皎皮で表した「剃刀箱」（一合）がある。とくに後二者は正倉院の木画の器物に見られるような異風なもので、平安前期の唐風から和風への転換期における工芸の特異な様相を示した日本工芸史上みのがしえない遺品である。

大師御請来法具類を納めた大形の漆皮箱（一合、重文）は、牛皮を主体として作られており、布帯をめぐらした上に黒漆を塗っている。奈良時代のものでは、正倉院や法隆寺献納宝物などに数多く認められるが、本品によって平安前期にも製作されたことがわかり、とくに漆皮箱中で最大のものである。さらに『請来目録』にも記録され、大師が恵果阿闍梨から附与された犍陀穀子袈裟・横被（国宝）を納めた海賦蒔絵袈裟箱（一合、国宝）が平安時代の特色を豊かに示した名品である。黒漆平麗の地に銀の研ぎ出し蒔絵で波文を描いて大海をあらわし、波間に游泳する大小の魚や海面を乱舞する水鳥、怪魚、亀を金の研ぎ出し蒔絵にして変化と動きのある構図を形成している。延喜十九年（九一九）の作とされる仁和寺の三十帖冊子箱（宝相華迦陵頻伽の蒔絵）とともに平安初期の蒔絵の双璧とされる。

東寺の舎利会は、『東宝記』の記事や紀年銘のある法会所用具（三十九点、重文）によって平安末から鎌倉時代にわたって盛大に行なわれたことが知られるが、その遺品の中で最も傑出した作品は金銅宝塔形舎利塔（一基、重文）とそれを安置する紫檀塗金銅装舎利輦（一基、国宝）である。両者は弘法大師請来の仏舎利を祀るために使用されたもので、ともに都の工匠が精技を尽して豪華をきわめたすぐれた作品である。

註

（1）密教が日本の文化に与えた影響は大きい。その影響は仏教とか神道とかの宗教面だけではなく、文学・美術・芸能などの領域にも及んでいる。もし密教の伝来がなければ、わが国の文化はいちじるしく違った様相を呈していたであろう。

平安初期の密教のめざましい隆盛と、その後の日本社会への土着化の成功にはいくつかの原因が考えられる。その最大のものは、日本に伝えられた仏教が、大乗仏教、それも爛熟期のもので、すでに密教的な要素を多分に内蔵していたことと、仏教の伝来する以前に日本人のあいだに、密教を受容し、展開させるだけの民族的な素質と、社会的な背景が存在したということである（松長有慶『密教の歴史』、平楽寺書店、一九六九年、一五五頁）。

（2）真言八祖の他の写しについては神護寺本をあげることができる。「神護寺は託磨派と余程縁故があったらしく、勝賀以外では文治年中弘法大師及び八幡大菩薩像を画いた『絵師託磨先生為辰』の名も略記に見えているのである。この為辰と勝賀との間柄は詳らかでないが、とにかく相前後して神護寺との関係を辿り得るのである。而して為辰や勝賀が神護寺の絵を画いていた頃は宛かも明恵上人が神護寺に入山した前後で、俊賀がかの善財善知識曼荼羅を画いた年代とも接近しており、旁々俊賀の賀字等から揣摩を逞しうすれば、古画備考に述ぶるが如くこれを託摩派の一人として勝賀等とも近い関係にあった作家と想像することも一応許されるであろう。のみならず神護寺略記によれば同寺灌頂院の条に、仏師勝賀法印が鎌倉将軍家附与の御衣絹と金銀泥とを以て根本曼荼羅を奉写した事と相並べて、更に俊賀法橋が八大師影像八鋪図絵のことを記録している。

　一灌頂院（中略）

　　八大師影像各一鋪（東西壁各四鋪懸之、俊賀法橋令図之、）

神護寺略記は嘉暦三年（一三二八）の具注暦を料紙としてその紙背に書き付けたもので、その記載には信を置くに足るべきものが多い。俊賀法橋図絵の八大師影八鋪は灌頂院の東西の壁に四鋪ずつ懸けたものであるが、これは所謂真言八祖を指したものかと思われる。東宝記によれば東寺灌頂院の四壁には八祖像に更に四祖を加えた十二祖像が画かれてあった。高山寺縁起によるとその禅定院には仁和寺法親王故御室（道深法親王か）の施入に係る八大師影像を八方に挂安したというが、これも恐らく真言八祖の謂いであろうか」（田中一松『日本絵画史論集』、中央公論美術出版、一九六六年、一二七頁）。

（3）高雄曼荼羅が空海の請来した根本曼荼羅に該当しないことは、すでに大村西崖氏も指摘している通りである（三本両部曼荼羅集）。すなわち、第一に請来本が彩色であったのに対してこれは金銀泥絵であること、第二に絹の副数においても、請来本の両界ともに七幅であったと『御請来目録』に記されていて、今の高雄本にあわないこと、などの理由が挙げられている。そのほか空海の在世時に描かれたことの明らかなものに、弘仁十二年（八二一）の製作にかかる請来本の第一転写本があるが、これまた東寺に安置された彩色本であり、高雄両界図にあたらないことはいうまでもない。一方、高雄曼荼羅に関しては既述の通り、淳和天皇の御願であったとする伝承が、それよりわずか百年後の実録帳に記載されており、その製作の特別で、且つその時期の天長年間であったことが意味されていると解される。おそらくこの曼荼羅は、東寺の正本となった第一転写本と同じく、根本曼荼羅に基いて描かれ、神護寺の専用として安置されたものに相違ない（高田修『仏教美術史論考』、中央公論美術出版、一九六九年、三五〇頁）。

（4）曼荼羅に関する新しい哲学的な解釈学を打ちたてたのは梅原猛「曼荼羅で見る日本精神史」（『続仏像』、日本放送出版協会、一九六五年、二一五―二二四頁）である。

（5）金岡秀友「マンダラ表現の種類」（『密教の哲学』、平楽寺書店、一九六九年、八六―九九頁）。

（6）拙稿「曼荼羅の世界」（『古美術』二二号、一九六八年、三一―六〇頁）。

（7）宮坂宥勝「密教のシンボリズム」（『仏教の思想』9、角川書店、一九六八年、一三五—一五八頁)。

(8) 浜田隆「現図曼荼羅」(『曼荼羅の世界』、美術出版社、一九七一年、一〇八—一一〇頁)。

(9) 拙稿『密教曼荼羅の研究』(美術出版社、一九七五年、六—七三頁)。

(10) 勝又俊教『密教の日本的展開』(春秋社、一九七〇年、五〇—五二頁)。

(11) 酒井真典「曼荼羅の墨打法について」(『密教文化論集』、智山勧学会、一九七一年、四九—七二頁)。

(12) 堀内寛仁『梵蔵漢対照 初会金剛頂経の研究』下巻(高野山大学密教文化研究所、一九七四年)。

(13) 子島曼荼羅は奈良の子島《こじま》寺中興の祖である子島真興《しんこう》が長保年間(九九九—一〇〇四)に一条天皇から賜わったと伝えられ、子島曼荼羅と呼ばれている。高雄曼荼羅よりは小さいがなかなかの大幅で、紺地の綾地に金銀泥《でい》で描かれるという素材的な類似があるが、高雄曼荼羅などの空海請来の現図系曼荼羅や伝真言院曼荼羅とも図像の異同があり、系統を異にする。中台八葉院の大日を中心とする左右の尊が入れ代わるなどは顕著な例である。高雄曼荼羅の強いのびのある描線は張りつめた生動感を表すが、描線はやわらか味を増し、面貌・姿態にゆるやかなゆとりを示す。光背・着衣・地文《じもん》・周縁部を埋めた精巧な文様など、彩色の代わりに金銀泥の描線を全画面に自由に駆使する(石田尚豊編『密教画』、至文堂、一九六九年、六八頁)。

(14) この他に稚児大師像がある。「稚児大師像の今日に伝わるものは二、三に止まらない。中で制作優秀であり、然も保存のよいものは村山家蔵の一幅である。(鳥海家蔵の図)」は村山家のものと略図様をひとしくし、紅の衣、銀色の袴も同様である。唯僅に衣の銀泥の文様を異にするのみである。恐らく制作年代も村山家と同様鎌倉後期に属するものであろう。

　これらは弘法大師の幼時の肖像という意味からすれば、真に遠いものであり、弘法大師に仮托して童形の美を理想的に表したものと解すべきであろう。

　さてこのような像が作られるについては勿論当時真言宗の間に像のよりどころとなる伝説的なものが伝わっていたのによるのであろうが、正和四年(一三一五)、後宇多法皇が作られた弘法大師伝には「大師生《レテ》在《リ》二父母家《ニ》一童稚《ノ》夢《ニ》見下与二諸仏一語《ルヲ》上造《リ》レ仏《ヲ》作レ礼《ヲ》為《ス》レ事」とあり、恐らく此種の伝説によって像が作られたのであろう。この伝説は空海没後幾多作られた伝記のうち、真済、藤原良房、聖宝等の撰した平安時代のものには見出されず、後宇多法皇撰の鎌倉時代後期のものに初めて見出され、この伝説が美しい稚児の形をかりて図絵されるようになり、而もそれがあたかも実在の童児を対象として描いた如き生き生きとした写実感を持っていることは何としても時代の風潮を反映するものとして注目される(松下隆章「稚児大師像」、『三彩』六九号、美術出版社、一九五五年、二六頁)。

(15) 東寺講堂の諸尊は、さきに引いた承和十四年の東寺伝法会表白にいう通り、「金剛乗教中の五仏・五大菩薩・五忿怒・梵王・帝釈・四天王等、羯磨の像」であり、しかもそれらが整然と配置されて須弥壇上に一つの立体的曼荼羅を構成する。われわれはそれら諸尊の尊種や性格ないし対応関係などについて考察し、金剛界法と仁王経法との重複した二元的な組織をもつ独特の曼荼羅であることを帰納した。それは伝承の説がいうような単なる仁王経曼荼羅でもなく、また金剛界曼荼羅の一単純型を形成するものでもない。ただ諸尊の構成から見て、仁王経法的色彩の濃いことは否定できない。しかも主要尊においては、金剛頂系で説く三輪身説を前提として、それぞれ対応する一体系を形成しており、且つ本尊的な五仏を中央にしてその全体を統一させているのである。すなわちこの講堂諸尊の構成は、大日を中心とする金剛界の五仏を本尊として中央に安置し、これと三輪身の対応関係を結ぶ五菩薩と五大明王とを左右に配し、これらをもって主尊群を形づくるとともに、一方では五仏と五菩薩とによって、『守護国界王経』との関連をも考慮に入れながら、金剛界曼荼羅を代表させ、また他方では五大明王を主体として、五菩薩をも重複的にこれに含ませ、さらに守護の天をも加えて、護国的な仁五方曼荼羅を形成させた、二元的な性格をもつものであり、なお諸尊配置における左右均斉の要請から、守護天に帝釈と対立する梵天を加えるに至ったと見ることができる（前掲『仏教美術史論考』、四一〇頁）。

(16) 現在の五重塔内にも仏像が安置されているが、塔内の壁画は未完成のままとなっている。塔内の状態などについては『東宝記』に詳細に記載されているが、その内容には興味深いものがある。この形式が最初のものを踏襲しているか否か明らかではないが、ここに記している永仁新造塔の内部についての記述をもとにして、その概略をここに紹介しておくことにしよう。

すなわち、仏像としては、阿閦・宝生・阿弥陀・不空成就の金剛界四仏を方形の中心柱の四方に安置し、各如来像の左右には二菩薩像を配している。この八躰の菩薩像の名称については、尊名は判明していない。また、その依拠した経典がなんであるかも不明であると記している。これらの菩薩はあるいは金剛界四仏のおのおのに所属したもので、八大菩薩と考えるべきではないかと思われる。ここでは種々の問題が含まれていることを指摘しておくだけにとどめよう（佐和隆研「東寺の歴史と美術」、『仏教芸術』九二号、一九七三年、八九頁）。

(17) 「東寺長者補任」によると、建久二年（一一九一）長者俊証が託磨法橋勝賀に十二天屏風を新たにつくらせ、図上の種子を仁和寺の守覚法親王が書かれたとあり、現存の十二天屏風はこの記載のものにあたるとされている。

十二天屏風は灌頂の際、十二天仮装の行道の代わりに用いられるようになったものらしく、本図がこの種の現存遺品中もっとも古い。六曲一双の屏風の一扇ごとに立姿の像を一体ずつ配するが、東寺本はこの行道を示唆するかのように、動きに富んだ表現を示す（柳沢孝『原色日本の美術』7「仏画」、小学館、一九六九年、一二四頁）。

「蘇悉地儀軌契印図」の考察
——東寺観智院蔵本と石山寺蔵本——

はしがき

この儀軌[1]に関する従来の研究は、すでに小野玄妙博士に「宗叡僧正請来の蘇悉地儀軌契印と理趣経曼荼羅[2]」と題する若干の見解を述べた推論があって、この唐本図像の学的価値を認められている。今その要旨を思考すればやはり究極においては、金・胎両部大法の図像に比較して蘇悉地系の儀軌の成立に深い関心が寄せられていたことを窺い知る。その意味を含めて、これは非常に貴重な史料であると考えてよい。博士はまず、この儀軌名が宗叡僧正勘録の「新書写請来法門等目録[3]」に見えているところから最後の入唐八家である禅林寺宗叡（八〇九—八八四）の請来と解釈し、さらにこの転写本（録記）すなわち東寺観智院蔵本の底本が善無畏（subhākarasiṅha 六三七—七三五）の訳（図）出ではなかろうか、と起想されてもしそれが真とすれば、今までに究明されている三蔵訳図の(a)哩多僧蘖羅（rita-saṅgra）五部心観、(b)胎蔵図像、大悲胎蔵三昧耶曼荼羅、とともにこれを(c)蘇悉地部の代表的な図像として加えようとされたのである。博士のこの設定（ただし、三部の図像は(c)のみ性格が相違するので別の問題[4]もある）はまさにその通りであって、それは入唐八家のすべての請来遺品中、蘇悉地大法の儀軌としても唯一の図像（契印図次第）であり他に類例がないばかりか、台密の所伝する慈覚大師円仁系蘇悉地儀軌類と比較した場合においても、とくに成立史上原初的な段階に位置すると推考できるものである。それは蘇悉地大法を修する際の結印方法を九十一項目にわたり次第順に図解した所謂印解であって、その内容は首尾完結しており、また細部に注意するならば訳図において、インド的な要素を表示する箇所が部分的に認められる。したがってこのインド的な性格が前二者の図像と同様に、善無畏系の図像として比較されるべき条件となりうるのである。

今日もなお、蘇悉地系密教の問題（イ）性格、（ロ）原初形態、（ハ）発展形態、（ニ）伝承に関する事柄[5]、（ホ）供養法の組織等）は、体系的に不明瞭な部分が少なくないが、今この儀軌に関して考察の項目を述べるならば次の点が問題となろう。

（1）蘇悉地儀軌契印図の諸問題（東寺本と石山寺本の関係）

（2）蘇悉地儀軌契印図と蘇悉地羯羅供養法の関係

（3）蘇悉地大法（台密）の供養法と比較した蘇悉地儀軌契印図の位置

（4）十八道法と蘇悉地儀軌の関係

（5）蘇悉地羯羅供養法の真言

これによって概ね得られた結論は、次の通りである。

（1）現存の東寺本の配図の位置が正確ではないこと（このままの結印順序は誤りである）。

（2）（イ）訳図において、直接依拠した供養法は、高麗本、高山寺本とは少しく違って別系統であったと推考される。（ロ）善無畏自身の訳図[6]またはその系統の伝承と、安全にいいうることで、その理由は、五部心観、大悲胎蔵三昧耶曼荼羅の着想と比較して類似性があり、訳図のインド的要素《契印番号㉑(67)(90)》の表現は、とくにインド人の手に成るものと、推考される。

図1　蘇悉地儀軌類系統図

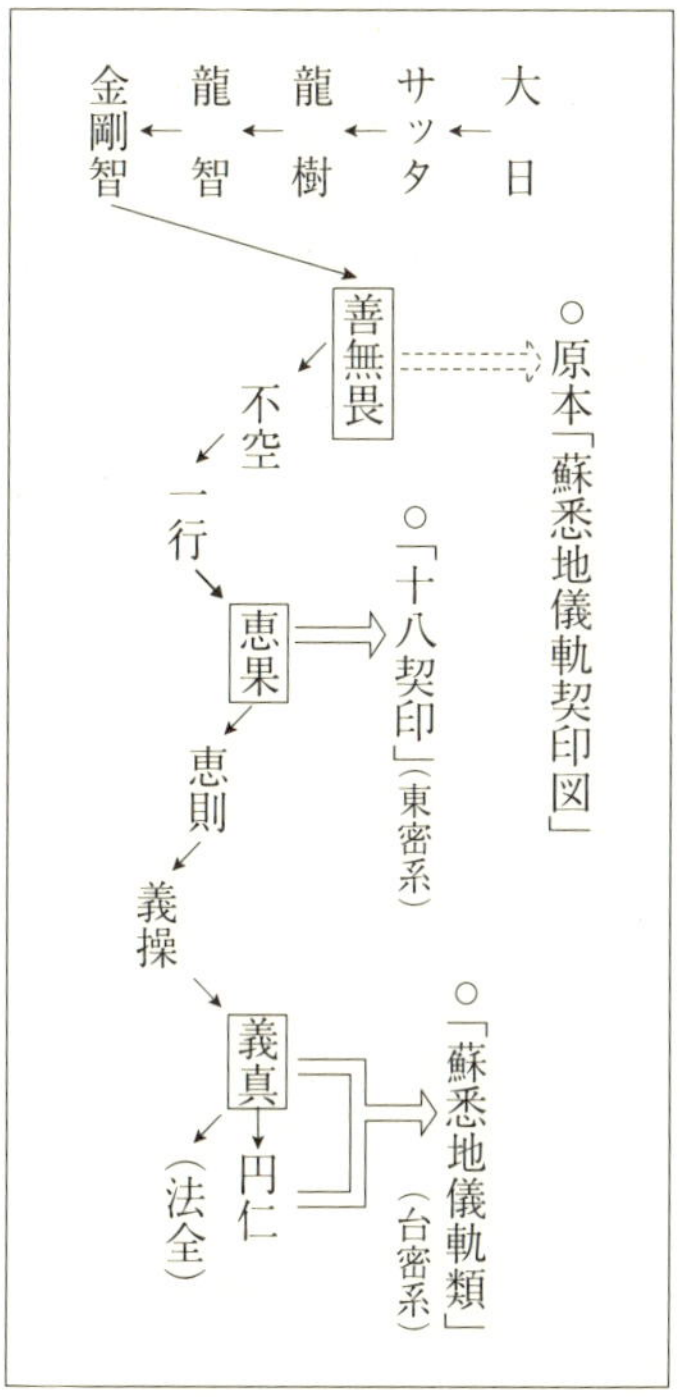

（3）この儀軌が原初的なものであり、しかも、台密所伝の蘇悉地儀軌類と比較して類似しないのは、発展形態における系統的な相違を意味する。蘇悉地における慈覚大師の「印信」[7]を参照して、その両者の儀軌の位置を示すならば図1のようになる。

したがって宗叡の解釈は明らかに、「善無畏直系」の蘇悉地儀軌を見出して伝承しようとした態度を示している（この点は、両部大法の受法における円仁、円珍の師〈法全阿闍梨〉が「本来善無畏系の人には違いないが当時圧倒的な勢力をもっていた

図2　十八道法と蘇悉地儀軌の関係（「十八契印」以前）

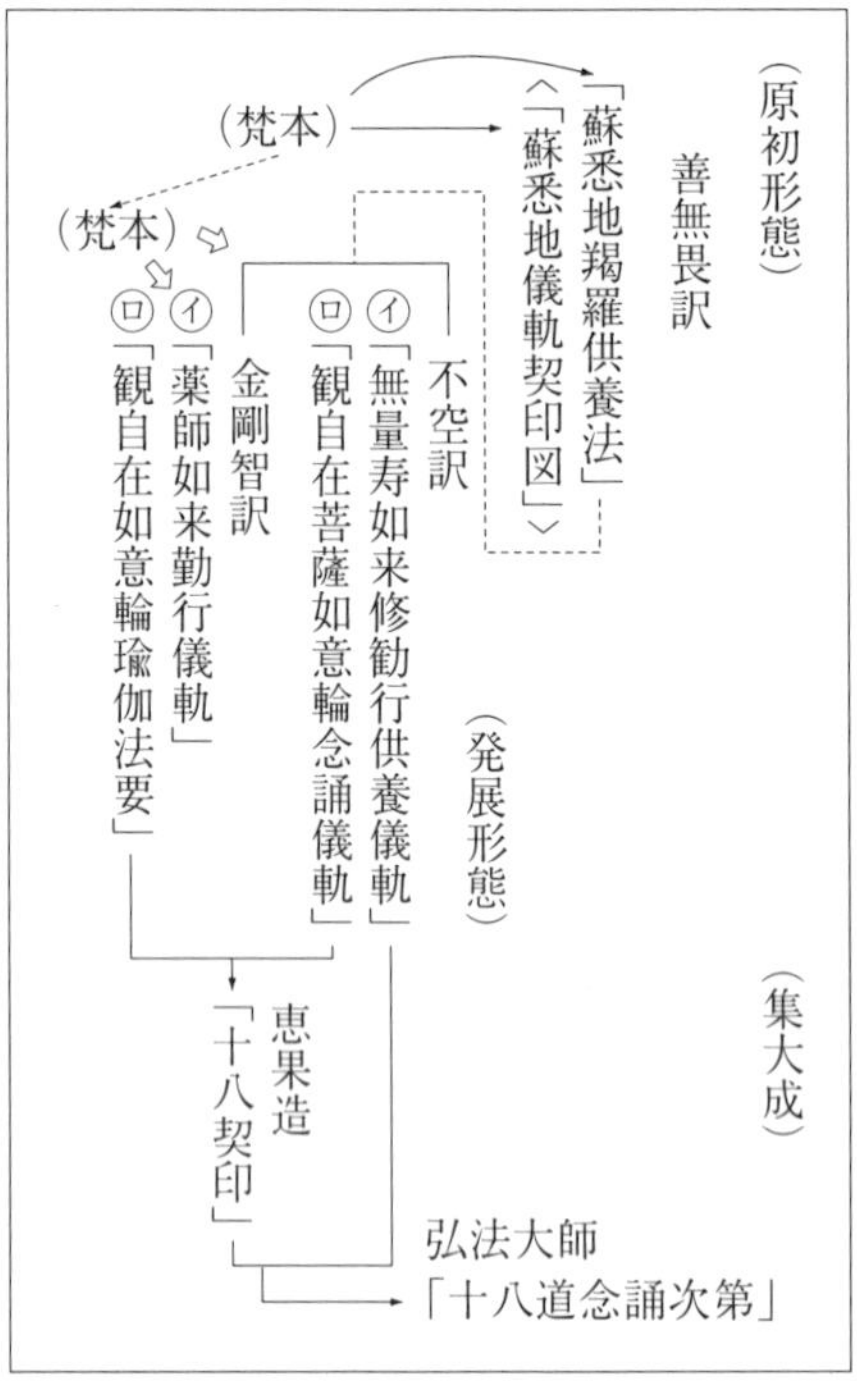

金剛智、不空系の密教も併せて伝承している」事実を考慮して、やはり蘇悉地法についても台密のそれらは善無畏の旧伝に基づいてはいるものの、その組織立ての過程において、すでに恵果の「十八契印」の影響があったと考えられるからである）。この儀軌は、前述の両大師は勿論、安然、良祐、承澄、にも披覧されていないことが判明する。その理由は宗叡が東密（東寺経蔵五智院）に伝えて間もなく秘蔵されるようになったからである。したがってこの儀軌の存在が台密の蘇悉地法の組織、およびその史的展開を考えるうえにきわめて重要なのである。

（4）　従来から台密では「十八道」の行法が、（蘇悉地略行十八道出二蘇悉地一也」）と解釈されて伝承（大正蔵七九、七一頁）されているが、この見解がどのようにして成り立ったかは（「蘇悉地が両部不二の行法」とする解釈だけではない）、円仁→円珍→安然の文献を照合しても口決をそのまま伝えているだけで詳しい言及がなく明確ではない。しかし、これらの儀軌の成立と、その組織だての過程を「十八契印」以前の善無畏→不空系の諸儀軌に限って考えるならば、次のような根拠を得ることができる。すなわち、十八道〈＝『十八契印』一巻、『十八道念誦次第』一巻〉と『蘇悉地羯羅供養法』二巻本、三巻本、の比較考察において『如意輪軌』と『無量寿軌』の性格を十八道の発展形態としてとらえることができ、さらに両者（①『蘇悉地羯羅供養法』、②『十八契印』）の中間に位置づけることが可能となる。それを図示するならば、図2のようになる。これは、胎蔵法の曼荼羅の伝承形態（㋑善無畏系「胎蔵図像」「大悲胎蔵三昧耶曼荼羅」、㋺不空系「胎蔵旧図像」→〈集大成〉、㋩恵果「現図曼荼羅」[8]）と比例して成立過程が類似する。すなわち「行法」も恵果にいたって集大成されているが「十八契印」の要素は、すでに「無量寿軌」「如意輪軌」に形態が内蔵されているから、不空→恵果阿闍梨の経巻相承の間に存在していたのである。その本尊の性格を考慮するならば、「蘇悉地儀軌契印図」では大賓迎請の象徴的な訳図が一部〈No.㊾一切請座〉に見られ（『蘇悉地羯羅供養法』高麗本、高山寺本にはその所説がない）不空においては『無量寿経』および『阿弥陀経』（Sukhāvativyūha）を所依として、無量光仏（Amitābha）、無量寿仏（Amitāyus）であり、金剛智では、薬師如来（Bhaiṣajyaguru）の観行を密教の行法に適用している。そしてさらに、恵果にいたって、また一般的な大賓迎請の形式がまとめられている。これの依拠した梵本にもやはり同様の展開が推考されるが、もしインドに存在したと解釈される十八道的な行法があったならば、それはおそらく蘇悉地法に基づいたものであったに違いない（この推論は、『蘇悉地経』の成立をたどって呪法 śāntī、呪咀 abhicāra, yātu〈除魔 abhicārikāṇi kṛtyāpratiharaṇāni〉、開運 pauṣṭika の三部法に由来を求めうるからである。これが「蘇悉地羯羅供養法」では明確に仏部、蓮華部、金剛部の三部組織の修法形態となって展開されている）。

以上のごとく、一面において蘇悉地系密教は善無畏の伝えた独自の密教形態としてとらえることが可能である。

今回はまず（1）についてその他関係せる問題を含めて少しく考えてみたい。表題に東寺観智院蔵本とくに出さなかったのは、同系の転写本石山寺蔵本との関連を考慮せねばならぬ問題が生じたので、両本を含む意味からして儀軌名を総称して取り扱ったのである。

一　「蘇悉地儀軌契印図」の諸問題

1　東寺観智院蔵本と石山寺蔵本の奥書について

蘇悉地大法を修するために必要な儀軌類（供養法）のうち、東密に伝えられてしかも訳図を有する史料が現存するのは、

(a) 東寺観智院蔵本「蘇悉地儀軌契印」（縦二六・〇×横四四七・〇センチメートル）重文指定

(b) 石山寺蔵本「蘇悉地手契図」（縦三三・〇×横三九八・〇センチメートル）

　内題の下に石山寺密蔵院の朱印あり。表紙は薬袋紙、爛破あり。表題を欠く（「契図[9]」の二字が見える）。

以上の二本であって、ともに巻子本、紙本墨書である。その奥書は、各々

(a) 「大唐[10]咸通五年歳次甲申孟夏中旬有八天水郡

趙琮録記　上都東市請納延喜元年八月五日五智院」

(b)「大唐咸通五年歳次甲申孟夏中旬有八天水郡　趙昇琮（マヽ）　録記

平治元年六月三日以証本裏書注付了

以両本交合了」

とある。(a)の奥書によれば、観智院本の転写本が(b)の石山寺本である。まず(a)の奥書について見るならば、咸通五年（八六四）に天水郡[11]の趙琮（生死年代不詳）が上都東市（長安）においてこれの底本から転写録記したもので、小野博士の推考する原本が善無畏の訳（図）出とすれば、三蔵の寂（七三五）後、すなわち一世紀（百二十九年間）あまりも隔てて写されたことが判明する。しかしこの長い期間中、それではこれに関する同類系の契印図およびそれに準ずる行法が全く行なわれなかったのか？というと決してそうではない。台密の蘇悉地大法の最初の組織だてを確立した慈覚大師円仁（七九四―八六四）は、入唐して会昌二年（八四二）「青龍寺[12]の義真より蘇悉地大法を稟けており」観智院本が写されたときにはすでに入寂している。直接、蘇悉地儀軌契印図と称する図像は承和十四年（八四七）帰朝当初において、円仁の三種[13]の請来目録には認められないけれど、大師が在唐中に観智院本とやや類似した蘇悉地系儀軌契印図を披覧していたことは確かなようである。円仁撰述（八三八―四七？）の「蘇悉地妙心大」一巻によれば次のように伝えている。

（1）［契印番号4］

次除二萎華一者。謂去二壇上萎一華也。其印右手執二持払子一。従二中心仏上華一始為レ去レ華。口常誦二真言一去レ華也。言二払子一者段段劈二練絹一以繋二著竹杖等端一也。印図中亦有二其様一也。[14]

この所説のうち「印図」と称する部分は、蘇悉地系儀軌契印図であることは明らかであるが、さらに次のように照合した態度を窺うことができる。

（2）［契印番号35］

印図中作二普印一。[15]

これは、また同系統の安然（八四一―九〇一）記とされる『蘇悉地大法対受記』[16]一巻にも利用されており、安然大徳を除いてこ

儀軌名	分類番号	契印名	印相内容
観智院本	No. 5	除萎華	右手執㆓持 花㆒
妙心大	No. 4	除萎華	右手執㆓持払子㆒
対受記	No. 5	除萎華	右手執㆓持払子㆒

表１　『妙心大』の契印番号(4)に関して

儀軌名	分類番号	契印名	印相内容
観智院本	No.34	着　衣	金剛合掌
妙心大	No.35	ナ　シ	但シ印図中作㆓普印㆒
対受記	No.38	着衣真言印	「海説」は契印ナシ、但シ印図中作㆓普印㆒
蘇悉地記末	No.32	着　衣	妙心大云図中作㆓普印㆒

表２　『妙心大』の契印番号(35)に関して

の記事を重要視した者はいない。少し時代が下って承澄（一二〇五―一二八一）の『蘇悉地記末』一巻（一二五一草了[17]）には、（2）の「印図中作㆓普印㆒」のみを『妙心大』から写し[18]ているが、（1）の記事は考慮されていない。

この円仁が照覧したという、ある種の蘇悉地系契印図を推考するために契印の(4)(35)に限り、既掲の諸本と比較して行なう（表1・2）。

この二点のうち(4)除萎華の印相が相違する。すなわち観智院本では明確に蓮華（padma）の一種を右手に持っているが、『妙心大』と『対受記』には「其印右手執㆓持払子㆒（Cāmara 払塵）」とある。したがって円仁が照合して「印図中亦有㆓其様㆒也」と解釈した。その契印図の訳図は、この図出(4)に限るならば少しく違っていたと考えられる。(35)では『妙心大』の契印名がなく「無印」とする。しかしその契印図を照覧していることは「印図中作㆓普印㆒（vajra-aũjali 金剛合掌）」と伝えるごとく明らかで、他の二本も『妙心大』の記事を踏襲し、移写しているのである。したがって、この『妙心大』の私記から推考するならば、観智院本の転写以前にも多少の蘇悉地系儀軌契印図が流布していたことが考えられる。さらに観智院本の録記者「趙琮」が明確でなければならないが、この人物を論証する史料は全くない。ただ石山寺本の奥書《昇＝琮戈（マ、）》は問題があるが、おそらく観智院本からの書写の際（観智院原本のこの部分は細字で「昇」とも読める）琮を昇と解釈し、後で「琮カ」（「戈」は（カ）＝歟・乎）と附記したのであろう。よってこの史料から「趙琮」を究明することは困難なのである。次に観智院本の奥書の別筆の部分「精納延喜元年八月五日五智院」について考えてみたい。これにはまず、考えたいことで請来者宗叡僧正との関係を見る必要がある。すなわち僧正の入唐期間[19]（八六二―八六五）の行程を探りつつ、この蘇悉地儀軌契印図の入手された場所について知りたい。咸通五年（八六四）にこの契印図が写されたとき以降の宗叡僧正は、洛陽から長安に進んでいる。洛陽では善無畏の旧院聖善寺（ここで七二五年に『大日経』が訳された[20]）に詣でて、その門人より三蔵所持の金剛宝杵ならびに、経論梵夾諸尊儀軌等をうけている[21]。さらに、咸通五年五月、真如親王とともに長安城に入り、右街にある名刹、新昌坊青龍寺に法全阿闍梨を訪れ、宗叡はそのまま留まり灌頂をうけ、胎蔵界法も学び、金剛杵および諸儀軌を附属された。そして、咸通六年（八六五）六月から十月まで、同じく左街の延康坊西明寺（善無畏三蔵が七一六年に当地に赴き興福寺南院から移ったところ[22]）において雑法門などを書写している[23]。西明寺は当時の入唐僧が必ず立ち寄った寺坊であって、青龍寺から約四・五キロのところにある。長安におけるこの二カ所のうち、趙琮の録記した場所を、その奥書「上都東市」の示す部分から解釈して東市（左街）の青龍寺と推考できるが、これを断定する際に次の問題を含めて考えねばならない。つまり、東密の蘇悉地法の資子相承において法全と宗叡の関係を除外することは勿論できないことが、宗叡より二十四年先に入唐し、二十二年も早く蘇悉地大法をうけた円仁の披覧せる先述の蘇悉地系契印図が、そのまま義真の手許にあったと考えられる点に注意を要する。すなわち分類するならば次のごとくである。

義真「印図」（蘇悉地系契印図）──→円仁が照合して『妙心大』に記録する。（台密系）

No.④ ‖ 少し相違する ‖ No.④

法全〈趙琮写〉──→「蘇悉地儀軌契印図」、宗叡が請来する。（東密系）

したがって今までに見出せなかった『蘇悉地儀軌』を円仁と宗叡が一方では照合し、今一方では請来している。しかもこれらの内容の部分的な相違から義真と法全の所持していた蘇悉地法の儀軌は内容においても伝承形態そのものは若干別系統の様相を帯びていたと考えられるのである。

さらに、今一つ考えたいことは、西明寺にこの儀軌が存在したか否かの可能性である。次の二点について少しく問題があろうと考えられる。

㋑西明寺の当時の様子を考えるために、会昌四年（八四四）七月における有名な武宗の破仏後を知らねばならない。道士趙帰真の勧告で断行された仏教排斥の政策は、その八月最も激しくなり、長安城内の僧坊の多くを破却してしまったのである(24)（青龍寺も、このとき破壊の難に遭遇したが大中六年（八五二）には、護国寺の名をもって復活している(25)）。また、城内の受法の状況は「資治通鑑唐紀六四」によれば、翌年の長安の模様を含めて、

会昌五年秋七月（中略）上悪三僧尼《ノ》耗二蠧《スル》天下《ヲ》一、欲《ス》レ去《ラント》レ之《ヲ》、道士趙帰真等復勧《タム》レ之《ヲ》乃《チ》先《ヅ》毀《ツ》二山野《ノ》招提（仏寺）蘭若《ヲ》一（空静な僧坊）、勅《シテ》上都東都両街《ノ》各《ニ》留《メ》二二寺《ヲ》一。毎《ニ》レ寺《ニ》留《メ》二僧三十人《ヲ》一（以下略）(26)

と伝えているように、上都（長安）および東都（洛陽）では、左右両街の二寺ずつがこの災難より免れたのである。すなわちその四カ所の寺坊とは、(27)（長安城内では）東市右街の開元坊大薦福寺、進昌坊大慈恩寺、また、西市左街の延康坊「西明寺」、永陽坊大荘厳寺の名刹をいうのである。よって、蘇悉地儀軌契印図が、これから二十年後に写されて、もし西明寺にあったとしても、一応その当時の経蔵の安全性を窺うことができるのである。

㈲さらに、西明寺における蘇悉地関係の著作がなされた事実は、カシュガル（Kaśgar）から来唐して西明寺に在留していた不空の弟子慧琳（七一六―七九九）が、「建立曼荼羅及揀地法」を著わしている。これが必要に迫られて作られたという解釈（『国訳一切経』密教部三、四五頁）を考慮すれば、当時において蘇悉地法の儀軌の書写、受法も同様にここで行なわれていたと推考される。

したがって、本儀軌の入手した場所が①青龍寺と推考されても断定することはできない。また②西明寺経蔵にもその可能性が十分考えられてよい（これらの結論は、今後の研究課題「蘇悉地系密教の伝承形態」に含めて得たい）。

さて、それから宗叡は貞観七年（八六五）に帰朝し、貞観十一年（八六九）には東寺に却来して「請来の経論儀軌（百三十四部百四十三巻）、法器、仏像曼荼羅（五十余点）を上表せり(28)」とある。この蘇悉地儀軌契印図も、これらの諸儀軌と一緒に東寺経蔵内に納められ宗叡の寂（八八四）後の延喜元年（九〇一）に東寺の五智院に請納されたものと解釈する。今日、東寺の経蔵で五智院と称するところはないが、文亀元年（一五〇一）ごろ(29)には五智院の存在を伝える記録があり、さらに古く平安では寛治七年（一〇九三）に「五智院本(30)」という考え方もあったことが知られる。したがってその当時の東寺内に経蔵「五智院」が存したことは確かである。さらに、石山寺本の奥書について見るならば、平治元年（一一五九）に観智院本から転写され、同時に「証本」をもっ

て交合している。これらからその転写の態度を次のようにまとめることができる。すなわち石山寺本は奥書(b)に見られる「証本」(=照合本)によって得た裏書の真言を、観智院本から写した表の結印順の配図の各々に合致せしめ、観智院本をより一層、供養次第として完全な形に整えようとしたのである。よって両本とは、①観智院本であり、②証本である。しかしこの証本に関して一応その性格を考慮したい。そしていかなる「供養法」であったかを現存の石山寺蔵経の中から拾い出してみたいと思う。

2　石山寺蔵本蘇悉地手契図の裏書について

石山寺本に示される証本の性格を考える際に、とくにその根拠となる手がかりは、裏書に示されている真言[31]（八十二種）が唯一である。その真言を順に整理してみるならば、『蘇悉地羯羅供養法』二巻本（以下「供養法二巻本」と略称する）の内容と全く類似していることがわかる。その両者を比較するならば、表3のようになる。〈［ 0 ］は石山寺本裏書と真言名について同じの意、また（ ）で囲むものは、多少相違している場合を示し、各々両者の真言内容が合致しているものを縦に並べた。〉

以上においてはじめに明確にしておかねばならないことは、この裏書の真言内容の漢音と梵字が、所依の「証本」からそのまま写されて契印の結する順序に当てはめられていることである[32]。

すなわち、真言の書写に際して漢音から梵字を音写したものでもなく、勿論梵字から漢音を得たものでもない[33]。それは、この両者を『蘇悉地羯羅供養法』二巻本に比較すれば、真言名こそ若干違うものが（石山寺本裏書番号③—⑤、⑧、⑫、⑭、⑱—⑳、㉓—㉗、㉞[34]、㉟、㊴—㊶、㊻、㊼、56—58、63、65、67—78、84—87、89）にあるが、内容は漢音、梵字ともに全く類似しているからである。

この見解を石山寺本が、その中興である朗澄律師（一一三二—一二〇八）の書写であるとする解釈[35]と考え併せて、その手元にあった「証本」と推考される「供養法」はいかなるものかといえば、まず書写された平治元年（一一五九）以前に限って、次の一本がそれに該当するものと考えられる。

すなわち『石山寺一切経目録』一—七輯を見るならば、唯一、大正三年（一九一四）八月二十五日調査に際して記録された香聖教第四箱に蔵される『蘇悉地羯羅供養法』上下二巻[36]である。これは淳祐と同時代の筆（平安中期）明了と解釈されるものである。

さらに、この裏書の前掲した「供養法二巻本」と異なる真言名について、「証本」とは照合しているものの他方では口決の要素を多分に伝えていることを示す。あるいはまた、全く「証本」に依拠されたものであるとすれば、その推考される「供養法二巻本」は、高山寺本[37]（一〇五五年写）系と真言名が若干異なるものであったに違いない。またNo.㉑以降にメモ的なまとめが見られる。[38]

三部母　仏眼、白衣観音、忙莽計、
三部主　輪王仏頂、馬頭観音、降三世、
三明妃　無能勝、多羅、金剛鉤、
三忿怒　不動尊、蓮華軍荼利、甘露軍荼利、
　皆其印依無紙不写之耳（年）

これは直接には、『蘇悉地羯羅経』（請問品）の所説〈次第成就の上、中、下、の相（lakṣaṇa）の請召によって成ぜられた、真言中の三種の成就分別〉を分類したものである。本経によれば、「息災法において、仏部の中には仏眼仏母（buddha-locanā）の真言を用いて、蓮華部の中には蓮華母の白衣観音（pāṇḍaravāsinī）の真言を用いて、金剛部の中には金剛母の執金剛（vajradhara-raḥ, vajrapāṇi）すなわち、忙莽鶏（māmakī）の真言を用いて各々（Śāntika）の法を成す。増益法において、仏部の中には明王（vidyārāja）の最勝仏頂（vijayoṣṇīsaḥ）の真言を用いて、蓮華部の中には明王・馬頭観音（hayagrīva）の真言を用いて、金剛部の中には明王蘇皤（vidyārāja-subha. vajrahuṃ karaḥ, trāiloka-vijayaḥ）の真言を用いて、各々（pauṣṭika）の法を成す。降伏・調伏法において、仏部の中には大忿怒・無能勝明王（aparājita）の真言を用いて、蓮華部の中には大忿怒・施婆嚩訶（ṣivāvaha, sivāvaha vidyāḥ）の真言を用いて、金剛部の中には大忿怒・軍荼利（kuṇḍalī）の真言を用いて各々（abhicāraka）の法を成す」のごとく三種の持誦せる成就規定がある。

この石山寺本の裏書を含めた書写の動機と背景の事情について詳細なことは明らかではないが、当地と接している台密系の諸寺ですでに盛んであった蘇悉地儀軌類の書写やその集成が、少なからず影響を与えたと考えられる。それは、大津に近い「坂本村」であって、とくに、㋑南溪蔵、㋺西教寺の二寺坊が挙げられる。このうち比すべき史料が㋑では、「蘇悉地羯羅十八契印供養法」[39] 一巻（慧頂録一七三三年写）、㋺では、「蘇悉地私記同印図」一巻[40]（一七五五年亮宥写）と蔵されており、他に、『妙心大』『蘇悉地

表3　石山寺本裏書と供養法二巻本の真言名対照

石山寺本契印	石山寺本裏書番号・真言名	供養法二巻本番号・真言名
No. ①	No. 82　受触忿怒真言日	No. 1　［0］但し「而作護身真言」
②		2　ナシ
③	80　弁才真言用灑身	3　（而用灑身真言）
④	81　大輪陀羅尼（但し梵字なし）	4　（而塗其地明日）
⑤	78　除萎華	5　（先誦比明除其萎華日）
⑥	79　掃地明日	6　［0］
⑦	76　塗地明日	7　［0］
⑧	77　護諸供具明日	8　（護諸供具然後可往明日）
⑨	74　仏部三昧耶真言	9　［0］但し「昧＝摩」
⑩	75　蓮華部三昧	10　［0］〃
⑪	72　金剛部三昧耶真言	11　［0］〃
⑫	73　軍吒利縛諸難（但し真言なし）	12　（繋縛諸難真言）
⑬		13　ナシ
⑭	71　咒土真言	14　（浄土真言）
⑮	69　辟除真言	15　［0］
⑯	70　又辟除真言	16　［0］「又欠ク」
⑰	67　又辟除真言	17　［0］〃
⑱	68　護身及結十方界真言	18　（護身結界真言）
⑲	65　□□□手印触諸物真言	19　（瀉垢真言）
⑳	66　灑浄水真言其印以手右手作拳取水	20　（清浄真言）
㉑	63　光沢真言（註32）（但し真言は不詳）	21　［0］（但し真言内容は二巻本と三巻本と異なる）
㉒	64　攪水真言（註33）（〃　〃）	22　［0］
㉓	61　軍吒利真言	23　（持誦水真言）
㉔	62　塗土摩身浴真言	24　（「取土」塗身真言）
㉕	59　除身中毘那夜迦真言	25　（遺除身中毘那夜迦難真言）
㉖	60　護身真言印五処	26　（護身五処真言）
㉗	57　分土及被甲真言	27　（持誦土真言）
㉘	58　比印用軍荼利根本及大心真言二真並通用（但し真言なし）	28　{（澡浴真言）（軍荼利根本真言）
		29　自灌頂真言
㉙	55　結髪真言	30　［0］
		(30)′　「三部（仏、蓮、金）結髪真言」
		(30)″　三部（仏、蓮、金）献水真言
㉚	56　仏部飲水灑浄真言	31　［0］
㉛	53　蓮華部飲水灑浄真言	32　［0］
㉜	54　金剛部飲水灑浄真言	33　［0］
㉝	51　門外著衣灑浄真言	34　（灑浄換衣真言）
㉞	52　入道場口誦真言而也	35　（入室口誦真言）
		(35)′　入室真言
㉟	49　仏部三昧耶真言	36　［0］但し「昧＝摩」
㊱	50　蓮華部三昧耶真言	37　［0］〃
㊲	47　金剛部三昧耶真言	38　［0］〃
㊳	48　除身中毘那夜迦真言	39　（遺除身中毘那夜迦難真言）
㊴	45　辟除諸障真言	40　（辟除真言）
㊵	46　辟除真言	41　（又辟除真言）
㊶	43　辟除真言	42　［0］
㊷	44　去垢真言	43　［0］但し三巻本は「瀉垢真言」
		(43)′　三部清浄真言
㊸	41　仏部光沢真言　蓮華部真言　金剛部真言	44　［0］
㊹	42　護身真言	45　［0］
㊺	39　大護身真言手印与前同印五［処］	46　（五処成大護身真言）
㊻	40　甲真言	47　（被甲真言）
㊼	37　比是結髪真言	48　［0］
㊽	38　仏部母真言	49　［0］
		(50)　{成就宝山真言　成就師子座真言（但し真言なし）

㊾	35	蓮華部母真言	51	「0」
㊿	36	金剛部母真言	52	「0」
○51	33	□□□□	53	仏部心真言
○52	34	蓮華部心真言	54	「0」
○53	31	金剛部心真言	55	「0」
○54	32	送車輅（本尊）所真言	56	（車輅真言）
○55	29	通三部諸尊明	57	（諸尊明、三部奉請明）
○56	30	仏部心明	58	（仏部心真言）
○57	27	蓮華部心真言	59	「0」
○58	28	金剛部心真言	60	「0」
			(61′)	三部浄治空路真言
			(61″)	奉請真言
註㉞ ○59				ナシ
○60				ナシ
○61	25	仏部　奉座真言 蓮華部　金剛部	62	「0」但し「奉蓮華座真言」
○62	26	除遺従魔法者有毘那夜迦名送諸尊常従至己即用吉羅真言	63	（枳里枳里遺除之真言）
			(64)	閼伽真言
○63	23	忍（ママ）諸尊去即己右手視三昧耶真言	65	「0」（本尊憶惜本願真言）
○64	24	金剛捴（ママ）結界真言	66	「0」
○65	25	上方鈎欄真言	67	「0」（用結上方界真言）
○66	22	金捴（ママ）垧真言	68	（金剛炉真言）＝三巻本（牆）＝二巻本
○67	19	金剛墻（ママ）索真言 結束方界	69	（金剛羂索真言）（東方界真言）
○68	20	以捴（ママ）墻真言	70	（金剛幡真言）（法結四方界真言）
○69	21	金剛刹（但し真言不詳）	71	（金剛峯真言）（南方界真言）
○70	18	金剛索真言結角方界	72	（金剛迦里真言）（北方界真言）
○71	14	又㔾真言持誦	73	（成結下界真言）
○72	15	阿三忙祇寧真言	74	「0」（普作火院）

○73	12	次由大界真言	75	（重結大界真言）
			(76)	三部数珠真言
○74	13	仏部数珠真言	77	「0」（仏部成就数珠真言）
○75	10	蓮華部数珠真言	78	「0」（蓮華部成就数珠真言）
○76	11	金剛部数珠真言	79	「0」金剛部成就数珠真言
			(80)	腰線成就真言
○77	8	奉塗香真言	(81′)	三部奉塗香真言
○78	9	奉華真言	82	「0」
			(82′)	三部奉華真言
○79	6	通三部奉焼香真言	83	「0」
			(83′)	三部奉焼香真言
○80	7	奉三部飲食真言	84	（奉食真言）
			(84′)	三部奉食真言
○81	4	三部奉献灯真言	85	（奉灯真言）
			(85′)	三部奉灯真言
○82	5	普□印（真言不詳）	86	（供養皆悉成就真言）（成就運心供養真言）
○83				ナシ
○84				ナシ
○85	2	火天明日、伏火著己用忿怒半去垢而護真言	87	（請火神真言）
○86	3	請火天印（但し真言不詳）	88	請火神祀真言
○87	1	吉哩吉哩忿怒真言	89	「0」（瀉垢火等真言）
			(90)	三部五浄真言
			(91)	灑浄香水真言
			(92)	燃火真言
○88 ○91 ←				ナシ

図3　蘇悉地儀軌契印図（東寺観智院蔵本）

◀表紙

契印番号

1	3	5	7
2	4	6	8

15 13 11 9

16 14 12 10

23 21 19 17

24 22 20 18

31 29 27 25

32 30 28 26

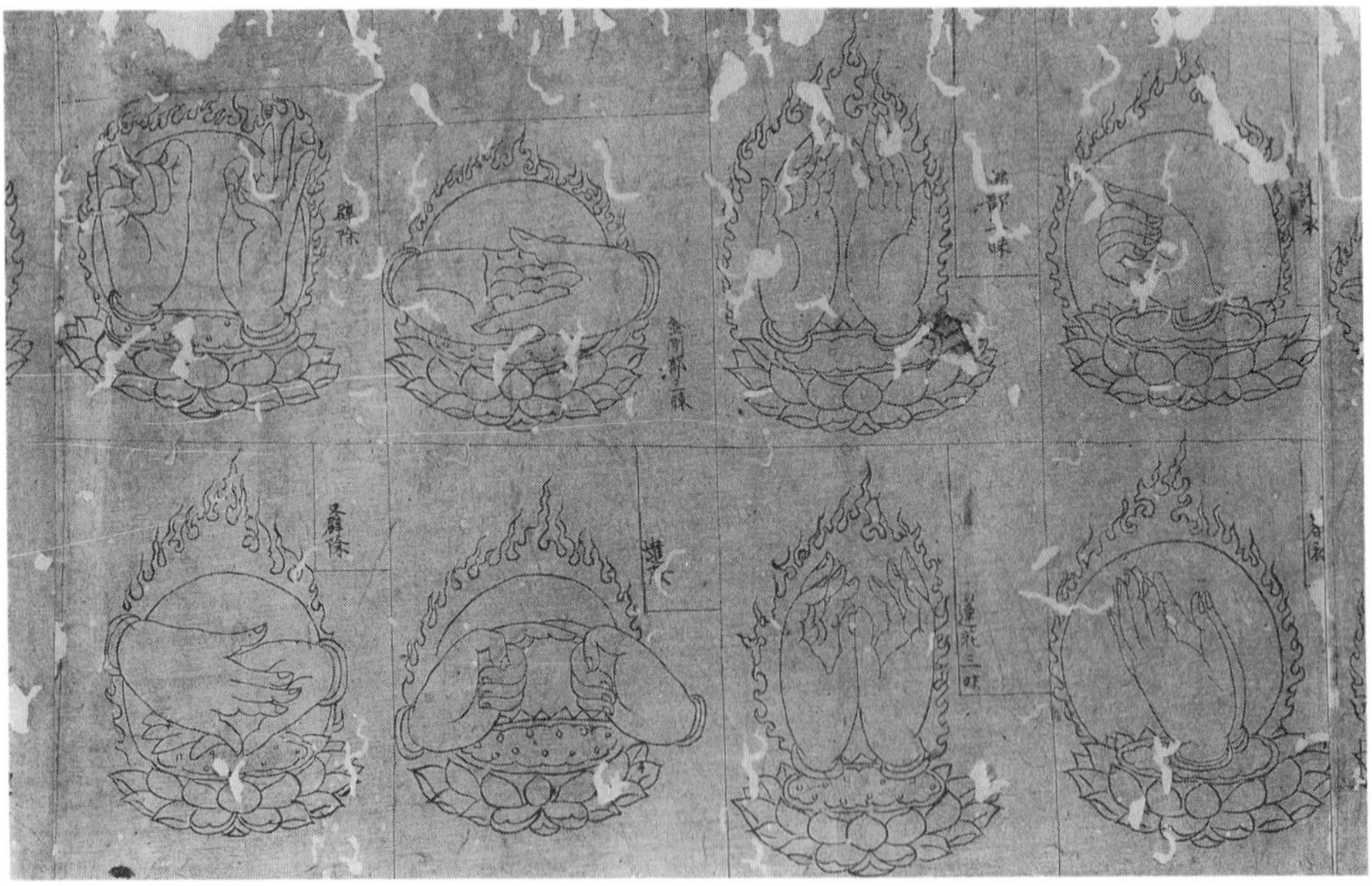

39 37 35 33

40 38 36 34

47 45 43 (41) （切継）
48 46 44 (42)

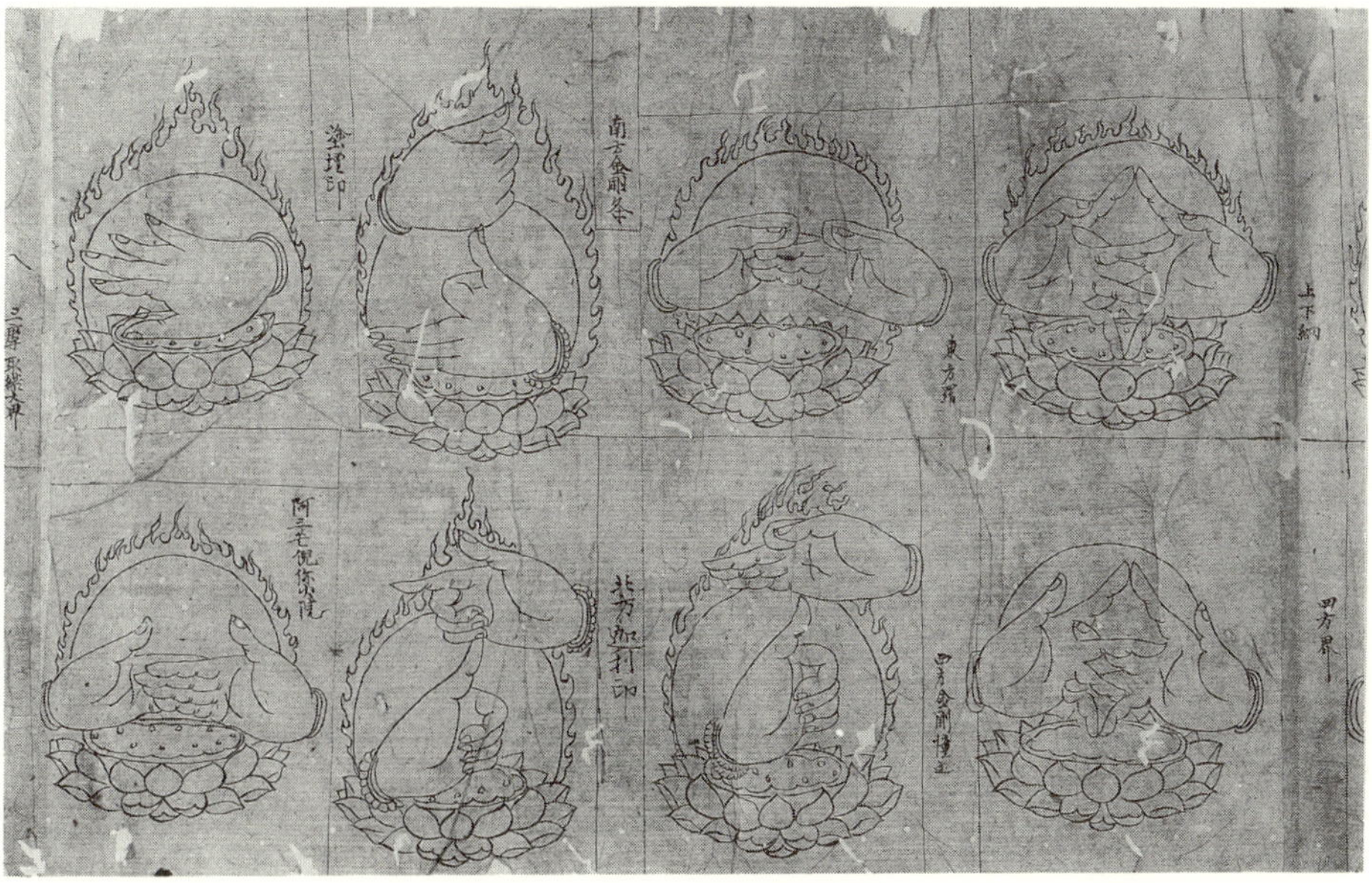

55 53 51 49
56 54 52 50

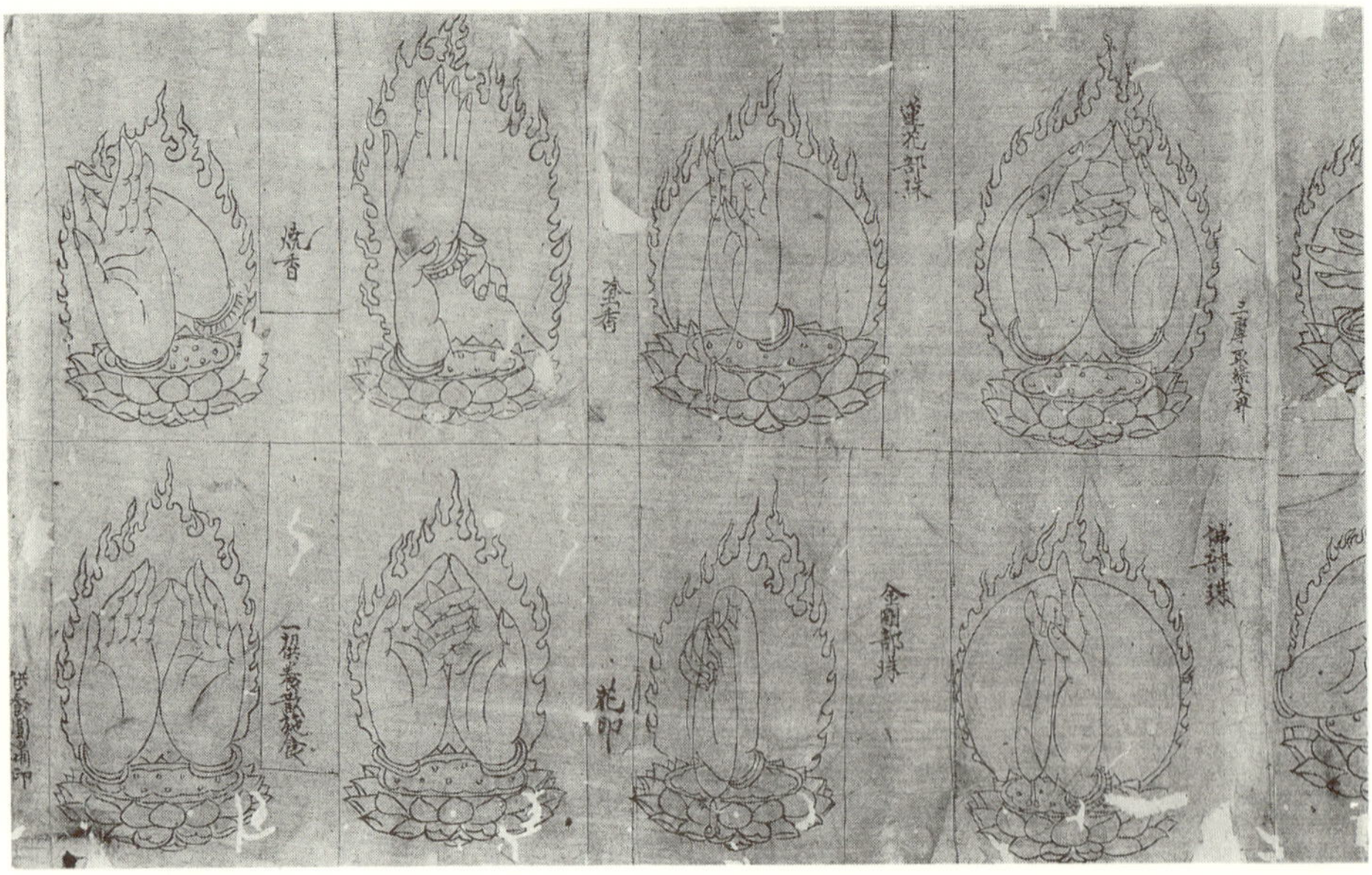

(印名)

63 61 59 57

64 62 60 58

71 69 67 65

72 70 68 66

(印名)

[82] 供養圓滿印

(切継)

79　77　75　73

80　78　76　74

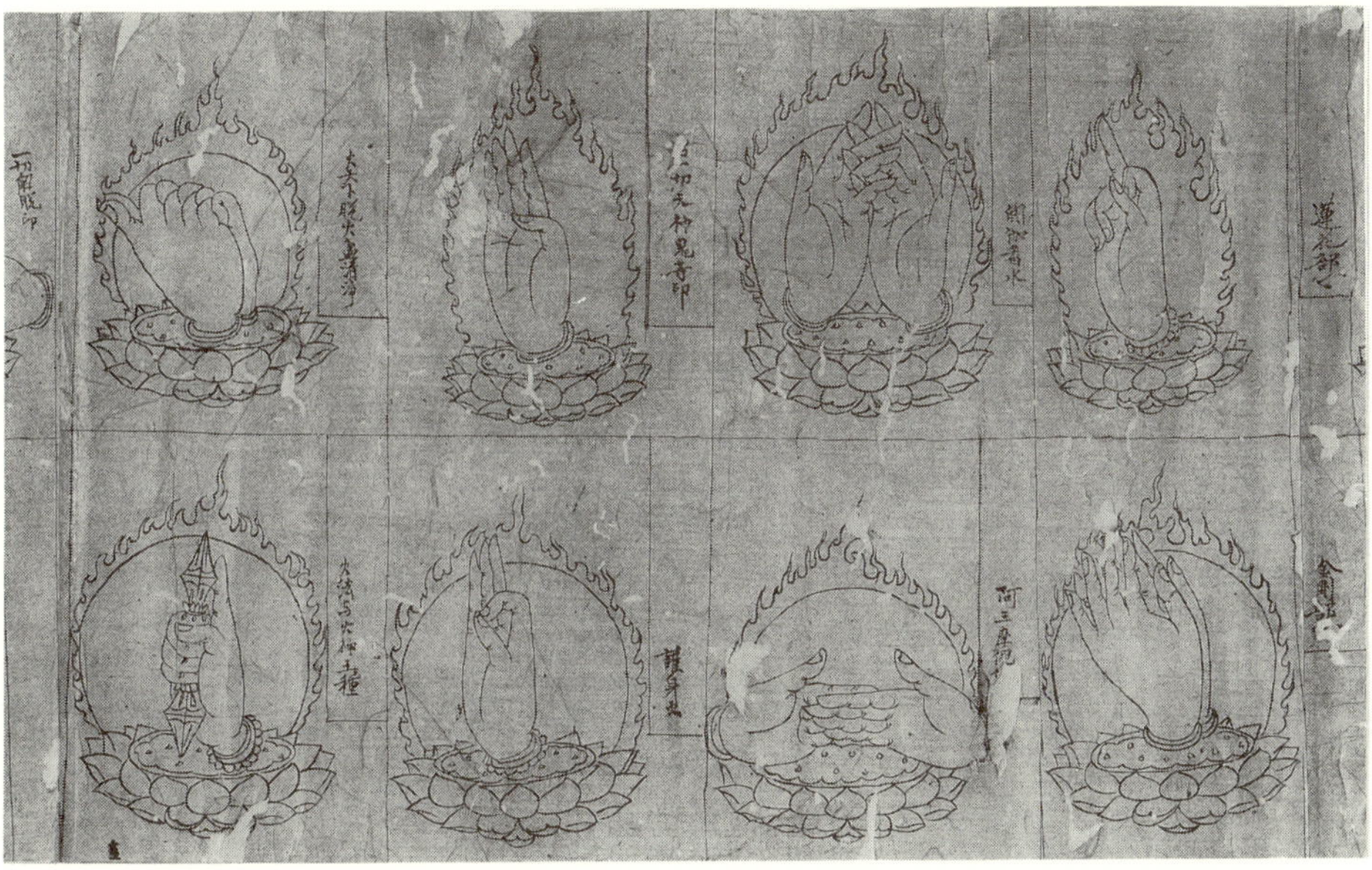

87　85　83　81

88　86　84　82

91　89　90

奥書（部分拡大）▶

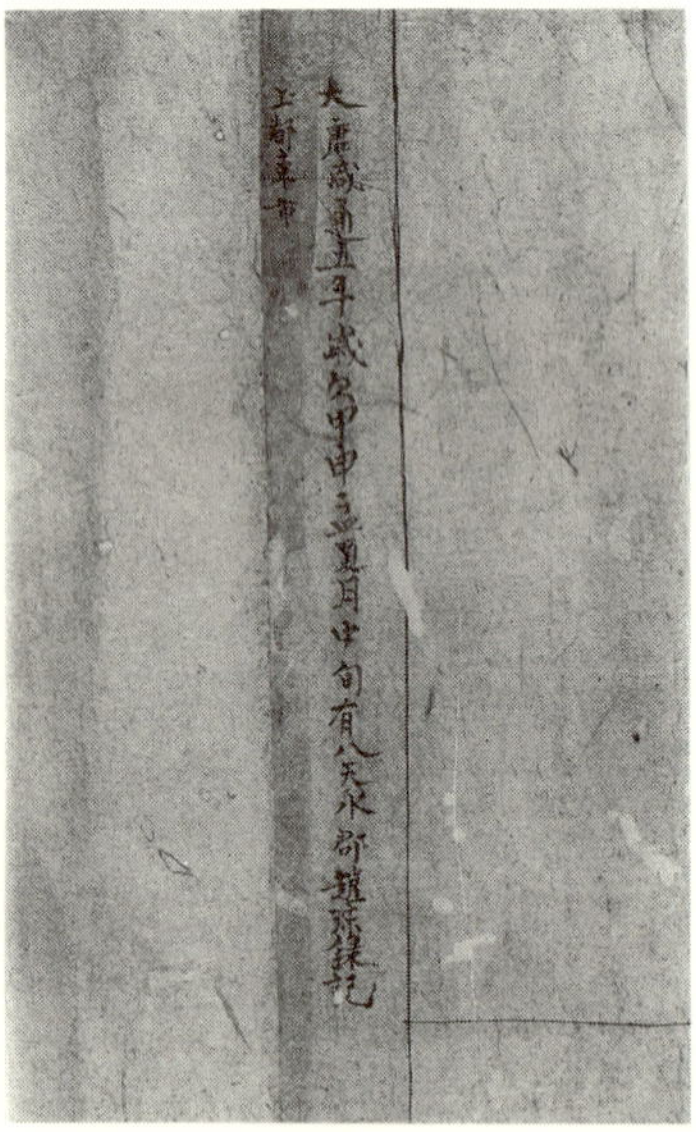

▼奥書

私記』の類本が多いことは注意されてよい。

3　東寺観智院蔵本の配図の順序と誤謬

蘇悉地（妙〈su〉に一切の作業〈kāra〉の成就悉地〈siddhi〉を得る）の儀軌であるこの契印図は、蘇悉地羯羅供養法の結印所作を図式化したものである。

その配図について、印相の描写と右上に附加された契印名の筆体は、同一人の手に成ること明確で、その配列は左向上下段に区分されている。そして結印する手首の部分には蓮弁をあしらった台座が描かれ、さらに印相の周囲にある円形の火炎が、これらの象徴せるムドラー（mudrā）の様相を一層強烈なものにしている。

その契印名を列挙するならば表4のごとくである。

全九十一項目で、その巻子本は十二紙（一紙の横幅、約三七センチメートル）よりなる。

しかし、次の二カ所が次第順序に比較して、結印することが不可能である。

すなわち、(イ)No.㊵「又辟除」からNo.㊶（不詳）に移る印相を結印する合。

(ロ)No.64「一切供養散施食」から65「嗔辟除」に移る結印と、その左下に見られる「供養円満印」の印名に当然あるべき印相が欠けていること。

この二点の構成に誤謬が生じている事実は、今日の東寺観智院蔵本の内容を考える際に重要視しなければならない。つまりこのままでは、蘇悉地大法の行法を修することが不可能である。

この問題について、まず原型の正しい内容を復原するために、東寺本の転写本「石山寺本」の配図と比較してみるならば、その転写当時、平治元年（一一五九）以後の修補（これは近年のものである）の際に生じた構成と推考できよう。この場合「石山寺蔵原本」の確証であるが、後述の「蘇悉地儀軌の系統について・序説」においてもまた次第内容の順序から考えても、転写当時のままを伝えていることは明らかである。以下両者の契印図の位置を比較するならば表5のごとくである。

以上において、両者よく一致する箇所はNo.①→㊵までと、No.83→91までであり、その間のNo.㊶→82が部分的に出入相前後して不

表4　東寺観智院蔵本の契印名

①	沙摩触護身	②	沙摩灑水
③	水	④	地明誦大輪
⑤	除萎花	⑥	（　　）
⑦	塗地	⑧	（　　）
⑨	仏部	⑩	蓮華部
⑪	金剛部	⑫	（　　）[41]
⑬	吒利縛印	⑭	加持土
⑮	辟除	⑯	又辟除
⑰	辟除弾指	⑱	上下
⑲	瀉垢	⑳	灑水清浄
㉑	光澤	㉒	攪水
㉓	浄水土等用	㉔	塗土
㉕	掠魔	㉖	軍吒利護身
㉗	被甲印土用	㉘	攪水
㉙	結髪	㉚	取水蓮華浄印
㉛	灑浄	㉜	浄水
㉝	護衣	㉞	著衣
㉟	仏部三昧	㊱	蓮華三昧
㊲	金剛部三昧	㊳	遣除
㊴	辟除	㊵	又辟除
㊶	（　　）	㊷	（　　）
㊸	一切請座	㊹	一切花
㊺	蓮華座	㊻	辟除
㊼	十方界	㊽	橛印
㊾	上下網	㊿	四方界
(51)	東方羂	(52)	西方金剛憧定
(53)	南方金剛峯	(54)	北方迦利印
(55)	塗壇印	(56)	阿三芒倪儞大院
(57)	三摩耶結大界	(58)	仏部珠
(59)	蓮華部珠	(60)	金剛部珠
(61)	塗香	(62)	花印
(63)	焼香	(64)′	一切供養散施食
		(64)″	「供養円満印」[42]
(65)	嗔辟除	(66)	辟除
(67)	辟除	(68)	護身
(69)	護身	(70)	甲印
(71)	護頂	(72)	仏母
(73)	蓮華母	(74)	金剛母
(75)	仏部心	(76)	蓮華部心
(77)	金剛部心	(78)	発遣
(79)′	〈請〉一切仏印	(80)′	仏部心[43]
(79)″	蓮華部心[43]	(80)″	金剛部心[43]
(81)	――印名ナシ――	(82)	――印名ナシ――
(83)	閼伽香水	(84)	阿三摩倪□[44]
(85)	□[45]一切天神鬼等印	(86)	護身火
(87)	火天下肢火盆清浄	(88)	火法[46]与火神五種
(89)	一切解脱印	(90)	（　　）
(91)	（　　）		

［番号は次第の順序を示す。（　）、□、は不詳の意。
――は一紙の切れ目］

表5　契印図の位置比較

東寺観智院蔵本	石山寺蔵本
①沙摩触護身	①沙摩触護身
←㉚取水蓮華浄印	←㉚聚蓮華浄（印）㋩
←㊵又辟除	←㊵又辟除
㊶（　）	㊶嗔辟除
㊷（　）	←(56)仏部心
′(64)一切供養散施食	(57)蓮華部心
″(64)（供養円満印）	
(65)嗔辟除	
←(80)仏部心	(80)一切供養散施食
(81)（蓮華部心）㋑	(81)献灯㋥
(82)（金剛部心）㋺	(82)供養円満印
(83)閼伽香水	(83)閼伽香水
←(91)（　）	←(91)（　）

㋑　この印名と印相は合致しない。㋺同様にこの印名と印相も合致しない。印相の内容は石山寺本に比すれば「供養円満印」の内容と合致する。㋩大正蔵、図像部第八巻㈠—三三頁では「水」と読む。

㋥　原本では印名不詳。ただし、大正蔵、図像部第八巻㈠—四二頁では、「献灯」と附している。結印内容から推考したものであろう。

表6　契印図の配置復原

東寺観智院蔵本	項目数
①→㊵	40
(65)嗔辟除→(80)仏部心	16
㊶（蓮華部心）—㊷（金剛部心）—(64)一切供養散施食—(64)［供養円満印］	24
(81)（　）—(82)（　）—→(91)（　）	11
計	(91)

図4　蘇悉地手契図（石山寺蔵本）
(79)焼香　(80)一切供養散施食
(81)「献灯」（印名はない）　(82)供養円満印
(83)閼伽香水　(84)阿三摩倪儞

明瞭な点が甚だしい。問題をNo.㊶↓(82)までに限るならば、まず、東寺本のNo.㊶㊷の不詳なる契印名は、その印相を比較して石山寺本のNo.(57)「蓮華部心」、(58)「金剛部心」に各々該当する。したがって同じ東寺本の契印名No.(81)「蓮華部心」、(82)「金剛部心」は、その印相と一致しない（表5註記）から別に印相の合致するNo.㊶㊷に附加せねばならない。つまり東寺本の不詳なる印名はNo.㊶（蓮華部心）、㊷（金剛部心）に相当し、これで結印することが可能になる。ところが、逆に東寺本No.(81)(82)の印名が空欄になるが、印相内容を尋検すれば、石山寺本No.(81)「献灯」、(82)「供養円満印」に各々該当するので、東寺本No.(82)は同本No.(64)の次の下段に附加せる「供養円満印」の五字が契印名となって差支えない（図4）。さらに両本のNo.㉚において「取水」を「聚」と解釈した石山寺本の態度であるが、『蘇悉地羯羅供養法』（二巻本、三巻本）に照合してこれは明らかに誤写である。さて両本の比較によって、今日の東寺本は、表6のごとく契印図の配置が復原される（番号は現在の位置を示す）。

以上のように、この復原された東寺本の内容を指して正しく「蘇悉地儀軌契印図」と呼称することができ、また「蘇悉地儀軌の系統について・序説」で扱う「蘇悉地羯羅供養法」との対照考察が初めて可能となるのである。かかる看点から石山寺本の価値内容は改めて要視されなければならない。それは、「蘇悉地羯羅供養法二巻本」と所説内容および順序が一致するからである。

註

（1）解説が国立文化財研究所松下隆章（『東寺』、朝日新聞社、一九五八年、六〇頁）と佐和隆研『日本の密教美術』便利堂、一九六一年、二六〇頁）にある。

（2）小野玄妙『仏教の美術と歴史』（大蔵出版、一九三七年）七二五―七三一頁。また、大村西崖先生も、この契印図は見ているが（『東洋美術史』、圖本叢刊會、一九二五年、一四三頁）、詳細な言及はない。

（3）大正蔵五五、一一一一頁b「蘇悉地儀軌契印図一巻右禎苗子等阿闍梨附属或有此間未将来為道心者請求也」とある。

（4）これら三部大法の儀軌は、唐本図像という点で各々一致するが、その性格は相違する。すなわち、（a）（b）はともに曼荼羅であるが、（c）は蘇悉地大法の所作結印を行なうための契印次第である。もし、（a）（b）の研究対象を（c）に求めるならば、susiddhikara-mahātantra-sādhanopāyika-paṭala の蔵および漢〈七二六年、善無畏〉訳の伝える㋑奉請成就曼荼羅、㋺補闕小・成就請物・通三部秘密曼荼羅、㋩被偷成就物却徴・通三部成弁諸事曼荼羅、㋥灌頂曼荼羅、㋭光顕曼荼羅の五群八種の maṇḍala（大村西崖『密教発達志』巻三、国書刊行会、一九一八年、四一二―四一三頁仮図参照）とさらに sarvamaṇḍala-sāmāyavidhi-guhyatantra の同じく蔵および漢（不空）訳の伝える㋑揀択弟子品、㋺摩訶曼荼羅品、㈧奉請供養品の三種の maṇḍala の成立・組織を〈蘇悉地系曼荼羅〉として体系づけねばならない。それは、『陀羅尼集経』における諸尊法との関係を考慮することであり、雑部曼荼羅の終局的な展開を意味づける。

（5）従来では、田島徳音（『仏書解説大辞典』第七巻、大東出版社、一九三三年、一五―一六頁）が問題を指摘し、最近の研究では、三崎良周「台密の蘇悉地について」（『印度学仏教学研究』一〇―一、一九六二年、二一七頁）が「三種悉地真言」を要視している点に注意したい。

（6）小野玄妙は、善無畏の訳図の根拠として、㈠海雲の両部大法相承師資付法記、㈡崔牧の大日経序、に記録されている㈠「契印法一巻」、㈡「地契及手印図一巻」を各々この儀軌と解されたが、異論がない。ただし、㈡の解釈について、「地契」はこの儀軌に該当しても、「手印図一巻」は、蘇悉地儀軌契印ではないと考える。なぜなら、今一本別に「起聖衆極図一巻」〈大悲胎蔵三昧耶曼荼羅〉とさらに『胎蔵曼荼羅手契印様』一巻が存在していたと解釈したい。この契印様は、やはり円仁（八四七年）記『入唐新求聖教目録』（大正蔵五五、一〇七八頁）に記録されている。大村西崖『密教発達志』第五巻附録、三四頁では、「地契及手印図」（識幖壇儀法即三昧耶曼荼羅）とするから、小野玄妙と同じ解釈である。

（7）『教時諍論』（大正蔵七五、三六四頁d）、大山公淳「東台両密の問題」（『密教文化』四八―五〇合併号、一九六〇年、一二三頁）。

（8）小野玄妙の説（『仏教の美術と歴史』、大蔵出版、一九三七年、三七二頁）。

（9）中川善教教授の御教示による。

（10）「大」以下二十七字と「請」以下十三字は別筆である（大正蔵図像八、⑴二六頁参照）。

（11）「天水郡」とは、（隋）在今甘粛省天水県西南（A Comprehensive Chinese gazetteer 一三一頁）。

（12）大日本仏教全書（『日本高僧伝要文抄』第⑵、三七頁、『元亨釈書』⑶、一七三頁、『本朝高僧伝』第⑹、一一七頁）。

（13）『入唐新求聖教目録』（八四七記）、『慈覚大師在唐送進録』、『日本国承和五年入唐求法目録』（以上、大正蔵五五、一〇七四―七八頁参照）にこの儀軌は認められない。

（14）円仁の見たという契印図について小野玄妙はこの記事のみを指摘した（前掲『仏教の美術と歴史』、七二八頁）。大正蔵七五、六⑴三九頁c。

（15）大正蔵右同、四〇頁c、および右同、二〇五頁a。

（16）安然の『蘇悉地大法対受記』は『妙心大』と同系統である。その概要は各師説を集めたもので、この契印番号⑷㉟に関する引用も安然が［角説］［海説］をまとめた所説に従って得たものである（大正蔵七五、六⑴二〇〇・二〇一頁参照）。田島徳音（『仏書解説大辞典』第七巻、一六頁）によれば角説について従来の円仁、水尾玄静の二説を何れも不可としている。海説は大日院道海の説である。『対受記』の各師説の問題は円仁系のこの儀軌を考える上においてきわめて重要である。

（17）渋谷亮泰編『昭和現存天台書籍綜合目録』（上）（法藏館、

一九七八年）五五二頁c。
(18) 大正蔵図像八、⑸二三八頁b。
(19) 宗叡の入唐説は、貞観四年（八六二）（大日本仏教全書『本朝高僧伝』第⑺、一三一頁）が定説であるが三年説（大日本仏教全書『元亨釈書』第⑶、一七五頁、『国史大系』第㉛、六四頁）も伝えている。また、帰朝に関し、貞観六年（八六四）（群書類従第⑶『東寺長者補任』、六五〇頁）の異説がある。
(20) 大村西崖『密教発達志』第三巻、三五九頁。
(21) 続群書類従一九三―⑻上、一〇〇頁。
(22) 栂尾祥雲『秘密仏教史』（高野山大学、一九三三年、九一頁）。
(23) 大村西崖『密教発達志』第五巻、八六九頁、群書類従前掲『入唐五家伝』同頁。

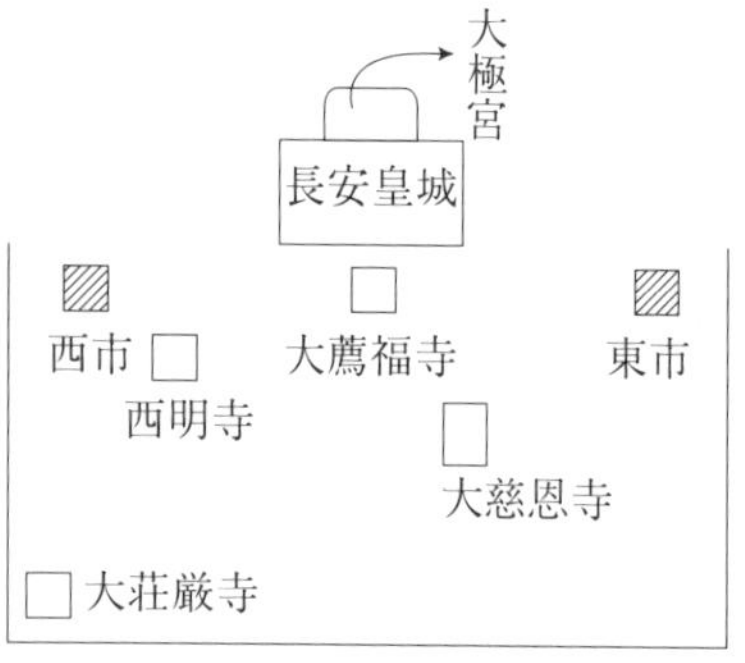

図5 長安城内四ヵ寺

(24) 円仁『入唐求法巡礼行記』によれば、この年の九月に訪都して「三十三ヶ寺が破却」と記している。続々群書類従第⑿および『仏教文学集』（筑摩書房、一九六一年、六三頁）。
(25) 加地哲定「青竜寺の遺蹟に就いて」（『密教研究』七一号、一九三九年、九七頁）。
(26) 『資治通鑑』唐紀六四（唐紀武宗至道昭粛孝皇帝下会昌五年）の項でこれは、司馬光（一〇一九―一〇八六）の通史である。
(27) 鶴田久作編『続国訳漢文大成』（一九二九年）第⒁二六八頁註および、足立喜六『長安史蹟の研究』（東洋文庫論叢第二之⑴、一九三三年、二一八頁）。この四ヵ寺を図示すれば図5のようになる。
(28) 大日本仏教全書『本朝高僧伝』第⑺、一三〇頁。
(29) 五智院に関して、⑴比叡山、⑵滋賀の坂本、⑶禅林寺?、⑷醍醐寺内が挙げられるが、この場合は⑸東寺を中心に考えたい。『東寺文書』之四、一九七頁（大日本古文書所収）によれば「鎮守八幡宮大般若経輪転結番次第大般若輪転結番事」の集会に四―六月の毎二十日および潤六月の七日二十四日行なう旨を数ヵ所の諸院とともに五智院が挙げられている。東寺文書において五智院の類例は他に見えない。
(30) 清野智海氏の御教示による。「尊勝陀羅尼諸家集一軸」を「寛治七年十月六日に寂成房の五智院本を以って奉写している」（大日本史料三編の三、一五四頁）。
(31) 大正蔵図像八、⑴四五―五八頁参照。
(32) この四字は漢音、梵字とともに重書された形跡あり。「軍」と重ねて「光」の字を認める。
(33) この四字の下に重書されて「真言」の二字を認める。
(34) 裏書No.25、26は蘇悉地羯羅供養法に合致する訳図No.59、60が説かれていないから、この両者の真言はNo.61、62に当てはめるべきである。以下No.63→68、70までの真言の位置は、大正図像の編者の見解とは違って誤差が生ずる。

(35) 小野玄妙の説(『仏教の美術と歴史』、七二七頁)。しかし原本には、朗澄の名記は認められないから筆法からの推考であろう。同人とすれば、三十八歳の写事である。

(36) 奥書は「上初帰命諸如来及法菩衆
上終(白字)延長三年潤十二月二十四日点カ了
下初除遺魔法者有毗那夜迦名
下終(白字)延長三年潤十二月二十五日点了」とある。

(37) 前註同本と高山寺本(一〇五五年写および一一四五年写)〈大正蔵一八、七〇四頁註〉との関係が明確ではない。供養法二巻本は、安然の『八家秘録』巻上(大正蔵五五、一一一六頁)では「円珍の録外、円仁の録内、円行の録内」と記されているように、この本朝請来と流布は明らかに早い。

(38) 円仁撰『妙心大』にも同様の分類がある(大正蔵七五、6―(1)四三頁c)。

(39) 『仏書解説大辞典』第七巻、一五―一七頁。

(40) これの底本は『賀州白山小原薬師寺永禅記』のものである。「印図」の記年は不詳であるが、『蘇悉地私記』は宝暦五年(一五〇九)に記されたものである。(『昭和現存天台書籍綜合目録』、五二〇頁)。

(41) 「軍吒」の二字あり。

(42) 契印番号(64)(66)の間にこの五字あり。ただし印相はない。

(43) 「蓮華部心」「金剛部心」には印名のみで印相はない。

(44) 大正蔵図像八、(1)二三頁では「儞」。

(45) 右註同書二四頁では「召」。

(46) 右註同書二四頁では「与」を「與」とあるが誤り。

蘇悉地儀軌の系統について

——訳図における東寺本と供養法の図像学的比較研究——

密教の図像であるこの契印図が訳図に際していかなる供養法によって成立しえたのか、まだ明確ではない。しかし図出されている契印形態を蘇悉地羯羅供養法について照合するならば、そのムドラー（mudrā）が秘めているきわめて独創的な炎の象徴性をも結印の中に察知することができる。(1) しかも供養法に認められない訳図のいくつかは蘇悉地儀軌類の伝承における系統的な位置をも推定せしむる。

比較・考証に必要とした儀軌は次の二本（漢訳）である。

(A)蘇悉地羯羅供養法三巻本（高麗本）

(B)蘇悉地羯羅供養法二巻本（高山寺本）

以下(A)をⒶ本、(B)をⒷ本と略述する。ともに梵本、蔵訳を欠き善無畏（六三七—七三五）訳出と伝えられているが、『開元』・『貞元録』にはその所説がない。(2) しかし『蘇悉地羯羅経』との関係や、また善無畏の訳経の順序から考えて、『蘇悉地羯羅経』（三巻本）の訳出年代（七二六）とほど遠からぬ時期であることは間違いない。それを示唆する内容がⒶ本上巻末に認められる。(3) すなわち、

委《シク》尋《ネルニ》二開元貞元二録一《ヲ》。善無畏訳《ノハ》只有《リ》二三経一法一《ノミ》。而《モ》無《シ》二此《ノ》供養法一《ハ》。今以《ウニ》目録《ニ》雖《モ》レ無《シト》。詳《ニスルニ》二其《ノ》文義一《ヲ》。非《ズ》二是《レ》後人偽妄《ニ》集《メシ》者一《ニ》。故《ニ》

依《リテ》二丹蔵一《ニ》両《ナガラ》倶《ニ》存《ス》焉。

のごとく「契丹蔵に収載されて、蘇悉地羯羅経および供養法倶に存す」と説かれる。

次にこの内容であるが、両本ともに『蘇悉地羯羅経』に基づき供養持誦の方法を記述している点では同じである。Ⓑ本に立脚す

表1　「本経」と「供養法」における真言、手印の比較

本経に説く真言、手印	Ⓐ、Ⓑ本の真言、手印 内容の一致する分類を示す。（番号は後述の別表を参照）。
請問品第一（マントラは真言、以下チベット訳、gsaṅ sṅags 北京版 230 a, 1. 3.）	
(1) hūṃ の心マントラ（烏芻沙摩 ucchuṣma の明呪）	①
(3) 弁才のマントラ	③
(4) Śāntika（息炎） Pauṣṭika（増益） Abhicāraka（降伏）｝三部（上、中、下）のマントラ （持真言法品第六）	
(5) 水のマントラ（洗浴所作《アリ》）	⑭
(6) 土のマントラ（洗浴所作《アリ》）｝〔Vināyaka の障害、煩悩を辟除する〕	㉕
(7) 辟除のマントラ（澡浴所作《アリ》）	⑳
(8) 沐浴のマントラ（軍荼利〈Kuṇḍali〉のマントラ）	
(9) 沐浴の心のマントラ	
(10) 自灌頂のマントラ ↓	㉘—㉙
(11) 結髪のマントラ	
(12) 仏部・蓮華部・金剛部―結髪のマントラ	㉙—㉚
(13) 仏部・蓮華部・金剛部―漱口、灑浄のマントラ	飲水灑浄真言―仏㉚ 蓮㉛ 金㉜
(14) 仏部・蓮華部・金剛部―献水のマントラ	㉙—㉚
(15) 瞋怒金剛のマントラ	
(16) 金剛明王の珠索のマントラ	㊶ ?

るならば、「真言が梵漢両語で並挙」されている点がⒶ本の漢音のみとは異なる。Ⓐ本と比較するとⒷ本の「運心供養」までは全く同じであるが、それ以下に、

讃歎法、懺悔、帰命三宝、発菩提心、発勝願、灌頂願、四種疾誦、二種成就物、観心、金剛降三世讃、請火天

の真言を説く。神林隆浄先生によれば、Ⓐ本は作法を知るのに便利であり、Ⓑ本は修法を実際に修するために編せられたと解釈された。[4] この供養法二本の性格を考えてゆく場合その成立当初に注意しなければならないが、ここでは真言と手印に限ってそのⒶ・Ⓑ本と『蘇悉地羯羅経』（以下、本経と略述する）による組織について付言しておきたい。「本経」と「供養法」の関係は表1のようになろう。

この蘇悉地羯羅経（チベット訳、[5] および漢訳の別本2）には、四十八種の主な真言が列挙されているが（ただしその他の漢訳の高麗本、宋本と比較していない）、それに相当するⒶ・Ⓑ本の真言、手印は三十四種で、残りの六十七種（Ⓐ・Ⓑ本合計百一種ある）前後は①当時の阿闍梨の口伝においてⒶ・Ⓑ本を組織するために附加、②善無畏の訳出の際に必要とした解釈上の増減、等の理由により構成されたことが考えられる。また本経には契印の結印方法を説く個所は〔本経分類番号の(11)、(13)、(14)、(34)、(45)〕であり、そのほとんどが結印

(17)仏母珠索のマントラ ┐ 〔Vināyakaは「障を為すこと能わず」〕 (18)観音母索のマントラ ┘	仏部母真言 蓮華母真言	㊽ ㊾?
(19)仏　部 ┐ 観音部 ┼ の心のマントラ 金剛部 ┘		(51) (56) (52) (57) (53) (58)
(20)念誦、護摩、梳髪、着衣、偏袒、臥、洗浄の時に持誦する真言と同時の作法が説かれる。		
（供養花品第七）とくに註(16)参照、（チベット訳は北京版、p.57 238 a.18～b4. デルゲ版 Tsha 帙 176 a.) (21)献花のマントラ ┐ （塗香薬品第八） (22)塗香のマントラ ┤ 真言内容同じ (ahara ahara sarvavidya-dharapujite svāhā) （分別焼香品第九） (23)焼香のマントラ ┘	奉食真言 (80)	(78) (77) (79)
（燃灯法品第一〇） (24)灯のマントラ		(81)
（献食品第一一） (25)治食のマントラ	奉食真言	(80)
（円備成就品第一三） (26)仏　部 ┐　　┌ Kumārī（童女のマントラ） 蓮華部 ┤ のマントラ ┤ 矩嚧儗抳のマントラ 金剛部 ┘　　└ mamakī（金剛母）のマントラ （注）「初中後分の間に〔求請の句〕を誦すべし」とある。		
(27)Ⓐ〔合眼薬の法〕 仏　部 ┐ 蓮華部 ┤ 合眼薬のマントラ 金剛部 ┘		

の所作を示していない（この部分は高麗本、宋本についても同様の伝承を示す）。したがって「蘇悉地儀軌契印図」の図出が可能な時期は、大局的に蘇悉地羯羅供養法の成立以後とされなければならない。この前提のもとにⒶ・Ⓑ本と「蘇悉地儀軌契印図」の関係はどうであろうか、これが論究されねばならない次の問題である。ただし、この原本についてはかつて考察したのでここでは述べない(6)。

東寺観智院蔵本「蘇悉地儀軌契印図」の訳図①から(91)までに関して、番号順に印相のかたちを解説しつつⒶ・Ⓑ本において、相違する部分はその所説を列挙しながら図相の比較研究をなし、それによって請来本の一本を、修法を通しながら所作の系統を明確にしておきたい。特殊な研究ではあるが、これはとりもなおさず『蘇悉地羯羅経』（Susiddhikara-mahātantra-sādhanopāyika-paṭala）がチベット経典中の所作部を総括する内容として吟味しなければならない問題であり、図像学上（印相の形態）からも当然とり上げなければならない課題であろう。

①「沙摩触護身」は（右手を以て拳に作し、直く大母指を竪ずる）Ⓐ・Ⓑ本ともによく一致する。「沙摩」はucchuṣma（烏蒭沙摩）明王の意であり、「自身を護持する」ためにこの護身印（Ⓐ本では《小心印》大正蔵一八、六九二頁c）

(28) Ⓑ（被偸成物却徴法第一六） 金剛微那羅（Vajravinara）のマントラ あるいは不浄なる忿怒を用いて あるいは当部の所説の却史物のマントラを用いて ―→「護摩」(homa)を作す この三種に通ずるマントラ	
(29) 護摩のマントラ→火天（agni）を供養	㊷?
(30) 金剛部の嗔怒金剛のマントラ	㊼
(31) 護摩成就法のマントラ	
(32) （供養花品第二〇） 仏部の請火天のマントラ→火天を請召し、食物を焼いて供養せよ。	㊷
(33) 護摩のマントラ	
(34) 金剛部の忿怒金剛のマントラ	㊼
(35) 吉利枳羅のマントラ	㊹
(36) 蘇悉部（金剛部）マントラの (37) 仏部の空界を結界するのマントラ (38) 蓮華部の空界を結界するマントラ ―虚空界を結界する	浄治空路の印言 ㊸後 仏部 ㊸ 蓮華部 ㊸後
〔五種の護衛の法則〕 (39) 部母の金剛墻のマントラ (40) 金剛城のマントラ (41) 金剛橛のマントラ (42) 忿怒吉利枳羅のマントラ (43) 忿怒甘露軍荼利のマントラ	㊻ ⑲ ㉑ ㊷ ㊷ ㊼ ⑫ ㉘
(44) 仏部 蓮華部 ―部母のマントラ 金剛部	㊽ ㊾ ㊿?

を以て障難を免れる目的〔oṁ krodhana（忿怒によって）hūṁ（恐怖の聖語）jaḥ（鉤の種字）〕を有する。すなわち五処（身体の額、両肩、心、頂、喉）の加持（adhiṣṭhāna）を意味する。Ⓐ本には（別に「大印あり」）と附するが図出上においては関係はない。

② 「沙摩灑水」は（左手右手の頭指、中指、無名指を交《まじ》え両小指の頭《はし》相著け、大母指の頭《はし》著けず）、これはⒶ・Ⓑ本ともに結印法・真言を説いていない。

③ 「水」は（右手の五指を直《なお》く舒《の》べて、指の頭《はし》は相拡《ひろ》げ、次に無名指の中節を屈して、大母指を以て相当てる）、これはⒶ・Ⓑ本ともによく一致する。「水」とは、印名というより「其の灑水法」（蹲踞《そんきよ》して黙して両手を双膝の間に置き、印の手に水を掬せよ。泡沫あらしむる事勿れ。声なくしてこれを飲め。三度飲み已ては、然して後、手を用いて水に霑《うる》ほし、両度に唇を拭え。還て此の印を以てし、および真言を誦して、其の印の中の大指および無名指において、先ず両目に拄《ささ》え、次に口と両の耳および、両の肩、臍《へそ》、心《むね》、咽頂上に拄えよ。便ち、護身を成じて諸根清浄なり）[7]の所作から附した名目である。（oṁ śrāti smṛti dhāraṇi hūṁ haḥ《オーム陀羅尼に依って憶念に到達するフーム、ハッハ》大正蔵一八、七〇五頁a）

No.	部	マントラ	印
⑷⑸	仏部	浄珠のマントラ	(73)─(74)(A)
	蓮華部		(73)─(74)(B)
	金剛部		(73)─(74)(C)
⑷⑹	仏部	持珠のマントラ	(74)
	蓮華部		(75)
	金剛部		(76)
⑷⑺	仏部	五浄のマントラ	(87)後(A)
	蓮華部		(87)後(B)?
	金剛部		(87)後(C)
⑷⑻（光物品第三四）	仏部	光顕のマントラ	
	蓮華部		
	金剛部		

④「地明誦大輪」は（nivida-mudrā《堅実心合掌[8]》で、両掌をきわめて堅く合わせ、十指の先端が少し離れる）。

⑤「除萎花[16]」は（印相は①と同じ、ただし屈した頭指、中指、無名指、小指に「持花を執する」点が異なる）。

⑥「掃地」は（印相は①と同じ、ただし屈した頭指、中指、無名指、小指に「持《掃＝帚》を執する」点が異なる）。

以上の④⑤⑥は、Ⓐ・Ⓑ本ともに結印法が説かれていない[9]。

⑦「塗地」は（右手の五指を舒べて、地に平行に撫でるように示されている）Ⓐ・Ⓑ本ともに結印法は説いていない。

したがってこの④⑤⑥⑦までは所作（作法）そのものが契印として表現されており、「蘇悉地儀軌契印図」原本の作者は口決（決伝）を含めて作図した様子が窺える。

⑧「供具護一切物」は（右の手を拳に作して、直く大指、頭指を竪て、其の二指相著ける）、これはⒶ・Ⓑ本ともによく一致する。この浄供器の所作（先ず、神室《道場＝bodhimaṇḍla》を灑掃して萎花を除去し、諸々の供器を浄めて、然して後の方《まさ》に去りて澡浴すべし）によって壇上の供具を加持（adhiṣṭhāna）する。それは東密における『十八道次第』⑭加持供物と類似するが、その（小三股印）と真言内容は異なる。「蘇悉地儀軌契印図」に示される印相の「直く竪てる頭指」は、その真言のvajri（金剛あるもの）のśikhara（尖端、頂）をよく表現している。

⑨「仏部《ぶつぶ》」は、「仏部」の「三摩耶（samaya）」で（両手の十指を仰げて、直く前に向えて舒べ、側を並べて相著け微《すこ》し両の頭指の上節を屈する）、これはādhāra-mudrā（持水合掌）に類似するが、《頭指の両先が著いていない点、少々異なるけれど》同系である。水を掬する所作はⒶ・Ⓑ本ともに説かず。

⑩「蓮華部」は、「蓮華部」の「三摩耶」で（合掌して、中間の両の六指は外に向け舒べ散じて、相著け令《しむ》ること勿れ、其の大指および小指は、両手共に旧《もと》に依って相著け、合掌せる中を虚にし、開敷蓮華の如くして微し中間の六指《＝両頭指、中指、無名

指》を屈する）ここに述べる「開敷蓮華」の印相は東密『十八道次第』⑩の「開花」を表示したものとは相違しており「蘇悉地儀軌契印図」にも示されるごとく、kuḍmala-mudrā（kamala?＝未敷蓮華合掌）と開敷蓮華合掌の中間の形態をとらえたものである。

⑪「金剛部」は、「金剛部」の「三摩耶」で（右を以て左を押し、両手背けて逆え切著け、右の大指を以て、其の左手の小指に叉え、左手の大指を其の右手の小指に著け、中間の両の六指は微しく開か令め三股杵の如くする）、以上の〔三部三昧耶⑨⑩⑪〕は、Ⓐ・Ⓑ本ともによく一致する。しかも、この作法で初めて印名（⑨仏部三昧耶印、⑩蓮華部三昧耶印、⑪金剛部三昧耶印）を各々記述している。またこの仏本誓（＝samaya）を意味する三部三昧耶（三部諸尊の得 prāpti を顕じて行者の三業 tri-karman《＝身、口、意の三密》を清浄ならしむる）の真言、⑨oṁ tathāgatodbha vāya 如来の諸尊を〔発生するため〕に、svāhā 成就あらしめよ、⑩oṁ padmodbhavāya 蓮華部の諸尊を〔発生するために〕、svāhā 成就あらしめよ、⑪oṁ vajrodbhavāya 金剛部の諸尊を〔発生するため〕に、svāhā 成就あらしめよ、は恵果（七四六—八〇五）造（?・）の「十八契印」の結印内容とともに全く同じである。

⑫「軍荼（吒）利」は、kuṇḍalī（軍荼利明王）の印言で、（左手を右手の膊跟《ひじがん》上に置き、大指を以て小指の甲を捻し、中の三指を展《の》べ、三股杵の如くし、復た右手を以て、左手の三股杵《頭指、中指、無名指を展べる》の印相と同様。これはⒶ・Ⓑ本ともによく合致する（＝軍荼利根本印）。

⑬「吒《だ》（荼）利縛印」は、（右手を以て、左手の膊跟《ひじがん》上⑫よりやや下方に置き、頭指を大指の甲側上に著け、中指、無名指、小指は屈する。左手の印相も同様である）この結印法、真言はともにⒶ・Ⓑ本に説かれていない。しかし、⑫における続きの所作を図出したものと解釈される。その所説（真言《ノ》最下《ノ》満駄満駄《bandha bandha 繋縛繋縛》句《ニオイテ》即《チ》其《ノ》両手《ノ》三指便作《チシテ》レ拳把《レ》。所《ノ》レ捻《スル》小指《ハ》。依《テ》レ旧《ニ》勿《レ》レ動《ク》。其《ノ》諸《ノ》難者便《チ》撃縛《ヲ》成《ス》）を認める。

以下

⑭「加持土」（鍬、澡浴、浄土印）。

⑮「辟除《びやくじよ》」（辟除印）＝左手忿怒拳。

⑯「又辟除」（辟除印）＝拍掌。

⑰「辟除弾指《たんじ》」（辟除印）。

⑭⑮⑯は、Ⓐ・Ⓑ本ともよく合致する。⑰はⒶ本では「以両手」とするが、Ⓑ本では「以右手」として図に合致するのはⒷ本である。

⑱「上下」は（右手の大指を以て、小指の甲上を捻し、余の三指を微し開いて直く竪てる）、この vajra-mudrā の名目（上下）は、その所作（用《イテ》結《シ》㆓上下及《ビ》八方界《ヲ》㆒）から引用されたものである（＝結界護身等印）。

⑲「瀉垢」は（右手の大指を以て、小指の甲上を捻し、余の三指は微し開いて、直く竪てて腰の間に叉え、三指を前に向ける）、Ⓐ本には「左手《ノ》亦《モ》作《シテ》㆓此《ノ》印《ヲ》㆒」「用《イテ》身及《ビ》水土、澡豆《ソウヅ》《澡豆とは、小豆を粉にして水に和し、その名を以て手を洗う》等物《ノ》便《ヲ》去《チ》垢及与《ビ》清浄成《ニズ》」とあるが、図では「左手」の作図はない（＝瀉垢印）。

⑳「灑水清浄」は（右手を前に出し、大母指を舒べ、頭指、中指、無名指、小指は屈して取水の如くする）、すなわち「水を加持せる」様子を表示したものである（＝清浄印）。

㉑「光澤」（左手の大指を以て、大指の甲上を捻し、余の三指を微し開き直く竪て、其の膊《ひじ》を舒べ、還《また》右手を以て、左手の肘下を承け、此の印と同様に作す）（＝光澤印）、図では、左手の臂の上部に臂釧《ひせん》（Aṅgada→Bāju ここに見られるのは鐶《Ananta》のようである）が認められ、右手首には腕釧《わんせん》（Kaṭaka, Kaṅkaṇa）と解釈される環を認める（この腕釧を意識して描写している図は、①③⑦⑨⑩⑪⑫⑳が、㉑までにおいて見られ、以下㉓㉜㊷㊸㊿⑦に見られる）。もちろん、Ⓐ・Ⓑ本には㉑の部分において説かないが、⑯後に臂釧に関してのみ、芽環法、腰線法とともに「臂釧法」が説かれる。ただし作図に関係はない。

㉒「攬水」は、（両手を外に向けて相叉え、二大母指を以て並べ竪て頭を合わせ、二頭指の屈した頭《はし》を合わせ著ける）（＝攬水印）。

以上⑱⑲⑳㉑㉒は、Ⓐ・Ⓑ本ともよく一致する。

㉓「浄水土等用」および、㉔「塗土」の二点は、Ⓐ・Ⓑ本ともに順序が逆に説かれている。すなわち、表2の通りである。したがって㉓はⒶ・Ⓑ本〈㉔＝持誦水印〉と一致し、㉔はⒶ・Ⓑ本〈㉓＝塗身印〉に一致することは明確である。その図出を考慮するならば、㉓は同系の印相を③にも認める。㉔は㊻に繰り返されるが、この場合は、「両手相揩《ツテ》」に入る動作を表示したものである。

㉕「掠魔」は（両手の大指を以て、掌中に入れ屈して、拳を作り、二頭指を舒べ、左右叉《あざ》えて交る）（＝遣除《けんじょ》毘那夜迦印）、これ

はⒶ・Ⓑ本ともによく合致する。

㉖「軍荼利護身」、㉗「被甲印土用」の二点は、Ⓐ・Ⓑ本の説くところと部分的に相違する。表3の通りである。㉖はⒶ・Ⓑ本（=護身印）ともに「大母指を直く竪て中指の側に在け」とするが、図では、明らかに「大母指は、無名指」に置かれている。㉗では見解の相違もあるが、Ⓐ・Ⓑ本（=被甲印、持誦土印）には「二大母指を以て、又中指、無名指を捻して」とするが、図では「二大母指は、各々二中指の側に置かれており」中指、無名指とは捻していない。仮にこの不明瞭な「捻する」図出が可能とするならば、図の作者はこのⒶ・Ⓑ本の㉗を綿密に伝承し図出しえたという解釈ではない。

㉘「攪水」は、（右手を以て、その五指を散じ、広げ舒べる）（=攪水印）、Ⓐ・Ⓑ本ともよく一致する。

表2　㉓・㉔の比較

蘇悉地儀軌契印図	Ⓐ・Ⓑ本
㉓（右手を以て、舒べる大指を少々屈して中指、無名指の頭の背甲に著ける小指、頭指は中節を少々屈し展べる）	㉓取《リテ》レ土《ヲ》和《シ》レ水《ニ》。両手大指各押《シ》二小指《ノ》甲上《ヲ》一余指散開《シテ》更《ニ》互相揩《ツテ》。右手《ヲ》以《ツテ》遍塗《ヨリ》レ身《ニ》。此《レ》是《レハ》塗《ル》二土身《ヲ》一印《ナリ》。
㉔（両手各五指を舒べて、平行に間隔をおいて、開き並べる）	㉔先《ツ》平《ニ》右《ノ》手《ヲ》舒《ベテ》以《テ》二大指《ヲ》一押《ス》二其《ノ》中指、無名指《ノ》甲上《ヲ》一。稍々頭指小指《ヲ》屈《シテ》。持誦《ニ》二真言《ヲ》一。以《ツテ》レ印《ヲ》攪《イテ》レ水《ヲ》澡浴《セヨ》。此是持誦《スル》二水《ナリ》印《ヲ》一。

（＊　大正蔵一八、六九四頁c。七〇七頁b）

Ⓐ・Ⓑ本ともに、㉘から㉙の間に、「自《ズカラ》灌頂《セル》印」（以《テ》二二小指《ヲ》一。相鏁《エテ》入《レ》二掌《ニ》一。二無名指《ヲ》双《ベテ》。押《シテ》二二小指《ノ》鏁《エタル》上《ヲ》一。入《レ》二掌中《ニ》一。二中指《ノ》頭《ヲ》直《ク》竪《テ》。相著《ケ》。二頭指《ハ》押《シテ》二二中指《ノ》上節《ヲ》一。令《メ》二頭指《ノ》中節《ヲ》曲《ゲ》一。二大指《ヲ》輔《フ》著《ケテ》二頭指《ノ》側《ニ》一。以《テ》レ印《ヲ》相取《リ》レ水《ヲ》而《リ》自《ズカラ》灌頂《セヨ》）が説かれているが図出されていない。

㉙「結髪」は、（右手を作拳して大母指を直く舒べ、頭指を屈して大指の頭の上を押す）（=結髪印）Ⓐ・Ⓑ本ともに一致する。

㉙から㉚の間にⒶ・Ⓑ本において、「奉《ル》三掬水《ヲ》二手印」（平《ニ》一仰《ゲテ》両手《ヲ》。側《そばメ》直著《ケ》。以《テ》二二頭指《ヲ》一。捻《シ》二二大指《ノ》頭《ヲ》一。六指《ヲ》微《シテ》似屈《シテ》以《テ》レ印《ヲ》掬《シテ》レ水《ヲ》。持誦《スルコト》二真言《ヲ》一三度。奉《ル》レ浴《シ》二本尊《ヲ》一）が説かれているが図出されていない。以下、

㉚「取水蓮華浄印」はⒶ・Ⓑ本印名（=仏部飲水灑浄印）

㉛「灑浄」は、Ⓐ・Ⓑ本印名（=蓮華部飲水灑浄印）

㉜「浄水」は、Ⓐ・Ⓑ本印名（=金剛部飲水灑浄印）

㉝「護衣」は、Ⓐ・Ⓑ本印名（=灑浄換衣印）のごとく、その印名においてやや違うが結印内容はよく一致する。

表3　㉖・㉗の比較

蘇悉地儀軌契印図	Ⓐ・Ⓑ本
㉖（両手を以て、両の小指、無名指を少々屈して、互に中節上の背を合わせ著け、両の中指の頭を相著ける。頭指は互に中指の側に置き、二大母指は直く竪て、二無名指の側に置く）	㉖（両手）《ノ》二小指《ヲ》以《ツテ》。相鐶《エテ》入《レ》二掌中《ニ》一。無名指《ヲ》双《テ》押《シ》二二小指《ノ》鐶《エタル》上《ヲ》一。二中指《ノ》頭相著《ケ》。二頭指微《シ》屈《シテ》。在《ケ》二中指《ノ》上節《ノ》側《ニ》一。相去《ルコト》一大麦許《リニセヨ》。直《ク》竪《テ》二二大指《ヲ》一、在《ケ》二中指《ノ》側《ニ》一。印《ヲ》五処《ニ》触《レヨ》。即《チ》成《ズ》二護身《ヲ》一。此是護身印《ナリ》。
㉗（両手を以て、二小指、二頭指の頭を相著け、二中指、二無名指は左右別に屈し、間は離れる。二大母指は、各々二中指の背の側に置き、大指の各頭は互に著ける）	㉗以《テ》二二手《ノ》頭指及《ビ》小指《ヲ》一頭相著《ケ》。二中指、二無名指《ヲ》屈《シテ》入《レ》二掌中《ニ》一。指《ノ》背相著《ケシメズ》。以《テ》二二大指《ヲ》一。各捻《ちつシテ》二中指無名指《ノ》頭《ヲ》一。前《ニ》所《ノ》レ置《ケル》三聚《ノ》土《ヲ》。取《リテ》レ分《ケ》以《テ》レ印《ヲ》印《シ》レ土《ヲ》（中略）。是《シ》名《ク》二被甲《ノ》印《ト》一。持誦《スル》レ土《ヲ》印《ナリ》。

㉞「着衣」は、金剛合掌（vajra-añjali）である。Ⓐ・Ⓑ本ともに結印には触れていない。

㉟「仏部三昧」は、（両手を以て、十指直く前に向け舒べ二小指を中節より僅かに屈し、頭は著けず）（＝仏部三摩耶印）。Ⓐ・Ⓑ本とも大体（図では、二小指の上節を微し屈しているが、Ⓐ・Ⓑ本では二頭指の上節を微し屈するとする）一致するが、綿密に比較すれば以上のように違う。

㊱「蓮華三昧」は（両手を以て、直く竪てた二大母指は側め相著け、他の八指は著けず、各々中節を屈する程度にして散ずる。小指の位置は㉟と同様）（＝蓮華部三摩耶印）。これは綿密に比較するならば、㉟と同様に、Ⓐ・Ⓑ本の（其《ノ》大指及《ビ》小指《ハ》両手《ヲ》依《ままニ》レ旧《もとノ》相著《ケ》）では、小指の頭も著けるが図では明らかに著いていない点が違う。以下、

㊲「金剛部三昧」は⑪と同じ（＝金剛部三摩耶印）。

㊳「遺除」は㉕と同じ（＝遺除身中毘那夜迦等難印）[10]。

㊴「辟除」は⑮と同じ（＝辟除印）。

㊵「又辟除」は左右が⑯の逆の形（＝辟除印）。

㊲㊳㊴㊵は、Ⓐ・Ⓑ本ともによく一致する。

㊶「瞋辟除」は、（右手を以て、中指、無名指、小指を屈し掌に著け、大母指を直く竪て、屈した頭指の側頭に著ける）（＝辟除印）。Ⓐ・Ⓑ本ともに「以《テ》二両手《ヲ》一弾指《スルコト》三遍」と説くが、図では明確に右手胎拳にして頭指を弾き、声を発する所作を表示している。したがって、㊶の弾指《たんじ》は相違する。印相は㉙と同じである。以下、

㊷「辟除」は、(=枳里枳里 kili kili 忿怒瀉去印)。

㊸「辟除」は㉑と同じ(=光澤印)。

この二点はⒶ・Ⓑ本ともによく一致するが、㊷から㊸の間に、Ⓐ・Ⓑ本までは僅かに「次作《ノス》二清浄《ヲ》一。仏部心真言《ヲシテ》。而《モ》拳《ヲモッテ》取《リ》二香水《ヲ》一。持誦《スルコト》七遍《ナリ》。」の所作がある。

表4　㊹・㊺の比較

蘇悉地儀軌契印図	Ⓐ・Ⓑ本
㊹(両手を以て、両の小指、無名指を少々屈して、互に中節上背を合わせ著け、両の中指の頭を相著ける。頭指は、互に中指の側に置き、二大母指は直く竪て、二無名指の頭の側に置く)	㈣二小指《ヲ》鉤《エテ》入《レ》レ掌《ニ》。二無名指《ヲ》雙《ベ》。押《ス》二二小指《ノ》鉤《エタルヲ》上一。入《レル》二掌中《ニ》一。二中指《ノ》頭直《ク》竪《テ》相著《ケ》。二頭指押《シテ》二二中指《ノ》上節《ヲ》一令《メ》二頭指《ノ》中指《ヲシテ》曲《ゲ》一二大指《ヲ》直《ク》竪《テ》輔《ケ》著中指《ニ》一。
㊺(両手を以て、二頭指は互に舒べ少々屈して各二中指の側に著け、二大母指は直く竪て、背側に並べ著ける。他の両の中指、無名指、小指は屈して互に頭を相著ける)	㈤其《ノ》手印《ノ》相《ハ》前《ノ》護身印《ト》同《ジナリ》。

次の㊹「護身」、㊺「護身」は、Ⓐ・Ⓑ本と部分的に相違する（㊹に関しては㉖を参照。同印相である）。

㊹（=護身印）では、㉖の場合と同じ相違を見る。㊺（=護身印）は、Ⓐ・Ⓑ本ともに㊺と同様の護身印の連続であるのに対し、図では㊺は、㊹から（二中指、二無指、二小指は屈して、互に頭を相著ける）点が、変化しているのである。したがって、㊹㊺はⒶ・Ⓑ本の説く結印とは、全く相違した図出を見るのである。表4の通りである。

㊻「甲印」（=被甲印）

㊼「護頂」（=結髪印）はⒶ・Ⓑ本ともに一致している。

㊽「仏母」は㊹と同系の印相であるが、両大母指のみが相違して《双べて二大母指を屈し、掌中に入れる》個所が、護身印とは別の結印法を明示する。Ⓐ・Ⓑ本の印名は、仏眼手印であるが、[11] その内容を比較すれば、若干の相違を見る。すなわち、

相合《セ》二両手《ヲ》一。屈《シ》二二大指《ヲ》一双《ベ》入《レ》二掌中《ニ》一。直《クシテ》附《ク》二中指《ノ》当《テタル》中節《ノ》内《ニ》一。勿《レ》レ為《スコト》屈《シ》レ節《ヲ》。微《シ》屈《シテ》二頭指《ヲ》一押《セ》二二中指《ノ》中節《ノ》背《ヲ》一。

のごとく（屈し掌中に入れた大母指が、中指の中節に附けられているか否か）、図ではこの部分が明らかでなく、また、図の中指の頭は着いていない。

（頭指の頭が中指の背を押す）とある部分は、図では中指の側に近い部分である。

仏眼印は、大別して三説（五眼具足印、三眼具足印、眼具足印）あるが、図では《一眼具足印》と見られ、Ⓐ・Ⓑ本では、（大母指と中指の関係を考慮するならば）むしろ《三眼具足印＝『大日経』⑷、『大日経疏』⒀の説》と一致すると解釈される。（ただしこの《一眼具足印、三眼具足印》の二印を同一視する解釈を《不空訳『金剛頂経一字頂輪王瑜伽一切時処念誦成仏儀軌』（国訳、密教部五、一九七）》に認める。

以下、㊾から(58)までは、Ⓐ・Ⓑ本とも印名は多少異なるが、結印内容は合致する。

㊾「蓮華母」はⒶ・Ⓑ本印の名（＝蓮華母の半拏羅嚩祇寧《pāṇḍaravāsinī》手印）

㊿「金剛母」はⒶ・Ⓑ本印名（＝金剛母の忙莽計《māmakī》手印）

(51)「仏部心」はⒶ・Ⓑ本印名（＝仏部心印）

(52)「蓮華部心」はⒶ・Ⓑ本印名（＝蓮華部心印）

(53)「金剛部心」はⒶ・Ⓑ本印名（＝金剛部心印）

(54)「発遣」はⒶ・Ⓑ本印名（＝通三部送車輅印）

(55)「請一切仏印」（図1）はⒶ・Ⓑ本印名（＝通三部奉請印）

(56)「仏部心」はⒶ・Ⓑ本印名（＝仏部請召印）

(57)「蓮華部心」（図2）はⒶ・Ⓑ本印名（＝蓮華部請召印）

(58)「金剛部心」は、Ⓐ・Ⓑ本印名（＝金剛部請召印）

このうち（(54)の両大母指が、両頭指の側に着いていない点、(55)の両大母指が両頭指の側に着けられる点）の各々大母指の位置は、図と非常によく一致する個所も認められる。

(59)「一切請座」

(60)「一切花」

は、Ⓐ・Ⓑ本ともに説いていない。一切請座とは、賓客を迎えるための座の意味と解釈される。図では、右拳に金剛杵（vajra）

を握り、その上に賓客に敬意を表すると考えられる天蓋（傘蓋 chatra）を象徴的に置いている。したがって、この部分から見るならば、この蘇悉地儀軌が十八道法の構成をなしている点から、その儀軌の原初的な意味の十八道法がインドにおける最高の賓客をもてなす方式に準じたといわれる点を伝えていると考えられる。一切花については、⑤除萎花とともに、『蘇悉地経』の花として註に詳述した(16)。

61「蓮華座」

62「辟除」

63「十方界」

は、Ⓐ・Ⓑ本ともに、順序が前後して説かれている。すなわち、表5の通りである。

Ⓐ・Ⓑ本の(61)（＝枳里枳里（kili kili）金剛印而用遣除）は62に、(62)（＝枳里枳里金剛印、用視之）は63に、(63)（＝三部奉蓮華印）は61に各々の結印内容が相当する。またⒶ・Ⓑ本には、62から63の間に（＝閼伽印《其手印相《ハ》。以《ツテ》二護身印《ヲ》一。改《メ》二其《ノ》母指《ヲ》一。置《ク》レ於《テ》二頭指《ノ》側《ニ》一。》）説くが、Ⓐ本および図には認められない。

以下、64から68は、Ⓐ・Ⓑ本ともに印名は異なるが、結印内容は合致する。

図1　蘇悉地手契図（石山寺蔵本）〈No. 55〉

図2　蘇悉地手契図（石山寺蔵本）〈No. 57〉

表5　(61)・(62)・(63)の比較

蘇悉地儀軌契印図	Ⓐ・Ⓑ本
(61)(両手を以て、両頭指、中指、無名指を搏け散じ、二大母指は、直く並べ竪て二小指は、互に少し屈して頭を着ける程度にする)	(61)以《テ》二左手《ノ》大指《ヲ》一。捻《シテ》二小指《ノ》甲《ヲ》一。竪《テ》二三指《ヲ》一。作《ス》二嚩日羅(vajra)形《ニ》一。
(62)(左手を以て、大指と小指を捻し、他の三指を竪てる)	(62)以《テ》二右手《ノ》大指《ヲ》一。捻《シテ》二小指《ノ》甲《ヲ》一。竪《テ》二三指《ヲ》作《ス》嚩日羅(vajra)形《ニ》。
(63)(右手を以て(62)と同形)	(63)合掌《シテ》二二手《ヲ》。頭指、中指、無名指並《ニ》相博《ケ》。著《ケ》レ開《イテ》二掌中《ヲ》一。相去《ルコト》四指許《リ》。大指及《ビ》二小指《ヲ》並《ビ》相著《ケテ》直《ク》竪《テヨ》。

（＊　大正蔵一八、六九九頁a、b。七一三頁a、b）

(64)「橛印」は、Ⓐ・Ⓑ本印名（＝金剛橛印《けつ》）《vajrakīlakaṁ》地結は、bhū-rabandha 堅固な結縛よ。

(65)「上下網」は、Ⓐ・Ⓑ本印名（＝金剛鉤欄牆《じょう》印[12]）

(66)「四方界」は、Ⓐ・Ⓑ本印名（＝金剛爐印）

（成就金剛牆印）

(67)「東方羂」は、Ⓐ・Ⓑ本印名（＝金剛羂索印）

(68)「西方金剛幢定」は、Ⓐ・Ⓑ本印名（＝金剛幡印）

このうち、(68)は、「拳《ニシテ》二右手《ヲ》一如《クスルモ》レ左亦是此印《ノ》《ナリ》」として、図中逆の場合（左右手反対）も同じとする。また(64)から(66)は、(64)を基本型とした連続印であり、大母指のみ（「屈《ス》」から「舒《ベル》＝展《ベル》」の動作により変化している。

(69)「南方金剛峯」

(70)「北方迦利印」

は、Ⓐ・Ⓑ本の説く順序と内容に若干の相違を見る。すなわち、表6の通りである。

比較によれば、図の(69)は、Ⓐ・Ⓑ本の(69)とは一致せず、(70)（＝金剛峯印）のⒷ本「唯改《シメテ》二右手《ノ》中指以下三指《ヲ》一直《ク》舒《ベヨ》亦名峯印[13]」十六字の附加せるほうに一致するが、二手の左右は逆に説かれている。つまりこの(69)は、左右の掌が、自分の胸に向かって結印されていない。これが原因でⒶ・Ⓑ本に説く二手の位置の相違が生じているのである。

図の(70)は、Ⓐ・Ⓑ本の(69)（＝金剛迦里印）と全く一致せず、しかもⒶ・Ⓑ本のそれは、蘇悉地儀軌契印図の中のいずれにも見出し得ない印相である。

(71)「塗壇印」は、Ⓐ・Ⓑ本にその「五指（右手）を舒べて地に当てる」印相の結印法は説いていないが、この印名に相当する所作は、「次用《ニイル》 真言《ハ》」二持誦《スル》一右手掌《ノヲ》七遍。以指《テッテ》二（拍《カ》）其地《ノヲ》一結《スル》四下方界《ヲ》三。以印《テシテ》二仰手《ヲ》一拍《ウツテ》四 其上方《ノヲ》三亦成結《ス》」のごとく、右手の掌を以てその地を七遍拍して上方、下方界を成結する動作を図出したものである。

以下⑫から⑲までは、Ⓐ・Ⓑ本ともに印名は多少異なるが結印内容はよく合致する。

表6　⑲・⑳の比較

蘇悉地儀軌契印図	Ⓐ・Ⓑ本
⑲（両手を以て、右は大指頭指を捻し、中指、無名指、小指も掌中に入れ屈し並べ拳になし、左は中指、無名指、小指を舒べ頭指は「直く竪てた大指の中節に」屈し著け、その作印の僅、右手の小指の側の下に支える）	⑲以《テ》二二手《ノ》大指《ト》小指《ヲ》一。頭各相拄《エ》著《ケ》。余《ノ》六指各自屈《ラシテ》向《ケ》二掌中《ニ》一。勿《レ》レ令《ムルコト》二指《ノ》背《ヲシテ》 相著《ケ》一。亦勿《レ》レ著《ケルコト》二掌中《ニ》一。結《セヨ》二北方界《ヲ》一。金剛迦里印。
⑳（左手を以て拳に作し、直く大指を竪てて、右の大指頭指を舒べ、側を左手の大指の頭の上に置き掌を身に向えて結する）	⑳以《テ》二左手《ヲ》一作レ拳《ニ》。直竪《クテ》二大指《ヲ》一。右手《ノ》大指《ト》頭指《ト》相捻《シテ》。大指《ノ》頭少《シ》出《シ》。捋《もテ》二右手《ノ》下側《ヲ》一。置《テ》二其《ノ》左手《ノ》大指頭上《ニ》一。令《メ》二其《ノ》右手《ノ》大指《ヲシテ》 直竪《クテ》。結《ベ》二南方界《ヲ》一。金剛峯印。（唯改《シメテ》二右手《ノ》中指以下三指《ヲ》一直舒《クベヨ》 亦名峯印）

（＊　大正蔵一八、七〇〇頁a。七一四頁a）

⑫「阿三芒倪儞大院」はⒶ・Ⓑ本印名（＝阿三曚祇寧印《asamāgni 無等火》）

⑬「三摩耶結大界」は、Ⓐ・Ⓑ本印名（＝成結大界印）

⑭「仏部珠」は、Ⓐ・Ⓑ本印名（＝三部執数珠印）

⑮「蓮華部珠」は、Ⓐ・Ⓑ本印名（＝蓮華部執数珠印）

⑯「金剛部珠」は、Ⓐ・Ⓑ本印名（＝金剛部執数珠印）

⑰「塗香」は、Ⓐ・Ⓑ本印名（＝奉塗香印）

⑱「花印」は、Ⓐ・Ⓑ本印名（＝奉花印）

⑲「焼香」は、Ⓐ・Ⓑ本印名（＝奉焼香印）

このうち⑭⑮⑯の図出では、供Ⓐ・Ⓑ本として印名に「数珠」とあるが、印相にそれを握り執せよ、とは説かれていない。明らかに、数珠（Akṣa-māla, Akṣa-sūtra）が描かれている。

⑳「一切供養散施食」は、Ⓐ・Ⓑ本（＝奉食印）と微すれば部分的に異なる。

すなわち、図では（両手に掌を仰げ、前に側め相著け、大指を直く竪て、頭指、中指、無名指を屈する程度に少々まげ、小指のみ互に頭を著ける）この小指の著けている部分を、Ⓐ・Ⓑ本では「二無名指頭側《ノヲメ》相著《ケ》」と、無名指を著けている。したがって、二掌を仰ぐ印相において、「二小指」と「二無

名指」の著ける位置が相違する。以下の二点については、

(81)「献灯」は、Ⓐ・Ⓑ本印名（＝奉灯印）

(82)「供養円満印」は、Ⓐ・Ⓑ本印名（＝成就運心供養印）と表現が、多少相違するが結印内容は一致する。

(83)「閼伽香水」は、(54)(55)(60)と同じで、（両手を以て、二手の中指以下の六指を相叉えて、右は左を押して掌に入れ、二頭指を相著け、二大指は中指の側に輔けて両掌を開く）。

しかし、Ⓐ・Ⓑ本には説かれていない。

(84)「阿三摩倪儞」は(72)と同じである。Ⓐ・Ⓑ本ともに説く、「其手印相ハ。准シテ二奉請印ニ一。惟改メテ二大指ヲ一向ケテレ外ニ送レレ之ヲ」と一致する。

次の(85)「召一切天神鬼等印」と、(86)「護身火」と、(87)「火天下肢火盆清浄」は、Ⓐ・Ⓑ本の説く順序が異なる。すなわち、表7の通りである。

(85)についていえば、Ⓐ・Ⓑ本（＝請火神印）では、大指と頭指が掌に向かって中に屈せられているが、図では大指のみの動作（＝来去《カ》）が示されて、頭身は他の四指とともに舒べられている。この図出に注意する場合、頭指の屈せる動作が行なわれたとしても、Ⓐ・Ⓑ本に基づくならば、大指の《来去セヨ》の動作が、頭指のそれより後で行なわれなければならない。したがって、図出の場合も、大指が屈せられて、頭指が屈せられていない所作は、まずあり得ないのである。この両原本は相違する。

表7　(85)・(86)・(87)の比較

蘇悉地儀軌契印図	Ⓐ・Ⓑ本
(85)（右手を以て、大指を中節より屈し、他の四指は直く竪て舒べる）	(85)以ニ二右手ヲ一直ク竪テ二五指ヲ一。舒ベテレ掌ヲ向ケレ外ニ。屈シテ二其ノ頭指ヲ一向ケレ掌ニ。屈シテ二大指ヲ一横ニ在リテ二掌中ニ一大指ヲ来去セヨ。請火神印。
(86)（右手を以て、大指の頭に、頭指の頭を著けて捻し、他の三指は直く竪て舒べる）	(86)左手ノ竪テテ二五指ヲ一。掌ヲ向ケレ外ニ。右手ノ竪テテ二五指ヲ一。掌ヲ内ニ向ケ。以テ手（右）ヲ背ケ相著ケ。即チ以テ二右手ノ頭指イ巳下ノ四指ヲ一。反シテ二鉤シテ左手ノ四指ヲ一。向ケテレ下ニ転ジテレ腕ヲ。向ケテレ身ニ却テ合シテ二両掌ヲ一相向ニ二二ノ腕ヲ一相著ケヨ。瀉垢火等印。
(87)（両手を以て、大母指を互に直く竪て、他の八指を互に鐶え、掌に入れる）	(87)惟シ改メ二頭指ヲ一。与大指相念。発遣火神印。

（＊　大正蔵一八、七〇三頁b、c。七一七頁b、c）

(86)は、Ⓐ・Ⓑ本の(87)（＝発遣火神印）に結印内容が合致する。

(87)は、Ⓐ・Ⓑ本の(86)（＝瀉垢火等印）に順序が一致するが、結印内容は相違する。Ⓐ・Ⓑ本の説くそれは、十二合掌の反鐶合掌

（Viparīta-mudrā）と同系であるが、図では明確に、内縛拳（二手拳）における大指の直く舒べられた印相である。したがって相違する。

(88)「火法与火神五種」は、（右手以て、金剛杵《＝vajra》を握り、頭指を平行して直く舒べる）。

(89)「一切解脱印」は、(72)(84)と同系で、（両手を以て五指を舒べ、互に右の「背の側」に左の掌を当てる）。

(90)「未詳」は、（手印ではなく、描写されているものは、持物《契印》たる三肢《鉆》鉤《Tri-aṅkuśa, vajra-Aṅkuśa 金剛鉤》に似る。その上部は三股《鉆》戟《triśūla, śakti》により、下部は鉞斧《paraśu》鉤から各々構成されているもので、この契印の意味は、三部《仏、蓮、金》諸尊を顕得して行者が執することにより、Vināyaka《毘那夜迦》の常髄魔を砕破し、その障難を除去する」ことを表示しているものと解釈される）。

(91)「未詳」は、（二手を以て、頭指の指を互に著け、他六指《両の中指、無名指、小指》を相背に側め著け、大指は互いの頭指の側に並べ著ける）。

したがって、(88)から(91)まではⒶ・Ⓑ本ともに説いていない（ただし、Ⓑ本のみ、(87)以降に《軍吒利身印→又説として軍吒利羯磨印》加持土《ノ》後《ニ》加《ウル》二印、の三種を補説的な意味で附加している）。しかし、これは図出となんら関係がない。

以上九十一項目の検討を終わり、次にこれらの関係をまとめると、次のような結果が得られる（表8）。

〔イ〕蘇悉地儀軌契印図に訳（作）図出されていながら、Ⓐ・Ⓑ本の所説が認められない例――②③④⑤⑥⑦⑬㉞(59)(60)(83)(89)(90)(91)。

〔ロ〕両者に各々説かれて、〔一致する結印内容〕の位置が相違する例――㉓―㉔、(61)―(63)、(69)―(70)、(86)―(87)。

〔ハ〕両者に各々説かれて、〔部分的に相違する結印内容〕を有する例――㉖㉗㉟㊱㊶㊹㊺㊽(80)(85)。

〔ニ〕両者に各々説かれて、位置は多少違うだけであるが、その結印内容および印相が全く違う例――(70)―（69）、(87)―（86）。

〔ホ〕Ⓐ・Ⓑ本に訳説されておりながら、蘇悉地儀軌契印図に訳（作）図出されていない例――㉗―（28）、㉙―（30）、㊷―（43）、(62)―（63）。

〔ヘ〕両者において印名の相違しない例は、⑮⑲㉑㉒㉘㉙㊴㊹㊺(51)(52)(53)だけであり、その他はほとんど相違する。

以上六項目である。

表 8　比較表

本表は両本の契印名、契印形態を比較してその関係を示したものである。(　) は「未詳」の意、空欄は所説を欠いている意。

略号は　〔蘇〕は蘇悉地儀軌契印図の略／(供)a 1、a 2は蘇悉地羯羅供養法 Ⓐ Ⓑ の略

関係の項で　○は合致する。△は部分的に合致しない。×は全く合致しない。　を示す。

番号	蘇悉地儀軌契印図	(内容)関係	番号	蘇悉地羯羅供養法 a 1 a 2 本	通常の呼称される印名	備考事項 (梵名は主としてチベット訳蘇悉地経)
1	沙摩触護身	←○→	1	護身印 ((供)a 1小心印)		(鎚印と同系) 大 11 経密印品、cf.
2	沙摩灑水		(2)	欠		(供)a 1 a 2本は「其ノ灑水法」所作
3	水	←○→	(3)	〃	小三股印	=印名 (vitarka mudrā)
4	地明誦大輪		(4)	〃	堅実合掌	(nivida mudrā)
5	除萎花		(5)	〃		〔蘇〕は「持花」する
6	掃地		(6)	〃		〔蘇〕は「持帚」する
7	塗地		(7)	〃		
8	供具護一切物	←○→	(8)	〃		(供)a 1 a 2本「浄供器」所作=印名
9	仏部	←○→	9	仏部三昧耶印	仏頂印	(buddhoṣṇiṣa mudrā)
10	蓮華部	←○→	10	蓮華部三昧耶印		〔ādhara mudrā 持水合掌〕
11	金剛部	←○→	11	金剛部三昧耶印	三股金剛印	(tri-śaṅku mudrā)
12	軍荼利	←○→	12	軍荼利根本印	小三股印	Kuṇḍalī
13	吒利縛印	←○→	(13)	欠	小三股印	〔蘇はNo. 12の「続印」である〕
14	加持土	←○→	14	澡浴印・浄土印		
15	辟除	←○→	15	辟除印	念怒拳	(krodha muṣṭi)
16	又辟除	←○→	16	辟除印	金剛掌〔拍掌〕	(Vajra tala)
17	辟除弾指	←○→	17	辟除印〔a 2本〕	金剛拳	(Vajra muṣṭi)
18	上下	←○→	18	結界護身等印	小三股印	
19	瀉《シャ》垢《ク》	←○→	19	瀉垢印	小三股印	〔蘇〕は(供)で説いた手の作図ナシ
20	灑水清浄	←○→	20	清浄印		
21	光澤	←○→	21	光澤印	小三股印	
22	攪水	←○→	22	攪水印		
23	浄水土等用	○ (交差)	23	塗土身印		〔蘇〕は (忿怒拳と同系)
24	塗土		24	持誦水印		
25	掠魔	←○→	25	遣除毘那夜迦印		Vināyaka (抜邪)
26	軍吒利護身	←△→	26	護身印		Kuṇḍalī
27	被甲印土用	←△→	27	被甲印・持誦土印		
／			27	自灌頂印		
28	攪水	←○→	28	攪水印		
29	結髪	←○→	29	結髪印		
／				奉三掬水手印		
30	取水蓮華浄印	←○→	30	仏部飲水灑浄印		
31	灑浄	←○→	31	蓮華部〃		
32	浄水	←○→	32	金剛部〃		
33	護衣	←○→	33	灑浄換衣印		
34	著衣		(34)	欠		
35	仏部三昧	←△→	35	仏部三摩耶印		《tathāgatodbhava》

36	蓮草部三昧	↔ △	36	蓮華部三摩耶印		《padmo?》
37	金剛部　〃	↔ ○	37	金剛部　〃		《vajro　～　》
38	遣　　除	↔ ○	38	遣除身中毘那夜迦等難印		Vināyaka（抜邪）
39	辟　　除	↔ ○	39	辟 除 印		
40	又 辟 除	↔ ○	40	〃		
41	瞋 辟 除	↔ △	41	〃		
42	辟　　除	↔ ○	42	枳里枳里忿怒瀉去印		
			42↓43	拳 取 香 水		《＝所作》
43	辟　　除	↔ ○	43	光 澤 印		
44	護　　身	↔ △	44	護 身 印		
45	護　　身	↔ △	45	護 身 印		
46	甲　　印	↔ ○	46	被 甲 印		《vajrāgnipradīptya》（無量寿儀軌） 金剛火に輝けるもの
47	護　　頂	↔ ○	47	結 髪 印		
48	仏　　母	↔ △	48	仏眼手印		
49	蓮 華 母	↔ ○	49	半拏羅嚩祇寧手印		《＝pāṇḍaravāsinī》
50	金 剛 母	↔ ○	50	忙莽計手印		《＝māmaki》
51	仏 部 心	↔ ○	51	仏部心印		
52	蓮華部心	↔ ○	52	蓮華部心印		
53	金剛部心	↔ ○	53	金剛部心印		
54	発　　遣	↔ ○	54	通三部送車輅印		
55	請一切仏印	↔ ○	55	通三部奉請印		
56	仏 部 心	↔ ○	56	仏部請召印		《tathāgata-aṅkuśa》
57	蓮華部心	↔ ○	57	蓮華部請召印		
58	金剛部心	↔ ○	58	金剛部請召印		
59	一切請座		(59)	欠		
60	一 切 花		(60)	〃		
61	蓮 華 座		61	枳里枳里金剛印而用遣除		
62	辟　　除		62	〃　〃　用視之		
				閼 伽 印		《argha》
63	十 方 界		63	三部奉蓮華印		
64	橛　　印	↔ ○	64	金剛橛印		《Vajra kīlakaṃ》
65	上 下 網	↔ ○	65	金剛鉤欄牆印	虚空網印	
66	四 方 界	↔ ○	66	{金剛壚印 成就金剛牆印		《Vajra prākāra》
67	東 方 羂	↔ ○	67	金剛羂索印		《Vajra pāśa》
68	西方金剛憧定	↔ ○	68	金剛幡印		
69	南方金剛峯	○×	69	金剛迦里印		
70	北方迦利印		70	金剛峯印〔a 2 本〕		
71	塗 壇 印	↔ ○	(71)	欠		㊇a 1 a 2 本は「地結下方界」は所作に印名
72	阿三芒倪僃大院	↔ ○	72	阿三曡祇寧印		《asamāgni＝無等火》
73	三摩耶結大界	↔ ○	73	成結大界印		samaya mahā mudrā
74	仏 部 珠	↔ ○	74	三部執数珠印		〔蘇〕は
75	蓮華部珠	↔ ○	75	蓮華部執数珠印		持珠（Aksamāla, Aksasūtra）する （Japamāla）（Ariṣṭaka）
76	金剛部珠	↔ ○	76	金剛部執数珠印		↑　↑ 牟利曼荼羅咒経　māhavyutpatti7.
77	塗　　香	↔ ○	77	奉塗香印		(gandha-pūja-mudrā)

78	花　　　印	←○→	78	奉　花　印		
79	焼　　　香	←○→	79	奉焼香印		《dhūpa》
80	一切供養散施食	←△→	80	奉　食　印		
81	（献　　灯）	←○→	81	奉　灯　印		〔蘇〕
82	供養圓満印	←○→	82	成就運心供養印		《Pūjanā Pūṛna》
83	閼伽香水		(83)	欠		
84	阿三摩倪儞	←○→	84	〔准ズル〕奉請印		
85	召一切天神鬼等印	←△→	85	請火神印		
86	護　身　火		86	瀉垢火等印		
87	火天下肢火盆清浄		87	発遣火神印		
88	火法與火神五種		(88)	欠		
89	一切解脱印		(89)	〃		
90	（　図　）		(90)	〃		〔蘇〕は持物《三股鉤》に似た同系の武器（tri-Aṅkuśa）
91	（　〃　）		(91)	〃		

蘇悉地儀軌契印図における同系契印形態

番号は上述のもの。
縦に並列したものは同系

△（同型）系統であるが少し異形。
× 持物を有する。
］系統の連続印を示す。

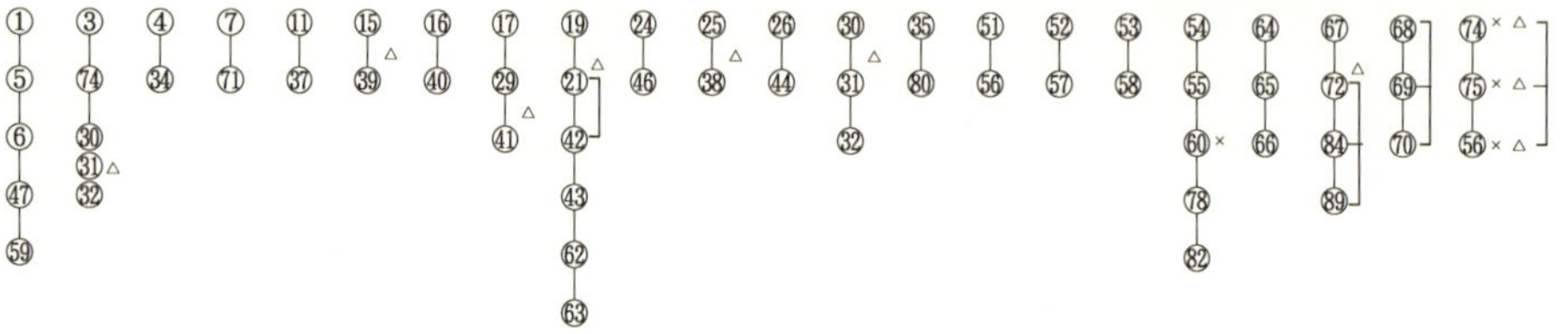

さて、この「蘇悉地儀軌契印図」に関して、「その訳（出）者が、善無畏であり、さらに、まぎれも無き蘇悉地儀軌《蘇悉地羯羅供養法》の契印図であることは疑いを容れる必要はない」と述べられるそれらの推考を吟味するならば、前者の蘇悉地儀軌契印図の原本の手中主持本が善無畏の訳（図）出に成ったことは当然可能なことであるし、この点について異論はない。ただ後者の場合は、その比較研究が行なわれていなかったようで、両者の関係が明らかでなかったことが指摘される。

　したがってここで明確にされなければならない点は、この「蘇悉地儀軌契印図」の訳（図）出において、作者がどの経軌に依拠して成し得たかということである。それについては、《蘇悉地羯羅供養法》であることに確証を得たが、公刊されている高麗本（Ⓐ本）および高山寺本（Ⓑ本）の二本における比較研究（契印名、契印形態の内容の照合）の結果、部分的に相違している個所を少なからず見出し得たのである。

　今この公刊されている二本を見れば、蘇悉地儀軌契印図に対照が可能な資料《＝契印図》は入唐八家のいずれの請来内容（遺品）を調査しても見当たらないことから、その手がかりを高麗本、高山寺本に委ねる他はない。この点に立脚するならば、およそ次のような推考をまとめることができる。

まず、写本（鈔本）であるこの『趙琮録記』（八六四）の東寺観智院蔵本蘇悉地儀軌契印図は、その写本と全く同内容を有していたことを、「録記」の意味から確信できるはずである。しかもその原本・蘇悉地儀軌契印図は、善無畏の訳（図）出と考えられる。また、その所依した経軌は、直接には『蘇悉地羯羅供養法』ではあるが、現存（公刊）の高麗本、高山寺本とは部分的に内容を違えたものと考えられる。

すなわち、この二本以外に原本・蘇悉地儀軌契印図と同じ結印内容、次第順序、契印名を有したと考えられる別系（高麗本、高山寺本とは別系統）の『蘇悉地羯羅供養法』が存したのではないかと推考したい。その内容を考慮するならば、部分的には、蘇悉地儀軌契印番号⑰(70)が高山寺本に直接類似した内容を有するものでなければならない。

さらに④⑤⑥⑦が、高麗本、高山寺本とは違って、明確に説かれていたと解釈される。この④から⑦までについての推論は、円仁の撰述した私記『蘇悉地妙心大』にも、蘇悉地儀軌契印図の内容と大体同様の述説が認められるので、別系・蘇悉地羯羅供養法の存在を推考することができる。(6)

またこれと同様の見解は、(69)(70)に関してもいい得る。

そして、さらに順序の点において、㉓—㉔、(61)—(63)、および順序と結印内容の相違する部分、(69)—(70)、(86)—(87)、また結印内容の部分的に相違する個所㉖㉗㉟㊱㊶㊹㊺㊽(80)(85)は、別系・蘇悉地儀軌と所説が一致したものであったと思われる。

このうち、(70)(87)に関する点では、その内容（(70)北方迦利印、(87)火天下肢火盆清浄）が経説に基づかれた描写ならば、これほど供養法と全く一致しないという結果は生じないはずである。

結護法の(85)から(89)《一切解脱印》まで、すなわち、常随魔を除去し、一切解脱（sarva-vimokṣa）の三昧（samādhi）に到り、煩悩（kleśa）の除障〔(90)の tri-ankśa〕を意味する過程が、高麗本、高山寺本のごとく〔(87)＝発遣火神印〕で終わっているような、蘇悉地儀軌契印図に対して短い巻末ではない供養法を予測せしむるのである。

したがって、その原本・蘇悉地儀軌契印図と、それによった蘇悉地羯羅供養法の両本は、蘇悉地十八道の内容上、供養の次第としても神林隆浄先生の解釈された高山寺本の意味から、実際の修法に便利な儀軌がむしろ完全に近い形で存したことが知られ、この両本の一貫した供養儀軌の形態から、円滑に修法（蘇悉大法）が執行されていたと解釈される。そしてその盛んな有り様を物語る遺品が、この蘇悉地儀軌契印図であると考えられる。

これまでの見解において、この儀軌の所依とした供養法が公刊の高麗本、高山寺本とは別系の性格を有したものであろうことを推論した。その別系とする解釈を考慮するならば、これより指摘する個所も、あるいはある阿闍利の創意に基づく訳図とも考えられ、また供養法からの全く忠実な訳図描写とすれば、その述説がこれの所依とした供養法にあったと推することも可能であるが、ここでは触れない。

また印相のかたちより他の部分に注意するならば、インド人の訳図に成ることが明らかであろう。これは、この写本から原本の成立を述べる上で、きわめて重要な意味をもっていると考える。そのインド的な要素は次の通りである。

〔A〕 結印する手首と腕の部分に、各々腕釧と臂釧の厳身具（Bhūṣaṇa）[14]が認められること。

しかも、この釧の種類も、図に描写された限りにおいては数種に分けることが可能である。それを分類すれば、次のようになる（番号は、蘇悉地儀軌契印図のもの）。

すなわち手首の部分では、A型が①⑦⑨の右手および⑫の左右にある。B型が③⑧の右手、C型が⑱の右手、D型が⑩⑪⑯⑰⑬⑦⑤⑥⑧⑧⑧二手、E型が⑥の右手に各々認められる。その他㉑⑥⑨を除いて、すべて無装飾の環（Kaṭaka）F型にて表示されている。

次の手首とさらに肘より上腕の部分に臂厳が認められる場合㉑⑥では、膞釧（Bāju）のみ二種に分けることができ、互いに相違していると考えられる。

このうち、上腕の鐶（Ananta）でも㉑⑥に若干の違いがあるようで、とくに手首において㉑では前述の分類に見られるが、⑥の宝玉を鏤めた飾りを配する（Nava-ratana）釧は前述の分類にはない例である。

したがって、これらの臂厳の例（分類）を見るならば、その細部はこの東寺観智院本が写本であるため不明としても、原本には、数種の臂厳を意識した描写があったと解釈したい。

また、これらの臂厳の分類を他の契印図と比較するならば、敦煌に残る契印図の資料で、Sir Aurel Stein が公刊（一九二一年）した「Serindia」の vol. IV（XCVII ch. oo 146, および XCVIII ch. oo 143 の左右手印）における行者修法の際の手印には、上述の分類に比すべき臂厳はない。

『哩多僧蘖囉五部心観』（園城寺法明院本）では、D型に合致するものが大正図像分類番号で、(2)(3)(9)(10)(11)(12)(19)(24)(27)(39)(40)(43)(44)(45)(64)にあり、B型に合致するものが、(38)(41)にあり、その他はF等の四種の型の釧が描かれている。

大悲胎蔵三昧耶曼荼羅図（石山寺本）では、B型のものが大正図像分類番号の(156)にあり、D型を(22)(23)(24)(32)(39)(41)(159)(162)(185)(197)(198)に他の要素も加え類似を見る。その他は契印の区別（印相の内容）に固有の模型を得たと考えられる飾りを施した釧が塡められている。

また、善無畏系の印図か否か不明であるが、臂厳を考慮する場合に要視したい高山寺蔵の基舜本を、文久二年（一八六二）に書写した諸尊法の契印図には、見るべき多種の腕釧が認められる。

A型は、大正図像分類番号の(15)(16)(26)(44)(45)(52)(56)(58)(78)(85)にあり、D型は(2)(11)(18)(43)(49)(53)(65)(72)(80)(86)(96)(112)(121)(126)(131)にあり、C型は(50)に、F型は(89)から(136)に数個所を除きすべてに認められる。

以上、蘇悉地儀軌契印図のインド的要素として臂厳についてのみ比較するならば、原本が善無畏訳図とされる『五部心観』、大悲胎蔵三昧耶曼荼羅図にも部分的ではあるが若干の共通点を見出すことができる。ただし基舜本の例は模型が認められることのみを列挙して比較対象とはしない。しかし、諸尊法の印図として意義をもっている。

〔B〕 インド的要素と考え得る三昧耶形が認められる例、59 90およびそれに準ずる88、また印相の手首下部に描写された蓮弁について。

まず、90は既述したように、三股戟（triśūla）と鉞斧（paraśu）を組み合わせた、インド古来の武器を象徴的に表示して、神変加持力（vikurvaṇa-balam-adhiṣṭhāna）を得ようとするものと解される。しかし何故、この位置のみ結印を描かず三昧耶（samaya）形で表現したのであろうか。三股戟（śakti）の解釈からすると、「行（saṁskāra）と法が印契によって象徴化された固有の意義を示すもの」が、この場合には印契そのものが契印図の教理内容の表現方法として、三昧耶形に転化させて表示したものと思われる。何故なら、三股戟や三股杵（tri-śaṅku）は90まで、いずれも〔⑫軍吒利（kuṇḍalī）＝左右の頭指、中指、無名指は、三密、三部、三法門の表示である〕から、⑮（辟除）、⑱（上下）、⑲（瀉垢）、㉑（光澤）、㊴（辟除）、㊷（辟除）、㊸（辟除）、(62)（辟除）、(63)（十方界）において、右手または左手か、両手の動作による三股印により構成されており、その終局的な辟除の用法からは、むしろ手の動作より三昧耶形に描写力が置かれていると考えられるからである。

この表現は、(90)に至る(88)（火法与火神五種）より〔右手は金剛杵（vajra）を握り、なお頭指を杵に平行して竪てる〕部分についても同様の見解をもつことができる。すなわち、同形の印相の⑧（供具護一切物）の護身法から、この結護法の(88)では明確に vajra を有しているのである。したがって、⑧でも頭指のみ直く竪てられた模型は実に vajra そのものから得られて組織づくられたものであり、契印の自然発生的な発展過程に比較しても当然考えられることなのである。

(90)三股戟（＝鉞斧）の表現が結護法の終局的な解釈であるように、⑧の期剋印 Tarjanī-mudrā（一切部多を禁伏するもので、インド人の日常の動作を他人に指示し、あるいは威嚇するときに使用する）から次の結護法として単独の一印に作られた(88) Tarjanī vajra mudrā の難調伏者を《期剋印＝vajra》にて禁伏する表現は、その方法において vajra が同様に扱われ描写されている。この(90)と(88)の見解はやはり、作図者の意図した着想に同様の根拠があったに違いない。

次にこれらを形態の上で比較してみると、前述の『哩多僧蘖囉五部心観』では大正図像分類番号の⑺(34)(93)(111)の下段に三股戟（Tri-vajrāṅkuśa）があり、大悲胎蔵三昧耶曼荼羅図では大正図像分類番号の(27)(70)(77)(89)(91)(97)(121)(126)(215)に同様の形態を見出すことができる。

このうち、『五部心観』では⑺以外もすべてこの形態であり、合致するものはないが、垂布（ribbon）の装飾および結び方や細部の図案にもかなりの共通点があったと予測される。さらに大悲胎蔵三昧耶曼荼羅図ではとくに(91)金剛波羅輪、(97)君荼里金剛印の鉞斧（paraśu）の部分は蘇悉地儀軌の(90)であり、『五部心観』の⑺の鉞斧とは違って類似性がある。

これが、この三股戟（＝鉞斧）においては、三本ともに転写本から、モチーフに一貫した共通性を見出すことができるのである。したがってこれらの訳図をインド的な素材と考えねばならない。

〔C〕　蓮弁は蓮肉の部分を要視するならば、やはり類似性があると考えられる。このうち、大悲胎蔵三昧耶曼荼羅図と二種別ともに合一致して、複弁の部分も同じである。

〔D〕　次に、(59)一切請座の vajra の上に置かれた天蓋は、『五部心観』にはないが、大悲胎蔵三昧耶曼荼羅図の(187)（白傘蓋、疏並胎蔵図像云「白傘仏頂」における白傘仏頂、および傘蓋毘那夜迦（vināyaka）の所持する傘蓋（chatra）にやはり、類似した着想が認められるのである。(15)

以上、これらのインド的な要素(16)を総合的に考えるならば、訳図の作者は大局的にインド出身者の作と断定される。そして比較し得る若干の要素がすべて、『五部心観』ならびに大悲胎蔵三昧耶曼荼羅図の中に類似性を求め得るのであるから、蘇悉地儀軌契印図は善無畏系の白描図と断定しなければならない。

註

（1） 拙稿「石山寺蔵「蘇悉地手契図」について――火焔の着想と背後にある問題――」（『大和文化研究』一〇―一二、一九六五年）。

（2） 大正蔵五五、五七一頁a、『開元釈教録』九、および同巻八七四頁c、『貞元新定釈教録』十一には本経の記録のみ述べる。

（3） 大正蔵一八、六九七頁a。

（4） 『仏書解説大辞典』第七巻（大東出版社、一九三三年）一五頁。

（5） チベット訳 Legs-par grub-par-byed-paḥi rgyud-chen-poles sgrub-paḥi thabs rim-par-phye-ba（北京、No. 431 東北 No. 807.）および『蘇悉地羯羅経』の一部 Dpal legs-par grub-par byed-paḥi rgyud-les gsuṅs-paḥi smon-lam（北京 No. 5938）。

（6） 拙稿「蘇悉地儀軌契印図の考察」（『密教文化』六二号、一九六三年）。

（7） 大正蔵一八、六九三頁a。

（8） E. D. Saunders ; Mudrā. p. 40. の印相は日本の資料によるものである。

（9） 大正蔵一八、七〇五頁b。悉曇から真言は、「namas śreyas dhvikānāṃ sarva tathāgatānāṃ 一層勝れたる世の一切如来に帰命する。oṁ dhvi viraji viraji mahā-cakra vajri sata sata sārate trayi vidhamani sambhañjani siddha-agrye trāṃ svāhā 離れたるものよ、大輪よ、金剛あるものよ、等しきものよ、堅固性よ、救世者よ、排除するものよ、破壊するものよ、成就のすぐれたるものよ」と大要を伝える。

（10） Vināyaka mf. n.（～yikā）（毘奈《那》夜迦）は障難を①取り去る・砕破する意。漢訳では常随魔、障碍神と訳す。インドにおいて、マントラ・ブラーフマナ（Mantra Brāhmaṇa）やマーナヴァ・グリフヤスートラ（Mānavagrihya-sūtra）に引用されガネーシャ（＝Gaṇeśa 象頭神、聖天 Gaṇapati）および Garuḍa（pāli. Garuḷa 迦楼羅、金翅鳥）の妃（Vināyikā）。この毘那夜迦は B. Bhattacharya : Introduction to Esoterism. 1932. の和訳（一五四頁）によれば「（Vighna）

すなわち「障碍」というあだ名で呼び、インド教の神ガネーシャに憎悪を持ち、反対にタントラ仏教徒が自分たちの諸尊がバラモン信仰のそれに比べていかに勝れているかを示そうとしたかをあらわすものである」。ガネーシャから仏教の神々にとり入れられた毘那夜迦の証明はゲッテイ女史によって触れられた（Alice Getty : Gaṇeśa A monograph on the Elephant-faced God. Oxford. 1936.）。図像のうえでも金剛界マンダラ成身会に次のように比較される。

チベット訳「一切如来真実摂と名づける大乗経」	現図曼荼羅	秘蔵記
金剛毘那夜迦（Vajra-vināyaka）	毘那夜迦天（北）	観喜天（北）

ヴィナーヤカを砕破する問題は、蘇悉地経系の密教において明王部の曼荼羅を建立する場合に要視される。すなわち、①無能勝明王（aparājita）曼荼羅、②善住明王（pratiṣṭhā）曼荼羅、③除避明王（Tib. rNam-par-gnon-pa）曼荼羅がVināyaka に対して調伏すべき立場をとる。これは、Susiddhikara-mahātantra が降伏法（abhicāraka）を基調としながら展開していったもので、チベット訳ではその様相が著しい〔北京版 57. p. 238 a. b. デルゲ版 176 a. b.〕。

（11） 供養法Ⓑ本では「眼」が「根」となっている。大正蔵一八、七一二頁a、b、c。

（12） Vajra-prakāra〈墻＝牆〉。これは小野流では「ショウ」、広沢流では「ジョウ」と読み方が異なる。

（13） Ⓑ本ではこの十六字を付加している（大正蔵一八、七一四頁a）。

（14） 逸見梅栄『印度に於ける礼拝像の形式研究』（東洋文庫、一九三五年、三七〇頁）、および Cunningham : Bharhut. p. 38. の分類に基づく。

（15） 〔補説〕 三昧耶形以外の印相に着目しても、『五部心観』の⑽から⑺までの外縛拳および他の四種拳は、蘇悉地儀軌契印図と同じ型に塡められた描写（同一人が描いた様式の意）をなしているし、連関した統一性が認められるのである。

このような見解を得て、ここでは八六四年に録記されたこの東寺観智院本が、そのインド出身者の手に成る直接の原本と、いかなる関係にあるかという点について考えたい。

まず、東寺観智院本を考証して、印相形態、その周囲の火炎、蓮弁の部分および前述の三股戟、金剛杵、天蓋の細部の装飾等を検討した結果、かなり綿密な神経が行きとどいており、その筆勢は確かなものである。しかし㉛㊈㊉について見るならば、この三個所には記すべきところに印名を欠いている。これはその印名の空欄から他の印名を考え合わせると、録記の見落としではないと解される。

㉛では、蘇悉地羯羅供養法に合致すると思われる印名「奉灯印」が明確に述説されているから、蘇悉地儀軌契印図の原本にも、石山寺本に（大正蔵図像八、四二一頁）の編者が解釈した「献灯」なる印名が、当然あったと推考されるのである。

㊈㊉については、蘇悉地羯羅供養法に相当する述説がないので明確な比較ができないが、何故この巻末のみ印名が空欄なのであろうか。推考するに、とくに㊉の印名など確かに記

載があったに違いないと思われる。

また、74から76の数珠（Akṣa mālā, Akṣa sūtra）について見るならば珠粒は略され、糸状になっている。

以上から考えるならば、東寺観智院本の所依本は、訳図そのものの原本によったものではなく、粉本であったとも推考される。したがって、東寺観智院本は初転本ではないが、原本から内容的にそれほど遠いものでもない。なぜなら、㊾一切請座、60一切花、90「未詳」の既述した三昧耶形の細部、また⑤除萎花、㉑光澤、㊸辟除の花の描写と辟釧の装飾を照合した場合に原本の要素をかなり忠実に伝承していることがうかがわれ、次第内容から推して首尾完結したものと考えられるからである。しかも、仮に善無畏の訳図としても死（七三五年）後から東寺観智院本の録記（八六四年）までに、転写は当然予測されるし、その問題を含めての解釈が成り立つであろう。⑤除萎花、60一切花の述説はともに蘇悉地羯羅供ⒶⒷ本には欠いている。

60の形態を見るならば、『五部心観』にはないが、大悲胎蔵三昧耶曼荼羅図には、（大正図像分類番号）の(137)「摩由室伊、文殊師利」と(84)「執金剛院」に類似した皿（鉢）の着想が認められる。⑤60の花名について、正確な根拠は得られないが、ともに蓮華であることは確かである。いずれも開敷であって、とくに60は盛花にて皿（鉢）を結印する両手の叉えた無名指、小指、中指が支えている。

（16） 蓮華は普通四種類に分けられる。すなわち(1)青色の優鉢羅 utpala（青蓮＝睡蓮＝nymphala 属）、(2)紅色の波頭摩 padma（日本産と同種 nelumbium 属）、(3)白色の芬陀利花 puṇḍarīka、(4)黄色の拘物陀 kumuda である。このうち、逸見梅栄は(4)について〔インド産に見えず〕、と『印度に於ける礼拝像の形式研究』二七五頁に述べられている。『蘇悉地羯羅経』チベット訳第八供養花品には「utpala kumuda padma daṅ 青蓮とクムダ蓮華を以て」と認められる。そして、同系の sarva-maṇḍala-sāmāyavidhi-guhya tantra 蕤呬耶経に、「句勿頭花（kumuda）と白蘇乾地花（gaṇṭika）など是の如き諸の水に生ずる花は通して供養せよ」と漢訳、チベット訳に認められるから、当時のインドにおいて蘇悉地儀軌類の所依とする供養法に使用されていたに違いない。また(4)の花色の解釈も「晩香玉類」の「黄色系」と、睡蓮（俱勿頭 kumuda）の「赤と青色系」の二種が考えられる。

以上、蓮華四種において、⑤60の花色は白描図のため不明としても、⑤の右手に握られた蓮華、60の皿（鉢）に盛られた蓮華は、ともに手の平ほどの大きさを有している点から、睡蓮 utpala と padma 系のものと考えられるのである。

また⑤60の使用された蓮華が花色その他の点⑤では茎があるが、60では認められないので、全く同種か否かを推考するならば、やはり一定した規定がなされていたものと考えられる。

なぜなら、『蘇悉地羯羅経』第八供養花品チベット訳に「仏世尊（bhagavan）の〔増益をなすために〕土地に開花せる甘味な香り高い白（śukla）蓮華を供養せよ。白色花は水生に在りて汚濁〔＝害悪〕を観察し、非常な香りと甘味を和合〈tshogs pa〉せり。〔これは〕金剛手（Vajra-pāṇi）自身の供養にて別の所に所説はなし。而も尚一切の供養に相応〈ruṅba〉せり」と述べ、漢訳に次のごとき献ずべき花名を述説している。

「忙攞底花（mālatī）、得蘖嚧花（多迦羅　tagara）、捃難花、末理迦花（摩里迦 mallikā＝曼花＝素馨花の一種）、喩底迦花、那龍蘂花（龍樹 nāgavṛkṣa? 母単の花に似る）の如き花を用いて仏部に供献すべし。優鉢羅花（utpala）、俱物頭花（kumnda）、蓮華（padma）、娑羅樹花（sāla）、勢破理羅聞底迦花、本娜言花、得蘖嚧（tagara）の如き花を用いて蓮華部に供献すべし。青蓮華、鉢字徿花、葉花、枝条の余の説かざる者等を用いては、金剛部の中に通じて供献すべし。如上の花の中に白色(śukra)の者は、扇底辺(śāntika)の法を作し、黄色の者は補瑟徵迦（pauṣṭika）の法を作し、紫色の者は阿毘遮羅迦（abhicāraka）の法を作せ」「種々の諸の花は、類に随って当さに用うべし。其の闍底蘇末那花を通じて仏に献ぜよ。若し紅蓮華ならば唯通じて蓮華部（＝観音部）に献ぜ。若し青蓮華は唯通じて金剛部に献ずるを説いて各々の上となす」「紫、白の二色の羯羅末羅花(karamala)は用いて忿怒尊王及び諸の使者に献ぜよ。説いて上勝となす。句吒蒠花（kutaca）、底落迦花（底羅迦花 Tlīaka）、婆羅花(bhala)、迦嘌暱迦羅花、阿娑曩努嚕莽花、尾螺花、迦宅嚧花、等随って其の一つを取り遍く三部に通じて之を供養せよ。及び上中下の除災等の三つには復た種々の諸花を以て合成して鬘を作れ。或は種々の花を以て聚めて供養せよ。遍く九種に通じて用いる。諸種の花の中に、唯臭き花、刺樹に生ぜる花、苦辛の味ある花、をば除け。供養するに堪えず、前に広く花を列するに名無きものをば亦用いるべからず。また、木菫花、計得剣花、阿地目得迦花（阿底目徳迦 Atimugtaka）、夢句藍花、�花、等も亦用いるべからず。長時の供養に、九種に通ずるものは、紅花、閃弭花、鉢羅孕句花、骨路草等及び稲穀花と油摩とを相和して供養せよ。如上所説の種々の花等は供養にて最も勝上なり」とある。その他、この種々の花名をまとめるならば、瞻蔔迦花　彦陀補渋波花　挙亦迦花　本曩言花　迦淡聞花　那縛忙里迦花（nevamālikā）　末度擯捉迦花　阿輸剣花　怛嘌拏花　母注捃難花　那莽難花　建折娜蘖嚧花　注多曼折利花　擯捉釖花　勿勒蒭頒鉢羅花の十五種があり、さらに『グフヤ経』奉請供養品第八では、前述以外に多種の花名を述説している。

摩句花（酔花 bakula）　群駄花（kunda 素馨花の一種）　苫蔔迦花（campaka 金色花）　阿輸迦花（aśoka 無憂花）　奔駄迦花（punāga 奔那伽花）　娑羅花（śāla）　迦尼迦花（karṇikāla 牙皀花）　迦曇婆花（kadambaka）　阿輸那花（asana）　婆荼羅花（pātala）　尸多乾地花（śitaganti）　俱羅婆迦花（kurapaka）　嶓拏花（pana）　乾多迦花（gantaka）　帰夜迦花（kuyaka）　尸俱嚕花（śigru）　遮婆花（puśapati）　央句羅花（agola）　郎迦那花（draṅaka）　尼婆花（nipa（?）＝nibha）　鶏跢枳花（ketaka）　摩那延底迦花（manayantika）　句欄荼迦花（kuranataka）　那摩迦花（dāmaka）　毘羅縛花（pilava）　乾地迦花（gaṇtika）

計婆羅花（kesara）＝（花鬚）払利曳応旧花（priyaṅgu）＝（扈子）群多羅（kunda）婆句羅花（bakula）迦羅毘羅花（karavira）の三十一種である。

したがって、⑤(60)の蓮華は、多種の花において上中下を弁知し、三部の三品に献ずべき前述の所説規定により、やはり一定の花種であろうと解されるのである。そのために、⑤(60)の形態が類似しているように見えるのである。

また、この⑤(60)に限って予測するならば、別系『蘇悉地羯羅供養法』（公刊の高麗本、高山寺本ではない）には、蘇悉地儀軌契印図の⑤(60)の所説に準じた献花の規定が明確に述説されたもの、すなわち、『蘇悉地羯羅経』供養花品第八を忠実に伝承した内容を有していたに違いない。もしそれがなければ、⑤(60)の位置に結印の所作として描き得る根拠がないし、無意味なのである。これが単に、ある阿闍梨の創意に基づかれた解釈としても、〔⑤は小生華（ab-ja）としての供献の意味になる〕部分はともかく、(60)の組織立ては、(59)一切請座とともに（(59)(60)は高麗本、高山寺本に所説がない）、きわめて初歩的な段階になされたものと考えられる。

これは、他の蘇悉地儀軌類に認められぬ点から、(59)の請座の象徴性（賓客を迎える）から(60)の供献せる蓮花の意味が、インドにおける生活習慣をそのまま伝承していることを示し、とくに(59)(60)の位置で訳図されていることである。そして、この例は、他の蘇悉地儀軌類のいずれにも見出すことができないのである。

さらに、前述の諸花の訳図の例を、『五部心観』では（大正図像分類番号）の菩薩坐像の周囲に図案が認められ、大悲胎蔵三昧耶曼荼羅でも（大正図像分類番号）の〔(10)(48)(49)(50)→(83)など〕の個所に認めることができる。したがって⑤(60)の花においては、大局的に関連性を認めることができる。

石山寺蔵「蘇悉地手契図」

――火焔の着想と背後にある問題――

「蘇悉地」とは漢音であって、これを還梵するならば「su-sidhi」、すなわち「妙成就」と解釈することができよう。これはこの儀軌の本経である『蘇悉地羯羅経』の内容に微して、まさしくそのチベット語訳に伝える題名『良くこの大加行の所作事によって成就をなさしめる次第』にも見られるように、『蘇悉地羯羅供養法』の儀軌契印図であることはすでに疑う余地がない。

まず本図について言及するならば、これは唐本将来図像である東寺観智院蔵本「蘇悉地儀軌契印図」の転写本であり、東密に現存しうる蘇悉地大法の儀軌としてはまことにユニークな位置にあって他に類例を見ない。

この蘇悉地手契図一巻は、紙本墨書にて法量が縦三三×横三九八センチメートル、内題の下に石山寺密蔵院の朱印が認められ、表紙は薬袋紙、爛破あり。表題を欠くがわずかに「契図」の二字が見える。寺伝では石山寺の中興である文泉坊朗澄律師（一一三一―一二〇八）の筆と伝えられる。奥書は、

大唐咸通五年歳次甲申孟夏中旬有八天水郡趙昇　録記　琮戈《マヽ》

平治元年六月三日証本裏書注付了以両本交合了

とあり、表には次第順序に九十一種の結印せる行法上の印相を写し、裏にはその所作に必要な真言を八十二種にわたり列挙する。

東寺本（唐本）より部分的に認める臂釧などその細部は簡略化してはいるものの、総じて唐本図像が伝えるところの生気のある流麗な感覚を失わない。

所依となっているものは大唐咸通五年（八六四）に趙琮が録記した東寺本であるが、これは入唐八家の一人である宗叡が請来した儀軌図像である。僧正は、この年の五月には真如親王とともに長安城に入り、その右街にある名刹、新昌坊青龍寺に法全阿闍梨を訪れ、僧正はそのまま留まり灌頂を授けられ金・胎両部大法を学び金剛杵および他の諸儀軌を数多く附属されている。そして咸通六年六月より十月まで、同じ左街の延康坊西明寺（善無畏三蔵が七一六年に当地に赴き、興福寺南院から移った所）において雑法門等を書写している、という記事などが『入唐五家傳』（『群書類従』一九三の八、上、一〇〇頁）の伝えるところである。宗叡傳のうち入唐中の様子が不明確な点も災いして、東寺本が入手された場所について以上の道筋およびその他の資師相承の血脈からも明確なことは述べ得ないが、僧正勘録の『新書写請来法門等目録』（大正蔵五五、一一一一頁b）には、

　蘇悉地儀軌契印図一巻右禎苗子等阿闍梨附属或有比間未将来為道心者請求也

と記載されているように、法全阿闍梨から附属されたことが予想される。

その東寺本と石山寺本の付法上の位置を図解すれば図1の通りである。(1)

さて、仏教の白描図像が担っている課題は、その絵画以前の絵画、すなわち図式（シェーマ）の認識論として仏教徒が有相・無相の実践哲学を通して直接、知識に訴えたヴィジョンの世界との関連性を認めるものとして再評価すべき時期にあろう。本図に限るならば『蘇悉地大法』の発展形態（初期）に見られる「燃火」あるいは「請火神印」が「一切解説

図1　東寺本と石山寺本の系統図

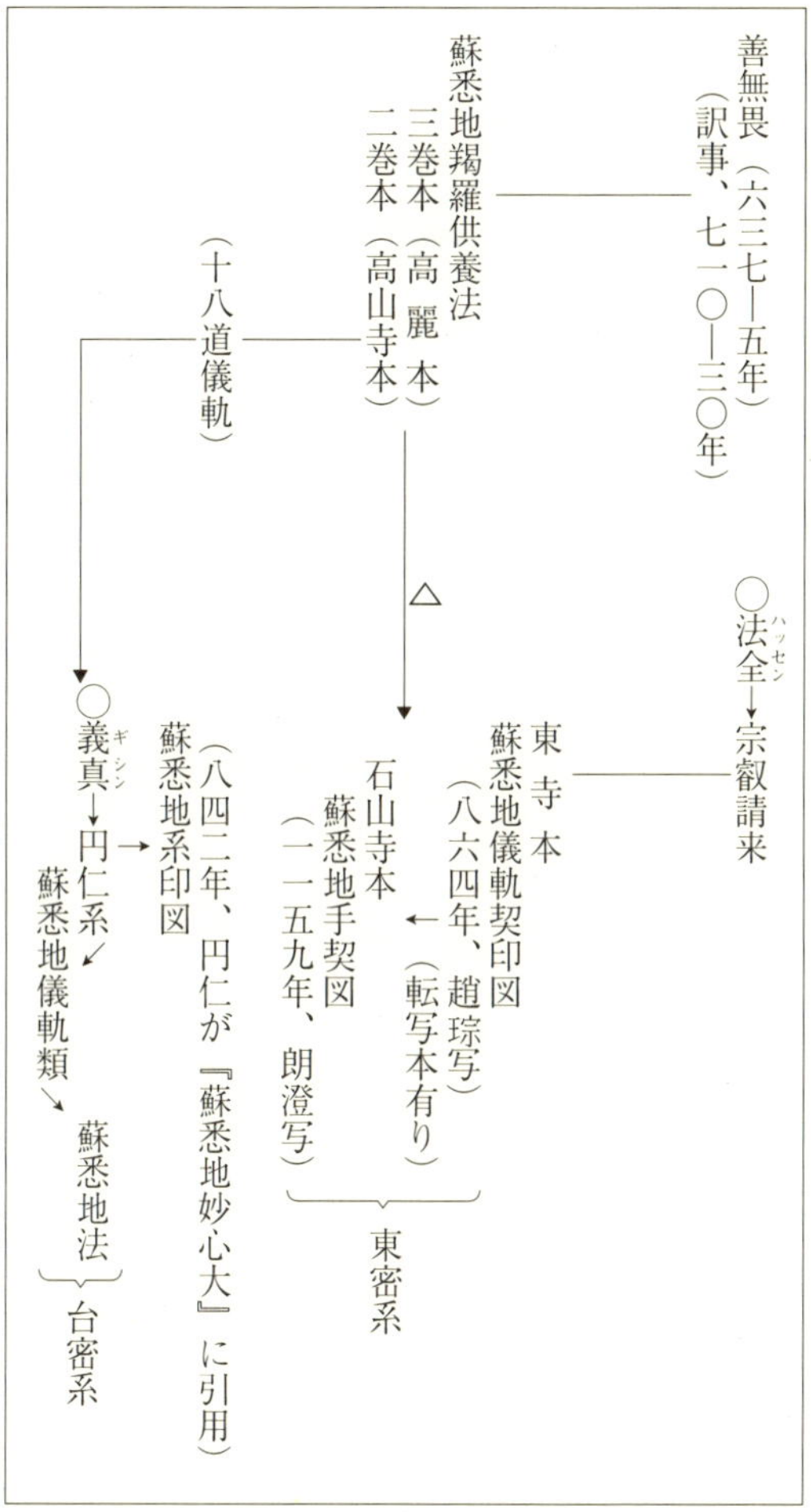

印」に至る思弁として訳図上、常に重要な役割を果たしており、なお欠くべからざる機能を内に秘めている点、とくに注意を要する。

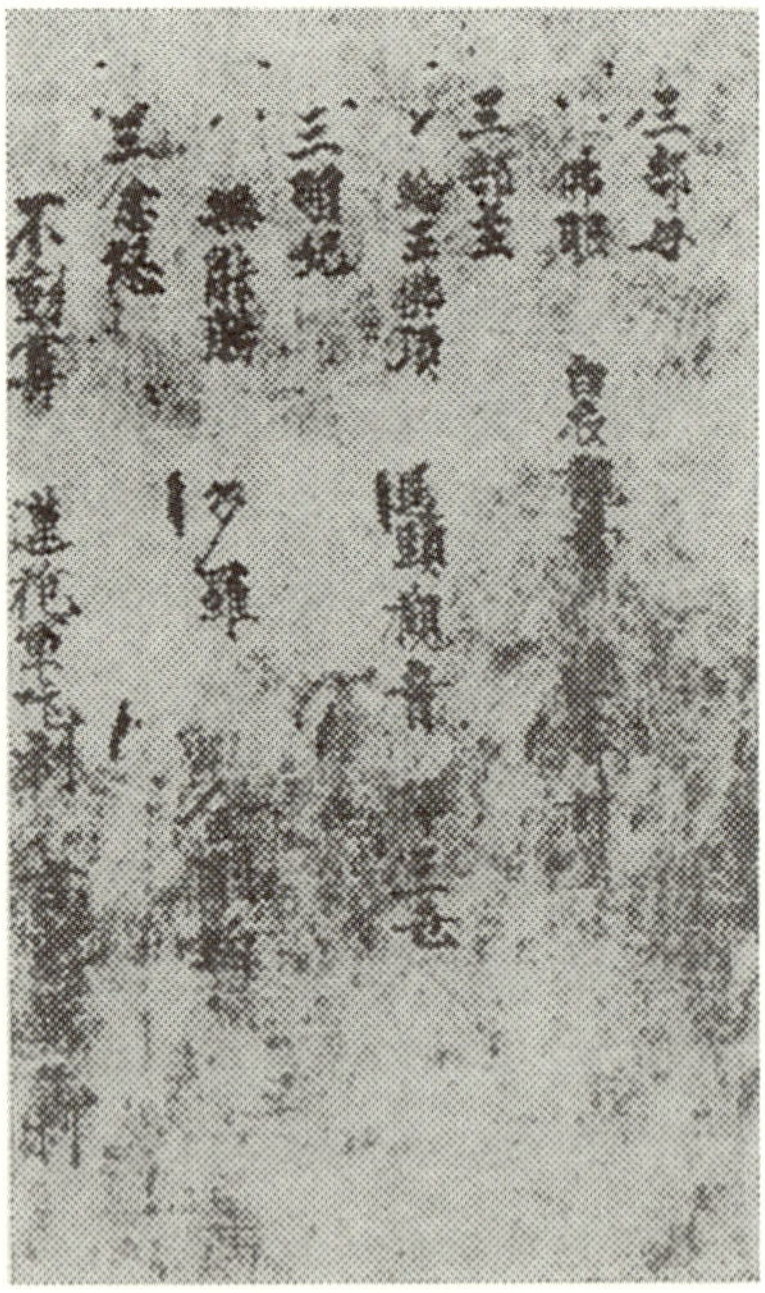

図2　三部各尊主

三部母
仏眼　白衣観音　忙莽計
三部主
輪王仏頂　馬頭観音　降三世
三明妃
無能勝　多羅　金剛鉤
三忿怒
不動尊　蓮花軍吒《荼》利　甘露軍吒《荼》利

行者はその訳図を『供養法次第』と併用することによって知覚の方便を拡大し、悟性の絶対的世界すなわち「彼岸の存在を知り、それの体得・獲得すなわち「成仏」を願求する心を発するのである。これが発心であり覚である。『大日経』の形容によれば、それは「驚覚如来」・「魔宮震動」という主・客の動顚するショックを伴う宗教的覚醒なのである」（この発心せる人間と究極的成仏との間における空間の距離について[2]）。この儀軌では、息災法、増益法、降伏法の三法を通説せる遣除・辟除結界から掠魔および魔障を砕破してゆく過程の中でとくに降三世または軍荼利の力が支配的であったことを窺い知るのである。石山寺本では裏書に真言とは全く別に、それら成就悉地の上、中、下の相（lakṣaṇa）に準じて、その請召により各々三部の各尊と真言に見られるごとく図2のように述説する。[3]

『グフヤ経』（Sarvamaṇḍala-sāmānya-vidhi-guhya-tantra＝『一切秘密曼荼羅通儀軌秘密経』）のチベット訳には「仏部・蓮華部・金剛部を三部サマヤ（samaya）の印相と名づけ、〈それは〉すべての曼荼羅に相通ずる所作なり。〈すなわち〉護身の印、結界の印、驚覚奉迎の印、および灌頂の印、香花等を奉献する印、災難を息むるの印、難を砕伏する印、難を結縛する印、難を解放するための印等をかの印相品においてすべてを広説するものなり」と各々の目的を示し、さらに「ここに説ける浄治および護身の法においては、すべて結印を用うることであるから相応して作せ。もし難伏なる者を砕破せんと〈念じ〉想うならば、まさに〈それは〉ヴァジラムドガラ（vajramudgara＝金剛鎚）の印を結ぶべし。

また、密教曼荼羅において説くところの十八のマハームドラー（mahāmudrā＝大印）にはすべてその印を用うべし。〈さらに〉もし呼召の法を作さんとするならば、まさに金剛鉤の印を結び、もし結縛の法を作さんとするならば、まさに金剛鏁の印を結び、〈さらに〉もし調伏の法では、まさに金剛棒の印を結び、もし怖魔の法では、まさに喫金剛の印を結び、もし越三摩耶の者があれば、まさに受三昧耶忿怒の印を結びてこれを調伏せしめるか、または大力なる金剛棒の印を生じるものなり。〈さらにまた〉諸々の障難を砕伏せんと欲するならば、まさにシュムバヴィドヤーラージャ（śumbhavidyā-rāja＝遜婆明王）の真言と印を呪縛せよ。この修法を作し終わったならば、その諸難等はすべて火に焼かれるものなり。故にまさに各尊の諸印等を用いて作すべし、すなわち大威力あること知らん」と説く。

さらにその降伏法（abhicāraka）において『蘇悉地羯羅供養法』（一巻・二巻）では「火院」の世界が明らかとなる。金剛火院ではその真言を「唵阿三忙祇寧紇梨吽半吒」（oṃ asamāgni hrīḥ phaṭ）「オーム、無比の火よフリーヒ！　パット！」と伝承している。これはとりもなおさず「火生三昧」として、この石山寺本の描写が本質的に関連性をもつものであることを意味する。さらにこれらの修法と石山寺本の結びつきは、蘇悉地法の初期の段階で鬼神を本尊としている点でも注意したい。

『蘇悉地羯羅経』の降伏法では「黒月の八日もしくは一五日の日中において行ずるものである。そこには毘舎遮[4]（piśāca）の諸鬼および部多[5]（Bhūta）の夜叉鬼神および羅刹（Rakṣasa）等を本尊としながら礼拝し、行者は赤衣もしくは青色の服を着て南に面を向け坐す」と述べるように、地位の低い尊格である。その際の各々の坐法は本経のチベット訳・漢訳の所説に基づけば表1の通りである。

表1　坐法

息災法	増益法	降伏法
結跏趺坐	半跏坐	倚坐

蘇悉地大法の当初の目的は降伏する呪詛法から息災、開運の過程、すなわちインド後期密教の伝播から中国的な変容がいちおう考えられる。その初期のあり方、すなわちインド古来の農耕儀礼として家庭的な諸種の願望を達成しようとした「魔」「災」に対す

る福寿長久、家内安全の目的が、次第に三部組織を包括しつつ仏部・蓮華部・金剛部の部母・部心の顕得という八世紀以降の純粋密教の理念に置きかえられていることは、この石山寺本の内部にも散見できるし、その他の諸儀軌の多くが端的に示している特徴である。

ここに見られる訳図上の配列は左へ上下段に区分され、結印する手首の部分には蓮弁をあしらった台座が描かれ、さらに印相の周囲にある円輪の火炎が、これらの象徴せるムドラーの様相を二重のヴィジョンの中で再構成しようとする。

そのヴィジョンの二重性の表示は、契印より流出する無上の光焔によって清浄堅固の住地が成り立つことを観想し「我」の再統一が認識されることを意味する。

しかもこれを実修することにより生み出されたサーダナ（成就法）に迫ろうとする。そしてこの描写力が蘇悉法の儀軌構成のうえで神通力をも支配するかのような、かなり初期的な意義を担っていたと考えられるのである。

その顕著な創意は四方の結界を作し終えて「阿三芒倪儞火院」（契印番号72）と最後の結印である「一切解脱印」（契印番号89）

図 3　蘇悉地手契図〈No. 72〉

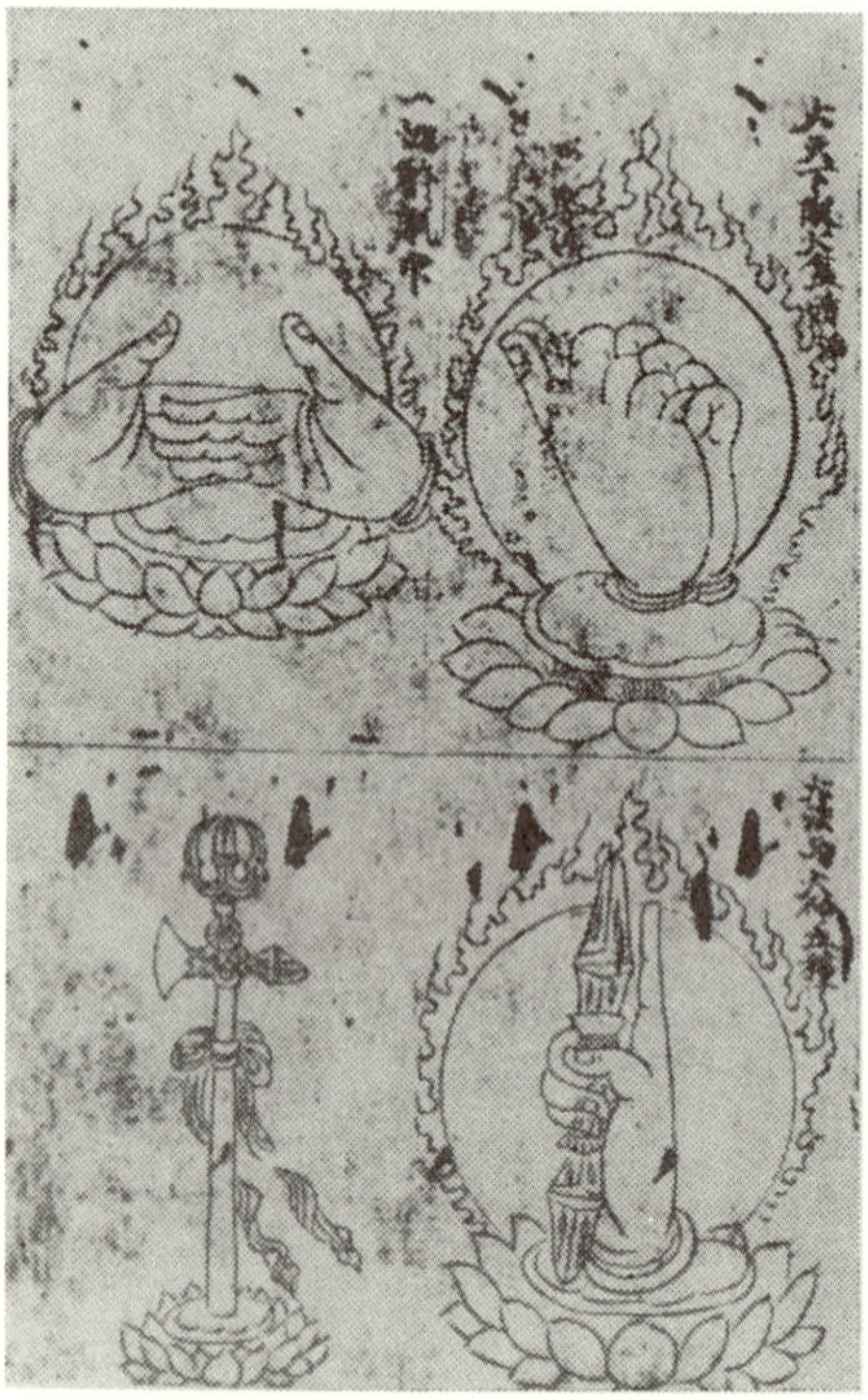

図 4　蘇悉地手契図〈No. 89 ・ 90〉

は全く同じ印相であること（図3・4）、つまり両手を以て五指を舒べ、互いに右の背の側に左の掌を当てる点は他の儀軌に比較しても、こうした火院が解脱に同化しようとする態度は稀である。かかるあり方を石山寺本の裏書では、

普□（供カ）□（養カ）印

火天明日、伏著己用忿怒半去垢而護真言

請火天印

吉哩吉哩忿怒真言

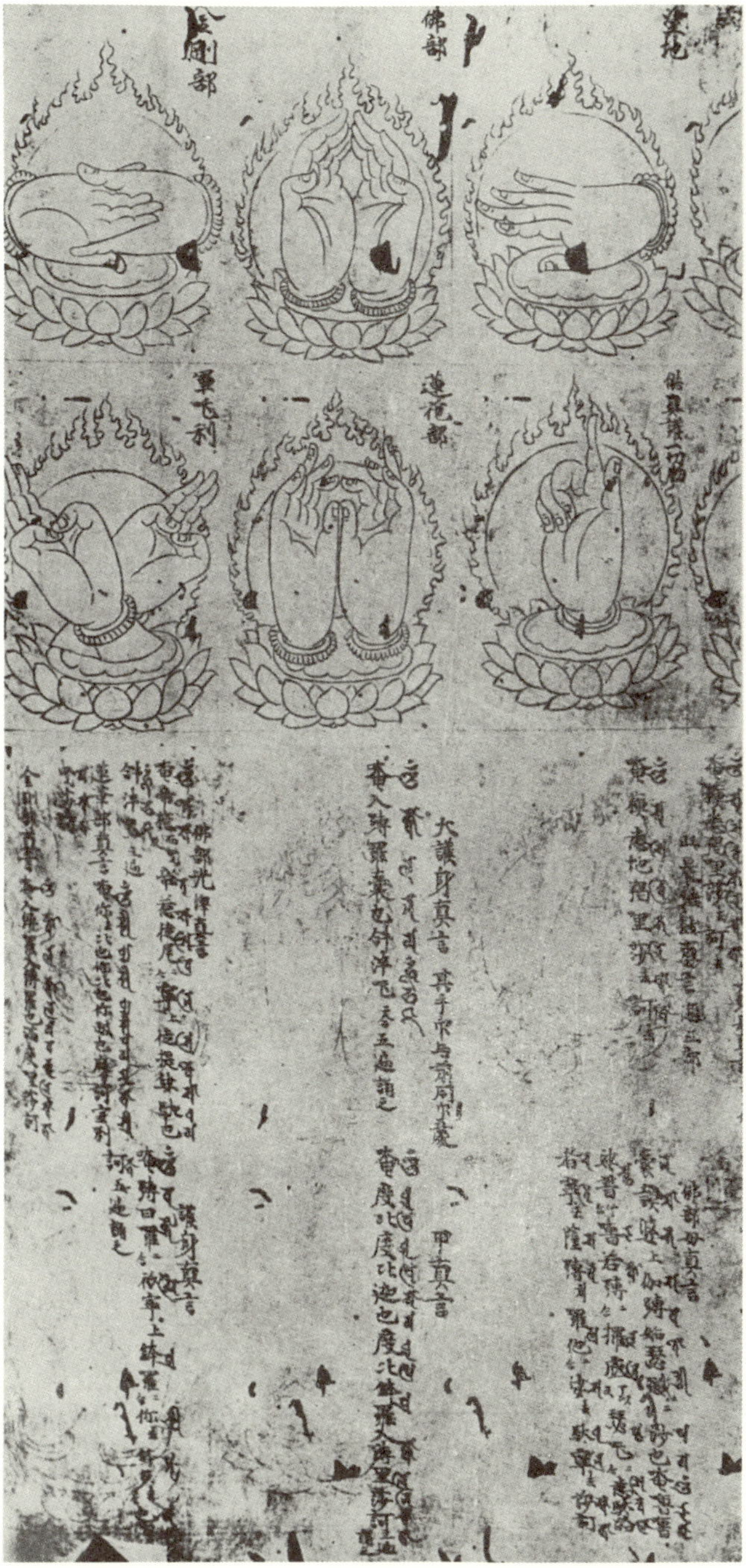

図5　蘇悉地手契図　右上：⑦塗地／右下：⑧供具一切物／中央上：⑨仏部／中央下：⑩蓮華部／左上：⑪金剛部／左下：⑫軍吒利

と述べる。ここでは「一切解説印」に相当する印言はないが、「普供養印」と判読することが許されるならば、裏書から得られた供養法は実修に用いられた用語として日本で展開された転写本の要素を知ることができよう。

その真言は、「曩莫三満多没馱引南引薩縛他引欠搵娜糵二合帝娑頗二合羅　皿引含　我我曩　劒娑縛訶」(namaḥ samantabuddhanāṁ sarvathākham udgate sphara hi maṁ gagana kaṁ svāhā)「遍く諸仏に帰命す、ことごとく(?)天に昇りし女尊よ、拡がれよ、ヒーマム虚空よ。カムスヴァーハー」と伝える。これと訳図と照合するならば、両手に舒べ五指虚空を支配する行者そのものの発心の姿を表象し描きつくしていることは明白である。そして同時に護身に見られる真言、唵縛日囉二合引儗儞二合鉢囉二合捻引跛多二合引也　娑縛賀二合引(oṁ vajrāgnipradī-ptāya svāhā)「オーム、金剛というアグニ(火)に輝けるものに帰命す、スヴァーハー」のローマナイズに見られるように、この石山寺の伝える「火焔」が遠くインドのアグニ天[6](火の神)に由来する点もきわめて自然に察知されよう。そしてこの石山寺本を唐本請来本の系統として考えるならば、こうした図像が修法とともに中国において積極的に創作されていたことを予測せしめ、隆盛期にあった密教の思惟の背景を見ることができる。

註

(1) 高山寺には近年の調査によって次の二点が供養法関係のものとして明らかにされた。いずれも石山寺よりやや古い奥書を有するものである。

蘇悉地儀軌上下　二帖

上　久安二年二月廿三日点了　奥書

下　安元□□十月十八日書写　奥書

蘇悉地対受記　安然阿闍梨　一帖

保延四年三月十五日久忠校了　奥書

(2) この問題では、この図像が積極的に悉地を得る、という実修の立場を明らかにしている。この手契図の着想はその三昧耶を空間の中で結印(図式化)することによって時間的な距離を積極的に把握することが、そのままでき得ると確信していたのであろう。経典には成就をなし得た宗教的ヴィジョンの結果が説かれている。すなわち『蘇悉地羯羅経』の分別悉地時分品(六二五中、六五五上、六七三上)諸尊加被成就品(六二六中、六五六上、六七四上)には「悉地」について、「加法に専心念誦する時、温、烟、火光の三種の悉地相がある」と述べ、Subāhuparipṛcchā『蘇婆呼童子経』のチベット訳に九種三分上、中、下の悉地を述べ「上悉地を得るものは、虚空を遊飛し修羅宮に入り自在に変化して、薬叉女(yakṣī)や天主長年となり幻化の法を成じて、自ら自身を変じつつ密跡等となる」と魔術的な様相を伝える。

こうした三部組織(仏・蓮・金)と石山寺本の契印の意味

づけはとうていここでは論じ得ないが、蘇悉地系の他の経軌においても、三昧耶としての修法上のシンボルを認めていることは明らかである。そしてその作用は実に多岐にわたることが知られる。

（3） ここに見える馬頭観音は、のちの「十八道」法の形成に際して、蘇悉地法が原初形態として存在した一つの原形を認める。十八契印の辟除結界の真言 oṁ amṛtodbhava hūṁ phaṭ svāhā「オーム、甘露より発生した者よ」は結界を辟除して諸魔を退散させるためのもので、馬頭観世音真言の効能を「諸々の作障者を辟除する蓮華部の明王馬頭観自在の真言印を結ぶべし。一切の諸魔この印を見終わって退散し敗走すべし」と伝える。

（4） 善無畏訳『千手観音造次第』には「毘舎闍」とあり、黒赤色大目瞋怒形、左手には火玉を持す。尊客は餓鬼形にて六位および八位。

（5）『慧苑音義』（下）「部多（bhūta）比云二自生一謂比類従二父母一生者名二夜叉一（yakśa）化生者名二部多一」とあり。伊舎那天の眷属。

（6） アグニについて、本図の九〇に描かれている三股戟（トリシューラ）と鉞斧の武器はインド起源であるが、仏教の中にとり入れられるとアグニと同化するというシンボルの変容が見られる。つまり「三宝」と同義であり、三叉を二本つなぐことによって金剛杵を表現し、三昧を一体となす。『蘇悉地羯羅供養法』（二巻）の大三昧耶真言には、「唵商伽隷摩訶三昧監娑縛賀（oṁ śaṁkhale mahā-samayam svahā）オーム、鎖尊よ大三摩耶の大界を（結縛したまえ）スヴァーハー」と述説するように、この三叉戟は「火焔」と同格の意義をもち、虚空網を通して一切解脱の三昧を上品、中品、下品の悉地相に基づき見極めようとする主神の性格を担う。そしてこうした画面に表現されるシンボルの同化する過程を陀羅尼集経（巻三）では真言に「三麼焔」と広説し盤陀盤陀莎訶（banda banda svāhā）「速やかに大界を結成したまえ」と誦す。この点にもアグニという神格が広義の仏教の中で凝集されてはいるものの、修法と教理（教相）を通してその語義がよく保存されているものと見るべきであろう。

虚空蔵求聞持法画像と儀軌の東国進出

はじめに

虚空蔵菩薩像の本尊（画像・彫刻）を前にして行なう虚空蔵求聞持の法は、真言密教が伝える一尊法でも、八千枚護摩法と双璧をなす秘法として知られている。また、修法内容も最大級の難行苦行を有する。修法期間は百カ日もしくは五十日で虚空蔵菩薩の真言「ナマッハ・アカシャ・ガルバヤ・オン・アリ・カマリ・モリ・ソワカ」〔namaḥ ākāśa-garbhāya oṁ ari kamari mori svāhā　帰命す、虚空蔵（菩薩）に、唵、富有なる蓮華と無垢光明よ　莎縛賀〕を一日一座に一万遍、二座であれば五千遍を一時も休まず唱える。無論、短縮して一日に二万遍であれば、五十日で結願することになる。要するに一日ほとんど、わずかな睡眠しか取らず、飲まず食わずの状態で、百万遍の真言を唱えることが、この行法の特徴である。また、古来より結願日は逆算して日食・月食の日をもって設定することになっており、これがこの修法の興味深いところでもある。『三教指帰』の序には、空海の若き日の練行の数少ない描写がある。すなわち「ここに一の沙門あり。余に虚空蔵（菩薩求）聞持の法をしめす。その経に説かく、若し人、法によってこの真言一百万遍を誦すれば、即ち一切の教法の文義暗することを得。ここに大聖の誠言を信じて飛焔ヲ鑽燧に望む。阿国大瀧嶽に登りよぢ、土州室戸崎に勤念す。谷、響を惜しまず、明星、来影す」と。この空海の宗教体験は十五歳より十九歳頃とされており、後の入唐求法や真言宗の開宗、さらには真言密教の教相の極意ともいうべき法身説法の確立にも重大な影響を与えたとされる。ここに引用される「大瀧嶽」は今日の四国八十八霊場の第二十一番札所舎心山太滝寺に比定されていることはいうまでもない。今日でも同寺の岩場付近には小堂や求聞持堂が現存する。

このように真言密教の苦行として特色をもつ虚空蔵求聞持法が東国にどのように流伝したのか、ここでは称名寺の開山当初の状況と照らし画像と儀軌に注目しながら考えてみたいと思う。

一　金澤文庫の虚空蔵求聞持法儀軌類と画像の問題

ところで称名寺を開山した妙性房審海（一二二九―一三〇四）はここに入寺するのが文永四年（一二六七）の九月であるが、その約七カ月前の三月五日に『求聞持口決』（審海の手沢本、二八七函）を書写している。この口決は求聞持法の口伝を聞書風に記している。そして口伝の解釈に必要な典拠なども付記されている。ただ、同書の末尾に「本云、同年二月於安州清澄寺書写了」と墨書が認められることから、審海は称名寺に入寺する一カ月前には清澄寺に居た可能性がある。

それはともかく、東密のこの求聞持法は、東・南・西の三方の開いた室で（ただし、この室が得られないときは）東方のみ晴れた所を考察し、とくに東方の壁に小窓を穿ち、ここより明けの明星の光線を道場に迎え入れることを目的とする。心覚の『別尊雑記』第二十六巻所収の虚空蔵菩薩坐像、図の右上に「護命僧正之本尊、大師又以之修求聞持法給」（本書九九頁図3参照）との伝承を記すが、この頭光・身光をともなう放光交叉の求聞持本尊図は不空訳の『大虚空蔵念誦法』一巻を所依とする道場観の観想に原型を認めることができる。ここでいう「護命」とは元興寺の護命（七五六―八三四）のことで善無畏訳の求聞法を中国から請来したことで知られる。

金澤文庫保管の称名寺本『虚空蔵法』（三一〇函）や『求聞持法師伝』（二五五函）にもその道場観を伝える記述が引用されている。「観ぜよ、地の上に八功徳水有り。水の中に宝山有り、山の頂に宝楼閣有り、楼閣の中に八獅子の座あり、座の上に満月輪あり、月輪の上に七宝の蓮華台あり、台の上に怛洛字あり、字変じて宝珠と成る、宝珠変じて虚空蔵と成る。其の身、金色にして首には五仏の宝冠を著し、右の手は施願の印にて、左の手に如意宝珠を持す。無量の眷属前後に囲繞せり」。この観想で重要なことは、尊像を感得するにあたって身色は金色で五仏の宝冠を戴き、円相内で頭光・身光併せて放光（各々三条の筋光）を見定めることを位置づけている。この像容と求聞持法本尊図（根本像という）の具現は鎌倉時代の優品が白描で醍醐寺に伝来している。むろん、この根本像の系統は既述のように常喜院流祖心覚の『別尊雑記』にも引かれているから、流布本の多くは醍醐寺から仁和寺を経て東国に流出したと考えられる。その本尊図の根底には明らかに道場観に基づくイメージが根拠になっていることはいうまでもない。道場観の脈絡は金澤文庫保管の『野鈔』（『野月鈔』二七一函）や『秘抄』（六八函）の伝授に際して重要項目となっている。この二本は仁和御流の中興として名高い守覚法親王（一一五〇—一二〇二）の撰述である。虚空蔵法を含む各々の書写と鎌倉への流伝を考えると、たとえば別本の『秘抄』（二六一函）には、正嘉二年（一二五八）二月十五日に玄智が醍醐寺報恩院流で書写した口决を、称名寺第二代住持の釼阿が元亨四年（一三二四）に称名寺で祐賢から伝授している。ここでは実際には約百年もかかっていることになる。

このようにたった一種の観想がこのように長期に鎌倉を経て称名寺で受けとめられる例に対して、もっと短い例もある。たとえば、また別の『秘抄』（一二四函）では文永八年（一二七一）九月の法助（開田准后）から弘安八年（一二八五）二月の益助では約十五年後には益性に、そして、称名寺の釼阿は延慶三年（一三一〇）五月に伝法している。短いといっても、仁和御流では約四十年かかって虚空蔵法の東国流伝がなったのである。また、長期にわたって東国に流布した虚空蔵求聞持法の本尊像は、後述するように善無畏訳の求聞持法を基調としている。同系の金澤文庫保管の『求聞持法儀軌』（一二〇函）には、「菩薩満月の増減身に相称えよ、金色に作せ宝蓮華の上に半跏にして坐す。右を以て左を押し容顔殊妙に熙怡喜悦の相を作し、宝冠の上に三十五仏像あり、結跏趺坐し、左手に白蓮華を執り微し紅色に作れ、花台の上に如意宝珠あり、吠瑠璃色にて黄色の光焰を発す、右手与願印に作せ」という（文中の三十五仏は「五仏」宝冠の誤字）。この儀軌の規定にかなう作例は平安時代以前のものはきわめて少ない。まず半跏像であることは空海請来の密教像以前の典型とみなされる。たとえば、奈良・額安寺の「虚空蔵菩薩半跏像（像高五一・九センチメートル）が最もこの既述に類似していると見てよい。この伝統的な木芯乾漆造に彩色をあしらった優美な小像は、形式上は通常の求聞持儀軌に記すように真言行者の眼前に安置され修法中の重要な観想の対象としての作例とみなされている。

しかし、奈良時代に自然智宗の行者の範疇に位置づけられる貞観様の広隆寺蔵の虚空蔵菩薩坐像とその所作・目的は若干異なる礼拝対象とみなされる。とくに額安寺像が二尺足らずの小像であることは、求聞持儀軌に説く、いわゆる大壇〔求聞持壇の作図は金澤文庫に鎌倉時代の「壇様」として別に保管されている（図1）〕の上に一尺八寸、高さ四寸の小壇を置くという作壇作法上の制約もあって、像高五一・五センチメートルという大きさは求聞持法初期の原型に近い本尊の典型とみなされよう。真言密教の行者が支配する行法上の礼拝対象（掛幅画像）は眼前の大壇ないし小壇に比例して、敷曼荼羅と掛曼荼羅の関係と同様、観想の対象として設定されていたと解釈される。行者の眼前に見える竪・横の舞台装置（道場内陣の作壇）の設定は、善無畏訳の本軌より道場の部分を抽出すると、道場は東南西三方の晴れた処が最上であるとしている。しかも、その場合は東方が必ず開いて光が差し込んでこなければならないという条件がある。いわゆる東光を得るために壁に小さな窓を作るのである。

ただし、ここで重要なことは虚空蔵儀軌等でも規定しているように、本尊は一尺一寸の月輪形の板に白描彩色の像容を描くことになっている。月輪内に虚空蔵菩薩を描き込むことは、真言密教では金剛界系のパターン認識である。金澤文庫保管の『求聞持法口伝』（七三函）によると、[1]この構図は真身観との関係を考慮しなければならないことが窺えよう。すなわち、「求聞持法ハ一印一真言行也、一印ノ法ナレトモ五悔ハ道場観トコロニモチイルナリ。又、白氎者辰旦有絹也。本尊向西向北ニ説有トモ通常ハ西也」と記すように当時（鎌倉時代末期）は真身観をとおして絹本上の画像を西向に見たてる風が常識的に行なわれていたと解釈できる。しかも、その構図は善無畏記直系の求聞持本尊としてのシンプルな月輪観の画像であった。『別尊雑記』第二十六巻に伝えるものは一歩すすめて考えるならば、おそらく護命が考案した本尊図は存在したに違いない。

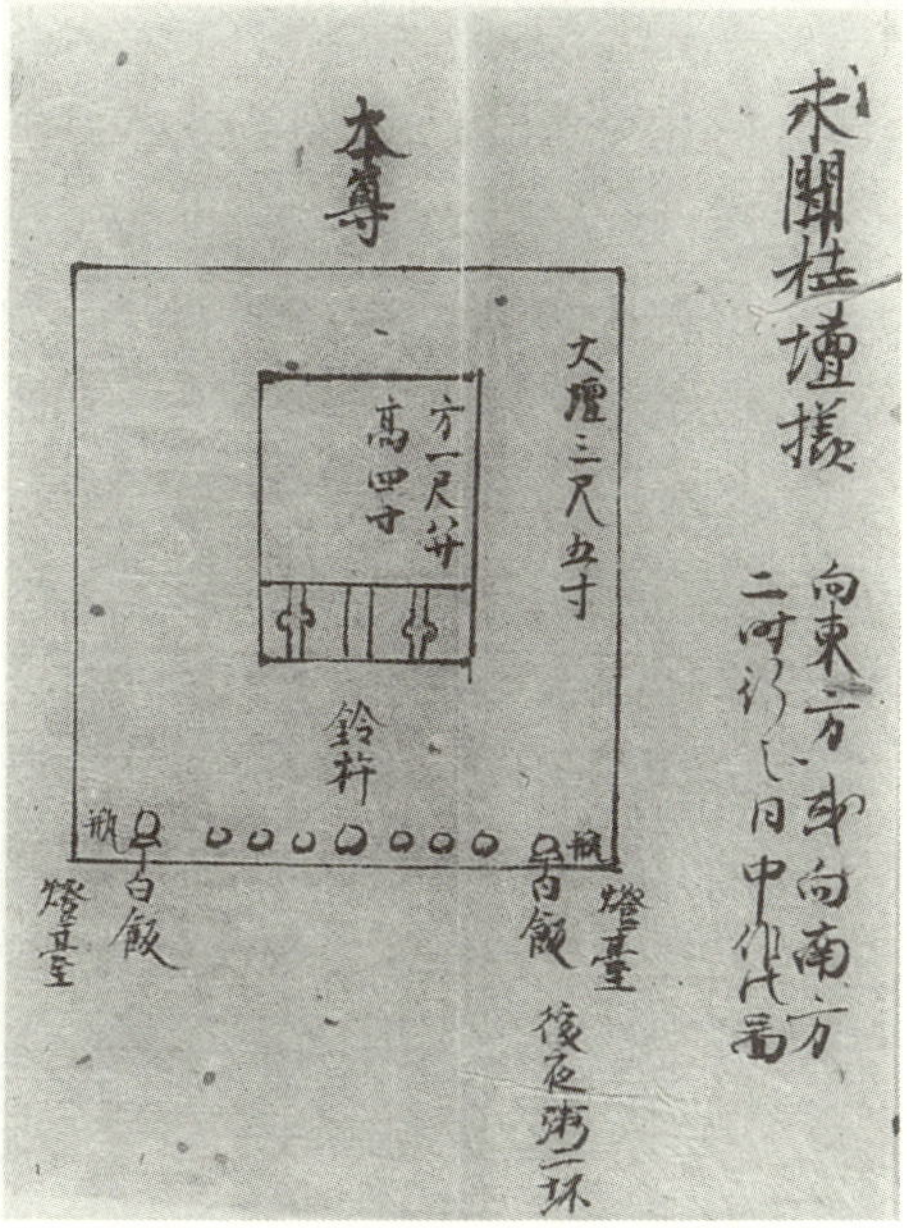

図1　求聞持壇（『求聞持』〔295函〕）

虚空蔵求聞持法は、いうまでもなく、奈良時代の天平年間（七二九—七四九）には、わが国に虚空蔵菩薩の信仰（別尊法）として伝来していた。称名寺には、その他の虚空蔵法にかかわる別流も伝承がある。[2]この外来の異色的な信仰を支えたのは、当時の山岳地域を拠点としたことはいうまでもない。すでにふれた求聞持法を前提とした虚空蔵菩薩画像の源を何処に置くかは、種々な見方が考えられる。常喜院心覚が『別尊雑記』に引用した護命の本尊と称するものは、平安時代末期から鎌倉時代中期頃までに白描図像として数多く確認されていた。護命はその意味では求聞持法における虚空蔵菩薩本尊図の具現者の一人であったかもしれない。薗田香融氏は「古代仏教における山林修行とその意義―特に自然智宗をめぐって―」において、奈良仏教には興福寺に対抗する有力な法相学派があり、この中に勝虞や護命の一派があった。また、彼らは人里離れた吉野の比蘇山寺に籠もり、虚空蔵求聞持法を修め、当時の人々から自然智宗と呼ばれていた、とする。ところが、この比蘇山寺では護命系の求聞持法本尊図が使われていた可能性がある。金澤文庫保管の虚空蔵求聞持関係資料(3)は称名寺伝来の真言密教の一尊法としては最大の現存例とみなされる。とくに、内外の次第・口決等が鎌倉中期から末期にかけて最も多類にのぼる。総計で二百一点になり、この中には意図的に虚空蔵求聞持法を実践しようとした壇様（壇図）も絵図類の中に含まれている。このうち奥書のあるものを整理してみると、後掲の表1のようになる。

正安元年（一二九九）八月十四日に清澄山で書写された寂澄本『求聞持口伝』（二九八函）には求聞持の伝承を、「道慈律師、善議大法、勤操相承、弘法大師ナリ」とする。

虚空蔵菩薩の修法上の真言陀羅尼との相対のしかたは次の通りである。「陀羅尼を誦すると其能力に随て或は一日一上、或は一日両上、始より終に至まで毎に初日の如く、遍数多少亦初上の如く増減することを得ず。前後通計して百万遍に満て、其数乃ち終に亦時限なし。中間に於いて間闕を容れず。又復日蝕或は月蝕の時に於て、力に随いて飯食財物を取捨し、三宝を供養し、即ち、菩薩及び壇を露地浄処に移して安置し、復牛蘇一両を取り熟銅器中に盛貯い、其蘇即ち三種の相を現ず、一者は気、二者は烟、三者は火、此下中上の三品中、随て一種法を得れば即ち成就す。此の相を得已らば便ち神楽と成る。若し此の薬を食すれば即、聞持を得て、一たび、耳女に経れば、文義倶に解し、之を心に記して永く遺忘なし、諸餘福利無量無辺なり」。この所作等によると、画像（本尊）と真言陀羅尼は真言行者を中だちとして実に不可分の関係にあるといえよう。

真言行者はすぐれた虚空蔵菩薩画像の本尊を正面に見すえて、その本尊の顔相に真言が吸い込まれるように入力されてゆく、という。これを百万遍誦する過程で音声を発する（唱える）速度も変えてはならない。諸々の『求聞持法』に「弁一切事院明白」というのはそのような事由による。これは別本『求聞持次第』(4)との次第構成が類似している。したがって次第を基調として、ここから速度を画像に向かって一定に保つゆえんは、虚空蔵に対する「明」（真言陀羅尼）は「印」（印相と結印）の速度に合わせることによって速度の調節が可能だからであろう。

表1　称名寺所蔵〔金澤文庫保管〕『求聞持法』関係聖教識語一覧

筆写年代	書名	識語	備考
久寿二年（一一五五）	玄秀手沢本『求聞持儀軌』〔一二〇函〕	「久寿二年二月十八日　於宝寿印書了 四年　点移了 同年霜月廿三日伝授了、丈六堂御房、筆部明月房」	
建久六年（一一九五）	『求聞持次第日記』〔二二三函〕	「建久六年十六日於勧修寺以慈尊院本書写了、金剛資寛典之」	
建仁三年（一二〇三）	『求聞持次第日記』〔一二九函〕	「建仁三年五月十九日奉伝了　光宝」	
天福二年（一二三四）	有善手沢本『求聞持口決』〔一一四函〕	「天福二年十二日於武州忍保安養寺北面令書写了　勢縁」	
正元元年（一二五九）	寂澄手沢本『求聞持口決』〔二九八函〕	「正元元年大歳已未八月廿二日未時書了　執筆円意之十才《ママ》」	
	寂澄手沢本『求聞持私記』〔一二八函〕	「正元元年廿三日」	
	『求聞持乳取日記』〔二九五函〕	「正元元年八月廿七日酉持書了」	
文応二年（一二六一）	『虚空蔵菩薩深密念誦私記』〔二九八函〕	「文応二年大歳辛酉二月九日巳時書了　執筆円意」	
文永四年（一二六七）	審海手沢本『求聞持口決』〔二八七函〕	「文永四年丁卯三月五日妙性書写了」 本云、同年二月於安州清澄寺書写了」	※この年の五月、審海、称名寺入寺
文永五年（一二六八）	『求聞持私記』〔一二〇函〕	「文永五年七月一日書了」	
	『求聞持法次第』〔二五三函〕	「本云、文永五年十一月十六日書写了交了　兼観」 「本云、正安元年十月十日戌剋二一書写竝點了交合了 法印権僧都経助之」	
弘安八年（一二八五）	『求聞持法口伝秘事』〔二八八函〕	「弘安八年四月二日書写了」	
永仁五年（一二九七）	『求聞持儀軌』〔二九五函〕	「永仁五年六月三十日書写了　釈良賢」	
	『求聞持念誦次第』〔三二九函〕	「永仁五年七月廿八日酉時了」	
	『求聞持次第』〔一一三函〕	「永仁五年七月廿四日」	
	『明星天子口決』〔七二函〕	「永仁五年七月廿二日酉時了」	
正安元年（一二九九）	『求聞持口伝』〔二九八函〕	「正安元年已亥八月十四日　右翰寂澄 清澄山」	
正安元年（一二九九）	『虚空蔵菩薩念誦法』〔三一二函〕	「正安元年已亥八月十四日　右翰寂澄五十八 清澄山」	
正安四年（一三〇二）	『虚空蔵一印口伝』〔一二八函〕	「正安四六廿日書写了　右翰金剛資　寂澄」	※延慶元年（一三〇八）十一月 釼阿、称名寺入寺
正和三年（一三一四）	『求聞持大事』〔二九四函〕	「已上願行上人授真尊上人大事也 正和三年十二月十七日於宀一山授秀範伝授阿闍梨円海」	
建武三年（一三三六）	良裕手沢本『求聞持大事』〔二六九函〕	「建武三年丙子九月十日於称名寺以開山和尚 自筆御本書写之畢　金剛良裕」	

金澤文庫保管の『求聞持法（師伝）』（二五五函）に拠ると、この修法は「息災」と「増益」を目的とすることが示されている。この場合、この求聞持法を「師伝」と称しているのであるが、巻末にも「越前阿闍梨浄与」と記しているように越前阿闍梨静誉の口伝のことである。この静誉は長治二年（一一〇五）頃に小野曼荼羅寺で活躍した範俊直系の事相家であった。『入曼荼羅鈔』七巻を後に著わし、また、山城光明山流祖としても名高い。その静誉が鳥羽の宝蔵で範俊に初夜胎蔵界を、後夜金剛界を厳覚に受法している。出自は不詳とされているが、あるいは越前の越智山周辺の出身かと私は推測している。虚空蔵求聞持法と越前は空海の受法以前にすでにその実践の法灯があった可能性がある。その求聞持法の実践者の一人に泰澄和尚（五来重氏の推定）が考えられるのである。つまり、越前は平安時代以前にすでに求聞持法を育むことが可能な土地だったのである。密教の行法において胎・金の両部を満願したならば、次の秘法は虚空蔵求聞持法と静誉も成満したはずである。その口伝が金澤文庫保管の称名寺本である。そのうちで最も重要な念誦法が『虚空蔵菩薩念誦法』である。

いうまでもなく、日本の虚空蔵求聞持法の伝承は従来より二系統が考えられている。その二つを柏木弘雄氏は『若き日の空海』（『弘法大師と現代』真言宗智山派御遠忌記念出版編纂委員会所収、六一二頁）の中で、(1)大安寺三論宗の道慈（？—七四四）—大安寺勤操（七五八—八二七）、(2)興福寺法相宗の神叡（？—七三七）の脈絡は尊応—勝虞—護命と続き、『別尊雑記』や醍醐寺伝来の虚空蔵求聞持法本尊図はこの系統で誕生している。これに対して道慈の脈絡は善議—勤操—道昌—（願暁）—聖宝—と結びついてゆく。ただし、善議の前後に道璿を想定する解釈もある。

しかし、私は(2)の系統に常喜院流心覚の『求聞持口伝』（一二〇函）により「付法次第、智鳳入唐—僧正義渕法相宗—真任僧正行人—権律師道慈入唐—大安寺善議大徳—贈僧正勤操—弘法大師智鳳之師可尋之」という伝のあることに注目している。この伝承は通常の道慈以前に、智鳳と義渕と真任がすでに奈良時代にわが国に求聞持法を伝承していたことを示している。この系列は小野流の伝承を常喜院流が吸収した別伝であろう。そして、その拠点は山城光明山であったに違いない。この伝承を大切に保持していた常喜院流祖の静誉もともに時代は離れているが、光明山で活動の土台を築いた真言行者である。その二人が真言密教の一尊法を育んだ光明山にあって、その原点ともいうべき虚空蔵求聞持法は心覚が平安時代にすでに自己の流儀の中に据えようとした意図を見出すことができる。栄西禅師が法兄千命に求聞持法を受法していることはよく知られている。しかし、この千命の天台系の求聞持法は栄西の身内では継承されなかった。

ところで称名寺を開山した審海は、文永四年前後より遡ること四十年頃にはすでに小野流に吸収された。『求聞持次第日記』（一二九・二二三函）が劒修寺から伝写されている。このことに当然、審海も注目したと考えられる。その要因をどこに求めるかは、種々意見の分かれるところであるが、審海は既述の『求聞持口決』において、求聞持法を修める時間について、「集経」では一日三回以上とし、それはこの「常喜院口決」の中に収められている。求聞持法を一日三座にわたって修めることは百日で百万遍唱える難行としては、修行者にとってはかなり過酷な行程である。むろん明庵栄西（一一四一—一二一五）が入宋前の初期の頃、虚空蔵求聞持法を学んだことは審海も承知していたことはいうまでもないのであろう。栄西は文治三年（一一八七）に入宋し、天台山万年寺の虚庵懐慠に付き仏祖の心印を得る。建久二年（一一九一）帰朝して間もなく博多に聖福院を建立することになるが、これが天台宗徒の論難にあう。そのため栄西は興禅護国論を著わしてすでに根づこうとしていた禅が決して新興の宗ではないことを論証したのである。その後はしばらくして鎌倉に新天地を求めて幕府の信任のもと寿福寺を建立する。そして、その援護のもとに建仁二年（一二〇二）に京都・建仁寺を創建することになる。

ここで注目すべきは、台密禅三宗の兼学道場として真言院や止観院を塔頭に組み込み、純粋の禅寺としていない点である。この場合に密（真言密教＝東密）の真言院をなぜ設置したかということであるが、東大寺のように空海が創建した例にならっている影響も見逃せないが、真言院は空海が承和元年（八三四）に宮中に要請され置かれた内道場であった。栄西は後に東大寺大勧進となるが、建仁寺の真言院建立の根拠は密の心髄を具現したものではないかと考えられる。この密の心髄とは、荘厳具でいえば内道場に両部曼荼羅を掛けながら種々の修法を行なうところに特色がある。

しかし、栄西は曼荼羅を根拠として真言院を設置したのではない。もし内道場として、この場が空海の意図する通り金胎両部の不二を具現する空間であるならば、この虚空蔵菩薩は一尊でその具現を表象する役割を担っていると見なければならない。『虚空蔵菩薩念誦法』に「ひとたび称し念ずれば、所得の功徳福聚なお虚空のごとし、何にいわんや作意して法の如く修持せんをや、所願必ず殊勝の成就を護る」と説くように、徳と智恵の両門を虚空蔵菩薩は兼ねそなえた尊格として不空訳は位置づけている（図2）。それゆえ、この仏形の尊格としての境地は宝部理智不二の三昧に住する、といわれており、その根拠は大日如来の福智二徳

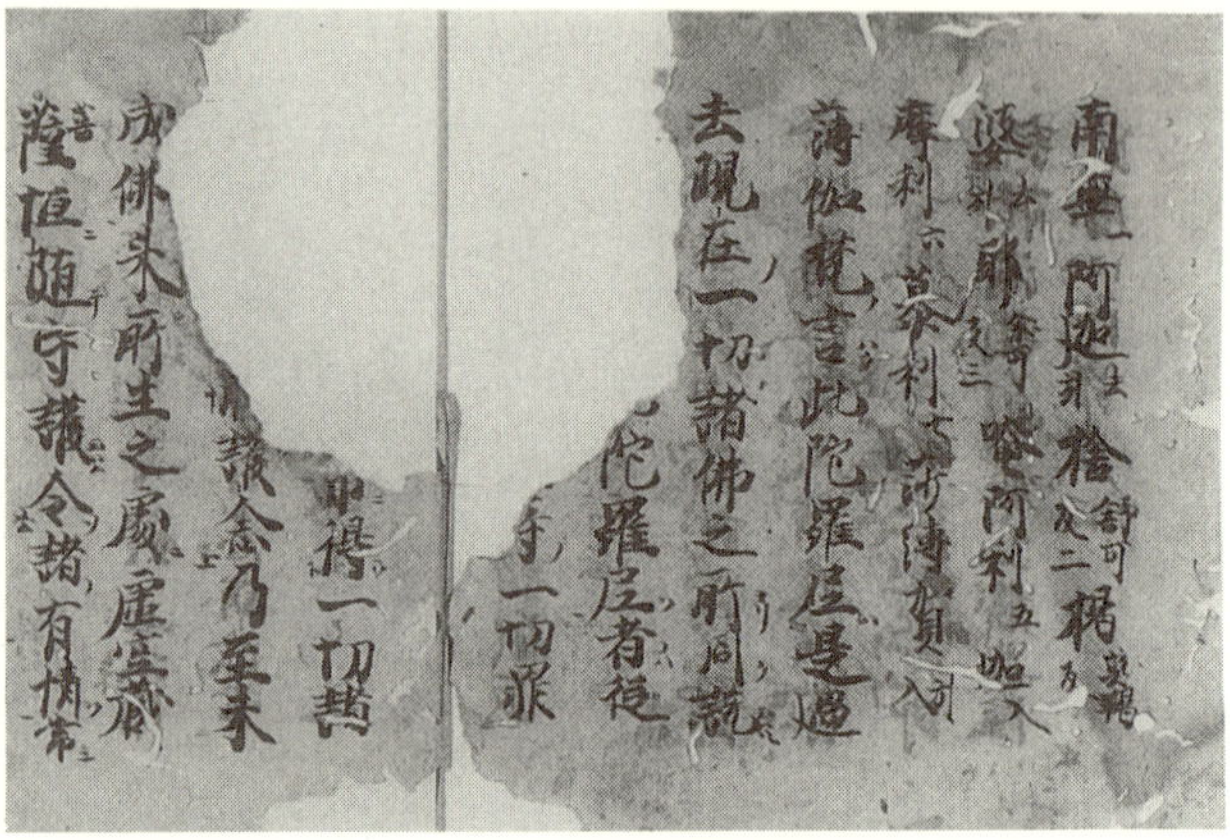

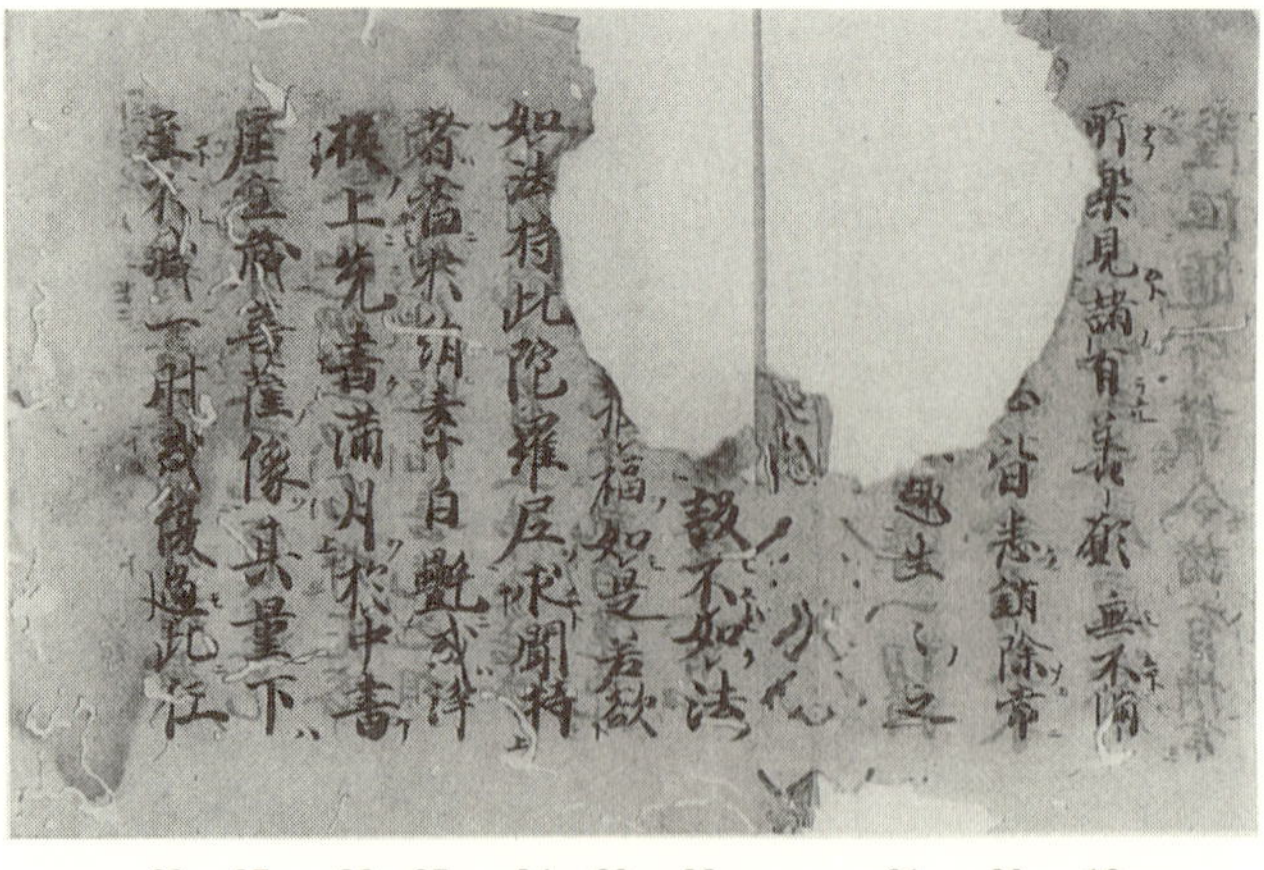

図2『虚空蔵菩薩念誦法』（三一二函）

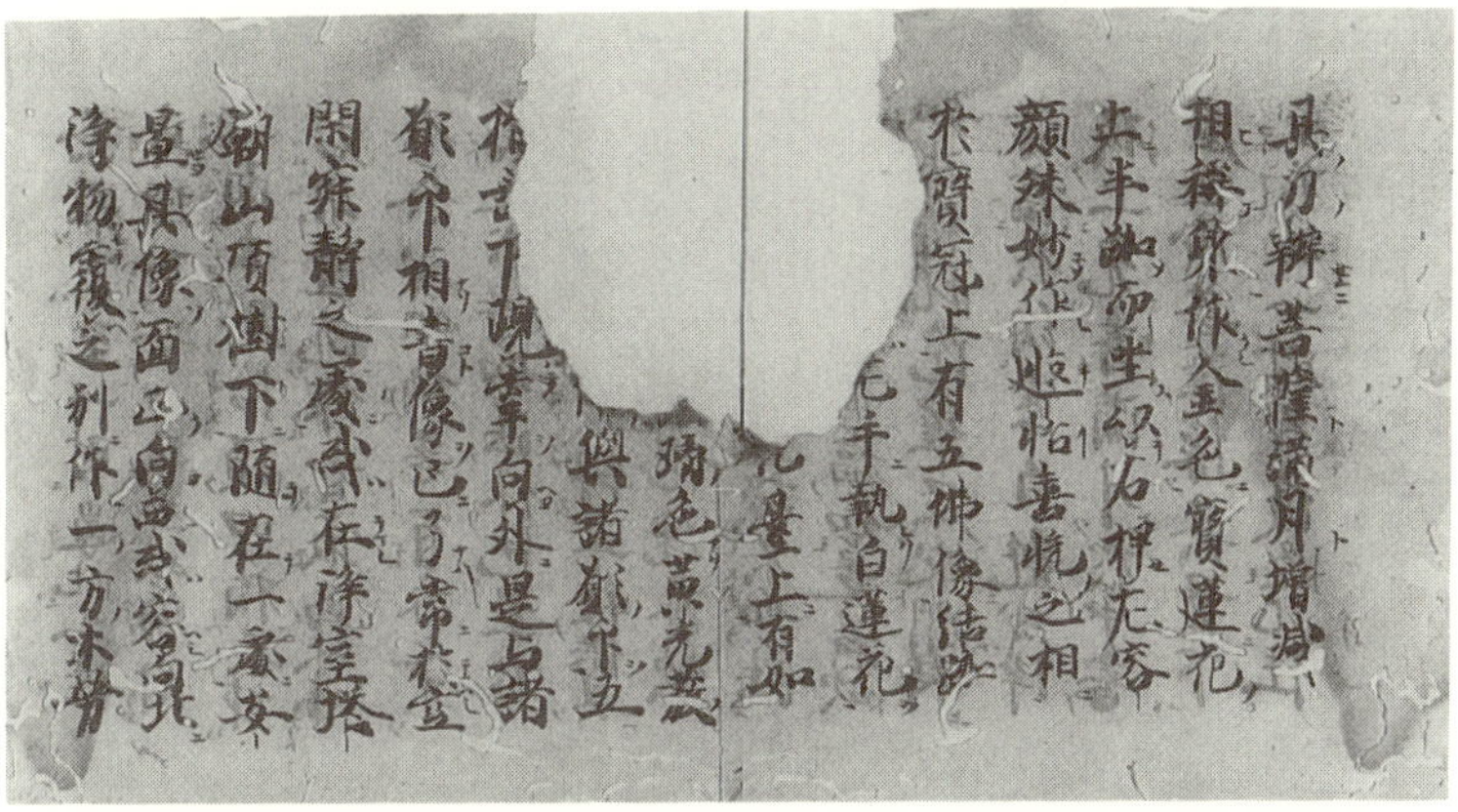

43 42 41 40 39 38 37 36 35 34 33 32 31 30 29

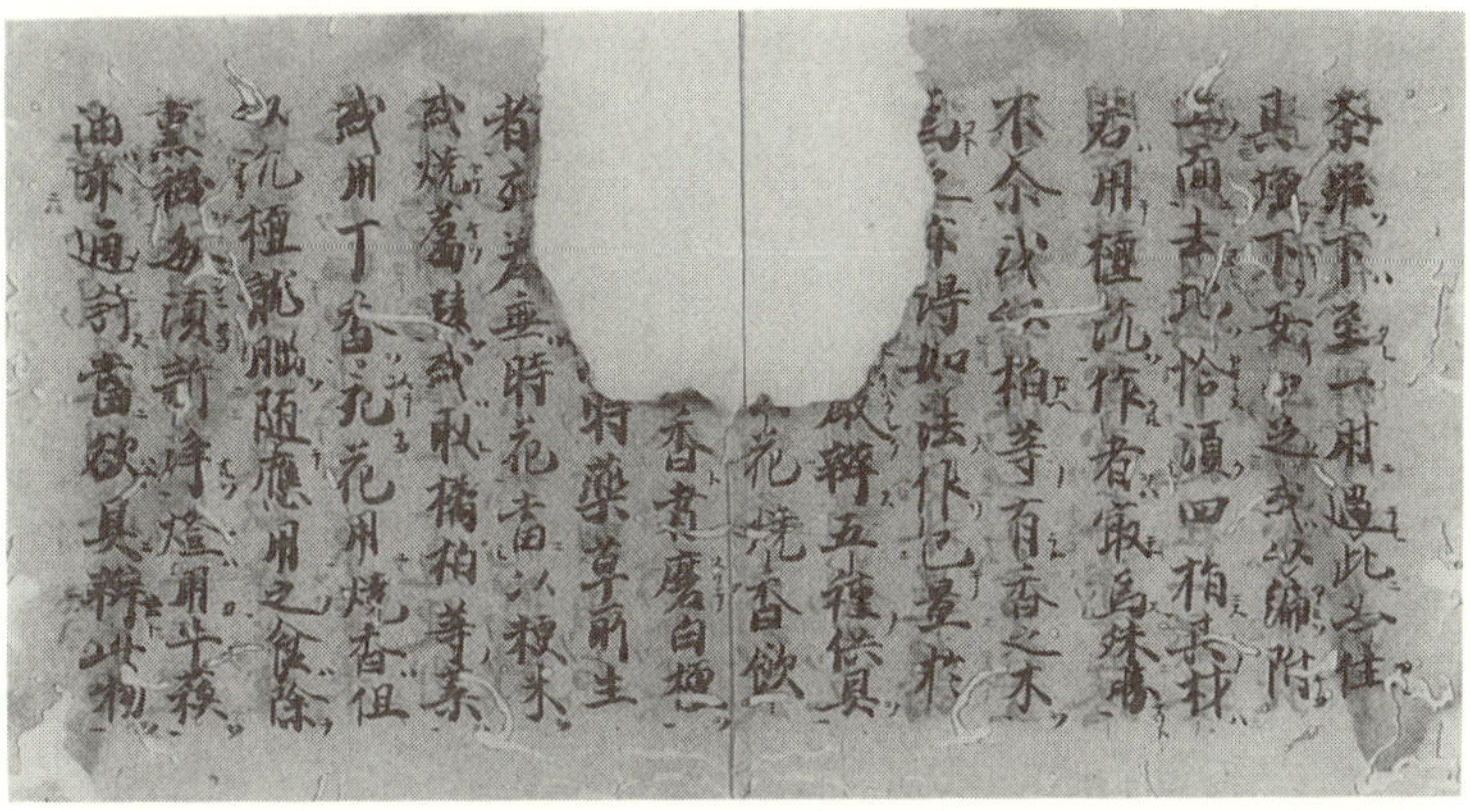

59 58 57 56 55 54 53 52 51 50 49 48 47 46 45 44

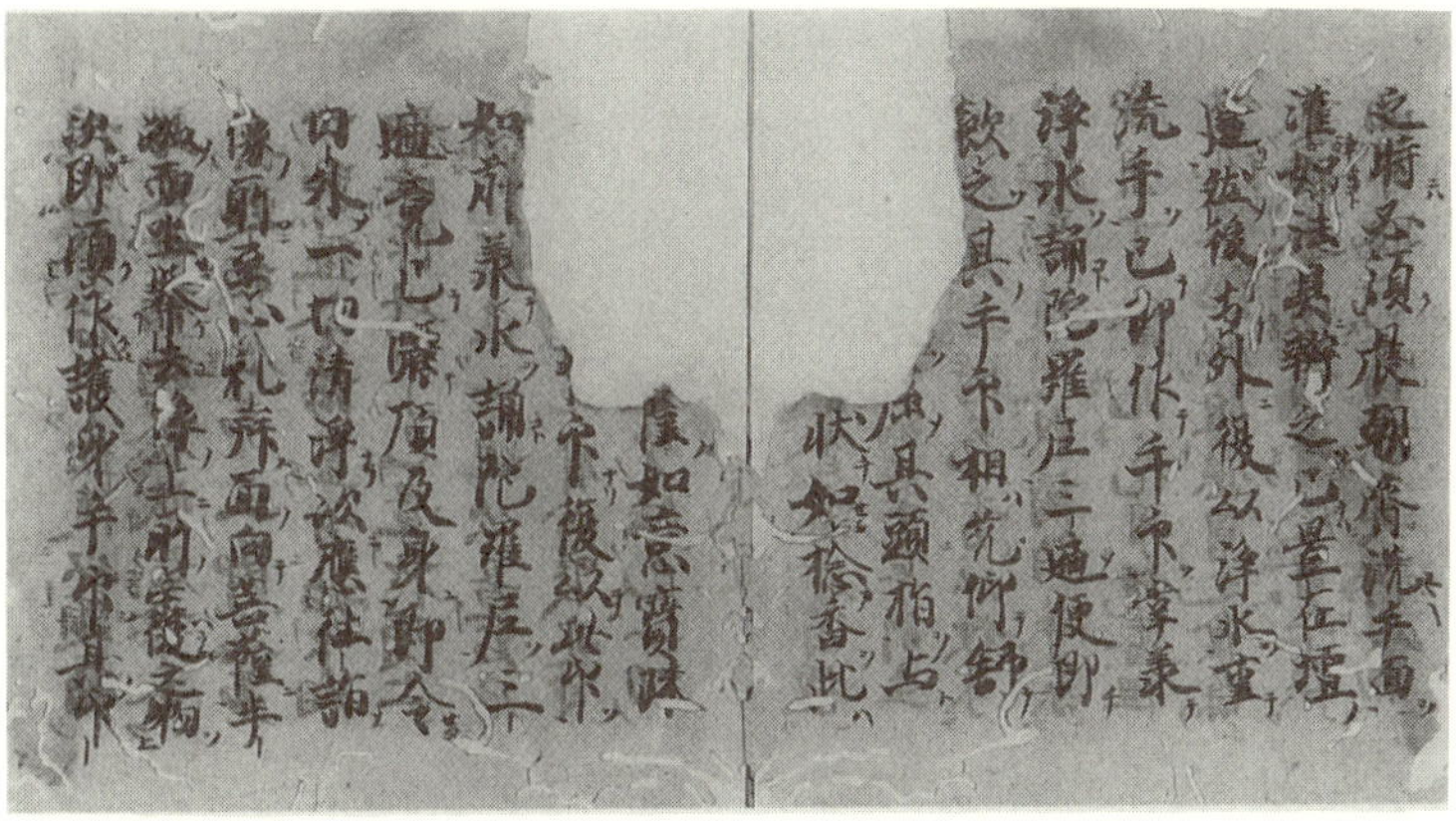

75 74 73 72 71 70 69 68 67 66 65 64 63 62 61 60

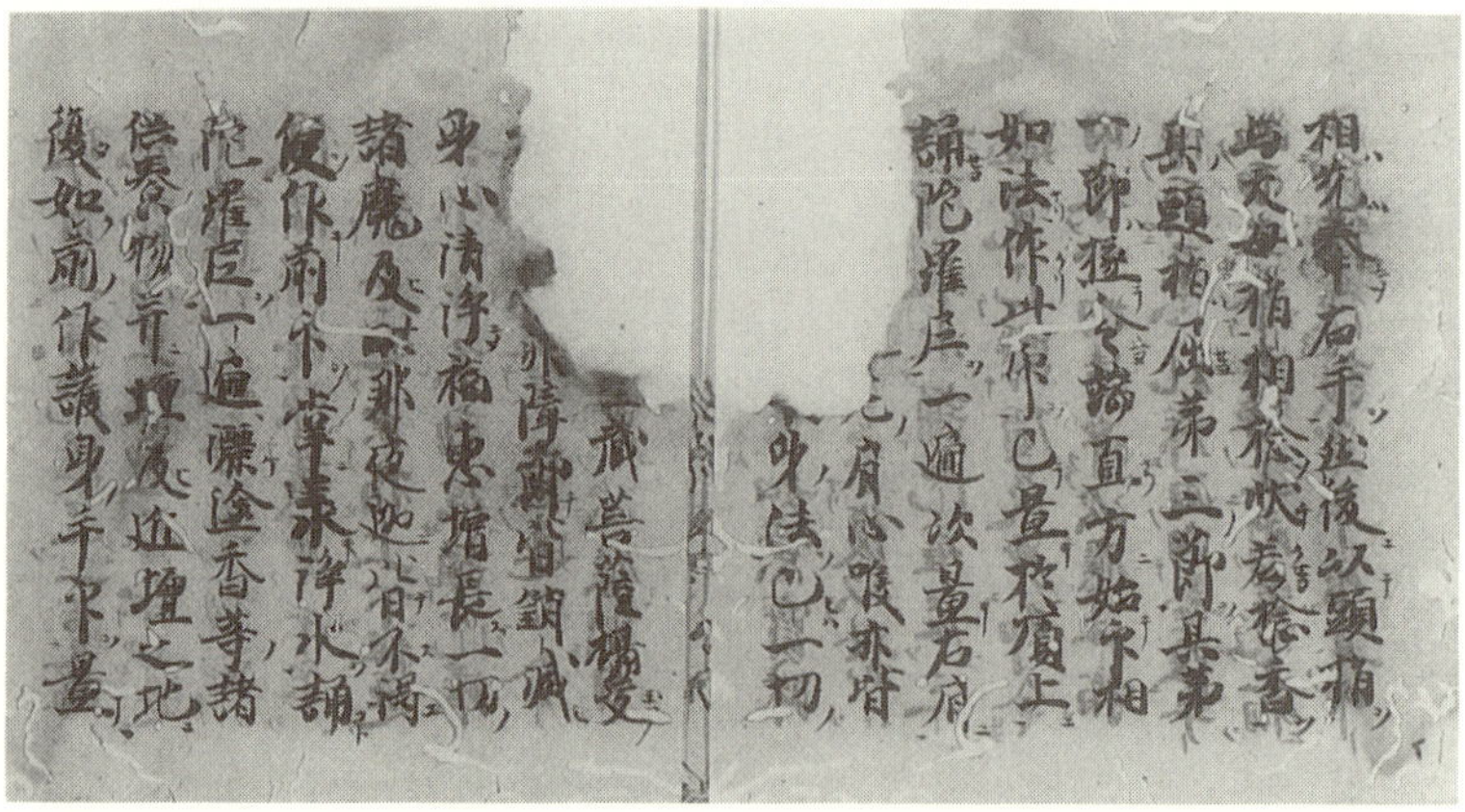

91 90 89 88 87 86 85 84 83 82 81 80 79 78 77 76

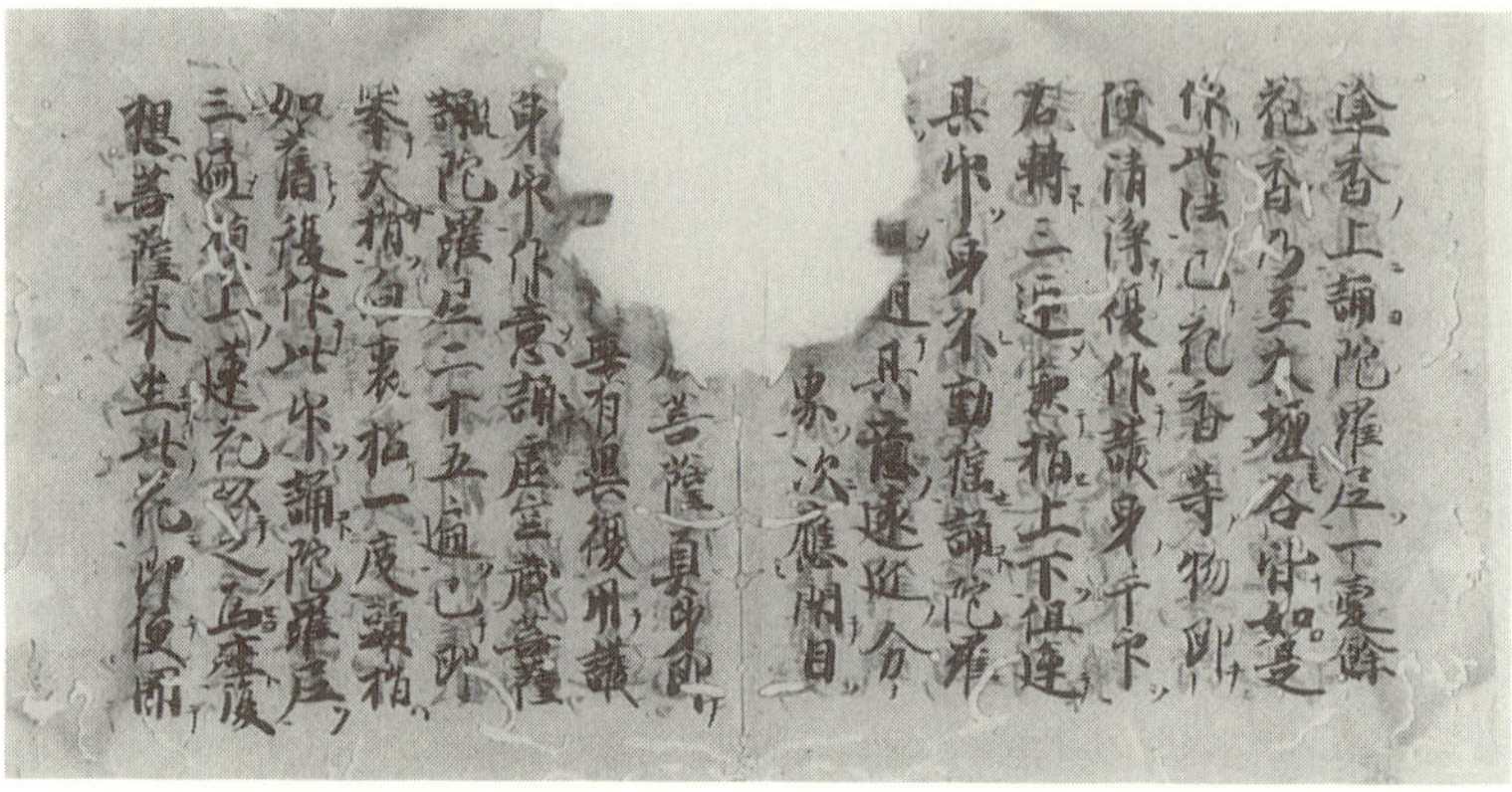

107 106 105 104 103 102 101 100 99 98 97 96 95 94 93 92

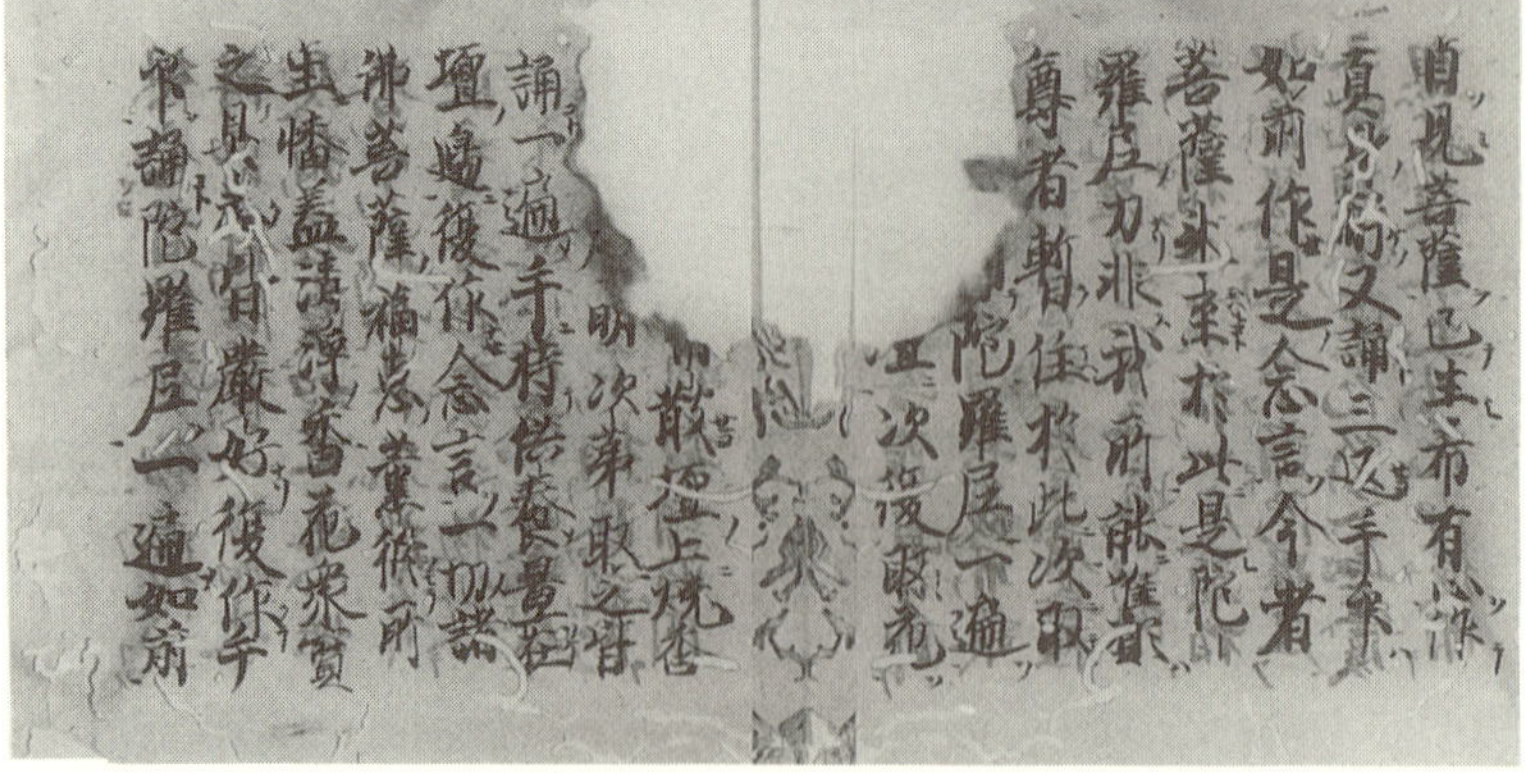

123 122 121 120 119 118 117 116 115 114 113 112 111 110 109 108

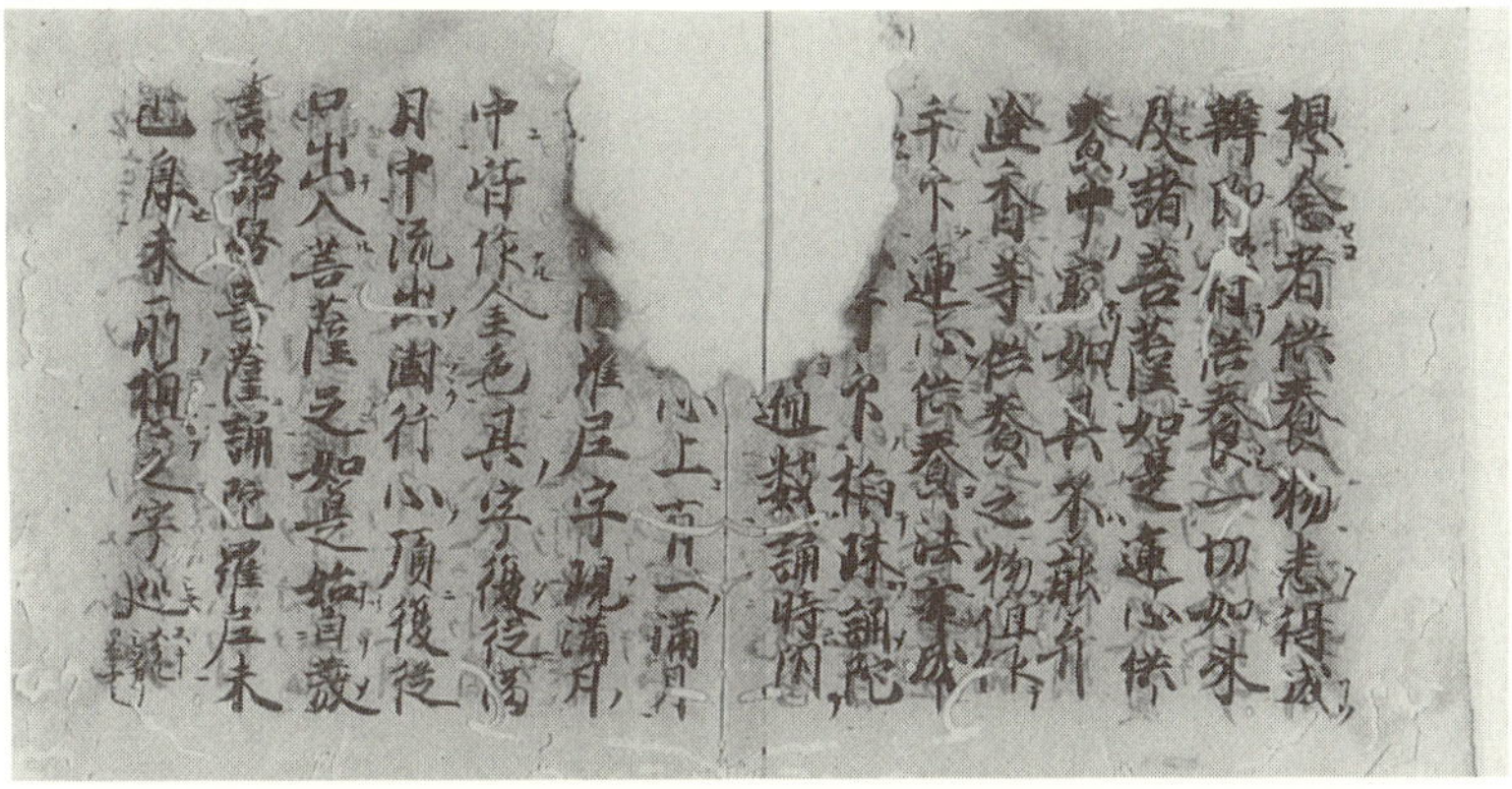

138　137　136　135　134　133　132　131　130　129　128　127　126　125　124

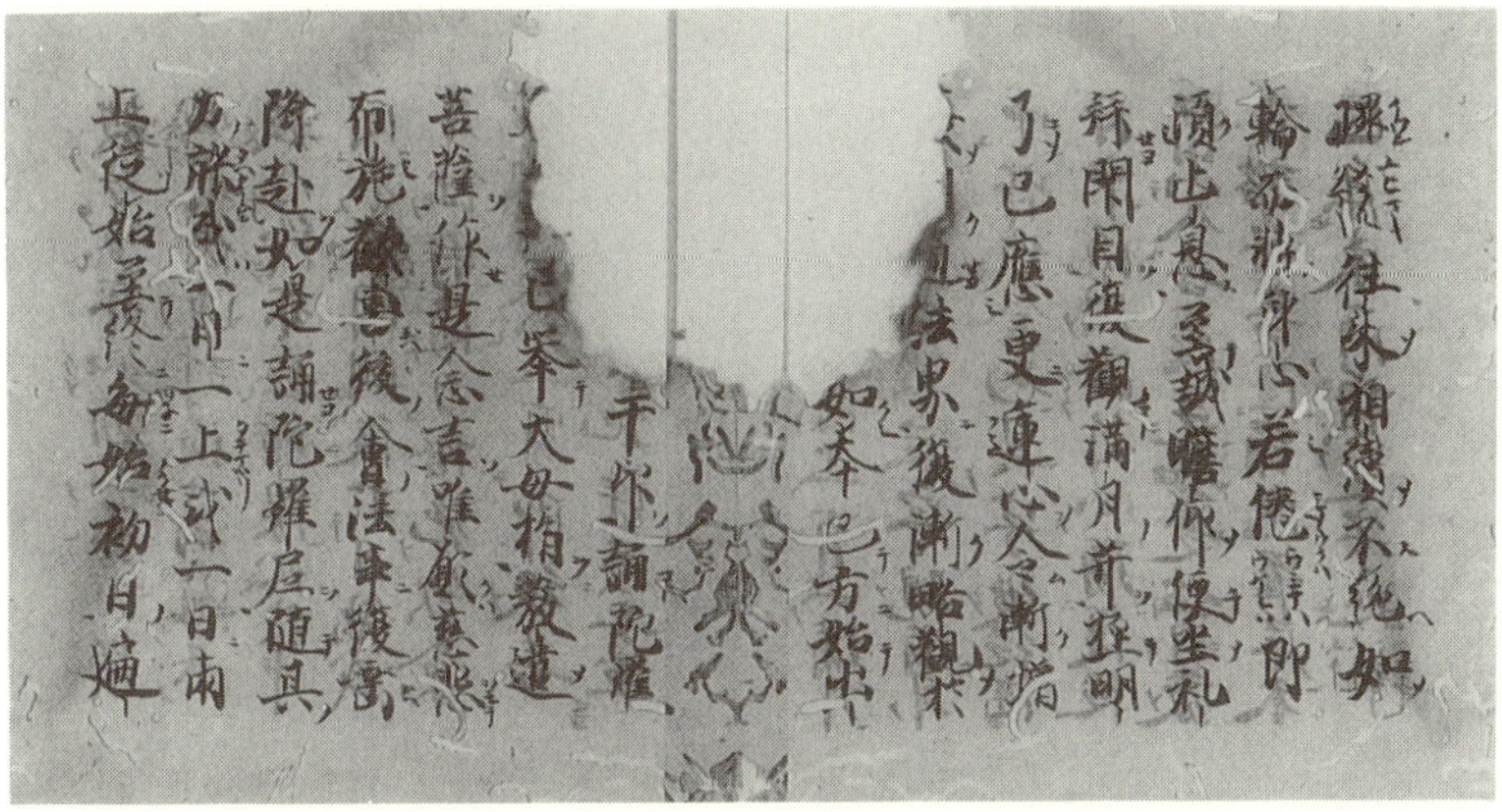

152　151　150　149　148　147　146　145　144　143　142　141　140　139

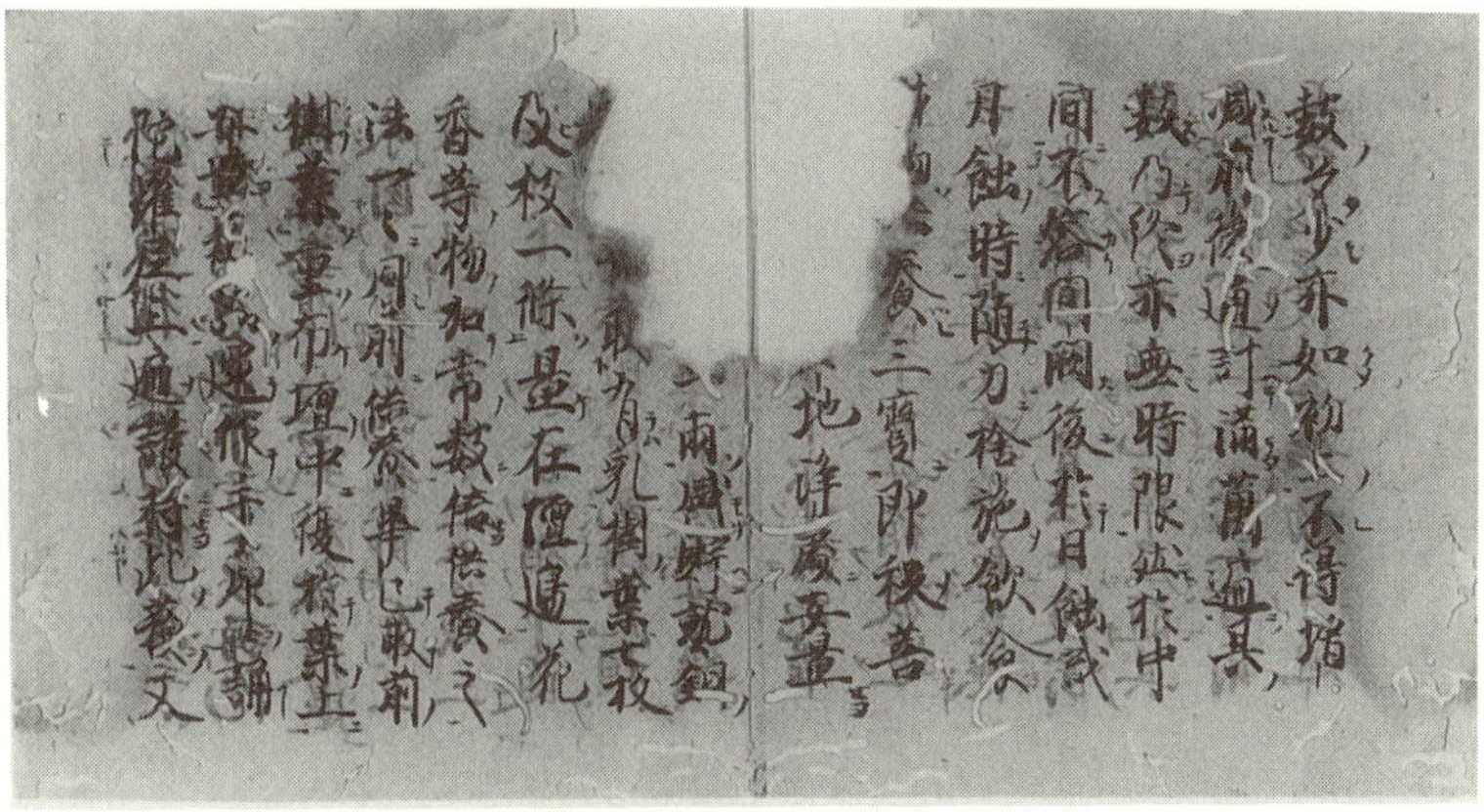

167　166　165　164　163　162　161　160　159　158　157　156　155　154　153

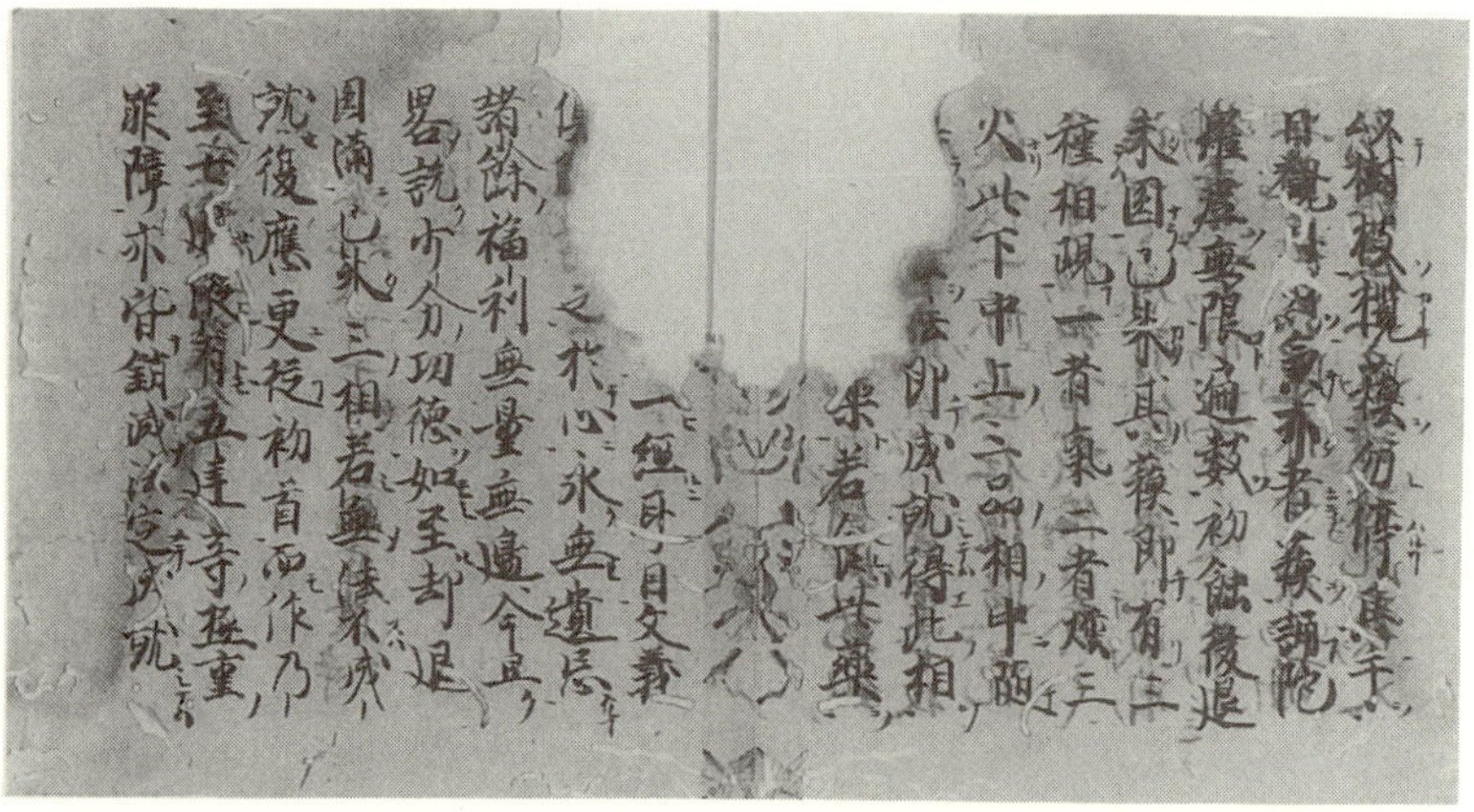

183 182 181 180 179 178 177 176 175 174 173 172 171 170 169 168

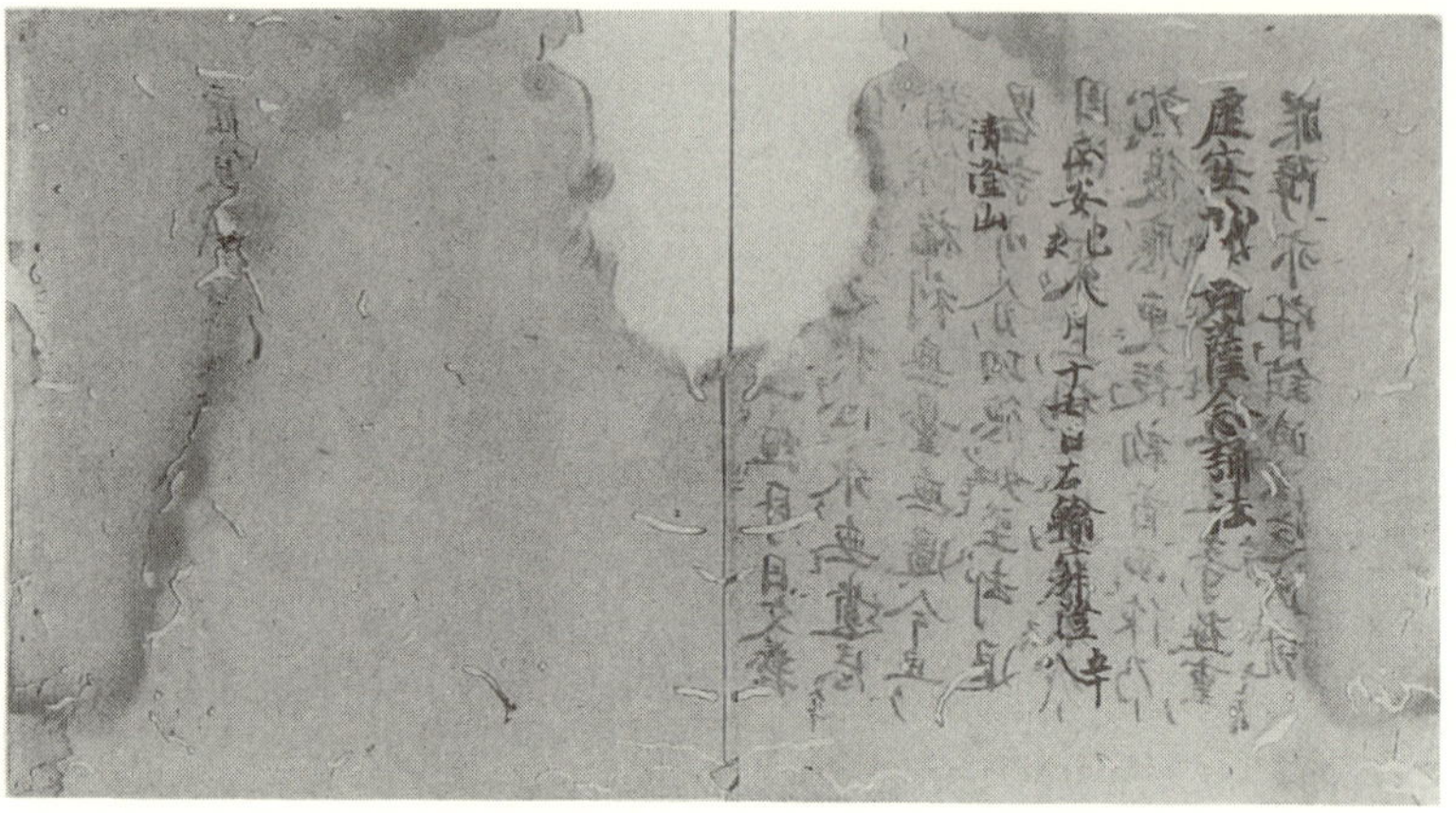

186 185 184

読み下し文（以下の闕字〔 〕内は諸本・決等により校訂した）

1 〔虚空蔵菩薩能満〕諸願最
2 〔勝心陀羅尼求〕聞持法
3 金剛頂経の成就の一切義品に出（せり）
4 その時に薄伽梵、諸波羅蜜
5 平等性の三摩地に入り（たまいて）定より起り已て、即ち
6 此の能満諸願虚空蔵菩薩の
7 最勝心陀羅尼を説いて曰く
8 南無一阿迦去引捨舒可反二掲莫羯反
9 婆去引耶余可反三唵阿利五迦入
10 摩利六幕幕利七莎縛賀引入
11 薄伽梵の言わく、此の陀羅尼は是れ過
12 去現在の一切諸仏の同じく説き玉へる所なり
13 〔若し能く常に此の〕陀羅尼を誦する者は
14 〔無始より来た五無間〕等の一切の罪
15 〔障、悉くみな消滅して〕常に一切の諸
16 〔仏菩薩と共に〕護念せらることを得、乃至未だ
17 成仏せざるより来た所生の処に虚空蔵
18 菩薩、恒に随て守護し玉わん諸の有情をして常に
19 見んと楽しむ、諸の有らゆる善願満足せずと
20 〔一切の苦患〕皆悉く銷除して常に
21 〔人天に生じて悪〕趣に〔堕せず〕生々之
22 〔處に常に宿命を憶す〕設い法の如くならずとも
23 〔但し、能く常に誦せば〕福を（獲ること）是の如し、若し

24 法の如く此の陀羅尼を持し、聞持を求めんと欲せば
25 氈さに絹素白氈に或いは浄
26 板の上に於いて先は満月を画く、中に於て
27 虚空蔵菩薩の像を画くべし、其の量下は
28 至一肘に減ず、或は復た此に過ぎるも
29 其の力に任せて弁ぜよ、菩薩と満月との増減
30 相ひ称《かなわ》しめよ、身は金色に作くし、宝蓮華の
31 上に半跏して而も坐す、右を以て左を押せ、容
32 顔殊妙にして逖怡喜悦の相に作し
33 宝冠の上に於て五仏結跏
34 〔趺坐せり、菩薩の〕左手に白蓮華を執れり
35 〔微しき紅色に作せ〕花台の上に〔於いて〕如
36 〔意宝珠あり、吠瑠〕璃色なり、黄光〔黄金色のこと〕を発す
37 〔右の手は復た〕与諸願の印を〔作れ〕、五
38 〔指を垂れ下〕して掌を現わして外に向へよ、与諸
39 願印の相なり、像を画くこと已に了んなば常に空
40 閑寂静の処に於いて、或いは浄室と塔
41 廟と山頂と樹下に在て、随て一処に在て
42 其の像を安置せよ、面を正しく西に向けよ、或は北に向うべし
43 浄物をもって、これを覆え、別に一つの方の木曼
44 荼羅を作れ、下は一肘に至たる、此に過ぐるも意に任せよ
45 其の壇の下にこれを安ずる也。或は以て編み附けよ
46 上面の地を去ること恰も四指に須く其の材は
47 若しくは檀〔あるいは〕枕を作る者をば最も殊勝なりと為す
48 爾らずんば或は柏等の香有らんこの木を以て
49 これを為すこと亦、如法の得、作り已って
50 〔像の前に置け、次に応さに〕厳く五種の供具を弁ずべし
51 〔所謂、塗香と諸〕花と焼香と飲
52 〔食と灯明となり〕香とは白檀を磨りて
53 〔これを為す。花は随時の〕特薬草所生の
54 ものを充てよ、若し時花無くば当に粳米を以てなすべし。
55 或は蕎麦を焼け、或は橘・柏等の葉を取れ。
56 或は丁香を以て、花用に宛てて用いよ。
57 焼香は但し沈・壇・竜脳を以て応に随て之を用いよ。
58 食は薫穢を除き須らく新浄なるべし。灯には牛蘇を用いよ。
59 油も亦た通じて許す。当に此の物を弁ぜんと欲せんと。
60 蕎麦の時には必ず須らく晨朝に手と面を盥洗して
61 護浄すること法のごとくにすべし、具さに弁足し已て壇の
62 辺りに置在くべし、然して後に外に出て復た浄水を以て重ねて
63 手を洗い已て、即ち手印を作りて掌に
64 浄水を承けて、陀羅尼三遍を誦して、便即ち
65 之を飲め、其の手印の相は、
66 〔右の手の五指を〕仰げ舒べて、其の頭指を屈して、
67 〔大拇指と相捻して〕状ち香を捻るが如くせよ、此れは
68 〔是れは虚空蔵菩〕薩の如意宝珠
69 〔成弁一切事の〕印なり、復た此の
70 前の如く水を承けて、陀羅尼を三
71 遍を誦し意已て、頂及び身に麗いで、即ち
72 内外の一切をして、清浄ならしめよ。次に応さに像の所に往詣して、
73 至心に礼拝して、面を菩薩に向けて、半
74 跏にして、坐して像の上に覆える所の物を挙げ去くべし。
75 次に即ち須らく護身の手印を作るべし、其の手印の
76 相は先ず右手に拳にして、然して頭指を
77 大拇指とを以て、相い捻じて、香を捻するが若くせよ、
78 其の頭指は其の第二の節を屈し、其の第
79 一の節は極めて、端直ならしめて、さに始めて印相にせよ。
80 法の如く此の印を作りて已て、頂上に置て
81 陀羅尼を一遍誦せよ、次に右肩に置け
82 〔復た遍を誦して〕左の肩、心、喉、また
83 〔是の如くせよ、此の護〕身の法を〔作し〕已れば、
84 〔一切の諸仏及び虚空〕蔵菩薩　此の人を〕摂受したまい。

85 〔一切の罪〕障即ち皆消滅して
86 心身清浄にして、福恵増長す、一切の
87 諸魔及び　那夜迦まな便りを得ず
88 前の印を作りて、掌に浄水を承けて、
89 陀羅尼を一遍誦すること、塗香等の
90 供養の物、並びに壇及び壇の地に近づいて灑げ。
91 復た前の如く護身の手印を作り、量て
92 塗香の上に置いて、陀羅尼一遍を誦せよ、余の
93 花香乃至木壇にも各々皆、是の如くせよ。
94 此の法を作り已・て花香等の物即
95 便ち清浄なり。復た護身の主因を作して、
96 右に転ずること三□して、兼ねて上下を指せ、但し
97 其の印を運んで、動揺せずして、
98 〔陀羅尼七遍を誦すこと　其の息の遠近の分
99 〔斎に随いて十方〕界を〔結せよ〕次に応さに目を閉じて
100 〔思惟すべし、虚空蔵〕菩薩の真身すなわち
101 〔此の像と等しうして異なること〕有ること無し、復た護
102 身印を用いて作意して虚空蔵菩薩を請ぜよ
103 陀羅尼二十五遍を誦し已て、すなわち
104 大母指を挙げて、裏に向かって招くこと一度せよ、頭指は
105 旧の如く復た此の印を作して陀羅尼
106 三遍を誦すこと、植上の蓮華これを以て座と為せよ
107 これを想い菩薩来たりて此の花の坐したまうと、即、便ち
108 目を開いて菩薩を見已って希有の心を生じて、
109 真身の解を作せ、又、三遍を誦して手印は
110 前の如くして是の念言を作せ、今者
111 菩薩の此に来至したまえることは是れ陀
112 羅尼の力なり、我が能する所に非ず、惟だ願くば
113 尊者暫し此に於いて住したまえ。次に
114 〔塗香を取て〕陀羅尼一遍を
115 〔誦して用て其の壇〕に〔塗れ〕次に復た花を取って
116 〔亦た一遍を誦して〕壇の上に〔布〕散ぜよ焼香、
117 〔飲食、灯〕明次第に之を取て、みな
118 一遍を誦すること手に持して供養して
119 壇の辺に置在せよ。復た念言を作せ、一切の諸
120 仏菩薩の福慧の薫修の所
121 生の幡蓋、清浄の香の花衆宝
122 弁具、悉くみな厳妙なり。復た手
123 印を作して陀羅尼一遍を誦して前の如く
124 想念せよ、諸の供養物悉く或
125 弁することを得、即ち持して一切如来
126 及び諸の菩薩にしたてまつると。是の如く運心は供
127 養中の最なり、如し其の
128 塗香等の供養の物を弁ずること能やずんば、但し
129 手印を作して、運心供養せよ。法また成
130 〔就す、即ち手〕印を〔以て〕珠を掐《つまぐ》り陀
131 〔羅尼を誦して明らかに〕遍数を〔記せよ〕誦す時に目を閉じて
132 〔之を想え、菩薩の〕心上に一つの満月有り。
133 〔然も誦する所の陀〕羅尼の字、満月の
134 中に現じて、みな金色と作る。其の字、復た満
135 月中より流出して、行人の頂に澍《そそ》ぐ、復た
136 口より出でて菩薩の足に入る。始めて自ら発
137 言して、菩薩に諮啓して、陀羅尼を誦し
138 未だ止息せるより来た、想う所の字巡
139 還往来して相続して絶えざること
140 輪の如くして、而も転ぜよ。身心若し倦みなば、即ち
141 須らく止息す。至て誠に瞻仰して便ち坐しながら礼
142 拝せよ、目を閉じ復た満月の菩薩を観ずること極めて明
143 了にして已て更に運心して漸く増
144 〔長ならしめて〕法界に〔周偏せしむべし〕復た漸く略観して
145 〔最後の時に於いては量本の〕如くし已て方さに始めて出
146 〔観せよ。又た前の〕手印を〔作して〕陀羅
147 〔尼を誦し已て〕大母指を挙げて
148 菩薩を発遣して、是の念言を作せ、唯だ願くば慈悲をもて
149 布施し歓喜し、後の会の法事に復た
150 降赴を垂れたまえ、是の如く陀羅尼を誦せよ
151 力の能に随いて或は一日に一上り、両

152 上せよ。始めより終に至って毎に初日の如
くせよ。遍
153 数の多少も亦た初上の如くして増
154 減することを得ざれ、前後に通して計之て
万遍を満せよ。其の
155 数終に乃て、亦た時の限なし。然して中
156 間に於て間闕すべからず。復た日蝕或は、
月
157 蝕の時に力に随いて飲食
158 〔財物を捨施して〕三宝に供養す。即、菩
159 〔薩及び壇を露〕地の浄処に移して安置せ
よ。
160 〔復た牛酥〕両を〔取って〕熟銅の
161 〔器の中に盛り貯えよ、並に〕乳有らん樹
の葉七枚
162 及び一条を取って、壇の遍に置在け、花
163 香等の物の常の数に加えて倍せよ。供養
164 法の一一に前に同じ、供養し畢已て前の
165 樹葉を取りて重ねて壇の中に布け
166 蘇器を安置せよ、還た手印を作りて
167 陀羅尼三遍を誦して、此の蘇を護持せよ
168 樹の枝を以て蘇を攪ぜて其の手を
169 停むること勿れ、目に月日を観じ兼ねて
亦、蘇を着けよ、陀
170 羅尼を誦して遍数を限ることなし。始めて
蝕する後に退して
171 未だ円ならざる已来、其の蘇にすなわち三
種の
172 相現ずること有り。一には気、二には煙、
三には
173 火なり。此の下中上の三品の相に随いて
174 〔一種を得ば〕法即ち成就しなん、此の相
を得
175 〔已りぬれば便ち神〕薬と〔成る〕、若し此
の薬を食すれば
176 〔即ち聞持を護て〕一たび耳目に経るに、
文義
177 〔倶に解す〕之を心に於いて永く遺忘する
こと無し
178 諸余の福利無量無辺なり、今宣く
179 略して少分の功徳を説く。如し却退し
180 円満に至るまでの已来に、三の相、若し無
くして法成
181 就せずんば、復た更に初めより首めて而も
作すべし。乃
182 至七遍せり、縦にといてども五逆等の極重
の
183 財障は亦た皆、銷滅《しょうめつ》して法定んで成就な
さん。
184 虚空蔵菩薩念誦法
185 正安己亥八月十七日、右翰寂澄五十八
186 清澄山。

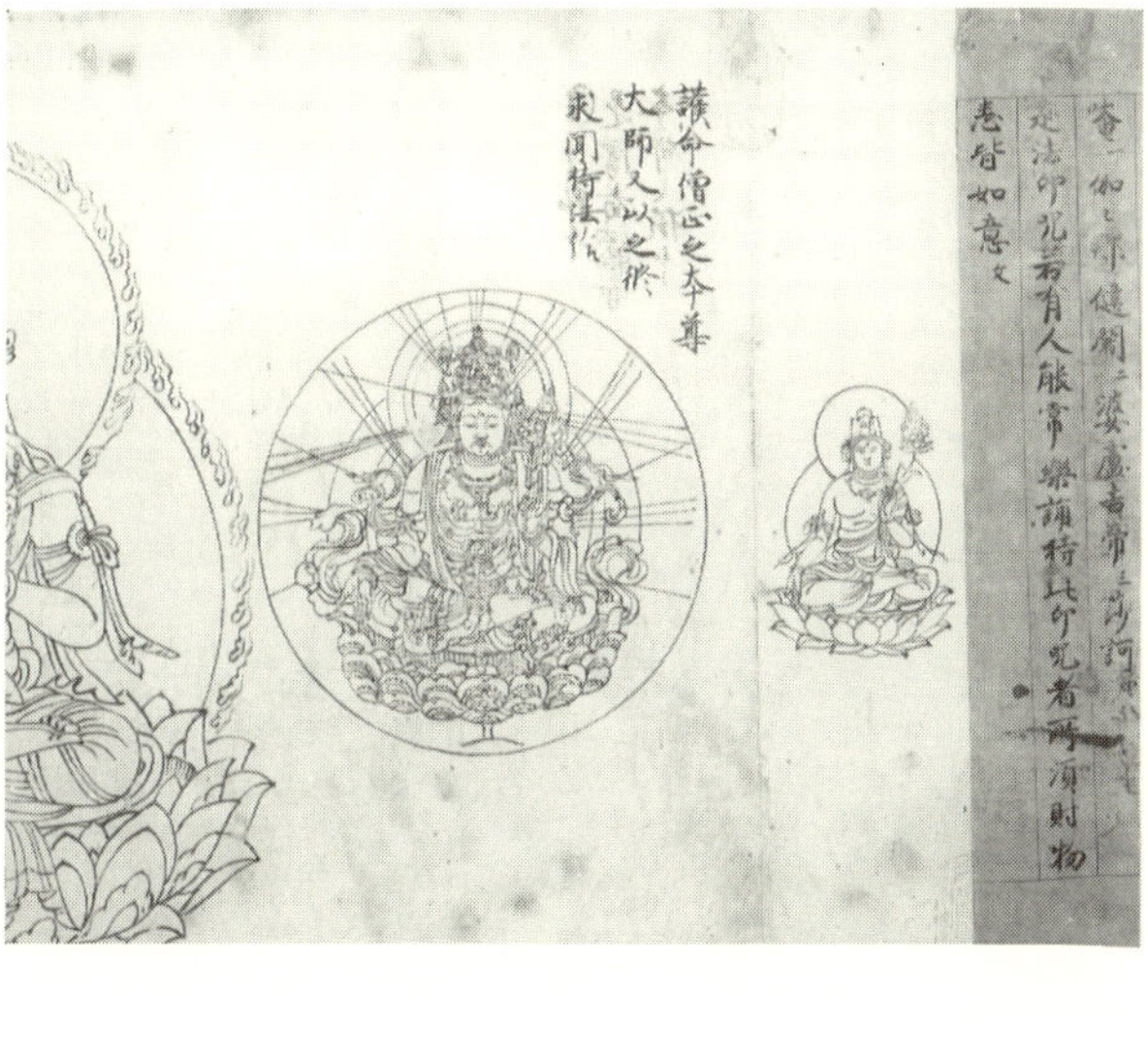
図3 『別尊雑記』第二十六巻 右：虚空蔵第一／中央：虚空蔵第二／左：虚空蔵第三（部分）

を本誓とするから虚空蔵菩薩と同体とする解釈が平安時代には定着するのである。

おそらく、栄西はこの根拠を背負って真言院建立を決定的なものにしたと考えられる。このように真言密教の伽藍の応用（影響）、すなわちその具現は本尊観と建築空間を一体化させるための密の心髄に立脚している。そして、儀軌と本経の所説によって建立を決定づける。栄西が千命に求聞持法を受けたのは十五歳過ぎといわれているから、空海の虚空蔵求聞持法の厳修を十八、九歳とするなら、当時（平安時代）としてはそれほどかけ離れた実修体験とはいえないかもしれない。このように魅力的な（人を引きつけて離さない）虚空蔵菩薩の彫像や絵画を本尊とする求聞持法は密教行者の目指す出家としては若い時期に厳修することを常とした。ただそれに伴う法流や求聞持の修法自体の経軌に基づく伝統性・歴史的根拠は、それが鎌倉時代に入っても東国ではとくに重んぜられていた。審海の場合も、下野の薬師寺から称名寺に入寺するにあたって、その前後に突如として虚空蔵求聞持に関心を抱いたのではなく、薬師寺にも求聞持法の法灯が多少なりとも伝存し、それに浴していたからに相違ない。

もとより下野薬師寺は、奈良時代には宝亀元年（七七〇）に弓削道鏡が左遷されて別当として居住していた所である。道鏡は虚空蔵求聞持法を伝授した義渕に師事し、後に太政大臣禅師さらに法王に昇り権勢を振るったとされるが、後に失脚、当地で三年後の宝亀三年（七七二）に没している。道鏡は、玄昉など内供奉僧の系列に連なる数少ない求聞持法の勤修者として知られている。時期的には若年の自然智宗における雑密的実践に組み込まれ、一尊法としての範囲にとどめられていた。この時期の虚空蔵信仰は、『虚空蔵経』に説くように種々の病気、国王の難、大臣の謀叛、賊難の除去など、瞑想法を軸にした世俗的な効験に効果が期待された息災・増益・降伏法の性格が強かったようである。

この山林修行の中で育まれた天賦の叡智獲得を目的とする雑密タイプの虚空蔵求聞持法の効験は、ありとあらゆる世俗の利益をねらって求聞持法勤修者が修した。それは、いつ頃まで続いたかというと、空海が虚空蔵求聞持法を確立した後もまだ並行して行なわれていたと考えられる。その例が石山寺伝来の『虚空蔵菩薩念誦次第』（康保三年〈九六八〉）で、これなどは天災を取り除くための念誦として使用され、息災・降伏法の合行法とみなして修している。称名寺の審海は口決を伝承するにあたって、安房清澄寺の虚空蔵信仰に注目したのは、その虚空蔵求聞持法の中世にも流布した現世利益の効験ではなかったかと考えられる。そして、この利益の本質は平安から鎌倉と時代が下るにしたがって、修法の成就霊地の場所もまた、本尊の形態も変遷してくる。

称名寺本の文明十一年（一四七九）七月四日は、高野山で書写した乗雲の転写した文明十五年四月四日の『鏡心』によると、『慈覚大師建立求聞持七所成就霊地事』では⑴「上総国木森寺」、⑵「安房国清澄寺」、⑶「武蔵国慈光山求聞持院」、⑷「信濃国内村山源禅定頂得宝池山」、⑸「能登国石動山」、⑹「近江国竹生島」、⑺「伊勢国御山」の七カ所をあげている。このうち、⑺は伊勢の朝熊山のことで、その山上には金剛証寺が伝存する。最近私が注目するのは、林温氏の論考[5]において『朝熊山縁起』が引用されている点である。この縁起は、空海が天長元年（八二四）に大和国鳴川善根寺で（虚空蔵）求聞持法を修したことを伝える内容を含んでいる。修法の場所から推測すると、無論、伊勢神道の立場で大師信仰に仮託した思想形態を有していることはいうまでもない。ただ、その場所が寺域内の明星石上という伝承があることから考えると、空海への祈禱に潜む力への仮託は、本質的に新様の図像を生み出したことになる。すなわち、善無畏訳の求聞持法儀軌に基づく虚空蔵菩薩（「求聞持軌様」）ほか久原本図像で伝える五種像以外にも、別種の図像が鎌倉末期には伝存していたのではないかと考えられるのである。

二　虚空蔵求聞持法儀軌類の変容

金澤文庫保管にかかわる称名寺伝来の虚空蔵求聞持法の儀軌類はきわめて多く、また内容も多彩である。それらの儀軌のうち虚空蔵求聞持法と画像との関係を考える資料となると、それほど多く存在しているわけではない。しかし、称名寺の第二代住持釼阿の力が安定してくると、従来より東国へ伝播してきた醍醐寺系（とくに三宝院）の虚空蔵求聞持法のうち、三宝院（岩蔵方）が伝える大事は、次第にその修法に際しても強い影響力をもつようになってきた。そのうち「求聞持」と別尊法で総称する印信口決には、通常百二十八通の印が含まれている。しかもその中の「求聞持法」関係の印信は十五通である。すなわち⑴求聞持秘法、⑵明星拝極秘口決、⑶求聞持明星天子秘密灌頂、⑷七日成就法、⑸求聞持十日成就灌頂、⑹虚空蔵法大事、⑺求聞持秘事口決、⑻求聞持秘印明、⑼求聞持加用秘印言、⑽求聞持灌頂、⑾求聞持七重大事、⑿乳事、⒀求聞持即身成就仏灌頂密印、⒁三尊合行（三宝流の通用による）、⒂三尊合行（とくに三宝院岩蔵方の通用による）である。

ところで金澤文庫保管の求聞持法関係諸儀軌は、口決や諸本も含めて合計百八十一点が称名寺の聖教箱七二函から三五三函にわたって収蔵されている。[6] このことは称名寺の開山審海と寂澄の関係や釼阿や湛叡といった三代にわたる住持たちがいかに求聞法をよく伝写・実践していたかがわかる。また書写も隆円や源阿、さらに求聞持儀軌・次第の書写を広範囲に行なっていた熈允や円意、宣守、鏡心、良祐、玄秀、恵運、仁宝におよぶのである。称名寺所蔵の別尊法、一流伝授の諸儀軌としても、これほど大規模に、しかも三代の高僧たちによって組織的とさえ思われる視点で伝承に力が入れられた例は、他にあまり例を見ない。このことは真言密教の事相を通しての大師信仰流布、すなわち東密流伝が東国において修法の実践と並行して定着させようとする意図のあらわれと見て差しつかえなかろう。事実、源阿などは求聞持法の相承の正統性（空海直系）を再確認するかのように道慈律師の伝承を『求聞持口決』（三〇七函）において入念に書写しているほどである。

　また真言密教の事相の実践には、道場の指図をもらいうける折紙の伝授作法が不可欠であるが、求聞持法の作図にかかわる作法（壇様《だんよう》）、壇図の伝写も主要な儀式の一つで、これらの作業は入念に行なわれていた。あるいは絵図に分類されている『求聞持法』（三一六函）、『求聞持壇様』（三四七函）は言うにおよばないが、実践修法を前提にした壇様の掌握は、さらに細かく『求聞持壇様』（二九七函に三種）および『虚空蔵求聞持図（壇図）』（二九七函）、また東方に向き作壇を設定した『求聞持壇様』「東」（二九七函）も補足され、伝授されている。したがって東国流伝の求聞持法といえども、ほぼ空海以来の伝統的なものとそれ以前からの既存の修法の厳修を、正確にしかも完全な形態で伝えようとしているかがわかる。

　こうした流れの中で源阿が注目した（三〇七函）求聞持法の口伝は、道慈の伝を再確認しようとした口決であることがわかる。この道慈律師（？―七四四年）は天平年間に道鏡が行なった求聞持法の祖型の次第を写したもので、身心の求聞持法修法中、不抜の集中力を必要とする旨、また古典的な空海直系の求聞持法の究極の極地を写している点で注目される。現状では、自然智宗の中でも育まれたと考えられる古いタイプの求聞持法の次第は解明されていない。称名寺第二代釼阿はこの求聞持法の極意を醍醐寺三宝院系統の伝来の書写活動を通して獲得しようとした姿勢がありありと窺える。たとえば醍醐寺理性院の口決を通じて古いタイプの求聞持法を三宝院のそれと比較している。『求聞持最極秘印』（三四〇函）は「タラーン（梵字）ハ字大事」と別称される秘伝であるが、釼阿は苦心の末これを書写している。

　同じような例は釼阿の『求聞持持乳合様』（三四〇函）にも見られ、この儀軌などは「全秘」と注があるように醍醐寺内でもそうやすやすとは披覧することが許されなかったものである。三〇七函にある『求聞持』の口伝は、釼阿が写したものであるが、この法がすでに鎌倉において、「秘法」として門外不出となっていたことを示すものである。むろん求聞持法が秘法であるとする根拠をどこに置いたかというと、それは空海の口決であるという認識であって、その基本的な口決、次第は源阿『求聞持大師御口決』〔大師御口決〕〔三四七函〕や釼阿『求聞持法略次第』〔大師御本〕〔三四七函〕によるところが多い。ところが、こうした醍醐寺系の極秘の空海直系の求聞持次第、口決の類も、鏡心の頃になると容易に入手できるようになったという。東国におけるオープン化の時代到来である。その糸口ともいうべき口決類が仁和寺の御流をとり込んだ常喜院流の求聞持法儀軌（たとえば『求聞持』〔常喜院〕〔三〇七函〕など）である。

さて求聞持の大事の十五通の印信に登場する⒁⒂「三尊合行」についてである。この印信はもとより三宝院流岩蔵院を出発点として展開されたものではなく、大師信仰の範疇に生じた『御遺告大事』より抽出してこの印信に組み込んだものである。「岩蔵院《いわくらいん》」とは京都、岩倉観勝寺に居住していた岩倉上人良胤《りょういん》（大円房、一二一一—九一）が開いた三宝院の末流である。上人が観勝寺へ入寺したのは醍醐系の金剛王院実賢から三宝院、金剛王院流を受法してまもなくの頃といわれ、それは兵衛曹盛景の請による文永五年（一二六八）のことである。上人の住房観勝寺は亀山天皇の手厚い帰依をうけることになるが、同時に皇太子の護持僧ともなり、東国とも深いかかわりを持つようになる。弘安四年（一二八一）には朝命に参画し、蒙古降伏を祈願したのがその例でもある。晩年は高野山に隠遁したが、正応三年（一二九〇）頃には三宝院岩蔵（倉）方を打ちたてたといわれ、とくに虚空蔵求聞持法の諸印信を大成したことでも知られている。この印信の相承のクライマックスが「三尊合行」である。現在ある数少ない『御遺告大事』の図像（慈眼寺蔵本、親王院蔵本）「三尊合行尊像」によると、その画面はおよそ次のようなものである。応安五年（一三七二）の慈眼寺本の図と親王院本の図もまったく同一なので、ここではそれらの図像に基づく画面を分析することにする（図4）。

まず下方に室生山の山岳を描写している。注記に「山是宀《ベン》一山精進峰也」というから、三尊の背景は室生山精進峰上の描写と見られる。その根拠はいうまでもなく、空海の遺誡『御遺告』の二十五条御遺告のうち第二十三条の記述、室生山避蛇法のこと、第二十四条東寺座主が如意宝珠護持のこと、第二十五条奥砂子平法《おうさしひょうほう》のこと、のテーマに基づくものと考えられる。このうち慈眼寺本、親王院本の描写は第二十四条前後にわたって説かれている如意宝珠の深秘の形態を具体化し図絵したものである。図は精進峰の山上蓮華座に配した五輪塔を描き「図ハ台蔵日曼荼羅此木動能変本身内證一所具諸尊密塔ノ上図佛眼佛眼曼荼羅ハ此ハ五眼ノ惣体也佛眼即有頭頂題是摩尼部也、故佛眼此密珠全躰也」と右上辺に注記を示す。また塔の周辺にはすなわち地輪、水輪、右脇に「水輪中　一果宝缶珠在之、全造之密珠中各」、その左脇に「東寺舎利各三粒有也」と記している。

中央の五輪塔の向かって右側には、不動明王の坐像と考えられる右手宝剣、左手宝輪を持した像容が描写されている。また五輪塔の向かって左側は愛染明王像である。慈眼寺本には朱と紅で彩色された優美な愛染明王像が描かれ、頭上に「愛染王上天井図金剛界曼陀羅此愛染能変本身内證二所具諸尊也」と記し、左脇に「五指量愛染白檀像　右方脇戸尊師三寸像図之三菩提心三尊合行大事」と彫像としての愛染明王像の像容、法量、材質について付記している。そして前述の中央の五輪塔、不動（右）との関係において三尊合行であるという極意を下方に「後壁左方阿弥陀右方弥勒図之此密厳花蔵教主也」と述べている。この三尊合行の極意は、『御遺告大事』では「建二立此三尊一以授二代々嫡弟一即中尊安二五輪塔婆一水輪納二一顆寶珠一右方愛染右辺不動此號二三尊帳一中尊五輪此如意輪三形也云々」といい、究極には三尊を合体させてイメージの奥にある形態を「大師三寸影像」の具現を表現するものである。御遺告はよく最極甚深の大事であると呼称されるが、その根拠は、こうした尊容が空海の御影（八祖様、真如様、善通寺御影等）をモチーフとしている点にある。その内容は次第や口伝の中心部分に組み込まれ、最終的には密教独特の道場観的な解釈を設定している。ただこのことは水原堯栄師も『弘法大師影像図考』（四〇―四一頁参照）にてふれているので、詳しくはここでは考察しないことにする。ただし『御遺告』を典拠にした新しい図像の解釈が打ちたてられてゆくのは、醍醐寺の諸流派と関係のある絵仏師においてである。とくに報恩院憲淳や道順といった当時では、各種の次第をイメージ化する（このことは逆にいうならば最極甚深の境地を必要以上に開扉することになり、既述の水原堯栄師はこうした気運を新解釈の一つと見ている）ことは図像化の盛んな醍醐寺諸派では秘すべき次第の具現的行為として当然のなりゆきでもあった。

しかしこれら図像化の根底には『御遺告大事』の諸場面の新たなイメージの掌握がある。慈眼寺本などに描かれる「因位童子形尊像」「坐像童子」は虚空蔵菩薩像をモデルにしたと考えられる像容からの発展形態であり、図像化であると見ることができる。むろんこの発展形態をもう少しひろく虚空蔵求聞持法の本尊観の具現とみなすならば、醍醐寺に属する絵仏師の意楽《いぎょう》とみなすことも容易であろう。

図4　高崎市慈眼寺所蔵『御遺告大事（伝、東長大事）』所収の図像

①　因位童子形尊像

②　坐像童子

③　弘法大師像

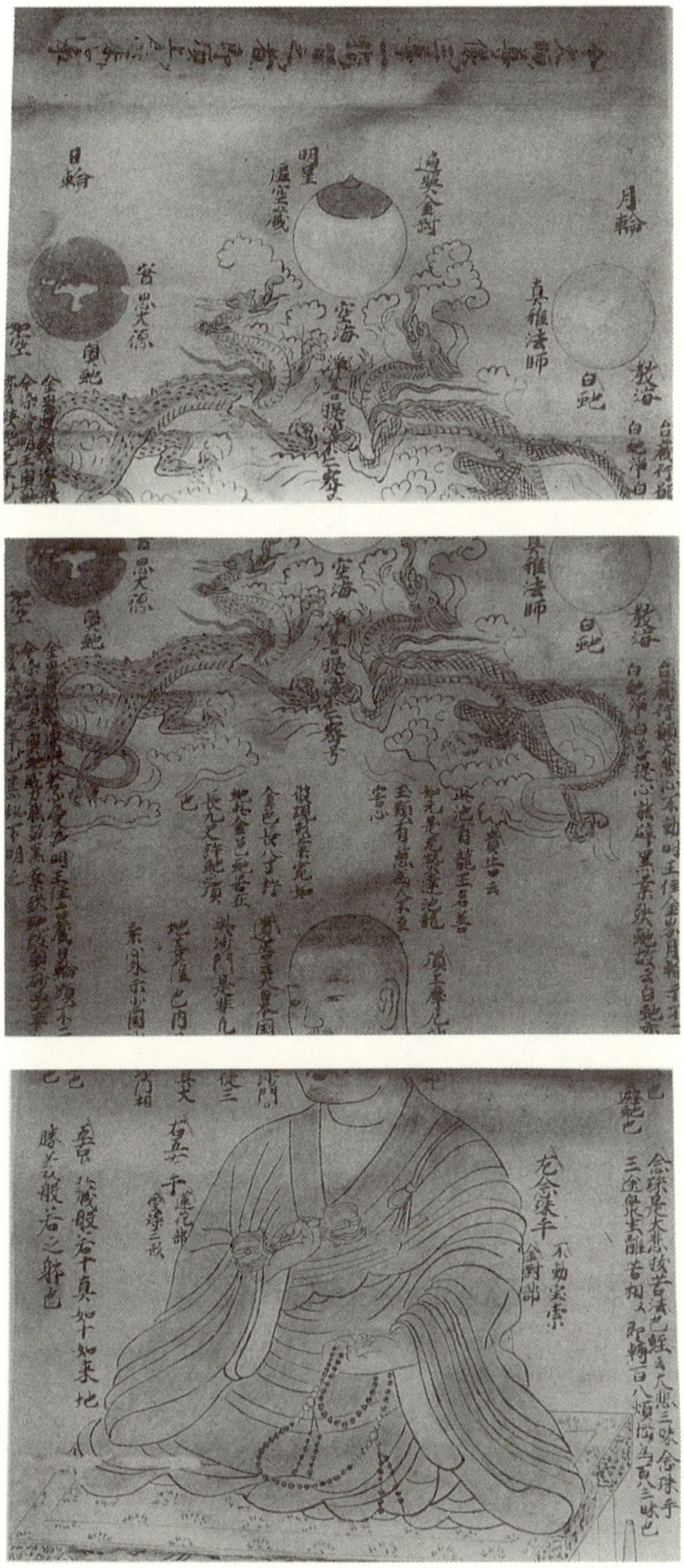

④　弘法大師像

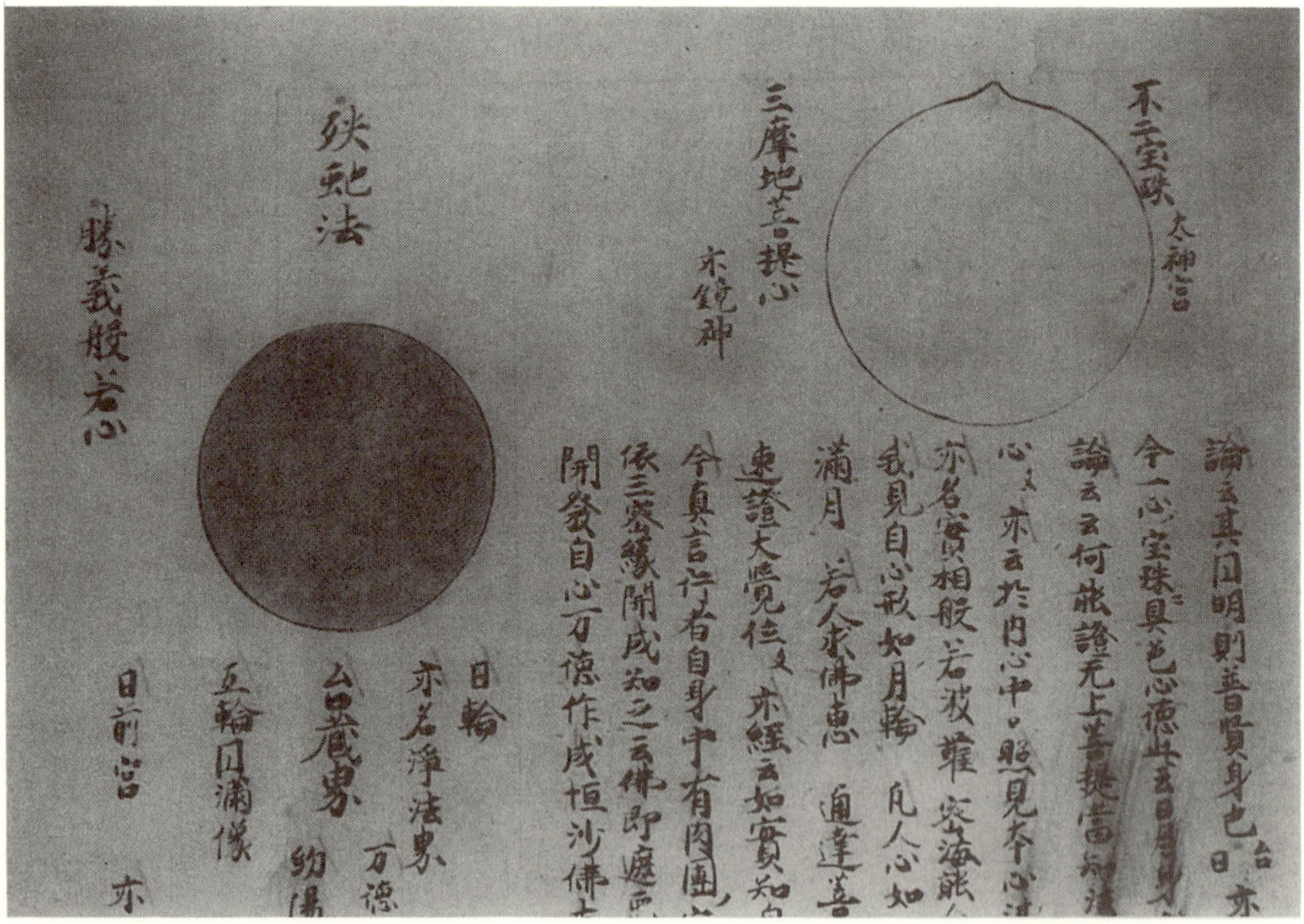

⑥ 殃蛇法　　⑤ 不二宝珠　太神宮

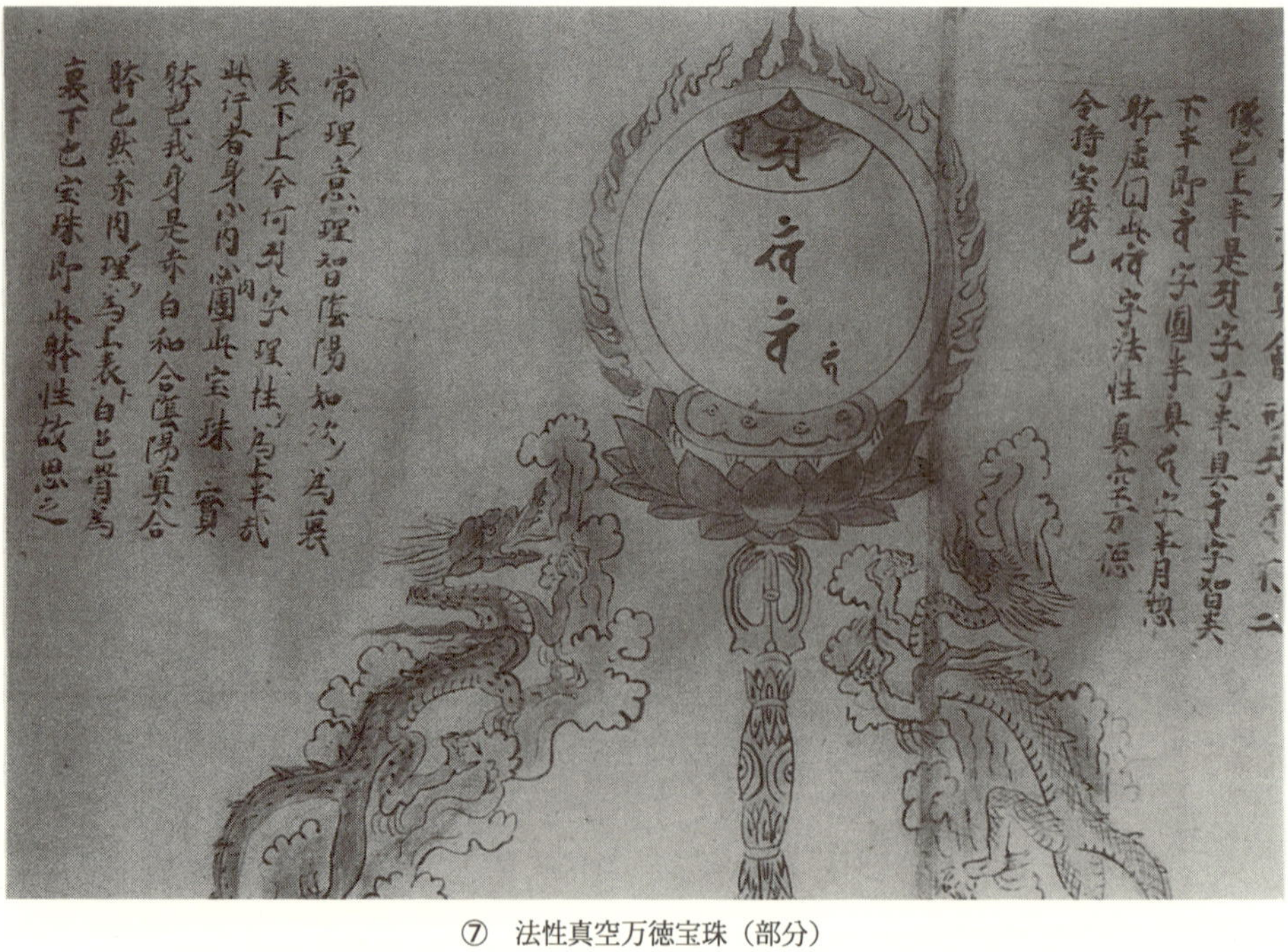

⑦ 法性真空万徳宝珠（部分）

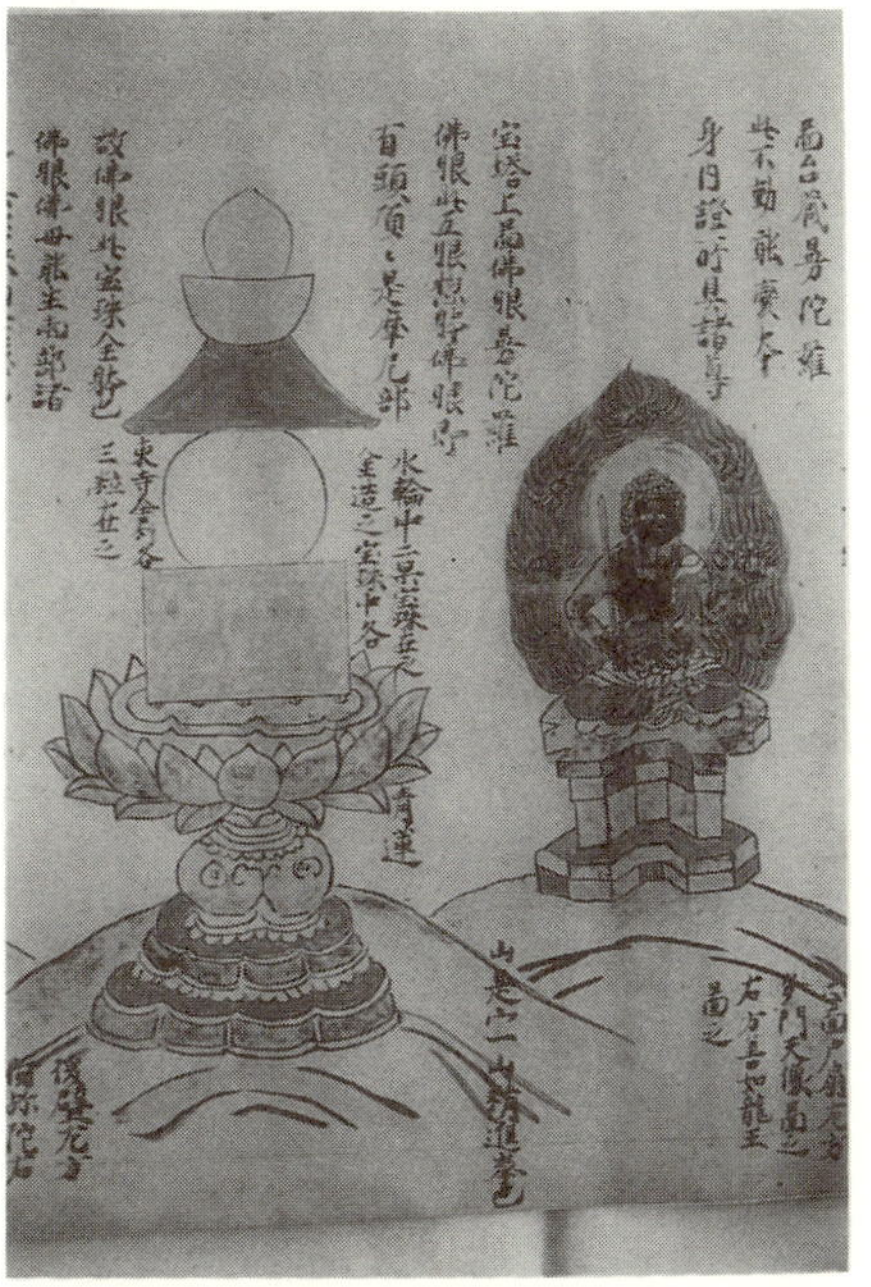

⑧「三尊合行」奥砂子平法（部分）

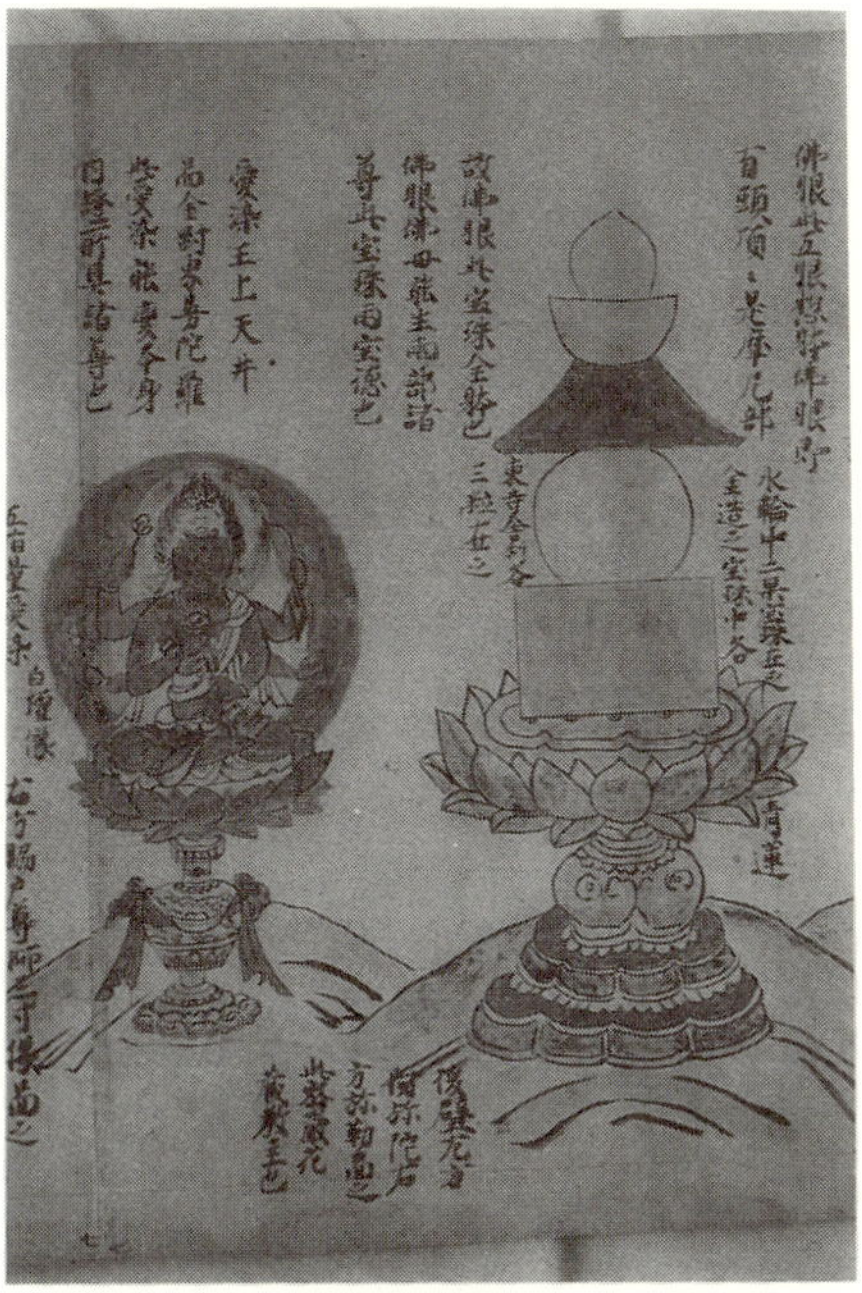

⑨ 同（部分）

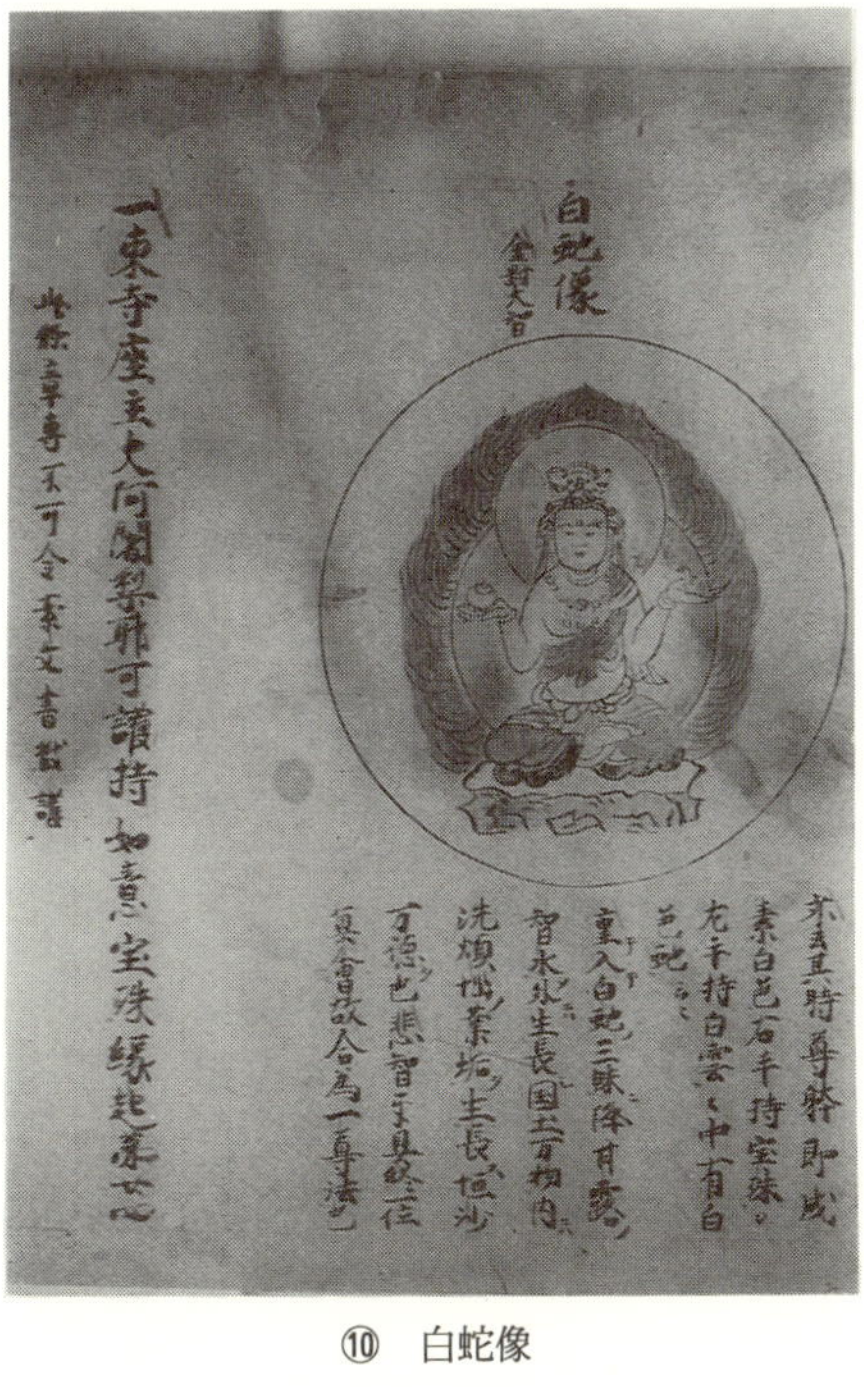

⑩ 白蛇像

⑪ 第二重一印二明本尊

いずれにしても『御遺告』の解釈は、そうした図像を肝心とする絵仏師（醍醐寺諸派の僧侶そのものであったかもしれない）にとって新解釈を基盤とした新たな仕事になり得たはずである。そうしたテーマの一つとして考え出されたのが、前述の「三尊合行」である。これは醍醐寺岩蔵方を通じて江戸時代まで伝承されたと考えられるが、この新解釈（虚空蔵求聞持法＝稀には如意輪観音を本尊とする場合もある＝それも因位の童子形本尊の範疇）という図絵を可能にし得る脈絡は、一つにはこうした『御遺告』中にも含まれている避蛇法（『御遺告』第二十三条）をよりどころとしたからではなかろうか。つまりこの秘法を介在させるということは、空海の身中に三仏合体を可能にし、なおかつ大師信仰の一つのイメージ化（空海の身中に宝珠を具現化する、という後の解釈）にまで行きついてしまうことになる。したがって、そのイメージ化の過程において虚空蔵求聞持法が介在するのである。

『御遺告大事』を編纂したと考えられるのは報恩院憲淳の高弟、道順（?―一三二一）であるが、その図像化も道順の意志が相当強くはたらいていたものと考えられる。慈眼寺本は、寺伝ではこの『御遺告大事』を『東長大事』と呼称している。その内容は常喜院心覚の師の一人、実運の『御遺告秘訣』に類似しているといわれる。実運はこの口伝を義範の口伝であるとするが、義範は醍醐寺編智院を創建し白河天皇の護持僧として活躍している。慈眼寺本には、巻末の奥書から相承血脈が「義紀―勝覚（三宝院）―定海―元海―実運……成賢―憲深―覚雅―憲淳―道順―弘真（文観）―如空（英心）―仙秀」であったと推察されるが、いずれも図像を入念に描きながら最終的には西大寺僧の仙秀が校合、書写している。東国に展開した東密の流派のうち西大寺流末資仙秀は文観弘真の付法の弟子、如空英心よりこれを受法されている。

如空は大和般若寺の高僧であるが、文観は『東長大事』（慈眼寺本）を授けるにあたって巻末に「東長の大事は当流最極なり、眼刊の如く秘蔵あるべし。付法一人の外は他散有るべからず。般若寺の衆首如空に伝授し畢る」と記し、西大寺流尊心方の祖である如空上人英心が伝授をうけた際には文観の花押もあったという。英心が文観から伝授書写したのは康永三年（一三四四）十月三日である。そして仙秀がこれを伝授したのは、三十年後の応安五年（一三七二）二月四日である。

ところで『御遺告大事』の図像化の時期は道順のとき、すでに構想がまとまっていたものと考えられる。慈眼寺本から推察するならば、奥書の一部に文観が道順より伝授をうけた時期を「嘉暦二年（一三二七）十二月二十一日」と記すから、このときすでに大事の全体に及ぶ図像は内蔵されていたことは確かである。すると道順―文観弘真の脈絡に見える道順とはいかなる人物であろうか。

もともとこの法流は東国とのつながりにおいて鎌倉の守海、すなわち佐々目流の仲だちがあったことは疑う余地がない。永仁五年（一二九七）その本流として三宝院流成賢の資、憲深が流祖である報恩院流憲淳に印可を受けたのが道順である。文保二年（一三一八）には三宝院に移り正僧正となり、元応元年（一三一九）に月蝕を祈願して法験をあらわしている。翌年には東寺長者法務（百四代）および護持僧になっている。『御遺告大事』はその時期のものである。道順は『御遺告大事』の図像化に力をそそいだと考えられるが、大覚寺の後宇多法皇の法流をも受法し、とくに弘法大師への信仰があつかったという。

ところで慈眼寺本も親王院本も、ともに弘法大師の「因位童子形尊像」を立像で描いている点が新しい解釈である。その像（童子の立ち姿）は岩座の上に立つが、両手は右手に腰の脇で宝剣（三鈷柄宝剣）を持し、左手は肩の近くまで挙げて人差し指、中指、くすり指で羯磨輪宝をしっかり握って立っている。全身は朱色の顔料を薄彩色にてほどこし、左右には二龍王が擁護囲繞の姿勢で描写されている。図の左上辺に「亦云及千生年十五入京初逢石淵勤操大師受虚空蔵等幷能満虚空蔵法入心念持文」と墨書されている。実はこの書き込みと因位の童子形の図像化という二つの発想基盤は、出発点において同一ではなかったかと考えられるのである。

また同時に両脇から龍が湧雲の中から立ち昇る姿は、シンメトリックに龍が配置された構図である。それは当然中央に宝珠という形態を生み出すべく、造型意識の形成が予想される。したがって、かたちとして円形の図像化は可能なのである。慈眼寺本も親王院本もここでは童子形の頭光がその任を負っているように描写されている。『御遺告大事』のこの場面の作図者（絵仏師）は、因位の童子形と弘法大師空海が勤操大徳より伝授をうけたとされる虚空蔵求聞持法（能満虚空蔵法）の虚空蔵菩薩像とは同一だとする新解釈に基づき描いたのである。しかも身色から見るならば新解釈なのだから、赤不動明王、愛染明王とも合体し得る可能性を秘めていることになろう。中世において大師信仰の中心をなす『御遺告大事』は二十五カ条の解釈とともにその価値観の分析を通して新たな大事成立への発展段階に入っていったと見なければならない。その課題は『御遺告』だけではなく、弘法大師の伝記の図絵化も含めて、新たな問題を考える必要が生じてきたのである。

さらに鎌倉末期には、室生山絵図との関係から空海の教義とそれにまつわる深秘な如意宝珠法の新解釈も生じつつあったようである。そうした傾向を示すものとして金澤文庫保管の絵図類収集の気運の高まりがあるが、その中の『宝生山図』（楮紙縦三〇・九×横四三・〇七センチメートル）を見ると、右端には「醍醐流」とあることから、醍醐寺で印信口決の付属として書写した可能性が高いと考えられる。

また、この図は龍の部分に白土系顔料が塗られていることなどから、『御遺告大事』の位置づけも東密系の聖域いずれかを舞台と見立てた具現という考え方もある。そのような視点から釼阿が「五部峰口決」と称している『室生山図』（斐《ひ》紙、縦三二・一×横四一・二センチメートル）では「道肝能作生舎利」にて生じた山上の空間が、すなわち「両部不二浄土」であるという見方も可能になってくるのである。金澤文庫の『室生山図』では、この「五部峰」は金剛界五仏を当てているが、そのルーツは『御遺告大事』を介して『因位童子形尊像』、すなわち虚空蔵菩薩像にある。むろんその背後には『御遺告』第二十三条の避蛇法（びゃくじゃほう）がある。ここでは、金澤文庫保管の称名寺本（『避蛇法』三四三函、『戸也水（避蛇法）』三一九函、『避蛇法』〈一一〉新五八・枡形本）を手がかりとして再確認してみたい。この法は、元来は室生山の龍池の辺に恵果より空海に付属されたという如意宝珠を埋納し、善女龍王奉安の護持を伝えている。埋納の祈願の目的は国家、国土の安泰である。その根拠として、悪龍がもしこの如意宝珠を持ち得たとすれば、国土は衰退するという。したがって避蛇とは悪龍を除くという意である。つまり語意は、善龍は白色の龍（白龍）、悪龍は黒色の龍（黒龍）に分けて「白蛇」（びゃくじゃ）の語を避蛇（びゃくじゃ）と命名した。真言密家のあいだでは、この法は秘法で浅略には調伏法の一種であり、深秘には如意宝珠法を指すが、いずれも阿闍梨にとっては命より大事な心肝口決がこの避蛇法であるという。

ここで浅略にこの法を調伏法に該当させているゆえんはどこにあるか、ということであるが、それは因位の童子形（虚空蔵菩薩）の画像法の成り立つ根拠に基づいている。すなわち「善能く諸の弟子衆を調伏し、善く一切有情の意楽《いぎょう》に達し、善く一切諸根の彼岸を知り」（『大集大虚空蔵菩薩所問経』第一巻）と説くように虚空蔵菩薩が如来に、まず救いの根本は何かということをたずねるに、ともかく弟子衆を調伏するところからはじめると述べ、それがやがてはすべての諸根の到彼岸を約束することになるという。つまり、因位の次元で如来と舎利と宝珠は救いを通して、一つの糸でつながっていることを示し、その救いの手段として調伏法が位置づけられているのである。したがって虚空蔵菩薩像の画像の多くは因位の証《あか》しとして左手に宝珠（または三弁宝珠）を持しているのである。

東京国立博物館蔵として二種のすぐれた画像がある。（一）は国宝『虚空蔵菩薩像』（絹本著色、縦一三二・一×横八四・八センチメートル）。これは藤原期の繊細華麗な十二世紀の制作で、不空訳『大虚空蔵念誦法』所依の名品である。右手は与願印、左手は胸前において掌にゆったりと蓮台に安置した美しい三弁宝珠をのせている。大月輪、光背、天蓋、妙高山などに金銀泥、切金を優美に数多く使用している。月輪下のスメール（妙高山）は日本独特の構図であろう。空海以来、虚空蔵求聞持法が盛んになるにつれて、次第に公家のあいだでもこのような福徳法としての虚空蔵菩薩像を祈願の対象とするようになった。

（二）は重文『虚空蔵菩薩像』（絹本著色、縦一〇八・二×横六〇・九センチメートル）。鎌倉時代の十四世紀の虚空蔵求聞持法本尊図の名品。大月輪中の蓮華座に坐し、頭光、身光などから大月輪中心から筋光明のごとき、放射状の光りを放つ。右手与願印、左手は（一）と同じく三弁宝珠をのせた蓮華茎を持っている。この画像は兵庫県の八正寺旧蔵の逸品で、現存する求聞持法本尊図を代表する。この大月輪内図像については、同一の白描図像が醍醐寺に一紙（重文、縦九〇・〇×横六七・五センチメートル）伝わっており、これが鎌倉時代の求聞持法本尊図の下絵と考えられるものである。ただしこの（二）の画面の下辺には、明破なわが国の山岳描写がリアルに表現されている。この山岳は伊勢朝熊山《あさまやま》と考えられ、その山上に位置する金剛証寺（本尊も虚空蔵菩薩像）は、空海が虚空蔵求聞持法を修した場所としても名高い。この（一）や（二）の図のように、いずれも下辺にスメール（須弥山）ないし自然の山岳（朝熊山）を描くという考え方は、画面全体の構想として、山上に何らかの不思議な円形の構図を想定することになろう。その円形は『御遺告』の論理に従えば、当然、宝珠形（摩尼宝珠）に行き着くことになる。この画面を仮に山＝人体、円形＝月輪＝宝珠（五輪塔の水輪）という展開・構図分析が成り立つとするならば、その縮図のごときミニチュア（小型）の形勢を頭上に載せることも可能である。

私はこの小形が、雨宝童子の絵図、彫像ではないかと考える。既述の慈眼寺本、親王院本に見られる『因位童子形尊像』の持物の一部（宝剣）の棍棒のようなものとすり変えたとするならば、雨宝童子となっても図像学上はおかしくないことになろう。事実、朝熊山（金剛証寺）には雨宝童子が祀られている。虚空蔵菩薩を因位の童子形とする解釈は『御遺告大事』の図像化という過程の中で浮上してきた意識の具現なのである。その場合に因位は果位の対であることはいうまでもないが、果位というものが、仏果を得て如来（仏）の位に到達した証しだとするならば、因位はいまだ仏果の得られない未到達の菩薩の位を指している。したがってその具現は、形態としてははっきりしない、とらえどころのない表現となる。究極にはこの具現が宝珠を象徴しているのである。

密教図像学では以上の尊格を両者に当てた解釈として、因位は金剛薩埵であり、果位は大日如来であるということになる。したがって、大日如来（胎蔵界大日）という尊格は円《まる》い如来宝珠を本質的に表現することになるが、『御遺告』においても「夫《そ》れ以ればに如意宝珠は、是れ無始より以来、龍肝鳳脳等に有るに非らず自然道理如来の分身なるものなり」と述べている。ここでとくに注目している「如来の分身」とは、『御遺告釈疑鈔』によると「如来分身とは駄都《だと》なり」と記しているからダートゥ（駄都）すなわち「界」、「法界」（宇宙およびそれを超越した無限の宇宙空間）を表現していることになる。虚空蔵菩薩の金剛名を「如意金剛」と呼称するが、この語意の中には因位として描かれている虚空蔵菩薩像の周囲の空間（山岳も含めた）も宇宙に包括された「場」としての意味が隠されている。

密教では因位の具現である宝珠は、金剛界と胎蔵界の不二和合能生《のうしょう》の形態とみなされている。如意宝珠や摩尼宝珠は「能作性《のうさしょう》ノ《の》珠《たま》」であり、形の上辺の三角形は金剛界の智差別をあらわし、下辺の半円形は胎蔵界の理差別を各々表現している。称名寺第二代釼阿が如意宝珠や能作性塔、南天鉄塔、瑜祇塔さらには室生山と舎利埋納への興味を密教の伝法をとおして最後まで捨てなかったのは、東国への虚空蔵求聞持法の伝法はむろんのこと、開山審海からの同様の伝法継承の意図が強くはたらいていたからにほかならない。

すでに述べたように、『御遺告大事』の因位童子形尊像は、次の図像として慈眼寺本、親王院本ともに「坐像童子図像」を描いている。ここでは因位の童子形が立像であったものが、同じ蓮華坐（蓮台）の上では結跏趺坐し、左手の八輻輪の宝輪の位置はそのままの姿勢をたもつ。また、右手の宝剣は縦に持っていたものを肘を挙げ、頭部後方に剣を斜めに描き、この図像は明らかに前図（因位童子形尊像）と連続するものと解釈せざるを得ない。つまり立っていた童子が（因位は立像の虚空蔵菩薩そのものであって、それは空海の修行という行動をあらわし、それゆえ童子形にて表現する）次に坐像に変容する、という場面が①因位童子形尊像、②坐像童子図像に該当するのである。この二場面は一方では虚空蔵菩薩を因位の造型を象徴し、坐像の部分では空海の像容をも内蔵している。ただし図像学上は①②ともに同じ図像として立像と坐像に区分けされているにすぎない。したがって①も虚空蔵菩薩であると同時に、空海そのものの身体と解釈することができよう。

このような空海の身体（生身）を基調にすえた、虚空蔵菩薩との同体説は、これまでの宗学内でもこうした解釈がまったくなかったわけではない。たとえば、水原堯栄氏は前記の著作の中で、その②の坐像は空海の稚兒大師像である、と述べている。その根拠は『御遺告』にあり、それは「生年五六歳之間夢常見居坐八葉蓮花之中諸仏共語雖然専不語父母何況語他人平此間父母偏悲字號貴物文」に基づく、という。この情景は鎌倉期から南北朝時代にかけて描かれた『高野大師行状図画』（地蔵院本）や『弘法大師行状絵詞』（東寺本）に登場するように、鎌倉時代における大師信仰の具現（弘法大師を生身とみる）の一種と見てよいのではなかろうか。むろんこの経緯の範疇には行状絵詞の中に空海と釈尊の伝記絵を同一視する解釈が含まれている点に注意しなければならない。なぜ空海の生身と釈尊の身体を同一視する脈絡に注意を要するかというと、『御遺告大事』の図像にもたびたび登場するように、宝珠の描写はそれぞれ主題の設定が認められ、それらは〈舎利信仰と釈尊〉というパターンと〈如意宝珠と空海〉というパターンとの融合によって生じた発想が根底にあることを物語っている。この発想を基盤として点と線が結びつき、舎利の護持を儀式化したうえで東寺でも相承するようになったのである。

金澤文庫保管の源阿の『駄都秘決』（三一三函）には「バク字（梵字）あり、変じて宝鉢と成る。鉢変じて釈迦牟尼如来と成る。身色閻浮壇金にして、三十二相八十種好了々分明なり、説法の相に住す無量の菩薩声聞前後に圍繞す、是れ常住霊山の仏なり、濁世末代の衆生仏身を見るに堪へず。故に大悲方便を以て、宝生三摩地に入り、即ち身を変じて、タラーク字（梵字）と成る。字変じて如意宝珠と成る。宝珠は即ち駄都なり本来如意宝珠は、即ち自然道理如来分身にして、今の舎利是なり、戒定慧解の薫修する所、慈悲行願の依止する所也、今の宝珠は即ち海中の宝蔵、並に精進峰（室生山）の宝珠と冥会一体無二なり、亦如来の此宝生三摩地に入るが故に、一切如来同じく此三昧に入る。一切如来同じく此三昧に入るが故に、一切宝類併ら此所に帰せざるはなし、即ち金色大光明を放ち十方世界を照らし、光の中に無量珍宝名衣上服百味飲食を雨らす。又我心月輪中にタラーク字（梵字）あり、同じく金色の光りを放つ、摩尼宝珠となる、我己体即ち宝珠なり、本尊と白身と無別なり、一切衆生は心中に無盡荘厳の伏蔵あるを知らず、六道の貧里に往来して、常に貧窮困苦を受く、我今三密加持力に依るが故に、一切衆生諸共に虚空蔵菩薩に等同にして異なることなし」と述べている。

ここでは真言密教の宇宙生命を前提として生じた、舎利すなわち宝珠（如意宝珠）を『駄都法』という儀式を通してさらに「一切衆生」をも取り込むことにより、虚空蔵菩薩像（すなわち空海そのもの）へのより強力な信仰を生じさせる根幹を道場観を通して打ち出している。金澤文庫の聖教を見ると釼阿が弘安四年（一二八一）に書写した『駄都口傳』（三二三函）に早い例が見られる。すなわち「嘉禎二年（一二三六）七月十一日奉傳授之生年三十二」とあるように、釼阿が三十二歳のとき駄都法の口伝を得ており、これは法に口決等で注目していた頃に対応させることができる。如意宝珠は駄都の異名であることはいうまでもない。文庫には源阿・釼阿を中心とする二八八函から三三九函にかけて二十三点の『駄都自行法』（三二三函）ほかの駄都法が存するが大部分は醍醐系、宏教系である。慈眼寺本の『御遺告大事』はすでにふれたように『東長大事』という正式な名称がある。如意宝珠の描写は、この大事の③の図像「出家得道尊像」にも認められる。この図像は中央に弘法大師の御影（八祖様）を大きく描き（巻子の画面としては右、左と横に展開するのが通例であるのに、ここでは縦に構図をとり大師坐像を大きく描く）、空海の頭上には、左右に二龍王が湧雲とともに踊り上がるように描写される。中心に「空海　浄菩提心不二密号」、二龍の頭上には宝珠を配置する。そして両脇には「遍照金剛」、「明星虚空蔵」と墨書がある。さらに龍身のそれぞれ外側には、向かって右に白色の月輪形を描く。これには「月輪、真雅法師、教海、白蛇」と説明がある。また反対の向かって左に赤色の日輪形を描く。これも同じく「日輪、実恵大徳、如空、奥蛇」と述べる。その配置は次の通りである。

○月輪（白色）、白蛇→避蛇法〔御遺告第二十三条〕

明星虚空蔵○

○日輪（赤色）、奥蛇→奥砂子法〔御遺告第二十五条〕

この配置のうち月輪（白蛇）には「台蔵行願大悲心不動明王住金界月輪示不二也、白蛇浄白菩提心能辟黒業殃蛇故云、白蛇亦云避蛇也」と説明がある。さらに日輪（赤色奥蛇）には「金界勝義深般若心愛染明王住台蔵日輪頭不二也、愛染明王奥蛇威力能敬黒業殃蛇故奥砂子平也、亦云殃蛇死平ト也、甚秘下明之」と付記している。この説明文は親王院本には見出せず慈眼寺本のみの伝承である。この月輪と日輪の象徴的機能を図像の内部に秘めた、「ある種の超自然的な力の獲得」を仮定するならば、ともに蛇を基調としている点で類似している。しかも後者（前者の避蛇法についてはすでにふれた）の奥砂子法（引用文のうち「平」は安定なる「法」のこと）は避蛇法とともに東密では秘法中の秘法に属する。そして栂尾祥雲氏も引いているように宥快の『安流折紙』では（一）御七日、（二）奥砂子平法、（三）如意宝珠、（四）避蛇法、（五）舎利法、（六）両部合行など十三法を挙げているが、（一）―（四）までは、すべてが『御遺告』に基づく秘法である。いずれも舎利、宝珠、蛇を基調にしており、奥砂子法は日輪（赤色）を主軸として仏敵を平定する修法の中心をなすものである。栂尾祥雲氏によると広沢流や安祥寺流には「降（奥）三（砂）世（子）」の隠語が奥砂子法であるというから、降伏法の一種、降三世法による仏敵退散を意図していることはいうまでもない。

また日輪を赤色で表現することは、降伏の赤色を象徴したものといえよう。慈眼寺本、親王院本によると、この月輪と日輪は「一印一明尊像」に成就する一過程とみなすことが可能である。図像は左右に二龍王が湧雲とともに昇り、中央上辺の宝珠を讃仰している構図で、全体としては既述の空海の御影の上辺部分と同じ図像である。この一印一明尊像は構図の上では、三室戸寺所蔵の『摩尼宝珠曼荼羅』の系統に類似している。というのも、この摩尼宝珠は三弁宝珠であり、宝珠形には各々、空海請来の法身偈（梵字）が記入されている。その偈文はいずれも釈尊の舎利をたたえて法身の意味を重視したものである。ただし、この曼荼羅は請雨を目的にしたものである。宝珠法の場合は、万宝を雨ふらすの意であるから、直接には請雨ではない。この点が因位の昇華を意図したこの『御遺告大事』とは若干目的が異なっている。

しかし『貞観寺御記』には「ア字（梵字）変じて如意宝珠となる、宝珠は法界に遍ず、二龍一体無量珍宝は雨なり云々」という伝承がある。やはり一印一明尊像は因位の到達点が虚空蔵菩薩という次元とも深くかかわり、また雨乞とも密接な関係をもっているのである。したがってこの場面の月輪、日輪が描かれている空間も含めて法界の一部分と解釈することができる。それは『御遺告大事』にいう「それ如意宝珠を以て、これ自然道理の如来分身なり」という表現に等しい。このことは水原堯栄氏が「大師宝珠三昧に入観」と解釈しているので、あるいはそういう名称が適切なのかもしれない。

大師宝珠三昧は鎌倉時代には能作生塔により金、胎両部合行思想が生み出され、そのうちの特定の流派（たとえば西大寺流叡尊など）は、神宮御正体と本地垂迹説をも生み出してゆく要因にもなっている。金澤文庫には定仙が正応二年（一二八九）に写した『能作生口伝幷避蛇法』（三三六函）があるが、これなどは南都の舎利信仰に育まれた能作生と避蛇法の教義を連結させた口伝として数少ない例である。しかし、能作生と宝珠の密接な関係を東国（称名寺）へ伝えたのは仁和御流の力による。それは同じ文庫に存する『能作生別秘〈貞〉宝珠事』（三三二函）により明らかである。

また既述の醍醐寺岩蔵方の口決や慈眼寺本が伝える三尊合行を見ると、本尊図としては五輪塔が描かれている。この図は、虚空蔵求聞持法の壇図（壇様）の中に作壇された状態で中央の八葉蓮華の上（中心）には明確に五輪塔が描かれている。このように求聞持法において五輪塔を虚空蔵菩薩（本尊）と同一視する考え方は、中世密教の修法の特徴の一つとして興味深い解釈である。金澤文庫に伝えられた虚空蔵求聞持法壇図には、明らかに五輪塔を本尊とみなす『本尊図（五輪形）』（二九七函）が描かれている。

あるいは覚鑁の本尊図は、舎利＝五輪塔が求聞持壇様として東国に定着していた例を示すものともうけとれる。ただしこの五輪塔は、新造を原則とすることが義務づけられているという点でも興味深い。この五輪塔はまた、三尊合行の部分では弘法大師三寸影像として、大師の御影像の内証本誓獲得の出発点に法量を定めている。三寸という小像の根拠について口決等には見当たらないが、私見としては『御遺告大事』の「因位童子形尊像」の童顔・童子形という像容に三寸という立像を当てはめたのではないかと推測したい。これは、日本における中世の密教の特徴ともいうべき図像化の錬金術的手法の具現なのである。すなわち空海の御影を解釈学的に発展させる場合、稚児大師と御影は少なくとも鎌倉末期から室町時代においては、縦に一対ではなかったかと考えるのである。とくにこの『御遺告』の解釈をめぐって東寺や醍醐や高野山では、種々な大師像が描かれた。その一例が円覚寺本の受用ではなかったかと考える。

たとえば、その図像化（慈眼寺本・親王院本等）の過程において描かれた宝珠形が「不二宝珠」と呼称されている点に注意してみると、宝珠の中には稚児大師や御影も宝珠中に含まれているのかもしれない。その発展形態が密教と本地垂迹につながってゆくものとも考えられる。宝珠は別に「太神宮」とも呼ばれており、また宝珠を「三摩地菩提心亦鏡神」とも別称している。慈眼寺本ではこの宝珠を「太神宮」（御正体のことか）という前提で、神仏習合としてとらえ、なおかつ、今真言行者自身中に「肉団の宝珠有り」と述べている。『御遺告大事』によれば、三摩地菩提心という心中の奥秘ともいうべき空間に神の鏡を認め、それを、太神宮そのものを見るのである。そこからここに円形の肉団である不二宝珠、すなわち鏡そのものと涌現する発想が生じてくるのである。

東国ではちょうどその頃、求聞持法は本図においても変容をとげつつあった。虚空蔵求聞持法の紺色の虚空に浮かんだ月輪形の重文『虚空蔵菩薩像』（鎌倉・円覚寺蔵）を挙げることができる。この画像の下辺は三峰の山を配した垂迹画に近い構成を見ることができる。本図はもと伊勢、朝熊山金剛証寺の什宝であったものが、おそらく応永年間初頭に建長寺の東岳文日立和尚（仏地禅師）によって円覚寺塔頭富陽庵にもたらされたと推測し得る遺品である。

表2　金澤文庫保管・称名寺伝来の虚空蔵求聞持法関連儀軌類

函番号	名称	年代	書写・手沢者名	金澤文庫古文書識語番号
三三二	求聞〈秘〉		円意	
一二〇	求聞持			
三〇七	求聞持			
三三三	求聞持			
三三一	求聞持			
三四六	求聞持			
二九五	求聞持　求欠			
二九五	求聞持　求秘決			
二九五	求聞持　求聞持儀軌			
二九五	求聞持　求聞持口決			
二九五	求聞持　求聞持口決			
二九五	求聞持　求聞持口決			
二九五	求聞持　求聞持口決　西			
二九五	求聞持　求聞持口決　秘			
二九五	求聞持　牛　加持事			
二九五	求聞持　秘決			
三〇七	求聞持（求聞持次第）			
三〇七	求聞持（求聞持次第）			
三〇七	求聞持（求聞持次第）		仁宝	
三〇七	求聞持（虚空蔵菩薩法口決）			
三三二	求聞持〈ム〉			
三三三	求聞持〈ム〉			
三四六	求聞持〈ム記／金玉〉予見			
三三一	求聞持〈ム記〉			
三三二	求聞持〈ム言／西人〉			
三三二	求聞持〈ム言／西人〉			
三四六	求聞持〈金玉〉自見			
三三四	求聞持〈結願／幷口伝〉			
三一七	求聞持〈結願／幷口伝〉（結願）		隆円	
三〇七	求聞持〈三―〉（求聞持次第）			
三三三	求聞持〈私〉			
三一九	求聞持〈七日成就〉			
三三九	求聞持〈七日成就〉		源阿	
三二〇	求聞持〈常喜院〉		鏡心	四三二
三〇七	求聞持〈常喜院〉（求聞持）			四三三
三〇七	求聞持〈常喜院〉（求聞持）			
三三四	求聞持〈水丁巻〉	久寿二	釼阿	
三三四	求聞持〈水丁巻〉		隆円	
三二八	求聞持〈西人〉	天福二		
三三二	求聞持〈西人〉			
三一九	求聞持〈貞　三―内、西人〉（聞持）			
三一七	求聞持〈貞・三―内／西人〉〈一二〉（聞持）		釼阿	四四〇
三〇七	求聞持〈秘事〉（大満虚空蔵印）		源阿	
三〇七	求聞持〈秘法〉（求聞持法）		釼阿	
三〇七	求聞持ム記〈常喜院〉（求聞持私記）			四四一
三三三	〈求聞持ム記〉			
二六九	求聞持一印口伝勘文　私		良祐	四四三
二八八	求聞持一印次第			
三〇七	求聞持一印法次第			
三三九	求聞持外道場作法			
七三	求聞持儀軌			
一一四	求聞持儀軌			
一二〇	求聞持儀軌		玄秀	
三〇七	求聞持儀軌			
一一四	求聞持口決		勢縁	
一二〇	求聞持口決		寂澄	
二六九	求聞持口決		良祐	

二八七	求聞持口決		審海	
二九八	求聞持口決		寂澄	
三〇七	求聞持口決		隆円	
三〇七	求聞持口決〈相承伝／道慈律師〉〈求聞持法相承〉		源阿	
二九八	求聞持口伝			
三四七	求聞持口伝		源阿	
一二〇	求聞持口伝　常喜院			
三〇七	求聞持口伝〈求聞持　木檀事〉		源阿	
三〇七	求聞持口伝〔求聞持〕		隆円	四四五
三四一	〔求聞持口伝〕		隆円	
二六九	求聞持口伝等　秘　已上七帖在此内		良祐	
三二九	求聞持口伝〈金玉〉予見			四四六
三二三	求聞持口伝秘事〈二流〉幷蝕時露地法			
三〇七	求聞持行法口決		釼阿	四四二
三四〇	求聞持最極秘印〈理性院口決・trah 大事〉		釼阿	
一二〇	求聞持私記	文永五		四四八
一一八	求聞持私記	正元一	円超寂澄	四四七
三四七	求聞持私記		源阿	
三四七	求聞持私記		釼阿	四四九
三四〇	求聞持持乳合様〈全秘〉		釼阿	
七二	求聞持次第		寂澄	
一一三	求聞持次第			
一一三	求聞持次第	永仁五		四五〇
一二九	求聞持次第			
二九一	求聞持次第			
三〇七	求聞持次第		了禅	
三三九	求聞持次第			
三三三	求聞持次第〈三〉			
三〇七	求聞持次第〈酉〉			
三一七	求聞持次第〈秘〉〈虚空蔵求聞持次第〉			
二九八	求聞持次第私日記		恵運	四五三
二五四	求聞持次第日記　小野			四五二
二一九	求聞持次第日記〔求聞持次第〕	建仁三	光宝	
二二三	求聞持次第日記〈小野〉	建久六	寛典	四五四
三五三	求聞持七帖		釼阿	
三二三	求聞持諸印信		鏡心	
三〇七	〈求聞持蝕時作法〉			

三〇七	求聞持惣相口決〈上帖／三帖内〉〈求聞持口決〉			
二六九	求聞持大師御口決			
三四七	求聞持大師御口決〔大師御口決〕		源阿	四五七
二九四	求聞持大事			
二九七	求聞持壇様			
二九七	求聞持壇様			
二九七	求聞持壇様			
三二八	求聞持壇様			
三四七	求聞持壇様			
三四七	求聞持壇様			
二九七	求聞持壇様〈東〉			
三一九	求聞持念誦次第			
三一九	〔求聞持念誦次第〕	永仁五		四五八
三〇七	求聞持秘口決〔求聞持口決〕		釼阿	
三四七	求聞持秘次第			
三〇七	求聞持表白		隆円	
三〇七	求聞持表白〔求聞持行法表白〕		隆円	
三〇七	求聞持表白〈已上三〉〈啓白文〉		隆円	
二三五	求聞持法			
三一六	求聞持法			
三二〇	求聞持法		宣守	
三三四	求聞持法			
三三四	求聞持法			
二五五	求聞持法　師伝			
三一六	求聞持法〔求聞持法　息災　増益〕			
七三	求聞持法〔求聞持念誦次第〕	永仁五		四五九
二八九	求聞持法口決			
二八九	求聞持法口決			
二八八	求聞持法口決　付大師御作　醍醐			
二九九	求聞持法口伝			
七三	求聞持法口伝　東＊			
三一七	求聞持法口伝〈醍醐〉			四六二
二八八	求聞持法口伝秘事			
三二九	〔求聞持法次第〕	永仁五		四六四
三四七	求聞持法略次第〈大師御本〉			四六七
三〇七	求聞持問答〔求聞持問答　私〕		釼阿	四六六
二五三	求聞持略次第			
三四〇	求聞持略次第〈御作御本手三宀—〉		imge -sn- ama	

三一〇	虚空蔵			六五七
三一〇	虚空蔵			
三一〇	虚空蔵			
三二二	虚空蔵		円意	
三二二	虚空蔵		円意	六五三
三三一	虚空蔵			六五二
三三二	虚空蔵			六五〇
三三二	虚空蔵			六五〇
九九九三	虚空蔵			枡形
三一八	虚空蔵〈広〉			
三一八	虚空蔵〈広〉			
三四六	虚空蔵〈自見〉金玉			六五一
一二八	虚空蔵一印口決〈信州参籠人〉	正安四	寂澄	六五五
三三二	虚空蔵印義等〈ム〉			
三三二	虚空蔵印義等〈ム〉			
三三九	虚空蔵求聞持次第			
三三九	虚空蔵求聞持次第			
三四四	虚空蔵求聞持次第			
二九七	虚空蔵求聞持図（壇図）			
二九四	虚空蔵口決〔タラーク〕			
二七五	虚空蔵講式			
三四七	虚空蔵入法界秘観		釼阿	
九九九一	虚空蔵念誦次第		賢道	仮綴
三三九	虚空蔵聞持次第〔求聞持〕			六六二

註

（1）他『求聞持法東』（七三函）がある。奥書はないが「悉地成就作法」のための蘇（ヨーグルト）を加持する作法と真言を唱える部分で終わり、末尾に「本」の一字が墨書されている。行者の壇様が明確に描写され、壇中央に五輪塔が置かれている。そして明星の悉地を得る段階を経て「阿留那天供養事」では「大師形」と「マンダラ（曼荼羅）」と付記のある壇様（方形）が描かれ、これには各々、「仏供菓子」と注づ

二二八	虚空蔵菩薩念誦次第			
三一二	（虚空蔵菩薩念誦法）	正安	寂澄	六六
聖六	虚空蔵菩薩能満諸願最勝心陀羅尼求聞持法念誦		審海	二七九九
三二九	虚空蔵菩薩法	永仁五		六六一
二四一	虚空蔵法			
二五一	虚空蔵法			
三一〇	虚空蔵法			六五八
三二〇	虚空蔵法		宣守	六五六
三二四	虚空蔵法			
三三八	虚空蔵法			六五九
三一〇	虚空蔵法〈薄・三一〉			
三三二	明星天			
三三二	明星天儀軌			
三三二	明星天儀軌		隆円	
一二〇	明星天供次第		隆円	
三五三	明星天行法次第	承元四		
三三一	明星天子　大可	永仁五		二三七七
七二	明星天子口決			二三七八
三二九	明星天子法	建仁三		二三七九
三四七	明星天法			
三三二	明星天法〈亦名法界輪法／般若寺流〉			
二七一	野月抄　五大虚空蔵			
一〇三八	覚禅鈔　巻72　求聞持法			

けされている。さらに「求聞持壇様初心時様也」と注記のある壇図では、北向きに本尊を配置している。その本尊（彫刻または絵画）虚空蔵菩薩像は、顔相の目線の位置が行者のそれと一致しなければならないように高さの設定もきびしく定められている。また大壇の上に四寸から一尺、一尺八寸の小壇を配置する旨、記している。真言行者の前に六器、座を示す礼盤脇机（向かって右）には「塗香器」を置いている。むろん柄香炉は左脇である。この場合、虚空蔵菩薩に対する表

白に注目するとこの像容への護持は「摩尼殿之壇場ヲ建テ、虚空蔵之秘法（護摩）ヲ修ス」（印融『諸尊表白集』）とあるから、もとより摩尼と虚空蔵は一体（一組）で祈願の対象となっていたことは明らかである。摩尼殿を壇とする考え方は、東密の行きついた壇上における虚空蔵の位置づけとみなすことができる。

（2）『保寿院流別流秘決十結』（二九八函）には疫病消除経法や摩怛利神法、七星如意輪、宇賀神、宝珠法、そして八字文殊に基づく領家の法、さらに宝珠次第（牛、鹿）とともに求聞持法中の「明星天子法」が独立して最秘なる伝授の口決として称名寺に伝来している。広沢流の一派保寿院流は永厳を流祖とするが、東国にこれが伝幡されてくる背後には、同じ広沢六流のうち仁和御流、西ノ院流、伝法院流の三流の受法にかかわる影響も大きかったのではないかと考えられる。つまり鎌倉期においては平安時代の院政期の伝法形態とやや異なり、東国進出を前提とした競争意識が少しずつ強固になってゆく傾向が考えられる。その中の別尊法では、この秘決は保寿院流中もっとも異色で現世利益と百家信仰の色濃い諸尊法であるといえる。

（3）釼阿はその手沢本『諸尊』五巻五冊の中で、求聞持本尊の「虚空蔵」を「永仁五年九月廿七日於金澤寺書寫了」（文保元年六年に転写）に書写している。これは同じ諸尊法として「弥勒法」を同年（永仁五年）十月五日に「称名寺堂北廊ニテ」書写しているから、一連の称名寺の礼拝対象を念頭においた書写活動と見ることができよう。この「虚空蔵」については同じく元亨四年二月二十七日に称名寺にて熈允が写しているから、後に同寺で転写されてゆく諸尊法秘決の伝授をめぐって重視されていたことは間違いない。

（4）『求聞持次第』（七二函）。表紙に「寂澄」手沢名があり、題名も同筆。ただし本文は別筆。内題は「求聞持法次第」。真言行者はまず沐浴し浄衣袈裟を身に着け浄処に座をかまえるところから始められる。浄三業・三部被甲の印明を唱え、入堂し、「観念如常」とある。以下「仏前礼仏」し、虚空蔵菩薩の真言「南無《一》阿伽《二》捨掲婆《三》耶《四》唵阿《五》利迦摩利《六》益暮《七》利娑縛賀」を唱える。次着座（半跏坐）、護身印、次加持香水（本尊印明一百八反作ス）、次加持供物、次浄三業、次五大願、次普供養（本尊印明）、次請本尊（結本尊印）、次花座、次阿伽、次塗香、次花曼、次焼香、次飲食、次灯明、次賛（四智賛および宝菩薩賛）、次普供養（結誦本尊印）、次五代願、次礼仏（前述の真言再度唱える）、次本尊加持、次正念誦、次入法界観、次本尊加持（如前）、次散念誦、次五供・讃、次普供、次三力偈、次五代願、次廻向、次五悔、次解界、次奉送、次第は終了して成満する。

（5）林　温「円覚寺蔵虚空蔵菩薩画像における問題」（『三浦古文化』五二号、一九九三年）。

（6）金澤文庫保管聖教のうち、道滋律師以降の表1以外の「求聞持」関係資料は次のとおりである。①求聞持（三三一―三四六函に三点収蔵）「四月四日奉傳受了、弘安三年（一二八〇）辰庚十一月三日、於眞言院書寫之畢、金資教興」②求聞持（三一九函）「和尚口決耳、建永二年（一二〇七）六月

廿日、賜彼御本所書寫也、金剛資禪遍」③求聞持（柳瀬福市氏蔵）「永仁三年（一二九五）七月廿一日、於根來寺中性院、書寫之了、金剛資　頼―」④求聞持（三三三函）已上表裏所載者、抄集儀軌幷大師御説、又衍師蓮師予見等明哲所傳他散而已、高祖第十五代資、寂澄正安三年（一三〇一）辛丑正月三日　⑤求聞持法口傳醍醐（三一七函）「此法相承次第道滋律師、善我大徳大安寺三論宗、勤操僧正東大寺別当三論宗弘法大師乃至十二代後実運僧都、明修房靜、幸阿闍梨　円幸阿闍梨　円譽山籠」⑥求聞持法略次第　大師御本（三四七函）書本云、

建治四年（一二七八）二月廿日、申出御本書寫了、老比兵本覺　⑦求聞持法（二四四函）元亨元年（一三二一）六月廿六日夜、於稱名寺妻戸間立筆畢、此本者空如律師雖被染筆、違例之間返上云々、仍乗一加龍頭蛇尾躰者也、昏鐘後開卷、人定初終功了、以書寫之徳、滅罪生善、乃至法界平等　⑧求聞持私記（三四七函）書本云、承久二年（一二二〇）庚辰八月廿三日、於高野山寶藏院書了、相承次第、心覺、円幸、應賢円幸修法ノ時、悉地成就セル私記也、尤爲秘々、乳器ヨリ乳涌盈ケリ《タリ》云々、

Ⅱ

心覚と『別尊雑記』
――伝記および図像「私加之」の諸問題――

一 「心覚」史伝の諸問題

御室仁和寺に現存する『別尊雑記』五十七巻を大成した常喜院心覚《しんかく》については、あまり詳しい伝記が残されていない。しかも、この阿闍梨の略歴はみな一様であって、ともに青年時代についてはごく一部分を写しているにすぎない。そのためにこの別尊法を代表する図像集の系統をはじめ、その成立事情や時期などを考えるには、周辺の史料をより多く調査しなければわからない場合が多い。そこで、ここでは次にかかげる数種類の伝本を比較しながら、断片的な原文を検討しつつわずかに残された伝承をぬいあわせてみたい。

A本　金剛峯寺諸院家折負輯往生院谷
B本　本朝高僧傳巻十二(1)
C本　高野往生傳第三十五(2)
D本　野澤血脈集巻第二(3)
E本　血脈類聚記巻第四・五・六(4)
F本　仁和寺諸師年譜第百九十五(5)
G本　高野春秋編年輯録巻七
H本　紀伊続風土記高野山之部（総分方巻十、小田原谷）

この八本のうちA本は縦二七・〇×横一九・四センチメートル、江戸時代の冊子本で、心覚の伝承がほぼ網羅されている。ここ

表1　A本と諸本の内容対照表

整理番号	A本の内容（順序は原文による）	諸本の伝承
①	遍照光院〻務相承次第	
②	第三世心覚仏種房号宰相阿闍梨	C・F本「宰相阿闍梨心覚」G本「宰相阿闍梨」E本第四「常喜院――」
③	治承四年六月廿四日(6)寂(ママ)	E・G本「治承四年六月廿四日入寂」B・C・F・H本「養和二年六月廿四日入寂」
④	或記《ニ》云心覚者参議平実親息也	B・D本「心覚、参議大夫平実親之子」C・E・F本「――卿息」
⑤	三井常喜院《ノ》住僧也	B・D本「入二三井園城寺一剃髪納戒」C・F本「園城寺住僧」上記同文G本「――主」
⑥	年月依二輪《ノ》事《ニ》一籠二居高野山一所謂法輪者《ハ》院之最勝講之時問者心覚講師興福寺珍海已講証義寛信法務此時依《ニ》二論諍一離寺改宗《シテ》入二密家《ニ》一本自有二高識一故世俗称二三井之書淵一	E本「於二園城寺一補二有職一」B本「與二興福寺珍海一論二説宗議一」D本「最勝講時於二禁殿一与二禅那院珍海一――」
⑦	推二窮野澤之奥旨《ヲ》一	（⑨を参照）
⑧	入二高野《ニ》一住《ス》二往生院《ノ》此流義号二往生院流又称二常喜院《ト》一者本立レ名也遍照光院《ニ》一	D本「改宗投二高野山一」B本「後登二高野山一就二阿闍梨兼意一究二三部奥玄一稟二両界灌頂一……営二常喜院一」C本「其後出二彼山一住二当時一逢二阿闍梨兼意一究二三部深旨一」D・F本「――成蓮房兼意――」
⑨	宏教本者禅遍律師記《ノ》二云《ニ》往生院心覚者兼意幷覚印平等房永厳法印上足資　及宝心理性院法眼賢覚上足之附弟也等闍梨《ノ》附法也	B本「従二醍醐之賢覚、実運二師一受二小野法流一」D本「随二醍醐賢覚門下一受二小野流一」H本「小野の賢覚……に随ひて」（A本の宏教については⑯参照）
⑩	其外仁和西酉問律之人也	
⑪	仍入密之初号《ハ》二常喜院流《ト》一住山後称《ノ》二往生院流《ト》一或口決云常流予見自作之次第者折紙与小巻物百八通也是北御述製之時類二集《シ》折紙《ヲ》一給《ウ》レ名二心抄《ト》一（以下略）	

では金剛峯寺本を底本にしながら、B・C・D本から補うべき記述を整理し、E本以下はとくに必要と考えられる部分のみを収集するにとどめた。

A本の叙述の順序と諸本のメモとは必ずしも形式が一定していないが、従来の伝承が主として『往生伝』三十五や『血脈類聚記』四・五・六に限って語られているために、『折負輯』の全文はいかなる写本にも見出しがたいのが実情である。

しかしA本の内容のうち②より⑥、⑧、⑨、⑫、⑬、⑮に関してはB本以下の諸本に一致する口伝等を部分的に認めうるので（表1）、「遍照光院々務相承次第」の成立に際してB本以下の大部分の伝承が、すでに筆者の手控えとして座右に当然あったものと考えられる。

さて、心覚阿闍梨は常喜院流の祖、字は仏種房、宰相阿闍梨または常喜院阿闍梨と号し、参議大夫平実親卿の子（B・C・D・E・F本）と伝える。桓武平氏の出身であるか否かについては、A本にも「或記云」と記しているだけで、

⑫	参語集云別尊秘蔵抄予見作《ノ》也兼意、寛意、恵什、実運之四大徳《ニ》所学習之深義《ヲ》被述作也別尊雑記是也	B本「精尋密部多著疏鈔」〔A本は寛助ではなく寛意とある〕
⑬	心覚院務之間自安元元至治承四始終六年也	（伝法重受に関する他の伝承がある）
⑭	古院譜曰　承安五得湛増之譲与住当院其状云 譲進住房一宇幷敷地 合 三間四方在往生院 右件房地以所《ナリ》奉譲仏種房阿闍梨御房其故《ハ》者従往年当年《ノ》初已《ニ》奉約束《ソカ》上近日可令移住新別所《ニ》給之由承之且《ツ》為奉留《トメ》所令寄進也 仍為後日立券如件 承安五年五月 高倉承―五即安元々乙未年也 （以下略）	
⑮	第四世阿闍梨顕覚理法房住院之間始終三十八ケ年考《ルニ》心覚付属顕覚其遺書云 一住房一宇幷敷地　由来本券在別 是指湛増立《ノ》券歟 一灌頂私記一印房幷聖教　一帖 一東寺御舎利　一粒従新関白殿所令奉請也 彼御祈念誦等目録在別 一仏像三鋪大日、不動 尊勝曼荼羅 一房中世間具 右年来同宿之間無背給仕積功皮□懸馮仍《テ》永《ク》以処分《スルノ》同法顕覚之状如件 治承四年二月二十日　心覚判	G本「治承四庚子年二月廿日往生院流祖心覚師瀉瓶之資顕覚理法房附属遍照光院」 H本「什物 五鈷杵　大唐青龍寺恵果和尚御持念弘法大師請来文殊菩薩 巨勢金岡筆薄鶏 書銭選舜与筆 宝城院境内周四十間余 本尊　大日如来 坊舎　倉庫 門」 G本「真俗之諸什物矣往生院流第二祖金玉之作者也」 保寿院・平等房流血脈（真全書、二九、四三六b） 「心覚―顕覚理(法)宝房高野山往生院―宏教」
⑯	案《ズルニ》　心覚師上足資四人。所謂　北御隆遍　隆誉 顕覚者《ハ》往生院瀉瓶資《ノ》也 （以下略）	（⑮G本参照）

まったく典拠を明らかにしておらず、『尊卑分脈』四（国史大系六〇、下、六八）にも見えない。また宰相阿闍梨と呼ばれる「号」や「御房」の呼び名は、東密であれば他に類例がないわけではなく、たとえば石山寺所蔵の観祐本「法勝寺円堂壇様」（一紙）には、図中に「久安六年七月廿八日以宰相阿闍梨房本図写畢」と墨書があり、きわめて早い時期の写本としてあげることができ、そこに記されている宰相阿闍梨とは、実は石山寺の淳観のことである。この観祐本の考察は、かつて亀田教授が詳しくふれられたことがあるので[7]、ここでは述べない。

ところで心覚が、はじめ台密の秘奥をきわめ、のちに東密に入ったという出発点、すなわち剃髪納戒の場所は、B・D本「入三井園城寺」の伝承どおりであって、A本が示す「三井常喜院住僧也」にほぼ間違いあるまい。常喜院流という東密の伝灯をかかげる過程をひもとくならば、比較表⑤におけるB本よりG本に見える五本の各説、とくにD本「常喜院者三井院家名也云々」に一貫した類似性があることも当然うなずくことができる。[8] ただし、常喜院で何を学んだか、という問いについてはA本はまったくふれていないが、C・F本のように「学天台教観」すなわちB本に見られる「十乗観法」を学んだのであろう。いずれにしても平安後期の密教図像の収集に際して、天台の教理を代表するような「十乗観法」によるかまえ方が心覚自身の胸中にすでに芽生えていたことは、のちの『別尊雑記』に見られる特異な天台系図像の収集を見ても、十分にくみとることができる。ところで勅を拝し、宮中御最勝講に禅那院珍海已講と宗義を争い、心覚が苦汁をなめたことは、A本に「比時依論諍ニ離寺改宗入密家」、あるいはD本に「改宗投高野山」と述べるように、これが要因ともなり天台より真言に改宗するきっかけをまねいたことも疑い得ない。この時、采配をふるって証義の役をあずかったのが、当時すでに名声の高かった勧修寺寛信法務である。

この一件は密教の伝承形態を考えるうえで、また心覚の伝記を史的に究明するうえできわめて示唆にとむ記事である。冒頭でもふれたように、心覚の史伝のうちでも青年時代の活動範囲はおろか、生年すらはっきりしないが、寛信法務の記述を注意してたどると、この最勝会証義の史実こそ心覚を語るうえで、きわめて見逃しがたいのである。それは寛信の側から見ても記録は一致する。

B本「久安元年領寺務。明年兼法務。是歳五月預最勝会証義。是三論宗証義之始也。[9]」

これによると寛信は久安二丙寅年（一一四六）五月に証義を勤めたことになる。この栄えある証義は、嘉承元年（一一〇六）五月最勝講の聴衆となり、元永初年（一一一八）その講座に登上、すなわち講師（一説には永久五年）に昇進した彼にしてみれば嘉声四方に高しというところ、後には三会（最勝会、維摩会、御斎会）の已講となった。相手役珍海は、もとより寛信に密教を学んだ東大寺の学僧であって、奈良および醍醐にとどまって、多くの密教図像を描いたことはよく知られている。玄証本の帝釈天図や吉祥天図、醍醐の五髻文殊図、そして東寺の「珍海已講筆天下第一絵師云々」と墨書がある聖天像一幅（縦四九・〇×、横三一・〇センチメートル　教王護国寺蔵）はなによりも名高い。時に珍海は晩年の五十六歳、心覚は寂年から推しても、この最勝会には三十歳でおもむいたことになろう。

その後、心覚は高野山に登ることになるが、久安二年から成蓮房兼意に師事する保元元年までの十年間は、貴重な一時期であったに相違ない。A本はただ「推窮野沢之奥旨ヲ」としか伝えていないが、B本には「従醍醐之賢覚、実運ニ師受小野法流。」とあってD本もほぼ一致する。この実運の口伝はのちに心覚が『別尊雑記』の全巻にわたって恵什の次に「勝倶胝院」として引用し

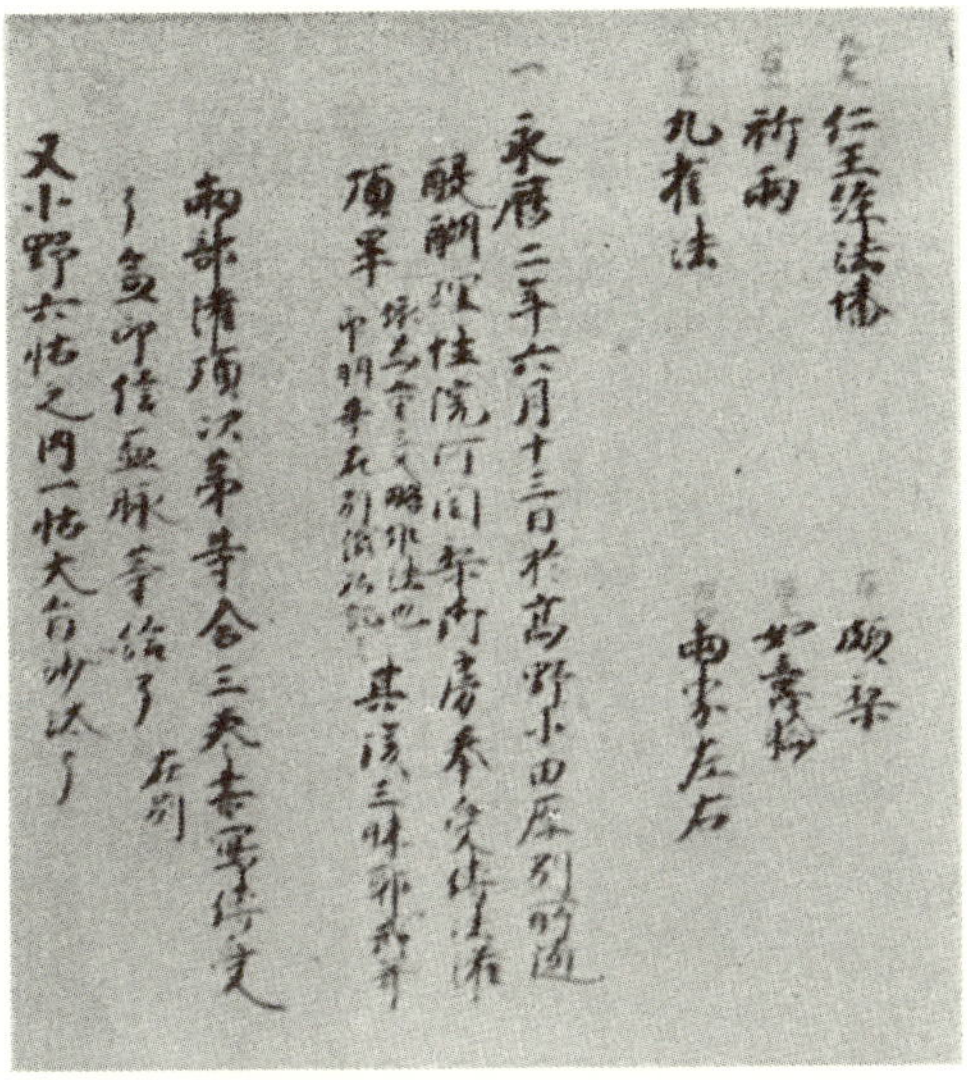

図1　『別尊要記』第三巻「心覚奉受」の部分

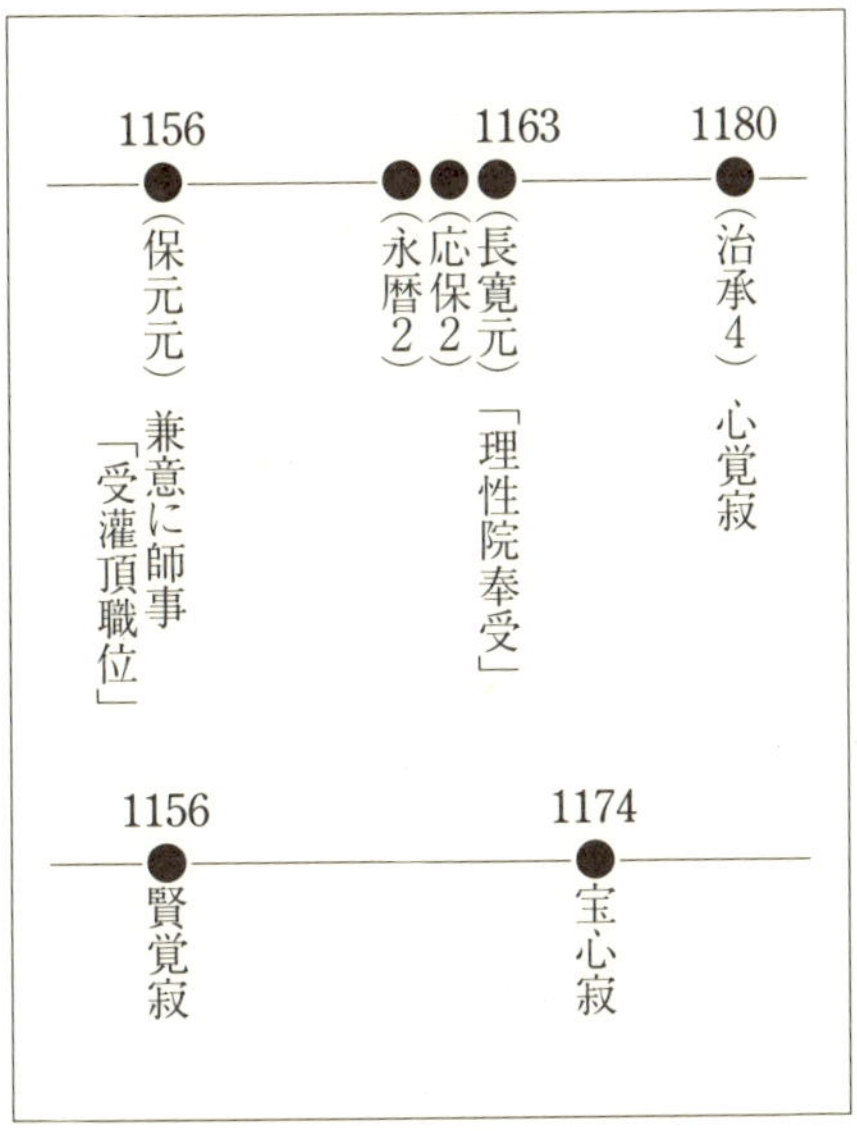

図2　心覚の動向

ており、その師説の内容は寛信より受けた『金宝抄』十巻、元海より受けた『玄秘抄』(10)四巻および『諸尊要抄』十五帖を基調としてよりすぐったものである。

心覚にとって、この時期の重要性を暗示するもう一つの例は、B本とH本に見えるように、賢覚に教えを請うたと伝える事実である。しかしD本には「随二醍醐賢覚門下一受二小野法流一」として、必ずしも賢覚自身の瀉瓶《しゃびょう》を得たとは解釈していない。むしろD本を信頼するならば、賢覚の門弟の一人「理性院第二祖宝心」に灌頂を受けたと見る説がある点を見逃すことができない。その理由はいくつかあげられるが、A本の⑨に心覚の孫弟子宏教律師の記述があって、往生院心覚は兼意ならびに覚印、そして「及宝心理性院法眼賢覚上足之附弟也等闍梨附法也」とあるのもD本の伝承を裏づけるものであろう。また幸心野澤血脈（『野澤血脈集』巻第二、『真全書』一〇五a）によると次のように見える。

賢　勝覚付第
覚——宝　理性院
　　　心

この宝心との師資相承において、心覚との関係を十分に推測しうる記録は、『別尊雑記』中の第三十六巻(11)にただ一つしか残されていない。これは裏書きではなく図像の後（各号二一七「双目」の後二行目より）に付された墨書であって、心覚が転法輪法(12)を長寛二年（一一六四）に高野山で伝授されたと伝えるものである。場所が高野山の小田原である点も留意すべきであろう。

（巻末より六紙目）

転法輪　井（菩薩）推广（魔）怨敵法
長寛二年二月十七日於小田原菴室授宰相
阿闍梨心覚畢　　宝心
㊟件日記醍醐宝閣梨授儀軌第給之時也

次にさきに述べた理性院と心覚の関係について検討しておく必要がある。醍醐寺理性院血脈事(13)によると、宝心の下に「心覚常喜院」と付法が認められるが、賢覚の下にはその名を見出すことができない。たとえ賢覚に師事したことが、仮にあったとしても、賢覚が亡くなる保元元年三月十六日（『血脈類聚記』第四）以前と見なければなるまい。しかし伝承の史実は、保元以降それもまったく理性院の名で密教の最も厳重な儀式・伝法灌頂が行なわれていることである。この典拠を確認するためにA本よりH本以外の類本がもしあるならば、くまなく探る必要がある。まず問題の全文を紹介しよう。

別尊要記（二帖之内）第一　仁和寺蔵（建保三年本）
永暦二年六月十三日於高野山小田原別所　随醍醐理性院
阿闍梨御房　奉受伝法灌頂畢　依為重文略作法也 印名等在別紙私記云
其後三昧耶戒幷両部灌頂次第等合三巻書写
伝受了　兼印信血脈等給了在別

この仁和寺本と同文を伝える諸本を分類するならば、表2のようになる(14)。

表2　諸本分類表

(イ)別尊要記第一	(ロ)別尊要記第三	(ハ)醍醐寺新要録巻第十二	(ニ)鶴林鈔四帖
仁和寺蔵本	金剛三昧院蔵本	理性院蔵本	高野山大学蔵本
（建保三年本）	（弘安四年猷然本）		（元亨二年本）
	同	同	同
	（図1）	〔「其後」以下欠〕	

この四本のうち(イ)(ロ)と(ハ)(ニ)に二別されるが、もとより『別尊要記』と『鶴林鈔』はともに四帖の形式を整えながら内容もまったく類似している点から、同一のものであったと考えられている。『別尊要記』の金剛三昧院本（縦二三・五×横一四・五センチメートル）によれば、第四帖の奥に「件抄書　第一成蓮第二自言第三理生（ママ）第四諸師粗記説訛（ママ）謬甚多　鶴林須焼支度也　已上常喜院御自記也　弘安四年辛巳四月廿二日於神護寺未時許書写了　猷然歳四十八」とあり（図3）、『鶴林鈔』には「治承二年四月二十六日粗記二師説一了　紕繆甚多、鶴林須レ焼支度也」とこれを記録した日付を残しているのは注目される。

いずれにしても仁和寺本の伝えるように、永暦二年（一一六一）に高野山の小田原別所において理性院アサリ（阿闍梨）御房に随って伝法灌頂を受けた時には、賢覚は亡くなっているので、理性院とは宝心阿闍梨を指して記録したに相違ない。心覚の伝記にふれた従来の説明は、『密教大辞典』（中巻、一二四六頁b）をはじめ『真言宗全書解題』（大山公淳、三一七頁上）など『本朝高僧傳』第十二（大日仏、二〇二頁a）を踏襲して賢覚説を引用しているが、この部分はいずれも承服しがたい。このように究明してみると『別尊要記』と『鶴林鈔』さらに『別尊雑記』の三角関係は、雑記の成立をめぐる問題にからみ、前二者の史的位置づけとともに重要な意味をもってくる。しかも伝法上の期日が一致しないのは、『覚禅鈔』にくらべて、『別尊雑記』[15]が各巻に記述の年代をまったく欠いていることに原因があるのではなかろうか。

こうして理性院阿闍梨御房宝心に法をうけ、勝倶胝院実運に教えを請うためには、保元元年までに醍醐小野の法流を、まったくマスターしていなければならなかった。それは後の、『別尊雑記』に記入されている「勝倶胝院」の項で修法の各々を忠実に網羅している点などから、その多くを指摘することができる。その最も顕著な一例は、すでに述べた理性院からの伝法灌頂の際に見られる野沢流のうけ方である。永暦二年の伝授文の末には次の墨書が認められる。

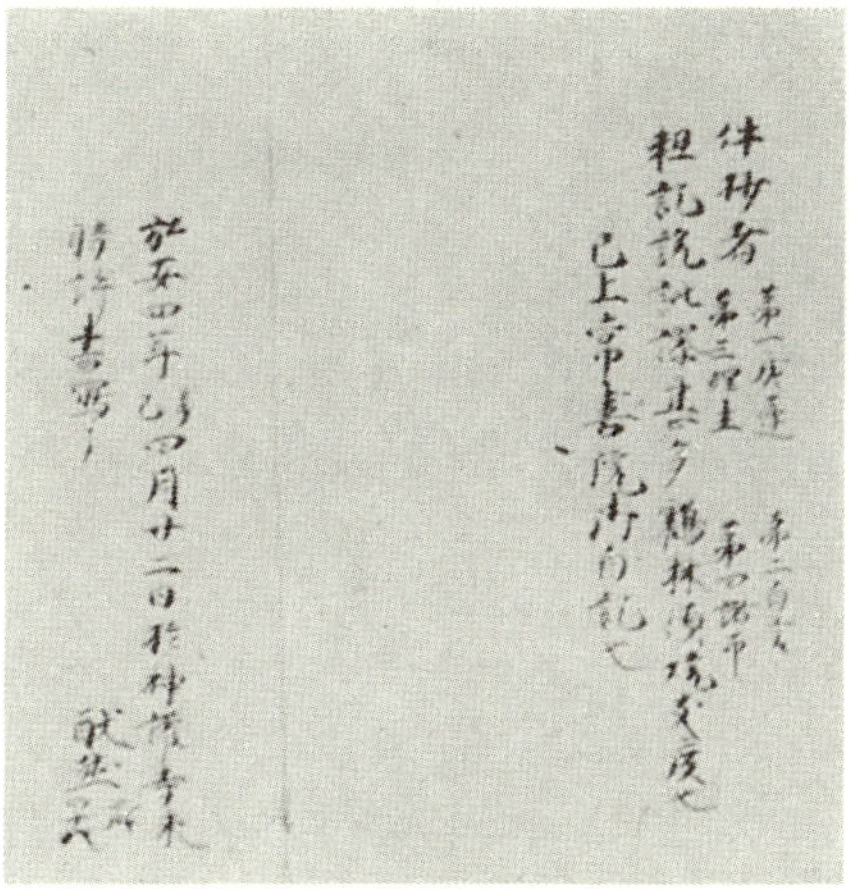

図３　『別尊要記』第四巻　奥書

小野六帖之内一帖大旨沙汰了

秘伝を重んじた師資相承という過程の中で心覚が、当時それも小野流秘襲の一部を授けられたことは、望外の喜びであったに違いない。たしかに『別尊雑記』の実運の項を見るならば、小野流はいうにおよばず、「醍醐流」あるいは「小野秘密抄」（大仏頂では「五仏頂云大仏頂。真雅伝也在小野秘密抄霊厳伝」）の引用については各巻ともまったく細部にいたるまでゆきとどいている。そのうち、この「小野六帖[16]」は両界曼荼羅には不可欠の、しかも小野流秘中の秘ともいうべき折紙がつけられていたとみなさなければならない。ところで心覚の師の一人勝倶胝院実運の一生も、晩年はかなり明確にとらえることができるが、青年時代は数種の伝承をとどめているにすぎない[17]。

表3 『秘蔵金宝集』と『玄秘抄』の内容対照表

秘蔵金宝集（十冊）	玄秘抄（八冊）
第一 (1)六字 (2)転法輪 (3)仁王経 (4)孔雀経 (5)金輪	○第二 (4)欠 (2)転法輪 (5)金輪 (6)摂一切仏頂 第三 (1)六字経 (3)仁王経
第二 (1)如法尊勝 (2)遺告口伝 (3)地鎮、鎮壇 (4)新仏始作法 (5)葉衣観音 (6)白衣 (7)大白衣 (8)八字文殊 (9)護摩壇作法 (10)訶梨帝母 (11)灌頂	第二 (1)尊勝 第一 (8)文殊（八字）
第三 (1)五大虚空蔵 (2)仏眼 (3)無垢浄光 (4)六字経 (5)釈迦 (6)不空羂索 (7)光明真言 (8)宝楼閣 (9)金輪 (10)薬師 (11)阿閦 (12)訶梨帝母	○第一 (2)仏眼 (1)五大虚空蔵 第二 (7)光明真言 (3)無垢浄光
第四 (1)法華経 (2)仁王経 (3)愛水法（附）如法愛染王 (4)後七日 (5)牛王加持 (6)四方電光 (7)心経	○第二 (3)愛染 第三 (1)法華経
第五 (1)普賢延命 (2)延命 (3)河臨略記六字法	○第三 (1)普賢延命 (2)延命法招魂作法
第六 (1)五大尊形像 (2)不動 (3)四天王 (4)請雨糸去 (5)八大仏頂	○第三 (4)請雨経
第七 (1)大勝金剛 (2)蘘麌梨 (3)観音聞持法 (4)阿弥陀 (5)阿摩𪘂 (6)焔魔提婆	欠
第八 歓喜天、太元、金剛蔵王、最勝太子、一髻文殊、理趣経印	欠
第九 千手、多羅菩薩、円満金剛、滅悪趣尊、毘倶胝、転法輪、五字文殊、六字文殊、如意輪六臂事、地蔵菩薩事	○第一 文殊（一字、五字、六字、八字）
第十 陀都法、如意宝珠、香蔵、七宝、五宝、尊法目録	欠

第十七権少僧都実運勝覚僧正入室、即舎弟、左大臣俊房息、長治元年甲申誕生、本名明海、三輪宗兼、元海僧都付法写瓶、寛信法務入壇資、
保元元年六月十三日任座主五十三、
慶延記云、保元元年明海座主式補任八月二日辛未　八月十一日庚辰官符到来、同月十三日壬午拝堂、御出立所三宝院、永暦元年二月十八日、譲座主職幷定額僧職於乗海阿闍梨乗海今年四十五、同十九日雖奏聞座主等挙状、同廿日夜、天下有騒動事、宣下遅々、蔵人弁朝方奉行、同廿一日勝憲一族可被召返之山、被宣下、同廿四日申刻卒五十六、号勝倶胝院僧都、寺務五年此内三箇月元海生存、保元元、二、三、平治元、永暦元、

これは保元元年（一一五六）より永暦元年（一一六〇）の二月二十四日、五十六で他界するまでをメモしたにすぎない。ところが心覚との関連性を問題にするには、保元元年前後より数年かかって完成されたと考えられる彼の著『玄秘抄』四巻とそれ以前にすでに出来上がっていたという『金宝抄』十巻が、『別尊雑記』の成立（撰集）に関して、「勝倶胝院」の項とどの程度までかかわりあうのか細部にわたって検討を要する。つまりこの両本が、実運の項を形成した原型であると考えられるからである。

これによって心覚が実運の師説をどのようにあつかったかをある程度まで類推することができる。仁和寺所蔵の『金宝・玄秘両抄目録』一巻および『三抄目録』一巻（霊四四箱）によると無名、金宝、玄秘の三抄の調巻の体裁および内容は雑記中にいくつかの類似性を見出すことができるのである。

図4　『秘蔵金宝集』第一巻「六字経」

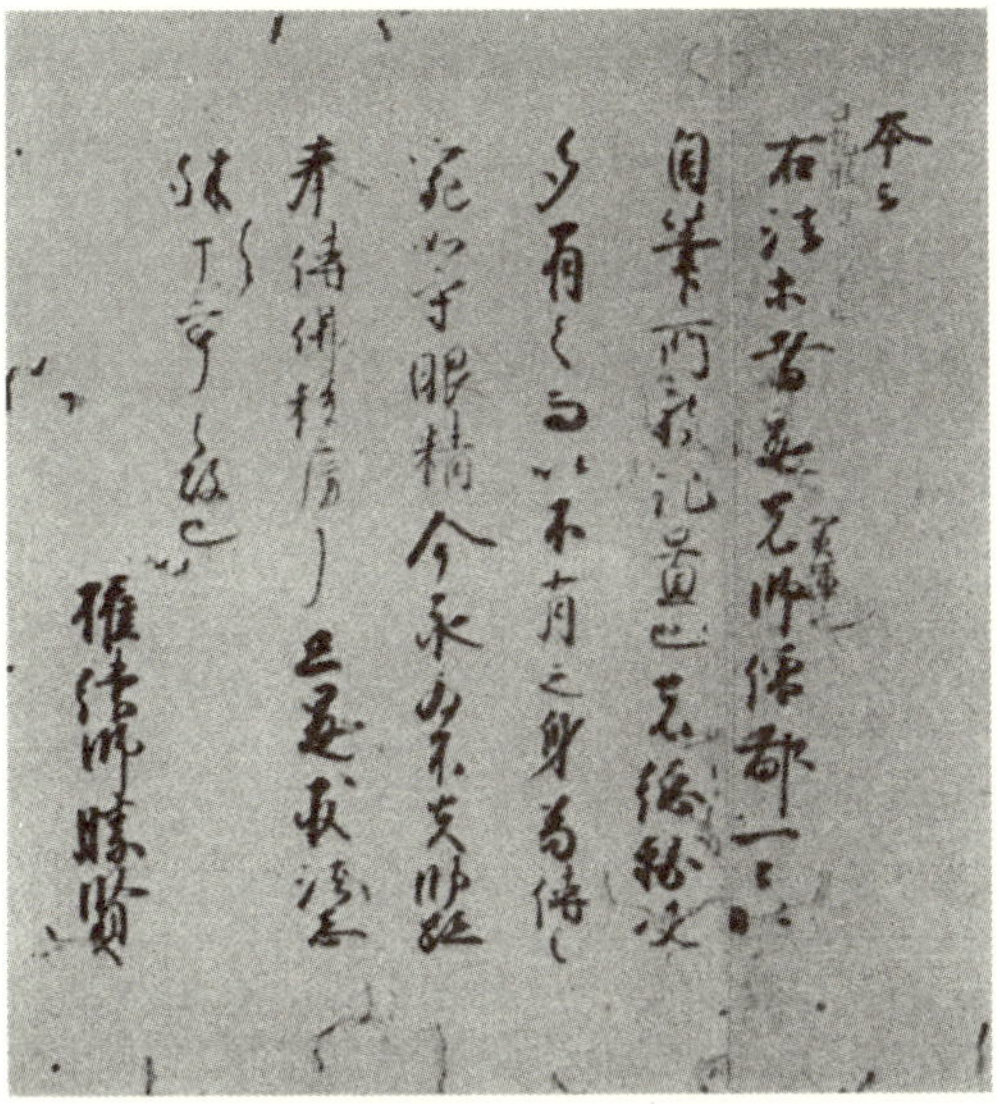

図5　『秘蔵金宝集』第十巻　奥書

この両写本はともに仁和寺所蔵（霊四四箱）のもので、『秘蔵金宝集』十冊（縦二一・五×横一六・八センチメートル）と『玄秘抄』八冊（縦二一・五×横一六・八センチメートル）よりなる(18)（表3）。奥書を欠くが、時代は鎌倉中期を下らない。

両本のうち『金宝集』はもと折紙であって題目もなかったらしい。ところが実運の弟子の一人として著名な勝賢がこれを四巻にまとめ「金宝」の名を付し、さらに心覚が十巻に整えたと伝えるが、明らかではない。しかし仏種房心覚が所蔵していたことは、次の奥書によって知ることができる（図5）。

本云

（朱）比記勝賢自筆也

右法等者是先師僧都（別筆実運也）一一以二自筆一所レ被二記置一也。先徳秘決多有レ之。而以二不肖之身一苟伝レ之宛如レ守二眼精一。今永為レ不レ失二先師跡一奉レ伝二仏種房一了。且是求法志殊丁寧之故也

権律師勝賢

また、実運の師寛信の勧流の奥旨は勝賢も「先徳秘決多有レ之」と記し、これは、心覚も『別尊雑記』でたびたび引用しているほどであるから、図像の背後に内在する勧流の脈絡は心覚によって明確に保たれてきたことは疑い得ない。心覚撰述と伝える円通寺本『伝法灌頂文義肝要抄』一巻には、さきに述べた『小野六帖』や『別尊雑記』の成蓮房兼意の口決を引用して、醍醐山勝倶胝院実運の儀式・伝法灌頂をきわめて簡

潔にとらえている。

（奥書）本云　於二勝倶胝院伝法灌頂式伝受之余暇一
　所見及抄之了　於二慈尊院一重加レ要書畢　仏子心覚

この『肝要抄』の写しからでは心覚が実運のどの灌頂を指して記録にとどめているのか、正確な時期を判じ得ないが、保元元年（一一五六）六月十五日元海（『血脈類聚記』五、『密宗血脈抄』三巻、『三宝伝法血脈』一巻、十二、十三日説あり）による伝法と考えられ、醍醐勝倶胝院において行なわれたことはほぼ間違いないようである。

この年、心覚は後述するように四月に高野山で成蓮房兼意に師事しており、『肝要抄』に引用している兼意の口決などは、それ以降に得たものと解釈されよう。

この『肝要抄』に見られるように実運の小野に対する伝承のしかたは、心覚も『別尊雑記』中に重要視してうけとめてはいるが、それはたとえば曼荼羅などの場合に、どのような時にいかなる修法を用いて併用するかという儀式の具体的な配役、用具、供物を図像と同時に収集するという方法であった。この図像と修法を分離しないで伝えようとする基調は、『別尊雑記』によって一段と整理されていったようであるが、これはなにも心覚に限らず平安末から鎌倉にかけての阿闍梨の基本的な態度であったとみられている。しかし保元元年の項で心覚に引用されていない部分もある。仁和寺蔵『玄秘抄』第三によれば（読み下し筆者）、

五大虚空蔵の曼陀羅之を懸けるべし。図像、経のごとし。この像の前に対して五字の明一千万返を誦すれば、即ち富貴成就を得て速やかに大悉地を獲る。小野僧正辛酉の年、この法を修して五十箇日を満ずる夜御夢想有り、仍って勧賞《けんしょう》を行せらるる、醍醐の座主覚源（小野仁海の弟子）、法眼に叙する是れ其護なり。遍智院僧都、堀河院の御祈にこの法を修す。天養二年小僧都元海、三宝院の廊に於て長星（計都星の精）の祈にこの法を修せらるる。両壇の伴僧八口なり。惣じて八十七箇日之を修す。第四十七日に及んで長星現ぜず。久安三年また長星の祈に、前大僧正同院護摩堂に於てこの法を修せらるる。第二十七日にして長星現ぜず、三十七日結願す。保元元年十一月のこの美福門の御願に、権律師実運この法を勧修す。両壇伴僧八口三十七箇日なり。匡房の日記に曰く、金門鳥敏の法文。（中略）注進五大虚空蔵御修法十七日支度の事。右注進の如し、保元元年十二月十三日　行事如真　阿闍梨権律師実運

と伝えている。『別尊雑記』第二十六虚空蔵の勝倶胝院（大正蔵図像三、三一三頁下—五頁下）にはこの原文を欠いているので、実運の『玄秘抄』といえども、心覚の手控えにならなかった部分もあり、仮に内容の完備している伝承であっても必ずしも右から左へ移されずに終わった例も考えられるのである。したがって師資相承の実態を究明するには、現存の史料だけでは当時の秘伝の姿を復原しかねることが多い。もとより心覚は広沢派の代表たる平等房永厳の系統（保寿院流）を正統として生きた阿闍梨であるから、小野派以外の興味がなくても決して不思議ではない。ところが『別尊雑記』の場合は、この両派のあり方にスポットを当てても、一派に固執するような浅薄な概念をまったく超越している。それは先師のときからで実運などは小野派を代表する三宝院流も元海—実運—勝賢—成賢の流れをくんでおりながら、寛信の勧修寺流も秘襲といった具合である。

『秘蔵金宝抄』巻第十

（奥書）承安四年六月十五日以勝賢僧都本書写了。

此鈔者実運僧都受寛信法務秘説所レ記也。

諸師之伝少少相交本体為四巻書相分上中下巻

其内下巻有二本末一予分為二十帖一而耳

心覚闍梨懇切楽二勝賢僧都一披二閲此抄一。

即以或本廟抄歟加二継漏脱法等一。為レ無二混合一

令二黄紙書一レ之。其外於二朱付一者心覚皆注之

全部十帖四箇度校合了

これは「文永五年（一二六八）後正月七日以加茂空上人御本於山本禅室書写之同日子刻於灯下一交了」という、権僧都覚済の写本（智積院蔵）に見えるもので、『金宝抄』は実運が寛信の秘説を記述したものだと伝えている。徳治二年（一三〇七）には嘉祥寺本によって御室の了蔵が写しているので、仁和寺にも一部伝承されたことは容易に推測される。心覚がこれを勝賢により披閲できたという伝承は先述したように明らかであるが、『別尊雑記』における「勝倶胝院」の引用は、この金宝・玄秘両抄をめぐって醍醐三宝院の秘中の秘で、後三部抄（諸尊要抄をも含む）の収集に意図があったと考えられる。ここに心覚の野沢両派に対する学

識の包容性を実運の伝承を通して窺うことができよう。

　このように心覚の見た醍醐における実運の位置づけはたいへん高いものであり、『別尊雑記』における図像の実用性と相まって、理論上の背後にある多くの謎を補足するのに役立っている。しかも、この方針を決定的に裏づけたのは、次に見られる成蓮房兼意との出会いであろう。ところが、醍醐からすぐ高野山上の兼意に師事するまでには、相当長い空白があったのに気づく。A本はこの部分を(7)—(8)として、まったくふれていないが、別本には、

　B本「後登二高野山一」

　C本「其後出二彼山一」

　F本「改衣入二東密一。隠居二高野山一。」

　G本「改宗投二高野山一。」

と説明しており、とくにB・C本は「後」あるいは「其後」として、次の語句をうけている。

　B本「入二和州光明山一不レ出二山中一二十五年。苦修砥礪。」

　C本「二十五年住二光明山一。」

　すなわちA本には欠くが、B・C本には実運に師事の後、和州光明山に二十五年も籠ったと伝える記録がある。この間大和光《こう》明山《みょうぜん》の覚聖阿闍梨に学んだようであるが、当時の心覚の行状を記したものはきわめて少なく、二十五年間の籠山については後の高野在山の年数から考えても信じがたい。むしろ数年にとどまるのではなかろうか。

　ところで『別尊雑記』の四つの師説のうち、第一番目に挙げているのは「成蓮房」の項である。これは成蓮房兼意阿闍梨の『成蓮抄』二十巻[19]に基づいて引用されたと伝えられているが、兼意による伝承は『血脈類聚記』第六の裏書に見える。

　心覚事　次第云

　保元元年四月十九日庚寅女宿木躍　於二成蓮院一始

　受二灌頂職位ヲ兼意阿闍梨一。今移二遂伝法一者也。

　教授俊覚阿闍梨。護摩寛「成」イ助阿闍梨。

誦経導師明義阿闍梨。後日随㆓覚印㆒
重受㆓印可㆒了

この保元元年（一一五六）は初めて成蓮房における灌頂職位を拝受したのであるが、この喜びはそのまま心覚が『別尊雑記』を編集することに強い決意を与えたことは疑う余地がない。と同時に「後日随㆓覚印㆒重受㆓印可㆒了」と記すとおり、下野阿闍梨覚印による伝法灌頂の重受も注意しなければならない。同じ裏書に、

覚印事
下野守平師季子。保寿院法師永厳灌頂資。
号㆓下野阿闍梨㆒。又云㆓自証房㆒。長寛二年四月十四日卒六十八
心覚――依㆑為㆓法器㆒於㆓金剛峯寺㆒密以授㆑之。重受也。無作法。応保二年六月十七日受㆑之

とあり、応保二年（一一六二）に金剛峯寺において重受している。心覚が師事した覚印は「保寿院流血脈」によっても寛助―永厳―覚印―心覚―顕覚（真全書、二九、四三八a）と見え、兼意については「常喜院流血脈」（同b）に「浄空僧正相承法流血脈也是則両部伝法血脈也、―寛意―兼意―心覚―隆誉―」とあるので、覚印と兼意の相承は一致する。仁和寺所蔵（塔一七箱）の「高野往生院心覚阿闍梨記」一巻（小巻、縦一五・四×長さ一〇六・五センチメートル）（裏書）「此語禅覚僧都自筆也」は行遍本による禅覚の写しで、「文治二年四月廿八日之了」とある。土砂加持作法により記述があり、兼意や覚印の伝承を裏づけるのに重要である。さらに覚印に口伝を記録したものが、同蔵に二帖ある。

(1)　事相了簡　覚印作（縦一七・〇×横一四・三センチメートル）
(2)　覚印闍梨口伝（縦一七・四×横一四・七センチメートル）

ともに心蓮院の俊玄の書写本で、(1)は弘安九年九月十一日の写し、(2)も同じ頃と考えられている。細部にわたって言及していないが、覚印の伝承も『別尊雑記』の引用に影響を与えたことは、師資相承のいわゆる秘伝授というしきたりから生じたものとして注目される。とくに心覚の引用文は、師説をそのまま補うこともあったが、つねに幅ひろく密軌を精尋したので、覚印から師の永厳へとおよぶ場合も少なくなかった。このような師説の連鎖関係が、やがては「勝定房恵什」説の引用を生みだすことになる。こ

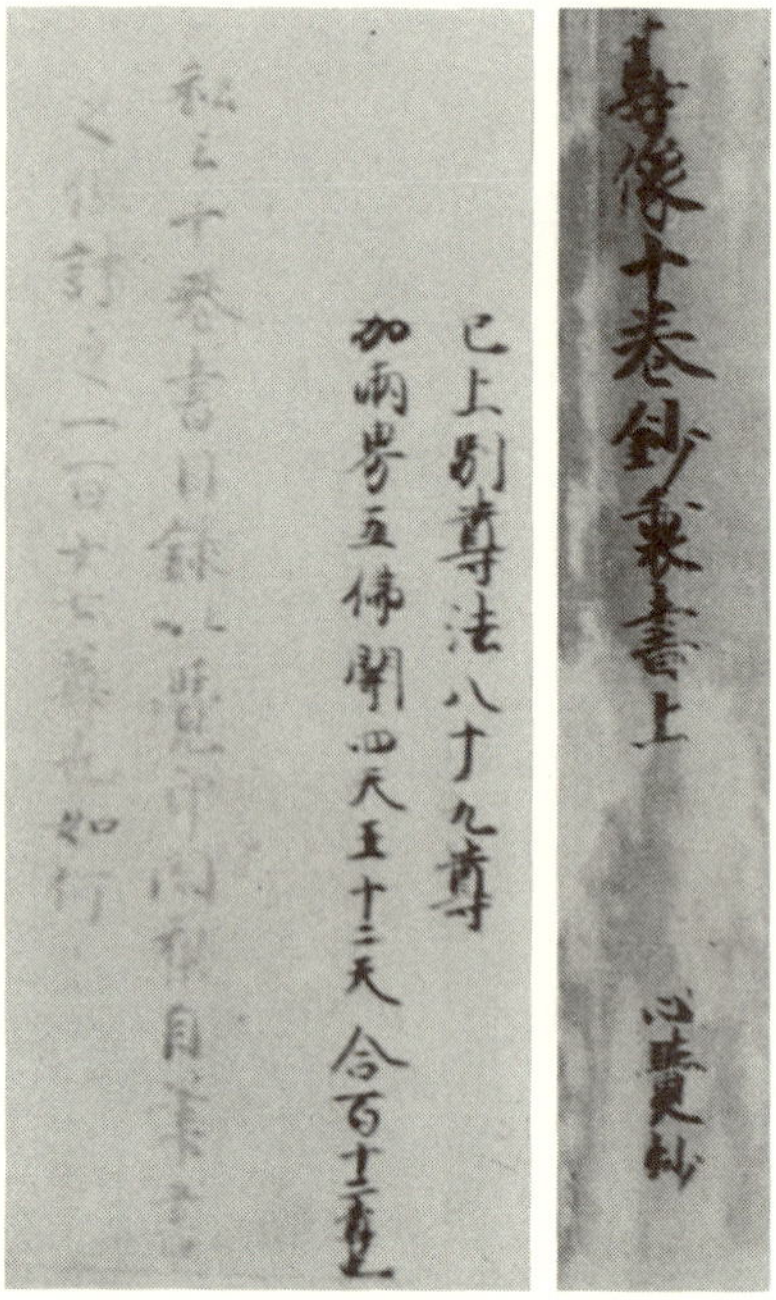

図6　『尊像十巻鈔裏書』上巻　巻首

れは『図像抄』十巻をそのまま写したものであるが、現存する『別尊雑記』の裏書は、この『図像抄』をとおして部分的に組み立てられていったと考えられる。仁和寺所蔵（御七一箱）には「心覚鈔」と称する鎌倉末期の写し『尊像十巻鈔裏書』上・下二巻（縦三〇・二センチメートル）があって（図6）、下巻末に「恵什尊像十巻抄心覚加裏書今別書出之、二反校合畢」と記す。『別尊雑記』が別尊法に基づいて大半の図像を収集している以上、「勝定房」説の配慮は心覚自身も熟考したに違いない。その着想の跡をたどると、醍醐在山当時の影響も十分に考えられるが、(1)保寿院流すなわち平等房流、また(2)幸心方血脈（真全書二九、四三六頁b）、

(1)　永厳（朱）（覚助資平等房）——覚印——心覚

(2)　永厳——覚印（一長者平等房法印）——心覚（阿闍梨）

に見られる永厳までさかのぼる流れと、さらに既述の『心覚鈔』に認められる（朱）「私云十巻書目録以覚印闍梨自筆書写之但計之一百十七尊也如何〻」という記述がある。すなわち血脈や『心覚鈔』によると、永厳の事相や図像学を覚印阿闍梨を通して学び、『十巻鈔目録』などは、その自筆本を写したと伝えるのでる。『心覚鈔』の本文は『別尊雑記』の割り注や裏書に相当すべき原文の一部があるので、平等房永厳から覚印に至るルートで『十巻鈔』を中心とする手控えのノートが存したことは、この仁和寺所蔵『心覚鈔』の写本からも容易に知ることができる。

末文の「別尊の計一百十七尊也」という疑問は、覚印の伝承「已上別尊法八十九尊、加両界五仏開四天王十二天合百十二尊」とくい違うので、心覚が提示したものであって、こうした初歩的な根本問題や疑問を重ねつつ出来上がったものが「勝定房」の項である。なお『心覚鈔』から導き出される師説の形成については、頼宝の写し『心覚鈔中略出』一冊（冊子本、東寺観智院蔵）や『心覚秘記』（東山御文庫）との関連性をも考証する必要があるので、稿を改めなければならない。

A本⑮は、心覚の晩年においては、特筆すべき伝承である。G本によれば、心覚は治承四年（一一八〇）二月二十日に弟子理法房顕覚に遍照光院をゆずっている。この住房は兼意の遺跡・往生院のことで、心覚は承安五年湛増より（A本⑭）ゆずりうけた……と『古院譜』は伝えている。この往生院で亡くなった心覚の寂年については、従来より二説考えられている。治承四年説と養和二年説である。

(1) A、E、G本「治承四年六月二十四日入寂」

（E本は「類聚記第六」のみ）

(2) B、C、F、H本「養和二年六月二十四日入寂」

このうち(2)のB本は、「養和三年（考）三年恐二年之誤夏四月俄遘二病悩一不レ廃二日課一。六月二十四日結レ印坐化。（考）案類聚記及春秋云治承四年六月廿四日入寂」とあり、養和二年に訂正している。治承四年説は『類聚記』と『高野春秋編年輯録』第七の二本を拠りどころにしている。しかしこの年の「六月二十四日入寂」説を有力とみなしうる解釈は、A本⑮が伝えるとおり二月二十日に高弟顕覚に住房、灌頂私記、御舎利、仏像三鋪（大日如来、不動明王、尊勝曼陀羅）などを付属していることである。

これがG本と異なった伝承であるのに、比すべき日付がまったく一致しているのは興味深く、とくにA本⑮が「心覚付二属顕覚一其遺書云……」と記しているのは注目すべきであろう。G本がこれに該当する部分は「治承四庚子年二月廿日往生院流祖心覚師瀉瓶之資顕覚理法房附二属遍照光院一。真俗之諸什物矣。夏六月廿四日心覚仏種房入二寂遍照光院一。」の数行にすぎない。A本の「遺書二云」以下の折紙と考えられる内容についてG本は詳しい記述を欠いているが、入寂を六月二十四日説においている点、A本との相互関係を裏づけている。しかしA・G本以外のいわゆる別派の伝承をも考証しておく必要がある。ここでは西院流の記録をあげるにとどめる。

仁和寺所蔵（御一三九箱）の宏証本、「年忌考」辛亥天保五改（一帖）は「西院流相承祖師　御室代々西院流先徳」と称するが、安永四乙未年春に至る歴代の西院流の先徳を記録している中で、心覚について、

（十三丁）「心覚阿闍梨 六百七十五 （朱）六百七年　治承四年六月廿四日

とあり、治承四年説を継承している。

ところが、心覚の入寂が何歳にあたるのか、という問いには柳沢孝女史も付記[20]しているように、出所を明らかにし得ないが、既述の新史料、金剛三昧院蔵「別尊要記四帖内第一成蓮房」には、

治承二年日馳月迫木盧寫之歓喜幾千乎是為奉付房慈尊院于時生年六十二高野隠士心覚

とあり（図7）、治承四年を六十四歳に当てることができる。末尾の心覚を「高野隠士」とする点については、F本にも「改衣入東密。隠居高野山」とあって、その当時、流行していった入山のあり方を示したものがある。[21]これはG本などの「改宗投二高野山一」という一文に照らしてみても、晩年の阿闍梨の微妙な気持ちを察することができよう。師説の成就院寛助[22]については別の史料にゆずるが、心覚の門弟にはA本が示すように北御室、隆遍、隆誉、顕覚の四師が考えられるが、別伝では他に禅信[23]、元性を付法とする。自ら一家風をたて、その一派を常喜院流あるいは往生院流という。

今日、心覚が『別尊雑記』五十七巻を編集したことはあまねく知られているが、各巻とも奥書をまったく欠くために、心覚自らどの程度まで手を加えて成し得たものなのか、実際の編集の様子や成立の過程については、まだ未研究である。ただ現存の指定本五十七巻（うち後補十一巻を除く）の中で師弟説を引用する本文の筆跡（墨書）や図像は、少なくとも三人以上の手に分類することができる。ここに画像の収集とは別な問題も潜んでおり、心覚鈔本と称されてきた今までの意味合いにも解釈がゆきとどくわけであるが、俊玄[24]の写した『常喜院自草目録』一巻（仁和寺所蔵、塔一九箱）を見ると（図8）、

（別筆）
甲第廿四
心目箱
常喜院抄目録

（内題）常喜院自草目録
（第一紙）

金剛界抄六巻
胎蔵界抄十巻但涼證房集
両界曼荼羅三巻胎二巻金一巻
両界口傳大衍房流
両界口傳二巻上定房
但胎蔵二本一依七集一依諸説不同
胎蔵印明鈔二巻付延命院次第

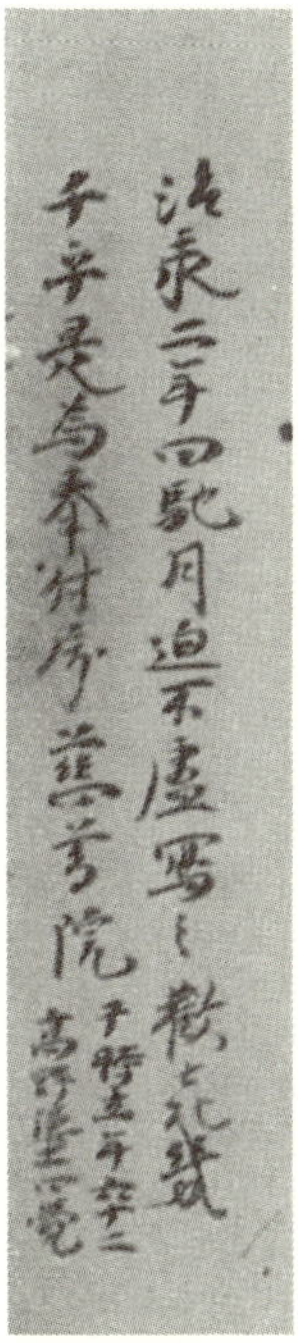

図7 『別尊要記』第一巻「治承二年……于時生年六十二」の部分

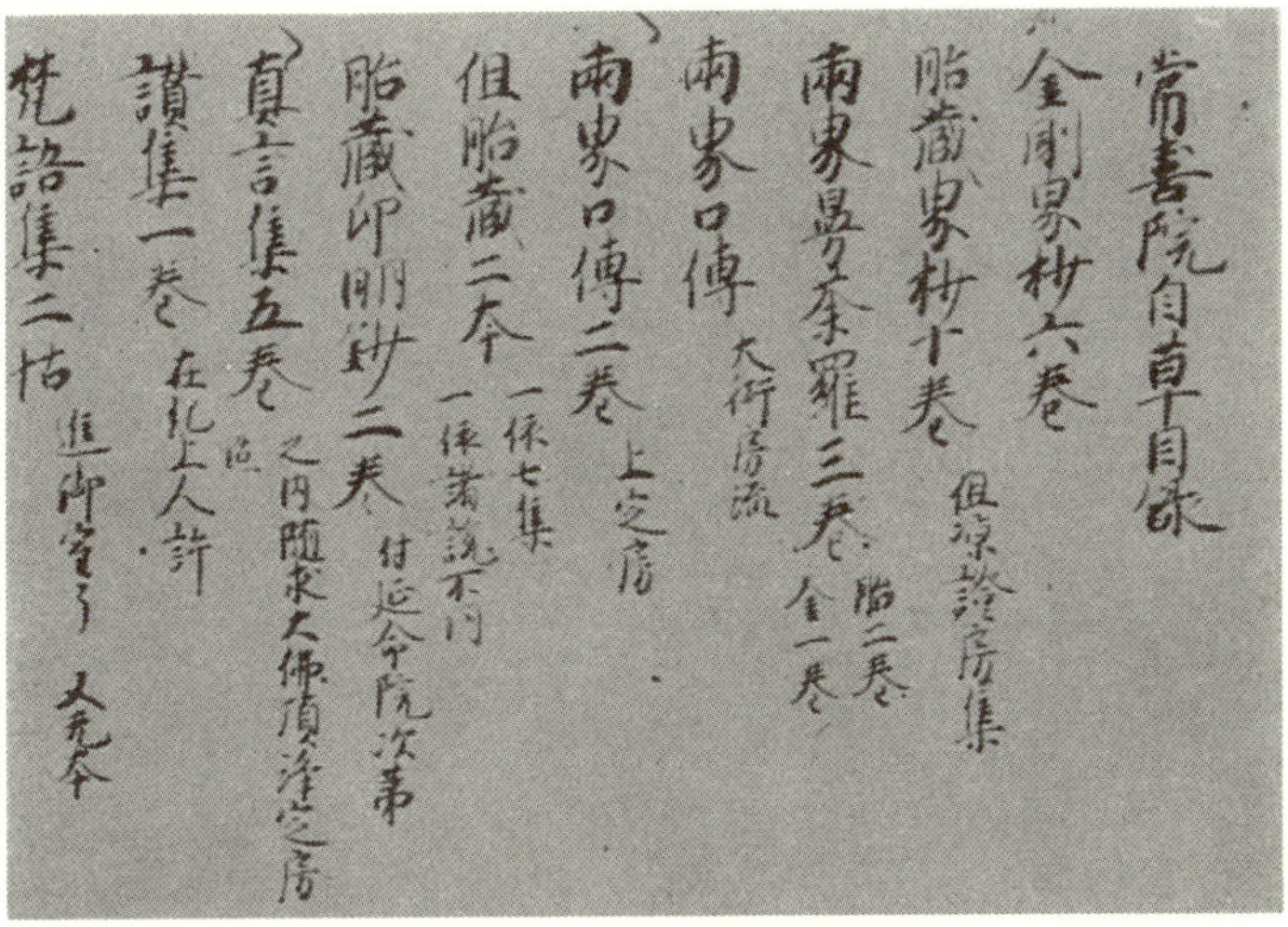

図8　常喜院自草目録　巻首部分

真言集五巻之内随求大仏頂浄定房点
讃集一巻在記上人許
梵語集二帖進御室了　又死本
雑要抄三帖進御室了又弁阿闍梨許
勧発道心抄四帖後日十巻清書了
八家録裏書在拾遺有興事其数注也
尊勝陀羅尼集在拾遺上定房
別尊類聚抄五十余巻
作法集四巻
薬師集一巻
不動集一巻
聖天集一巻又略本
十二天一巻
琰广〔摩〕天一巻
五字抄一帖

（第二紙）

大師御口傳集一帖
四種護广〔摩〕類聚抄一巻
十七尊類聚名目一巻
四天王類聚名目
阿弥陀法広略二本

法花法広略
尊勝法
光明真言法
愛染王法
求聞持法次第　口傳
仏眼法
孔雀経法一巻
真言院法一巻又略本
別尊雑記六帖大旨載一印房口傳
悉曇抄二巻在上定房拾遺
五色抄
十二門或躰
金輪法
八千枚事
如意輪法
准胝
不空羂索
馬頭
地天
虚空蔵
地蔵

普賢延命
（第三紙）
千手
水天
五字文殊
大威徳
十一面
瑜祇経真言一巻
理趣経段〻印一巻
花蔵院真言集本文
賀利帝
御素木加持
支度巻数集一帖拾遺
悉曇十条疑問一巻
已下後加之
〵千手抄一帖
聖観音
降三世
軍荼利
金剛夜叉
仁王経
同本尊一巻

請雨経法一巻
吉祥天
浮図集一帳又一本
貝葉集五十巻
訳人集一帖貝葉集具足也
法花音義十巻又略本在之
表白集一帖
延命法
尺迦抄一巻

（第四紙）

弥勒抄一巻
台蔵印口傳一巻
台蔵十問答一巻
一遍集三巻一巻真言二巻経論要文
孔雀経御略法問事一巻

灌頂雑抄一帖
灌頂次第真言求事
灌頂真言点一巻
灌頂私抄一巻
伝法灌頂相承略記一巻
写本云
已上随聞及記之或依口状〻次第不同
達磨鞠多抄
「本云
建保六年七月十五日於金剛峯寺
往生院菴筆写之
以理智院房大僧正御自筆本
交合了　　　　俊玄
（異筆）心《（朱）》蓮院俊玄法印筆也

（参考）東寺・金剛蔵二九六箱の『常喜院作集目録』一帖。

とある。この目録は小巻（縦一五・五センチメートル、全長二二センチメートル）であるが、第一紙に「別尊類聚抄五十余巻」とあり、第二紙に「別尊雑記六帖大旨載一印房口傳」とある。このような一例を見ると、建保六年（一二一八）当時、すなわち心覚の死後四十年余には、必ずしも今日のような『別尊雑記』という名目で五十七巻を呼称していたわけではないようである。「五十巻抄」[25]という名称もあるが、いつ頃からそう呼ばれてきたのかはっきりしない。

二　写本類と心覚の図像「私加之」について

心覚が『別尊雑記』五十七巻に自ら補説を加えたことは、現存の指定本からも確かめられることである。しかしそれは、雑記以外の諸抄（たとえば宏証本『野沢諸抄記』一冊）や、記録に引用された伝承、あるいは雑記中に見られる師説の補記や図像に、「心覚私加」（図9）、「私加之」、「私加之唐本」（一七巻「聖観音」）、「此一本私追加之」（一八巻「加意輪」など、あるいはもっと明確に「以釈迦院僧都御本図写之了　心覚」（三六巻「転法輪」）[26]と墨書された数少ない注記を頼りに推定されているにすぎない。

各巻とも奥書は欠くが心覚が撰述を手がけたと考え得る年号は、第十四巻請雨経の裏書に「承安二年六月十八日心覚記之」（大正蔵図像三、一二二頁b）と記すのが、指定本に見える唯一の資料である（図10）。写本にはまったく別の伝承があって、東寺金剛蔵（二三三箱）の四帖のうち第六の奥に次のように見える。[27]

別尊雑記　（目録には八帖とあるが四帖）

第一、四、五「一交了以他本又一交了」

第六　　「本批云、応保二年卯月上旬始之、以瀧谷御草本書之兼他兌私加之　佛子心覚記之

一交了以他本又交了

この両本（仁和寺本、金剛蔵本）の伝承を調査すると、仁和寺本は裏書であって、請雨の修法を中心として述べた覚書である。その内容、1支度、2口伝、3池図、4壇所指図など合わせて十通は、威徳寺本をもって書取されたと述べる。このことは、本文に仁海の事跡を「已上比交威徳寺本了」（大正蔵図像三、一一六頁a）と交合している先例もあり、心覚が威徳寺本を座右に持ち得たことは十分考えられることである。東寺本は観智院本と宝菩提院本との関係を比較しなければ最終的な結論を得ることはできないが、しかし「応保二年（一一六二）四月上旬……」という金剛蔵本は、仁和寺本が「承安二年（一一七二）六月十八日……」と記すとおり、いずれも兼意に師事して伝法灌頂を授けられたという既述の保元元年（一一五六）以降に記入されたものである。したがって、この二カ所のみから考えると、心覚の『別尊雑記』に対する編集状況は、このときすでに相当進行していたものと解

釈されるのである。とくに金剛蔵本の記述は、すでに述べた同年六月十七日の覚印より伝法以前となり、このときすでに高野山に在山していたことになり、諸尊法の伝授はほぼ終わりに近づいていたのである。

　ところで現存する『別尊雑記』は、写本も含めて表4のようになる。鎌倉時代の写しは了厳本[28]（仁和寺蔵）と東寺本[29]（c）がかなり残っており、とくに前者の系統は仁和寺蔵の指定本の後補中にも見出し得ることが最近の調査で判明した。この了厳本については稿を改めて詳しく論じたいと思うが、奥書の伝承から推すと乾元元年（一三〇二）より正安四年、嘉元二年（一三〇四）前後の数年間には、整理され全巻の転写が進められたことが知られる。そして江戸時代には八年六カ月（元禄三年四月より十一年十月）もかかって指定本から書写された孝源本が別に現存している。こうした例などを考えあわせるならば、仁和寺における指定本を中心とした研究は、相当盛んであったと見なければならない。東寺本（c）の場合も同じように、単に指定本から書写するにとどまらず、『別尊雑記』第四十の北斗などでは、真言の部分に「常喜院真言集云……」と注記を付し、師説の伝承をもらさず書き加えている。この所依本は、引用の一致する九曜として金剛蔵（二八五箱）に「五字真言」一帖（鎌倉時代）が存し、奥書に（別筆）「右常喜院心覚闍梨集記也尤可謂一宗眼肝輒不可披露康永三年十月日杲宝」とあるので、おそらく金剛蔵本の系統を参酌したに違いない[30]。

　このように鎌倉期のa本よりd本の写本の中には、他の

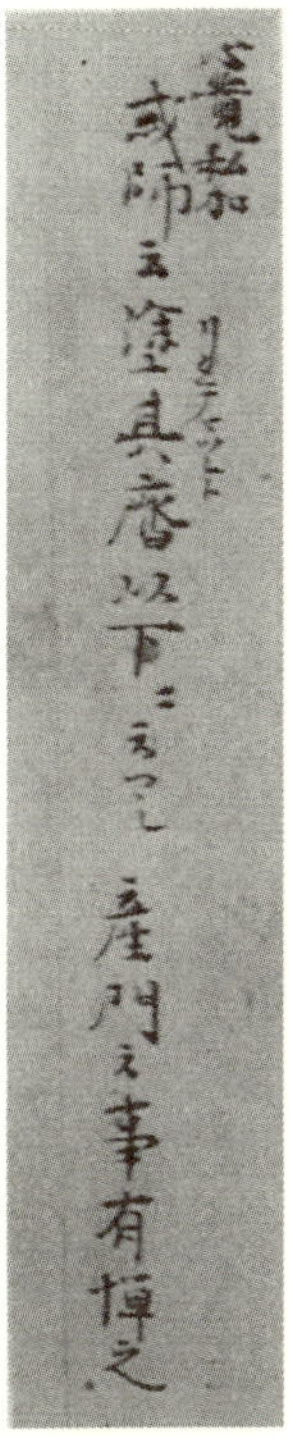

図9　『別尊雑記』第二十一巻「准胝」裏書「心覚私加」の部分

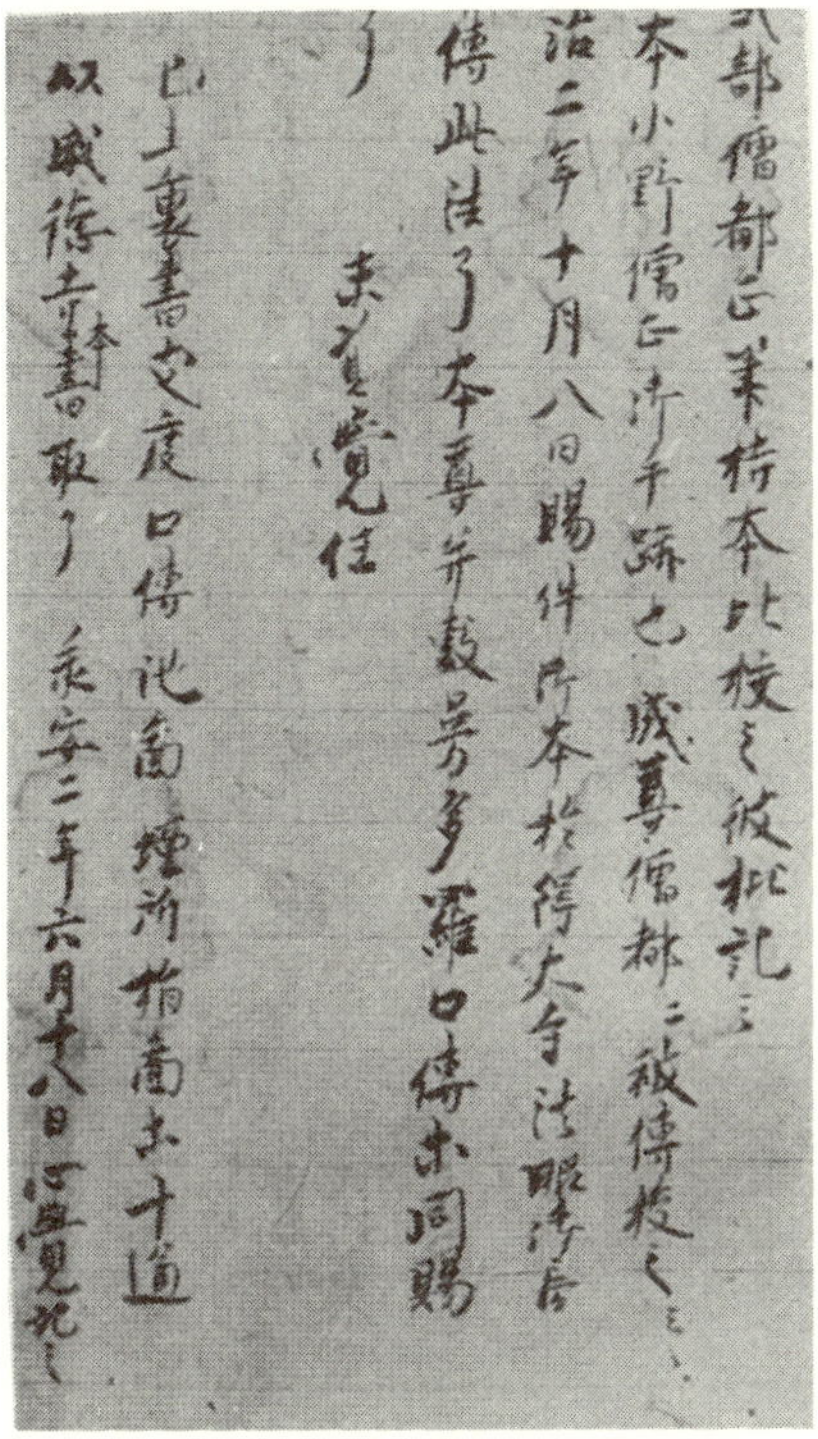

図10　『別尊雑記』第十四巻「請雨経」裏書「心覚記之」の部分

表4 『別尊雑記』諸本一覧

（重文指定本）
別尊雑記五十七巻（後補十一巻）

（写本A群）

(a) 唐招提寺本（永仁六—七、正安元年）巻四、三六、四五、五六

(b) 東寺金剛蔵本（目録によると八帖）第一、四、五、六

(c) 東寺宝菩提院本（元応二年—元亨二年）巻九、一〇、一二、一八、二四、三〇、三六、四〇、四一、四三、四五、四七の断簡、四八、四九、五一、五三、五七（ただし一八、四七、四八は個人蔵）

(d) 仁和寺蔵本（了厳本）（乾元元—嘉元二年）巻一〇、一一、一二、一三、一四—三一、三三、三六、三八、四〇、四四、四六、四七、四八、五四—五七

（写本B群）

○持明院蔵本（江戸期）「不動」一冊

○金剛三昧院蔵本（元禄元年）二冊

○宝亀院蔵本（所在不明）

○仁和寺蔵本（孝源本）（元禄三—十一年）五十七巻

○随心院蔵本（江戸期）五十七巻〔ただし、文保元年写・元亨元年交合の転写〕

○（河内金剛寺本）（現存せず）仁和寺指定本の「不動」の奥書に「寛文四年十月十日以河内高野山金剛寺之本一交了」とあり、これによって顕澄が図像を補っている。

伝承によって流れてきた師説や口伝を図像の説明の中にとり入れようとする気配があって、東寺や御室ではこれがかなり早くから引き継がれてきたことを物語っている。[31] a—dの写本のうちでも最も古い端本に属する唐招提寺蔵本については、すでに田中稔氏の詳しい報告があるのでここではふれない。[32] この指定本以外の鎌倉期のa—d本の写本について、師説の伝承には加筆の態度が若干異なるが、指定本の後補中に該当する写本が現存している実例があれば、むろんその価値のあり方も変わってくるであろう。『大正大蔵経』の図像部の編集者も、この点は相当苦心したらしく、第十の『法華経』（大正蔵図像部三、八五—八六頁）では、後補の仁和寺本に図像を欠くので東寺宝菩提院本（現存、元応二年、縦三〇・〇センチメートル、全長一〇四一・〇センチメートル）より法華曼荼羅の二図を補っている。このような例は、他に第二十九金剛王・五秘密・大勝金剛（大正蔵図像部三、二九五—三〇三頁）の東寺本による七図や第二十一准胝（大正蔵図像部三、二〇三頁）第三十三不動にも認められるが、准胝の部分は二図を随心院本による増補としている。しかしこの二図は大正大蔵経図像部（第七九、八〇、八一図）にも示されているように直接、仏教図像集古の随心院本から転写された写真であって、編纂当時の昭和七年以来あまり詳しい調査がなされていないようである。

この問題も含めて指定本の後補十一巻について名称を明確にし、これに相当する写本が現存するか否かを照合し、まとめておきたい（表5）。

この後補の中に現存のd本と比較考証し得る了厳本系（第十三、二十二、

図11　写本ａ本　第五十六巻　金剛童子

図12　写本ｄ本　第五十六巻　金剛童子
（右手上腕の墨線を一部欠く）

図13　写本ｄ本　第四十八巻　妙見（部分）

図14　写本ｃ本　第四十八巻　妙見（部分）

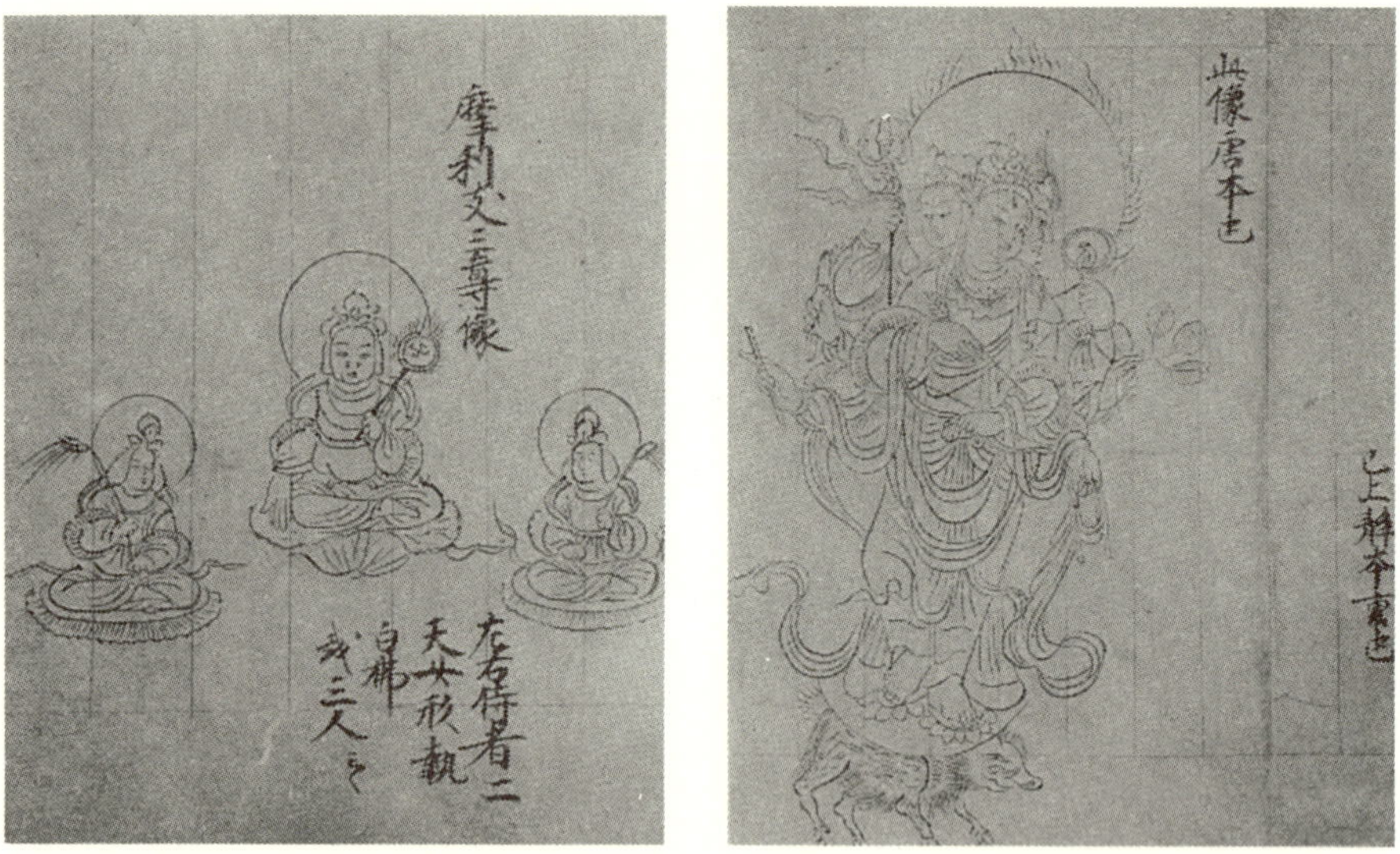

図15　写本ｃ本　第五十三巻　右：摩利支（部分）／左：摩利支三尊像（部分）

図16　『別尊雑記』第十四巻　請雨経曼荼羅

二十四、三十五、四十五）が編入されていることは、きわめて重要な問題提起であるが、d本の中にも江戸時代に至って転写された事実が認められるものがあるとすれば、この部分の指定本の系統を鎌倉、室町、江戸と三期に分けて整備されていった事実は、当然クローズアップされることになり見逃すことができない。とくに一例をあげるならば、後補⑪摩利支天像の図像は、日本では脇役の部類に属するが、指定本には「此像唐本也」と注記をほどこし、猪に乗ずる三面八臂の立像は、東寺c本のほうが指定本より優れていることは容易に指摘される（図15）。ところで、図像に付す注記には、「此像唐本也」あるいは「私追加之」と認められる。これは心覚が『別尊雑記』中の図像収集のあり方を示したものとして従来より注目されてきたが、(33)しかし限られた尊容についてのみ論ぜられており、五十七巻全体における図像の性格を系統立てることは、まったくなされていない。そこでこうした注記をとどめる図像についてふれておきたい。

『別尊雑記』五十七巻のうち、その図像の大部分は、第三の師説すなわち勝定房恵什の『十巻鈔』を基調として写したものである。このうち第四十北斗本、第四十一北斗末、第五十七神供・五十天・施餓鬼の三巻には尊容を示す図説が説かれていない。したがって残りの五十四巻（後補十一巻を含む）について調査しなければならない。以下『十巻鈔』の他から加えられたと考えられる図像を分類すると表6の通りである。

この四十二点のうち△印を付す七点については「私云……」あるいは「此像……蔵本也」と記述しているもので、他の多数の「私追加之」または単に「私加之」といった秘伝の伝達方法とは、扱い方においてはやはり区別して分析する必要がある。そしてとくに留意すべきは、さらに

表5　後補の十一巻と現存の写本における内容対応表

後補の十一巻（了厳本系は鎌倉）	現存する写本「（　）内は奥書の年号」
① 第十「法華経」	c本（元応二年）、d本（嘉元元年）
② 第十三「宝楼閣…」（了厳本系）	d本
③ 第二一「准胝」（鎌倉、心蓮院本）	△随心院本（所在不詳）、d本、江戸写カ（乾元二年の写）
④ 第二二「青頸…」（了厳本系）	
⑤ 第二三「不空羂索」	△c本（所在不詳）、d本
⑥ 第二四「多羅…」（了厳本系）	c本（奥欠）、d本
⑦ 第二九「金剛王…」（鎌倉、心蓮院本）	△c本（所在不詳）、d本
⑧ 第三二「不動」（室町末期、心蓮院本）	△c本（所在不詳）
⑨ 第三五「愛染王」（了厳本系）	欠
⑩ 第四五「吉祥天…」（了厳本系）	a本（正安元年）、c本（元亨元年）
⑪ 第五三「摩利支」	c本（元亨元年）

＊「所在不詳」とあるのは、すでに大正蔵経図像部三巻中に収録されているものを指す。写本の項で△を付すものは所在不詳の意。

表6『別尊雑記』における『十巻鈔』以外の来歴と考えられる図像

巻名	尊名（図像の名称）	注記	図像番号（大正図第3巻）
①第三　阿閦…	阿閦如来像	「心覚加此像」	一四
②第四　薬師…	薬師八大菩薩	「私追加之」	一六
③第五　阿弥陀	阿弥陀八大菩薩	「私加之」	二三
④第八　尊勝	尊勝曼荼羅（図16）	「智証大師請来之尊勝曼荼羅　私加之三井覚猷僧正云」	二八
⑤第十二　童子経	（種子曼荼羅）	（裏書）七九「三井寺法輪院本唐本追加之」	（一〇六c）
⑥第十四　宝楼閣…	（山王院大師雑記云）	（裏書）八三「已上私勘入之。梵字可尋書之　心覚記之」	（一一五a）
⑦第十七　…千手	千手観音	「唐本　私追加之」	五六
⑧第十八　如意輪	(A)四天王寺救世観音像	「聖如意輪云〻仍私加之」	六三
⑨〃　〃	(B)如意輪曼荼羅（四）	「此一本私追加之」	六七
⑩第十九　…十一面	十一面（二）	「依集経幷儀軌文私図之」	七二—七三
⑪第二十　…葉衣	被葉衣	「私加之披葉衣高雄金泥万タヲ様」	七七
⑫第二二　青頸…	青頸観自在像	「前唐院私加之　或人　云青頸絵図坐鐘　上云事可尋之」（裏書）一四九（朱）「已上両三文心覚私加之」	八三 二一四b
⑬第二三　不空羂索	(A)不空羂索	「本不持蓮花私加之可尋炎歟」	九〇（cf九〇—3）
⑭〃　〃	(B)南円堂不空羂索c本「諸抄所図錫枝右手也蓮花枝左云〻今絵図不審云〻」	「南円堂不空羂索丈六金色八臂已下三本私追加之」c本「南都歳後得業依或人請開南円堂以絵師親令図所送之本也」	九三（cf九三—6）
⑮第二七　普賢…	普賢延命	「私加之不空訳之普賢延命経意也…様」	一一一
⑯〃　〃	普賢延命曼荼羅	（裏書）一八五「前唐院本也。私加之。普賢延命像」	二七九a
⑰第二九　…大勝金剛	大勝金剛曼荼羅	「五瑜伽像私加之」	一二八
⑱第三二　不動	不動（坐像）	「高雄金泥曼荼羅之内見移之私追加之」	一五四（cf一五四—9）
⑲〃　〃	〃	「私加之」	一六三
⑳第三三　降三世…	降三世	「円心筆私加之」	一六八
㉑〃　〃	軍荼利（二）	「円心筆私加之」	一七一
㉒第三四　大威徳…	大威徳（一）	「円心筆様也私加之」	一七四
㉓〃　〃	〃（四）	「心覚私加之説所未知」	一七八
㉔第三五　愛染王	愛染王	「仁和寺円堂様私加之」	一八四
㉕第三六　転法輪	十大薬叉、三大龍王、三大天后	「以釈加院僧都御本図写之了心覚」	二一四
㉖第三七　烏芻沙摩	烏芻沙摩明王（二）	「私加之烏芻沙摩明王身赤色……」	二二三
㉗〃　〃	火頭金剛曼荼羅	仏教図像集古本「火頭金剛□出経第九□上出之件曼タラ私加之」	二二四
△㉘第三八　円満金剛	随心金剛	「金剛随心菩薩以大師御筆見写之」	二二五
△㉙第三九　太元	太元（一）	「此像小栗栖本蔵也」	二二九
㉚〃　〃	元帥大悲	「元帥大悲身白肉色私加之」	二三二
㉛第四四　弁才天…	（弁才天）	「私加之」	二三九
㉜〃　〃	〃	「私加之竹生島弁才天天定智筆三井寺法輪院本也」	二四〇 二四一
△㉝第四五　宝蔵天女	宝蔵天女	「大弁才天唐本」（恵什説）「後入唐請来」（宗叡）	二四四
㉞第四七　四天	四天	「私云此本同陀羅尼集経　但多門持物左右有異」「已上四天王寺金堂之四天王様伝聞太子御造立白檀像云〻」	二四六 二四七 二五三
㉟第四八　妙見	妙見（四）	「已下四ケ本私加之」	二六一
△㊱第四九　…金翅鳥	金翅鳥（二）	「暗図之可令他本交正尤此像不審也証本有法成寺云〻」	二六八
㊲第五一　大黒天…	大黒天神（一）	「胎図私云右像智泉筆」	二七四
㊳〃　〃	〃（二）（図17）	「私云右像是神愷記云〻但右手印幷烏帽相違彼記心歟」	二七五
△㊴第五二　地天…	地天	「観修寺伝受集第三巻載此像出何経軌等乎可尋之常形像如十二天、所仍此処不図」	二七八
△㊵第五四　多聞天	多聞天	「叡山前唐院毗沙門之様又文殊堂毗沙門此様立像」	二八七
㊶第五五　十二天	日天	「私加之日天胎蔵智泉筆」	三〇三
△㊷第五六　金剛童子	金剛童子	「私云…」	三〇八

次の六点の唐本系図像である。すなわち、

①第七　大仏頂	唐本也雖無説所依師説用此本歟	二五
②第二十二　八臂不空羂索	唐本	九一
③第五十二　堅牢地神	唐本	二七七
④第五十二　摩醯首（羅）脱天	唐本	二八二
⑤第五十三　摩利支	此像唐本也	二八五
⑥第五十四　多門天（二）	是唐本也仍説所未勘得之身赤肉色ヒサ門	二八八

など、一仏頂、一観音、一地神、三天部という、いわゆる当時としては異形像の部類に属する尊容にも注意がはらわれている。そしてその中でも、③堅牢地神などは「高野心覚阿闍梨作」と伝える東寺観智院旧蔵『諸尊図像』下巻（大正蔵図像三、五一頁）にまったく同様の図像を見出すことができる（図18）。こうした一例を発見すると、他に共通する図像があるのかどうか、問題が生じてくる。

そこで以上収集した『別尊雑記』の四十二点と別に追加した唐本系の六点を含めて、いま述べた『諸尊図像』上、下巻と尊形を比較しておこう。もし先例のような一致点を見出し得るならば、「心覚作」と伝える諸尊図像の今までの伝承は、やはり心覚自身の手控えの中で構成されメモされた図像集として注意をひくことになろう。まず①②はともにないが、③阿弥陀に至って興味深い問題が提起される。

それは心覚が恵什の教示に補説を加えながら収集した曼荼羅が阿弥陀の項に至って、初めて見られることである。

又有阿弥陀仏曼荼羅。号五十二身像。……以之唐朝図画人以為本尊云々　又於密教有二種曼荼羅。一者儀軌所説。……二者恵雲僧都請来九品曼陀羅(34)（『図像抄』第二）

これを『別尊雑記』第五巻（大正蔵図像三、九八頁b）では、そのまま引用しているのであるが、この図像は、いわゆる不空訳『八大菩薩曼荼羅経』所説の曼荼羅であって、これを移しかえて彩色の説明も踏襲している。次の「九品曼荼羅(35)」の訳図に至っては『図像抄』にないので、「阿弥陀八大菩薩」とともに補ったものである。ともに「私加之」と添えてあるのでもとより心覚の手になるものであろう。とくに前者については先述の観智院旧蔵の『諸尊図像』上巻（大正蔵図像三、六八〇頁）にも「曼荼羅六十一尊」と伝えられ、尊容をさらに詳しく記入するなど、そのメモのとり方には、共通した付法と伝承の類似性とを窺うことができる（表7）。

これは各々の図を説明した漢訳にすぎないが、上品上生の中尊について、A本では胸中に「まんじ」を描いているにもかかわらず、B本は写していない。しかし他の内院と十二光仏の尊容には異同が見られない。

この両本に同様の図像を集め得たことは、その裏書に見える、「静本云……已上彼御本書了」の十二光仏種子、九品往生印、決定往生印など、きわめて細部の訳図を網羅している点で、当時としては最も早く収集されたものと考えられる。と同時にこれらの各尊の配置は、その裏書によって、次のような図像の経意をもくみとることができる。

表7　「曼荼羅六十一尊」に関する記述

『別尊雑記』第五巻	恵雲和尚伝来九品曼タラ《ママ》　六十一尊　大品内外八供四摂四親近十二光仏廿四井《ママ》但前四親近中法井《ママ》加之廿五尊也私加之　（図19・21・22）
『諸尊図像』上巻	九品往生曼荼羅六十一尊　中台八葉合九尊中台上品　内院四隅四親近　第二院十二光仏四摂内外八供　第三院廿四菩薩一云六菩薩但　内院法菩薩為廿五菩薩　是恵雲和尚伝云々　（図20）

(1)「五仏宝冠像説所可尋之」（大正蔵図像三、一〇二頁b）

(2)「八大菩薩曼荼羅不空訳……心覚私加此文」（同一〇三頁a）

(3)「心覚私云。此曼荼羅八大菩薩印相持物相叶不空訳八大菩薩曼荼羅経意。但座位頗不審可尋之」（同一〇三頁b）

このうち(1)は『図像抄』、すなわち「勝定房（恵什）」に対するイコノグラフィー上の重要な問題提起である。この一文は両界五仏に見られる胎蔵界大日如来の図像とともに考え合わせるならば、心覚の問題意識が一層はっきりするであろう（図23）。すなわち法界定印上に宝輪をいただく首戴五仏宝冠（『別尊雑記』では「五仏冠」と記す。大正蔵図像三、五七頁a）の大日を収集している点で、現存する『図像抄』（円通寺本・常楽院本）とはたしかに少しく異なっている。この宝冠の部分にのみ着目して、第七巻大仏頂曼荼羅を見ることにしよう。心覚が兼意・寛助の次に引用している勝定房恵什の説は、今日現存する『図像抄』と先述の二本の原文を比較しても、それほど異同はないが、所依とした図像には部分的な省略があってそのまま右から左へ写し得たものではない。たとえば中尊大日金輪の右上部に配する「女宝」下の三鈷杵は、『別尊雑記』に見ることができない。この須弥山上蓮台に

図19 『別尊雑記』第五巻　九品曼荼羅

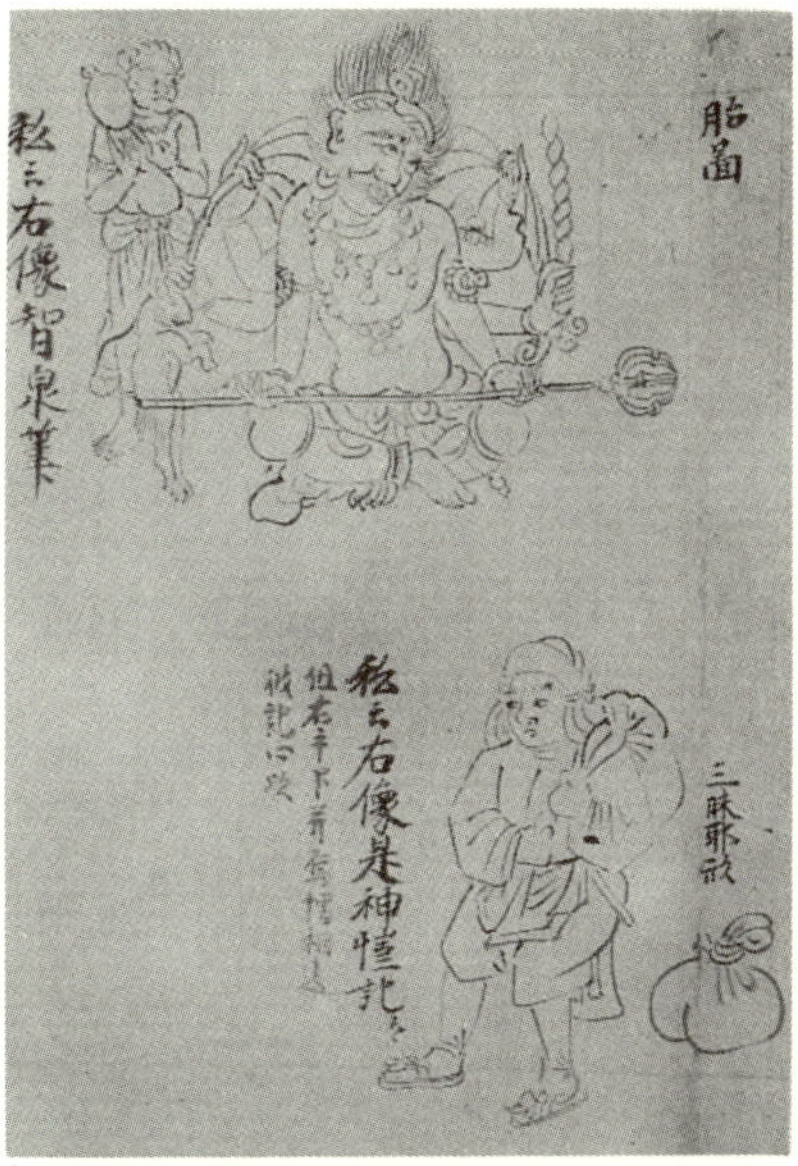

図17 写本ｃ本　第五十一巻　大黒天

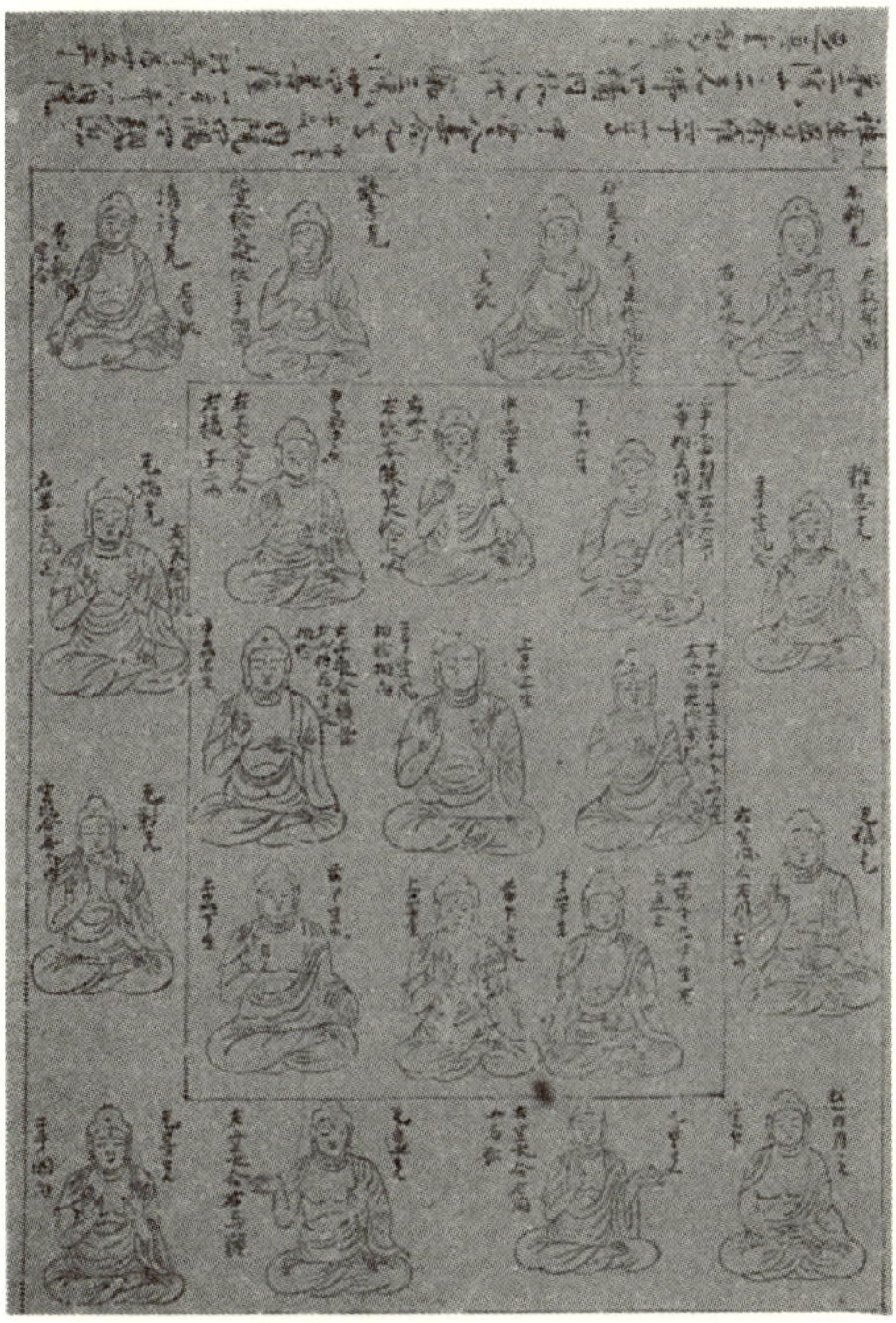

図20 『諸尊図像』上巻　往生曼荼羅

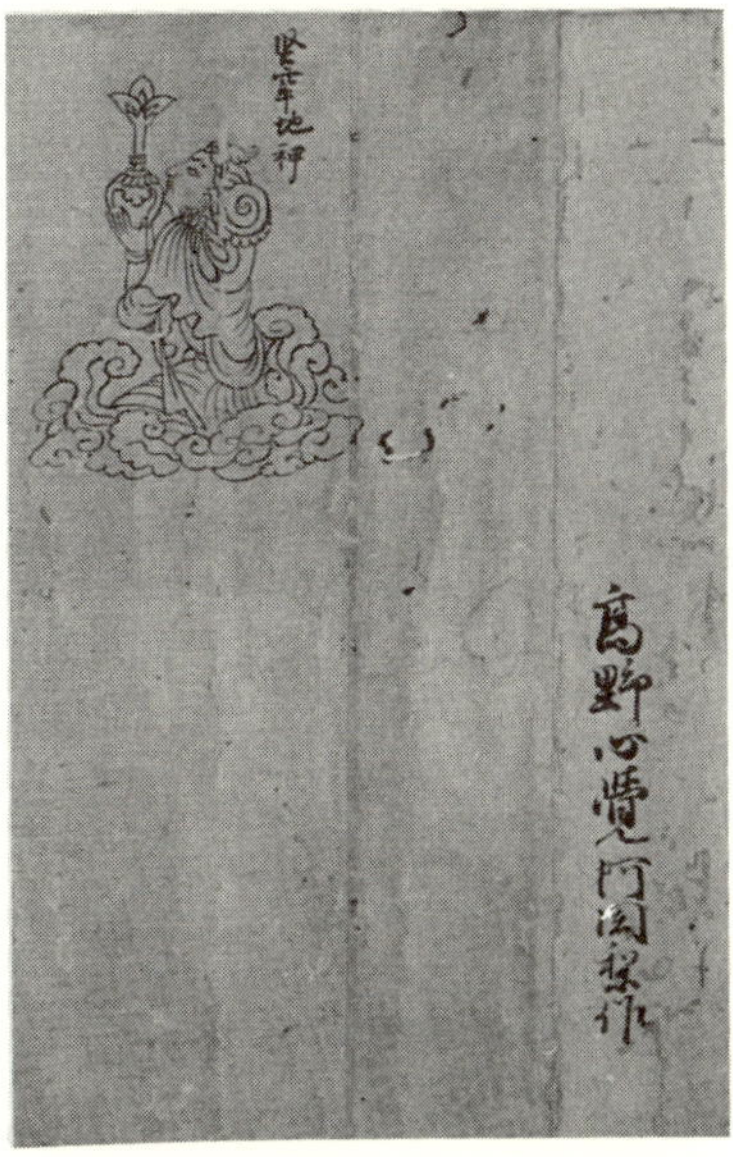

図18 『諸尊図像』下巻　堅牢地神

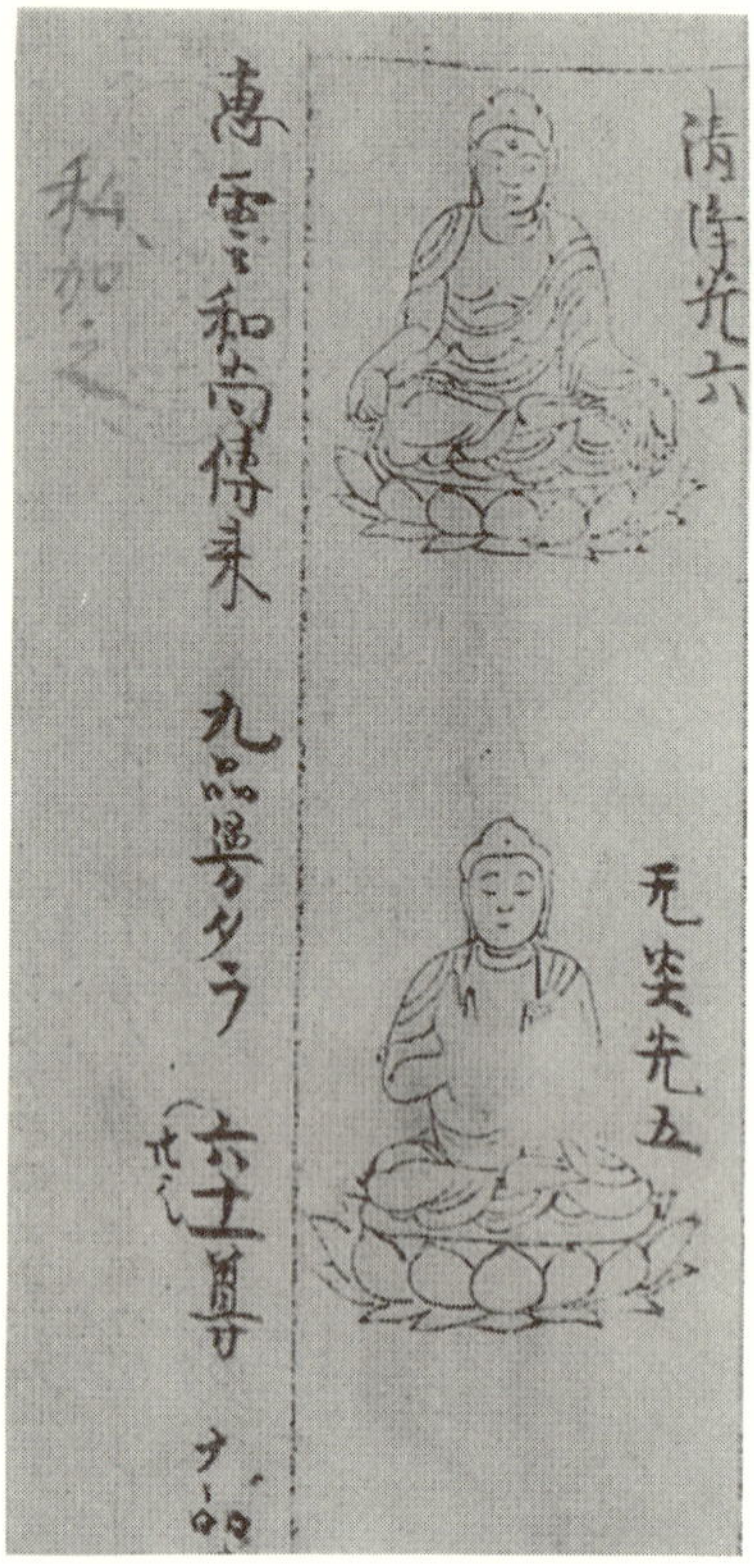

図21 『別尊雑記』第五巻　九品曼荼羅（部分）

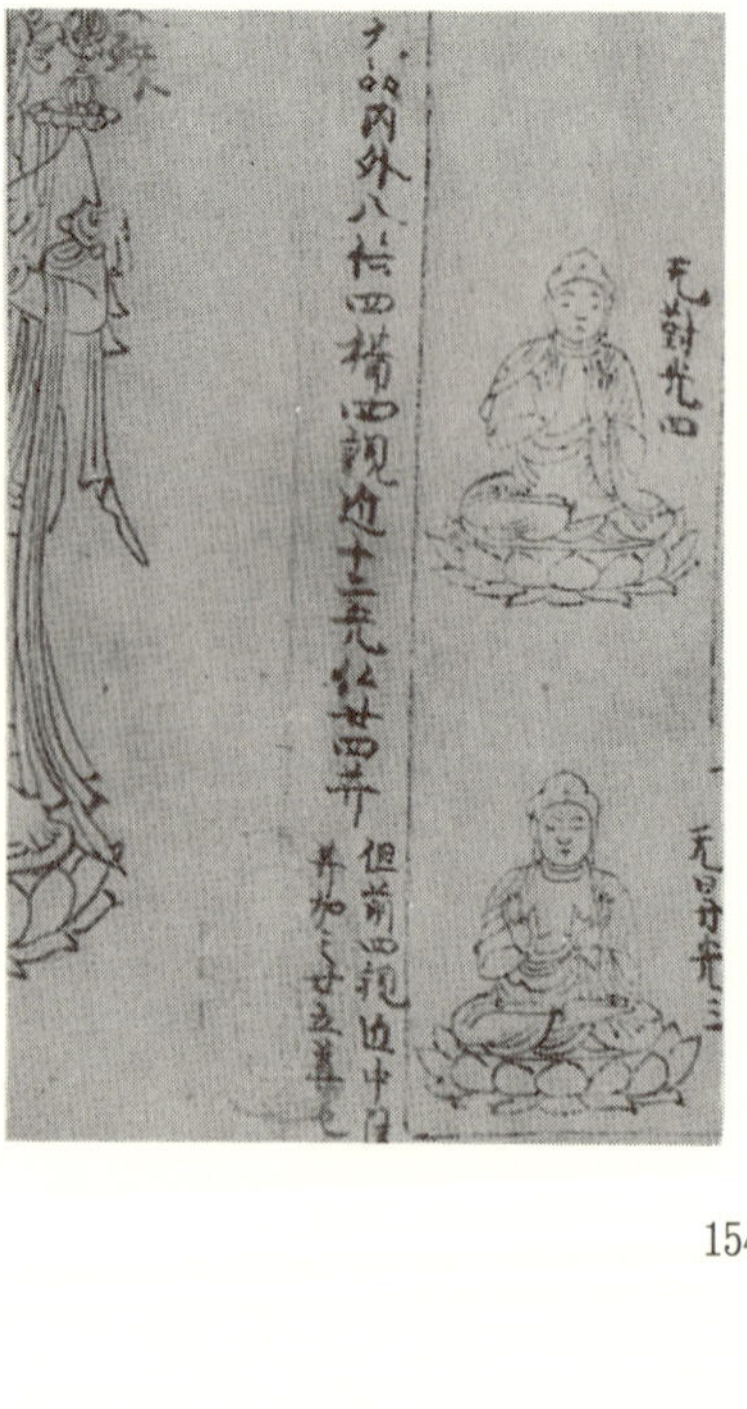

図22 『別尊雑記』第五巻　九品曼荼羅（部分）

図23 『別尊雑記』第一巻　両界五仏（部分）

中尊大仏頂（金剛界大日金輪）を描き、周囲に七宝や龍王、頂上に釈迦金輪（法界定印上金輪）などを配する大仏頂曼荼羅は、『別尊雑記』も『図像抄』から引いてはいるものの、その典拠が唐本であるがゆえに、その所説を探索することは必須の条件ともなった。この点にも着目して所依の経説を求めておこう。『別尊雑記』第七（大正蔵図像三、一一二頁）に引かれた大仏頂曼荼羅には「唐本也雖無説所依師用此本歟」とあって、『図像抄』[36]の原文中にも同文を求めることができる。しかし恵什は、同じ行に同筆で「（朱字）主兵宝印相不審也。降三世歟無能勝歟」と入れている。七宝の一尊以外に降三世、無能勝の八大明王を比較していることから見て、この唐本以外に大妙金剛経系統の一切仏頂曼荼羅が熟知されていたことは疑い得ない。その一例として時代をあまり隔てない『覚禅鈔』に描かれた寛祐阿闍梨系の一大八輻輪の曼荼羅には尊容を描かない三昧耶曼荼羅があるが、あとの一図（『覚禅鈔』第七）は八葉蓮花の葉間を独鈷杵にて結界し、葉台に法界定印の大仏頂尊が獅子座に坐し、周囲に七宝を描く。花弁の本には八大仏頂、次に八大菩薩、末に降三世、無能勝をともなった八大明王が配せられており、これこそ恵什が比較に必要とした恵雲請来の『大妙《ダイミョウ》金剛《コンゴウ》大甘露《ダイカンロ》軍拏利《グンダリ》焔鬘《エンマン》熾盛《シジョウ》仏頂経』一巻所説の曼荼羅にほかならない。

(2)(3)の裏書は、心覚が加えたと考えられる阿弥陀八大菩薩の画像を問題にしたものである。(2)はこの図像が不空訳『八大菩薩曼荼羅経』に基づいて描かれたことを原文を載せながらつきとめ、(3)ではこの経文と絵を比較している。さらに八大菩薩の印相と持物は経意にかなっているが[37]、八尊の座位（立像）については、「但座位頗不審可尋之」と述べるように事実となかなか一致しない部分がある。画像に「私加之」と付した心覚の意図するところを明らかにするために、その経文の引用のしかたを検討しながら、各尊の配置などをもう一度考えてみよう。

即曼荼羅中。想於如来（真金色身。三十二相坐蓮華台。）即想曼荼羅中。聖観自在赤色（身）。左手蓮華右手施願。頭冠中有無量寿（如来）。（於）観自在（菩薩）後想慈氏（菩薩）。金色身左手執軍持右手施無畏。冠中有窣堵波［「卒都婆」］半跏坐。於仏背後想虚空蔵（菩薩）。左手持宝（安於心上）。右手施（流出無量宝）。虚空蔵菩薩左辺。想普賢（菩薩）。戴五仏冠金色身。右手持剣左手施願。（半跏而坐）。於如来左辺。想金剛手（菩薩）。右手執金剛杵、左手安胯［別「腰」］。戴五仏冠。身青色（半跏而坐。）於金剛手菩薩前。想曼殊［別「師」］室利（童真菩薩。）五髻童子形。左手執青蓮花。花中有五股金剛杵。右手作施願。身金色（半跏而坐）。於曼殊［別「師」］室利菩薩右[38]。想除蓋障（菩薩）。金色身。左手持如意幢。右手施願（半跏而坐）。如来前。想地蔵（菩薩）。頭冠瓔珞（面貌熙怡寂

静）。（愍念一切有情。）左手臍下拓鉢。右手覆掌向下。大指《別「抄」》捻頭指（作安慰一切有情想）。〔傍点筆者。（　）で囲むところは『別尊雑記』第六に欠。傍「　」中は『別尊雑記』第六の本文より異なる漢訳を抽出して付した。〕

この『八大菩薩曼荼羅経』一巻（大正蔵一九、六七五頁b、c）は高麗本を底本にしたものであるから、傍点の部分を探ってみると、心覚が手控えに必要とした漢訳の系統がどのようなものであったかを、ある程度、推考することができよう。

虚空蔵菩薩の右手について、

(イ)別尊雑記第五 ――― (ロ)高麗本 ――― (ハ)浄厳加筆本

「右手施願」　「右施流出無量宝」　「右手施願」

と述べ、また文殊の右または前面に除蓋障菩薩を観想することについて、

(イ)「曼殊師利前想……」―(ロ)「曼殊室利右想……」―(ハ)「曼殊師利前想……」

と訳出しているように、この二カ所はいずれも浄厳加筆本の系統で『別尊雑記』に一致し高麗本とは異なる。このような相違を考えると、不空訳のオリジナルな訳図とは部分的に異なるもの、すなわち浄厳加筆本をさかのぼる系統の写本が、心覚の手中にあったと考えねばならない。この解釈は修法の功徳と図像の関連性を数多く記録にとどめている心覚にとっては、とくにこの図像を裏づける基本的な構想としてうけとることができる。また不空はこの曼荼羅について「此八大菩薩曼荼羅供養観行法」（大正蔵一九、六七五頁c）を修することによって、「一切業障悉皆銷滅」と訳している。このように平安時代には修法の効験あらたかな目的をみたすためには、いかなる経法といえども、その目的にかなった本尊を導くことほど重要な儀式はなかったに違いない。

こうした儀礼と図像の相対的な一つのあり方は、経法と訳図（経説に基づいて図絵すること）の関係に比定することができる。それはいわば阿闍梨の特別な宗教的体験である。これはこの幻視の世界すなわち「仏の世界を観る」といった観想行において初めて映像化され感得されるものである。石田尚豊氏も「阿弥陀聖衆来迎図[39]」の問題提起が台密の「観想行」の中で導き出され、「叡山観想念仏の僧侶が、虚空に聖衆の楽音をきいた記録もあるごとく……」と述べる一文では、尊容を一瞬にしてひらめき映ずると見る。この点、共鳴する問題がないわけではなく、心覚の場合もこの例にもれない。観想行の体験によって図像収集の動機を得たことは容易に察せられるのである。三井における十乗観法の研修、それに晩年高野山で成蓮房兼意に私淑するあたり、また永厳直

系の覚印に師事して『十巻鈔』の図像や裏書を整理してゆく過程、さらに「求法仏子心覚」と名のり「唐梵文字」一帖（観智院蔵、二〇三箱）に記す梵音研究の態度など、いずれも観想行の影響を十分にくみとることができよう。心覚が後世に密教の野沢両派の秘奥をきわめた巨匠として伝えられているゆえんは、三井、醍醐、高野山で修行をきわめたことはいうまでもないが、その中でも心覚自身の中に東台両密の観想行あるいは観法が重要視されていたことも見逃すことができない。

天台宗の四大法の一つ延命法には、普賢延命菩薩は欠くことのできない一尊であるが、⑯第二十七巻には裏書「前唐院本也。私加之。普賢延命像」（大正蔵図像三、二七九頁ａ）と記した普賢延命曼荼羅がある（図24）。これと同じ図様が『諸尊図像』上巻（大正蔵図像三、六九九頁）にあり「普賢延命　山前唐院之本」と墨書がそえられている（図25）。両国の各尊の配置（（　）内は色身の記入）は、

○釈迦（身黄色）
○金剛灯菩薩（肉色）　○金剛鈴菩薩　○聖不動尊（青黒）　○金剛塗香菩薩
□（黄色）　○普賢延命菩薩（身肉色）　○金剛鉤菩薩（白青）
○金剛鏁菩薩（肉色）　○金剛香菩薩（白青）
○金剛散花菩薩（白黄）　○金剛索菩薩　○聖降三世尊（青黒）

とあり、中尊普賢延命の尊容は経軌に明らかでないが、頭上に五智宝冠をいただき二臂坐像、とくに二手は金剛拳にして二頭指を鉤結した加行の印相を描く。宝蓮華に坐し、花下に一身三頭の白象を描き、各々六牙を具足す。印相のつくりから考えても延命法の「延命」を表象するべく修法用の曼荼羅であることがわかる。しかし「唐本」というべきものを細部の図像学的解釈にゆだねて理解するには教理的な要素が多く、重要な中尊のこの印相などの先例を、現存の仏画に見とどめることはまったくできない。

ところが、㉙第三十九太元㈠に見える六面八臂の太元帥明王は「此像小栗栖本蔵也」（大正蔵図像三、二二九頁）と注記のある有名な尊容であるが、最上面は仏相、他の五面は忿怒相、左手は輪宝、槊、棒、右手は三鈷杵、剣、索を持ち、第三手の左右を「供養印に作して胸前に合掌」する。左脚は舒べて一鬼の胸をふみ、右脚は屈して一鬼の頭部をふむ。この同じ図像が、東寺蔵「太元帥明王」（六面八臂、縦四八・〇×横七九・三センチメートル）として残っており、その裏に「太元帥六面八臂心覚阿闍梨本

図25 『諸尊図像』上巻　普賢延命曼荼羅

図24 『別尊雑記』第二十七巻　普賢延命曼荼羅

図26　右：太元帥明王（六面八臂）
左：同裏書「心覚阿闍梨本伝得之　成賢」の部分

表8　小栗栖本「太元帥明王図」（六面八臂）の図像

名称	巻名	有無
仁和寺別尊雑記	第三十九	○
東寺太元帥明王図	心覚本写「成賢本」	○
醍醐寺四家鈔図像	巻中	○
円通寺十巻抄	巻八	×
醍醐寺十巻抄	巻八	○

伝得之曾成賢」と墨黒が認められる（図26）。すなわち、東寺の六面八臂像は心覚本より成賢が写したものとして名高いが、心覚は何によって『別尊雑記』へとり入れたのであろうか。醍醐寺蔵の「四家鈔図像」巻中に同様の一図（大正蔵図像三、八四六頁、太元明王其二）を認めるが、巻上の巻首に「太元　請雨経曼荼羅已上二種以恵什十巻抄写之」と記されており、オリジナルな『図像抄』の完本の存在を暗示している。この小栗栖本が掲載された『十巻鈔』は表8のとおり円通寺本の原本には欠いているが（大正蔵図像三、図像九七番、太元明本二）、醍醐寺本には現存する。したがって心覚が第三十九巻の太元の項を編纂するにあたっては、第一番目に引用した勝定房恵什の説とともに「太元其二」の図像を、醍醐寺系の『図像抄』(40)（原本）に基づいて挿入したと考えられる。

註

（1）「紀州高野山沙門心覚伝」（大日仏、一〇二巻、二〇二頁a）。心覚の『別尊雑記』に関する紹介は佐和隆研「密教図像の研究」（『宝雲』二四、一九三九年、三六頁）。小野玄妙「図像抄と別尊雑記」（『仏書研究』一〇号、一九一六年）。
（2）大日仏、一〇七巻、一八〇頁b。
（3）『真言宗全書』二九巻、三六一頁a。
（4）「第四」は『真言宗全書』二九巻、九七頁b。「第六」は同一一一頁a—b。
（5）続群八、第一九五、二一九頁b—二二〇頁a。この全文のうち僧名を「心誉」と記するが「心覚」の誤写。常喜院流血脈（真全書二九、四三八頁b）には心覚の弟子隆誉がいるので混同して写されたか。
（6）「折負輯」は、この年号を「宗《（ママ）》」と付しているが、明らかに「寂年」の意。
（7）亀田孜「仁和寺蔵十二神将像解説」二八—二九頁（『仏教図像集』、便利堂、一九四一年）。
（8）心覚が三井唐院の図像を見る機会にめぐまれていたことは、田中一松「美術史上より見たる智証大師の地位」（『園城寺之研究』、天台宗寺門派御遠忌事務局、一九七八年、一八二—一八三頁）を参照。
（9）『本朝高僧伝』第十二（大日仏、一〇二巻、一九九頁a）。真言宗年表一八七頁。「真言伝」第七参照。『密教大辞典』上、四〇四頁には「三年五月証義」とあるが、「二年」の誤読。絵師として珍海をとらえたものに小野玄妙『仏教の美術と歴史』（大蔵出版、一九三七年）九二八—九四四頁がある。
（10）『密教大辞典』上、九八一頁aには十七巻とあるが典拠が不詳。『仏書解説大辞典』第三巻、二〇〇頁dには四巻とあり、大正蔵七八、三七六頁aも同様に四巻本（京大本）を用いているが、今回はとくに仁和寺蔵（霊四四箱）八帖、六帖によった。いずれも四巻本の系統で鎌倉時代の写本。
（11）仁和寺蔵『別尊雑記』第三十六巻（縦二七・三×横九九

二・七センチメートル、大正蔵図像三、四七二頁c)。

(12) 仁和寺蔵の転法輪筒および修法については、柳沢孝「転法輪筒とその絵画」(『美術研究』二三一号三、東京国立文化財研究所〈以下同〉、一九六五年、九—一〇頁)参照。

(13) 赤松俊秀編『醍醐寺新要録』下巻(法藏館、一九九一年、第十二、七八三頁)。高野山に隠遁した宝心については亀田孜「理性院祖師像解説」(『仏教図像集』六頁)参照。

(14) (ハ)本は『醍醐寺新要録』下巻第十二、七九三頁(イ)本と異同のある部分は「依於重受」「私記也」の二カ所。文の初めに「鶴林鈔云」とあるので(ハ)と同系。末に「長寛二年十二月　日随理性院、奉受薬師法了」とあるが(イ)、(ロ)本の同じ丁に同文が認められる。長寛は保元以降であるから宝心の伝授を指す。また東寺金剛蔵(二三三箱)に次の口伝がある。

当流嫡々三重秘口伝　一帖　永享十二年宗宝

「永暦元年二月十三日記之　沙門実運

今此口決者当流之深秘我道之肝脳也非嫡弟者更不開見之

爰以愚昧微質忝当于附法之仁雖為後代輙不可授之

于時建久七年六月十八日記之　沙門勝賢

此口決先師僧正秘密之至一期之間不被口外当于附法之仁

没後ニ拝見之面受口決分無異失礼落涙于行兮為嫡弟授道教

畢

寛喜三年九月十八日記之　沙門成賢

(朱)一交了

(15) 中野玄三「覚禅の念仏信仰」(『仏教史学』一〇—一、一九六二年)。

(16) 「小野《おの》大六帖《おおろくじょう》」は秘襲の伝法灌頂の秘書のこと。伝法灌頂三昧耶戒作法、胎蔵界伝法灌頂作法、金剛界伝法灌頂作法、受菩提心戒儀、禅要、阿闍梨大曼荼羅灌頂儀軌など六帖。

(17) 『醍醐寺新要録』下巻、第十四、九〇九頁。

(18) 仁和寺には霊四四箱に別本の『玄秘抄』五冊(縦一七・八×横一六・三センチメートル)第二、三、四、五、六を所蔵する。完本よりやや時代は下るが鎌倉期。

(19) 仁和寺には塔三七箱に「承久二年六月九日聖禅書写」の三帖本があり、その他は高野山大学(所蔵番号寄・一・六六)に現存する。

(20) 『高雄曼荼羅』(東京国立文化財研究所、一九六七年)一〇八頁、柳沢孝女史による注(二五)参照。また勝賢と心覚の関係についても同書九九—一〇七頁参照。

(21) 佐和隆研「高野山の美術と歴史」(『仏教芸術』五七、一九六五年)一〇頁。

(22) 『別尊雑記』の第二の師説、「成就院寛助」の略歴にはふれなかったが、奈良国立文化財研究所編『仁和寺史料』二(奈良国立文化財研究所、一九六七年)一九—二二、八二—八三、一二九—一三三頁に詳しい。

(23) 心覚が梵字に秀でていたことは、醍醐寺所蔵「多羅葉記」上、中、下三帖(井上氏蔵本には「—要鈔」とある。大正蔵八四、五六九—六四二)によって知ることができる。(奥書)は「常喜院真筆草本書写畢…建保三年乙亥於高野清□金剛院僧坊書写之紇至千□□山末及披露者也尤可□□

愚学沙門□《(隆)カ》誉」とある。本文の一部は心覚の『鵞珠抄』や『鶴林鈔』等を引用しており、原本は門弟隆誉の写しと考えられる。隆誉とするのは下の奥に「末資隆誉記之」とあり、心覚の真筆草本の転写という点で注意される。心覚の付法、禅信については「禅信記」（塔一九箱）縦二〇・〇×横五七・五センチメートル一紙があって「心覚記云」「口伝云」と引用している。

(24) 俊玄は仁和寺心蓮院の法印。「盛遍律師附法、道俊僧正入室水丁《(灌頂)》資、長遍僧正重受、此時更興隆之、正和四年三月日、二条殿光明照院兼基公被成御祈願所、幷伊勢国中嶋御厨被寄附之御下文」（仁和寺諸院家記上、恵山書写本）仁和寺史料、一六二、二五一頁。他に覚印作「事相了簡」（御一七箱）（奥書）弘安九年九月十一日書写了心蓮院法印也俊玄とあるから、鎌倉中—後期の人。心覚の師・覚印本の転写を理智院大僧正隆澄本に基づいて行なっている。

(25) 五十巻抄目録一冊（縦二七・五×横二二・〇センチメートル）仁和寺蔵甲第四十六箱下「心蓮院」は江戸時代に整理されたもの。袋綴で顕証筆。（奥書）根本此抄有五十巻也常喜院井《(ママ)》院両流具書也　安永十四年五月廿五日見定了。

(26) 大正蔵図像三、四八一頁。

(27) 柳沢孝、前掲『高雄曼荼羅』一〇八頁、注二六。

(28) 了厳については『仁和寺史料』一（奈良国立文化財研究所、一九六四年）二一二—三二八頁参照。了厳本『別尊雑記』の奥書は次のとおり。

仁王経　一巻
請雨経　一巻「仁和寺心蓮院」（朱印）
六字経　一巻
童子経　一巻
転法輪・鎮壇　一巻
宝楼閣・無垢・寿命・理趣　一巻「仁和寺心蓮院本」
法華経　一巻
（奥書）嘉元二年十月九日点校了當巻井《(ママ)》院
御本欠之間以五智院本令書写了　金剛資了厳
孔雀経　一巻
（奥書）嘉元二年七月一日校了　金剛資了厳
童子経　一巻
如意輪　一巻
（奥書）乾元二年十二月晦日申出井《(ママ)》院前大僧正
御房御本於桂宮院對茅屋書写畢
広隆寺参籠宿所也
此本者故□□本也　金剛仏子了厳
聖観音・千手　一巻
（奥書）乾元二年十二月十九日申出井《(ママ)》院前大僧正
御房御本書写了　金剛仏子了厳
白衣・葉衣　一巻
（奥書）乾元二年三月廿九日申出井《(ママ)》院前大僧正
御房御本書写了　金剛仏子了厳
○多羅・毗倶胝・勢至　一巻（朱印）　黄斐紙　図は欠
△准胝　一巻
（奥書）乾元二年三月十一日申出井《(ママ)》院前大僧正

御房御本書写了　金剛仏子了厳
○青頸・阿麼蘇・水月　一巻
○不空羂索　一巻　黄斐紙　図は欠（「多羅」と同系統と
考えられる）
馬頭・十一面　一巻
○普賢・金剛薩埵…一巻
（奥書）嘉元二年九月十一日申出井《（ママ）》前大僧正
御房御本書写了　金剛仏子了厳
（別筆）奥書者了厳僧正御自筆也　仁和寺　心蓮院
金剛王・五秘密・大勝金剛　一巻　黄斐紙　図は現存
（心蓮院の朱印、ただし「多羅」とは別系）
○弥勒・地蔵・持世　一巻
△文殊　一巻　白斐紙
（奥書）（別筆）乾元二年七月四日申出井院《（ママ）》前大僧正
御房御本書写了　金剛資《改厳》了厳
（又別筆）宝光院了賢僧正御筆也可秘蔵之心蓮
院本
△虚空蔵　一巻（文殊と同筆）
○般若・馬鳴　一巻
○随求　一巻（文殊と同筆）
△多聞天　一巻
○妙　見　一巻
△焔魔天　一巻
（奥書）乾元二年七月五日申出井院《（ママ）》前大僧正
御房御本書写了　金剛仏子了厳

△四天王　一巻
（奥書）嘉元二年九月六日申出井《（ママ）》院前大僧正
御房御本書写了　金剛仏子了厳
○弁財天・伎芸天　一巻
△金剛童子　一巻（表紙欠）
○十二天供作法　一巻（表紙欠）
○北斗法　一巻（後欠）
○神供・五十天・施餓鬼　一巻
降三世・軍荼利　一巻
（奥書）正安四年八月廿一日戌剋許申出井院
前大僧正御房御本書写了　金剛仏子了厳生年廿四歳
大輪金剛　一巻（前欠）
（奥書）嘉元二年八月廿二日申出井《（ママ）》院
前大僧正御房御本書写了　金剛仏子了厳
（残欠）　二紙（月天・執金剛の図）
（残欠）　一巻（「十二天供」残欠と考えられる）
（残欠）　一巻
（奥書）嘉元二年七月三日校了、金剛資了厳
（残欠）　一巻
（奥書）申出井院前大僧正御房御本
乾元二年正月四日於桂宮院茀屋書写了
度寺参籠時也　金剛仏子了厳
（残欠）　一巻
（奥書）嘉元二年八月申出井《（ママ）》院前大僧正
御房御本書写了　金剛仏子了厳生年廿五

（29）東寺本（鎌倉時代）の奥書は次のとおり。かつて個人蔵であったが昭和四十三年十一月復帰した。
第一八　如意輪　一巻　三〇×一三・二五センチメートル
外題下に（朱字）「人皇」
（奥書）元亨元年七月十日移点畢「僧正弘基」の朱印
第四五　吉祥天・□□一巻　三〇×六・二〇センチメートル
右同
（奥書）元亨元年七月十日廿三日交点了
第九　金輪・熾盛光　一巻　三〇×七・五〇センチメートル（朱字）「鳥官」。朱印は同。
（奥書）元亨元年五月五日交点了
正中二年十二月八日奉伝受了
第五一　大黒天神深沙　一巻　三〇×五・六四センチメートル　右同
（奥書）元応二年八月十三日以十無盡院之御本交点了
第三六　転法輪菩薩・鎮壇　一巻　三〇×一一・〇四センチメートル　（朱字）「人皇」。朱印は右同。
（奥書）元応二年七月九日以十無盡院之御本交点了
第四九　蘘虞梨童女・加楼羅　一巻　三〇×五・八五センチメートル　（朱字）「鳥官」。朱印は同。
（奥書）元応二年九月十三日以十無盡院之御本点交了
性然
第五三　摩利支天　一巻　三〇×五・六〇センチメートル
右同
（奥書）元亨元年十月十四日交点了
第一〇　法華経　一巻　三〇×一〇・四一センチメートル
右同
（奥書）元応二年六月十五日点交了　正中元年十二月廿五日奉伝受了
第四〇　北斗本　一巻　三〇×一六〇〇センチメートル　右同
（奥書）元亨元年八月八日以十無盡院交点了
第四一　北斗末　一巻　三〇×八・二五センチメートル　右同
（奥書）元亨元年八月十三日以十無盡院之御本点交了
第一二　童子経　一巻　三〇×七・三〇センチメートル　右同
（奥書）元亨元年五月十五日以十無盡院之御本写了
第二七　普賢　一巻　三〇×六・五八センチメートル　右同
外題は「神供…」とあるが、第一紙以降は普賢。
（奥書）元応二年九月廿八日以十無盡院之御本写了□□《性然》

図27　東寺C本「普賢」奥書

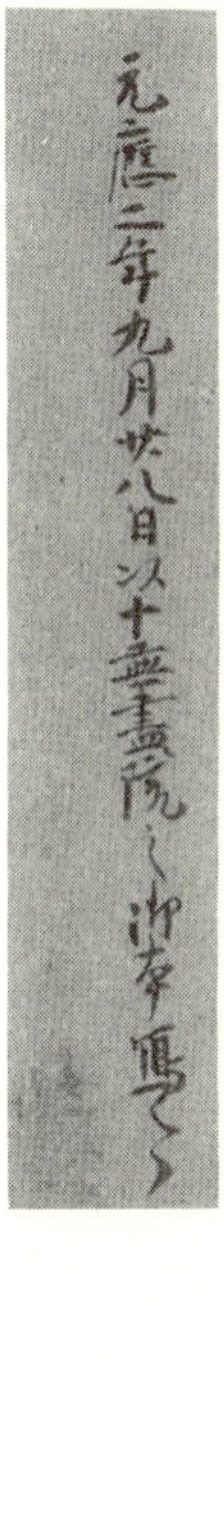

第五七　神供次第…　一巻　三〇×五・六六センチメートル
（朱字）欠（断欠）（奥書）欠
第三〇　随　求　一巻　三〇×四・七一センチメートル

（朱字）「人皇」。（朱印）「僧正弘基」。
（奥書）元応三年正月廿七日以十無盡院之御本写了
第二四　多羅、毗倶胝、勢至　一巻　三〇×四・四七センチメートル　右同
（奥書）欠
第四三　水　天　一巻　三〇×六・一五センチメートル
（奥書）元応二年七月廿二日以十無盡院之御本交合了
（朱字）後日加点了

(30) 金剛蔵二〇三箱に心覚の「唐梵文字」一帖（縦一八・一×横五・五センチメートル）がある。粘葉装で奥書は「仁安三年四月中旬以明修房経蔵本是慈覚大師御親筆也書写三校了、但件本端朽損又無外題以或本書加端一打余了

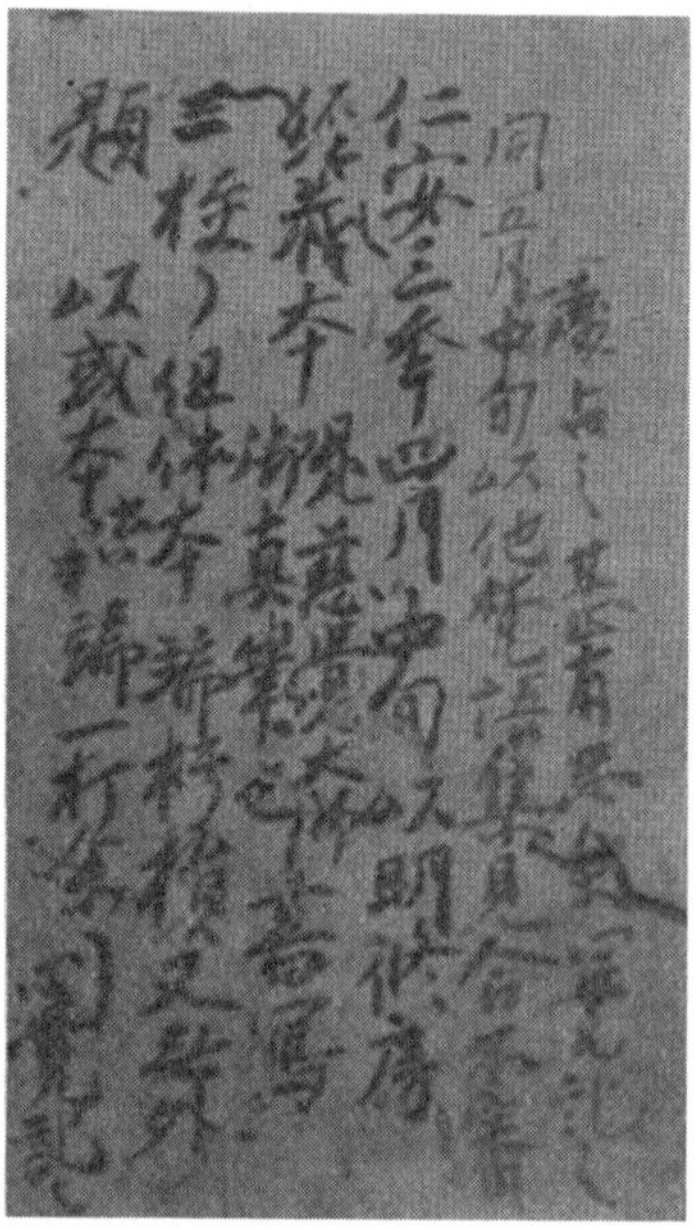

図28　唐梵文字　奥書「心覚記之」の部分

心覚記之
（朱）同五月中旬以他梵語集見合不審処占之甚有恐矣　心覚記之」とある。大日仏　三〇、三三―三四頁aによると「全真集」とし、他に三密蔵、高野山龍光院所蔵の二点を挙げている。東寺本については中野玄三氏の御教示を得た。

(31) 常喜院集の他に「抄」または「鈔」の呼び方も相当古くからあった。仁和寺諸院家記（顕証本）、『仁和寺史料』一（奈良国立博物館、一九六四年）三一八頁。
（裏書二二）
常喜院《心覚》薬師抄云、大師為入唐願、所造仏何仏乎、答薬師也、
北院本仏是也
雑要鈔中巻云、大御室伝、弘法大師渡海之時、為祈風波、自造立白檀薬師像、今仁和寺喜多院仏是也云々　匡房卿記

(32) 田中稔「唐招提寺総合調査概要―別尊雑記―」（『奈良国立文化財研究所年報』一九六二、二〇―二一頁）。

(33) 佐和隆研『密教美術論』（便利堂、一九五五年、一九九頁）、高田修「東寺講堂の諸尊とその密教的意義」（『美術研究』二五三号、一九六八年、一六―一七頁）、石田尚豊「仏画稿本と玄朝本」（『ミューゼアム』二一〇号、東京国立博物館〈以下同〉、一九六八年、五頁）。

(34) 大正蔵図像三、九頁b。

(35) 安祥寺恵雲請来本、佐和隆研『日本の密教美術』（便利堂、一九六一年）二五二頁、同「阿弥陀来迎図考」（『密教研究』六七号、一九三八年、七一―九一頁）。

(36) 大正蔵図像三、四頁c。

(37) 柳沢孝「潁川氏蔵阿弥陀曼荼羅」（『美術研究』二三五号、一九六五年、三九―四一頁）、田村隆照「定印阿弥陀如来像

をめぐる諸問題」(『仏教芸術』六五号、一九六七年、四頁)。
(38) 浄厳加筆本は「右」の一字は「前」とあり。
(39) 石田尚豊「阿弥陀聖衆来迎図」(『ミューゼアム』一六二号、一九六四年、二八—二九頁)。
(40) 醍醐寺所蔵の『図像抄』については、佐和隆研「醍醐寺聖教庫図像抄録」(『密教研究』七五号、一九四〇年、九三—九九頁)参照。仁和寺(御七二箱)に存する『成蓮抄目録』一巻(縦二四・五センチメートル)は鎌倉期の写本であるが、奥書は次のとおりである。
(朱)御本曰
建久六年十二月二日於醍醐前僧正勝賢伝受此抄廿巻目録了
僧正遇高野心覚阿闍梨習金抄尊法等云々仍予受之予先年属
心覚致沙汰然為全部未終功之故所伝僧正也

『別尊雑記』の図像学的背景

——両界と不動明王曼荼羅観の描写——

密教図像、とくに白描図像における胎蔵界の各会諸尊の略位図は、心覚がまとめたと考えられる運覚本『胎蔵界略図次第』二巻に詳しい。（ただし大治元年（一一二六）本の転写は大通寺蔵の享保十八年（一七三三）無染妙道本『胎蔵尊位略記』に同じ。また仁和寺本『略図次第』は運覚本と同名）。これは両界曼荼羅のうち胎蔵界の印相の伝授を記録したもので、寛治二年（一〇八八）写の『胎蔵界次第印契私記』に比較して心覚系統の座位、梵号、漢音、密号、種子、三昧耶形、尊形を記した貴重な伝承である。むろん心覚の『別尊雑記』については、これまですでに数篇の論考を試みてきたので、本稿では全巻にわたる調査の一覧をかかげるにとどめたい。(1)

ところでこの胎蔵界の作画の基調ともう一つ別に考えられる不動明王曼荼羅観がある。それは『胎蔵四部儀軌』、『胎蔵界念誦次第要集記』第二、『胎蔵界入理鈔』上巻、『胎蔵三密鈔』第一などが伝える随喜功徳をともなった不動明王と衆生の世界、すなわち諸尊が礼拝者の側にたって修する福智善根の心に随喜する曼荼羅の表現、またその作画の可能性を示唆する。その一例として、胎蔵界系で阿闍梨の意楽《いぎょう》（āśaya 何ごとかを為そうとするおもい）によって描写される「随行一尊曼荼羅」としての不動の関係が問題となる。ただし現存する画像は、種子曼荼羅を除いてきわめて少ない。「覚千」の図によると「要略念誦経所説の随行一尊の略曼荼羅なり。且く釈迦を本尊とするに就て中院に置く、十三大院の各上首を挙げて其院に置くなり。豪相を以て遍知院に置く。即ち釈迦院を摂するなり、虚空蔵院に蘇悉地の諸菩薩を摂す、故に彼の院を略す。四大護院を以て外金剛院に摂在す」（『自在金剛集』第六、大日仏三四、二六八頁b）とあり、構図上、胎蔵界曼荼羅と同じ十三大院の区画をとりながら中台中尊に釈迦如来を置き、西面の下段に不動（右）と降三世（左）を配する。図は東門に向き、種子を放射状に構成する。ただし覚千本は降三世、多羅、毘倶胝の種子に誤りが見られ、誤写は東北の係舎尼は、伊舎那、西南の係嚟底は涅嚟底に訂正すべきである。原本の所説は覚千も付記しているように「大日経第七巻ト同本異訳ナリ」といい、また安然の『対受記』第七によれば「金剛頂合行ノ軌ナリ」（同、二七〇頁a）ともいう。この作画の根拠は、諸尊の形相と本誓を体系的に位置づけて表現せしめようとするものである。むろんこうした形相の内面の解釈は、尊形が場合によっては仮の姿、またはその形像そのものになりかわるシンボルになる。これは方位も含めた配列を許すわけであるから、永徳三年（一三八三）に写した『教覚上人抄』にも記録されている「行者入証」の解釈「胎蔵には十波羅蜜」を内蔵せしめた作図と見なければならない。ここには、当然、随意曼荼羅の成立を可能ならしめる体系的な作画法のあり方を説明する根拠がある。したがってこの覚千の考えは、阿闍梨の意楽という方便の可能性を作画において追求しなおした唯一の例と考えられる。この点を考慮するならば、金剛界九会曼荼羅のほうはむしろ、阿闍梨の直接的な意志を伝えた完全性の高い造形美だといえよう。つまり九会を随意と別称する所以も実はここにある。ところで、いま述べた随意曼荼羅の創案者は深行阿闍梨だといわれ、仁海の仁王経曼荼羅も系統的にはその範囲に属するという。

まず現図曼荼羅（胎）の中台八葉院を中心とする形像について、「胎蔵界七集」にしたがって述べてみたい。胎蔵界四仏以下は次のとおりである。

㈠宝幢如来は「身白黄色。右手与願。左手当レ心執二袈裟角一。坐二宝蓮華一。」（大日仏四四、二二四頁a）といい、東方に観じ、三昧耶形は光焔、その感得のしかたは「朝日初めて現じ赤白相輝く色の如し」（『大日経疏』、第四）という。

㈡開敷花王如来は「身黄色。左手当二臍輪一執二袈裟角一。右手掌向レ外当レ胸。着二軽衣一。坐二宝蓮華一。」（同二二四頁b）といい、南方に観じ「身相金色にして尊く光明を放ち離苦三昧に住する標相なり」（『大日経疏』同、別説「軌云」として「浄金色」）という。

㈢阿弥陀如来は「身白黄色。住二定印一。着二軽衣一。坐二宝蓮華一。」（同二二五頁a）といい、西方に観じ「無量寿の身は百千万億の夜摩天の閻浮檀金の色の如し。仏身の高さ六十万億那由他恒河沙由旬なり。眉間の白毫は右に旋って宛転し、五須弥山の如し。仏眼は清浄にして四大海水の如し。青白分明なり。身の諸の毛孔より光明を演出すること須弥山の如し。彼仏の円光は百億三千世界の如し」（『観無量寿仏経』大正蔵一二、三四三頁b）という。文中の一々の相に各々八万四千の随形好あり。

㈣天鼓音如来は「身黄金色。左手作レ拳仰安二斉下一。右手伏レ掌安二膝上一。坐二宝蓮華一。」（同二二五頁b）といい、北方に観ず。金剛界の阿閦如来（東方）と同一視するのは『大日経』具縁品の「北方不動仏」（大日仏四四、二二五頁ｂ）に由来する。『胎蔵旧図様』は現図曼荼羅と同形像で「身金色の仏形にして肉髻あり、袈裟を偏袒に着し、右掌を覆せて膝に垂れ指端を地に触地印にして降魔の義なり」とあり、印相は『諸説不同記』巻二の「指端を地に触る、金剛頂経の阿閦の印なり、触地手と名づく。左手は拳を仰ぎて臍下に横置す。偏に右肩を袒ぎ、衣右脚を纒う」（大日仏四四、二二六頁ａ）に同形。梵号についてアクショブヤ・タターガター（Akṣobhya-tathāgathā）という訳語「阿閦」は『図像抄』、『胎蔵界七集』（大日仏四四、二二五頁ａ）に出るが、権田雷斧氏は「此れは阿閦仏の梵号なり。天鼓雷音の梵号にあらず」と指摘する。また『大日経』具縁品の疏を引いて「不動と称すけれども金剛界の阿閦と同体にあらず、不空成就と同体なり。身黄金色にして左手は拳に作って、仰いで臍下に安じ、右手は掌を伏せて膝上に安ず。此則ち降魔の相なり。宝蓮華に坐す」（『曼荼羅通解』六六頁）と述べ、訳図においては「アシュク」との同体説を疑問視している。

㈤普賢菩薩は「肉色、左手持㆓蓮華㆒上有剱。戴㆓五仏冠㆒。右手如㆓股印㆒仰向㆑外。」（大日仏四四、二二六頁ａ）といい、東南隅に観ず。現図の形像については「東南隅の蓮葉に在り、通身肉色、頭に宝冠を戴き宝冠に五仏あり、又白絵を繋げ、耳璫、瓔珞、青珠鬘、環釧を著け、紺蓮に半跏し、右手は腕を開き掌を抑側し、名小指を屈して頭を右に向ける」（大日仏四四、二八頁ａ）という。

㈥文殊師利菩薩は「黄金色。左手持㆓蓮華㆒上安㆓五股金剛杵㆒。右手持㆓梵篋㆒。首有㆓五髻㆒。後本図髻別安㆓化仏㆒。右手作㆑拳当㆑腰持㆑剣」（大日仏四四巻、二二六頁ａ）といい、西南に観ず。現図は「西角、蓮葉上に在り。通身金色にして童子の相の如く、頂に五髻あり、金綱一道ありて校餝す。頂に五化仏あり、余相は上に同じ。袈裟の角端を肘上に繋げて外に向けて垂れ、右手は掌を仰側し、頭中を屈して梵篋を持し、左手は掌を竪て大中指を屈して青蓮華の上に五胡杵あるを執る」（大日仏四四、二八頁ｂ）という。

㈦観自在菩薩は「肉色。右手開㆑掌当㆑胸。左手持㆓蓮華㆒。首冠中安㆓無量寿仏㆒。軌云。頗梨色。」（大日仏四四、二二六頁ａ）といい、西北に観ず。現図は「西北角の蓮華に在り、その宝冠中に坐化仏あり、頭は少しく左に側し、耳に璫環《とうかん》なし、或図は璫あり。右手は拳を竪てて開敷蓮華を執り、華頭は菩薩の右頭の辺に至る。左手は掌を竪てて外に向け、小指を少しく開く、或図は開かず」（大日仏四四、二一九頁a）という。この中で先述の『胎蔵界七集』上巻の記述「右手」、「左手」の表現は現図と相違する。

(八)弥勒菩薩は「肉色。左手掌当レ胸向レ外。右手持二蓮華一上安レ瓶。冠中有二率都婆一。軌云。黄金色。四行菩薩。前本皆坐二青蓮華一後本各坐二赤蓮華一後本者陽成院本。」（大日仏四四、二二七頁a）といい、東北に観ず。現図は「東北隅の蓮葉に在り、宝冠中に塔を安んじ、耳に金環を著く。或図は宝珠を置く、面は少しく左に向け、自余の荘厳は上に同じ。或図は珠鬘なし、右手は拳をもって脅にあて蓮を執り、上に澡瓶を置く。或図は拳を竪て、嬭《うち》に当て之を持す。瓶に光焔あり、左手は掌を竪て外に向て少し側むけて腋上に当てる。或図は名小指を屈す。裙は脚に纏うて坐す」（大日仏四四、二一九頁b）という。

遍智院は東の第一重にあり、仏心印とも別称する。

(一)七倶胝仏母は「白黄色。十八臂持二種々三昧耶一。著二自軽羅綿一。坐二赤蓮華一。額有レ眼。七倶胝仏母経云其像作二黄白色一。種々荘二厳其身一。腰着二白衣一。々上有二花文一。身着二軽羅綿袖天衣一。以二綬帯一繫レ腰。朝霞結レ身。其手腕以二白螺一為レ釧。其臂上釧七宝荘厳。一一手上着二指環一。都十八臂。面有二三目一。」と全身を描写し、各臂は「上二手作二説法相一。右第二手施無畏。第三把レ剣。第四手把二数珠一。第五手把二微若布羅迦一。漢言二子満菓一。無二此間一有二西国一。第六手把レ鉞。第七手把レ鉤。第八手〔「手」下恐脱「把」字〕抜折羅。第九手把二宝鬘一。左第二手把二如意宝幢一。第三手把二蓮華一。第四手把二澡灌一。第五手把レ索。第六手把レ輪。第七手把レ螺。第八手把二賢瓶一。第九手把二般若波羅蜜経函一。」（大日仏四四、二二七頁b）といい、十八臂像を表示する。『諸説不同記』巻三（同四八頁b）にいうように観自在の左にあり、『大日経』具縁品所説を引用して身色を「其身潔白円光囲レ之。光中具有二黄赤白三色一。」（同四八頁a）の三色に描写する。

(二)仏眼仏母は菩薩形で現図は「肉色。定印座二赤蓮華一也」（〔この定印は「法界」の意〕。大日仏四四、二二八頁a）という。

(三)迦耶迦葉は『別行経』などに注記があり「遍智院右の後にあり、比丘形」で、現図は「肉色。右手向レ外。左手執二袈裟角一。」（大日仏四四、二二八頁a）という。右側の優楼頻羅迦葉の弟で、身をやや左に向け、右掌を竪て、頭中指を屈した拳を臍上に仰ぐ。

(四)一切蓮華智印は宝蓮華上の三角形〔三角の遍智内に卍マンジあり〕で、現図は「円光内有二三角印一。其光縁色。坐二宝蓮華一。後本円光白色。坐二赤蓮華一。軌云。安二置白蓮華一。」（同二二八頁b）とあり、曼荼羅内の描く場所・位置は『諸説不同記』第三に引用する『大日経疏』第五の「於二東方内院一当三大日如来之上画二作一切遍知印一、三角形鋭下向純白色。光焔囲レ之。在二白蓮華上一。」（同三九頁a）のように、中台八葉院大日如来の頭上に描き込むことを規定している。彩色は「成二正覚一、鮮白是大慈悲色也」（同三九頁a）のごとく、白色の慈悲相で白蓮上の光焔に囲まれている。「胎蔵旧図様」では三角の鋭を上に向け、智火を表現するために三角内を赤色に、縁を青色とする。現図は三角内部を白色、縁は五色、光焔を二道の光明と円光の輝きによって区別し描き分けている。図像の展開としては『大日経疏』第十六に現図が参考にした「三角の鋭を上に向け、金剛杵を以て囲み、円光焔を繞らせる図」（大正蔵三五）があり、それらを含めた五色を「信、進、念、定、慧」の教理に表示する。なお、造形を裏づける智火の標幟「一切如来智印」はその別称（大正蔵一八、二三四頁a、同一九、三四九頁a、三五四頁a）である。

㈤優楼頻螺迦葉は遍智印の左。「肉色。合掌坐二座具一」（大日仏四四、二二九頁a）の比丘形である。

㈥大勇猛菩薩は「肉色。左手当二臍下一持二宝形一。右手持レ釼。坐二赤蓮花一。」（同二二九頁a）といい、三角智印の南側（左）に描く。現図は「身肉色。左手臍下に仰げて如意宝をもち、右肘を曲げて剣を持ちて結跏趺坐す」（同四一頁a）という。

㈦大安楽不空菩薩は「肉色。廿臂。持二十六尊及以四摂三昧耶形一。首戴二五仏冠一。坐二赤蓮華一。」（同二二九頁a）といい、南端（左）に描く。普賢延命と同じ形像。持明院は不動より始まる。

㈠無動尊の尊容は「赤肉色。右《（左カ）》手持レ索。右手持レ釼。坐二盤石一。迦楼羅火焔如レ例。」（同二二九頁b—二三〇頁a）といい、西第一重の西南隅（左）端に描く。別称は不動明王。現図は「第一重西方の西南隅にあり、通身青黒、身相円満にして極忿怒の形をなす。眉を嚬め目を怒らし、上歯下唇を咬み、頂上に花弁を安じ、辮髪を出し、一の索髪差より垂れ、胸前に五結あり。右手は内に向かって垂れ腰側に当て、剣を持し、左手は臂を屈し肘を開き掌を仰ぎ、指端を左に向けて索を持し、面を右方に向け盤石の上に坐す、光焔は迦楼羅の勢の如くし火焔あり、身光なく唯だ頭光のみあり、青珠鬘を著け、耳に環を著く、（或図は珠なし）」（同七八頁a）という。

㈡聖三世菩薩（降三世明王）は「青色。三面八臂。前二手結二降三世印一。右次手持レ箭。次手持レ釼。次手持二五股杵一。左手持レ弓。次手持レ索。次手持二三股戟一。坐二白蓮華一。後本釼手棒坐二赤蓮華一。」（同二三〇頁b）といい、現図は「摂無礙経」の説にほぼ同じ。御室版によれば左膝をやや立てて蓮華に坐す点が異なる。髑髏火髻冠、身色雨雲色と表示している。あたかも百千臂の器杖を具して活動するように伝承されているが、一般の胎蔵界現図は(イ)「二臂の勝三世」と(ロ)「三面八臂の降三世」すなわち吽迦羅に分けられる（この(イ)については㈤でふれる）。

㈢般若波羅蜜菩薩、略して般若菩薩は「肉色。額上有レ眼。左第一手持二梵篋一当レ心。第二手仰レ掌安二臍下一。第三手仰屈二風指一舒二余四指一。右第一手屈二風指一竪二四指一当二梵篋上一。第二手施無畏。第三手竪レ掌屈二水指一舒二四指一。著レ冑。坐二赤蓮華一。後本坐二宝蓮華一。」（同二三〇頁b—二三一頁a）といい、現図は「肉色にて冑を着し、左第一は掌を仰げ心にあてて梵篋を持ち、次手は肘を竪て掌を仰げて無名指（『石山七集』では「頭指」）を屈す。次手は掌を仰げて臍下に置く。右第一手は掌を側め竪て大頭指を捻ず、次手は肘を開き竪て、無名指を屈して身に向く、次手は膝に当てて施願印、赤蓮に坐す」（同七九頁b）という。これを不動と勝三世の中間すなわち阿闍梨位の場所に描くのである。しかも中間の概念は、大日如来の即身的な弘法大師像との合一をみる。

㈣閻曼徳迦菩薩は「青色。六面六臂六足。前左右第一手結レ印。右第二手持レ棒。第三手持レ戟。坐二盤石一也。」（同二三一頁）といい、現図は「通身青黒にして火髪を立て忿怒の相を作す、当前の一面は口を開いて大笑し、四牙並び出ず。左右に各々一面あり、頂上に三面あり、上歯は下を咬む。六臂六足あり。当前の両手は内に叉して中指を合せ竪て、右の手は肘を開き下垂して拳を右に向けて棒を持し、一手は臂を挙げ肘を竪てて身に向いて剣を持す。左の一手は肘を開きて而して垂れ、拳を竪てて左に向かって輪（宝）を持し、一手は臂を挙げて身に向かいて三胡戟を執る。青繒を着け両端飛上す。豹皮を裙となし冠絵は著けず、磐石の座に坐して、右の三足を垂れ、足に環を著け膝脛みな露わる、耳の環珠を著く」（同七九頁b）という。坐具の描写「磐石」は、御室版では火焔中に瑟々座に描く点がやや異なる。

㈤勝三世金剛菩薩（大日仏四四、七九頁bでは「勝」は「降」であるが、現図とくに『密教大辞典』一四九二頁、長谷寺版の表示にて訂正）。呼称については「具縁品」の所謂「勝三世」（同八〇頁a）による。「図」として降三世と同体説があり注記なし。ただし形像は「青色。左手持二三鈷一。右手持二三古戟一。坐二磐石一也」（同二三一頁b）といい、『大日経疏』第五に「為二此五如来智大自在力一之所二滌除摧滅一者、皆悉至二於果地荘厳一非下唯無レ所二障碍一偏証但空二而已上。是故持二五胡印一。首戴二宝冠一而在二風輪之中一。」（同八〇頁a）という。また現図には「身青黒色にて宝冠を戴き火髪逆立ち、三目忿怒形、両牙を上に出し、右臂を屈して三股戟を持ち、左拳を竪てて三股杵を持ち、火炎中にて磐石上に坐す」（同八一頁a—b）とある。

観音院（蓮華部院）は北の第一重で㈠馬頭明王は「三面二臂。結レ印。立二右膝一。肉色。首有二白馬頭一也。後本一面四臂。前二手結レ印。右手持二三鈷鉤一。左手持二未開蓮華一。坐二赤蓮華一。肉色也。」（同二二三二頁a）といい、現図は「身肉色にして三面二臂、頂に白馬首あり。根本印を結び、右膝を立てて蓮上に坐す。身の赤肉色又は朝日の色は大悲または降伏の義を表す。三面は三部の徳をあらわす。即ち中面は仏部、右は蓮華部、左は金剛部で、頂上の馬頭の義は『上』に釈す」。「白馬」と「碧馬」の両説があり、「白馬」の造形的表現には白浄信心と息災の意、「碧馬」は強力であるため、大精進と調伏の意をもつ。

㈡大明白身菩薩は「白黄色。左手持二蓮華一。右手与願手。坐二赤蓮華一。」（同二二三二頁）といい、現図は「身白黄色。面を左に向け、右臂を屈し掌を仰げて乳に当て、指頭を垂下し大指を張り開く、左肘を開き掌を仰げて指頭を左に向け、頭中指を屈して開蓮華を執り、赤蓮華に跏坐す。」（同四六頁a―b）という。『胎蔵図像』では左掌を臍前に仰げて蓮華を持ち、華上に合蓮のごときものを描き、右掌を膝前に仰げ垂れ、蓮華に跏坐する図像を描く。

㈢多羅尊菩薩は「緑色。着二羯磨衣一。後本肉色。不レ着二羯磨衣一。」（同二二三三頁a）という。

㈣これでは手の印相の部分が明確ではないが、『大日経』具縁品では「青白色相雑、中年女人状、合掌持二青蓮一」（大正蔵一八、七頁a）とあるように合掌形に青蓮を持しているのが、現図では「羯磨衣を着し、合掌のみ」（大日仏四四、四六頁a）として青蓮華を描写していない。

㈤多羅者は「多羅尊」の左側にあり「肉色両手各持二未開蓮華一」（同二二三三頁a）という。

㈥観自在菩薩は「肉色。左手持二未開蓮華一。以二右手一如レ開二一葉一。坐二紅蓮華一也。」（同二二三三頁b）といい、現図は「第一重の右方の第一行中に在り、冠中に坐化仏あり、耳璫を著けず、或図は環あり、環に珠を著く。此図は袈裟の前端を肘に繋げ、内より外に至り垂下して座上に至る。左手は拳を竪てて心に当て含紅蓮を持す、或図は含白蓮。右手は側して掌を竪て四指を屈して華を開く。或図は掌を竪て中名指を屈し、その頭小指を屈して華を開し。或図は紅蓮。蓮華上に半跏坐する。」（同四四頁a）という。胎蔵界曼荼羅中のうち他の(イ)中台八葉院、(ロ)釈迦院、(ハ)文殊院のどれよりも普遍的に図像が流布した。

㈦蓮華軍荼利は「青色。左持二未開蓮華一。着二天衣一。」（同二二三三頁a）といい、現図は「通身緑色。火髪上に向かう。山図は面に三目あり、頭に金線冠、面を怒相になし、両手の大指を以て小指の甲を押し、余は三胡の如くす、〔また〕臂を交えて各一含蓮を持つ」（同四五頁ａ）という。ただし描写とくに配置等について各本に相違が見られる。

(イ) 御室版曼荼羅　「蓮花軍荼利観自在右辺」

(ロ) 高雄曼荼羅　耶輸陀羅菩薩の左辺

(ハ) 東寺現図曼荼羅　耶輸陀羅菩薩の右辺の「蓮花使者」

(ニ) 秘蔵記　観自在の左辺下

この中で、(ニ)『秘蔵記』は「右侍二蓮華軍荼利菩薩一。大青色」（大正蔵図像部一、一二頁ｃ）とあり、(イ)本とも位置が若干相違する。

(八)毘倶胝菩薩は「肉色。四臂。左一手持二蓮華一。上有二梵篋一。次手持レ瓶。右一手施無畏手。次手持二念珠一。着二羯磨衣一。不レ着二袈裟一。坐レ赤蓮花一。額上有レ眼。」（同一二三四頁ａ）といい、観音院内列上より第三位、観自在の左辺に描く。『陀羅尼集経』に画像法を「毘倶致（bhṛkuṭi）」として出すが、「北面西頭第一座主―蓮花座上作光焔形」（大正蔵一八、八九五頁ｃ）とあるのみで、詳しいことは不明。現図は羯磨衣であるが、三眼は『諸説不同記』第三には「或図面二三目一。」（大日仏四四、四八頁ｂ）とあり別図として区別されている。

(九)奉教使者は毘倶胝の左辺。「肉色。左手持二蓮華一。右手押レ股。坐花。」（同一二三四頁ｂ）という。

(一〇)大勢至菩薩は「肉色。左手持二蓮華一。右手当レ胸屈二地水火三指一。坐二赤蓮華一。」（同一二三四頁ｂ）といい、内列の上より第二位に描く。阿弥陀如来の脇侍として観音とともに作例が多い。大日経系（「具縁品」所説）の図像化であるが、現図は「身肉色。左手嬭前にて開合蓮華を持ち、右手は掌を側め竪てて頭指以下の四指を屈し、赤蓮花に坐す」（同四九頁ａ―ｂ）といい、左手の開合蓮華を持す点が異なり、「密印品」の所説に合う（同四九頁ｂでは「開合蓮花」の注記は「瓶」原本によっている）。

(一一)蓮花部使者は項は尊形が「使者」であるため形像の説明はない。次の「発生菩薩」とともに図像が付記されている。すなわち「右方従二北維第一行一又蓮華使者二人。各肉色。但中者右手持レ釼左手持二蓮華一。左右各梵号也。」（同一二三五頁ａ）という。

(一二)蓮花部発生菩薩は「肉色。左手持二蓮華一。右手当二心上一屈二地水二指一。坐二赤蓮華一也。」（同一二三五頁ａ）といい、現図は「身肉色。左拳は腰に覆せて開蓮花を執り、右掌は心前に竪て無名指を屈す、赤蓮に跏坐す」（同四九頁ｂ）という。大勢至菩薩の左にあり、頭部は「有レ冠額珠」と表現する。

㈢寂留明菩薩は「肉色。左手屈二地水火空一舒二風指一当レ胸。右手掌向レ外高挙。着二天衣一。坐二赤蓮華一也。」（同二三五頁b）といい、現図は「身肉色。左手頭指を舒べ余の四指を屈して胸にあて、右掌を外に向けて高く挙ぐ。天衣を着けその両端太だ飄颺《（飛カ）》す。左膝を立てて赤蓮花に坐す（忿怒尊と称すれども面目柔和なり）」（同五〇頁a）という。『胎蔵図像』では忿怒相で右手胸前に竪て左手高くあげ、右脚をやや屈し左脚を伸べて岩上に立つ。したがって図像学的には、発展形態の移行において「面目瞋怒、猶若剛威立用勢」（『不空羂索経』第九）と伝える瞋怒形が現図に至る途中において介在していたことになる。

㈣大吉祥明菩薩は「肉色。左手持二蓮華一。右手屈レ立二火風一。坐二白蓮華一。」（同二三六頁b）といい、現図は「身肉色。左臂を左側方に竪てて蓮華を持ち、右手は胸前にて無名指を屈して余指を竪つ、白蓮華に跏坐す」（同五〇頁a—b）という。

㈤蓮華部母（「母」は「使女」または「士女」）は大吉祥明菩薩に附随し「肉色。左手持レ釵。右手持レ花。着二天衣一。」（同二三六頁a）という。

㈥大吉祥大明菩薩は「肉色。左手持二蓮華一安二股上一。右手立レ地屈二水風一当レ胸。坐二赤蓮華一也。」（同二三六頁b）といい、現図は「身肉色。左拳を股にあてて蓮花を持ち、右手は胸にあてて小指を竪て頭中無名指を屈す、赤蓮に跏坐す」（同五〇頁b—五一頁a）という。一説に「二手各持蓮花。半加趺坐」（大正蔵一八、二七一頁b）という二手の持物を規定する窣覩波菩薩をあてる場合があるが、現図との尊形は相違する。

㈦鬘供養使者（鬘供養）は「両手持二香炉一。着二天衣一。坐二蓮花一。」（大日仏四四、二三六頁b）という。しかし高雄曼荼羅、子島曼荼羅等は御室版のように鬘をとるような姿勢ならびに手を示すのみで持物なし。『胎蔵界七集』（同二三六頁b）でも「他本」は「焼香供養（菩薩）也」とつけ加えて付記しているように、焼香供養菩薩と区別している。したがってこの尊形は、「香炉」を持せず「鬘」を取る手の動作を表現したものである。

㈧如意輪菩薩は「紫金色。六臂。右第一手思惟手。次手持レ宝。次手持二念珠一。左第一手按レ山。次手持二蓮華一。次手捧二金輪一。左足掌上立二右足一。坐二赤蓮華一。」（同二三七頁a）といい、現図は「大吉祥大明の左にあり。通身黄金色にして冠に化仏あり、耳に環珠を著く。六臂あり。右手は掌を竪側し少しく小指を開きて頰側を承け、頭手につき、次手は掌に青宝の光焔あるを持して心に当て、次手は臂を伸べて右膝の上に置き垂下して内に向け、頭、中、名指を屈し、少しく小指を屈し、念珠鬘を執る（或図は小指をのべる）。左手は臂を伸べて垂下し、指頭を左に向けて金山上に按ず、其の金山は左膝の後にあり。次手は臂を屈して前の腋下より之を出して掌を竪側し、頭、中指を屈して開蓮を執り、次手は肘を竪て掌を仰ぎ、中、名、小（指）を屈して其の頭指を伸竪し、金輪の斉を拄う（或図は拳を仰ぎ頭、中指を屈伸し、頭指にて之を拄う）。右膝を竪てて左趺の上を踏み、紅蓮華に坐す（或図は白蓮）、青珠鬘を繫ぐ（或図は華鬘）」（同五一頁a—b）という[2]。

(一九)宝供養菩薩（『諸説不同記』第三では「蓮花部使者」）は「肉色。両手持㆓盛花㆒。立㆓右膝㆒也。前収相違有㆑疑可㆑決。」（同二二七頁b）という。如意輪菩薩の前に在り「如意宝」を捧げる。

(二〇)耶輪《ヤシュ》陀羅菩薩は図像の説明なし。ただ「次於㆓明王左辺㆒、画㆓明妃耶輪陀羅㆒。」（『大日経疏』、第五）と伝え、現図は「左手に花枝を持ち、右手胸の前にて与願にし、面は左に傾け左膝を立てて赤蓮華に坐す。」（同五一頁b）という。

(二一)蓮華部使者は図像の説明なし。耶輪陀羅菩薩の右の「鉢頭摩度底」（『密教大辞典』下、二三〇一頁）にあたる。現図も同尊の右といい、「右拳安㆓腰側㆒」（大日仏四四、五二頁b）という。

(二二)大随求菩薩は「深黄色。八臂。左第一手持㆓蓮華㆒上有㆓金輪光炎㆒。次手持㆓梵篋㆒。次手持㆓宝幢㆒。次手持㆑索。右第一手持㆓五股金剛杵㆒。次手持鎊鉾㆒。次手持㆓宝釼㆒。次手持㆓鉞斧鉤㆒。坐蓮華㆓。」（同二三八頁a—b）といい、現図は「身黄色にして冠中に化仏あり、耳に瑠環なし。八臂あり。右手は臂を屈して腋上に当て掌を仰ぎ、外に向け指頭を屈して五古杵を横たえ、次手は剣、次手は鎵、次手は三古戟をとる。左手は掌を側竪し頭中無名指を屈し蓮を執る、上に金輪輪上火焔あり。次手輪索、次手幢、次手梵篋を持す」（同五三頁a）という。この尊形は『秘蔵記』の説「第二行大随求菩薩」（大正蔵図像一、一二頁c）に同、高雄曼荼羅もこれに同じ。

(二三)白処尊菩薩は「白黄色。左手持㆓蓮華㆒。右手与願手。著㆓天衣㆒。坐㆓赤蓮華㆒也。」（大日仏四四、二三八頁b）といい、現図は「身白黄色。左手に蓮華を持ち、右手は与願手なり」（同五四頁a）という。右手の表現を「揚掌又は伸胜上に仰げ」（『不空羂索経』、第八—九—三〇巻）と説明する場合もある（ただし、同経の右左の両手は逆に説かれる場合もある。「右手掌を揚げ」左手は未開敷蓮華（八巻）、「左手は垂下し、右手は蓮華を持す」（三〇巻））。

(二四)大吉祥変菩薩は「肉色。右手持二未開蓮華一。右手舒レ掌当二心上一。坐二赤蓮華一。」（同二三九頁a）といい、現図は「身肉色、左臂を開き竪て、拳を覆せ身に向けて、開合蓮華を持つ、右掌を仰げて心に当つ、首を右に傾けて少の左に向き、赤蓮華に跏坐す」（同五四頁a—b）という。衣については「著二天衣青珠鬘」（同五四頁b）とある。

(二五)使者は大吉祥変の左辺にあり、「肉色。合掌。着二天衣一。」（同二三九頁a）という。

(二六)水吉祥菩薩は「白黄色。左手持二未開蓮華一。右手施無畏手。坐二赤蓮華一。」（同二三九頁b）といい、現図は「身黄色、右臂を少し屈し掌を仰げ指を垂る、左掌を竪て頭中指を以て開合蓮を持つ」（同五五頁a）という。もとより「左手蓮華を執り、右手揚掌半、跏趺坐」（『不空羂索経』第九巻）の説（大日仏二〇、二七一頁b）と類似するが、「胎蔵図像」は左掌を膝に仰げており、右手で蓮華を持っている点が異なる。ただその花の表現が「水吉祥或蓮中出レ水、或手垂出レ水」（『大日経疏』第二八巻）といい、普通の描写とは違う。

(二七)塗香菩薩は「肉色。以二両手一持二未開蓮華一。」（同二三九頁b）といい、現図は「二手合掌して未敷蓮花を持ち、長跪す」（同五五頁b）という。

(二八)焼香菩薩は水吉祥菩薩の左辺にあり「両手持二香炉一。着二天衣一。坐レ花。」（同二四〇頁a）といい、現図は「右手向レ心申レ掌少竪持二香炉一。左手仰レ掌少屈二四指一持二蓮花一。」といって両手の表現に異説がある。

(二九)不空羂索菩薩は「肉色。四臂。右第一手持二念珠一。次手持二水瓶一。左第一手持二蓮華一。次手持二羂索一。以二鹿皮一為二袈裟一。坐二赤蓮華一。後本不レ着二鹿皮一。」（同二四〇頁b）といい、現図は「冠中に化仏あり、耳環に鈴を著く。四手三面にして面に三目あり、右辺の面は青色、左辺の面は黒色、二図は三面同肉色なり。鹿皮衣を著く、或図は袈裟を被る。右手は臂を屈し、掌を竪て頭中指を屈して数珠を執る。或図は掌と側竪して無無指を屈し、山図は四指を屈す。次手は垂下して脛上に当て、中名小を屈し頭指大指を少しく屈し、頭中指の間に澡瓶の頭を執る、或図は大頭指の間に之を執る。左手は臂を屈して掌を側竪し頭中指を屈して開敷蓮を執る。或図は太名を屈して之を執る。次手は肘を開竪し掌を仰ぎ、指頭を左に向け頭中名指を屈して索を繋著す。或図は垂下して臍側に当て、指端は五指を屈し、頭指を少しく屈して之を執る。黄蓮華に坐す」（同五五頁b）という。

(三〇)豊財菩薩は「肉色。左手持二一茎華一。自二面左右一出二其華一。右手如二釼印一挙二肩上一也。着二天衣一。坐赤蓮華一。」（同二四〇頁b）

といい、現図は「身肉色にて左手は胸辺にて二茎の蓮華を持ち、その一茎は開蓮にて頭の右に至り、一茎は未敷蓮にて頭の左に至る。右手は肩の辺にて掌を仰げ、指頭を右に向け無名指を屈す。赤蓮又は黄蓮華に跏坐す」（同五六頁a—b）という。「胎蔵図像」は同像を大成就吉祥と名づけ並んで豊財菩薩の同じ漢名「暴我嚩底」がこれに一致する。ただし尊形は「左手に蛇索を持ち、索の上に蓮花あり、右拳を胸辺にして大頭指を相捻す」（『密教大辞典』一九一八頁）と表現する。

㈢使者は豊財菩薩の傍にあり。図の説明なし。『諸説不同記』第三では現図を引用し「豊財前之右。左掌擎二金盤一上置二枝葉花一。」（同五六頁b）という。異説も認められるが、多くは両手に含蓮華を持った跪坐像である。

㈢白身観世音菩薩は「白黄色。左手持二蓮華一。右手安二右膝上一。即立二右膝一也。坐二赤蓮華一。」（同二四一頁a—b）という。

次に輪宝を敷く不動立像の図像（大正蔵図像三、四一五頁「不動」）についてふれる。この図像は巻頭で述べた不動明王曼荼羅観と理論的にも密接な関係をもつ。図像の典拠は東寺本の『別尊雑記』の中に見出すことができる図版参照（図1—9）。仁和寺のこの図（大正蔵図像三、三一四「不動」）は江戸時代の後補であるが、輪宝あるいは八輻輪金剛の三昧耶形にとどまらず不動明王の本身そのものが大日如来の教令輪身として最も光彩を放っている関係上、本尊観と不動明王の曼荼羅観は全く同一でなければならない。先述の火尊は火界の描写であって、息災法の『不動護摩次第』によれば「火天」であることは明らかであるが、この即身成仏に移行する観法は、不動明王といえども「三平等観」によって彩色本にはない本尊不動明王との入我我入が果たされる。この「三平等観」の根拠が広い意味で分された不動曼荼羅を成り立たせている要因の一つとなっていることは明らかであろう。

覚禅の写本『不動護摩次第』（縦二三・五×横一七・〇センチメートル）に「曼荼羅（不動のこと）本位方《ノ》二想成荷《ヘ》葉座《ト》一」といい、さらに三平等観に「大壇即《チ》自身也、自身即《チ》本尊也、本尊即《チ》法界也、法界即《チ》火天也、火天即《チ》自身也、炉口即《チ》我口即《チ》本尊御口也、炉《ノ》中《ノ》火《ハ》我《ノ》智火也、亦本尊《ノ》智火也、三種一躰也」との所説が見られるように、大壇上の不動の曼荼羅観は自身そのものである。この壇と我とのかかわりあいが、不動明王曼荼羅観という一つの修法を優先させる造形上の観念として育てられるのである。しかし、その曼荼羅は世界観としての画面を観念化という次元におきかえて完成した。したがって壇上において支配した不動やその中尊を囲繞する「世天段」などは、観想として白描の略図が残されたものの彩色本としての不動曼荼羅の地位を占めるまでには至らなかったのは当然のことであろう。俗に世天段といっても広範囲にわたるが、不動曼荼羅観を想定したパターンは、中尊不動明王を

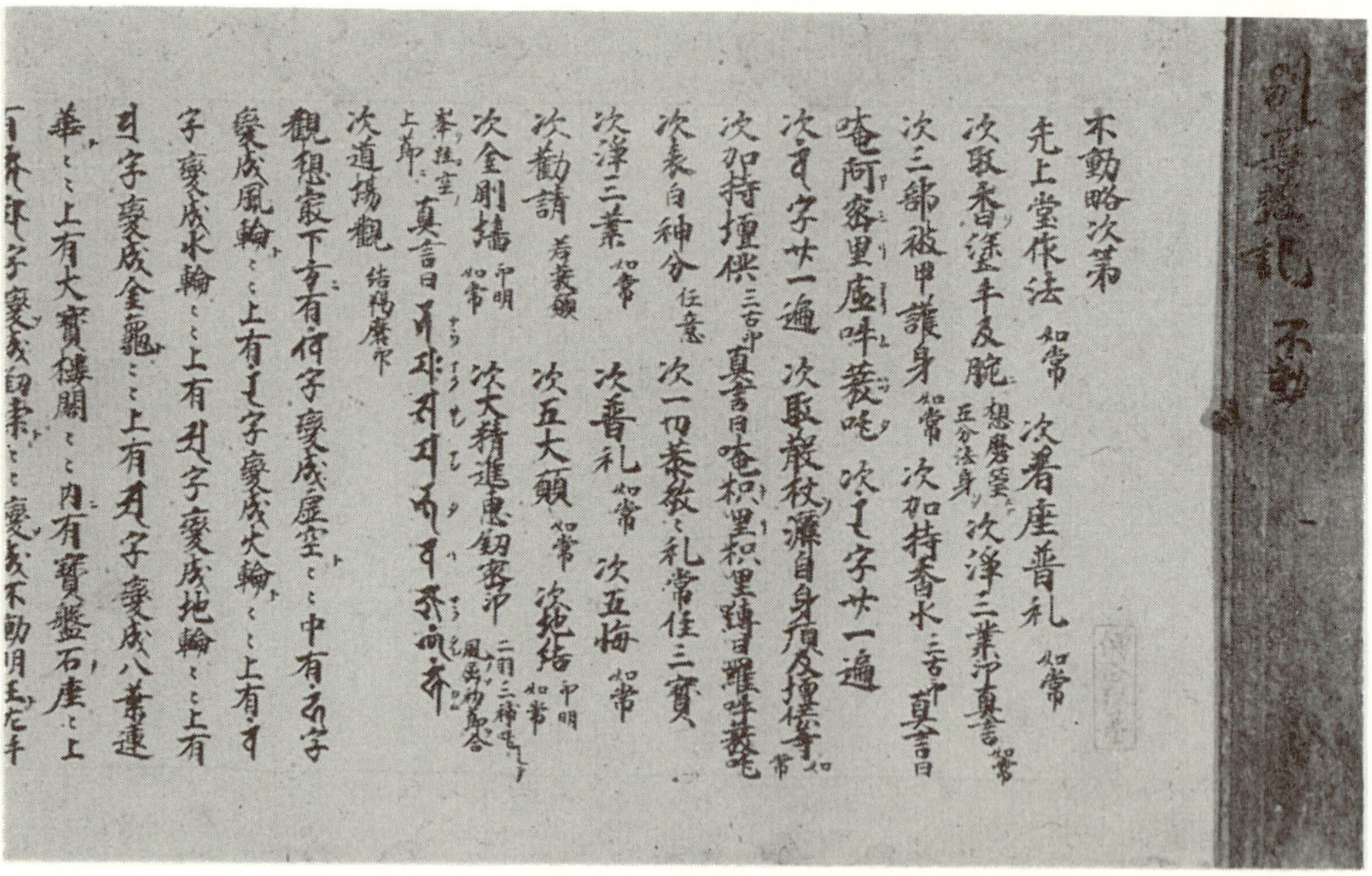

図１　『別尊雑記』第三十二巻　不動略次第　巻首

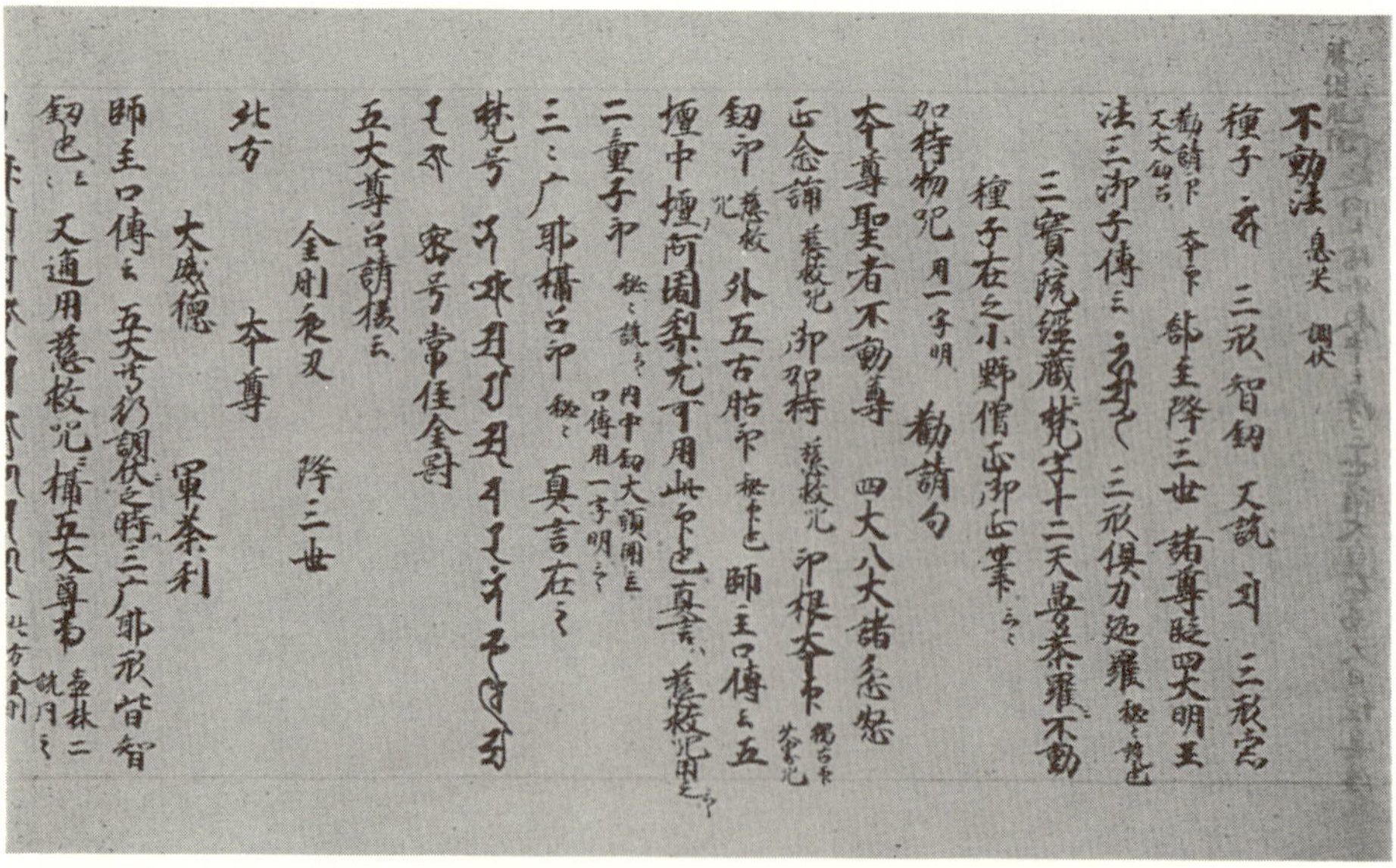

図２　『別尊雑記』第三十二巻　不動法（勝倶胝院実運）

図4　同裏面

図3　『別尊雑記』第三十二巻（「私加之」と注記のある心覚の不動明王）

図5　智証大師請来本『別尊雑記』第三十二巻　右：金剛波羅密／左：不動八大童子

図6　『別尊雑記』第三十二巻　三井寺百光房不動

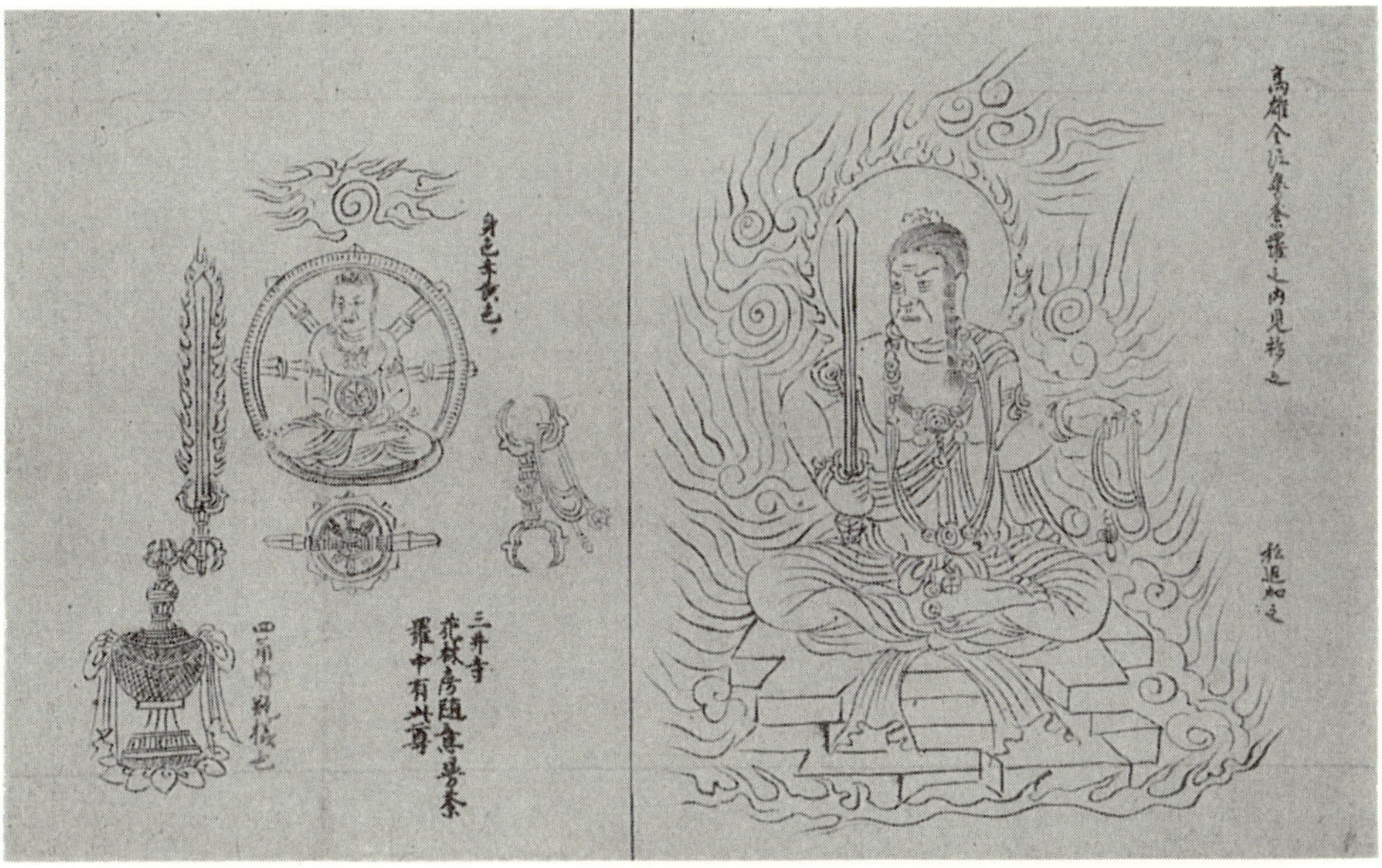

図７　『別尊雑記』第三十二巻　右：高雄曼荼羅の不動／左：三井寺花林房随意曼荼羅の不動

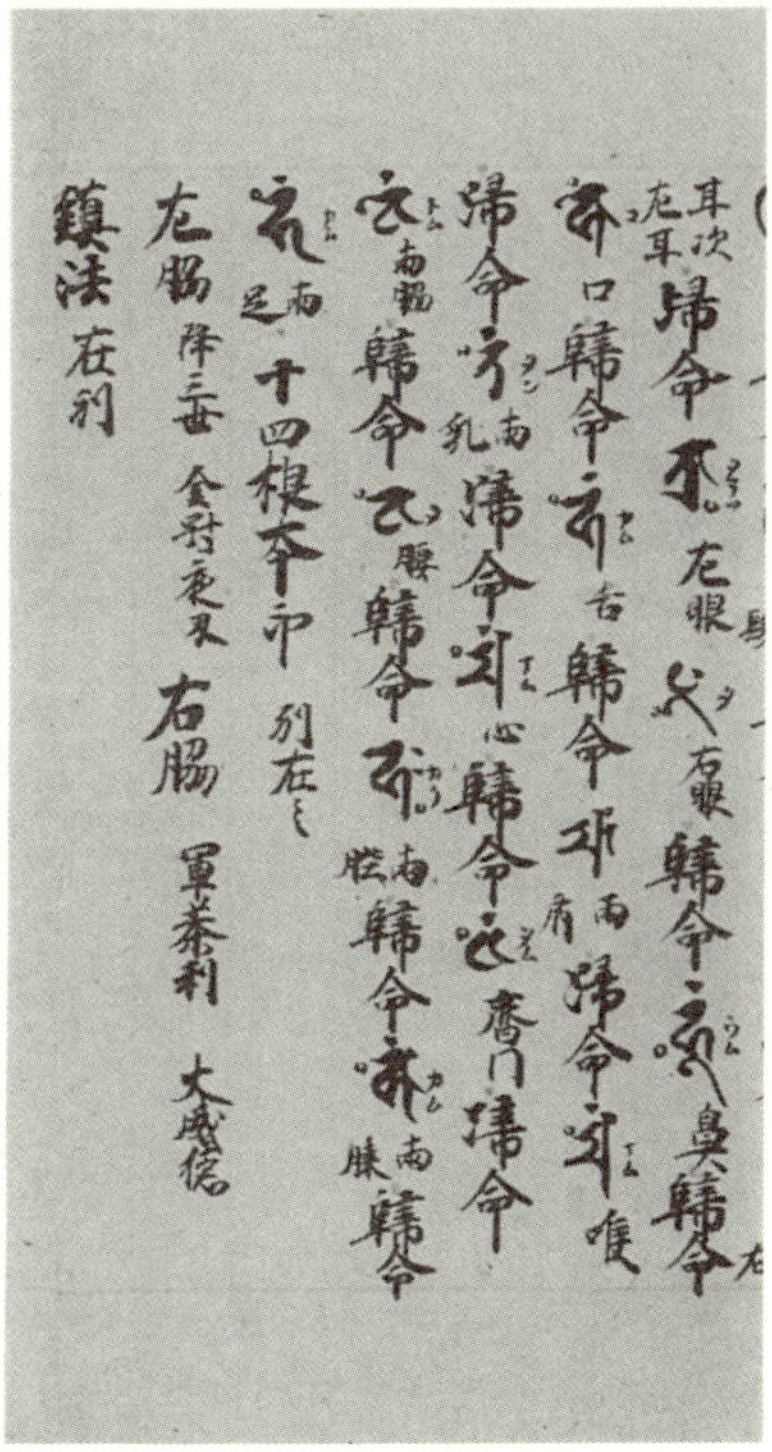

図8　『別尊雑記』第三十二巻　十九想観種子

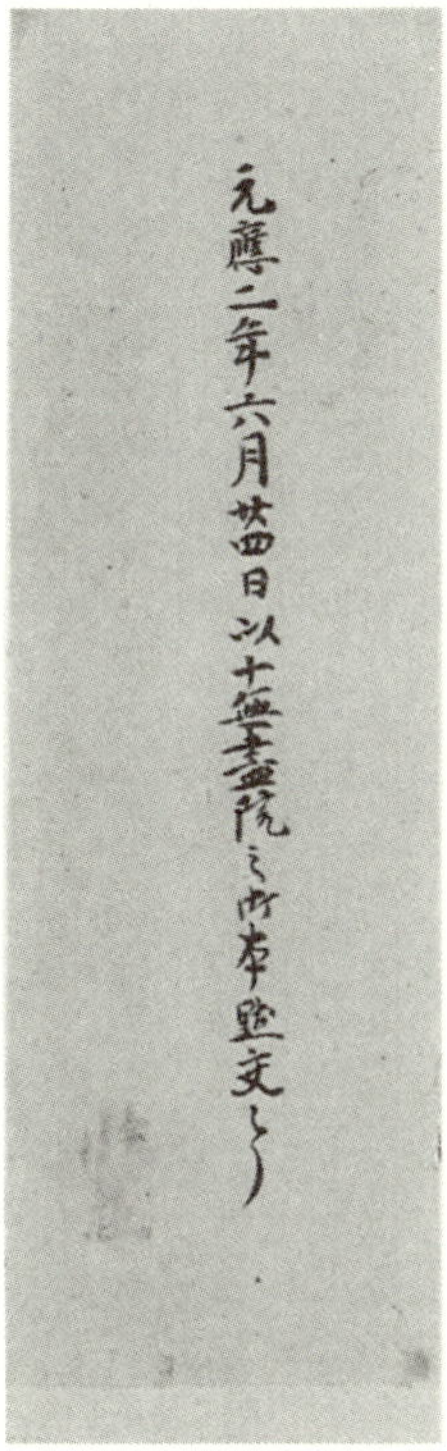

図9　『別尊雑記』第三十二巻　奥書

十天、十二天、四十明王がいずれかの形式において囲繞するという表現をとる。それと同時に八方天を支配する安鎮形式に根ざした金剛輻輪と不動尊の即身的なかかわり方が問題である。それは鎮宅法上の輪宝の配置のしかた、不動曼荼羅観、十二天曼荼羅等の構図、尊位を考えた場合、決して無関係ではあり得ない。

また輪宝と不動明王の相互関係は、『七巻鈔』五に『大日経』を引用しながら不動の上堂観とともに「教令輪身、不動明王の身を現ず、大日経に金剛薩埵の印、転法輪菩薩の印とは、故に知んぬ大日は即ち薩埵、薩埵は即ち法輪、法輪は即ち不動、今は不動法を行ず、故に聖無動明王を観ず」と説き明かしているように、法輪を不動明王と認識したうえで行法が行なわれるよう指示されている。

このように上堂観の観法は、礼拝対象としての曼荼羅より観想と密接な不動種子曼荼羅（大日仏五五、九七頁a）に理論を解釈する鍵が秘められている。ところが「不動曼荼羅」、「不動明王曼荼羅」と呼称される彩色本が少ない現状においては、「安鎮曼荼羅」（同一〇九頁b）の「以㆓四臂不動㆒ヲ為㆓本尊㆒。但廻リニ図㆓スル十二天㆒ヲ也」の十二天囲繞の構図に問題意識を見出さねばならない。これは画面における守護と摧破の二面性を強調することである。かくして不動曼荼羅が広い意味での「不動安宅法」（同一〇八頁c）をゆだねられ、如何なる構図をともなったとしても「但浄室中ノ中ニノ結界護身ノ。繋㆓ケ心ヲ不動使者㆒。」という護身結界観の域を出ないということである。とくにその曼荼羅の内面的な構造は、「八輻輪金剛」と四臂不動の強い相互関係を結界観の中に導くことができる。

それは、『別尊雑記』ほかにも見られるように足下の(3)「八輻輪金剛」と不動明王の同体説が根底にある。これは息災法においても勧請の中に認められる不動明王の尊位の確立が観想の中で先行していたからである。仁和寺心蓮院本「息災護摩次第」に見られる「第四後火天段」の所作は、行法上の阿闍梨が行なう観想がすでに絵画的描写を成立させている。

「第四後火天段。次に勧請火天。（中略）次に請出火天。第五世天段。次に十天（十二天像中の日天、月天を除く）曜宿等を勧請して炉中に会坐せしめたてまつる法。右手に数葉の花を取って炉中に投げ、定印を結び観想せよ。此の花、炉中に至って不動尊の座及び十天曜宿等の荷葉座となる。中央の不動尊の座上にフーム字（梵字）あり、変じて四臂不動となる、青肉色なり、二手金剛拳にして頭指、小指各の曲げ鉤形の如くして口の両角に安ず、相牙の如し、右手に刀を持して竪てしめ、左手に索を持し半跏、右左を押して盤石上に坐す威焔の光明あって遍身火天等の如し、座上に各々のフーム字（梵字）あり、変じて十天、七曜、二十八宿となる。色相威儀皆悉く分明なり。即ち、大鉤召印を結んで、先ず不動の呪を誦し、次に大鉤召の明を誦せよ。風を以て三たび招き、真言の末に召請の句、並びに四摂の明を加えよ。観想せよ、曼荼羅の本位不動尊、及び十天、七曜、二十八宿、炉中所観の明王天衆等と冥会すと」。このように行者は、壇上の炉中に画面を想定し曼荼羅観を可能にせしめることができたと考えているが、その理由は、末尾にいう曼荼羅の本位不動尊が十天や七曜や二十八宿など星宿の天衆に冥会する点に起因する。とくにその際の「曼荼羅の本位となる不動尊」の身色が「青肉色」であることは東密の数多い例、仁王経法曼荼羅の中尊不動にも認められるが、台密（天台）の十二天供にも認められる。護「世八天法」（大日仏六〇、図像一〇、鈴木版、五一頁a）の引用のうち「八隅塗二円壇一。而為二十聖位一。於二帝釈《ノ》左右《ニ》一。置二梵天地一。天或復於二竜方一。梵地相対二置日天月天位一。曜宿《ヲ》皆随転。中位観二四臂不動忿怒王一。（中略）身外現二八峯一。利鋭金剛輪。洪満紺青《ノ》色」とあるように、青不動に曜宿など天部の諸尊が随転する曼荼羅観である。

しかし諸尊の随転とは、壇上の四角四方の小世界で、観想としての曼荼羅観が中位不動忿怒王の尊位に再びめぐり還ってくる構造を表現している。台密の三昧流は「十二天供」において中尊四臂不動をめぐる随転を次の順序で念じている。それはまるで、十二天その他の「一万飛行夜叉」（同書五一頁b）を通して宇宙を支配する覚者の姿そのものの曼荼羅である。

①四臂不動、②帝釈天、③火天、④焰魔天、⑤羅刹天、⑥水天、⑦風天、⑧毘舎門天、⑨伊舎那天、⑩梵天、⑪地天、⑫日天、⑬月天、⑭山王、⑮行疫神

この道場配置の順序①より⑮において、注意すべきは中尊「四臂不動」の曼荼羅観が、通常のパターンである⑬月天までとは異なって十二天以外に⑭山王、⑮行疫神を加えている点である。台密の三昧流では息災法に際して「右図《ハ》三昧流如レ此。予勤二仕小壇一之時。如レ此用了。蠟燭供十五坏備レ之。但常《ニハ》十坏居レ之略二山王行疫《ト》一也。抑《モ》息災之時。如二右図一。」（大日仏六〇、五一頁c）とあるように、「古義《ニ》云。諸天易レ見形也」（同五一頁b）を易形と見たてて、また中尊を「或云。不動即加二護行者一尊也」（同五一頁b）と行者加護尊と見たてて、諸天は教令のために運行するのである。不動曼荼羅観に支えられた壇上の十五坏の蠟燭の燈火を供養の礼拝対象とみなし、叡山の山王を拝し同時に作図された自ずからの行疫を除災する。したがって不動曼荼羅観の展開は、三昧流十二天供に関する限り眷属の担う意味も含めて多様化した曼荼羅観を形成しているのである。それは後に神道曼荼羅中に見る一

般的な分類によるパターン、すなわち神影像、本地、社殿への信仰の中で表現描写との共通性を見出すことになる。しかもその中に「七十天供」の熾盛光的不動曼荼羅を認めることができると同時に、諸尊の構成の最外部（第六重）に秘かに本地が定着してゆく過程を認めることができる。(4)

『三昧記』系統の伝承「(三密抄断簡」云）では、「凡世天以《ツ》二四臂不動一為レ主事」といい、「諸天教《ハ》令為レ本。初成道降魔《ノ》身也。——眷属等。帝釈天卅天。幷《ニ》地居天衆。大自在天。四種毘那夜迦等。焔魔天。太山府君。司命。毘沙門。一万飛行夜叉。梵天。三界天等。地天。一切神祇。冥道」（同五一頁b）という所説（同五一頁bによれば「三昧記」）が示すように、帝釈天（東）と水天（西）、また梵天（東）と地天（西）の間に尊位を支配する「四臂不動」であり、それはすなわち曼荼羅観なのである。

この不動曼荼羅の展開は、円形でしかも包括する諸尊のはなはだ多い「七十天供」の観想（大日仏六〇、図像一〇、四八頁c）に登場する。すなわち道場観に定印を用いて「壇中心有二盤石一。々上有二フーム字（梵字）一。々変成二智釼々一。変四臂不動明王一。々々放レ光照《ノ》二曼荼羅一。七十余尊随レ光顕現。」と壇の中央に位置する不動明王より光が放たれ七十余尊諸天曜宿の不動曼荼羅が出現するという仕組みである。このような作図の例は高山寺本をはじめ作例はきわめて多く認められる。その描写の構図は円形に六重の輪を広大させ、放射状に七十余尊を配置している。観想の体系をちょうど月輪観の範疇にたとえて「内院三部聖衆四大明王囲繞。第二重十六大天。第三重十二宮。第四重廿八宿。第五重護世八天及意楽尊周匝囲繞。云々」（同四八頁c—四九頁a）と各重の尊位を明確にしている。この「七十天供」は通常、良明阿闍梨によれば「熾盛光軌を以て本法と為す」（同五〇頁b）と伝えるから、中央の金輪仏頂を不動明王に置きかえたにすぎない。

とくに、この中尊不動明王は、道場観として曼荼羅を観想する場合にのみ四隅と四方に位置する尊格は注意すべきである。なぜなら中尊不動明王を中心とする内院は、(1)四大明王（軍荼、六足、薬叉、降三）で構成されるか、(2)十二天中の四天（梵、地、日、月）で構成されるか、(3)四大明王と四天の融合した八尊の囲繞か、のいずれかである。この構造を裏づける不動曼荼羅として東密における「五十天供」所用の伝承である。「薄双紙二重巻第八」（大正蔵七八、六八九頁c）に「勧修寺法務」の図として先述の分類による(2)と(3)の例を引用し、書写（醍醐寺本）している。その「五十天供」の尊とは、「十二天。二十八宿。九曜。加二四臂不動尊一云二五十天一也。亦如二五大尊一。除二羅睺計都一云二五十二天一也。五大尊。十二天。北斗七星。十二宮神。五星。二十八宿。以上六十九天也。四臂不動。四大明王。十二天。大山府君。五道大神。大吉祥天。北斗七星。十二宮神。及以五星。二十八宿。以上七十二天也云々。」の七十二尊で、三宝院範俊の伝で「小野四種念誦」(同六八九頁c)に所収するという。この七十二天は一説には「五十二天」とも伝え、それを「御筆本云」として「五十天十二天。二十八宿九曜。加二四臂不動一五十二天加二四大明王一。除二羅睺計都一」と説明している。いずれも「已上仁海僧正厚造紙載レ之」と注記がある通り、曼荼羅寺仁海(九五一—一〇四六)にとどめられたもので、現存の承安二年(一一七二)の写、石山寺蔵『種子曼荼羅集』一巻によれば「五十天曼荼羅」(大正蔵図像一二、八一四頁、第五四図)と「五十二天曼荼羅」(同八一五頁第五五図)は、まさしく御筆本の伝承を裏づける曼荼羅である。それは「五十二天」の図像のうち「五十天」ではなかった「四大明王」を加えて構成され、それが「加二四大明王一」とする注記の訳図に照応するからである。

先述の勧修寺法務の伝承は、内院では十二天中の①梵、②日、③地、④月であるのに、①梵、天、②日天、③地天、④月天の他に、⑤薬叉、⑥降三、⑦軍荼、⑧六足の八方を配し、いわゆる四方八方を支配している。

三角形としては、「保元二年正月五日奉伝之　智海」という不動法には、五大尊加行の調伏をもってし、八大明呪をとなえ、「部主降三世　諸尊。五大尊加行馬頭明王。内供伝。金剛界三昧耶会大日印大日剣印云々。真言慈救呪。三形五大尊以剣可通用也。馬頭以馬頭可為三形也」(大正蔵七八、八〇四頁b)と伝えるが、剣印の図像に不動を中心とする三角形の曼荼羅が認められる。

世天壇において円形(月輪)の中に不動曼荼羅観を示す例がある。「北斗法」(『秘鈔』第一八巻、仁和寺本)を見ると「第四諸曜宿段」に観想に構図上の原型が見られる。初重に「九曜」、第二院に「十二宮」、第三院「二十八宿」を放射状に配置するが、中央は「次取二数花一投二薪上一。観至二炉中一成二八葉蓮並九曜十二宮二十八宿」云々(大正蔵七八、五八二頁b)と表示するように、「数片の花をとり中央の〔炉中にある〕薪の上に投入すると」という所作を行なうことであるから、次の段階に移る「本命曜」を導くことになる。しかし、動作の中で繰り返してゆく不動曼荼羅観は、その前にいう加持物の所作「不動一字明を以て二十一反之を加持す」(同五八二頁a、11の一)によって、中尊の造形上のパターンを「不動一字明」という音声(不動明王の一字を唱える真言)におきかえる。そして具象的な影像を確実に焼きつけていく。また次の第五世天段に見られる本尊の勧請には「十一天別壇」を組み立てて中尊に四臂不動を召請している。このように世天段における四臂不動の位置づけは、単に北斗法にとどまらず不動曼荼羅観と同時に不動の慈救呪を唱えることにより、造形（壇、画面）と音声（呪、真言）の一対の「五大明王」との関係も含めて曼荼羅観が確立されている。それが金剛頂経文の図四角四方の内に十二天を北より外院の⑴多門天、⑵大自在天、⑶帝釈天、⑷火天、⑸焔魔天、⑹羅刹天、⑺水天、⑻風天、内院に⑼梵天、⑽地天を配するが、「北斗」の世天段と同じ構図によって中尊の四臂不動の左右に東側⑽七曜、西側⑾二十八宿を位置せしめている。この不動曼荼羅観は「不空護摩儀軌文、向北修レ之」（『四種護摩抄記』、第二）とあるように、不空系の護摩法の壇上の尊位として早くから不動を囲繞する十二天の内院に七曜、二十八宿が内蔵されている点は、十二天と同じ護世護法の尊位を不空三蔵の時期に確立していた。不空訳『金剛頂瑜伽護摩儀軌』（大正蔵一八、九一六頁）を土台にして、[5] それに十二天曼荼羅を加え十二天法を修するが、その際の七曜と二十八宿は、『十二天供儀軌』（大正蔵二一、三八五頁b）系統に述説があるように「梵地相対置二日天月天位一曜宿皆随転、中位観二四臂不動忿怒王一」といい、日天に七曜等が随い、月天に二十八宿が属すべき「随転」という尊位の転位が見られる。

しかし、この不動曼荼羅観が三角形に変形されたらどうであろうか。次の例を見るならば、この問いに対して「随転」という造形としての舞台は円形であっても、三角形であっても内院、外院のかまえ方はもとより曜宿、十二天等の尊位の位置づけはまったく変わらないことがわかる。

この不動の慈救呪をともないながら、三角形の中に中尊としての図像的位置づけが認められることは、「転法輪法」中の「世天段炉中」の勧請図に見られる。二重の三角形のうち内院に不動を中尊とし、脇侍の右に「七曜」、左に「二十八」宿を置き、天地に十二天を配している。さらに外院は本地垂迹による構成をたもち、本位の二十二社など諸祇祇が囲繞している。図像の記入の順序にしたがって記すと次のとおりである。1「不動」2「七曜」3「二十八（宿）」4「焔」5「梵」6「地」7「風」8「火」9「水」10「日」11「月」12「帝」13「羅」14「毘」15「伊」16「大」「大」「大」「広」「龍」「住」「日」「梅」17「吉」「広」「祇」「北」「丹」「貴」「大小神」18「天」「八」「賀」「松」「平」「稲」「春」。この『白宝口抄』第九十五（大正蔵図像六、八五五頁c）に見える「炉中観」の召請は次の「諸尊段炉中」の勧請図とともに一つの完成された不動茶曼羅観の解釈を永めることができよう。すなわち外院に守護の十六大護を並べ、内院に五大尊を配す図像学上の着想は、別尊法の中でも四天下を廻転して諸々の怨敵を摧破するという点において最も護法を重視したものであった。しかし、段炉中の輪郭を示す三角形はもとより火天の形色で、五形の

表1 定真筆文書一覧

年号	経典・儀軌名	所蔵箱の番号
一一九四	尊勝仏頂次第理博、一帖「東四」	第八七箱、一七八番
	（奥書）建久五年同八月一日定真書写伝受	
一一九五	不空羂索法、宝生尊法、合一巻（定真筆）	三二五、甲三三三
	（奥書）建久六年七月廿二日、定真伝受	
一一九七	般若菩薩印、御修法念誦事、五字	三二三、甲三三一
	文殊法、合一巻（各々鎌倉、室町、鎌倉時代）	
	（奥書）建久八年九月十七日定真伝受	
一一九八	護身法、一巻（興然述、定真筆）	第「八三」箱
（五月）	（奥書）建久九年五月九日書写	
（七月）	観音供（定真筆）五大尊等、合一巻	
	（奥書）建久九年七月廿六日水真伝受	
（十一月）	水天法、合一巻	二二八、甲二三八
	（奥書）建久九年十一月十七日	
	定真伝受奥書	
一二一六	宝広博楼閣善住秘密陀羅尼	
	念誦次第一帖（定真筆）	第一一一箱、一九六番
	（奥書）建保四年四月六日書写	
一二一七	長承元年歎徳文一巻（定真筆）	一八八、甲一九八
（二月）	（奥書）建保五年二月十日定真書写	
	仁王経法、合一巻（定真筆）	三〇九、甲三一七
	（奥書）建保五年二月十日定真書写	
	如法尊勝事　一巻（定真筆）	二三二、甲二四二
	（奥書）建保五年二月十日書写	
（三月）	肝要抄　一巻（定真本）「大巻」	第六九箱、一二〇番
	（奥書）建保五年三月二日定真書写校点	
	護摩次第（定真筆）念誦私記	
	地蔵法　合一巻	三一六、甲三三四
	（奥書）建保五年二月八日書写	
（八月）	不空羂索　一帖	（修）二三九
	（奥書）建保五年八月廿日定真書写	
（九月）	請雨経法（興然本）一巻（定真筆）	第七一箱、一三六番
	（奥書）建保五年九月廿九日定真書写	
	永久五年請雨経法日記　一巻	一八四、甲一九四
	（奥書）建保五年九月廿九日定真校合	
	仁王経御修法日記廿一巻（定真筆）	三一六、甲三二四
	（奥書）建保五年九月十八日書写	
（十一月）	大北斗壇図　一巻	三〇四、甲三一二
	（奥書）建保五年十一月八日定真書写	
	鎮壇私次第　一巻定（真筆）	三〇七、甲三一五
	（奥書）建保五年十一月十日書写	
	諸尊印契　一帖（七帖一帙のうち）	（修）九三
	（奥書）建保五年十一月十二日定真書写	
一二一九	建暦三年請雨経日記　一巻（定真筆）	二〇二、甲二一二
	（奥書）承久元年六月十八日栄然本転写	
一二二〇	類秘抄、興然作、三典（定真筆）	
（一月）	「東十一」大形堅本	第一〇二、箱一九一番
	（奥書）承久二年正月書写	
	類秘抄　一帖	（修）八二
	（奥書）承久二年正月十三日定真書写	
	五大虚空蔵　一帖（図像入定）真筆	
	「東十一」	第七六箱、一四三番
	（奥書）承久二年正月十八日書写	
（二月）	宝珠勘文　一巻（定真筆）	第一〇四箱、一九二番
	（奥書）承久二年二月九日定真書写	
	訶利帝母　一帖	（修）五
	（奥書）承久二年二月十五日定真校合	

一二二二	(儀軌、表題《ヲ》欠《ク》)一帖(定真筆) (奥書)承久四年三月廿七日定真書写	(修)八一
一二二八	天養二年仁王経御修法日記、一巻 (奥書)承元二年七月廿日書写 安貞二年三月廿四日定真交合	一七七、甲一八七
一二二八	瑜祇経料筒 一巻(定真筆) (奥書)安貞二年三月二日定真書写	二二〇、甲二三〇
一二二八	理趣経法 一巻(定真筆) (奥書)安貞二年三月十四日定真書写	二八一、甲二八九
一二二九	慈念抄、一巻(定真筆)、「東第五」 (奥書)寛喜元年栄然本伝写	第七四箱、一三九番
一二三一	仏頂尊勝陀羅尼 一巻(定真筆) (奥書)寛喜三年正月廿五日書写交点	三二二、甲三三〇
一二三七	祈雨法「本中」一巻(定真筆) (奥書)嘉禎二年四月五日、同三年三月十日定真書写	第七四箱、一三八番
一二三九	瓶次第 一巻(定真筆) (奥書)延応元年五月九日書写	二三七、甲二四七
一二四〇	五秘密次第 一帖(定真筆) (奥書)延応二年五月廿一日書写	第一一一箱、一九八番
一二四〇	順加持作法 一巻(仁真筆) (奥書)仁治元年十月之此定真書写	二二一、甲二三一
一二四一	東寺結縁灌頂三摩耶戒私記、一巻(仁真筆、定真加筆) (奥書)仁治二年二月十二日定真書写	二〇三、甲二一三
一二四四	不動印等 小一巻 (奥書)寛元二年四月廿一日定真書写	三五五、甲三四五

一二四七	竜供作法 一巻 (奥書)寛元五年正月廿七日定真書写	三〇二、甲三一〇
一二五〇	棺書種子真言等 一巻(定真筆、仁真跋)「東第十四」 (奥書)建長二年八月三日仁真	第八三箱、一五八番
一二五一	聖教目録 一巻(定真筆) (奥書)建長三年四月一日霊典校勘奥書	第一三五箱、二四六番
	(例下は奥書または年号を欠くが、定真本の写と推定されるもの)	
	金剛童子法等(定真等筆)付、不動鎮法 十三会真言印、合一巻(鎌倉時代)	二九一、甲二九九
	入仏像功徳(定真筆)一巻	二九二、甲三〇〇
	不空羂索法、六字法、金翅鳥法、合一巻 定真筆(鎌倉時代)	
	大仏頂法、五大尊等 合一巻、定真筆(定真本)	二六七、甲二七七
	仁王経法、小野僧正護国、阿弥陀敬愛法 合一巻	二七九、甲二八七
	病中幷夜所作 一巻定真筆(鎌倉時代)	二三三、甲二四三
	北斗護摩秘法 小一巻(定真筆)	四五一、甲四二八
	隋求陀羅尼五色加持事 一巻(宿紙)、(定真筆)	四六一、甲四三八
	普賢延命御修法日記、弁才天法、合一巻(定真筆)	二八九、甲二九七
	調伏壇図 一巻(定真筆)	三一〇、甲三一八
	鎮壇支度、文殊鎮家法、薬師法、合一巻(定真筆)	三一一、甲三一九

* この他に寛喜二年定真本転写の奥書を附す写本があり、それには鎌倉時代の長円筆『加持土砂作』(表紙に「東二」とあり、第八八箱、一八四番)が含まれている。また仁真筆かとも判断しかねる延命法等一巻(七六箱、一四九番)には紙背に定真筆の文書の断片が認められる。

一種であるから、「三角壇」から迫るか、「三角印」によって迫るか、その三角形の世界に本尊の不動明王を内蔵させようとする図像学的位置づけはきわめてシンボリズムに満ちあふれた構想といわなければならない。降伏法の際かまえようとする「三形壇」は青色、黒色「若作二降伏法一者（中略）本尊前塗二三角壇一、観二本尊一、作二青色或黒色一」（『千手軌』）、また赤色のいずれかの色相をもち、すべて三角形が火輪の図像を整え、大部分は摧破の標幟となる。しかも、この三角形は現図胎蔵界曼荼羅の外院東南隅、金剛界曼荼羅の外金剛部に見る火天すなわち仙形四臂、右第一手の胸前にある三角印の存在を認めるように、『大日経』具縁品に基づく所説ときりはなして考えられないのである。高山寺に認められる興然関係の一例から紹介することにしたい。

興然本「曼荼羅集」（縦二二・〇×横一三・〇センチメートル）の「請雨経曼荼羅」、「大勝金剛曼荼羅」があり、下巻に奥書がある。

図画本云此抄三巻先師理明房阿闍梨興然往年雖集之諸尊色像未図之且守彼遺命且為散蒙霧仰両三之図諸尊之形像而已有所違者後覧添削之権大僧都光宝

天福元年十月之比年来所持本書制図像畢定真本

此抄三帖依師命書之油紙図像同写之大法師隆聖廿三歳九臈

ここにいう「定真」とは、小野方相承の栂尾流に見える明恵上人高弁の高弟のことである。同血脈に「興然―高弁―定真―仁真」とあり、勧修寺流の法系である。この定真は別に空達上人とも呼ばれ、高山寺東坊として名高い方便智院の開基であったことが判明する。同坊の去密上人仁真も、よく師を助けて儀軌を収集する仕事をうけついだ形跡がある。また、この興然本でも明らかなように、別の定真の伝法の師、栄然（一一七二―一二五九）とは、勧修寺の慈尊院三世で、建久七年二月十一日に理明房興然について伝法職位をうけ、建保四年四月二十一日成宝より勧修寺流を伝授された傑僧である。したがって、これは、あとで述べるように高山寺蔵定真本の現状から考えても興然本の伝承には、明恵が指導的な役割を果たしながら栄然から定真へと受け継がれたことはほぼ間違いあるまい。

ところで平安時代から鎌倉時代にかけて行なわれた密教修法のうちでも、現世利益への切り札はなんといっても病気平癒と祈雨を目的にしたものが多かったと考えられている。今日、各山のどの寺院の経蔵を拝見しても、この両面の記録等は必ずといってよいほど手にすることができるのであるが、とくに仁和寺などの場合は、鎌倉末期の請雨経、懸曼荼羅図、神泉苑、黄楮紙の道場図（御経蔵、第七二箱、四八番）が一具として残されている例があり、この栄然にも竜供作法一帖という著作があるほどである。高山寺の写本のあり方からすれば、定真が写した『建暦三年請雨経日記』一巻（甲二二二箱）は、承久元年（一二一九）六月十八日に栄然本から転写したものに相違なく、『慈念抄』一巻も寛喜元年（一二二九）に伝承したというから、定真の手元には栄然の脈絡が保たれていたことは明らかであろう。

むすび

以上のように心覚の『別尊雑記』の中に引用されている両界と不動明王関係の図像にかかわる問題点を指摘したが、これは理論[6]と彫像における薬師如来と大日という関連性をも究明しなければ問題の解決にはならない。と同時に、不空系の孔雀明王の図像化[7]も考えなければならない。そのほか妙沢系の不動明王の周辺も調査しなければ十分な結論を下すことはできないが、ここでは筆者[8]が調べた限りの概要を末尾に一覧しておきたい[9]（表2）。

註

（1）『別尊雑記』の調査一覧は表2のとおり。

（2）この秘訣は空海が請来した『三十帖冊子』にも記録されている。『三十帖冊子』によって写したという奥書をもつものを底本としていたもので、隆聖が貞治二年に神護寺で書写した。

（外題）「如意輪菩薩観門義註秘訣御請来○朱筆余本有」

（内題）「如意輪菩薩観門義註秘訣」

（奥書）「書本伝、以卅帖写本書了云々」

「貞治二年癸卯十二月十一日戊戌於神護寺東北坊擬三七日追善書写訖

金剛仏子権律師隆聖廿九歳十五臈」

「八家秘録諸観音部第九内如意輪法四

如意輪観門義註秘訣一巻○朱線海

○朱線裏付心覚云、海録不空訳内出之、

三十帖目録云、如意輪菩薩観門義註秘訣一巻有梵字云々」

（3）心覚が注目したと見られる『作法集』二帖は次のとおり。

〔紙本墨書　粘葉装（二二・五×一七・八）〕

『作法集』は心覚が成就院寛助の口伝を記録したものと伝える。今日、東寺や仁和寺に残っている写本の多くは虫害が甚しい。上巻は後部を欠いているが、鎌倉時代初期に書写されたと考えられる。別本とは項目に大きな差異があるが、内容はほとんど同じである。

表書上「作法集上常喜院」下（上にほぼ同じ）内題　なし。

上は条目廿六項。下は六十八項より伝えられている。

上末行「諸仏子等諦聴此菩薩戒蔵三世」

下末行「権大僧都寛成就院興」

旧表紙。左上（義題）「作法常喜院」上・下は共に同じ。

（4）『秘蔵金宝鈔十帖』（紙本墨書　粘葉（一五・〇×一七・二））

実運の著作で、三宝院流における一流伝授の聖教として尊ばれている。巻第五に、久安四年に兼意本を写しているという伝承があり、これより本書の成立は兼意の晩年であろう。初めは四巻であったが、心覚が十帖に改めた。

表書「秘蔵金宝集第一」

二―十帖（内容は大差なし。）十帖「終」。別記（一説に勝賢自筆という）の朱筆がある。

図像一「第四、五、六、七、一一、一五、二一、二三、二四、二五、二六、二七紙」

二「第一、二、三、三二、三七紙」

三「第五、一〇、一六、一七紙」

四「第六、八、二九紙」

五「第一一、二一、二三、二四紙」

六「第二一、三〇、三一紙」

七「第一六紙」

八「第一〇、一五紙」

九「第三紙」

筆者第一、三、七、賢宝

第二、四、五、六、八、九、一〇、一筆　南北朝

奥書一「校了」。南北朝二「一交畢」。同三「交了」。南北朝四「一交畢」。同五「一交畢」。同六「一交畢」。同七「一交了」。南北朝八「一交了」。同九「一交了」。同十「(別記)右法等者　是先師僧都実運也一ゝ以自

（5）国宝『三十帖冊子』（仁和寺蔵）の法量（センチメートル）は以下のとおり。

1　新華厳経第一帙　十巻（千二百三号）　一五・七×一九・〇
（注）黄点アリ、「星座状」に見える個所（朱印(梵子)）

2　―同―第二帙　十巻　一五・五×一八・二

3　―同―第三帙　一五・五×一八・二

4　―同―第四帙　一五・五×一八・二

5　仁王陀羅尼釈一巻他　一五・六×一七・〇

6　仁王経二巻他　一五・四×一八・三

7　六波羅蜜経一部　一五・四×一八・四

8　守護国経一部十巻　第八帙　（梵字朱印）巻末尾　一三・八×一四・二

9　菩提場一字頂輪王経一部五巻　末尾「歓喜天」　一三・五×一四・三

10　金剛頂略出経一部四巻　第十帙　一五・六×一八・五

11　金剛頂真実大教王経一部三巻　十一帙

一六・〇×一八・二

12　新訳密厳経一部三巻　十二帖　一四・〇×一四・〇

13　十一面観自在菩薩心密言念誦儀軌経巻下
一三・七×一四・〇

14　不空羂索経第六、第廿「栄子目録」　一四・〇×一四・〇

15　八部八巻「第十五」　一五・七×一八・二

16　訶梨底母経一巻他　一五・六×一八・五

17　八部八巻　第十七帖「木楼経一巻」他
一二・六×一四・四

18　四部四巻　一五・五×一八・七

19　金剛寿命経一巻他　一五・五×一八・七

20　十八会指帰一巻他　一五・六×一八・五

21　一四・五×一四・五

22　一四・〇×一四・〇

23　一四・五×一四・八

24　一四・四×一四・五

25　一四・〇×一四・〇

26　一四・五×一四・八

27　一四・二×一四・五

28　一四・七×一四・〇

29　一四・〇×一四・八（梵字、真言）

30　一五・七×一六・二

なお「目録」が三十帖以外に一帖あり。

（6）『別尊雑記』（不空軌云。（薬師）。」（大正蔵図像三、九三頁c）

「……薬師如来像。左手令執薬器。亦名無価珠。右令作結三界印。一著袈裟結跏趺坐令安坐蓮花台。ミ下十二神将八万四千眷属上首令住。又令須蓮花台。如来威光中令住日光月光二菩薩文私云。不知請来。真偽可尋之」

『薬師如来念誦儀軌』（大正蔵一九、二九頁b）

「〇〇〇〇〇。（如来）〇〇〇〇〇〇。〇〇〇〇〇。〇（手）〇〇〇〇〇〇。〇〇〇〇〇〇〇〇。〇〇（坐）《脱》〇〇〇。台〇〇〇〇〇〇〇〇〇〇〇〇〇（住）《脱》〇〇〇蓮台。〇〇〇〇〇〇〇〇〇〇〇〇〇〇（文）《脱》」

（7）(イ)　木造薬師如来坐像（観音寺）像高七四・八、檜材。螺髪彫出、構造はほぼ大日如来像に似るが、躰部の左胸前および、右脇に各竪の割れ一条が通る。地付部各所に当木を矧ぎつけるほか、後頭部の螺髪の一部を後補し、また袖に挿込み矧つける左手先および持物は後補。螺髪をすべて失っている。材質は檜材と思われるが、松材に見える節もあり、明確でない。平安末の制作。

(ロ)　木造薬師如来坐像（与田町）像高五一、檜材、寄木造、漆箔、彫眼、小像ながら、いかにも典型的な平安末の如来像であり、各所の矧木も入念に、薄手に刳って仕上げの見事なものである。頭部には細目の螺髪を刻出し、面相も躰部のアウトラインも優雅な円い曲線を組み合わせて、いかにも円満な相好をつくる。

像内、膝前うらに墨書銘

当九百余歳天和三捻十月八日当寺住法印増性加修幅《ママ》畢

（種子）奉再興本尊薬師如来日光月光十二神将多聞持図

仏工洛陽七条大仏師法橘
　志水伝内弘敬

(ハ) 木造薬師如来坐像（大興寺）（法量）像高八四・〇、頂—顎二六・四、髪際—顎一五・五、面幅一五・五、耳張一九・九、面奥二〇・一、肘張五四・五、膝高一三・二、膝張七〇・〇、膝奥四八・〇。檜材、一木式、内刳り、漆箔、彫眼。螺髪刻出。構造はすこぶる簡明、頭・躰部を通じて共木につくり、一材を前後二材に割り矧いでつくり古風の作風を示す。十二世紀頃。

(ニ) 木造薬師如来坐像（甲山寺）像高九六・〇、頂—顎三一・三、髪際—顎一八・六、面幅一八・六、耳張二四・六、面奥二四・四、肘張五五・二、膝高一四・〇、膝張七二・三、膝奥五二・六。檜材、一木造、古色、彫眼。螺髪刻出、本躰両肘までの上膊部を共木につくり、右肘、手首を矧ぎ、膝前横一材、裳先を矧ぐ。制作は平安—鎌倉の間に求められる一本造の古風な構造。

(8) 『仏母大孔雀明王儀軌・孔雀経法次第』は不空訳の孔雀明王儀軌と孔雀経法とを合綴したもので外題に「複次第」と記している。永保二年に書写されたものと推定される。朱点が施され、まま訓が加えられており、仁和寺理智院本という。しかし永保二年伝授の場所、永久五年の池上はどこかは不明である。

（表書）「　　仁和寺理智院
　仏母大孔雀明王儀軌復次第不空訳」
（内題）「仏母大孔雀明王画像壇場儀軌法」
「特進試鴻臚卿大興善寺三蔵沙門大広智
　不空奉　詔訳」
（奥題）「仏母大雀明王画像壇場儀軌法一巻」
（奥書）「〇朱筆永保二年二月二廿八日奉受了
　大師御室」
（内題）「孔雀経法次第」
（奥書）ナシ
（奥書）「〇朱筆永保二年三月二日　奉受了　御室御伝」
「〇朱筆慈河□□
[illegible]」
「永久五年十一月廿五日、於池上塔下僧正御房奉受了」

(9) 不動明王および大日如来他の遺品は以下のとおり。

(イ) 絹本著色黄不動像　金刀比羅宮
　九三×三七・七　鎌倉
〃　不動明王二童子像　与田寺
　一一三・三×五八　鎌倉
〃　不動明王立像　道隆寺
　一七九・五×八六・五　室町
絹本墨画不動明王立像　妙沢筆　観音寺
　一〇九×三九・五　南北朝
〃　〃　妙沢筆　与田寺
　九四・五×三九・二　南北朝
絹本著色五大明王像　持宝寺
　一〇九×五八　南北朝

〃　愛染明王像　一〇七×五八　持宝寺　南北朝
〃　〃　極楽寺　一二八・五×六六・五　鎌倉
〃　〃　道隆寺　一一一・三×五六・三　南北朝

(ロ) 木造大日如来坐像（香園寺）像高四一、檜材、一木造。両手の上膊までを共木につくり、膝前を矧ぎつける。元来平安半ば頃の一木彫成の古像と思われる。近世面相部を割って内刳りし、玉眼を入れ、像全面の漆箔をあらため、かなり補修が目立つ。両手の前膊を共木につくるなど、古風な構造を示している。

(ハ)、木造大日如来坐像（構峰寺）像高九三・五（髻高一二二・五）、頂―顎三六・四、髪際―顎一六・三、面幅一六・八、耳張二一・四、面奥二一・九、肘張五一・〇、膝張七四・四、膝高一四・五、膝高五〇・八。構造は檜材、寄木造、漆箔、螺髪は一材製形制の整った平安末の大日である。彩色、漆箔は後補。

(ニ) 木造観音勢至菩薩立像（円明寺）像高、観音六〇・二、勢至六〇・六。（観音像）頂―顎一五・三、髪際―顎六・六、面幅六・一、耳張七・七、面奥七・五、肘張一六・九、裾張一四・六、足先開一一・三、（勢至像）頂―顎一五・六、髪際―顎六・八、面幅六・〇、耳張七・七、面奥七・七、肘張一七・一、裾張一五・一、足先開一〇・八。ともに檜材、寄木造、玉眼を入れ、髪部は群青彩、肉身と裳は漆箔を施す。

像内に遺髪を納め、その包紙に建長二年の年紀がしたためられている。包紙の墨書は（縦一九・七、横四八）

以愛子宗刃之遺　髪納観音腹蔵
畢因此結縁必於　極□可遂
会面者也　建長二年七月　一日
　隆禅（花押）
悲母惟宗氏

勢至像内にも遺髪を納めた包紙（雁皮紙、縦二八・八、横三七・四）があり、左記の墨書がある。

以愛子禰房之遺髪納勢至
幷之腹蔵畢籍此結縁必於
安養世界可遂会面之状
如件
建長二年七月一日慈父隆禅（花押）
　悲母惟宗氏

(ホ) 木造大日如来坐像（仏木寺）像高一二〇・二。頂―顎四三・〇、髪際―顎二三・三、面幅二〇・八、耳張二九・八、面奥二八・三、肘張六八・五、膝張九二・〇、膝高一五・七、膝奥六六・〇。宝冠を頂き、智拳印を結ぶ金剛界大日。榧材を用いる一木式の構造。頭、躰部を通じて前後二材を寄せ、旨枘を設けず、両膝奥も躰部前面材から共木につくり腹前二センチほど前面に膝前の矧目を設ける。鎌倉中期頃。

像の背面地付に近く左記の墨書銘がある。

大願主僧栄金
興法大師作仏之楠少々

此中作入タル也
建治元年才次七月乙卯廿五日
大日如来本尊始作
大仏師東[大寺]流
僧□

(ヘ) 木造阿閦如来坐像（持宝寺）像高七一・六、一木造、内刳りを施さぬ古風な構造のものであるが、制作は平安末。

(ト) 木造不動明王立像　出釈迦寺奥院、像高一〇二・五、寄木造、彫眼、十二世紀。

(チ) 木造兜跋毘沙門天立像（国分）寺像高七七、榧材、一木造、内刳りなし、両腕後補、粗豪な地方作。

(リ) 金銅薬師三尊懸仏（石手寺）面径五八・四、総厚二・五、中尊像高一二・三。杉板三枚を竪矧にして背面に上下二本の枘を入れて止め、表面に薄板金八枚矧合わせの地板を張り、縁に覆輪をかけ、その内側圏条を廻して内区中央に半肉鋳出しの薬師三尊坐像を蓮台上に据える。三尊各々に薄板金鏤透の光背と天蓋を付す。

背面に左記の墨書がある。

奉造立御躰
応永廿二年乙未七月十三日
大願主慶通
敬白

(ヌ) 銅三鈷鈴（石手寺）総高一七・三、鈴身高六・五、口径七・四。鈷長二・七、鈷張三・一、鋳銅製で、鈴身はきわめて薄く、裾広がりの洋鐘形で、肩に二重の花弁と裾周りと胴周りに立像の人形をめぐらす。把は棒状で、把頭に表裏二面の仏頭で支えた龍口より出る忍冬形の三鈷を鋳出す。その様相から推して宋時代に当たる西域地方の所産に属するものと思われる。

(ル) 金銅密教法具（明正寺）

火舎香爐　総高　六・五　口径　二・八　一合
六　器　高　一・五　口径　四・二　六口
台　皿　高　一・一五　径　三・一
革　瓶　高　五・六　口径　二・八　二口
飲食器　高　三・七　口径　四・四五　一口
灑水器　総高　五・六　口径　四・七　一口
塗香器　同　右　一口
金剛盤　高　一・六　長三　幅八・五　一面
五鈷鈴　総高　一七・三　鈴身高　六・五　口径　七・四　一口
五鈷杵　長　六・五　鈷張　一・八　一口
打　鳴　高　一・二　径　四・八　一口

鋳銅鍍金のきわめて小形の密教法具である。阿闍梨が行旅中の修法に用いるために、すべて通行の法具の過半丈に作ったもので、旅壇具と称している。この小形密教法具は簡素ながら鋳成挽物仕上げの作域はきわめて緊緻で、形態は張りのある重厚な趣を呈した優品である。

(ヲ)―一　木造大日如来坐像（正法寺）像高三二・九、頂―顎一四・四、髪際―顎六・〇、面幅六・四、耳張八・三、面奥八・八、肘張一八・八、膝張二三・三、膝高三・八、膝奥一

六・八。檜材、一木造、漆箔、彫眼。膝前を寄せるのみの一木彫成像で、全く内刳りを施さず、躰部材の木心は地付部で見ると中央やや右寄りにある。両手の前膊までを共木から木取りし、両肘、手首を矧ぐ。両眼には瞼の間にしのぎを設け、両頬に張りがあり、唇も厚手で総じて十世紀の一木彫成像らしい特色。

(ヲ)―二　木造大日如来像（長勝寺）像高三二・〇、頂―顎一四・三、髪際―顎六・四、面幅六・六、面奥八・九、肘張一九・三、膝張二三・一、膝高四・二、膝奥一六・八、檜材、一木成像。

(ヲ)―三　木造大日如来坐像（観音寺）像高一〇・三、檜材、寄木造、漆箔、彫眼。像内を内刳りし、首枘を設けているが、頭・躰部は共木を割り矧いだもので、それぞれ側面を矧ぎ、前後矧ぎとしている。木心はほぼ像の中央、やや前寄りにある。平安中期頃。

(ヲ)―四　木造不動明王立像（東光寺）像高一四六、巻髪、寄木造、玉眼。

(ヲ)―五　木造弘法大師坐像（焼山寺）像高八〇・八、鎌倉時代、応永七年。

(ヲ)―六　木造虚空蔵菩薩坐像（焼山寺）像高一一〇・六、榧材、一木造、彫眼。

(ヲ)―七　木造不動明王坐像（大龍寺）像高六四・三、寄木造、彩色、玉眼嵌入、室町時代の作。

(ヲ)―八　絹本著色愛染明王像（正興寺）鎌倉末。

(ヲ)―九　絹本著色恵果阿闍梨像（霊山寺）。

(ヲ)―一〇　絹本著色不動明王像（箸蔵寺）縦九〇・二、横五一・七。迦楼羅炎、瑟々座に坐る不動、弘法大師様全体に古様で、衣文彩より鎌倉時代後期の作。

(ヲ)―一一　絹本著色不動明王　二童子像（雲辺寺）縦一一七・八、横六五・二。室町初期、衣文の金泥彩文が盛上、岩座に金泥をさす。

表2　心覚『別尊雑記』五十七巻調査一覧［仁和寺所蔵］　　（法量センチメートル、測定真鍋）

尊　名（題目）	表紙の寸　法	全　長	縦	天 中 地	行　間	紙　質	図のある枚　数	本紙数	備　考（鎌倉期の写本等）
(1)　両界五仏	2.0	536.5	31.6	3.5 24.5 3.6	2.0～2.2	褐色楮紙	10	35	
(2)　仏　眼	27.1	611.2	31.6	3.6 24.3 3.7	2.0～2.2	褐色楮紙	3	22	
(3)　阿閦・宝生	26.8	471.0 （巻末を含む）	31.6	3.6 24.3 3.7	2.0～2.1	褐色楮紙	1	20	
(4)　薬師・善名称	23.1	668.0 （巻末を含む）	31.5	3.5 24.3 3.7	2.0～2.1	褐色楮紙	5	30	唐招提寺本 ただし鎌倉中期～後期）縦 29.7 全長 735.5
(5)　阿弥陀	27.3	633.0 （巻末を含む）	31.4	3.5 24.2 3.7	2.0～2.1	褐色楮紙	3	24	
(6)　釈迦・定光・大日不空成就・光明真言・諸仏諸菩薩・声聞・縁覚	26.5	624.0 （巻末を含む）	31.6	3.4 24.5 3.7	2.0～2.1	褐色楮紙	2	29	
(7)　大仏頂	23.5	480.0	31.6	3.6 24.3 3.7	2.0～2.1	褐色楮紙	1	19	
(8)　尊　勝	26.6	1470.0	31.4	3.5 24.3 3.6	2.0～2.1	褐色楮紙	3	54	
(9)　金輪・熾盛光	26.2	604.0	31.5	3.5 24.4 3.8	2.0～2.1	褐色楮紙	2	29	
(10)　法華経（後補・江戸）	23.5 26.3	1192.0	31.6	3.7 25.4 2.5	2.6	白色楮紙	なし（東寺本には法華経曼荼羅2図あり大正図像3巻P85～86）	22	(A)旧東寺宝菩提院本 (A)(元応2年)縦 30.0　全長 1041 (B)仁和寺心蓮院本 （嘉元元年）
(11)　六字経	24.7	910.8	31.7	4.0 24.5 3.2	2.0～2.1	褐色楮紙	3	35	仁和寺心蓮院本
(12)　童子経	27.5	653.3	31.6	3.6	2.0～2.1	褐色楮紙	2	23	(A)旧東寺宝菩提院本 （元孝元年） 縦30.0　全長 731.0 (B)仁和寺心蓮院本
(13)　宝楼閣・無垢浄光・寿命・理趣・宝篋・無辺門・心経・守護・菩提経	22.2	797.7	31.2	4.1 24.1 3.0	2.0～2.1	白色楮紙	2	18	仁和寺心蓮院本

⒁ 請雨経 うら承安3年6月18日心覚記之	24.4	577.0	31.7 { 3.6 24.6 3.5	2.0～2.1	褐色楮紙	2	24	仁和寺心蓮院本
⒂ 孔雀経	24.4	780.6	31.8 { 3.6 24.5 3.7	2.0～2.1	褐色楮紙	1	33	仁和寺心蓮院本 （嘉元2年）
⒃ 仁王経	23.8	684.9	31.7 { 3.7 24.5 3.5	2.0～2.1	褐色楮紙	3	30	仁和寺心蓮院本
⒄ 聖観音・千手	26.9	926.0	31.6 { 3.6 24.3 3.7	2.0～2.1	褐色楮紙	3	37	仁和寺心蓮院本 （乾元元年）
⒅ 如意輪 （裏書石山内供…）	24.4	1112.0	31.6 { 3.5 24.4 3.7	2.0～2.1	褐色楮紙	7	39	(A)四天王寺保管旧東寺宝菩提院本（元亨元年） 縦30.0 全長1325.5 (B)仁和寺心蓮院本（乾元元年）
⒆ 馬頭・十一面	21.8	872.8	31.5 { 3.4 24.3 3.8	1.9～2.0	褐色楮紙	3	34	仁和寺心蓮院本
⒇ 白衣・葉衣	27.5	583.5	31.6 { 3.7 24.3 3.6	2.0～2.1	褐色楮紙	3	23	仁和寺心蓮院本 （乾元2年）
㉑ 准 胝 （後補・鎌倉） （裏書心覚…）	20.1	472.0	31.5 { 3.8 24.1 3.8	2.0～2.1	黄楮紙	なし （大正図像第3巻P. 203には随心院本により2図を載せる）	8	仁和寺心蓮院本 （乾元2年）
㉒ 青頸・阿麼𪘚・水月 （後補・江戸）	判別不能	591.0 （表紙及び巻末を含める）	31.7 { 3.9 24.3 3.5	2.0～2.1	白色楮紙	7	15	仁和寺心蓮院本
㉓ 不空羂索 （後補・江戸）	22.0	879.0	31.6 { 3.5 24.4 3.7	2.0～2.1	白色楮紙	4	23	仁和寺心蓮院本
㉔ 多羅・毘倶胝・勢至（了巌）（後補・江戸）	21.0	550. 75	31.7 { 3.7 24.5 3.5	2.6	白色楮紙	2	14	(A)旧東寺宝菩提院本 （奥書欠） 縦30.0 全長447.0 (B)仁和寺心蓮院本
㉕ 五字文殊・八字・六字・一髻・一字	26.2	1131.8	31.6 { 3.5 24.4 3.7	2.0～2.1	褐色楮紙	5	44	仁和寺心蓮院本 （外題）「文殊」 （乾元2年）
㉖ 虚空蔵（五大虚空蔵曼荼羅）着色あり〔朱・緑青〕	22.7	829.0	31.5 { 3.3 24.4 3.8	2.0～2.1	褐色楮紙	3	37	仁和寺心蓮院本

㉗　普賢・金剛薩埵・金剛蔵王・延命・普賢延命	23.6	1156.8 （巻末を含む）	31.4 ｛3.4 24.3 3.8	2.0～2.1	褐色楮紙	6	45	仁和寺心蓮院本 （嘉元元年）
㉘弥勒・地蔵・持世	23.7	683.0	31.7 ｛3.7 24.3 3.7	2.0～2.1	褐色楮紙	5	32	仁和寺心蓮院本
㉙　金剛王・五秘密・大勝金剛（後補・鎌倉）	22.5	679.0	31.7 ｛3.8 24.2 3.7	2.0～2.1 2.0～2.1	白色楮紙	なし （大正・図像第3巻P. 295～303には東寺本により7図を載せる）	12	仁和寺心蓮院本
㉚　随　求	23.5	360.0	31.7 ｛3.6 24.5 3.6	2.0～2.1 2.0～2.1	褐色楮紙	1	13	(A)旧東寺宝菩提院本 （元応3年） 縦30.0　全長471.0 (B)仁和寺心蓮院本
㉛　般若・馬鳴・龍樹・香王・薬王・大悲生	22.8	710.0	31.4 ｛3.6 24.4 3.4	2.0～2.1	褐色楮紙	7	28	仁和寺心蓮院本
㉜　不　動 （後補・室町後期）	29.8	1965.0	31.6 ｛3.7 24.1 3.8	2.0～2.1	褐色楮紙	7	40	
㉝　降三世・軍荼利	25.3	756.6	31.4 ｛3.3 24.3 3.8	2.0～2.1	褐色楮紙	6	27	仁和寺心蓮院本 （正安4年）
㉞　大威徳・金剛夜叉	26.1	1191.2	31.5 ｛3.5 24.2 3.8	2.0～2.1	褐色楮紙	8	49	
㉟　愛染王 （後補・鎌倉）	25.2	1408.0	31.7 ｛3.9 24.4 3.5	2.7	白色楮紙	4	33	
㊱　転法輪	27.3	992.7	31.6 ｛3.4 24.4 3.8	2.0～2.1	褐色楮紙	4	34	(A)唐招提寺本 （永仁7年） 縦28.9　全長919.0 (B)旧東寺宝菩提院本 （元応2年） 縦30.0　全長1104.0 (C)仁和寺心蓮院本 〔注（ただし年代順不同）〕
㊲　烏蒭沙摩	24.0	440.7	31.4 ｛3.4 24.3 3.7	2.0～2.1	褐色楮紙	3	14	
㊳　円満金剛・随心金剛・忙摩鶏・無能勝明王・大輪金剛・歩擲金剛	26.8	547.8	31.5 ｛3.2 24.6 3.7	2.0～2.1	褐色楮紙	4	24	仁和寺心蓮院本 （外題）「大輪金剛」 （嘉元元年）

(39) 大　元	26.3	360.0	31.3 { 3.3 / 24.3 / 3.7	2.0～2.1	褐色楮紙	3	13	
(40) 北斗（本）	25.5	1711.0	31.5 { 3.6 / 24.7 / 3.2	2.0～2.1	褐色楮紙	なし	79	(A)旧東寺菩提院本（元亨元年）縦30.0　全長1600.0 (B)仁和寺心蓮院本（外題）「北斗法」
(41) 北斗（末）	21.6	794.8	31.4 { 3.2 / 24.5 / 23.7	2.0～2.1	褐色楮紙	なし	30	旧東寺宝菩提院本（元亨元年）縦30.0　全長825.0
(42) 聖　天	25.9	874.0	31.5 { 3.6 / 24.3 / 3.6	2.0～2.1	褐色楮紙	3	36	
(43) 水天供法	22.0	582.7	31.4 { 3.9 / 23.8 / 3.7	2.0～2.1	褐色楮紙	1	25	旧東寺宝菩提院本（元応２年）縦30.0　全長615.5
(44) 弁才天・伎藝天	22.0	339.0	31.5 { 3.9 / 24.3 / 3.3	2.0～2.1	褐色楮紙	3	13	仁和寺心蓮院本
(45) 吉祥天・寶藏	23.1	634.0	31.5 { 3.6 / 25.2 / 2.7	2.4	白色楮紙	2	15	(A)唐招提寺（正安元年）縦29.2　全長633.0 (B)旧東寺宝菩提院本（元亨元年）縦30.0　全長120.0
(46) 閻摩天	22.8	710.0	31.5 { 3.5 / 24.5 / 3.5	2.0～2.1	褐色楮紙	1	29	仁和寺心蓮院本
(47) 四天王	23.4	612.7	31.4 { 3.5 / 24.2 / 3.7	2.0～2.1	褐色楮紙	4	21 1	(A)四天王寺に旧東寺宝菩提院本の残欠図の部分のみ現存 (B)仁和寺心蓮院本（乾元元年）
(48) 妙　見	22.7	471.4	31.5 { 3.5 / 24.4 / 3.6	2.0～2.1	褐色楮紙	5	16	(A)旧東寺宝菩提院本（元応2年）（文華堂）縦30.0　全長522.6 (B)仁和寺心蓮院本
(49) 蘘麌利・金翅鳥	23.0	558.7	31.5 { 3.6 / 24.4 / 3.5	2.0～2.1	褐色楮紙	5	21	旧東寺宝菩提院本（元応2年）縦30.0　全長585.0　外題は「…加樓羅」とあり、巻末に「性

								然」とある
⑸⓪ 訶利帝・愛子・氷迦羅	21.2	759.0	31.4 { 3.6 24.2 3.6	2.0～2.1	褐色楮紙	4	33	訶（呵）
⑸① 大黒天神・深沙王	22.3	525.0	31.6 { 3.5 24.3 3.8	2.0～2.1	褐色楮紙	2	22	旧東寺宝菩提院本 （元応２年） 縦30.0　全長560.4
⑸② 地天・梵天・鳩摩羅・大自在・帝釈・那羅延・羅刹・風天・波沙波陀	26.9	711.2	31.3 { 3.5 24.0 3.8	1.9～2.0	褐色楮紙	5	30	
⑸③ 摩利支（後補）	22.8	498.5	31.5 { 3.5 24.7 3.3	2.1～2.2	白色楮紙	1	11	旧東寺宝菩提院本 （元亨２年） 縦30.0　全長560.0
⑸④ 多聞天	21.4	527.0	31.5 { 3.4 24.6 3.5	1.9～2.0	褐色楮紙	3	20	仁和寺心蓮院本
⑸⑤ 十二天	24.0	1684.0	31.3 { 3.6 24.2 3.5	2.0～2.1	褐色楮紙	12	63	仁和寺心蓮院本 （嘉元２年）
⑸⑥ 金剛童子	20.2	571.0	31.5 { 3.5 24.2 3.5	2.0～2.1	褐色楮紙	2	14	(A)唐招提寺本 （永仁６年） 縦28.8　全長409.0 (B)仁和寺心蓮院本
⑸⑦ 神供・五十天・施餓鬼	21.6	546.8	31.4 { 3.8 23.8 3.8	2.1	褐色楮紙	なし	21	(A)旧東寺宝菩提院本 （元応元年） 縦30.0　全長658.0 巻末に「正中元奉伝受了性然」とある (B)仁和寺心蓮院本 （嘉元元年）

心覚の「応保二年卯月記」と師説

中世における密教画の展開を考える場合、白描図像の編纂の機運の高まった平安後期は、図像の様式と密教の分派というかかわりあいにおいて重要な時期であることは論をまたない。とくに保延年間（醍醐寺本によると五年、六年頃）に鳥羽上皇の命をうけて撰集された『図像抄』十巻は、仁和寺に保寿院流をひらいた平等房永厳（一〇七五—一一五一）の手になるものとして知られている。この図像集が実際にどのような過程で撰集されたか明確な答えは出しにくく、また永厳が勝定房恵什に命じて図像が集められたとする経緯もあるので、恵什説を重視するその後の密家も少なくない。

ところでこの『図像抄』の次に登場するのが、常喜院阿闍梨心覚（一一一七—一一八〇）の編集した『別尊雑記』五十七巻（重文・仁和寺所蔵）である。これは題名に別尊とあるように主として東密に伝来した別尊法を基調とし、これに相応する道場観を中心に白描図像を集めたものである。編纂にあたって心覚が尊重したのは、四人の師説（伝法上、師匠と決めた人の説で兼意・寛助・恵什・実運をさす）の諸尊法の口伝・口決・印言・作法などの伝承で、それに関連する三昧耶形・尊像図・曼荼羅のたぐいは異図や唐本もふくめてほぼ完全に近いかたちで網羅されている。その成立は、今日では心覚が高野山へ登って活躍が確認される応保二年（一一六二）から十年間の承安二年（一一七二）頃と考えられている。

ここでは、金澤文庫に保管されている心覚関係の資料すなわち称名寺伝来の(1)『別尊雑記』（鎌倉時代後期写、釼阿手沢本、巻子本）のうち随求法、転法輪法、聖天法、摩利支天法、薬師天法（善名称）、文殊法、仏眼法、六字経法、多聞天法、弁才天法、烏芻沙摩明王法、施餓鬼法等、(2)『別尊雑記』（正和三年順忍書写の奥書を有する桝形本）の残巻、(3)『諸尊図像集』（上・下二巻）、(4)『別尊要記』（『鶴林鈔』のこと、四巻四冊、釼阿手沢本）、(4)常喜院流の諸尊法、とくに『心目抄』（元亨四年亮順書写の奥書を有する巻上・中をふくむ冊子本）などに引く師説（主として既述の四人以外）の周辺を、できるだけ図像と関係する部分についてのみ探ろうとするものである。

いうまでもなく小野流（聖宝の系統・寛助）は口決を重視するが図像を諸尊法に収めない傾向にあり、広沢流（益信の系統・仁海）はこれに反して図像を付加する傾向にある。心覚の図像収集に対する姿勢を考えると、図像のあるもの、ないものの区別はつけず、両流の巨匠から口伝を中心とした諸尊法を集め、なお主要な図像を重視する傾向にある。小野流では実運―心覚、あるいは賢覚―心覚の流れ、広沢流では兼意―心覚、覚印―心覚の法流を血脈で確かめることができる。後に『覚禅鈔』を編んだ覚禅は、心覚にくらべて広沢流を重視する傾向がある。

ところで心覚が高野山へ登った時期や『別尊雑記』を編纂していった過程等については、美術史の側からもこれまで若干論ぜられてきた。

しかし心覚が高野山へ入山した確実な史料は、まだ発見されていない。ただ現存する諸史料を検討してみると、ほぼ保元元年（一一五六）前後には、成蓮房兼意と修法上のやりとりがあり、図像の収集にあたっても三部大法を学びながら貴重な助言を終始うけていたのでその頃かと察せられる。ここに紹介しようとする新出の『応保二年卯月記』は、応保二年（一一六二）四月より伝授された諸尊法の記録である。口伝中に若干の図像が描写されている。応保二年とは心覚が山上で落ちつき、金剛峯寺で下野阿闍梨覚印（一〇九七―一一六四）から諸尊法の主なものを重受していた時期にあたる。その前年の永暦二年（一一六一）は高野山小田原別所で理性院阿闍梨より伝法灌頂を受法している。この覚印は既述の『図像抄』にかかわる平等房永厳（一〇七五―一一五一）に師事した高僧（永厳の弟か）で保寿院流をよくした。心覚は『別尊雑記』を編むにあたり覚印の師説を「印記云」、「印抄云」として引用している。

さて『応保二年卯月記』は上、中、下巻三帖からなり、各縦一四・八×横二一・六センチメートル、粘葉装の口伝。高野山宝寿院所蔵で下巻の奥書に「嘉元二年甲辰五月十四日寫之了　猷然」とあり、鎌倉時代に金剛三昧院所蔵の写本にまま見られる猷然僧正の筆記であることがわかる。原本は失われているが、末尾に「書本云　応保二年卯月上旬始之以瀧谷御草本書之他説私加之　佛子心覚記之」とあり改行して「成身院経蔵本」という伝本の名称が記されている。外題は三帖ともに「応保二年卯月記　心覚」とあり、応保二年（一一六二）四月上旬より一年余で口伝をまとめたことになる。本書は成身院の経蔵に伝来したものが、心覚の自筆本であったことは間違いないが、筆写した猷然がどういう師資相承において入手したか必ずしも明確ではない。ただ他の心覚の『別尊要記』を弘安四年に書写したいきさつがあるから、山内（金剛三昧院）では常喜院流聖教箱に保存されていた可能性は十分に考えられる。心覚が所持していた「瀧谷御草本」の瀧谷とは、大阪府富田林市彼方にある明王寺の前身を言うのであろう。ここは瀧谷不動と別称し寛治八年（一〇九四）の胎内銘を有する不動三尊を本尊とする。

以下、心覚の収集した図像や口伝の編纂過程を考えるため『応保二年卯月記』をA本、『別尊雑記』をB本（とくに金澤文庫保管本を引用する場合はK本）と略称して叙述する。A本の上巻は冒頭に『大日経疏』の「如来但住自証之……」の著名な一説を引き、「薬師」から「五秘密」まで如来部、仏頂部、経法部など三十四項の口伝を収める。『別尊雑記』に見えない小野仁海僧正の印信を伝えているほか、形像の項では逆に当時すでに知られていた（B本、K本「世流布像有二様」）東寺金堂と薬師寺金堂像の存在はA本では伝えていない。ただ観想（薬師）の部分で興味深いことは、仁和寺で寛助の流れをくむ華蔵院流の観智律師が道場観を残しており、ここでは「花蔵院観智律師説云」の観法を全文収めている。あとがきによれば、この口伝は律師の自筆草本から書写されたことがわかる。ちなみにこの華蔵院流は高野山—仁和寺—鎌倉を結ぶ後の常喜院流（心覚が流祖）の関東流布を考えるうえで、無視できない一派である。とくに頼朝の息（二男）と伝える鎌倉法印貞暁（一一八六—一二三一）は、花蔵院および勝宝院を領有し、守覚法親王の死後、高野に入山し寂静院を建立する。『密教辞典』（佐和隆研編、三七五頁）では「山上では行勝の徳をしたって承元二年（一二〇八）に経智坊に隠退する」と記されているが、華蔵院流の血脈では隆暁—貞暁となっている。ここに実生活と血脈上の異なる伝承が見られる。なお『華蔵院記』および『華蔵院観智記』という聞書があったことをA本では伝えている。

心覚と師説（四人）の関係では、A本「印抄云、成蓮院在別」と墨書する口伝の確認が各項目ごとに多い。いうまでもなく「成蓮院」とは成蓮房兼意の住房のことで、ここから伝えられたものは密教図像だけではなく数多くの諸尊法の口決も含んでいたことを物語っている。「印抄云」とは高野山に覚証院をひらいた下野阿闍梨覚印の著『印鈔』五巻のことである。覚印は心覚の師事した有力な師僧の一人で保寿院流をことごとく学んだという。また阿弥陀の項では、A本「叡山用心草云」を引き、その決定往生真言は奝然法橋の将来であるという。B本ではこの真言と結印の伝来について一切ふれておらず、成蓮房兼意がわずかに決定住定印の印相と真言（梵字）を付記しているにすぎない。

A本、B本ともに「厳覚僧都記云」の引用は多い。この勧修寺大僧正厳覚（一〇五六―一一二一）は有名な寛信法務の師の一人で、図像とのかかわりあいは、康和四年（一一〇二）範俊より小野流を受法し鳥羽宝蔵をうけ継いだとき以降、濃厚になる。A本「仁王」の項では永久五年（一一一七）五月に大行事となった阿闍梨権少都厳覚の言を引き、『厳覚僧都傳』という口伝集があったことを伝える。同じく「六字経」の部分で図像と密接な関係をもつA本「証記」という伝承が見られる。ただし同項目でB本を比較すると、成蓮房兼意が遍照寺大僧正自筆本による書写のみを重視するにとどまっている。この「証記」、「証師雑記云」とは覚鑁の上足で、高野山の大伝法院学頭として知られていた大乗房証印（一一〇五―一一八七）の口伝をいう。この証印の高弟に玄証がいる。閑観房玄証（一一四六―一二〇八）は高野山における図像のメッカとして知られる月上院に住し、広沢流の一派、伝法院流中でも得意な画技を駆使して文治五年（一一八九）の『梵天火羅九曜図』をはじめ『曼荼羅集』、『応現観音図』など数多くの図像を残した。後に『覚禅鈔』を編纂した金胎房覚禅（一一四三―一二一三）は、玄証―房海―覚禅と付法しているから、図像収集の影響は（この玄証の系統において）強かったに違いない。とくに高山寺の聖教中に伝存する『梵天火羅九曜図』は、桝形本の中に細密画による優美な像容を描いている。なおA本の上巻の最後に「愛染明王」の項があり、そこに「理性房説云」という引用がある。理性房とは理性院賢覚（一〇八〇―一一五六）のことで、醍醐寺の「理性院祖師像」（永和三年写の祖師型紙と一組）にも描かれている。有名な勝覚にしたがって灌頂を受法したが、その後に高野山に入山、奥院の祖廟に祈願していると弘法大師の影現に出遇い印言を感得したという。そして再び醍醐にもどり理性院流をひらき、宗命・宝心や覚鑁らの弟子を生むことになる。心覚がA本で理性房説として重視した背景には、賢覚が晩年になって法流を宗命に付嘱し高野山隠遁を果たしたからだという。

A本の中巻は「普賢」から「随心金剛」まで菩薩・忿怒など五十八項の口伝を収める。「印抄云、成蓮院別有」の引用は上巻に同様。A本「八字文殊」以降は「禅林寺僧都御傳云」の引用が多く見られる。禅林寺僧都は真紹（七九七―八七三）のことで、貞観五年（八六三）に河内観心寺に五仏像の造像を成したことで知られる。後に永観堂（禅林寺）を造営。この永観堂のプランについてA本に伝える文殊の形像は「各々別なり」、と伝えるように本尊のあり方を建築と美意識の関係でとらえている点が注目される。中巻には上巻と異なる口伝も収める。「転法輪」の項で「三密房口傳云」および「三密房日記裏付又云」という伝承がある。

内容は行儀の作法・次第が大部分である。三密房とは既述の理性院賢覚の弟、三密房聖賢（一〇八三―一一四九）のことで、晩年は金剛王院流をひらいた。聖賢の記述を考えると、密教の修法の際に観念という過程があり、その証が図像であるという概念を述べている。またA本「不空羂索」の項では、B本に見えない「一面三目八臂像事」として、「宝志和尚傳云」（A本およびK本『心目抄』にあり）という口伝の引用が見える。

B本に引用が見えない口伝のうちとくに注目すべきは金澤文庫保管の『二十八衆図』（一紙）であろう。中尊千手観音の眷属を含め二十八部衆を曼荼羅の配置に準じて墨書した尊名等の記述である。『予見抄』第二十七巻（予見とは「高野阿闍梨心覚」の略名）を典拠とし、中央には「理性院宗命闍梨抄二十八部衆左右方次第如此交合常喜院略尺抄之」と墨書が認められる。この口伝を信頼するならば、醍醐寺の理性院流は賢覚が流祖であるが賢覚自身が宗命に流儀をゆずった後に『理性院宗命抄』と称する口伝書ができたことになろう。いずれにせよA本にもこの部分は一致するが、「二十八部衆薬叉」と標記している点が違う。

A本の下巻は「多聞天」から「五十天供」まで天部三十二項の口伝を収める。A本「多門天」の項は、初めに「印抄」を引き成蓮房兼意の印言と心覚の口伝に加筆しているが、「二十八使者」の部分では「教乗房」の口説を大切に伝承している。教乗房とは肥前律師琳助（一〇八三―一一五九）のことで、寛助の門を経て『図像抄』の永厳と御室西院信証から伝法灌頂をうけた太元別当である。心覚が琳助の口伝を重視している理由は、後の常喜院流が関東に流布する時期（鎌倉中期）になって、西院流との関係が無視できない状況にあったことを窺わせる。とくに琳助はここで西院を仕立てて西院琳助方をあみだすに至る。またA本「最勝太子」の項では「毘沙門、第三、太子ナリ」と注記をほどこし成蓮房の下抄と入念な交合を行なっている。心覚の周辺を記述のうえで調査してみると、実運の『諸尊要抄』第十二巻、『金宝鈔』第八巻、『薄双紙』第二巻にしか引用例が認められない。これと同様にA本には、九曜星の項で「奥秘抄上云」、「法蔵僧都云」に続き心覚自身が玄証の描いた文治五年以前の『梵天火羅（九曜）図』を見ていることも明らかである。以上のようにA本は、本文（とくに師説）と図像の関係を考えるうえで見逃しがたい資料といえよう。

Ⅲ

白描下絵伊勢物語梵字経の梵字

——光明真言の分析とその解読——

一　光明真言の分析と表現

『光明真言句義釈』はその序文によって知られるように、高弁が貞応元年（一二二二）四月十九日に著わしたものである。このいきさつについては上人の滅後、八年を経た延応二年（一二四〇）三月六日書写の金剛蔵本[1]が詳しく伝えている。表紙も当初のままであって、しかもそこに杲宝自筆の署名があることなどから杲宝阿闍梨がいずれからか伝授されたものに相違ない。この立場以後ずっと後世まで伝えられるのであるが、三宝院流岩蔵方の所伝、百八通印信の一つと目される光明真言法の存在[2]を考えあわせるならば、このとき杲宝が東寺一門にあって、受けとめた高弁に対する讃嘆たる姿勢は、まったく光明真言の本意に一歩せまったものといえよう。

おそらくこの姿勢が基調となって、杲宝晩年まで三宝院流岩蔵方の所伝にいう百八通印信中の光明真言を、善く導いたに違いない。それは光明真言法に定められた名義を挙げることによって一層はっきりするであろう。「[イ]大光明を放ち、[ロ]六道の衆生を救い、[ハ]流転の闇を照らし、[ニ]五智の悟りをあかしむるが故に光明真言と名づく」（醍醐三宝院蔵「光明真言印信」一括六通）と。ここにいう(イ)は、いずれかの舞台すなわち現世にあって、この真言を発することにより、強く大きい光明を放射するというのである[3]。その放たれた光が、すべての地上に充満し円満に具足する十万億土を導くという。それゆえ句義の「ペイロチャノウ」（第五―八字目）は、「毘盧遮那」、すなわち大日如来に「光明遍照」という訳語を与えているのである。逆にいうならば、この一句が光明真言の口授をとおして、現世と未来世までも偉大な大安楽身になることを約束しているとみなすことができよう。ここに真言、つまり「ことば」から転じたもう一つの変身の力強さがある。しかもこれは、宗教に内蔵されたものであって理論では得ることのできぬまったく別の美しさである。いうなれば二重構造の世界に見る真理そのものである。古代の人々は、この真言を唱え本当の信をとおして、自らが一瞬にして変身し、自らがすすんで仏となり大光明を放つということを我が身に託していたに違いない。だからここでは、鎌倉初期ではあるが「此の真言を唱うれば転迷開悟して凡聖不二神通自在の身を得る」(『光明真言句義釈』『光明真言鈔』『光明真言四重釈』)という真言の句義そのものに対する後世の解釈に注目したいのである。なぜなら、この真言を唱えた者は、迷いからさめ凡聖不二《ぼんじょうふに》の世界をゆきかうことができる菩薩として、最高の不可思議な力、神通力《じんずうりき》を獲得することになった、というきわめて積極的な理解のしかたを見守ることができるからである。もとより、この力は密教のものであって、修行の悉地を成就した者のみが得られるということに難解な通力《つうりき》である。

図1　不動明王図像　部分(醍醐寺蔵)

修験道など民間信仰の中には、地道に影響を与えながら迎え入れられたことは、その内容が凡慮をもっておし測ることのできぬ無限の謎をおびていることでもおよそ察することができよう。この真威的な目に見えない謎を暗示しているのが、この真言の終字にあたる語句「転ぜしめよ、フーム」(第二十六字目)という象徴的な二字である。この「フーム」すなわち「吽」字は、和音で「カーン」とも発音されているが、菩提心、満願、大力、恐怖、歓喜の義を有する。これはよく三尊形式の梵字にあたる金剛界大日三尊として仁平元年銘の石塔婆(山城・花背・福田寺)に見られるように石脇侍の不動として登場する。また一尊でも正応六年の板碑(東京・浅草・龍宝寺)に作例が認められ、白描図像では最もあざやかにあらわれる。図1に示す醍醐寺蔵の「不動明王図像」一巻(縦二九・五、全長八八〇・三、奥付七五・〇センチメートル、十八紙)には盤石上に現出した堅固不動の種子「カーン」を囲繞する使者八大童子の構図を見る。ここにいう「吽」字そのものが忿怒相となり、身色は日輪のごとく火髪上に聳ゆるのである。したがってここでは、梵字が単なる不動(尊容)の代用ではなく、罪悪に対する恐怖、破壊の意味を強調しようとする内面的な表現を先行させていることに気づく。時には尊容を描くより、梵字そのものを象徴化してあつかうことのほうが強烈な印象を与える場合さえある。これがこの一字の「能破」や「降伏」の表を確定的にしたゆえんである。光明真言中のこの終字が、もし不動の種子として表現されることがなかったら、解釈において、それほど具体的な効用を説明することができなかったに違いない。それゆえ「打レ賊用ニ眼印一、誦ニ吽字真言一」(『立印軌』)あるいは「結ニ心印一、称ニ吽字一、一切悪雲退散」(『底理経』下)と伝うる霊験あらたかなさまが、平安・鎌倉時代を通じて是認されてきたのである。いいかえるならば「此の真言を唱うれば菩提心を発して修行し成仏することを得、地獄を破して浄土となすことを得る」という菩提心そのものの発見が、この光明真言の終字「フーム」を配することによってのみ道俗の人々とつながる糸口を見出したといってもよい。光明真言の句義解を釈した高弁そして興正菩薩叡尊の系統などが得意としたところは、いずれもその(ロ)に述べるように「六道の衆生」に対する救呪としてとらえている点である。この流れは鎌倉後期から室町時代に至るまで(ハ)「流転の闇」を照らすという釈義で光明真言儀軌[4]の偽作などにもかかわりあっていったのであるが、既述の三宝院流岩蔵方の印信の一つである『光明口決』(外題の上に「介王」と注記あり)にも「かくすれば必ず悉地現前し、身より光明を放ちて無量の国土を照らし、飛行自在にして利生無窮なり、之を秘中の秘となす」と説くように、単に光明を照らして供養するだけではなく、自らの「からだ」に対して「飛行自在」であると問いただしている点が注目される。この問いただし方に求道の姿勢があるので、これが光明真言の寿命を末ながく保った要因でもある。かかる立場からこの真言が広く信仰されるようになり、『目無経』にも影響を与えてきたのである。しかもそれは決して不自然な発展形態ではない。

二　梵字の解読

まず絵に関する研究はこれまでいくつか紹介されてきたが[5]、これとはまったく別個に、大和文華館蔵本を中心とした梵字の現状を詳しく分析しながら解読の方法を導き、悉曇の字型を中心とした考察を行なうことにしよう。大和文華館蔵本(以下「Y本」と略す)は、巻首から左へ順に梵字が縦に並べられて一群二段に分けられ捺印されている。図2の分解図でも明らかなように、上段は唵字から始まって六字で繰り返され、四行(A、B、C、D)十二字ずつを一グループとしながら約四十四群八十八点の梵字を

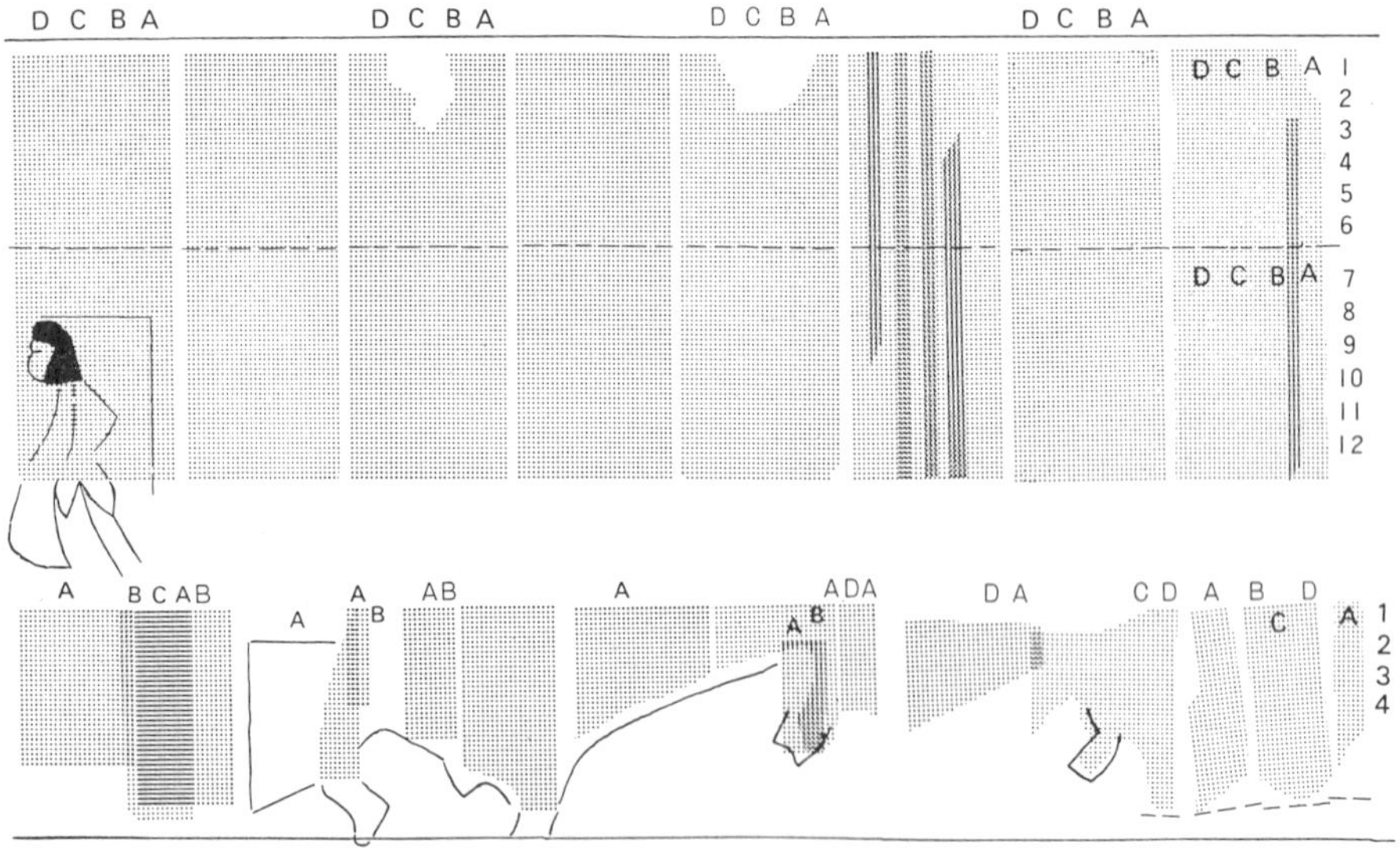

図２　上：白描伊勢物語下絵梵字経（大和文華館蔵）／下：同　梵字配列の分解図（作図＝筆者）

認める。下段に重ねおした形跡があり、とくに下部に字が断片的に散在するさまを見ても解読が容易でないことがわかる。分解図をもとに全巻の梵字の位置を確認するならば、およそ次のようになろう。

「巻首」第(1)群（A・B・C・D）（A・B・C・D）下段あり
←(13)群（C欠）
←(23)群（この間より裏に捺印された梵字が表出する）
(24)群
(25)群（右に同じ）
(26)群
←(28)群（A欠）
←「巻末」第(44)群（C・D欠）

図2はこのうち巻首(1)より(8)までを分解したものであるが、やや黒い部分のとくに上段の梵字は、1より12列まで一枚の版と考えられるものである。ところがこの一枚の版を解読してみると、拡大図（図3）のA列を縦に1より6まで読んでもまったく解読不可能なことに気づく。つまり普通われわれが縦に上から下へ読もうとしても、「[1]オン、[2]ベイ、[3]マ、[4]ジンバ」となって文章にはならない。7から8についても同様である。そこで私は巻首を上（天）にして巻末を下（地）のほうへ向きを変えながら、1列を2より6に向かって左から右へ、AよりDへと下に改行しながら読み始めた。すると一瞬にして「[A]オン、[B]ア、[CD]ボキヤ（モーガ）」とすらすら口ずさむことができたのである。しかしこの字句の配列は曲物である。少なくとも梵字の時代感覚から見ても、サンスクリットの筆記を通常、左から右へと筆写するのを、まさに逆に右から左へ配置したにすぎないのである。これはきわめて和様なあり方である。しかも上段の二グループと下段の散らばったAよりDとは、どう見てもその字句の配置のしかたが他の諸本と比べて根本的に相違するのである。この状況はきわめて抽象的な梵字のことであるから、観賞者の側からすればさほど重要な意味をもた

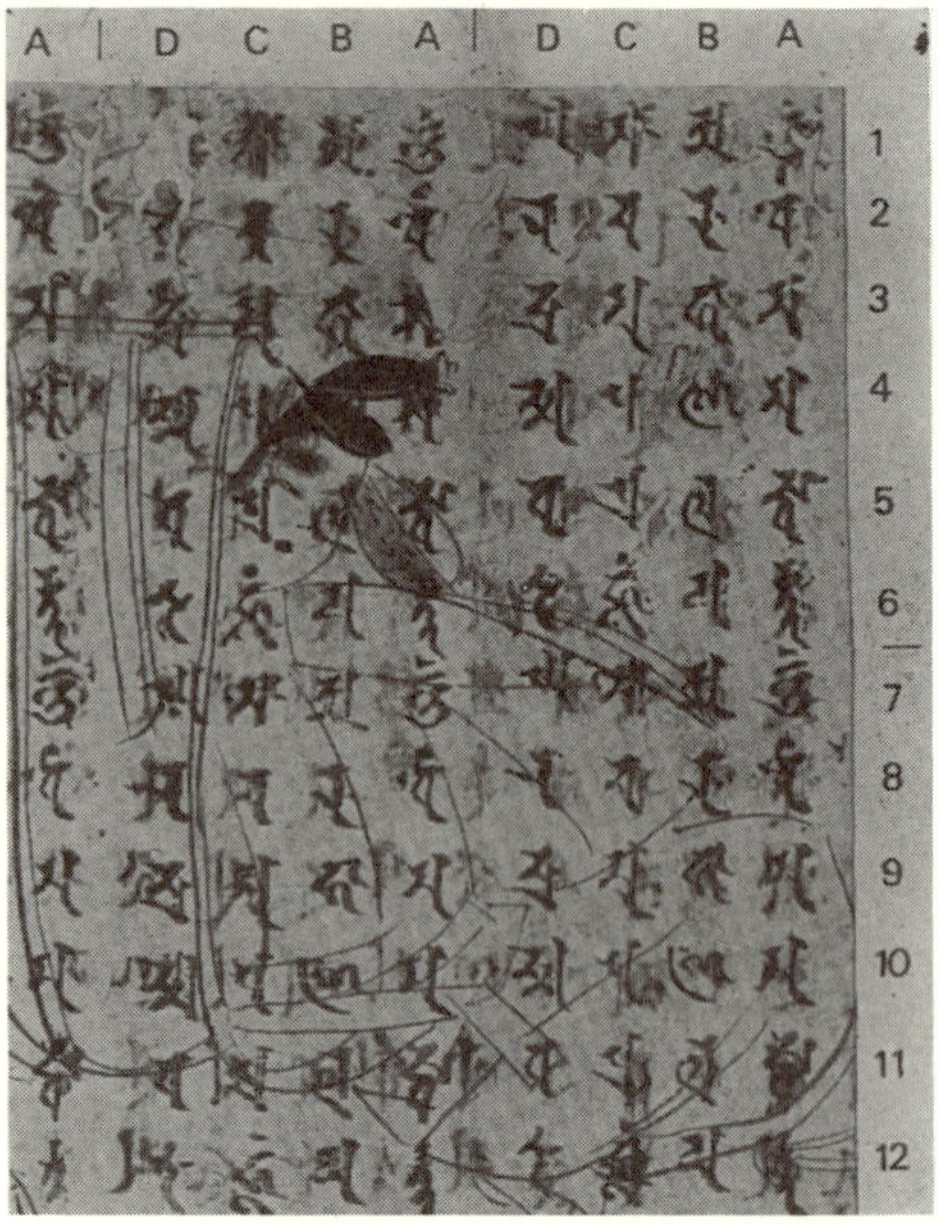

図3　白描伊勢物語絵巻　部分拡大図

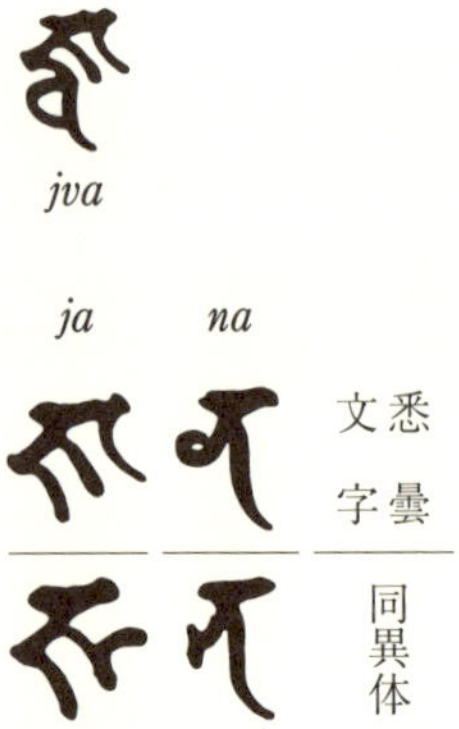

図4　異体字「ジ」と「ナ」の分析

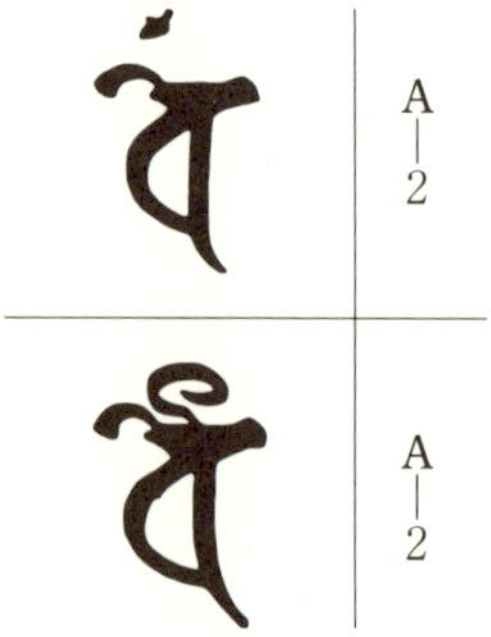

図5　上段と下段の「バイ」の相違

巻末←　　　→巻首

上段（一群二段）

D	C	B	A		
(gha)	(mo)	(a)	(oṁ)	1	7
(na)	(ca)	(ru)	(vāi)	2	8
(drā)	(mu)	(hā)	(ma)	3	9
(dma)	(pa)	(ṇi)	(ma)	4	10
(va)	(pra)	(la)	(jva)	5	11
〔da〕	(hūṁ)	(ya)	(rtt)	6	12

表1　梵字配列表（上段）

巻末←　　　→巻首

下段（一群一段）

D	C	B	A	
(oṁ)	(a)	(mo)	(gha)	1
(vāi)	(ru)	(ca)	(na)	2
(ma)	(hā)	(mu)	(drā)	3
(ma)	(ṇi)	(pa)	(dma)	4
(jva)	(la)	(pra)	(va)	5
(rtt)	(ya)	(hūṁ)	〔da〕	6

表2　梵字配列表（下段）

ないわけであるが、版がいくつ使用されたかなどという当初の厄介な問題を考えるならば、上段と下段の梵字の向きの違いは重要視されなければならない。まず今まで述べた上段の四行について、図3を参考にしながら解読すると表1・表2のようになる。

これによって、各々の字母の配列がはっきりする。しかし全体の梵字そのものをY本に限って見るならば、川瀬氏説[6]のいうような誤字はここでは認められない。むしろ字型から考えるならば、鎌倉時代後期に位置し得る形式を有している[7]。とくにD列2、8の「ナ」など切継半体の上部、下部のつくりから見て異体字に近似し、A列5、11に見られる悉曇十二章切継第五章の「ジバ」あるいは和音の「ジンバ」は明らかに異体字を意識して彫られたものである。この書体の違いは図4に示したとおりである。このように上段二群の梵字が、A、B、C、Dと右から左へ移行し、2―A、2―Bと続き、さらに7―12まで繰り返されることになる。これを綴ってみるとOṁ(A1) amogha(B1) vāirucana(A2) mahā(A3) mudrā(C3) maṇi(A4) padma(C4) jvala(A5) pra-varttya(C5) hūṁ(C6) daとなり「オーム(A1)、空(B1)しからず（すべてを）あまね(A・)（遍）く照らしたまう大い(A3)なる印を有するものよ、宝(A4)と蓮華と光明(A5)とを転ぜ(C5)しめよ、フーム(C6)、ダ」と訳することができる。Y本ではこの訳語が正確に導き出せるので、梵字そのものには誤字は認められないことになる。このことは他の諸本についても同様である。次に下段の現状であるが、すでにふれたとおり上段の右から左へ、すなわちA―Dへ読んでゆく方向とはまったく配列が逆になっていることである。たとえば巻首第一群下では、「オーム」というAがあり左へD、C、Bとあり、さらに繰り返しのAが続くというように、どう見ても上段の配置とは逆であることには間違いない。これを図2の分解図によって巻末への続きを分析すると、A―Dの向きを照合してもそれが逆であることがはっきりする。

すなわち上段では巻首から末へA、B、C、Dと始められているのに対して、下段は巻末から巻首に向かってA、B、C、Dと始められている点が相違する。このことは、上段の版木と下段の版木が異質なものであって同じ版木を用いて上、下段を捺印したものではないことを物語っている。上段と字体がとくに違う点はA―2の「バイ」であるが、この字はもともと字母の左肩に「アイ」（点十二点の一種）をつけ加えて複合字母「バイ」を作るのであるが、図5の比較でも明らかなように、上段では「アイ」点がくずれており、下段が正常な字型を表示しているという違いが認められるということである。このことは版下を彫る時点ですでに別個に彫られていたことを推考せしむる。また先に述べたD―2の「ナ」などは、まったく異体字そのものといってよいほどはっきりと書体を見分けることができる。これらの解釈を総合してみるならば、上段と下段の読みに関する向きの相違は、図6の

図6　上段と下段における読みの向き

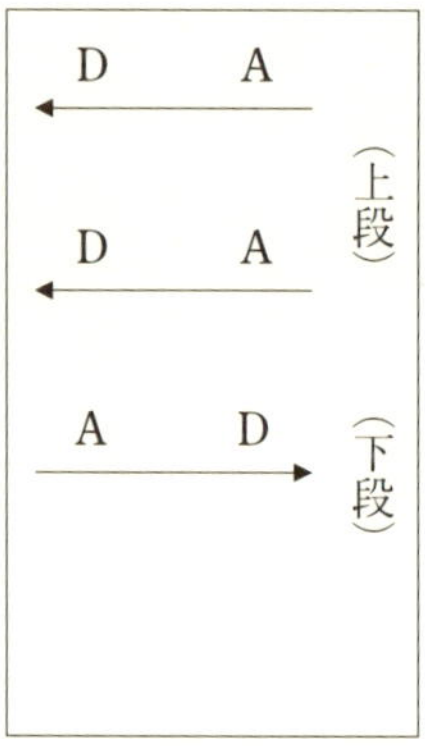

図7　浄厳作「光明真言観誦要門」（貞享元年写）（京都大学蔵）

ように表示できよう。上段のAよりDに至る1より12字目の左向きの方法は、絵巻物形式に合わせた訳で、それを右から左へと移りゆく形式をとおして考えるならば、決して不自然さをともなわないものである。それはすでにふれたように、高弁が光明真言そのものを提唱しながら鋭く句義の真髄に迫ろうとした態度、さらに叡尊の護持のしかたなど鎌倉中期以後江戸時代に至るまで流布した時代背景とはまったく無関係ではなく、ごく自然のなりゆきと見なければならない。

しかしこの上段における左向きの成り立ちを検討するならば、今日まで発見されている墨書、版本の梵字史料にはあまり類例が見出せないのが実情である。[8] ところが鎌倉以降に限るならば、日本的な曼荼羅と称される光明真言輪[9]（石塔婆）の梵字の順序が左回りであるのに一致する。梵字の巨匠浄厳は天和三年に著わした「光明真言観誦要門」二巻の中で、その光明真言字輪の秘奥の解誦作法を次のようにときあかしている。これによると月輪の周辺を囲む光明真言の配列のしかたには二種（図7）あって、その方向性に相対的な意味があるというきわめて興味深い解釈を与えている。この資料はこれまでY本では問題となった上、下段および左向き、右向き梵字の配列を考える上にも貴重な示唆をともなうので、ここに引用する。

（序など略）解誦作法として行者が先ず数息観より入り進んで月輪観に入る。その上に光明真言の字あり石に旋て布列すること水精の珠を並べたるが如し、字の色は黄色にして光明赫奕たり周く十方世界を照らす、上に仏界を輝しては度衆門に趣かしめ奉り、下に衆生を照しては無明煩悩の黒暗を破すと観ずべし、さてその字門は若し自行の為めならば字の頭を外にすべし、これ内に向ふなり。若し利他の為めならば字の首を内にすべし、若し自他兼済せんとするならば字の下を行者の前にすべし。

(『真言宗安心全書』下巻、第二、光言講讃篇)

この図解の写しは本文中にも示されているので二二六頁に示すが、そのうち上図は字の頭を上にするという「自行」の配列であって上より右廻りに一周するが、これはまさしくY本の下段に相当する。下図は字の頭を下にするもので「利他」の配列を示し下より右廻りに一周する。この図7下段に並べられている円型の作例は、まったくY本の上段AよりDに至る12行に類似する配置である。この「自行」、「利他あるいは化他」は光明真言の内なるものと、外なるものの見方を鋭くえぐった表現形態としてすぐれたものである。しかも感覚的な解釈をおしすすめたものとしても注目すべき注釈といえよう。もし、この浄厳の「自行」、「利他」すなわち「内相」、「外相」の観誦作法の解釈が是認されるとするならば、この白描下絵に見られる上段の光明真言のグループは「利他」をあらわし、下段の同真言は「自行」を表現していることになる。このように推考してくると、どうも下絵とは別個に捺印されたとしか考えられない。またその事情を物語る根本的な光明真言の理解のしかたが介在しているようである。ここでは補足的なことになるかもしれないが、代表的な作例を見ながらその理解のしかたにふれておくことにしよう。

光明真言の字母の配列を「縦」に並べた場合、典型的なものとして次の作例を挙げることができる。

①高野山奥之院出土の銅製経筒（永久二年埋納銘）に納められていた絹布種子曼荼羅三種のうち、金剛界曼荼羅の下段に墨書された「光明真言」（永承七年法楽の墨書銘）である（図8）。

②称名寺本尊弥勒菩薩像胎内より出た「九重の守」の文中に認められる「光明真言」（弘安版、縦六・八、全長一一七・四センチメートル。西大寺本もあり、縦六・〇、全長一二〇・〇センチメートル）である（図9）。

③西大寺蔵漆塗光明真言厨子（総高六一・五、基壇幅五〇・九、奥行き一八・四センチメートル）の内部に額装で嵌めこまれた「光明真言」である、貞和五年円俊の寄進文があるので、この前後の作という（図10）。

①は藤原時代の墨書の例であるが、縦並び左向き四行で一行あてA、B、Cは八字を置き、Dに「ダ」という終字を配する。総

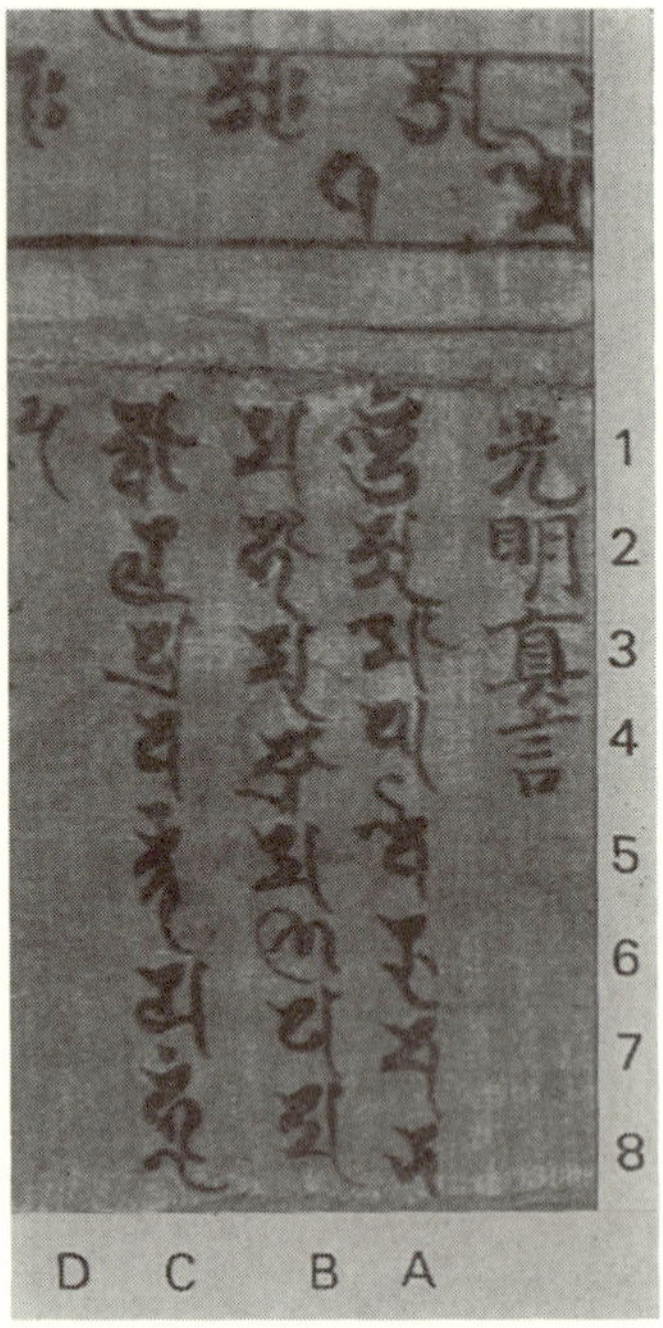

図8　金剛界曼荼羅の絹布種子　部分（高野山奥之院出土）

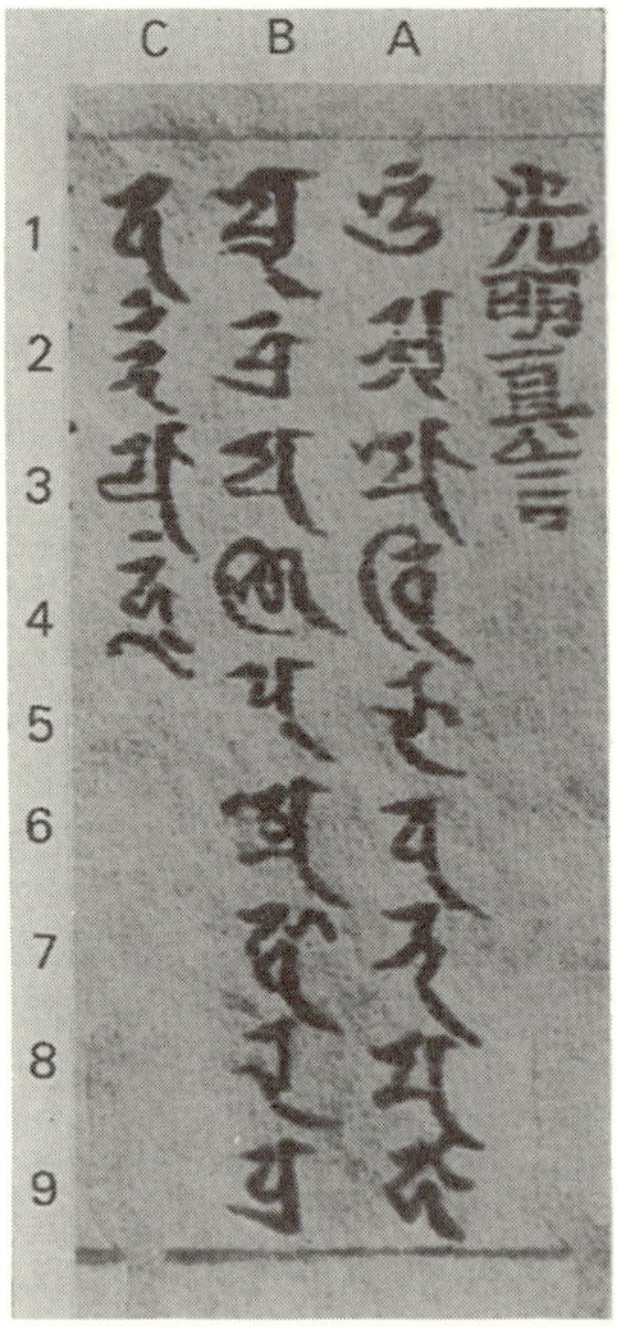

図9　光明真言「九重の守」部分（称名寺蔵）

D C B A
| | | |
0 0 0 0−1
0 0 0 0−2
0 0 0 0−3
0 0 0 0−4
0 0 0 0−5
0 0 0−6
0 0 −7

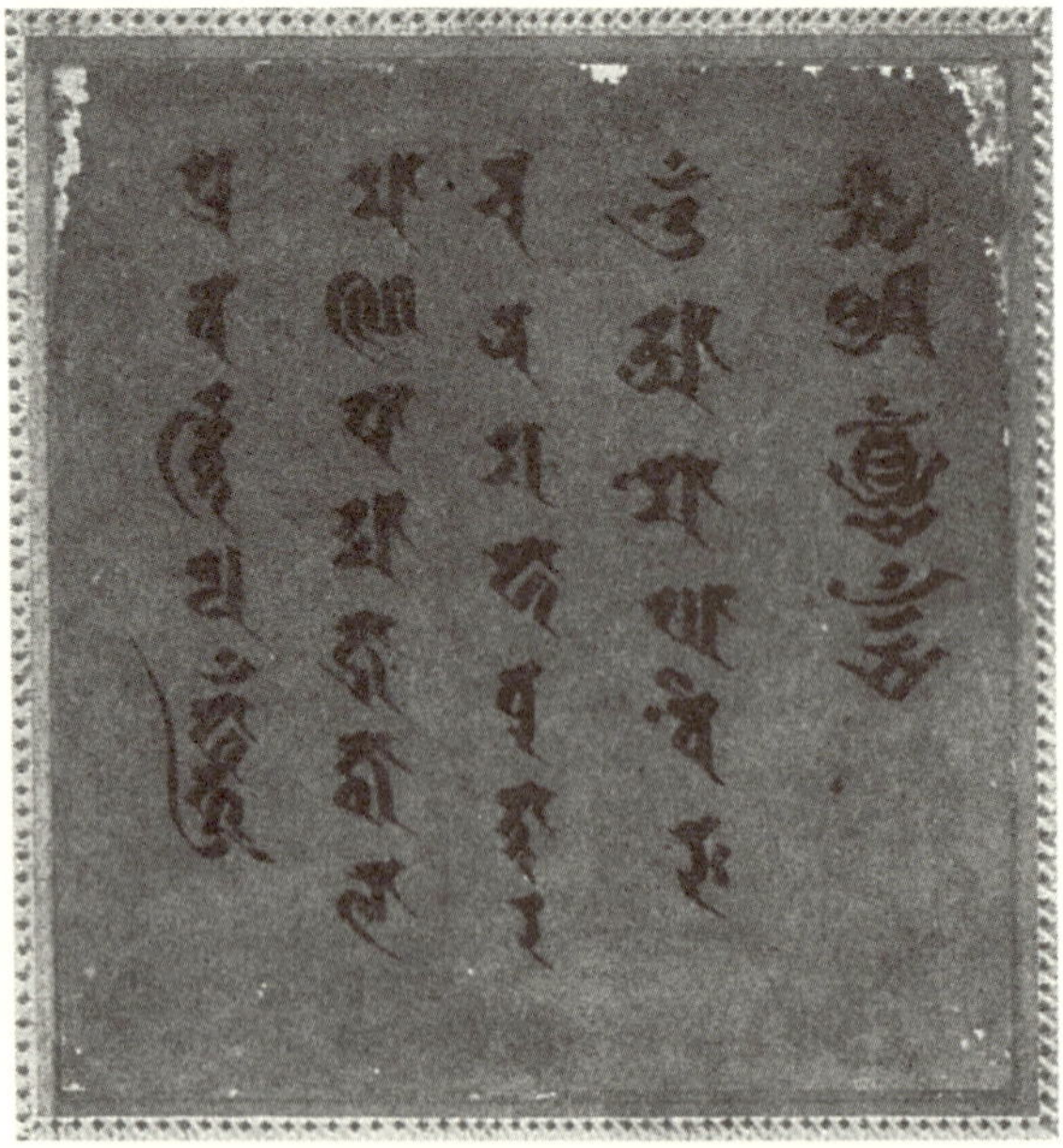

図10　右：光明真言厨子梵字（西大寺蔵）／左：梵字配列の分解図

数二十四字は、Y本に先行する同類の真言である。ただし異体字がまったく使われていないので、これは後に述べるように不空訳系の経典からそのまま写したものと考えられる。②は鎌倉時代の版本の例であるが字型としては、Y本と比較しやすい資料である。縦並び左向き三行で一行あてA、Bは九字を置きCに四字を配するが、終字がY本のように「ダ」で終わらず「フーム」で終わっている。ただしA―2より3の間になくてはならない「アモーガ」の「ガ」の一字が欠けているのは、残念ながら当時の脱字と見なければならない。しかも次のA―4の「ヴィー」は本来「ヴァイ」でなければならないのに、これも理解に苦しむところである。③は室町時代の額装の墨書であるが、布着せ黒漆塗、観音扉の春日厨子であるが、開扉すると内部の額に示された光明真言が現出するさまは心にくいばかりである。これとて鎌倉以降盛んに作られた光明真言の安置のしかたである。縦並び左向き四行で一行あてAは六字、B、Cは七字、Dは五字という総数二十五字の真言であるから、①、②と比較しても終字の部分が系統的に違うものである。これも異体字は認められない。

以上の他に江戸時代のものであるが、④四天王寺蔵の「土砂箱」（縦二二・二、横一六・二、高さ一五・五センチメートル）があり、蓋の表に朱漆で「取栂尾土砂谷之砂於槙尾山平等心王院加持之」とある箱があって、その蓋の裏に一行六字あて四行の梵字を認める。望月信亨氏は「梵字の陀羅尼」（『秘宝「四天王寺」』三四九頁）としか述べていないが、これを解読すれば明らかに縦並び左向き総数二十四字の「光明真言」であることが判明する。

こうして見ると藤原から江戸時代に至る作例がそろうことになるが、Y本のような上下段の縦並び横読みの作例に一致するものはない。このことをぬいあわせながら考えてみると、礼拝対象としての光明真言（③の室町時代のもの）は不空系の正統な伝承形態がなお温存され高弁や叡尊などによって正しく受けとめられたことがわかる。しかし供養経の性格を有するY本のような種類の流布の可能性のあるものについては、鎌倉時代以降の光明真言が字母の配列によって二つの理解のしかたを発見していたこと、しかもその理解のしかたに対して伝統的な句義を明らかにしようとする高弁と、密教的な色彩を加えながら光明を発する「もの」それ自体に内的なる「自行」と外的なる「利他」「化他」の両面を解釈しようとした浄厳が存在したことである。Y本の梵字は光明真言の字母の配列によって、少なくとも後者に一致するものである。そしてこの字母の配列を有する光明真言輪の石塔婆の作例か

A. D.	年　号	名　　称	所　在　地
1334	建武　1	興禅寺建武改元板碑	埼玉県入間郡越生町
1453	享徳　2	見光十三仏板碑	〃　東松山市
1459	長禄　3	森戸浄祐板碑	〃　坂戸市
1464	寛正　5	塔峰月待供養板碑	〃　比企郡都幾川村
1466	〃　7	木崎観音堂逆修板碑	〃　浦和市木崎
1489	長享　3	伝乗寺道祐板碑	東京都大田区調布町
1492	延徳　4	川越図書館蔵賢秀板碑	埼玉県川越市
1500	明応　9	蒲桜月待供養板碑	〃　北本市
		村山中学蔵板碑破片（拓本）	東京都北多摩郡村山村
		徳蔵寺板碑破片	〃　東村山市
		川越図書館蔵性慶板碑破片	埼玉県川越市
		堂山金子家内板碑破片	〃　朝霞市
		都立武蔵野郷土館蔵板碑	東京都小金井市
		常楽寺蔵板碑破片	埼玉県川越市
1522	大永　2	報恩寺月待十三仏板碑	〃　浦和市
1661	寛文　1	報恩寺墓地清徳院宝筐印石塔	京都市上京区小川通上立売上ル
1675	延宝　3	〃　覚樹院　〃	〃　〃　〃　〃
1683	天和　3	〃　霊光院　〃	〃　〃　〃　〃
1686	貞享　3	〃　無　院　〃	〃　〃　〃　〃
1707	宝永　4	〃　信解院　〃	〃　〃　〃　〃
1711	〃　8	〃　宝樹院　〃	〃　〃　〃　〃
1734	享保　19	室津光明真言供養輪塔	奈良県山辺郡山添村室津
〃	〃　〃	津越　〃　供養石塔婆	〃　〃　〃　北野津越
		月瀬光明真言講石塔婆	〃　添上郡月ヶ瀬村
		的野墓地光明真言曼荼羅墓塔群	〃　山辺郡山添村字的野
		大塩惣墓　〃　〃　〃	〃　山辺郡山添村字大塩
	(推)江戸期	小田多井光明真言輪自然石供養塔	長野県南安曇郡堀金村
	〃　〃	真光寺　〃　〃	〃　〃　梓川村
	〃　〃	弥勒院　〃　石塔	石川県珠洲郡松波町字宮犬
1809	文化　6	天平寺光明真言輪自然石塔婆	〃　鹿島郡鹿島町石動山

表3　光明真言輪の石塔婆の作例

ら推考しても、上限は建武元年（一三三四）頃から下限は江戸末に至るまでかなり長期にわたるものであることが判明する（表3）。なぜこのように鎌倉後期から江戸時代に至る字母の配列に注目するかというと、次の理由によるからである。それは版木におよぶ決定的な印刻の年代が下せなくても、Y本の光明真言が経典の何系統かということを、調べてゆくと不空系の経典を軸としながら十三に近い流れが考えられるからである。版下はその経典や儀軌からそのまま引用されるからである。したがってY本に比較し得る光明真言の漢音をあげると次のようになろう。

(1)不空大灌頂光真言

唵喉中擡聲引呼一旃莫伽上廃無計反嚕者娜一摩訶畝捺能乙反囉麼抳三鉢頭二合麼入嚩攞四跛二合囉韈韗野多吽五

（『不空羂索神変真言経』第二十八巻、大正蔵二〇、三八四頁c）

（『不空羂索神変真言経』灌頂真言成就品第六十八、白宝口抄三四、大正蔵図像六、五一八頁cに引用）

(2)唵阿謨伽　尾盧左曩　摩賀母捺羅　摩尼鉢納摩二合入縛二合羅　鉢羅二合韈　多野吽

（不空訳『不空羂索毘盧遮那仏大灌頂光真言』一巻、大正蔵一九、六〇六頁b）

(3)唵阿謨賀合一尾盧遮那合二阿摩穆陀羅合三摩尼婆頭摩合四蘇婆羅引五婆羅婆唎六陀耶引七吽婆吒八蘇婆呵

（『毘盧遮那仏説金剛頂経』「光明真言儀軌」仁和寺本）

(4)唵一ーーー毗ー舎ーー詞ーーーーーー波ーーーーーーー利二合六ーー七引ーーーーー二合詞

（『別尊雑記』第六巻「光明真言」、大正蔵図像三、五三頁b）

(5)唵阿謨伽毗嚕□（左曩カ）麼訶母捺囉摩抳鉢納麼入嚩攞鉢囉韈哆野吽娑婆訶発吒（妙林寺蔵「薬師如来」胎内銘記）

(6)唵（ポッケン）僕欠阿謨伽吠嚧左曩摩賀母捺羅摩抳鉢納麼入縛羅鉢羅韈多野吽（頼瑜『栂尾明恵上人七種印口伝』）

(7)唵阿目伽吠盧遮那摩賀母捺羅摩抳鉢納摩入縛攞鉢羅韈多野吽発吒薩縛賀

（新渡金剛界印契在絵図奥載消災熾盛光経中云灌頂滅悪趣呪、『光明真言法』中、大正蔵図像六、一七六頁c）

⑻
○1身三○2○3○4断無無間○5○6○7○8部佛○9○10○11○12 13金剛部○14○15部宝○16○17 18蓮花部○19○20 21光明○22―○27羯磨部○28
（「句義」『光明真言法』中、大正蔵図像六、一七七頁a）

⑼
「⑻とほぼ同型、句義の表示に多少の相違がある」○1―○2○3―○4○5○6○7○8大日如来○9○10大○11○12 13印○14○15宝○16○17 18蓮花○19○20○21光明○22○―27○28○菩提心義。又是金剛不壊義。是○29○30○31○32 33「語尾は⑶の28―33に同じ」（「三井流云」大正蔵図像六、一七七頁b）

⑽
○1頂上《ボッケン》○頂○頂後○2心上○3左肩○4右肩○5右耳○6○7鼻○8舌上○9右目○10頸○11腹○12 13臍○14右脇○15左脇○16左膝○17 18右膝○19―○25○○○已上五字眉間○26右足○27左足○28腰○29左目○30○31

⑾
○1総帰命令金也○加句也《ボッケン》○胎別帰命。胎之極秘也○2○3○4○5○6○7○8不空大日○9○10○11○12 13○14○15○16○17 18宝蓮花上也○19 20 21○22○23 24○25○26光明照曜義也○27○28○29 30○31○32

（『光明真言雑集』下、句義事「或記云、大師記云」大正蔵図像一〇、六二二頁b）

（「或記云」、ただし⑽とは明らかに別の伝承である句義の表示が相違する。大正蔵図像一〇、六二二頁b）

⑿
唵1阿2謨3伽4尾5嚧6左7曩8摩9賀10母11捺12羅二合13摩14抳15鉢16納17麼二合18入19嚩二合20羅21鉢22羅二合23韈24 25多26野27吽28或本加二沖吒ソワカ一（「光明真言法」『阿娑縛抄』第六十九、大正蔵図像九、一〇六頁a、ただし5「尾」の梵字は「ビー」となっており「バイ」ではない。）

⒀
○1○2○3○4○5○6○7○8○9○10○11○12 13○14○15○16○17 18 19○20○21○22 23○24 25○26○27○28（「光明真言」『秘鈔』巻三、大正蔵七八、四九八頁a、ただし5は梵字「バイ」、6「ロー」である。この『秘鈔』の次第では正念誦から伴僧呪にかけて光明真言を何遍か唱え、それを念ずるように指示している。）

⒁
智山本『四巻』第二によると、良勝阿闍梨の伝という「大光明真言法《梵字》」を引用し、末尾に「光明真言如常。私略之。但有沖吒娑婆詞句。梵漢出之」（大正蔵七八、七九二頁a―b）と注記があるので、二十八字の光明真言に「パ《パドマ》ット、ソワカ」を加えても差しつかえないことになっている。したがって⑶の系統を踏襲した語句を示している。⑾は「此大師在唐時於二東塔院一恵果令傳給

口傳也。秘肝鈔中有レ之」（大正蔵図像一〇、六一一頁b）と記入があるように、弘法大師以来今日まで伝えられている光明真言の代表的な三十一字である。以上のうちY本は総数二十四字の真言であり、終字に属する字母が「フーム」、「ダ」で終わっているから、典型的な不空系⑴⑵の系統と考えることができる。このように不空系の光明真言が長く広域に流布していった背後には、Y本で問題になるような字母そのものに対する理解のしかたが介在していることがわかる。そして梵字の字型は光明真言輪の現存状態も含めて鎌倉後期を上らず、版木はY本を中心に見るならば、上段（一群二段）と下段（一群一段）の二種に分けることができる。

註

（1）大正蔵六一、八〇九頁a—c。しかし、本書について『密教辞大典』などに解説を欠く。『光明真言句義釈』一帖、観智院金剛蔵。五一箱、粘葉装。縦二六・七、横一七・四センチメートル。本紙九枚、押界あり。

（表紙）「光明真言句義釈」明恵上人（右下）杲宝」

（表紙裏）「高山寺上人御記」

（内題）「不空羂索毘盧遮那佛大灌頂光明真言句義釈」

（奥書）「延應二年三月六日書写之了
一交了」

（別筆）
「延享第三丙寅歳五月七日令修補了
僧正賢賀任正六十三」

（2）栂尾祥雲「光明真言法」（『秘密事相の研究』、高野山大学、一九三五年、一九四—二一〇頁所収）、櫛田良洪「光明真言信仰の勃興」（『真言密教成立過程の研究』、山喜房仏書林、一九六四年、一五三—一六〇頁）、および最近の研究として、速水侑「光明真言と初期浄土教」（『日本における社会と宗教』、吉川弘文館、一九六九年、三一—六二頁）がある。

（3）三密蔵十七箱（悉曇部）

（梵字）

悉曇鈔成就院覚仁原撰光明山重誉再治上、下　二帖

（下終）「成就院住僧覚仁雖草此書未及再治早世爰光明山沙門重誉」

「共一両同学取拾又更検釈又加愚案開為二巻于時永治二年暮春日記之」

「本記云

嘉禎三年六月廿一日於極東房馳禿筆了、深金剛佛子憲深カ

正嘉元年五月廿七日於上醍醐覚洞院報恩院御本書写了　交合了

金剛資親尊廿二

交合了　」

（4）光明真言儀軌として信頼すべき写本は次のとおり。

（表書）「東寺観智院、光明真言儀軌不空訳」

（内題）「毗盧舎那佛説金剛頂経光明真言儀軌
特進試鴻臚卿大興善三蔵沙門大広智不空奉詔訳」
（奥題）同上、ただし「儀軌」の次「一巻」あり、注記なし、
「光明真言儀軌一巻」（朱書）とある。
（奥書）「建暦二年五月廿四日於園城寺南院以御本
最写之了依大要忍書写之後必可畢書写之功者也願以比
結縁臨命終之時必預弥陀迎往生安楽国
執筆沙門慶□」
「先年比本書写不及加点仍申□
一音院殿御本校点了則彼御本云
法花山寺上人之自筆也　慈心記之　即以本奉受了」
「延享第三丙寅歳五月七日　捕虫損竟　僧正賢賀年齢六十三」

（5）田中一松「白描下絵梵字経について」（『文学八〈岩波講座日本文学附録〉』一九三二年）。

（6）川瀬一馬『日本書誌学之研究』、大日本雄辯会講談社、一九四三年、三〇七―九頁。
「白描の絵詞の上に光明真言の梵字を墨で捺印してあるが、同一の板木を用ひて料紙の上部に二段下部に一段併せて三段に捺印を続け、中には本文を倒印してゐる部分等もある。右に記した他に明らかに近時の偽造の確認せられるものを一見した事もあるが、筆者は、右諸家の分も、梵字の捺印は遙かに後世の所為ではあるまいかと思う。梵字の版式及び捺印の墨色が、本文及び絵の画かれた鎌倉末期のものとは認めがたく思われる上、捺印の梵字（光明真言）に誤が多く、元来この種の梵字経は、篤い信仰の上から作成されたものに相違ないので、かかる短い光明真言の梵字に誤刻の多いことは、あるまじき事と考えられる。其れ等の点を併せ考えると古い絵詞を利用して、後世（恐らく江戸末期より明治初年の間か）梵字を刻印した類のものではあるまいかと思うのである」

またその後の同氏の『日本書誌学概説』（講談社、一九五〇年）一八八頁にも「又、目無経に類するもので、「白描下絵梵字経」というものがあり、諸家に分蔵せられているが、嘗て述べた如く、拙稿「荘厳経に就いて」参照（前記の書物のこと）。下絵の伊勢物語は古いものであろうが、その上に捺印した梵字の光明真言は、はるか後世の妄備であると思う」と述べている。その後、白畑よし「伊勢物語下絵梵字経考」（『美術研究』一四七号、東京国立文化財研究所〈以下同〉、一九四八年）六五頁は川瀬説を紹介された。また、真保亨は「白描絵巻」（『日本の美術』四八、至文堂、一九七〇年）四二―三頁において、梵字と絵の関係を言及した。また春山武松も本図を『日本中世絵画史』（朝日新聞社、一九五三年）七七―八頁に紹介している。

（7）高田修「鳳凰堂本尊胎内納置の梵字阿弥陀大小呪月輪」（『美術研究』一八三号、一九五六年）をも参照した。

（8）田中海応『光明真言集成』（全）（東方出版、一九五八年）七六頁。

（9）斎藤彦松「破地獄曼荼羅の研究」（第十八回日本印度学仏教学会、要記）一九六七年。

空海請来梵字法身偈と摩尼宝珠曼荼羅

一　問題の所在

空海が中国よりわが国へ請来した法身偈に関しては、帰朝後に平城天皇に具申された大同元年十月二十二日付の『請来目録』一巻に載っている。すなわち「法身偈一巻」とあるのがそれである。(1)しかしその内容はおろか、所在や伝承それに偈文の断簡ですら行方は不明である。はたして法身偈といわれるものは空海の請来以降において、関係の寺々とどのような関わりあいがあり、展開があるのか。ここでは仏教図像学の立場から摩尼宝珠曼荼羅と法身偈の関係を手がかりとして、以上の諸問題の考察を試みようとする。

二　摩尼宝珠曼荼羅の梵字解読と法身偈

ところで仁和寺（京都・御室）に所蔵されている『密教図像』（重文）の中に、「摩尼珠像」（摩尼宝珠曼荼羅）と呼ぶ白描図像の一紙がある。平安時代末期に他の地蔵曼荼羅とともに描かれた珍しい訳図の一種と考えられているが、ここに記入された宝珠中の梵文の内容は従来から不詳とされている。(2)ごく最近の調査研究では、有賀祥隆氏が昭和四十四年度の文化財新指定の報告において、梵字を苦心のすえローマナイズされている。またこれまで本図の研究が皆無であったわけではない。美術史的な立場から古くは小野玄妙氏の調査があり、近年では、東博本の摩尼宝珠曼荼羅に関連した松下隆章氏の労作があり、本図にもふれておられる。松下氏は「摩尼宝珠曼荼羅は我国において偽作(3)されたる如意宝珠転輪秘密現身成仏金輪呪王経を所依として作られたる如意宝珠法の本尊たる事を説いたが、宝珠法も鎌倉末期に至れば、従来御遺告、口訣のみに依って修法されて来たものが、一応の典拠となる可き経典の必要を生じ、其阿闍梨の意楽に依り上述の如き経文が作られ、更にそれに依って摩尼宝珠曼荼羅なるものが作られるに至った」と結語で述べているように、宝珠法の本尊としてこの種の曼荼羅の成立と展開を考察された。しかも、その中で問題の梵字について、栄然の伝承を引かれ「且つそれは現在紙面の断爛の為正確に言い難いが、実運の秘蔵金宝抄如意宝珠法等に載する斯法の秘密陀羅尼―唵帝儒入縛攞薩縛他二合　娑陀迦悉皷　真跢摩抳囉怛那吽―に非ずやと思考される」と述べておられる。

　ここで実際に墨書された梵字を解読してみると、後で詳しくふれるように実運（一一〇五―一一六〇）の『金宝鈔』巻十の御真言「オンテェジェ　ジヴァラ　サルバサルバ　サダカ　シッダヤシッダヤ　チンターマニラトナ　フーム」には比定し難い。しかし松下氏が引用された栄然の解釈は重視しなければならない。むろんこれは実運の『秘蔵金宝鈔』におさめられた御真言にも一致しない。が、これを手がかりとして仁和寺本「摩尼宝珠曼荼羅」に記入されている梵字を見ると、平安時代末期から鎌倉時代初期に行なわれていたという如意宝珠で唱えられていた真言・陀羅尼とはやや違う内容であることが判明するのである。それではこの摩尼宝珠曼荼羅の梵字とは何であろうか。実はこれこそ正しく縁《えん》起《ぎ》生偈《しょうのげ》（Pratityasamutpāda）の梵文なのである。この偈文は後に「法身偈」と別称されるようになるが、これこそ空海が請来した偈文と断定したいのである。以下、仁和寺本など史辺の資料に導かれながらこの曼荼羅に関する調査の過程と梵字解説のいきさつを述べたい。

　仁和寺に伝わる紙本白描の密教図像は十七点あり、大部分は平安末期の抄本である。そのうちに「摩尼珠像」と呼ぶ一紙（縦九〇・〇×横五五・〇センチメートル）があり、これが本紙の「摩尼宝珠曼荼羅」である。紙継ぎ三枚で全図に細い墨線で波間を描き、中央に重層の宝楼閣を置く。建物の外と内に各々四柱が八本あり、内陣の四角い柱の内側に宝蓮華座にのる三弁宝珠が描かれる。珠の周囲は光焔を放ちまるで秘宝が輝くばかりである。柱と柱はすかして後方の翻波が見え、前方にひろがる湧雲の中から二大龍王が頭をもち上げ、まるでその宝楼閣と宝珠を讃仰するかのように虚空をかけ昇る。三弁宝珠にはうすく朱彩色をほどこす。紙片の右側の縁は破損がいちじるしく、また宝楼閣の下方も折目にそって十字状の破損が見られる。しかし絵そのものの描線は、やや肥痩があり伸びのある筆法をとる。本紙の周縁は方形の墨線で結ぶ。中央の摩尼宝珠を支える蓮台の右肩に「青蓮」と彩色を示す墨書の注記がある。この注記は他に蓮華座の左に「アカ（赤蓮華のこと）」、宝楼閣の軒先に見られる屋根の先端（左右）に

「赤」、建物の柱（右）に「又ハシラ等モ赤也」、さらに龍をとり巻く湧雲のほぼ中央に「黒雲」、下の波状に「白ナミ」などの記入が見られる。問題の三弁宝珠には（上）が四行、（右下）が二行、（左下）が三行の梵文が書かれ、梵字の筆順、墨色、書体から判じてこれらの図像と同じ時期に書き込まれたと考えられる。[4] まず梵字を解読しローマナイズしてみよう。[5]

（上）　Ye dhaṁrma he/tu prabhavā he/tu teṣaṁ tathā/gato hraṁ evaṁ va/

（右下）dite/sāṁcayo/nirodha/evaṁ va/

（左下）dī ma/hāsraveṇa/

この解読を正しい梵語に直してみると次のようになろう。[6]

(1)　Ye dharmā hetuprabhavā,　(2)　hetu teṣāṃ tathāgato hraṃ evaṃ vā,

(3)　dī teṣāṃ ca ya nirodha,　(4)　evaṃ vādī mahāśraveṇa.

この記は、(1)〜(4)「因縁によって生ずるこれらの法は、因縁とこれを滅するところのものもまた、如来が宣えたものなり、このように説かれるのは大沙門なり。」となるが、これらは(1)「いかなる物事も縁〔因縁〕によって生起する。」(2)「如来はそれらの因〔原因〕を説くものなり。」(3)「またこれらの滅〔滅尽〕をも(4)大沙門が説かれたものなり。」というように、一般的な縁起生の漢訳「諸法従縁起　如来説此(是)因彼法因縁尽　是大沙門説[7]」にほぼ該当することが認められる。これがどのようにして摩尼宝珠と結びついてゆくのか、たいへん興味深い問題であるが、チベット関係の蔵経による縁起生偈の真言化については酒井真典博士の詳しい考察があるのでここではふれない。[8]

わが国における三弁宝珠のモチーフとしての展開は、後に南都の舎利信仰と強力に結びついてゆく。そして宝珠の中にこの縁起生偈を書き込むという考え方が平安時代末期には成立することになる。これらの流れと摩尼宝珠曼荼羅の構想の成り立ちは、空海と密接な関わり合いをもつ。空海自ら摩尼宝珠曼荼羅と「法身偈」を組み合わせて図像化したかどうか問題がないわけではないが、空海と如意宝珠と室生山に関係する伝承や奥《おう》砂《さ》子《し》平法《ひょうほう》と空海の『御遺告』二十五カ条の第二十四条における由来を考え合わせるとまったく根拠がないとはいえない。如意宝珠法は如意宝珠を本尊として修法を行なうが、この宝珠でさえ空海は、大唐恵果和尚よりこの如意宝珠を相承、これを大和の室生山精進嶺における堅恵師修行の東嶺に埋めたという。前述の『御遺告』第二十四条と

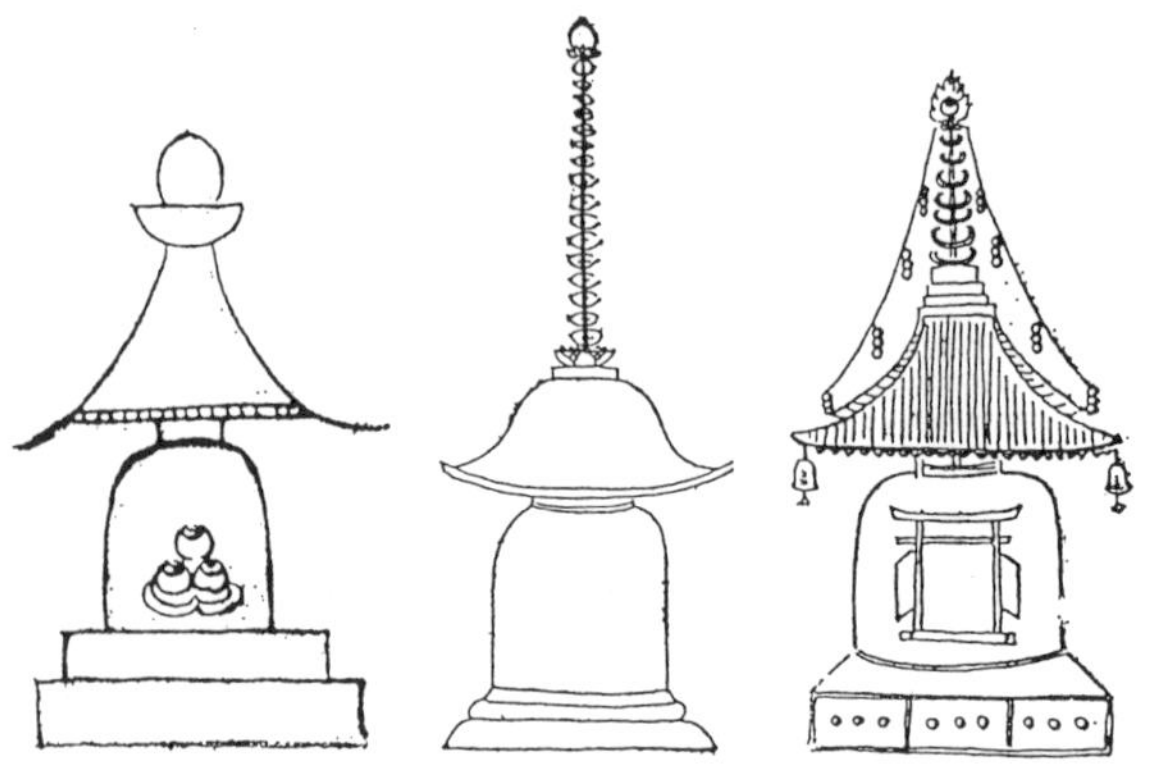

図1　法性塔の系統　(a)『玄秘鈔』第二／(b)『四巻』第二／(c)『秘蔵記』

は「東寺座主大阿闍梨は如意宝珠を護持すべき縁起[9]」で、これは恵果の口決によるものといい、儀軌による注記はまったくない。つまり広く大日如来の所説によると受けとめているのみであるが、これが能作性の玉として製作され直すと機能はやや一変する。その発想の根拠『大日経』巻七に説くように、仏舎利が浄菩提心と同次元に位置づけられる如意宝珠と同一のものと理解されているからであろう。すなわちこれは金胎両部不二和合能性のことであるが、この形式は、浄菩提心の位置づけと同じ心を通して如意宝珠の三昧に入りながら観想を確立する。その観想は宇宙の現象の一切が如意宝珠となるように、宇宙の側から働きかけてくる外からの機能を和合能性とみなしながら完成するのである。それゆえ如来と宝珠の関係は宇宙に必ずや介在するのであろう真実を媒体として、見えない世界を見えるようにつくり変えてしまうのである。

『御遺告』第二十四条に「自然道理如来の分身、惟れ真実の如意宝珠なり[10]」と述べていることは、この両者の関係が重厚な関わり合いをもって成り立っていることがよくわかる。空海あるいは聖宝の作と伝える『護摩次第』の最後の部分で、「次取数華投空想成座」の次に法身偈[11]を真言として誦すのは、その空に散華する所作と密接な関係をもつイメージの説明のためと理解できないこともない。このことは『了因決』第三十四では「塔内に宝珠有り、更に之の間に、これすなわち月輪自性なり。これ遮那の心体万徳の所依なり。理智一体の宝塔一経の本願なり[12]」と述べるように、塔（法性塔）内の宝珠はすでに月輪を背後にしながら自性（svabhāva）と同一視する考え方を確立せしめている（図1）。いうまでもなく、この場合の自性は自性会で法性真如をいう。宝珠と摩尼を範疇とするとき、当然のことながら自性法身大日をシンボルとする。それが前述のように法身偈をも塔内に収めるということは『楞伽経』巻一に説く七種自性のうち因性自性、縁性自性の理論にかなっている。つまり法身偈と摩尼宝珠を組み合わせる『中論』などで説くような無自性ではない。『秘蔵記』等の一部の写本

(c)には、この自性の解釈を図像化したもので宝珠を覆うような、法性塔と三弁宝珠を描く。『秘蔵記』にはこの図像のメモも認められる。この他に法性塔の系統で(a)(b)の造型意識が塔上安置という構想のもとで考えられる。それは法身偈の解釈学の具象化である。法身偈の究極の意味は縁より生じ、縁より滅する法はもとより不生不滅である、ということであるから、これを造型化することは困難である。それより抽象的な観念を除く意味においても、自性＝法性真如の具象ともいうべき宝珠と結びつけながら、縁性自性の意味を深めたほうが摩尼宝珠の曼荼羅観を説明するためにも効果的であったに違いない。とくに杲宝（一三〇六―一三六二）の『護摩秘要鈔』（観智院本）[13]第十や慈雲（一七一八―一八〇四）の『南海寄帰内法伝解纜鈔』第四―一などに引用されている法身偈の梵文の伝承にチャイトヤ（制底）や形像（仏像）を金銀銅鉄でつくり、その中に二種の舎利を安置するが、(一)は「大師身骨」であり、(二)は縁起法頌であるという。『解纜鈔』の著者である慈雲が「大師」と呼ぶのは空海のことであり、これと「法身偈梵文」[14]が結びつけられていることはすでに述べた。慈雲は空海請来の「法身偈一巻」と宝珠、それに空海の関係を十分に熟知していたことになろう。むろん法身と舎利の結びつきについては、周知のこととして義浄訳の『浴像功徳経』に典拠[15]があるから問題はない。

ところが、慈雲はこれに空海を加えて解釈しているところに図像を意識した素材のとらえ方がある。しかもその素材に法身偈を加えることによって法性真如の具体的な表現形態を完備させようとしている。もとより宝思惟訳の『浴像功徳経』には、塔内に収める二種の舎利として法身と化身をあげるが、義浄のそれは法身・受用身・化身をあげ、ここに〔慈雲も含めて〕三身の一つを空海にあてはめようとする根拠があったかもしれない[16]。すなわち二種の舎利身を摩尼宝珠曼荼羅の図像にあてはめれば、(一)舎利身としての骨舎利は法頌舎利となり、(二)法身偈は法従縁生を意味する。これに(三)に該当する摩尼宝珠のモチーフとしての展開された図像（摩尼宝珠曼荼羅）が考えられる。しかしこうした考え方は宝思惟や義浄などが活躍した中国ですでに確立していた思想であるが、わが国では降っても次の二件しかあげることができない。

(イ)建久九年（一一九八）正月四日に奉伝した栄然の口伝。

(ロ)鎌倉末期の円成寺蔵「聖徳太子像胎内納入品」の三昧耶形図像[17]（図2）。

(イ)は松下氏の前掲論文でふれられているものであるが、栄然の師にあたる口伝のこと。「師口伝云」として駄都が如意になるこ

図2　聖徳太子立像（二歳像）胎内納入品の一部（円成寺蔵）

とで、とくに「私云」として「本尊宝珠ニハ法身偈ヲカキテ上ニ銀薄ヲシテミセス」というもの。これによると法身偈の梵字を如法尊勝法の法性塔内に書き込んで、なお薄い銀色を薄彩色でかけること。(ロ)は三昧耶形（縦一〇・〇×横三一・二センチメートル）とあるものが、梵字の法身偈を書き込んだ三弁宝珠である。これを比較すると、三弁宝珠の形式や中の梵字の配列など仁和寺蔵の摩尼宝珠曼荼羅ときわめて類似している。これこそ南都で舎利信仰と強く結びついた摩尼宝珠の好例であろう。

また(イ)の系統は同じく尊勝法で実運の『玄秘鈔』第二に引く「塔三尺許云々」という法性塔は、塔中に「柱籠ニ真言宝篋印陀羅尼一塔中陀羅法身偈。已上真言梵字書レ之」（大正蔵七八、三九八頁a）と法身偈を納めることを述べている。これなどは範俊（一〇三八—一一一二）が鳥羽南宮で行じた如法尊勝法に登場する際の大師（空海）の舎利伝承に一つの解釈をもたらした法身偈の象徴化であろう。つまり『御遺告』七カ条の秘法について舎利法と結びつき、大師の御入定説をいかにいきいきと継続させるか、平安末期の藤原氏にとってこれが大きな問題であったに違いない。それは舎利（Śarīra）も駄都（Dhātu）も仏舎利を本尊とする秘法で、「晦御念誦は宝生尊を本尊として御夜念誦は単に如意宝珠法を修するのみである」(18)とする解釈は注意しなければならない。とくに広沢流で伝承されていた御夜念誦法を成り立たせている南向法という礼拝作法は、大和室生山に埋められた如意宝珠を毎朝宮中より遥拝する。その礼拝の回数は、勧修寺では御七日は毎年、晦御念誦は毎月、さらに後夜念誦は毎日とする。

三　如意宝珠と三弁宝珠の図像学的構想

通常、如意も三弁もまとめて、いわゆる宝珠の相承は、

大師、真雅、源仁、聖宝、観賢、一定、元杲、仁海、成尊（「駄都法口決鈔」末『秘鈔口決』第十所収）

であるといわれている。この間における室生山の性格については最近、詳細な成果[19]であるのでそれにゆずるが、室生山そのもののとらえ方は若干の歴史的事情に相違がある。ただ大師（この場合空海）所伝の宝珠に二種の流れが一時期、考えられていたことも事実であったらしい[20]。㈠は室生山と堅恵大徳の直接的なつながりによるものであり、㈡は青龍大師（恵果）付属、空海という真言宗徒の血脈重視の考え方である。しかしこの流れは後に理性院の賢覚や常善院の心覚によって不審をいだかれたことが知られる。それよりも重要なことは円成寺に残る三弁宝珠と梵字法身偈が「聖徳太子像胎内納入品」の一部に結びついていることである。この納入品は三昧耶形と聖徳太子の結びつけ方の展開として別の意味も持ち得るであろう。宝珠を三昧耶形と見る解釈は『四巻』第二における延喜二十年（九二〇）の寛空の伝承「壇上置仏舎利。本尊三昧耶形幷舎利一山。此三宝一体観。（以下略）延喜二十年八月九日　仏子寛空」（大正蔵七八、七九九頁c）に認められるように、十世紀末までさかのぼることができる。むろん、この梵字（法身偈に限る）が入っていない三弁宝珠の展開は後世、それも相当、多彩にさまざまな発展があることは、これまでの関忠夫氏の労作によって数々指摘されるとおりである[21]。

最後に空海の事蹟の伝承から、法身偈の三弁のモチーフにかかわる宝珠について少し補足しておきたい。

如来面相、有二四臂一、左第一手持二宝印一、第二手持二如意宝珠一、右第一手持二宝鎰一、第二手施無畏也。身金色瓔珞天衣、具以二厳餝一、垂二水精龍王一、其龍背有二金輪一、上二立彼天子菩薩一。（『覚禅鈔』）

空海が室戸岬で明星が来影したという虚空蔵求聞持法のやや時代が降る明星天子の形像は、明らかに立像である。如来の顔立ち（面相）をして四臂、その左手の第一手に宝印を結ぶ。しかも第二手に如意宝珠を持っている。ところが右手の第一、第二手は直接、宝珠とは無関係である。しかし左右の結印を組み合わせると宝珠の思想が強調される。つまり天子像の左手における宝珠を母体とした造型描写の系統と、右手におけるそれ（左手の宝珠）を助長し、または支えているしぐさの表現の結合である。二つの相反した結印のかたちは、とくに左右の第二手によって宝珠と施無畏印の関係がバランスよく調和されている。かくして立像の天子は飛雲に乗ずる龍の背に立つ。そしてそれぞれの図像学的解釈は四臂は四洲を利益しながら、宝印を持つ姿は法師の王となることを象徴する。そして在家は帝位にのぼるという。そして如意宝珠は世間出間の財宝を出生する。宝鎰は無礙弁才を以て満足せしめる。その対の施無畏印は衆生の求願を満足せしめる。おそらくこの明星天子の立像は菩薩の身体を表現し、その本体は虚空を示すに違いない。しかもそれを乗せている下方の龍は龍宮法蔵で名称こそ違うが、『摩尼宝珠曼荼羅』に登場する二龍とモチーフが似ている。つまりモチーフの中に共通した観念があり、それは明星天子も摩尼宝珠曼荼羅も龍によって図像が展開され摩尼宝珠の護持が強調されていることである。しかし両者の深部を比較すると図像の成り立ちが少し異なる。つまり前者は宝珠を乗せて何処かに去るという眼前の動きを示すのに対し、後者は海上においては輝く宝珠の護持に終始するという静なる画面を示すにすぎないのである。

なるほど真言宗でいうところの空海の見た「明星（まだ「天子」は付されていない）の影現」とは、大自然の中に自分自身の肉身をさらして悉地を得たこと、すなわち悟りの境地にとうとう達したことの証に他ならないのである。明星天子は東密では金星を供養し、台密では木星を供養する。これらはともに眼の前の画面において輪郭よりも彩色のある光を問題の対象にしていることがわかる。それは天台宗よりも真言宗における金星のほうが、はるかに強烈であり深くて遠方に光がとどく。その画面を意識してか、三宝院流岩蔵方の相承印信百八通の中には輝く三弁宝珠を結印（手を印相を結ぶ）としながら美化した所作（作法）がある。両手を灑浄印に結び三弁宝珠の型をつくりあげる。すなわち「明星」が出ている東方に向かって、如意宝珠印蓮合（如意宝珠を両手で真似した印相）を結び両手の接合より三弁如意珠光を放つ。大虚空の中にバン字（梵字）を観じ、額にタラーハを置いて頭を下げる。次に護身印を結び、左右の肩を通じて三弁宝珠を観ずる。ここには三弁宝珠の造型感覚の中に神秘的な光を認めて、空間を支配するかのごとき三弁宝珠をつくり上げようとする。それは刹那的に手の中につくっては消え、消えてはつくる。西大寺蔵『龍王曼荼羅』は、こうしたつくっては消えるという刹那的な発想を画面の中に丹念に描写したものである。そこに描かれた摩尼宝珠は闇夜に生じたきわめてシンボリックなものである。この画像は行者が約一メートル半ほど離れて礼拝または観想することによって、画面全部（縦九二・五×横二三・〇センチメートル）が眼の中に入り投影化するように構図そのものも工夫されている。画面は上下二段に区分されている。宝珠の配置（構図も含めて）を考える二つの画面はそれぞれ独自の内容をもっている。上方は宝珠一顆と左右に日・月を配す。その下には二龍王が湧出し、中央のやや大きめな蓮華座を守護、讃仰する。そして中央の蓮華座をよく見ると、右手に剣、左手は宝輪を持した菩薩形の一龍王が描かれている。下方は池の海波から湧出した二龍王が描かれる。二龍王の間には、蓮台上の三鈷に支えられた宝珠一顆を描写している。さらにその下辺を見ると右畳の上に真如親王様の弘法大師が二僧をしたがえて配す。またその四方四隅には菩薩形の四龍王を円相内に描く。絹地に細密描写された文様や諸尊は金泥や五彩色を駆使している。しかしこの図像は他にあまり類例がなく、室町時代の製作と考えられるが、蓮台上の宝珠が三鈷杵によって支えられている点に注意を要する。

むすび

彩色本の摩尼宝珠曼荼羅は㈠東京国立博物館本、㈡室生寺本、㈢三室戸寺本、㈣長谷寺本など多い。しかしその三弁宝珠の中に縁起生偈たる法身偈を書き込んだものはない。今のところ仁和寺の白描図像である摩尼宝珠曼荼羅が唯一である。むろんこの写本は他に若干現存するが、梵字の解読には仁和寺本を重要視しなければならない。「無言造玉珠」など駄都法の一部の伝承では、この三弁宝珠の縁起生偈すなわち法身偈が空海請来の法身偈であること[22]を裏づけるかのように、「仏種従縁典依縁滅正法依時栄依仁弘只密教繁昌依秘有悉地成否……」という解釈を守覚（一一五〇—一二〇二）が記している。これは法身偈が雨僧正仁海（九五一—一〇四六）の請雨経法と結びつき、法身偈を「大師（空海）御請来本以」（『法身偈』）と解釈し、宝珠の中に組み入れたものと考えられる。守覚や仁海が空海請来の法身偈を大切にし、摩尼宝珠曼荼羅の中で伝承させた意味はまことに大きい。

註

（1）教王護国寺所蔵の原本による。大正蔵五五、一〇六頁c。

（2）有賀祥隆「仁和寺蔵密教図像について」（『ミューゼアム』二一九号、東京国立博物館〈以下同〉、一九六九年、二八頁）。

（3）小野玄妙『仏教の美術と歴史』（大蔵出版、一九二三年）六八六頁。註16参照。松下隆章「摩尼宝珠曼荼羅に就いて」『美術研究』一三一号、東京国立文化財研究所、一九四三年、三九頁b）。

（4）大正蔵七八、三七三頁aに引用されている漢音と梵字によるローマナイズによる読み。また同文の梵字のみ同巻、五六〇頁aおよび八六〇頁cにも引用。これによれば結印相の名が「大精進如意宝印」（八六〇頁c）と付されているから、如意宝珠法の「本印言」がこの秘密陀羅尼（真言）であると見てよい。しかし仁和寺本の摩尼宝珠曼荼羅に記入された梵字と『秘鈔』巻第十四（同、五六〇頁a）や『薄草子口決』第九（同、二三二頁a）に引用する同じ大精進如意宝印真言の梵字に比較すると、明らかに両者は相違する。
（5）有賀氏の註（2）同書にはローマナイズがあり、「摩尼宝珠の功徳が書いてあると思われる」と述べているように判読としては唯一の成果である。
（6）正しい縁起生偈に整備し直す部分は次のとおり。hetu→hetuṃ, teṣaṁ→teṣāṃ（上）の末尾にある hraṁ evaṁ va は hyavadat とはどう見ても読めないが、これを補足する。dīte ṣāṁcayo→teṣāṃ ca yo. vadī→vādī. mahāśraveṇa の ve はどう見てもこのままでしか読めないが、他の写本を参考にして仁和寺本の写し誤りとみなし、mahāśramṇa と訂正しておく。
（7）他の異訳も同じである。大正蔵二五、一三六頁c、一九二頁b。
（8）酒井真典「法身偈の真言化について」（『密教文化』一一一号、一九七五年、一―一〇頁）。
（9）『弘法大師全集』第二巻（密教文化研究所、一九六五年）八〇三頁以下。
（10）同、同頁。
（11）同第四巻、八三二頁、梵字法身偈が引用。
（12）大正蔵七七、一七一頁c。
（13）全十巻。ただし巻九―十は賢宝の追記が見られる。
（14）大日仏、遊方伝叢書第二、一八九b―一九〇a。
（15）大正蔵一六、八〇〇頁a。
（16）さらに飲光慈雲（一七一八―一八〇四）の著わした『南海寄帰内法伝解纜鈔』巻第四之一（以下『解纜鈔』と略す）によれば、いわゆる舎利と法身偈の密接な関係と「大師の身骨」という象徴的な観念を同化させながら、その偈の真の意味を浮上させようとする。

〔安舎利〕

又復凡造二形像及以制底一。金銀銅鉄。泥漆甎石。或聚二沙雪一。当二作レ之時一。中安二二種舎利一。一謂大師身骨。二謂縁起法頌。其頌曰。

諸法従レ縁起。如来説二是因一。

彼法因縁尽。是大沙門説。（大日仏、遊方伝叢書第二、一八九b―一九〇a）

慈雲が『解纜鈔』を草した動機は四十一歳の時、その多くは、仏教の諸書中に認められる問題の梵字に関する伝承・由来を見きわめようとしたことだという。いうまでもなく慈雲は真言宗が生んだ江戸時代における最大の梵語学者であるから、舎利と法身偈の関係を追求しようという問題意識の持ち方は、単なる空海への讃仰以上の信仰があったように考えられる。それは「二種の舎利を安ず」といいながら、その価値観を見るのに第一番目に「大師の身骨」をあげ、次に「縁起法頌」である法身偈を列挙している点である。しかし慈雲がこのように見きわめようとした背景には、『仏説浴像功徳経』の影響を強く受けたようすが明らかである。それは慈雲がその項、同経より引いて「二種の舎利あり、一は法身、二は化身、文は法身偈梵文」（『大日本仏教全書』、仏書刊行会、一九一四年、一八九頁b）と述べ、梵字も仁和寺蔵「摩尼宝珠曼荼羅」とまったく同文に比定し得る法身偈を記録しているからである。この事実を考えるならば、舎利と法身偈を結びつける根拠は、すでに中国の漢訳の中に展開されていたと見なければならない。いうまでもなく本図を「摩尼珠像」として取りあげたのは、小野玄妙博士「唐末五代趙宋時代の仏教画」（『仏教の美術と歴史』、六八八―九頁所収）であるが、これが何人によって伝承されたものか出所来歴を明らかにしない。

（17）『大和古寺大観』第四では、「三昧耶形図像」とされているが、この梵字は正しく法身偈そのものであり、宝珠内の梵字の配列等、仁和寺本に一致する。

（18）栂尾祥雲『秘密事相の研究』（高野山大学、一九三五年）一八三頁。なお御夜念誦の解釈は栂尾博士の著に負うところが大きい。

（19）堀池春峰「一山と室生寺」（『日本仏教史学』一一号、一九七六年、一―二八頁）。

（20）『真言宗全書』第六巻、一九三六年、一四一頁b。

（21）三弁宝珠の意匠の考察には関忠夫「宝珠の造形意匠」（『東京国立博物館紀要』一〇号、一九七四年、二三七―二四四頁）を参照。また宝珠と火焔の表現については同氏の「宝珠に関する二、三の問題」（『ミューゼアム』三〇号、一九五三年、一三頁）を参照。

（22）法身偈が法頌舎利の真髄をとらえていることは、『寂照堂谷響集』第四に典拠がある（『智山全書』第十一巻、智山全書刊行会、一九六七年、七九頁a）。これには、

法身偈

有レ客問　諸法従縁生如来説是因是法従縁滅是大沙門説《云》此《ノ》一四句偈《ヲ》号《セバ》二法身偈《ノト》一者所由如何又此偈《ノ》出《タルヤ》二於何《レノ》経《ヨリカ》一耶

答如来有《リ》二二種舎利《ノ》一一《ニハ》者身骨舎利二《ニハ》者法頌舎利也法頌舎利《ト》者仏所説頌《ノ》即《ハ》是所謂法身舎利也経中《ノ》説《ニ》二法頌舎利《タト》一出《タリ》二此一頌《ヲ》一故此偈《ニ》名《ノヲ》為《テス》二法身偈《ノト》一実《ニハ》仏《ノ》一切所説《ノ》偈等《ハ》皆法身舎利也《ナリ》

若供《シ》二養頌《スルヲ》一者《ハ》即是供二養《スルナリ》法身如来《ヲ》一也

義浄所訳浴像功徳経《ノ》云《ニク》善男子諸仏世尊有《ニ》二三身《ク》一謂法身受用身化身《ナリ》我涅槃《ノ》後若欲《ハ》供《スル》二養《セント》此三身《ヲ》一者《ハ》当《ニ》レ供二養《スヲ》舎利《ヲ》一然有《リ》二二種《ニハ》一一者身骨舎利二《ニハ》者法頌舎利《ナリ》即説《テ》レ頌曰《ヲク》諸法従《ハリ》レ縁起《ル》如来説《玉フ》二是因《ヲ》一彼法因《ハテ》レ縁尽《ニタレ》是大沙門説《ノナリ》

とある。

灌頂堂曼荼羅の史的考察
――御室灌頂堂を中心として――

一　問題の所在

密教の曼荼羅やそれにともなう彫像をまつるべき「場所」を記録した指図《さしず》（差図）の類は、かなり多く現存する。また単独の指図以外にも聖教の修法次第や図像類中にも少なからず認めることができる。いうまでもなく指図それ自体は、祈りの力が支配する「場」であって、究極には密教の理論を具体的に実践した礼拝対象の本質的な作壇のかまえ方を示すものである。むろん密教の指図は、古くから師資相承をもって入念に説き明かされてきたといえよう。今日われわれがそれらの一部分を切りとって歴史的にさかのぼり、あるべき本来の姿に復原できるのは、すぐれた阿闍梨の指導と、それに携わってきた僧侶の不断の努力のたまものに他ならない。ここでは、そうした伝承の記録や指図あるいは修法との相互関係を通じて、平安時代から鎌倉時代に見られる御室を中心とした両界曼荼羅の「場」、すなわち堂内にあるべき位置を史的に考察しようとするものである。これにかかわる曼荼羅の問題は、両界曼荼羅の伝承を通した諸祖師像ならびに周辺の経法の修法等との関係など、重要な問題が多いが、ここでは心覚をめぐる『別尊雑記』作成の背後を考え合わせながら考察したい。

二　成身会三昧耶形曼荼羅の配置

承元二年（一二〇八）の正月十八日、後高野御室道法阿闍梨（一一六六―一二一四）は、高野山へ参詣した。そして帰京後まもない二月九日には最勝四天王院の検校に補せられたのである。この守覚の高弟道法阿闍梨が文治六年以来勅を受け、禁中に真言の秘法を行うこと前後四十四回、いずれも法験をあらわし、その賞を自らの門弟にゆずられたという史実などは、今もなお『仁和寺御伝』（顕証書写本）をはじめとする二、三の仁和寺系史料が語り伝えるところである。(1) しかし、これを細部にわたって調べてゆくと、同じ仁和寺御伝であっても、次の箕面寺御参詣に関する記録は、ただ顕証書写本の系統にしか見出すことができない。

同四月十日、摂州箕面《ミノウ》寺御参詣、同自廿七日丁卯、於高陽院殿（朱書）「賀陽殿」令修守護経法給、伴僧廿口、十二天、聖天供在之、御本尊新被図之、成身会曼荼羅他、閏四月四日、御結願、勧賞二口、法院寛瑜、権律師顕位、同八月二日己巳、於同所為院御祈、被修五大虚空蔵法、伴僧廿口、同十月十六日戊午、八幡宮御参詣。（『仁和寺史料』二、一五五―一五六頁）

これによると、承元二年の春たけなわ、四月十日に道法阿闍梨は、摂津国の箕面寺に参詣している。この箕面寺は、光台院御室道助の時、すなわち「建保四年六月二十六日己未、以摂津国箕面寺、永可為仁和寺之末寺由、被下宣旨」（『仁和寺史料』二、一五九頁）とあるように、建保四年（一二一六）頃にはすでに仁和寺の末寺になったところである。したがって古くから御室とは関係の深い寺であったことが知られる。

さて道法は四月二十七日にはいったん京にもどり、桓武天皇皇子高陽親王の邸宅（賀陽殿とも記す）で守護経法を七日間いとなんでいる。その時の集会の状況を考え合わせると、「伴僧廿口、十二天、聖天供在之」というから通常の規模でそれほど大がかりなものではなかったに違いない。高陽院《かやのいん》邸とは、修法の道場としても著名なところ、道法が後にたびたび訪れており、ここで彼の主要な修法が晩年まで続けられていた。場所は平安京左京中御門の南、西洞院の西、堀川の東、大炊御門の北にあったという。「聖天」以下の記述を見ると、この高陽院では守護経法の御本尊を新しく描かしめ、それが金剛界成身会《じようじんね》曼荼羅であったと述べている。この記録すなわち曼荼羅を成身会と記す部分は、たしかに他の「仁和寺御伝」の諸本には欠けている。たとえばこの四本のうちでも心蓮院本の記述がやや近いが、その守護経法の本尊を知るよしもなく、ただ伴僧の数を二十と記すのみである。以下、真光院本や御室代々の略記からではまったくその本尊の何たるかを推定することはできない。しかし顕証書写の『仁和寺御伝』のみが、本尊は新図と伝え、金剛界の成身会曼荼羅であるという。こう考えてみると道法の守護経法にかかわる成身会曼荼羅は顕証書写本によってのみ見出されたといってよい。

A　顕証書写本

「……成身会曼荼羅他」

B　心蓮院本（『仁和寺史料』二、三七頁）

「同四月十日箕面寺御参詣、同廿五日丁卯、於高陽院殿守護経法、廿口（以下欠）」

C　真光院本（『仁和寺史料』二、八七頁）

「承元二年二月九日、補最勝四天王院検校（以下欠）」

D　御室代々略記（『仁和寺史料』二、二五五頁）

（欠）

＊　ほかに群書類従本第六七（伝部）、真乗院本、壬生家旧蔵本があるが、すべてA本と同じ内容なので省略する。

ところで、真言密教では古くから仁王経法や孔雀経法およびこの守護経法は秘修の三大法といわれてきたが、これらの修法にはそれぞれ御本尊があって、それは各々の経所説にいう曼荼羅をかけることになっている。守護経法の場合は、金剛界の大日如来像で、曼荼羅は『守護国界主陀羅尼経』第九巻陀羅尼功徳儀軌品に説く金剛城曼荼羅（大正蔵一九、五六六頁b―c）である。また本尊曼荼羅は金剛界三十七尊曼荼羅で外金剛部は八方天、梵天、地天などの十天を描いたものである。守護経法は鎮護国家はもとより延寿、祈雨、止雨、除病、滅罪のために修したものであるが、仁和寺における成身会曼荼羅とその三昧耶形の造形上の意識を見ても、ほぼ鎮護国家法として確立した礼拝対象を推考することができる。それは守護経法の本尊を求める方法として、「五仏を本尊として各々の種子や三形等をめぐる伝もあり」（『薄草紙』、『秘鈔』、『乳味鈔』の第一〇―一四、四巻抄二）という伝承が諸本に見られる点による。そこで御室における金剛界三昧耶形曼荼羅および成身会三昧耶形曼荼羅の存在をたしかめつつ、またそれが後に説明する真言八祖御影とどのようにかかわりあってくるのか、御室側より見た小野仁海僧正記の引用文を検討しながら考察をすすめることにしよう。

仁和寺の草創、由緒、伽藍、鎮守、また御室直轄あるいは御室御所となった諸院の由来、規模などを記した『本要記』一巻（仁和寺、御一四〇箱、縦三二・六センチメートル、一紙長四八・三センチメートル、紙数は長短あり四十九紙）によると、円堂院の項で、

(イ)『本要記』一巻（『仁和寺史料』二、三三五頁）

小野僧正「仁海」記云、仁和寺内巽方、寛平法皇御念誦堂八角堂内、金剛界三昧耶金銅曼荼羅被安置也坤方有御房云々

(ロ)『本寺堂院記』一巻（『仁和寺史料』二、二八〇頁）

（上文に同じ）……巽《タツミノ》方

……坤《ヒツジサルノ》方

と記している。小野仁海僧正の述べるところによれば、仁和寺のタツミ（南東）に御室開創の第一代寛平法皇の念誦堂として八角堂があり、その中に金剛界三昧耶の金銅の板曼荼羅が安置されていたと伝えるのである。この三行は『本要記』と同系統の『本寺堂院記』にも全文が一致するから、その当時の確かな伝承として受けとめることができる。ここにいう仁和寺の円堂とは、済信の「北院御室御記云」に引用され、「為後門「宇多」勅願、昌泰二年被遂供養、以円城寺為供養御導師、曼荼羅供色衆五十口」（『本要記』）とあるもので、堂は昌泰二年（八九九）に供養され、その時の導師を円城寺の僧がつとめたことを物語っている。このように御室における当時の天台方と成身会曼荼羅の関係は、後でふれるように幽仙律師を暗示するのにふさわしい一例としてうけとめることができる。すなわち、本要記に述べる「参語集」第二には、東寺の西院を模して創建したと伝える南御室に次のような伝承を認める。

私云、以此記西院模様可知之、安置成身会曼荼羅（『仁和寺史料』二、三二九頁）

三僧類聚第十二云、南御室安置成身会マタラ有何故乎（『仁和寺史料』二、三三〇頁）

この南御室では、成身会曼荼羅が十二世紀の初め頃から安置され、法皇御誦経の礼拝対象としては欠くことのできない鎮護国家の具象的なパターンを形成していたと考えられるからである。『三僧記類聚』第十二では続けて、この成身会について師は「代々帝王御法事、金剛界成身マタラ「梵字」被供養之」と述べている程度にとどまっている。文中に見える「代々の帝王の御法事には」とは、いったいいつ頃から始められた法事を指すのかにわかに断じがたいが、仁和寺史料を参照すると相当古くからあったと考えられ、弘法大師空海との関係は改めて指摘するまでもない。しかし守護経法のあり方やこれを本尊とする天台系の成身会曼荼羅とのかかわりあいを考えるならば、もう少し天台側からの成立事情も考慮してみる必要がある。ここでとりあげている円堂院の成身会三形は『古徳記』を引用して次のように述べる。

古徳記云、八角御堂、号円堂院、寛平御願、安置金剛界卅七尊幷外院三摩耶形、延喜三年三月廿六日供養之、而改造之後、同五年三月廿六日辛酉（八専）、又供養、法皇崩御後式部卿改之、天慶三〔三イ五イ〕年三月廿七日、供養、修復」（『仁和寺史料』二、二八〇頁）

これによると円堂とは円堂院と称し八角御堂よりなる。堂内に成身会すなわち金剛界三十七尊ならびに金剛部外院の三昧耶形を安置、それらを延喜三年（九〇三）に供養したというものである。その供養会は「曼荼羅供記」(2)に延喜四年説をあげてはいるものの、導師に益信僧正を迎えている。と同時に請僧が百口と伝えているから相当大がかりな、しかも円堂改造の際よりも当初の集会がいかに盛大であったかがわかる。こうした経過は鎮護における曼荼羅が本尊となり得るように成身会三形が両界曼荼羅に匹敵する礼拝対象としてその地位を、すでに有していたと考えることができる。それは堂内を荘厳する壁面に見られる右廻りの八祖像のあり方を考えても『守護経』との密接な関連を指摘することができる。『本要記』をはじめとするA・B本（図1）に見るように、北東より①龍猛、②龍智、③金剛智、④不空、⑤善無畏、⑥一行、⑦恵果、⑧法全の順に右へ廻り一周している。壁面の真言伝持の八祖像は、さらに『本寺堂院記』や『本要記』の裏書に見るように上障子内外と下壁に分けて八祖像と祖師像の描写が、実際に整えられていたと見るべきであろう。円堂院の障子図によると次のように述べる。

円堂院障子図

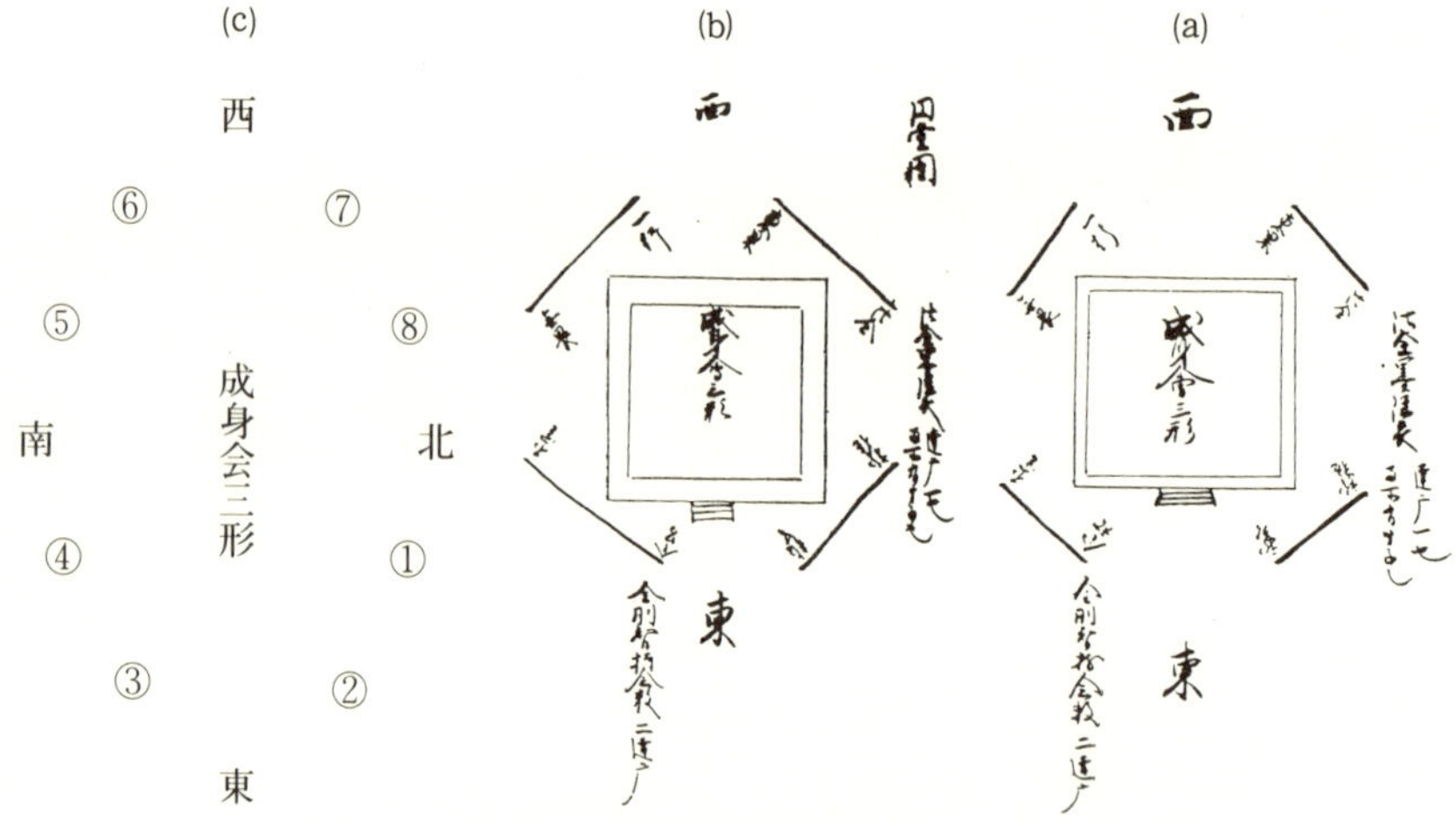

図1　仁和寺円堂「成身会三形曼荼羅壁面八祖指図」
(a)A本（『本寺堂院記』）／(b)B本（『本要記』）／(c)A・B本の図解

上障子内外

（頭書）「或記云、艮為初、逆廻之」、

艮面北龍猛 南龍智　内北弘法 南實恵

巽面北金剛智 南不空　内北真雅 南真然

坤面東善無畏 西一行　内東真済 西真紹

乾面南恵果 北法全　内南宗叡僧正 右聖宝

下壁

第一祖達磨大師　第二祖恵可大師

第三祖僧璨大師　第四祖道信大師

第五祖弘忍大師　第六祖恵能大師

第七祖行基菩薩　第八祖鑑真和尚

件写本弐部已講顕杲本云々

これは『本寺堂院記』によるものであるが、『本要記』（『仁和寺史料』一、三三六―七頁）円堂院御影には、また別の配置があって、或記云、仁和寺円堂院御影次第（『仁和寺史料』一、二八二頁）には上障子面はほぼそのままとするが、下壁は後でふれる高僧像を東北角より描いている点が注意される。

下壁

東北角	南	達磨和尚	北	恵嘉禅師
東南角	東	鑒真和上	西	行基
西南ヽ	南	恵能	北	弘忍
西北	西	道信	東	僧璨

また上障子裏には東北角より八名の高僧像を描く。

東北　北　弘法大師　　南　檜尾僧都
東南　東　高雄僧正真済　正　貞観　真雅
西南　南　円覚寺僧正　北　真紹僧都　禅林寺
西北　西　後僧正真然　北　南池院僧都聖宝益信
　　　已上教乗房説

この中で後者の弘法大師以下の八高僧像は、灌頂堂曼荼羅のところでもふれたいと思うが、この成身会と伝持の八祖像と弘法以下の高僧像の三段階の堂内荘厳は供養を基調とする祖師讃仰図として位置づけられる。その際の経法は、守護経法を背景にはしているものの円堂院以後の十二天・五大尊の尊容もその行事に組み込まれた構造を示している。しかも、後壁の五大尊は仁王経法の本尊として、鎮護国家法にもかかわりあっているからである。このかかわりあいを結ぶ構成要素としてその根拠に『厚造紙』をあげることができる。『厚造紙』の守護経法の項に、

守護国界経法　委在次第
付(就カ)二金剛界成身会一行レ之
須弥山頂。想二(梵字)バーン、吽怛落紇里悪五字一。変成二七宝宮殿一。唵字変成レ塔。塔変成二大日如来三身仏果一。
自受法楽故流二出三十七尊及外部天等一。被二囲繞恭敬一説二三密法一如来拳印加持七処（大正蔵七八、二八三頁b）

金剛界成身会についてこれを行ずる。須弥山上にバーン、タラク、キリーク、アクの五字を想え。変じて七宝の宮殿となる。唵《オーン》字変じて塔となる、塔変じて大日如来となる、自受法楽の故に三十七尊、及び外部天等流出して、囲繞恭敬せられて三密の法を説きたまう。

この『厚造紙』は、守護経をいわゆる経法の中心としているが、観想を軸に「自受法楽のゆえに三十七尊を流出して」という内容があり、今まで取り扱ってきた円堂すなわち八角御堂に安置された金剛界三十七尊外院三摩耶形によく一致するものである。したがってこの理論を守護経法によって具体的に造形化したものが円堂内陣であったし、これが『厚造紙』が「付二金剛界成身会一行之」と述べている部分に根拠があるように考えられる。また、このことを円堂の後壁に照合するならば、実厳律師が写したという

次の『東宝記』第二巻の引用文も、律師自身が直面して中心に安置された金剛界系の部分と後壁の十二天等の胎蔵界系の設定を組み合わせて融合させたとする暗示的解釈としてとらえることができる。『本寺堂院記』裏書に「円堂後壁、十二天、五大尊被書之、見実厳律師記畢、東宝記第二載之」(『仁和寺史料』二、二八一頁)とあるのが、そのことを補足しているが、この十二天と五大尊の配列は御修法の内部荘厳と実修の影響も想定せしめるものである。

ところで、またこの円堂の成身会三十七尊の解釈を展開すると愛染王曼荼羅(3)との関係が円堂の場合においても同じように確認されてくる。すなわち、この円堂内に愛染王図があったことは、常喜院心覚(4)の『別尊雑記』(大正蔵図像三、一八四)にも「仁和寺円堂様私加之」と註記があり、伝承の確実なことを知らしめてくれる。

この記述は『本寺堂院記』(『仁和寺史料』二、二八一頁)にも踏襲され「円堂愛染王図、別尊雑記有之」と記している。さらに『本要記』(『仁和寺史料』二、三四一頁)にも著者自ら「私云、心覚阿闍梨別尊雑記此図像載之」と加筆しているほどである。『本要記』の別項によると、かつて円堂内に愛染王像があったと伝えるが、これは円堂経蔵愛染王曼荼羅の中尊を説明した寺伝と同一尊と見るべきものである。愛染王については円堂様として『三僧記類聚』第七に、

三僧記類聚第七云、円堂愛染王事、覚教法印云、円堂様ト云ハ、同所御経蔵ナル愛染王万タラノ中尊ノ様ヲ云ナリ、但於円堂元來被行愛染王御念誦事ハ、被安卅七尊三形ヲ愛染王ト習也、其内中台ヲ愛染王ト可云歟、故僧正如此被示云々、」(『仁和寺史料』二、三四〇—三四一頁)

とあるように、成身会金剛界三十七尊三形は、その本体が金剛薩埵であるがために三十七尊を眷属とした愛染王と同一視し得る構図を図像学上の観想のほうから見定めているのである。そして図像学上の愛染明王を円堂様と称する一形式の呼称は、この御室円堂を出発点としていたことが知られる。この部分はとくに心覚が注目しているので、興味深い問題である。現存する鎌倉時代の作例は、太山寺蔵愛染曼荼羅であろう。御室における愛染明王の修法は相当盛んに行われた。たとえば御堂の愛染王の記録を見ると、仁和寺御伝の顕証書写本(5)に述べる有名な守覚が行じており、建久六年(一一九五)八月一日の項に、「為中宮御産御祈、如法愛染王法被行之、伴僧十口、敬愛護摩　宮御方　後高野御室調伏護摩、安井宮僧正　同十三日結願了」(『仁和寺史料』二、一五〇頁)とある。とくにこの如法愛染王法には朱書の割註が付され「(本尊始被図絵之)」とある。これは御室仁和寺で愛染王法の本尊を初

めて図絵したことが知られる。これは本尊が経法とともに注意された例として史料的価値がきわめて高い。さらに仁和寺内の円城寺には「或記云、益信僧正建立也」という伝承があるが、これをそのまま信じてこの益信の構想によるものか、十分検討しなければならないが、その護摩堂に壁画（図2）が描かれていたという。配置は部分図に見るように、

○金輪 七宝廻之 仏眼　○五大尊 羯磨万 タラ
○大日 智拳印 四方四波羅蜜　○愛染王 十六位 欲触等
○仏眼 七曜 金輪　○観音 三昧耶万 タラ

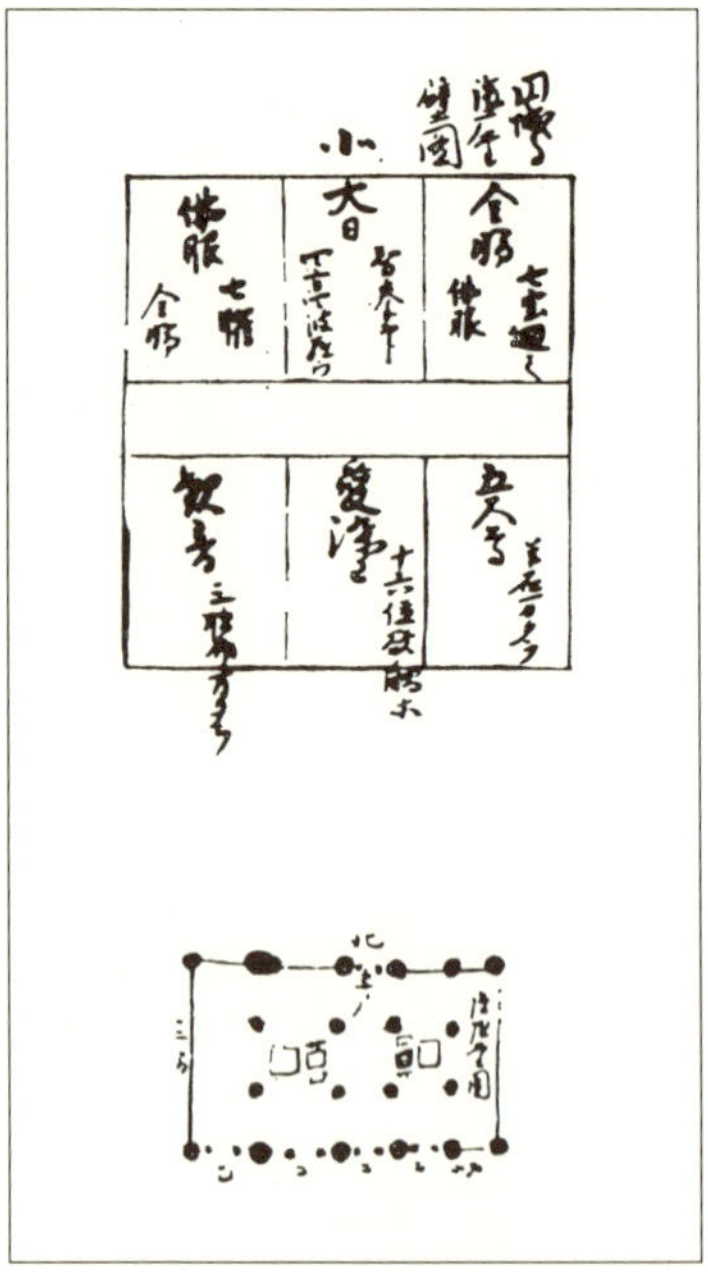
図2　円城寺護摩堂壁図

とあり、円城寺で当時信仰の厚かった諸像をとりあげている。金剛界大日如来の下段中央には愛染王を配し、中尊に金剛界大日[6]さらに、愛染王、五大尊羯磨曼荼羅を配する堂内壁画の荘厳方法は、他にあまり類例を見ない。実厳律師の記録にも記すように円堂における『東宝記』第二巻の引用「仁和寺円堂後壁、十二天、五大尊被書云々」（『仁和寺史料』二、三三七頁）とは、当時、図像学的にも五大尊の位置が、円城寺の例とそれほどかけはなれたものではなかったと考えられる。この円堂後壁と当時の塔内部の考え方を総合すると、御室の密教が鎮護国家の修法に盛行をきわめていたこと、また当時の密教画と並行した師資相承を通して、とくに院家内の延寿、護国豊穣を重んずる気風を窺うことができる。しかも、そうした部分的な作例の記録が『仁和寺史料』に散見するのである。ところがこの五大尊の存在は、仁王経法ではいうまでもないが、次の宮中真言院御修法においてとくに重要な役割を果たしている点も見逃すことができない。

　宮中の真言院[7]（図3）は、承和元年（八三四）に空海の奏請によって建立が始められ、翌年には完成したと考えられるが、安元三年（一一七七）に焼失した。当初は勘解由使《かげゆし》庁を曼荼羅道場とし、堂舎の結構、仏像の造立、行事の威儀など、すべて唐の青龍寺の風を移して、毎年正月後七日の御修法を行ない、修法院とも呼ばれた。修法のようすを伝える『年中行事絵巻』（住吉本）によれば、画面は、右に後七日の阿闍梨の宿坊とする長者坊、左に荘厳を整えた壇所を表現している。ともに南面を示し、長者坊は

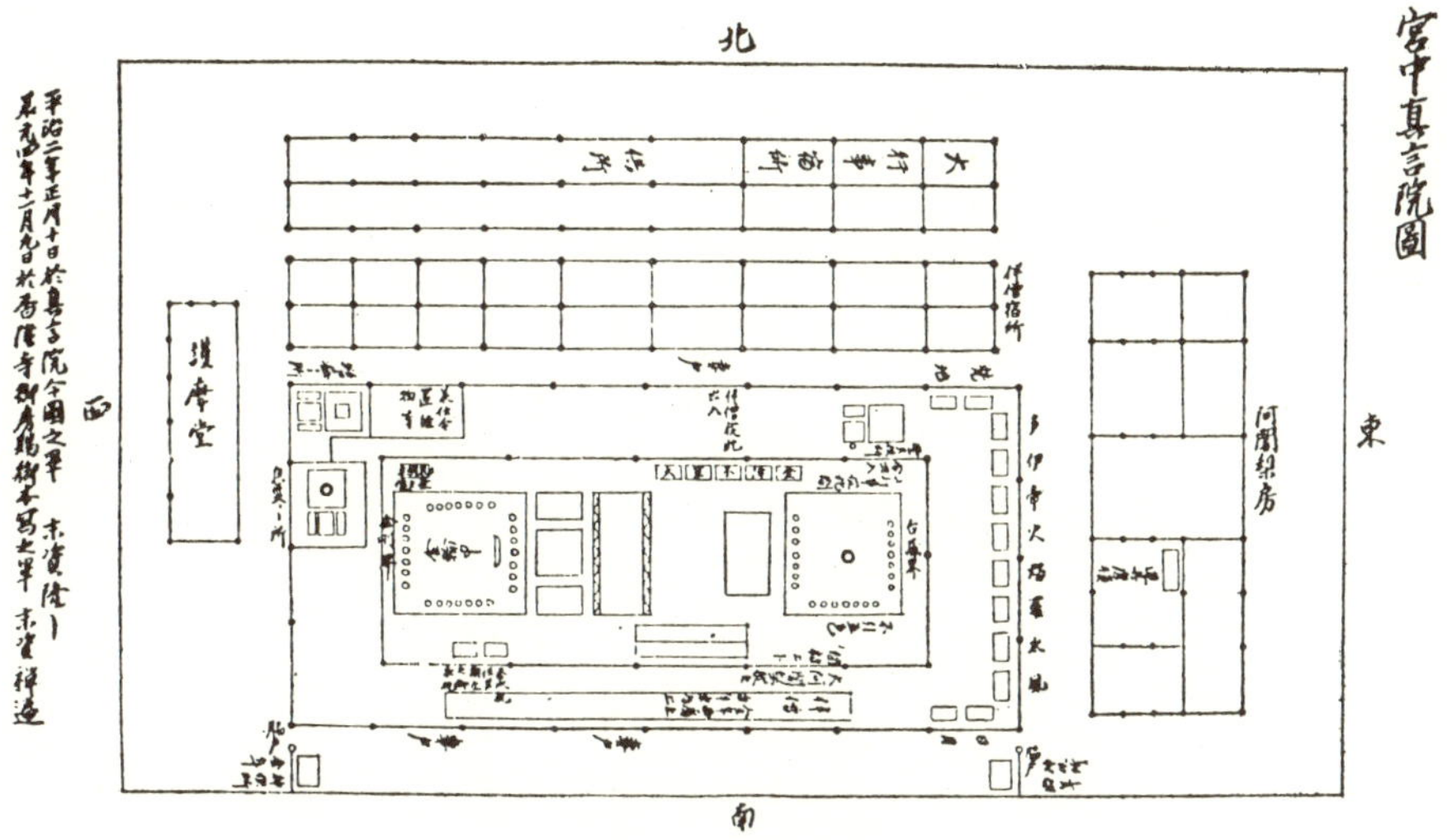

図3　宮中真言院指図

上部を霞で仕切り、霞の間から檜皮葺入母屋造の棟をのぞかせている。

南面は四間で、南の広廂は吹放しのまま放出《はなちいで》としており、母屋との境は、西の一間を妻戸とし、他は蔀らしく、いずれも開け放って内部の明障子を強調している。

西面は、南の広廂に接して簀子張り、屋内との境には格子を入れ、西廂三間の北の柱から西に向けて立蔀を立て、通路を隔て壇所に対する。

また南廂の西の下には沓脱があり、沓脱の下から壇所の腋戸の下まで厚板の渡橋を設置している。

南廂の西二間目に巻纓緌の冠に縹の趺腋の袍をつけた平装束の官人が背面を見せて坐している。御衣捧持の蔵人らしく廂の下の南側には褐冠姿の所の衆が屈んで、傍らに立つ狩衣姿の沓掛の童のほうを振り返っており、背後に白張の召具二人が従っている。西面の立蔀の前にも、狩衣姿の童と大童子が立っている。壇所は築垣をめぐらした南の小庭から一段高い土壇の上の廂から母屋を吹抜け屋台として鳥瞰し、内部の荘厳を示している。

母屋の正面五間の間には浄薦をかけ連ねて壁代とし、その中央の三間に落掛《おとしかけ》を設けて五大尊の画像をかけている。不動を中心に東に降三世と金剛夜叉、西に軍茶利と大威徳とするが、不動と大威徳の他は立像としているので、平治二年真言院御修法記の指図に「五大尊絵像三幅坐像也」とある絵像とは相違している。これも『春記』長暦四年十月十九日条に「真言院五大尊、十二天像等、終年序朽損、乃以丹後講師政円令絵図」とあるように、たびたびかき改められたことがわかる。

また尊像の前の板敷には、それぞれ花机一脚を立て、その上に花瓶二口、閼伽火舎、仏供の坏、鉢、盤を据え、机の左右に灯台を立てている。この灯台の軸は、中尊寺の遺品同様、上部を大面取とするが、台を円座とせずに、角材を組違いにして、宮中使用のいわゆる菊座などと形式を異にしている。

母屋の東南に視点を移すと、中央の二間には胎蔵界曼荼羅を描き、その左右の小間には浄薦をかけて壁代とする。西面も、中央の二間に金剛界曼荼羅を描き、同じく左右に浄薦をかける。この両界曼荼羅は貞観十六年以来の規定で『三代実録』(元慶八年三月二十六日条)には東寺の宗叡が奏請して「奉為国家造胎蔵金剛両部大曼荼羅、安置宮中修法院持念堂」としている。

南面の廂との境は、吹放しのままで、幕を張りわたした状態を線だけで描く。この部分は内部を透して「コンノウスキヌノ也、シタスカス也」と註記がある。幕は紺色の薄い絹で、下辺は透けて見える。

画面の主題である東西の曼荼羅はそれぞれ胎蔵壇、金剛壇が付随する。中央に蓮華を表わした花形の壇を据え、ともに壇の四隅に橛をうって、五色の糸を引きめぐらし、花瓶を立て、四面とも中央に閼伽火舎を備える。その左右に仏具の盤や坏、鉢を並べ、壇下の四隅に灯台を立てる。

修法は、金剛界と胎蔵界を隔年に行なうので、場面は胎蔵界の修法を表現している。東西の胎蔵壇の中央に仏舎利を納めた金銅の塔を安置し、その前に八輻金輪の羯磨杵を置く。併設の瓶、鈴、五鈷、三鈷、独鈷、羯磨などの仏具は省略しているが、壇下の西側中央に礼盤一基を据え、上に半畳を敷いて修法の阿闍梨の座とし、傍らに脇机を置く、その上に灑水器と塗香器を置き、南側には天皇の御衣の筥をのせた机を据えている。母屋南面の廂との境の下長押に沿って、中央に高麗端の畳を敷いて長者の座とする。

廂は土間で南面七間、白壁四間に、唐屋敷と丹塗の円柱による三戸が点在している。扉はいずれも内部に押し開いて、東西ともに半開きの端をのぞかせており、東戸の前には石階を設けている。

この戸口の入口は伴僧の座で、東の第二間から西の第三間にかけてむしろを敷いている。さらにこの上に畳を敷いたらしいが明瞭でない。

戸口から見える着座の伴僧六人は、銀地で白を表現した袍裳形式の浄衣に、白の小袈裟をかける。

東廂は、十二天供として、十二天の絵像を東側に八天、北面と南面に各二天ずつ計四天を上長押にかけて、天別に机を立て、閼伽、火舎、花瓶、盤、鉢などの仏具を供える。机の左右には灯台を立てて灯明を供えるのを例とするので、図は東側の北端から一間に二軸ずつ多聞天、伊舎那天、帝釈天、火天、炎摩天、羅刹天とその仏像を表現し、南よりの水天と風天、北面の日天と月天は壁の陰となる。ところが南面をみると地天と梵天の仏供は省略されている。

西廂は北側に息災壇を設けている。また内陣の柱の間をすべて白壁として、壁面の一部に鈍色衣姿の法師二人を配し、御修法中の雑役勤仕の職掌（東寺に例あり）を窺わせる。

さらに屋外の土壇の下の小庭の東西には落葉樹があり、西側の樹の下に石灰の小壇を設けて神供所としている。周囲には築垣をめぐらし、南廂に続く東側の土壇の上にはそれぞれ板葺の腋戸を設け、白木の戸を内開きにしている。外をみると南面の築垣外の正面中央には、檜皮葺切妻造の南門の棟をのぞかせている。

以上の画面は、修法前の堂内の舗設を示している。その際、金剛壇の北に安置する孔雀明王の木像や東廂北側の天部像、床上の阿闍梨の礼拝の座など、すべて省略し、年度に当たる胎蔵壇の舗設も、密教の荘厳として詮索が困難であったにしても、すべて簡素な描写を示している。ただ、この中にあって、五大尊像と天部像は、画像だからであろうか、動物や眷属まで子細に表現している点が注目される。

この真言院は、安元三年四月二十八日に焼失したのか『愚昧記』（安元四年四月二十八日条）には「真言院払地為灰燼云々」と見える。さらに五月二日条に「伝聞、真言院本尊、両界幷不動本尊云々等焼失了云々、又二間十一面同焼了云々、可憾事也、此院未有火事、今度始焼也、外記今度以顚倒例勘之」とあって、造立後たびたび修築を見たが、この時に至って初めて焼失したことを伝えている。ただし『年中行事絵巻』の画面は焼失以前の真言院の規模を窺うことができる数少ない貴重な史料である。

三　灌頂堂指図の作例

真言寺院の場合、この真言院は御修法の道場として、きわめて重要な位置を占める。今まで述べてきた通りであるが、その中で最も重要な真言院の彩色本両界曼荼羅は、また一方では灌頂堂でも礼拝対象として主要な位置を占めるようになる。それは壁画に描かれている八大師影との不可分の関係において成り立っていることがわかる。従来の灌頂堂に関する史料は、ほぼ次の三つである（東大寺続要録「諸院」、『続々群』第一一巻、二八九頁a）。

東大寺真言院灌頂堂

㈠　大仏殿之前當二東塔西塔之中一、忽建二五間四面之灌頂堂一、令下安二両部九幅之曼荼羅一定二置廿一口僧一勤中修息災増益法上、

㈡　真言院南向堂、安二両界萬陁羅（茶イ）八祖影等一、弘法大師於二此所一灌頂、阿伽井在二堂西一、善無畏三蔵話レ之云々、天人守二護此井一、則在二石足形一當院口伝（『南都七大寺巡礼記』、『東大寺続々群』第一一巻、五五六頁b）

神護寺灌頂堂

㈠　一灌頂院供僧六口六間檜皮葺堂一宇在二面庇戸四具、南在又庇同、三昧耶戒道場、正面蔀六、東西脇真戸各一具右承平実録帳云、六門檜皮葺根本真言堂一宇在二面庇戸七具、在額云々日本紀曰、空海僧都新建二灌頂堂一云々、奉二安置胎蔵界曼荼羅金泥一鋪云々金剛界曼荼羅同一鋪一（神護寺文書）

いずれも、空海以降の伝承をうけついできたものであるが、仁和寺の場合もその例にもれない。(8)灌頂堂は南面、内陣の東西は七間、南北四間、礼堂（内陣の前部）は東西七間、南北三間からなっており、図は、これらの全部を示して「此図尊勝院宮御灌頂記有之」と朱書があり、いわゆる灌頂堂の指図であることが判明する。

これには裏書があって次のように述べられている。

中御室御灌頂記匡房記、次於仁和寺灌頂堂行事、件堂三間四面、南有又庇、件又庇三間称礼堂、礼堂西有妻庇、落板敷也、南庇与礼堂之間、有戸五間、件御堂母屋与庇之間引幔、件母屋内東西、立供養法壇、東胎蔵西金剛界件御堂東西壁、有八大師影、始自龍猛、件壇影等尋常事也、

古徳記云、同灌頂堂、女御倫子造営、式部卿宮御女、檜皮葺五間四面堂、但元三間也、今度加二ケ間図絵両部曼荼羅、真言八大師影各一鋪、寛弘七年三月五日、供養之、済信僧正、女御従一位源朝臣倫子式部卿宮御（孫イ）女、造営、元永二年四月十三日、回禄、御願文云、柱絵「保安二年十一月廿一日壬午供養」胎蔵金剛三摩耶形蓋模前規、両部万荼羅者新図也、八大師真影者旧像也云々。

しかも、この裏書には二つの古記録が引用されている。一つは『中御室御灌頂記』であり、もう一つは『古徳記』である。とも

に視点を異にしているが、後者が詳しいことは供養や回禄（火事）の年号が記録されていることでも明らかであろう。「中御室」とは、仁和寺第三代「覚念改覚行」のことで、承保二年（一〇七五）より長治二年（一一〇五）まで活躍したが、若くして亡くなった高僧である。覚行が孔雀経法(9)にすぐれた効験を得ていたことは、『仁和寺御伝』（心蓮院本ほか）にも年代別に列挙されており注意される。本書で注意したいのは、『別尊雑記』五十七巻を著わした心覚の師の一人、成就院寛助についたのがちょうどこの頃であったという記述である。顕証書写本、仁和寺御伝によると寛治六年に「教授寛助」と伝えるように、すぐれた図像の専門家が周囲で活躍していたことは見逃すことができない。というのは、古記録に見られる曼荼羅や八大師影画像の配置に対する関心事は、こと御室に関するかぎり、「寛助―心覚」あるいは「兼意―心覚」という二つの系統には強く見うけられるからである。たとえば、中御室の生涯のうち図像と経法との関係を明示している例を顕証書写本、仁和寺御伝に求めると、

㈠「康和元年（一〇九九）己卯五月廿九日於西第二僧房、為院御祈、被行六字経法、伴僧八口……十二天兼意、」

㈡「同七月一日、於鳥羽殿寝殿、令修孔雀経法、初度、賞譲於寛助、令任権律師、」

㈢「康和二年（一一〇〇）庚辰七月六日……一日之内被造立御等身像云々、同十月一日甲午、尊勝寺諸堂御仏、且図絵形像、以諸宗名徳、被行彼尊法、其中金堂御仏、」

㈣「同三年（一一〇一）、四月十日、於仙洞基隆卿亭、安置御等身五大尊、被行五大壇法、」

㈤「同六月一日、院安染王（ママ）、一日令図絵、一日御修法、被修一時、」

㈥「同四年（一一〇二）正月廿六日、今日公家於中殿南庇、被供養御等身五大尊、」

の六項も挙げることができる。このうち㈠㈡は、それぞれ心覚の師にあたる兼意、寛助が中御室の座に参集していたこと、とくに㈠に見えるように、成蓮房兼意は康和三年に高野山に登山する以前に、京都においてこのような六字経法の十二天を配役されていたことは興味深い。文中に「為院御祈」とあるのは、同二年の項に朱書の割註にて「白川」と見えることなどから、白河院のために御祈願したものと解釈される。その理由は、中御室がもともと白河院第三御子の出自であったために先師に対する御供養の意を強調したものと考えられる。㈢は一日のうちに等身像を造立、尊勝寺諸堂御仏形像を描いたのであるが、尊勝寺とは仁和寺の塔頭の一つで「真光院以西也、号尊勝院山、云尊勝寺山謬歟」（顕証寺寿院本『仁和寺諸院家記』）とあり、一条記にはとくに快禅律師

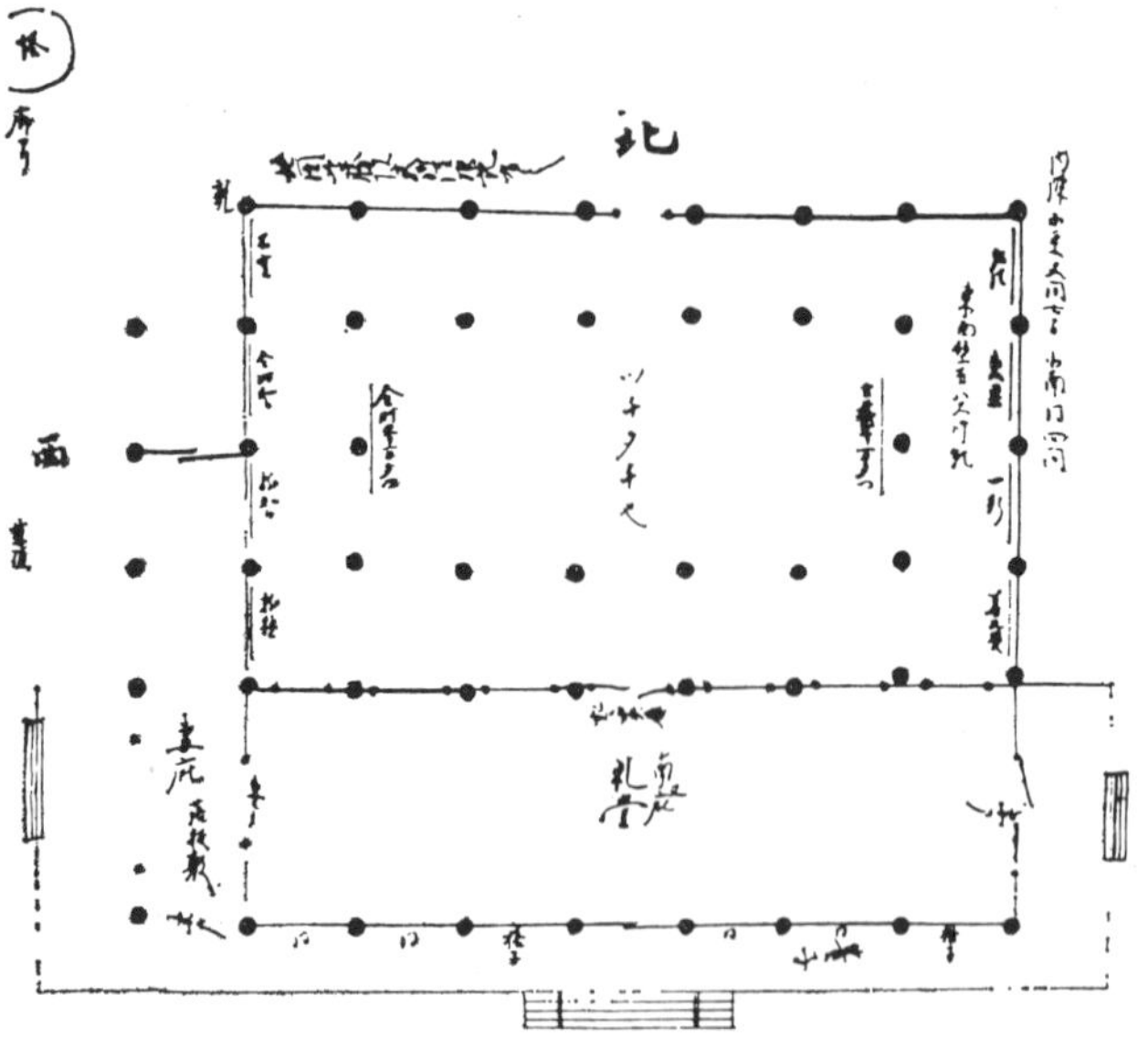

図４　Ａ本　仁和寺灌頂堂指図（『本寺堂院記』）
内陣「東　胎蔵界万タラ、西　金剛界万タラ」

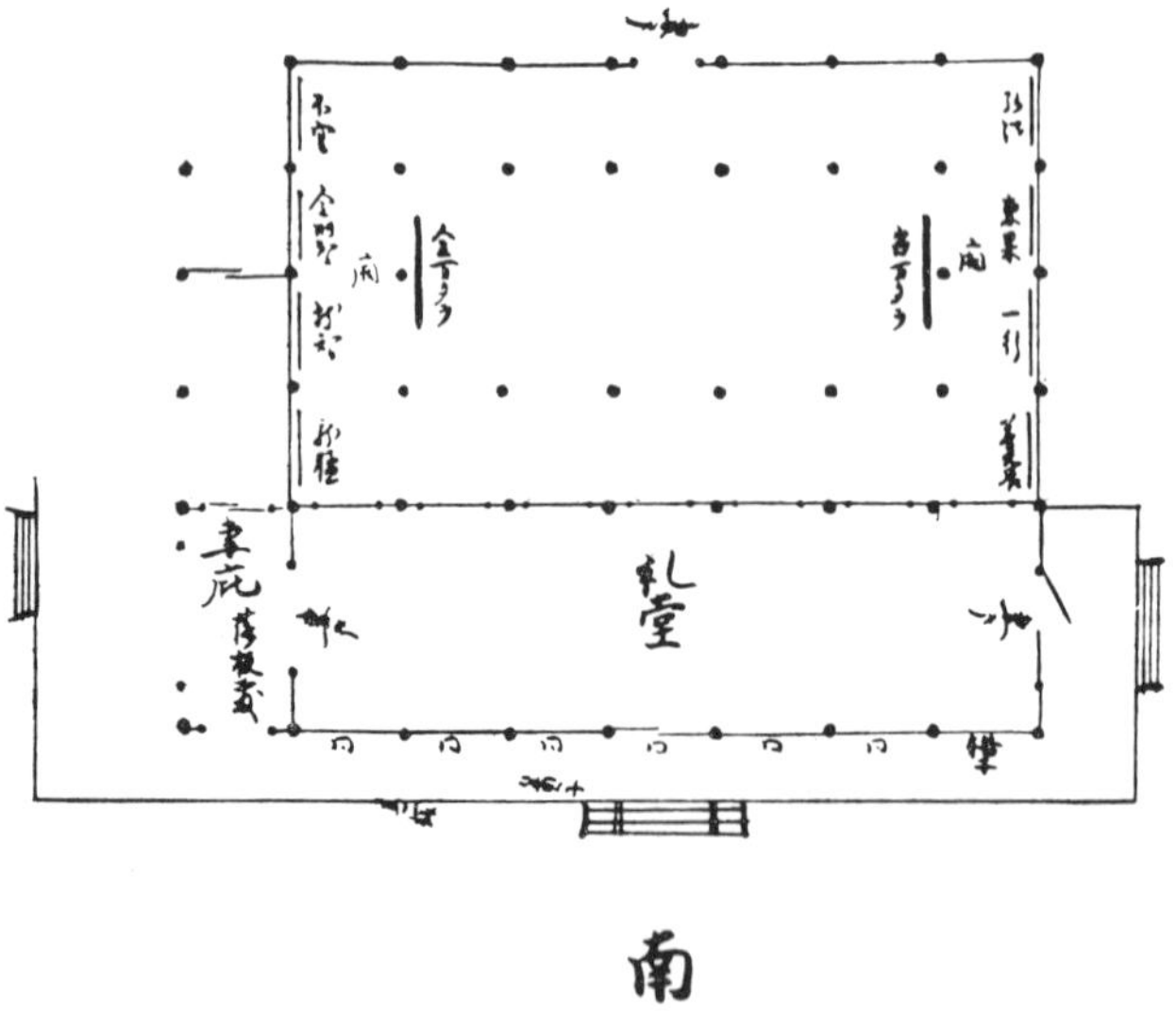

図５　Ｂ本　仁和寺灌頂堂指図（『本要記』）

の旧跡だと伝えている。しかしこの諸堂の仏像がいったい何尊であったかその名称は知ることができない。㈤は愛染明王を一日で図絵せしめて修法を行ない、㈣㈥は仁王経法の本尊である五大尊を安置して、それぞれ供養法を秘修している。このように中御室覚行が短い生涯のうち、それも灌頂を受けた直後に鳥羽殿を舞台として毎年月拝といってよいほど、霊験あらたかな修法を行じて[10]いることは、院家が祈願を重要視していたものとして注意されなければならない。さらにつけ加えるならば、既述の灌頂堂指図の裏書に引用されている『中御室灌頂記』は、彼の伝記の前後関係によって、寛治六年（一〇九二）の項に頭書の朱にて「匡房朝臣御灌頂記草也」とあるから、その頃に記録されたものと見て誤りあるまい。それは、その次の行に生年十八の事跡を記して「於観音院御灌頂、十八」とあることから容易に認めることができる。この事実は同じ仁和寺内の南面にあった観音院の項の「南面、法皇離宮也」という記述をも認めることになろう。つまりこのことは中御室が若くして灌頂を受けた観音院が灌頂堂として使用されていたことを物語っていることになる。

ところで、この灌頂堂の両界曼荼羅の位置と真言八祖像の荘厳のしかたを、この中御室の記述および古徳記の記録によって理解するならば、平安時代の様式を受けついだ典型的な作例をいくつか挙げながら再検討する必要がある。というのは、たとえ指図があっても画像の位置を明示しているものは、さほど多く類例を見出し得ないからである。

『本寺堂院記』（仁和寺、御一四〇箱）一巻は、縦三二・〇センチメートル、全長四五〇・〇センチメートル、料紙は鳥ノ子紙を用い、顕証自筆本と考えられているものであるが、それによると所収のA本「仁和寺灌頂堂指図」（図4）を、

㈠図絵両部曼荼羅・真言八大師影名一舗。

㈡柱絵胎蔵金剛三摩耶形蓋模前規、両部曼荼羅新図也、八大師影　者旧像也云々。

と記録している。B本「仁和寺灌頂堂指図」（図5）の『本要記』も同文である。

㈠は寛弘七年（一〇一〇）三月五日に済信僧正（号北院、長元三年六月十一日七十七歳で入滅）が供養したと記すから、平安時代も十一世紀初めの配置と見なければならない。

㈡は元永二年（一一一九）四月十三日に記録した願文の内容で柱絵の金胎三摩耶形にふれ、両部曼荼羅は「新図也」とし、八大師の真影は「旧像也」と述べている。ここで初めて灌頂堂の曼荼羅と八祖について新旧の区別があることを明らかにしている。しかし柱絵には割註があって「元永二年（一一一九）十一月廿一日壬午供養」と見えるところから、いずれにしても十一世紀初期には仁和寺内にこうした配置が受けつがれていたことは確かであろう。[11] A・B本「仁和寺灌頂堂指図」の内陣を総合的に見直すならば、掛幅の祖師像の礼拝順序はおよそ次のようにめぐることになる。内陣の各壇は東へ胎蔵界曼荼羅、西へ金剛界曼荼羅を配し、八大師影は中御室灌頂記に「始自龍猛、件壇影等尋常事也」と記すように、①龍猛、②龍智、③金剛智、④不空、⑤善無畏、⑥一行、⑦恵果、⑧弘法の順（図6）に、礼堂を通って内陣の西南隅より西壁を一鋪ずつさらに南東隅より南壁に及ぶ。

ところで世に東寺、仁和寺観音院、尊勝寺、最勝寺の四つを勅願灌頂と称している。しかし『密教大辞典』上巻（四一〇―四一

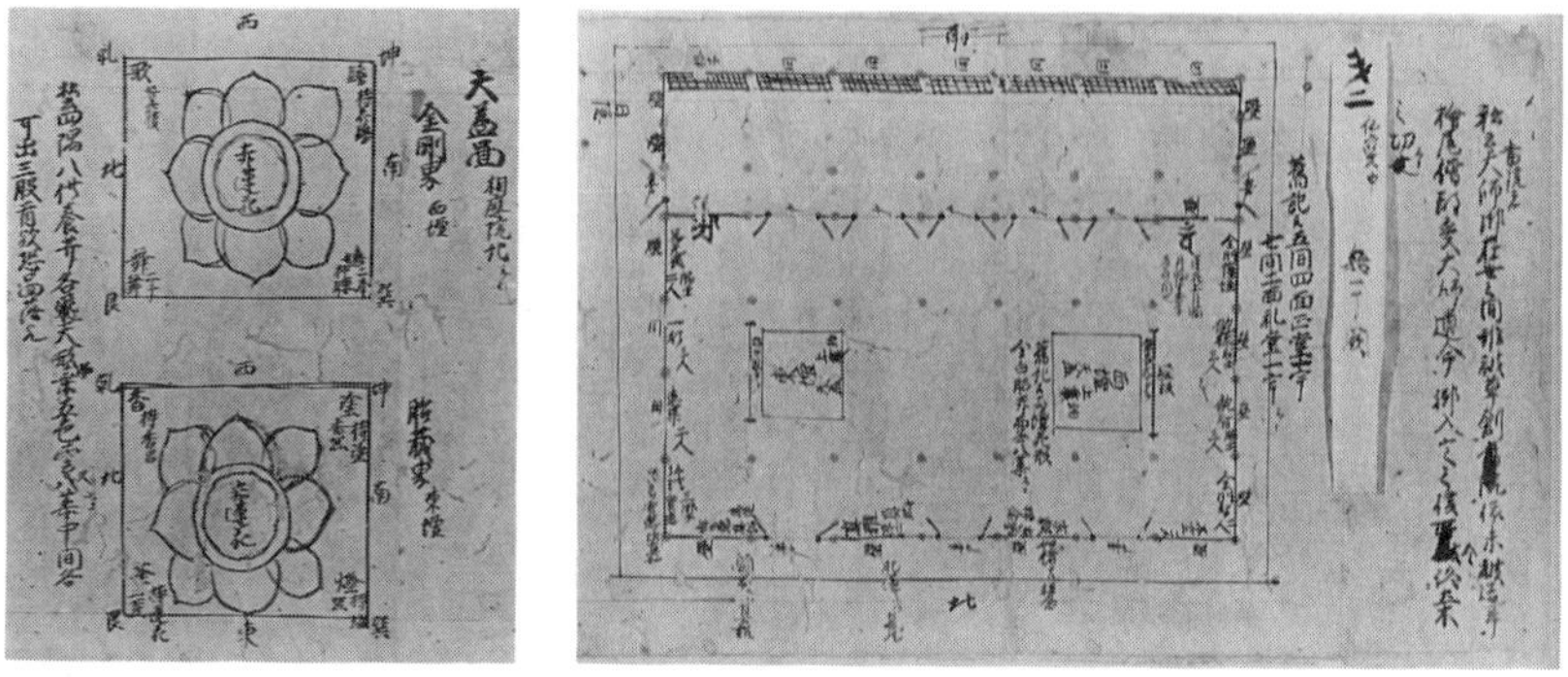

図7　東寺灌頂院指図（『東宝記』）　右：東壇・西壇の位置／左：東壇・西壇の天蓋図

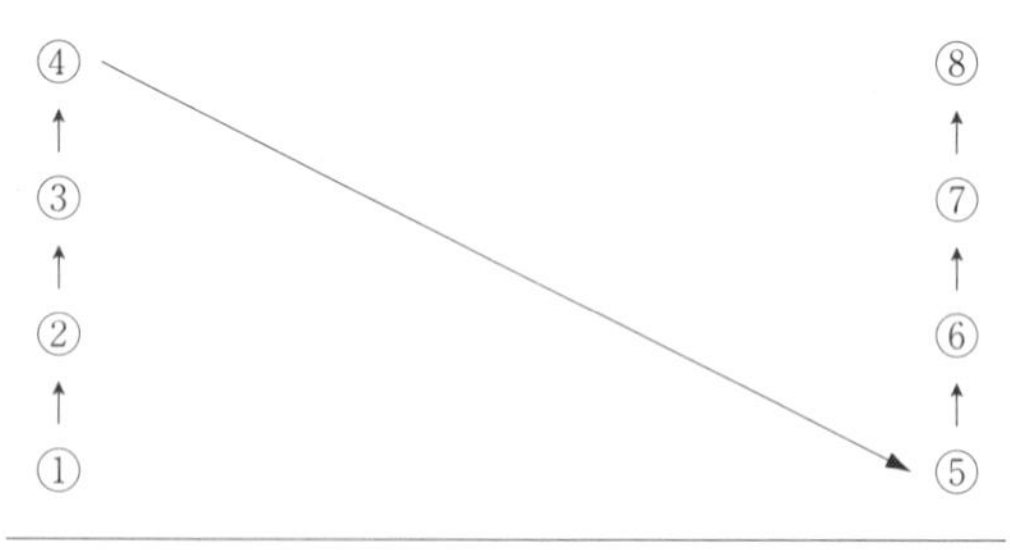

図６　『本要記』・『本寺堂院記』仁和寺灌頂堂指図
（内陣八祖影順序）

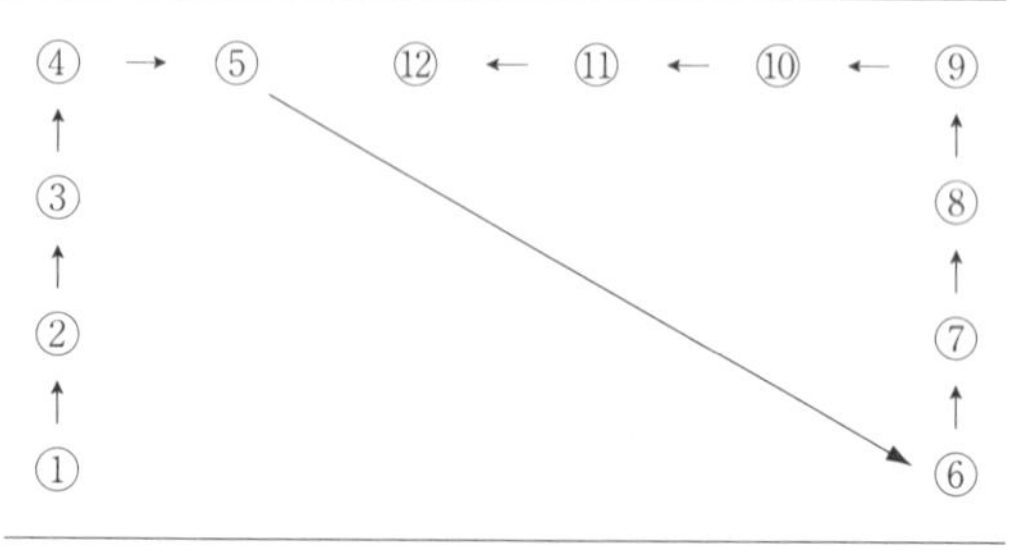

図8『東宝記』　東寺灌頂院指図（壁画の順序）

二頁）には灌頂院の説明に御室仁和寺を欠いており、「東密史上有名なるものに東寺、高野山、東大寺、神護寺等の灌頂院がある」と四カ所を挙げている。仁和寺灌頂堂の内部と東寺灌頂院のいわゆる正堂を『東宝記』（東寺蔵）所収の指図と比較しながら、内陣の曼荼羅・八祖の配置がいずれの系統のものか検討しようとするものである。『東宝記』所載の指図は、「東寺灌頂院指図」（図7）に納められている[12]。その建築構造（平面）は、弘法大師が在唐中に知りえた青龍寺の形態を伝えたものという。創建は大師の高弟実恵僧都によって承和十年（八四三）頃に竣工したとする。その構造は、もと五間四面正堂一宇、七間二面礼堂一宇、五間二面護摩堂一宇の三宇からなり、正堂は南面、内陣に東西二壇を配して東壇に「上鉤天蓋」と記すのであるが、ともに八葉蓮華の天蓋をつる。東壇の壁面には胎蔵界曼荼羅、西壇のそれには金剛界曼荼羅をかける。八祖像は会理僧都の筆と伝え、東西北の三方の内壁に図画す。順序は南東隅より始められており、「祖師名字」に「伝受集第三云、東寺灌頂堂壁画、（東）胎蔵界（梵字）アー、善無畏、一行、恵果、弘法、（東北）実恵、真雅、（西）金剛界（梵字）バーン、金剛薩埵、龍猛、龍智、金剛智、（西北）不空、宗叡云々、勧修寺類秘抄云」と伝える通りである。これを祖師像として生存年代順に整理するならば、『東宝記』第二（『続群』第一二巻、二七―二八頁）の所説と仁和寺の配置を比較すると⑤⑥と⑩⑫に違いがみられるが、順序は一致する。すなわち中国から日本にわたる法灯が、①金剛薩埵、②龍猛、脇侍三人、③龍智、脇侍三人、④金剛智、脇侍二人、⑤不空《北壁》、二人、⑥善無畏《東壁》、脇侍三人、⑦一行、三人、⑧恵果、二人、⑨弘法、三御子実恵、ソワカタ実恵次真如、⑩実恵《北壁》、恵運、真紹、⑪真雅、真然、源仁、肥満セルハ真然、⑫宗叡峯斅、禅念によって両界曼荼羅をとり囲むという仕組み（図8）になっている。さらに峯斅の筆と伝えられる南方東端の壁上には（梵字）ア字、同じく西端壁上に（梵字）バーン字を配す。割註に「蓮花上ニ月輪アリ 月輪中ノ書字ハ両界也」とあるから両界の月輪観の表象であることはいうまでもなく、院内の曼荼羅に関する荘厳のあり方としては、まったく完成された様式が当初からその構想の中にあったと見なければならない。[13] ただし北壁の⑩⑪⑫を主体とする絵像については、

隆海法印記云、北壁影像者、紀納言子息観賢僧正弟子、寛権為二東寺凡僧別当一之時、追所二図絵一也云々、依二此記一、檜尾貞観寺後入唐三祖影、後代追加也、可レ尋二正記一記異本作説也、

とあるように、『東宝記』第二に引用する「隆海法印記」によれば、観賢の弟子寛権が東寺凡僧別当であった時に追加したものだと伝えている。さらに建久の初年にこれらの像が剥落したので、守覚親王が法眼行宴に命じてさらに祖師像を補彩させたという。すなわち「柱絵等零落之間、建久初新有二沙汰一守覚法親王被レ仰二談行宴法眼一。被レ図レ之、其後建長四年九月二日炎上之時、於二列祖図絵壁板一者取出了、当時柱絵、定任二建久図一歟建久図在レ別」（『東宝記』第二、『続群』第一二巻、二七頁a）と記すように、遅くとも、炎上した建久四年（一一九三）までには補彩し終わっていたと考えられる。この建久四年まで、またこの前後の時代は、仁和寺にも記録があって、東寺周辺では、集会に際してまたさまざまな行事において曼荼羅、十二天等の整備が行なわれていた時期と見られる。東寺灌頂院における両界曼荼羅について、

長者補任云、建久二年辛亥十二月廿八日、東寺灌頂院供養、依二修理一也、但両界曼荼羅新模レ之、大壇金剛界後證僧正于時寺務、片壇延

杲法、四長者依二別仰一也[14]、色衆卅口、委記有二別紙一云々」（『東宝記』第二、『続群』第一二巻、二八頁b）と述べている。この頃の明確な曼荼羅と長者の関係は『東寺長者次第』に記録をとどめる[15]。さらにさかのぼって天永年間の項に、

或記云、天永三年十月廿日、灌頂大阿闍梨長者寛助、敷曼荼羅等皆悉被二新写一云々（『東宝記』同、『続群』同）

と記している。この天永年間の敷曼荼羅は、東寺に現存し重文に指定されている（これは破損がはなはだしく、昭和四十八年六月十五日に三年がかりの修理が完成した）。ところで建久二年（一一九一）の後證僧正の前後関係をさぐっても東寺灌頂院の修理が完成し、その落成供養の導師をつとめたという記述は、ほかの二、三の史料（『東寺長者補任』第二巻、『真言諸寺院記籠』二巻、『後七日御修法阿闍梨名帳』一巻）からもたしかめられる。この部分は『真言伝法灌頂、師資相承血脈』第一巻を見ると、この二日後の十二月三十日には「後證、六条壇所において伝法灌頂を行讃に授く」（『血脈類集記』第六も同じ）とあるから、当時は次々と多忙をきわめたらしい。いずれにしても建久二年の「長者補任云……但両界曼荼羅新模レ之」という記録は、灌頂の際に新たに修理し模写されたものと見なければならない。しかも、この東寺と御室における灌頂院の両界曼荼羅および八大師影の位置がほぼ同じ形式を踏襲している事実は、その建久二年よりさかのぼること四十年余の『東宝記』第四（『続々群』第一二巻、八四頁b）を参酌しても次のような結びつきを伝えている。

保延五年己未五月十四日仁和寺二品親王高野御室覚法為二美福門院御祈御産一、令レ修二孔雀経法一給、同十八日、皇子御誕生、近衛院是也、依二彼勧賞一、東寺春節灌頂令レ復二舊儀一、而以二件一会一於二仁和寺観音院一可レ令レ修之由被レ申二請之一、即官符施行畢、保延六年庚申三月廿二日、於二観音院一胎蔵界灌頂始行、当年東寺灌頂金剛界也、……任二大師舊記一、被レ修二春秋二季灌頂一、東寺甲年胎蔵、乙年金剛界、観音院甲年金剛界、乙年胎蔵也云々。

これによると、保延五年五月覚法法親王は東寺春季灌院を旧儀の姿に復原し、仁和寺観音院において修行すべき旨を伝えている。とくに保延六年（一一四〇）に胎蔵界の灌頂が仁和寺観音院において始行された。この記述は、院内の両界曼荼羅、八大師影の配置が東寺から仁和寺へそっくり移しかえられたことを伝えている。この経過は既述の通り、A・B本の灌頂堂指図、C本灌頂院指図によっても明らかである。『東宝記』第二（『続々群』第一二巻、二九頁a）によると、とくに東寺の灌頂院の曼荼羅が絵師勝賀法橋の手によって描かれたことを伝えている。敷曼荼羅は天永三年（一一一二）に長者寛助の時、絵師賢禅によって新写されたと

いう。この間の事情を『東宝記』第二（『続々群』第一二巻、一二九頁a）は、

私云、檜尾僧都所レ図曼荼羅破損之間、於二両界曼荼羅一者、建久二年後證僧正寸務時被レ新二写之一、絵師勝賀法橋也、於二敷曼荼羅一者、天永三年寛助僧正寺務時新写レ之、絵師賢禅大法師也、以二其労一被レ補二威儀師一畢、自二天永三年一至二建久二年一、経二八十年一当時所レ懸両界曼荼羅者、願行憲静上人大勧進之時、永久年中令レ図二絵之一、寒典主畫レ之、於二根本曼荼羅一者、永仁七年令レ安二置宝蔵一畢、長筥一合納レ之敷曼荼羅、当時所レ見二在宝蔵一、是天永図畫本歟、両界同尊形也、金剛界者、一会曼荼羅也、両界同加二図外部天等一、

と伝えている。両界曼荼羅、敷曼荼羅について天永三年（一一一二）以降、永仁七年（一二九九）までの事跡を記している。とくに天永以降は「裏二云」とあって、「至徳二年九月廿六日宝蔵掃除之時、見二宝蔵内一、右《尊形》本両界図マタラ朽損散々破」、すなわち普段使われていた灌頂道具用の両界曼荼羅があったが、十二世紀初めより十三世紀の後半にかかる百七十三年間には、「朽損散々破」とあるように相当いたみがひどくなっていたとされる。この経緯をまとめると、表1のようになろう。

この記録のうち、建久二年の両界曼荼羅の新写は宅間派の絵師勝賀によって完成せられたと見るべきであるが、『東宝記』の記述ばかりでなく仁和寺側の史料から見てもほぼ同様の史実が判明する。すなわち顕証書写本の『仁和寺御伝』守覚の項には、同じ宅間勝賀が十二天屛風を写している場面に遭遇する。

表1　東寺の曼荼羅関係主要事項

年号	曼荼羅に関する記述	記述当時の寺務
天永三年（一一一二）	敷曼荼羅新写「絵師賢禅大法師」	寺務「寛助」
永久年中（一一一三—一一一八）	両界曼荼羅「令レ図二絵之一」	憲静上人「大勧進之時」
建久二年（一一九一）	両界曼荼羅「新二写之一、絵師勝賀法橋也」	寺務「俊証」
永仁七年（一二九九）	根本曼荼羅、敷曼荼羅、両界「安置宝蔵」	
至徳二年（一三八五）	「宝蔵内……両界曼荼羅破損」	

建久二年辛亥某月日、東寺灌頂院十二天屛風新奉写依朽損也、絵師宅間法橋勝賀、種子令書之給（『仁和寺史料』二、一四九頁）

この十二天は東寺灌頂院所蔵のもので、「依朽損也」と付記しているから両界曼荼羅とともに相当いたみがはげしく、敷曼荼羅を新写した賢禅はその労をもって

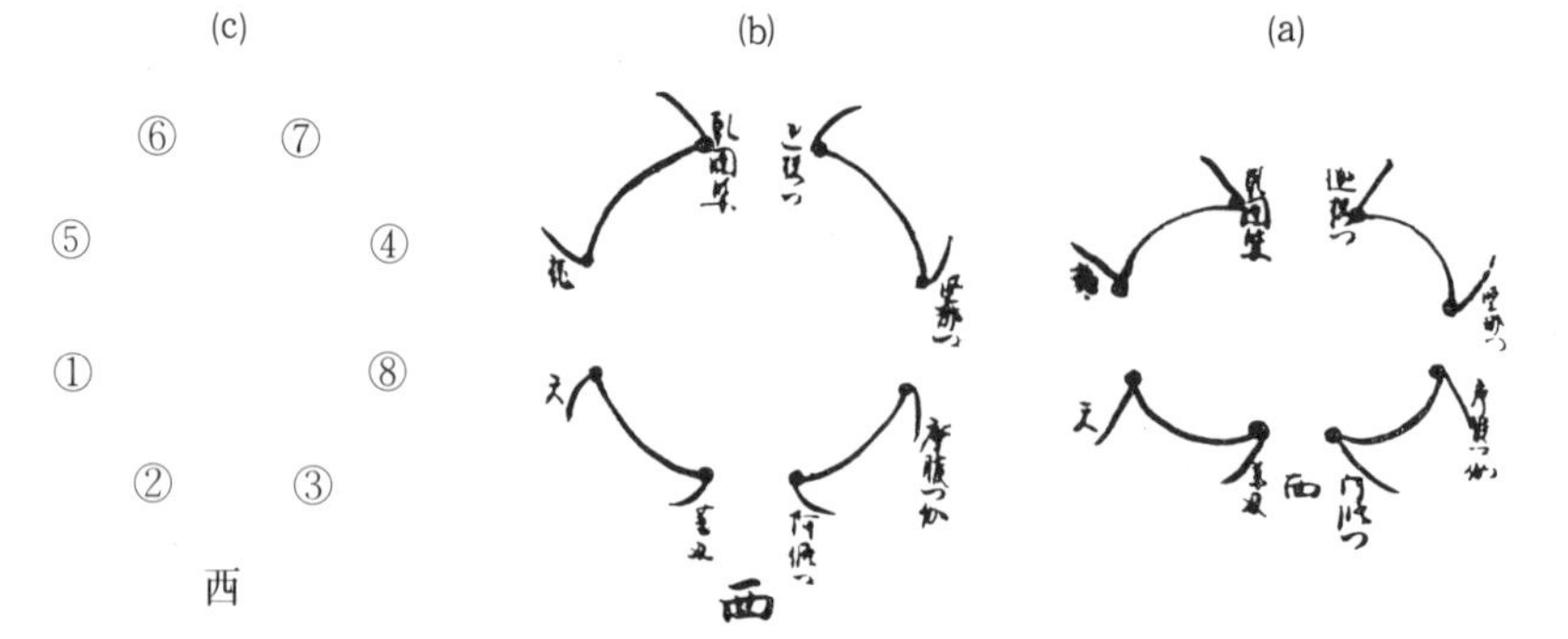

図9　「安養谷の塔」平面図　(a)A本(『本寺堂院記』)／(b)B本(『本要記』)／(c)A・B本の順序図解

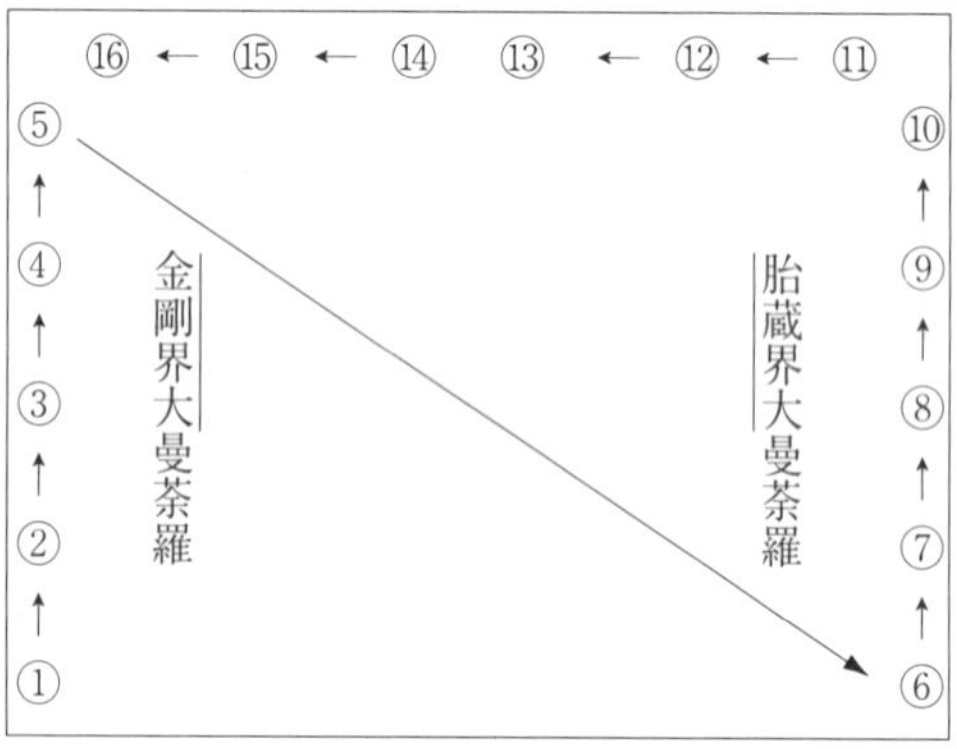

図10　醍醐寺灌頂堂内庫図

威儀師に補せられたほどである。勝賀は宅間為遠の長男で鎌倉初期を代表する絵仏師であるが、灌頂院曼荼羅を荘厳する勝賀筆の十二天は屛風絵として東寺に現存している。すなわち各扇、縦一三〇・〇×横四二・〇センチメートルの絹本著色、描法は衣文線は肥痩のある蘭葉描で、彩色は比較的うすく宋風仏画の新鮮な趣がある。

さて、次の『本寺堂院記』（『仁和寺史料』二、三〇〇頁）には、御室の安養谷を「霊験地也云々」と呼び、そこには当初より存在していたという安養谷塔扉の八部衆を写しとどめている。「安養谷の塔」

についてA・B本の平面図（図9(a)(b)）によると「三僧記類聚第七」を引用していることがわかる。北西より左廻して①天左手持舎器盛花、②薬叉右持刀、③阿修羅赤色三面、三目四臂、持日月弓箭、④緊那羅持笛歟、⑤龍二拳向合、立二頭、若諸龍印歟、頭有龍形、⑥乾闥持鞨鼓、頂有馬頭、⑦迦楼羅以似鳥觜吹簫、⑧摩睺羅伽の天龍八部の順序（図9(c)）で描かれていたという。この安養谷の塔扉の荘厳は、八部衆である。既述の守護経法と成身会曼荼羅や両界の伝持の八大祖師像との関係は、主として鎮護国家の修法に関わりあって育まれてきた諸形態と比較して考えてみる必要があろう。この八部衆は仏の眷属として仏法を守護するために再構成されたもので、十大弟子とともにこの塔を囲繞護持してきたものである。しかし、この場合は特別な意味をもつものではなく簡略化されたものもあったと見るべきであろう。『本要記』（『仁和寺史料』二、三五〇頁）にも転写されているとおり「師上座筆云々」と註記があり、伝承の確実なことがわかる。このようにして東寺、御室の相互関係は当時、密接であった。しかも、ここでは灌頂院の両界曼荼羅、八大師影に一貫した類似性を認めるわけであるが、醍醐寺の場合はどうであろうか。(16)

康治二年官符云、件灌頂院者、前大僧正定海、且鎮護国家、且為一院御殊発弘願所建立也。(中略)天承元年十一月廿五日……毎日修両界供養法並礼懺。又月日勤仕八大祖等御影供、別行毎年一度結縁灌頂大会、所奉祈国家安穏、法皇万歳之寶算也。天結構之趣同東寺灌頂。(『醍醐寺新要録』第十、中、五四五頁)。

この康治二年(一一四三)の官符によると、天承元年(一一三一)十一月十日より毎日両界の供養法が修められ、八大祖師の御影供はもとより、年度ごとに結縁灌頂が厳修されたことが知られる。別項を参酌しても「座主次第云、裏書云、灌頂院結縁灌頂始行事。自天承元年十二月十九日、至承久、九十年云々」(『醍醐寺新要録』第十、中、五六八頁)とあるように、天承元年(一一三一)に開始されてから承久の頃(一二一九)までの約一世紀に及ぶ結縁灌頂のあり方を考えると、これは次に述べるD本『醍醐寺新要録』所収の記録のように両界曼荼羅や五大尊帳、三尊帳等の整備が整っていった時期にまったく一致する。

本尊事

慶延記云、奉安置大日、薬師、釈迦各三尺白檀。定肇作云々両界曼荼羅。治承記灌頂堂内庫図云、三尊帳、五大尊帳、十二天東在之、多聞帳西在之、(『醍醐寺新要録』第十、中、五四八頁)

本尊については『慶延記』を引用しながらも、伝定肇作と伝える三尺の白檀像による大日、薬師、釈迦如来の三尊の配置を伝えている。この三尊形式はあとでふれるが、同じ塔中の遍智院灌頂堂の場合と同じように大変興味深い問題である。(17)すなわち、この三尊を中心に東西に両界曼荼羅をかけている。その位置は、治承年間(一一七七—八一)の頃以降に記録された写本から八大師影を含めて次のように解釈される。

三宝院編絵図類所収の『醍醐寺新要録』第十のD本「灌頂堂内庫図」(図10)によると、西南隅より西壁①金剛薩埵、②龍猛、③龍智、④金剛智、⑤不空から東南隅へうつり、東壁⑥「文殊」、⑦善無畏、⑧一行、⑨「青龍」、⑩弘法、さらに北壁には北東隅より⑪檜尾、⑫石山、⑬延命院、⑭小野僧正、⑮般若僧正尊師、⑯貞観寺とあり、南壁に東へ(梵字)ア字、西へ(梵字)バン字を配するが、祖型としては東寺灌頂院をまったく模倣したものである。内陣は東へ胎蔵界大曼荼羅、西へ金剛界大曼荼羅、金剛界曼荼羅の西北後に「多聞帳」、二間おいて真北に「三尊帳」、その面前に「不断香」を置く。胎蔵界曼荼羅の東側に至ると、北には「五大尊」、南には「十二天」を置く。これらの配置は仁和寺灌頂堂および東寺の灌頂院とほぼ同じ形式で図解される。

四　灌頂の系譜

次に、ここで容易に注意される点は、八大師の順序が東寺の灌頂院の形式を踏襲しているものの、不空と善無畏の間に⑥「文殊」を加え、「一行」と「弘法（空海）」の間に通常われわれが「恵果」と呼んでいる祖師を⑨「青龍」と記入していることである。これは長安の青龍寺の先師の一人である恵果阿闍梨のことであるが、こうした呼び名が「五大虚空蔵」[18]はむろんのこと、この当時すでに小野の一派に伝承されていたと見なければならない。しかも図に記入された例としては他に類例を見ない。

醍醐における結縁灌頂は、『醍醐寺新要録』第十を信頼するかぎり、天承元年（一一三一）であると記録されている。それは「弘仁三年十一月十五日弘法大師於高雄寺、[19]修金剛界灌頂」に述べるのと同じように「天承元年十二月十九日、於三宝院、被始置結縁灌頂金剛界」（『醍醐寺新要録』第十、五八〇頁）とあってやはり金剛界から始行されている。それよりのち鎌倉末期までの記述は限られるが、康正三年（一四五七）にもなると、

康正三年結縁灌頂記云、……伝法結縁重子年ヲ雖然ト於内陣ノ構ニレ者、両壇ノ荘厳、諸祖ノ影像、並三尊帳等于今不整。是自然之怠慢也（同、五九四頁）

と伝えるように、十五世紀中頃には両壇をはじめとして曼荼羅も含まれる両壇の荘厳や八大師影（真言八祖）、また不断香の奥に位置する三尊帳など、荘厳形式が当初より多少崩れていったのもちょうどこの時期であったと考えられる。ところでこの醍醐寺における道場荘厳の八大師影は順に一影ずつとりあげるならば、その肖像をかけて供養する法要、八祖影供がいとなまれたことはむしろ当然のなりゆきといえよう。醍醐寺の文治四年（一一八八）の院宣によると、次のように勤行の順序をはっきり定めている。

文治四年院宣云、毎日礼懺、月月八大師並諸祖師等影、勤行不怠、薫修年積。九月十五日龍猛菩薩御影供事……四月十五日龍智菩薩御影供事御仏供米七升二合、以久元名田所当内、用之。八月十五日金剛智三蔵御影供事……十一月七日善無畏三蔵御影供事……十

月八日一行阿闍梨御影供事……十二月十五日恵果阿闍梨御影供事……三月廿一日弘法大師御影供事（『醍醐寺新要録』第十、五五九頁）

もとより『東宝記』第四（『続々群』第一二巻、九五〇頁）に述べるように灌頂院御影供の始まりは、『長者補任』を引用して「長者補任云、延喜十年庚午長者観賢律師、三月始行二東寺御影供二」とあり『東宝記』下同文を踏襲している。長者観賢権少僧都が延喜十年（九一〇）以来定めた集会の様子を見ても醍醐寺の灌頂堂内庫図に見られる東南隅の「文殊」、すなわち順序としては善無畏と不空のあいだに位置する礼拝対象をどう解釈すべきか。東寺灌頂院の伝統はもとより、醍醐寺における御影供の順序を見ても龍猛以下、真言八祖までには「文殊」を見出すことができない。また「年中行事延徳云」（『醍醐寺新要録』第十、五六〇頁）にも「毎年金剛界行之、灌頂院御影供毎年胎蔵界行之……」とあるが、灌頂院の御影供は毎年胎蔵界によって行なわれているので、八祖以外の「文殊」を配置する余地は見出すことができない。諸祖師の御影供を見てみよう。

諸祖影供事
文治四年院宣云、毎日礼懺、月月八大師並諸祖師等影、懃行不怠、薫修年積。

年中行事上古云、十一月十三日檜尾僧都御影供事久元名田所当内七升二合用之。

同云、正月三日貞観寺僧正御影供事。

同云、十一月廿二日南池院僧都御影供事。

同云、灌頂院御影供事……寅云、是般若僧正御影供之事也。六月十一日御忌日也。

同云、六月十一日般若寺僧正御房御忌日事。

同云、七月二日石山内供御影供事。

同云、二月廿七日延命院僧都御影供事、於灌頂院被行之。

同云、五月十六日小野僧正御影供事、於灌頂院行。

同云、正月七日小野僧正御影供事。

同云、四月一日権僧正御房御忌日事……四十八ヶ日阿弥陀経転読之。（『醍醐寺新要録』第十、五六〇―六一頁）

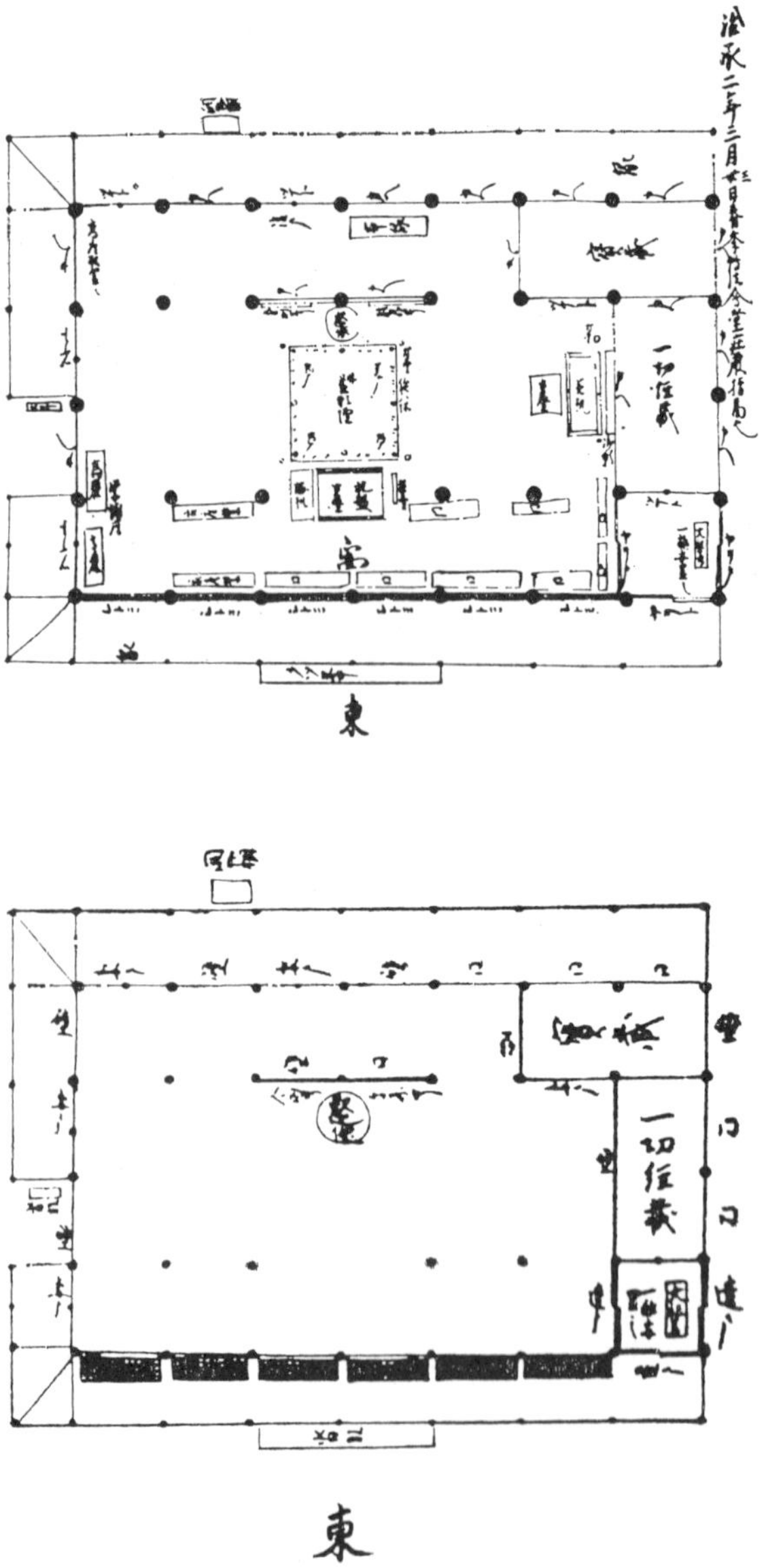

図11　御室伝法堂指図「治承二年」
上：A本　『本寺堂院記』／下：B本　『本要記』

この諸祖影供の順序にも「文殊」に該当する画像は見当たらないが、醍醐寺における文殊会のあり方を検討しなければならない。ここでこの周辺を理解するために、D本の両界曼荼羅をとりまく八大師影以降の⑪檜尾僧都から⑯貞観寺僧正に至る諸師についてみることにしよう。はじめに「年中行事上古云」に述べる諸祖影供（真言祖師遠忌）の順序と配置を比較してみたい。これらの祖師像は、本論の冒頭でもふれた円堂の上障子裏の八祖師像の描写とほぼ一致するものである。ここには御室はもとより、灌頂という儀礼をともなう灌頂堂、あるいは灌頂院の指図を有する東寺と御室の関係が生じ、それは密接であるばかりか、八祖像の展開は、守護経法を主体として東寺様とも称してよい鎮護国家の八祖師の配置が考えられるのである。興然本『五十巻鈔』（第四十七巻）はこれらの様式を最も詳しくまとめている。

さらに遍智院の本尊については、『慶延記』第五に引用されているように「同巻云、本仏弥陀三尊等身今中尊大日、不動、愛染王各三尺已上慶延記」（『醍醐寺新要録』第十一、六四〇頁）と記されてまったく三尊形式をとり、遍智院灌頂堂の場合も同様に三尊をかまえている。これは前述したように、三宝院灌頂堂とは三尊のもつ意味から分けて考える必要があるのではなかろうか。つまり『慶延記』に見える大日、薬師、釈迦の三尊は結縁の礼拝対象、すなわち信者は春に胎蔵界曼荼羅下の壇上、また秋は金剛界曼荼羅下の壇上のいずれかにおいて入壇し投花投仏するが、これらはその際の縁結びを目的とした三尊であり各尊とも独自な性格を有している。[20] そして、なお中心的な位置を有しているのである。この位置を物語る例として、御室伝法堂内を見なければならない。とくに十二世紀より十三世紀初めに見られる両界曼荼羅の位置は法事の内容がたとえ異なったとしても、礼拝対象の位置そのものは基本的には移り変わることがない。すなわち金剛界成身会曼荼羅は、別に金剛界三十七尊曼荼羅と呼ばれるが、そうした作例は、高野山金剛峯寺の厨子入成身会曼荼羅にも認められるところである。

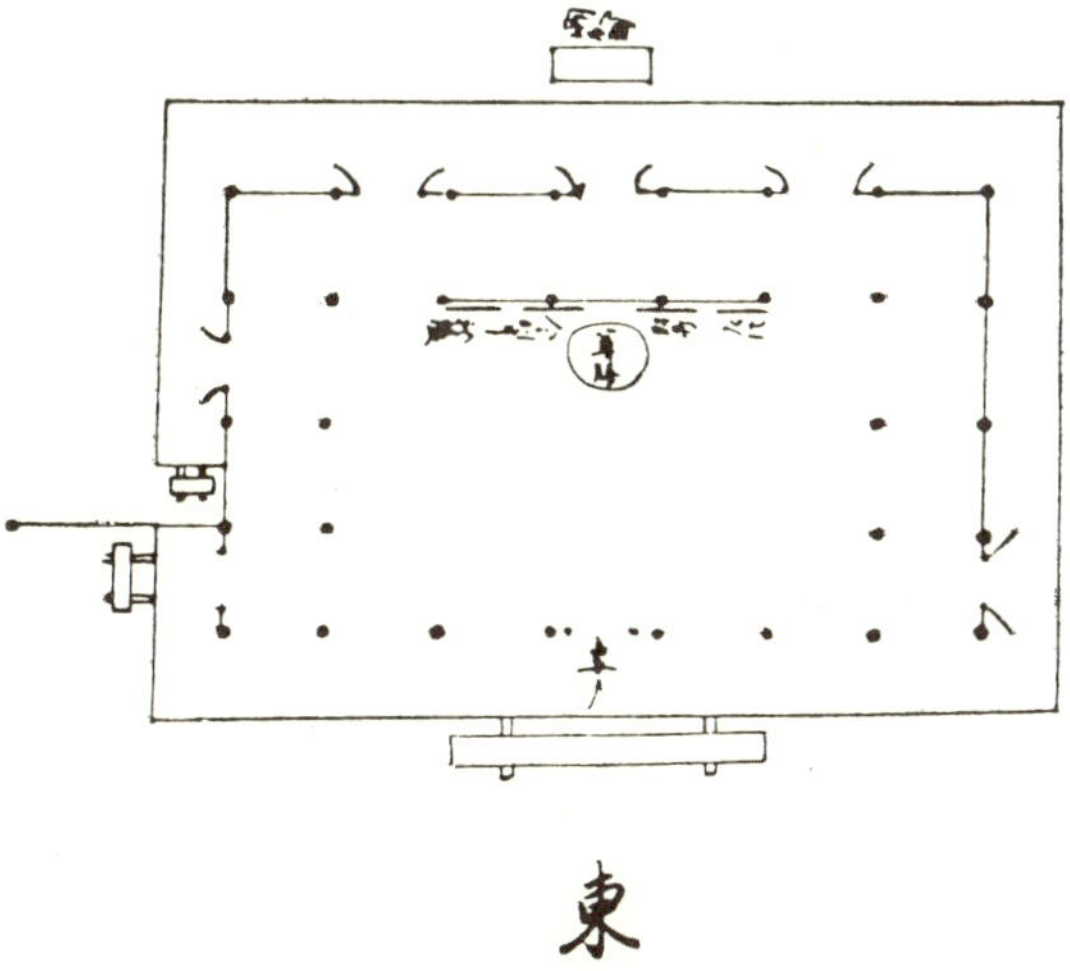

図12　C本　舎利会指図「建保六年」（『本要記』）

しかし法会用に考えられてきた両界曼荼羅の相対の位置はどうであろうか。たとえば灌頂院や金堂では、東西に両界の壇[21]が置かれるために各々に付随する東曼荼羅（胎蔵界）、西曼荼羅（金剛界）という呼称が生ずることになった。内陣の左右に掛けられるわけであるが、しかし別に本尊の礼拝対象を左右にはさんで平行に並べる方法は結縁灌頂の配図などにも見られるように、かなり古くからあったと見てよい。[22] この方法は壁面を利用する当然のなりゆきであるが、『即身成仏義』[23]の聞書などで知られる御室では、かつて伝法堂においてA・B本「伝法堂指図」（図11）、すなわち「治承二年三月廿日、春季伝法会堂荘厳指図也」という治承二年（一一七八）の指図が『本寺堂院記』（『仁和寺史料』二、二九六頁）にあり、さらに『本要記』（『仁和寺史料』二、三四三頁）にもその形式を認めることができる。とくにA本によれば、西に向かって壇の前面に釈迦像を安置し、右面に胎蔵界曼荼羅、左面に金剛界曼荼羅を配しているが、C本（図12）は相対と異なる伝承を写している。このように、各々の法会において何らかの目的を秘めながら両界を配する基本的な曼荼羅のかまえ方が成立する。それは、作壇が目的に応じて異様にする請雨経法曼荼羅のあり方とよく似ている。(24—31)『三僧記類聚』第七巻では、伝法堂に関する一文を引いて、

三僧記類聚第七云、花蔵院宮(朱書)「聖恵」御記云、天仁二年十月廿三日甲午、今日於仁和寺堂被行伝法会、七僧於礼堂行之、満七日結願、済暹律師依多年難作稽古之徳、生年八十四　而今相于此会、是不可思議云々

とふれている。このような行堂の各本尊は、心覚の『諸尊図像』ならびに『仏像鈔』(32)に見られる。そしてさらに、同じ伝法堂で建保元年（一二一三）に行なわれた舎利会C本の指図が見出された。この指図は『本寺堂院記』には所収されていないが、同系の『本要記』（『仁和寺史料』二、三四四頁）にのみ伝えられているものである。その両界曼荼羅の配置を、舎利会の指図より復原するならば、

一弘法大師御影
一胎蔵界曼荼羅
〇尊勝仏頂
一金剛界曼荼羅
一龍猛菩薩画像

であったと考えることができよう。このC本の図を説明して「此図、建保元年舎利会集会所差図写之、彼云、建保元年修理の時、被堂内云々」（『仁和寺史料』二、三四五頁）という。C本の図に見られる左右の「龍猛」「弘法」のあり方は、伝持の八祖像として伝法堂という道場の中で、伝法自体の八大祖師画像を代表させて象徴化せしめたものであろう。両界曼荼羅は、さきに述べた指図を踏襲したものであって、中尊すなわち本尊となるべき場所に尊勝仏頂（あるいは尊勝曼荼羅か）を配置したもので、他の史料にはあまり類例を見ない記録である。これまで仁和寺の観音院、灌頂院内部の両界曼荼羅を中心とした八大師影の荘厳の方法にふれてきたが、その配置の祖型というものは、なんといっても大師の御寺、東寺灌頂院にあったことは明らかなことである。『文殊讃仏』(33)との関連もあるいはいい得るかもしれない。この点は以上三種の灌頂院内陣の指図（図4・5・6）によっても証明されてきたが、さらに仁和寺には『本寺堂院記』（御一四〇箱）中に、

保延五年己未五月十四日癸巳、美福門院御産御祈、高野御室被行孔雀経法、同十八日、皇子降誕「近衛院是也」、御産平安之間仰勧賞、観音院准東寺永置灌頂……

とあって、保延五年（一一三九）当時、すでに東寺の灌頂が仁和寺にも移されていたことが知られる。翌年の項には「同（保延）六年三月廿二日、被始行結縁灌頂胎蔵界」（『仁和寺史料』二、二九〇頁）とあり、第四代高野御室覚法によって初めて結縁灌頂が行なわれている。末文に「於当院初例也」と割註をほどこしているのがそれである。その間の綿密な顕証の記録はすぐれているが、それは次の不動堂、宝塔についても同様できめのこまかい記述に接することができる。[34・35] とくに保安二年の不動の供養には、[36]「保安二年十一月廿一日壬午供養、観音院、大阿闍梨法務大僧正、色衆二十口、灌頂堂万荼羅」とあり、『古徳記』の引用によれば、四面の檜皮葺堂のこの不動堂には等身の不動が安置され、この保安二年には前述の高野御室覚法によって開眼供養がなされている。色衆二十口と述べているから大部のものではないが、そのとき使用された曼荼羅が灌頂堂曼荼羅であったと伝えるのである。

天治元年（一一二四）になると、高野御室覚法は舞楽曼荼羅供を行ずるが、導師は心覚が醍醐で師事した大僧正寛助で、同時に観音院の塔供養が行われている。その塔とは『古徳記』（『本寺堂院記』宝塔）によると宝塔であって、高野御室の建立によるという。塔四柱に胎蔵界、金剛界諸尊を図絵し、塔四面障子に祖師影像を写している。天治元年（一一二四）の十月一日、これも高野御室覚法の建立によるもので、中尊に一尺六寸の大日如来を安置し、一手半の阿閦、宝生、無量寿、不空成就を配する。前述の『本寺堂院記』には、

古徳記云……図絵塔四柱台蔵金剛両界諸尊、同四面障子、天竺、震旦、日本祖師影像十二躰書写、天蓋鏡面八葉九尊種子、天治元年十月一日甲辰、供養

とあり、四柱の両界諸尊[37]は堂内の内部荘厳法として平安時代より盛んに絵画化されてきた。[38] その最も早い例が高野山大塔の正暦五年（九九四）焼失後の再建による曼荼羅諸尊の柱絵である。寛弘四年（一〇〇七）の「金剛峯寺解案」に「柱十六本、図絵両部曼荼羅仏像、外陣柱十二本、内方図絵柱絵」とある一文[39]がそれである。仁和寺観音院の宝塔も高野大塔と同様であるが、胎蔵、金剛両会の諸尊を四柱に配するのは平安―鎌倉時代の最も典型的な荘厳方法である。これを修法記録の中にとらえることができる。[40・41] その両界曼荼羅を荘厳する祖師についても[42]天竺、震旦、日本祖師影像とかなり広域の像容を選択していたようである。この形式は今

まで見てきた灌頂堂内のあり方とは別に、この当時すでに真言伝持の八祖像の他の四師を加えた礼拝形式のあり方を整えていたと見ることができる。裏書に「或記云、観音院御塔」と記し、

左

巳方　龍猛　龍智　未方　金剛智　不空

申方　寛朝僧正　長和親王

右

丑方　無畏　一行　亥方　恵果　法全　弘法

戌方　実恵　真雅

已上先師法印和尚記文

とあるのが、宝塔内に見える十二師の位置であろう。ここで明らかなように、八祖以外の四師とは、左の申方にある俗に広沢僧正と号す寛朝《法王第四世》大僧正（九一六—九九八）、そして長和親王と号す大御室《法王第五世》、性信大僧正（一〇〇五—一〇八五）の二祖師と、右の戌方にある実恵《東寺第二少僧都》大徳（七八四—八四七）と真雅《東寺四僧正》僧正（八〇一—八七九）の二師である。とくに後者の実恵を檜尾僧都、真雅を貞観寺僧正とそれぞれ呼びならわしているのが通例である。つまり八祖以外の祖師像を指す場合には、すでに述べたD本の醍醐寺灌頂堂内庫図でも⑪檜尾、⑯貞観寺と記し、『醍醐寺新要録』第十の「年中行事上古」においても(イ)十一月十三日檜尾僧都御影供、(ロ)一月三日貞観寺僧正御影供と述べ、興然本『五十巻鈔』でも(イ)檜尾僧都理趣三昧、(ロ)貞観寺僧正理趣三昧と写しているように、この宝塔内の戌方を基点として東寺の祖師画像をうち出し、申方にも仁和寺のそれより各々二師ずつを配置せしめているのである。このように「仁和寺観音院御塔」の内部は、灌頂院の当初のあり方をきわめてよく伝えている。その典拠は「或記」としか示していないが、このような塔内の八祖以外の四師のかまえ方を見るならば、これを建立した高野御室覚法（一〇九一—一一五三）の熱情的な法灯の護持にふれることができる。

すなわち観音院がもともと灌頂院の性質を具備したものであった関係から、これらの四師を東寺より御室にまつわる灌頂院開創の祖師像として迎え配置したと考えられる。それは末文に「已上先師法印和尚記文」とあるように、この四師（実恵→真雅、寛朝

→長和親王）それ自体に供養礼拝の意味も含まれるが、巳方、未方、丑方、亥方に置かれている八祖像と同じように、この四師の伝持祖師像としての性格がきわめて明確にとらえられている点が注目されるからである。しかも一尺六寸の大日如来を本尊としながらも、「一搩手阿閦」という四尊でとりまく内部荘厳の方法は、五色・五彩・五智の理解(43)がやがていわゆる立体的な金剛界成身会を表示したものと解釈される。ちなみに中尊大日如来は金剛界智拳印のきわめて小さな坐像であったことが知られる。

既述のようにこの内部荘厳の一つのあり方、金剛成身会の構想は、高野山の西塔（宝塔）における金剛界五仏の安置のしかたや勧修寺の一重多宝塔では金剛界五仏（天暦元年造仏供養）など、また金剛界四仏で東寺の永仁塔を挙げることができる。したがってこの成身会の配置は平安末期の普通のあり方として認めることができるが、とくに御室境内にあっては、灌頂院と接していた観音院においては代々の帝王の法事に「金剛界成身会曼荼羅」を掛けて供養会がいとなまれてきたという記事は、成身会のもっている、最も本来のあり方を説明したものとして注目されるのである。

『本寺堂院記』裏書すなわち観音院の「号之南御室」に、

三僧記類聚第十二云、南御室、安置成身会(梵字)マタラ、有何故乎、師云、未聞慥説、試案之云、代々帝王御法事ニハ、金剛界成身会(梵字)マタラ被供養云、是法皇ノ為被ニ供養タリケルヲ安置、且此処歟、四明王ヲ安タルハ、天台方ノ本歟トオホユル也、幽仙律師カ沙汰ニテ奉画歟云々

この観音院は延長六年（九二八）に千手観音像が造立され、その後、十二世紀の初めになって、彩色不動、降三世、三尺彩色四大天王各一躰（御願保延文）が彫刻されたと伝える。前文に「四明王を安置しているのは」と述べる四明王は、保安二年（一一二一）の供養のときには現存したというから、願文にいう彩色の四天王像であったと見るべきであろう。また文中に「四明王ヲ安タルハ、天台方ノ本歟トオホユル也、幽仙律師カ沙汰ニテ奉画歟云々」とあるのは、幽仙律師（八三五―九〇〇）が寛平二年（八九〇）十一月に仁和寺初代の別当になり、晩年の昌泰三年十二月光定の例により延暦寺別当を襲ったと伝える。そこには、きわめて長期の顕密の習得があったからで、御室ではすでに平安末期において慈覚大師の門弟の一人、幽仙律師からのルートをめぐって、天台における四天王の配置を確認していたようである。

しかしこうした御室における天台とのかかわりあいは、仏教図像学史上の流れを考えると(44)、この観音院の場合、ひとり幽仙律師

に帰せられるべきではなく、御室における一派、観音院流の系統を念頭におく必要がある。これは仁和寺院家観音院の寛意の開祖と伝えるもので、弘法大師空海の夢想の告示により、当時の御室の儀式が華麗に流れるのを案じて復古に力をそそいだといわれる。この血脈の略系は、

性信……寛意《流祖》―兼意―心覚―降挙―定尋―隆盛―継算

であるが、この中には、とくに成蓮房兼意から常喜院心覚の系統があって、その二人の師資相承の法灯は高野山で完成を見たものと考えられている。

註

（1）仁和寺には、とくに修法に際して曼荼羅が使用されたと見られる御修法用指図の記録がある。一括したものとして御修法指図六帖があり、折本桝形本で鎌倉時代のもの。内容は「一、仁王経御修法指図。二、請雨経御修法指図。三、普賢延命御修法指図。四、如法愛染王指図。（奥書）「一校了」。五、如法尊勝御修法指図。六、五大虚空蔵御修法指図」の六項に関するものである。後七日指図として、「一、後七日指図真言院。二、同金剛界。三、同胎蔵界」の三紙があり、この右肩に「甲丁納本目六外」とあり、鎌倉時代のもの。これの写本（南北朝）は以上の三紙に「後七日香水瓶図」を加えている。

（2）今日、仁和寺に現存する曼荼羅供大阿闍梨作法一帖（御七二、密要鈔丙）は平安末期のもの。内題下に「付高野丈六堂供養作之」とあり、もとは巻子本であったと考えられる。

（奥書）「嘉応二月十一月廿八日於高野勝蓮花院草菴記之導師此定不用不可相□歟□愚意之所及為未継遺弟□□早可破却ゝ」、本文中に「新被造立給丈六皆金色阿弥陀如来形像並彩色地蔵菩薩形像……」とあり、全文に多くの訂正箇所が見えるところから、原本と推考される。さらに阿闍梨大曼荼羅灌頂儀軌一帖（御七三、密要鈔丙）がある。

桝作粘葉本（奥書）「久安二年四月□《脱カ》日以密厳院本書写了、仁平三年六月十八日於密厳院西谷伝受了」

曼荼供次第一冊（御八三、余法則）綴帳、（奥書）「写本云（朱書）建久七年正月十二日於醍醐寺遍□《智カ》院雨中閑居之間自点了、雖為写本一□上下分之了、寛元二年（甲辰）六月十七日（丙戌）書之、（朱書）同七月十六日点交了深賢本」

曼荼羅供大阿闍梨次第一帖（御一〇六、小双紙二）（奥書）「以平治以後御本書写之三度校合之了」鎌倉時代。

阿闍梨大曼荼羅灌頂儀軌一冊折本（御一〇八、灌頂一）（奥書）「弘安七年正月七日於相州永福寺真言院令書写畢金剛資幸禅生年卅一」鎌倉末期。

大毗盧遮那成仏神変加持経第一―七巻（仁和寺、霊七箱）

巻一奥書「久安四季七月廿七日於高野奉受了」。この七巻は平安後期の写本と考えられるもので、褐色地で斐紙の表紙、銀界線、法量は縦二六・〇センチメートル、界高一九・七センチメートル、界幅二・〇センチメートル、朱点は円堂点、朱書送仮名を付す。

曼荼羅疏全一冊（霊十二箱御作分乙）表紙押紙「秘蔵記上曼荼羅疏トハ如何」

奥　書「本云、正和元年（壬子）十二月十一日於蓮花峯寺
　　殿以自性上人了厳僧都予作其席御談話之暇終書写
　　之功了古本者故頼助僧法集諸本此校之時此本尤最
　　（候）即自性上人所時也（梵字）ヴァジラボーディアム
　　（「アン」カ）」南北朝時代の書写本。

（3）図像が多く挿入されているものとして『愛染王法』一巻（御八六、御修法甲）がある。

奥　書「朱墨表裏共校合了、本記云仁治三年（壬寅）三月
　　十七日以仁勝院御本於高野山千手院之内蓮花院書
　　写交点了為最極秘密書故不許於他門人然者雖無極
　　悪筆図像並梵漢図書了」鎌倉末期の写本。

（4）心覚阿闍梨の周辺には、いくつかの修法に関する伝本が考えられるが、『無名鈔』第六（御一一八、鈔物諸次第）はその中でも仁和寺蔵としてきわめて重要な一例であろう。

奥　書「承安四年七月廿一於高野菴室以勝賢僧都本書写之
　　元厚造紙一括也予分為六巻矣、全部四校了
　　以此抄附属心覚闍梨刻被留灌頂印明所子細在右記
　　予重尋取勝賢継加之、建保二年十一月十三日於南
　　御所号光明寿院此書六巻賜之先年於高野山大都伝
　　受仍雖不及重受法令参子御病席承口決等所聊記之
　　而己、金剛仏子道助、此抄之中火頭金剛以下自元
　　不被書写之子細不重也然而予書継之、手自校合了
　　金剛資（花押）」

裏　書「火頭金剛已下高雄御室御筆也御判等無其陰云々以
　　上僧正御房諚也」

とある。鎌倉時代のものであるが、表紙の「元」とは、他の写本から考えると見返しに「元海抄」と記す巻一より六までがあり、一包みにされている関係上、もとは元海の著と考えられるものである。奥書にも見えるように、「元厚造紙」より勝賢が書写した諸尊法はきわめて名高い。

（5）仁和寺では学僧として名高い顕証の『大日経疏』（平安時代、未指定）が現存している。

大毘盧遮那経疏巻第一—二〇、二十帖（御七七、大日経疏）
（巻一奥書）「全部（廿冊）於摂州常楽寺感得之求法沙門顕証
（裏表紙、朱書）」「寛治七年十月廿三日於高野奥院東菴室大僧都
奉受了」（巻廿奥書）「（朱書）嘉保二年二月廿日於金剛峯寺奥
院東菴室観音院大僧都奉受了、（墨）観音院大僧都寛意大御室
性信御付法也、式部卿敦貞親王御息東寺第二長者存日辞退高
野山御籠居之従嘉保二年至寛永六年五百三十五年也
　　　　広沢受法末資顕証記之」

（6）仁和寺の金剛界曼荼羅関係として金剛界曼荼羅図一巻（霊六一箱、五、事相、巻本甲）は鎌倉時代末期のもの。これと一括して金剛界に関する註釈が二本ある。すなわち、金剛界、

次第生起一巻、薄墨、朱句切点を付す。（奥書）「寂円比丘作、長寛元年十二月十一日於大聖院書了（梵字）サッハ」金剛界注一巻（跋）「降憲注給本也□北院御室御自筆也」前者は平安末期。後者は鎌倉初期。

（7） 鈴木啓三『住吉模本　年中行事絵巻解説』第五節二段、『真言院御修法』（古典芸術刊行会、一九五九年）五二—四頁。

（8） 仁和寺における『伝法灌頂略抄』の史料による。

真言宗伝法灌頂師相承略抄一巻（霊十四箱、灌頂乙）

奥　書「□（長）寛二年捌月十七日於勧修寺西明院書写了」

平安末期の略抄として、この箱に一本存し、同じく第二、七、八、九の四巻は鎌倉末期のものとして挙げ得る。そのうち第八には書出に「高雄御室御附法」とあり、定助に関する伝法上の記録である。

また在山中には心覚阿闍梨も注目していた醍醐、理性院系のものがある。

灌頂印明諸流一巻（御六九箱、密要抄）、奥書「寛喜三年七月十五日於高野山勝蓮華院菴室奉伝受了二品大王畢金剛仏子権少僧都実瑜、御本云安元三年二月九日右三師説定海、寛信、賢覚伝隆海僧都了　高野覚鑁聖人習灌頂諸流隆海為其門□仍所尋問也」とある。

（9） 鎌倉期のものとして『祈雨孔雀経法記』一巻（御七五）外題下「醍醐権大僧正勝賢記建久二年」。また高野御室のものとして、『孔雀経法記』一巻（御七五）表紙見返し「後高野御室、御自筆記攷」は室町期の転写。

如法愛染王御修法雑事（御修法雑事第六）一巻（御七四、密要抄丁）、南北朝時代

末尾別紙「建久六年八月一日□□予為中宮御座御祈奉仕
如法愛染王法兼日作雑事注文矣
校此法支度並孔雀経雑文□了」

五大虚空蔵御修法雑事（同第五）一巻（同）鎌倉時代

奥　書「（朱）御本云（墨）此校五大虚空蔵法支度了、重見合如法尊勝雑事注文
孔雀経法開白次第中宮御産御祈新仏新経供養儀一帖」

奥　書「治承二年十月廿五日（乙卯）為中宮御産御祈被始行
孔雀経法予奉仕之仍草次第、労眼此校之、重令普通孔雀経次第了」

孔雀経法結願次第中宮御産御祈

奥　書「治承二年十一月十二日（辛未）皇子降誕即日孔雀経法結願予為用意兼作次第、手白此校了重合普通
孔雀経法結願次第」

とあり、鎌倉初期の写本、この二点は次の法則を付して一包とする。すなわち孔雀経法則一帖旧様（中宮御産御祈）で、以上の三帖はいずれも表紙に「愚」と墨書あり。仏眼法一帖（御七五）、（奥書）「正治二年八月十九日予蒙院宣為二品産祈勧修宝珠法設之雖多今度就仏眼法行之高野御室度々皆依愛染王法然而有所仍為用意予書法則矣、手自此校了」。表紙の右下に「二品産祈」と墨書がある。

（10） 神泉苑における祈雨法の支度を述べたものとして、『水』

一帖（霊六四箱、二、事相帖本）粘葉、鎌倉時代のものがある。文中に「已上口伝深秘事□仁安二年六月二日より至十二日十一ヶ日之間於法住寺与僧都御房能々談話して所記也、是根本相承之口伝本説所也深秘中深秘也我宗以何法如之能々一口秘ミミ大体皆勝倶胝院御房口伝也金剛仏子顕杲」とある。このうち「勝倶胝」とは心覚の師の実運のことである。神泉御読経導師次第開白一帖（御一〇六、小双紙二）、（奥書）「建仁二年六日廿二日以紺表紙、小造紙御本書之、二交了」これには「中間」と「結願」の二帖を加えて完結している。息災護摩次第一帖（霊六〇箱、四八）桝形折本、（奥書）「嘉応二年十一月十九日未刻於高野持明院検校法橋禅信房以先師二品法親王」御鈔御自筆書写之由可加足□所也、（朱）月廿日御列行点了（墨）同校了金剛仏子元性本」包紙表に「紫金台寺御室造作、宮法印元性法本」とある。

六字次第　常用次第　第一帖

奥　書「建長元年十一月廿九日以本次第口伝等抄出之、此次第即是故御室御口伝也、仍為不廃忘聊書出之畢、此間依有所思奉図書黒六字形像即令修此法仍開眼作法書加之了沙門法助

本次第之内両説《ヲ》互《ニ》取捨《シテ》書出之当時修法其《ノ》時此定可□云是故御室《ノ》仰也」

濃茶表紙、墨界あり、折本にて鎌倉時代。

（11）この両界曼荼羅、八大師影の配置の史料は、仁和寺、霊十六箱（灌頂丁）に蔵するもので、そのおびただしい灌頂関係の古文書は江戸末期、天保頃まで存続しており、御室の法灯が保たれていたと解釈される。たとえば霊十四箱、六―㈢に見られるもので（奥書）「享保十一年丙午三月十三日灌頂堂並集会所図」二紙。同十四箱、「元禄五年三月十二日灌頂堂差図並嘆徳祈一紙」。同十四箱、「指図後大御室御入壇」一括、明暦三。同十五箱、「観音院伝法灌頂差図一巻」但宮御灌頂之時様也准之元暦五年十一月五日庚寅（室宿日曜）後高野御室入壇也。同十五箱、「入道二品親王、号金剛定院御室、伝法灌頂記」上下二冊、元禄五年三月十二日。同十六箱、「後高野御室灌頂記」上下冊などがある。また鎌倉時代には、『別尊雑記』を写した了厳が、徳治二年から三年にかけて灌頂の『雑記』三、四、五巻および心蓮院本『灌頂口伝集』一冊を同十七箱に残しているのも注意される。さらに受者の立場から同十六箱の、「受者加持事」一巻、鎌倉末期、（奥書）「嘉暦二年十月十八日御本、於高野山一心院知足園書写畢一交了権律師融済」もある。

（12）興然が『伝受類集』二十五巻（御一一五、灌頂第八）を伝受したことは、次に述べる勧修寺経弁本によって知ることができる。江戸時代の写しではあるが、二帙二十五冊あり奥書によって伝受の系統を明示しているので興味深い。巻第一（奥書）「正安元年十二月廿七日移之了、勧修寺流末資経弁五十四」、第二「建治二年五月三日奉伝受了経弁正安二年（庚子）五月十三日移之了」、第三「本書弁支度巻数等注裏了、於守護経並宝楼閣経支度巻数無之于時正和元年七月一日記之六十七」、第四「長寛元年七月廿九日奉伝受興然、建治三年十月十八日奉伝受了経弁、嘉暦元年十一月廿七日夜

戌剋加一見了」、第五「応保二年四月十八日奉伝之興然、建治三年十一月七日奉伝受了経弁、正安三年（辛丑）四月十六日移出之了勧修寺流末資経弁後日本書等裏悉注之了」、第六「永仁七年（己亥）二月廿二日移之了」、第七「正安元（己亥）五月十八日移之了、勧修寺末流種経弁五十四」、第八「長寛元年十二月廿七日奉伝之興然」、第九「永仁五年三月廿九日於十无尽院之坊読授弁畢、経弁宛之、永仁五年暮春之比移之了　金剛末求法沙門経弁」、第十「保元三年十一月二日奉伝大法房了興然」、第十一「永仁三年（乙未）十一月廿九日（酉刻）於栂尾十无尽院之僧坊移出之了経弁満五十」、第十二「文永六年三月八日奉伝受了経弁」、第十三「文永七年十月十三日奉伝受了経弁」以上第一帙。

第十四「文永七年十一月十三日奉伝受了、経弁」、第十五「文永八年五月三日奉伝受了経弁、正安三年（辛丑）六月廿一日於栂尾十无尽之僧坊云炎暑云持病難計之〻、鳥紹隆法命面受相承之師伝並先達口伝等随分類集之妙努々不可有外見穴賢〻矣、勧修寺末資経弁五十六」

第十六「文永八年五月十二日奉伝受了経弁、正安四年（壬寅）九月九日抄出之了、経弁五十七」、第十七「文永八年七月七日奉伝受了経弁、以上天等抄出之了、于時正安四年（壬寅）十一月二日勧修寺流末資経弁五十七」、第十八「弘安六年九月一日奉伝受了経弁、于時正安四年（壬寅）十月廿八日記之、勧修寺流末資経弁生年五十七」、第十九「越前闍梨浄与口伝、以上当奉抄出之了、于時乾元二年壬四月七日（中略）、抄出以後読授弁秀畢、末資経弁記之五十八」、第二十「已上弘安七年七月七日奉伝受了、経弁」、第二十一「問奉伝了経弁」、第二十二「弘安八年二月十七日奉伝了経弁、嘉元二年四月一日於栂尾禅房抄之了（中略）求法沙門経弁記之五十九」、第二十三「（中略）于時嘉元二年七月五日已雖迎初源之天残暑猶以无術抑病気拭老眼抄之経弁五十九」

第二十四「伝受類集抄一部廿四悉以奉語授了金剛仏子八十一記之、嘉暦元年六月九日巳尅記之候」

第二十五「正安六年三月廿六日勧修寺□法印栄尊末臨一夜宿此宿其間秘談之次長吏相承印事祖師阿闍梨御房理―令相承此大事結之号印信文顕然也。随此先師記分明之由予楽之、則令扱此証之処、法印云祖師阿闍梨御相承之条旁決定候了、規模事候鳥門跡闕色任可書写此証之由懇望仍令書写事写之了　仁真記之以上高雄禅師相伝御流悉以奉伝之了所残无之由再三被仰云々、仍為難後日紛失印悉類集之」

「于時嘉元三年六月四日経弁記之。嘉元三年十二月十一日下段之注並裏書等先師口受等又諸師旧記各可為闕色事等為敬白蒙昧励微力随分類集了金剛乗末資経弁満六十可哀〻」また全巻にわたって「伝受類集抄広流灌頂巻悉以奉授了、月房高経了于時嘉暦元年六月九日金剛仏子経弁記之」とあり、学僧経弁の伝授のあり方を窺うのに貴重な史料である。

(13)　御室における鎌倉時代の曼荼羅供とその次第には貴重なものが少なくないが、次のものがある。蓮花心院御送修曼荼羅供次第一帖（御一〇六箱、小双紙二）（奥書）「任尊此校之重読合了」曼荼羅供大阿闍梨次第一帖（同）、（奥書）「以平治以御本書写之、三度交合之了」

曼荼羅供次第有舞楽儀一帖（同）、（奥書）「二校了」
曼荼羅供大阿闍梨次第蓮花心院供養儀一帖（奥書）「二校了」
曼荼羅供大阿闍梨次第有舞楽儀一帖（奥書）「二校了」
天台曼荼羅供次第一帖（奥書）「二校了」

また、この「御一〇六箱」には、高野御参詣次第の史料が存する。㈠宮高野御参詣次第三所御参儀、寿永二年一帖、㈡今宮高野御参詣次第建久四年八月十日一帖、㈢宮高野御参詣次第寿永二年不用此次第一帖（奥書）「読合了」、㈣宮高野御参詣次第三所御参儀寿永三年一帖。の四点一結。とくに㈡は同箱中に今宮御灌頂次第建久四年十一月四日一帖が存するところから、高野御参詣の八月の後、十一月に灌頂を授かったことになる。いずれも鎌倉時代のもの。

(14) 高田修編『醍醐寺五重塔の壁画』（吉川弘文館、一九五九年）八六頁 a。

(15) 和多昭夫「寛信撰東寺長者次第」（『高野山大学論叢』第二巻、一九六六年、九二・九四頁）

(16) 醍醐の勝賢にふれたものとして、宝珠箱所入の品々目録一巻（御七六、密要鈔、鎌倉末）がある。

奥　書「御本記云、
建久六年八月一日為中宮御産御祈予勧修如法愛染王法勝光明院宝蔵如意宝珠奉渡之勅使蔵人少将八角朱染宮内有目録継檀帋四云校定書也、関白自筆銀筥内有書状累檀帋二枚書之勝賢自筆、二日関白以消息可扱閲由被示仍取出見了書写之、手自校合了」

内容は関白兼実筆目録写、僧正勝賢宝珠事注進状の写し、建久三、四、十年。遍智院の奥書を有するものとして仁和寺（霊三九箱に断簡一紙もと粘葉、桝形本）の巻末で（奥書）「写本記云本奥云以御房御本書写了、写本奥云治暦四年五月八日於上醍醐延命院客房以小野本写了、僧(梵字)アビアジャリ私云遍智院御手跡也。校了正治二年七月十四日於遍智院御房客殿書写了求法末資仁玄一交了」

(17) 拙稿「心覚と『別尊雑記』」（本書一二五—一六五頁所収）参照。ほかに「心覚院記之」と付するもので仁和寺（霊二〇箱、一—二）に「烏芻沙摩法等尊法」上、下二巻および「金剛界法」上下一巻があり、いずれも平安末期と考えられる。

また、心蓮院本の『瑜祇経』一巻室町時代の奥書に「嘉応二年四月十五日以中院明算阿闍梨自筆本重比校了金剛仏子心覚記之」とあり、続けて「文和三年四月二十九日伝領之了杲実(同筆梵字)者覚聖也大天上人実範上人資也小将上人心覚阿闍梨師匠也」とある。

心覚の師の一人実運の系統に挙げられる五大虚空蔵の史料がある。五大虚空蔵法二巻（御八六、御修法甲）、（見返し）「五大虚空蔵法ニ所安了舎利ト□一山宝殊ト冥会如後七日法是実運記置云々」とあり、鎌倉時代のもの。

藤原期の心覚の住房である往生院を示す史料として、聖教断簡一紙（仁和寺、霊三九箱）、粘葉本、朱点あり。（奥書）「安養房以正本交以本又一校了、永久三年七月卅日於往生院房点了寛澄本也」がある。

(18) 虚空蔵一巻複五大虚空蔵一巻（霊四〇箱、二六）（奥書）

「寛喜三年正月三日奉伝受了道深」

この写本として五大虚空蔵一巻（霊五四箱、七）（奥書）「本記云寛喜三年正月三日奉伝受了道深」

平安末期の仁和寺教王院本として霊五四箱、二四―五、は粘葉装の快禅書写本を蔵す。

金剛童子次第一帖（奥書）「延久五年十月九日於御宣書了快禅」

賀利底母天私記一帖（奥書）「延久五年七月六日書快禅」

同五四、二六、金剛童子次第一帖（奥書）「寛治七年四月六日於仁和寺喜多院書写訖」。同五四、二七、求聞持法略次第一帖（奥書）「寛□（治カ）七年□月□日於金剛峯寺奥院東菴御室書写訖僧俊与」。同五四、三三、大自在天持誦法則供養一帖次第（奥書）「延久四年十二月卅日以遍照御房御本書之快禅之本校了」。（朱書）同五四、三六、仏眼尊修行次第一帖（奥書）「延久四年十二月念等後代学徒此不□□也、予見彼御本也快禅」など平安末期の写本が多い。

⑲ 高雄記一帖（霊六四箱、一七、事相、帖本二）鎌倉時代。これと両部曼荼羅対弁抄巻下一帖（同六四箱、二一）粘葉、方形の冊子本があり同時代。
この箱の周辺には、平安時代の鳥羽権僧正本を含む「倶里迦」一帖、（同六四箱、一三）粘葉、（奥書）「康和元年二月十日於鳥羽権僧正□書之」。

さらにこれらと同様の儀軌類の書写が盛んに行なわれている。『野抄』一帖（同六四箱、二〇）粘葉、（奥書）「保安二年暮以後自筆写之」、また『八家秘録』は顕覚本が存する。


秘録一帖（内題）「諸阿闍梨真言密部教部類惣録」（奥書）「応徳三年二月二十五日書了僧賢尊、万平（ママ）元年十月廿六日於池□□□顕□、

（朱点）治承五年五月十四日以安契出火旨批校了以朱点所々加之件文尚文字不正此神妙也　顕覚」など、この三点は平安末期のものと考えられる。

⑳ 建立曼荼羅棟択地法一帖（紙本墨書　粘葉装　縦二一・七×横一五・五センチメートル）
南北朝時代に石山寺門下によって写されたことは確実である。筆者は文和三年に諸本によって校合を加えた。

表　書「建立曼荼羅棟択地法恵琳」
見返書「禅林叡僧正請来（朱書）
　安祥寺録云
　建立曼荼羅法一巻恵琳依教略述」
内題外題「羅」の次に「及」の一字がある。「青龍寺山林院一切経」
（朱点）
「上都大興善寺沙門恵琳依諸大乗経集出」（朱点）
奥　題「或本《石山》奥題云建立壇法一巻云々（朱書）
　建立曼荼羅及棟択地法
　青龍寺《或本》一切経元和十一年歳次景申
　八月丁酉於白帝《皇》本命道場記」
「一交了」（朱書）
「右以御影堂幷石山法華堂本
令校合之即付異説因加愚點訖尚尋
證本可書不審之字矣

文和三年甲午十月四日権少僧都」

「八家惣録云蘇悉地部

安祥運和尚録

建立曼荼羅法一巻慧琳 運」

(21) 建立曼荼羅護摩儀軌一帖（紙本墨書　粘葉装　縦一六・八×横一七・一センチメートル）

唐の法全の撰で、内題下の註（この註は大蔵経本にはない）によると、法全が法閏の口授を編集したと伝えている。奥書に永承二年と寛治五年にこの本を読んだ記事がある。平安時代中期に書写されたものであろう。

表　書「建立護摩儀軌法全」

旧表紙「建立護摩儀軌」（左下□）

内　題「建立曼荼羅護摩儀軌玄法寺法全和尚撰随法閏大阿闍梨口授編集次第也」

奥　書「始自永承二年七月十四日同十五日於三昧御房奉読了」（朱書）

「始自寛治五年五月廿四日同廿六日同卅日於常護摩房奉読了」

「功得専資芳魂作□

賢聖併感弟子之□

於極楽然則五障雲

□下丹菓之脣槓」

(22) 結縁灌頂次第二帖（紙本墨書　折本仕立　縦一八・四センチメートル）

金剛界の奥書に道勝が、或本に寛朝の作とあったことを記し、金胎両方とも寛朝の作であろうかと考えている。外に勝宝院に寛朝作の同名本一巻本があるが、この本との異同は今のところわからない。

表　書「胎」「結縁灌頂次第胎蔵界」

内　題　外題の下に「夜作法」とあり。

奥　書「弘安十年三月十八日以勝宝院

前大僧正御房道勝御自筆本

書写交点了

於勝宝院上御菴室土室

奉伝受前大僧正御房道耀畢

擬灌頂阿闍梨全守」

表　書「金」「結縁灌頂次第金剛界」

内　題「結縁灌頂次第　金剛界」

奥　書「弘安十年三月十八日以勝宝院

前大僧正御房道勝御自筆本

書写交合畢

於勝宝院上御菴室土室

奉伝受前大僧正御房道耀畢

擬灌頂阿闍梨全守」

(23) 即身義見聞六帖（紙本墨書　大和綴）

撰者はわからないが、覚鑁、実範、重誉、信噂らを指して中古の人と称し（第二巻）、浄遍と解脱房の問答を収める（第六巻）ことなどから、鎌倉時代に著述されたものである。元亨四年に高野山一心院経智房において書写されたが、第一、二、三巻と第四巻は禅良に書写させたと思われる。

表　書一「即身義見聞第一」

二―六大差无

旧表書―六各右ニ仝

内　題―「即身成仏義見聞第一」

二―六大差无　但五、「第」字无

奥　書―「于時元亨四季正月廿九日晦日巳時於高野山一心院経智房書写了　是書ノ或ハ人秘蔵之間无左右不出愚身様ミ秘計書写之不可　及外見而已

求法沙門□□弘基生季ミミ十九

同二月廿二日巳時一交了」

二「于時元亨四季二月二日ミ成死時於一心院経智房書写了是　偏為利益衆生也但此書不可及外見矣

求法沙門□□弘基ミミ生季十九

同二月廿三日巳時一交了」

三「于時元亨四季二月十一日申時書写了是偏為利益衆生佛法弘通者也

求法沙門□□弘基ミミ生季十九

同廿六日子時一交了」

四「于時元亨四季二月廿七日　一交了□□弘基ミミ」

五「元亨四年三月十三日交了　□□弘基ミミ之」

六「元亨四月(年カ)二月十六日書写乎　□□弘基ミミ之

同廿九日交点了」

(24)　興然がとくに諸龍と請雨の関係において、口伝を撰したのは、『五十巻鈔』（宝寿院蔵）第四十二諸龍王法の部分で、「大龍小龍降雨止雨有二差別一事」「雨有二五障一不レ降事」「龍王出二水火一事」「祈雨助頂転真言」「神泉龍移二他界一滅レ水乏レ人事」。

(25)　『野抄』について、仁和寺（霊四五箱）に鎌倉初期の「請雨経法」が現存する。第四孔雀経、仁王経（奥書）康治二年九月十五日行事大法師阿闍梨権大僧都法眼和尚位、第五請雨経で十七冊（第三欠）桝型本。

(26)　『祈雨法雑秘記』帖（唐招提寺御影堂蔵）は、紙本墨書、料紙楮紙、粘葉装、押界線、一頁七行、縦一七・三×横一二・六センチメートル、紙数一六枚、界高一四・〇センチメートル、界幅一・八センチメートル。鎌倉時代中期。（奥書）「建長三年六月十四日於根来寺書写畢ヴァジラ(梵字)」（異筆）「一交了」。

同蔵に『請雨経法』一帖がある。紙本墨書、料紙楮紙、粘葉装、押界線、一頁七行、また朱書の校合書入れが見られる。縦一七・三×横一五・六センチメートル、紙数一七枚、界高一七・三センチメートル、界幅一・七センチメートル、鎌倉時代中期。（表紙下墨書）「金剛王院大僧都」（奥書）「一交了」。

(27)　栄然本のうち請雨に関する鎌倉時代の写本は、仁和寺御経蔵八六箱（御修法甲）に現存する。

端　裏　請雨経法、覚真、一巻、道場の壇図あり、

奥　書「嘉禎二年二月十一日於神護寺栂尾抄記之

先師上綱所受習口伝也完秘法委細書記之条付実頭雖甚怖畏愚鈍之性久完可発妄之故単置之処也不会器量人者破焼之而可細竜宮矣権律師栄然于時年六十五

正応三季一月十日於山井書写畢　一交了　求法子賢ホ四十八　正応三季七月十六日奉校也、宗大行

事、秘密奥旨也、可秘蔵〻〻穴賢〻〻一交了法
印」

(28) また同箱には、厚表紙にて敷曼荼羅図のある平安末期の勝賢本の差図がある。請雨経法差図、一巻、(見返し)「勝賢図之」とあり。

奥　書「右任永久指図注之彼時絵図求頗髣髴也今任彼記并
先師口伝具図之外見尤有憚不可出所事相于晦寿永
二年六月一日注之重猶可勘実也　沙門勝賢」

(29) 鎌倉末期の成賢本と了厳本の請雨経法の写本があり、前者は内題下に「成願寺」の黒印が認められる。

『請雨経法』一巻

奥　書「写本記云　東寺末葉成賢
後日以清浄光院法印本校合了件本　御室御正本書
写云々。此巻輙不可披露努〻〻以遍智院僧正自筆
本書写伝受畢。東寺末葉思融
以思融上人御自筆本書写畢　洪海」

『請雨法私記』上一巻

端　裏「宝光院僧正了厳筆」

奥　書「徳治三年八月十五日以菩提院御本馳筆　金剛仏子
了厳」

(30) さらに、仁和寺御経蔵八七箱(御修法乙)には鎌倉時代の請雨の指図、絵図がある。すなわち「請雨経御修法用意」「請雨経道場差図」「請雨経敷曼荼羅絵図」の三紙と「請雨経大曼荼羅絵図」には、端裏に「件仏可書青色絹之」と添書が見られるのが興味深い。そして、鎌倉時代末期の請雨の多様性を裏づけるものとして、仁尊が校合した八六箱の『雨事秘記』一巻、(奥書)「以醍醐僧正草本書写之即彼作也」とある写本も留意すべきである。

(31) 一〇四三年より一一一七年までの請雨経法の記録は次のとおり。

一〇四三　五月　八日	天下大旱	神泉苑	請雨経法	
	海仁			
一〇六六　七月一九日	長信	〃	孔雀経法	祈雨
一〇八二　七月一一日	信覚	〃	〃	〃
七月一六日	範俊	〃	〃	〃
一〇八七　七月二九日	定賢	〃	〃	〃
七月一七日	(炎旱)			
	深賢	室生龍穴	仁王経	〃
八月一〇日	義範	神泉苑	請雨経法	
一〇八九　五月一三日		〃	孔雀経法	
五月二一日	定賢	東寺金堂	〃	祈雨
七月　九日	〃	醍醐住房	〃	〃
一〇九四　七月　八日	〃	室生龍穴	仁王経	転読
				祈雨
一〇九六　七月　五日	覚意	東寺灌頂院	孔雀経法	祈雨
一一〇一　七月二九日	経範	〃	〃	〃
一一〇六　七月　五日	覚意	〃	〃	〃
一一一七　六月一四日	勝覚	神泉苑	請雨経法	〃

(32) この『仏像鈔』については濱田隆氏が「金澤文庫本諸尊図

像集について」（『金澤文庫研究』一三九号、一九六七年、一—四頁）として紹介されている。

(33) 文殊信仰の文殊讃仏は大和（奈良）竹林寺で盛んであったが、他尊との比較研究においてとくに興味深い問題が残されている。その一つとして歓喜天の双身説の発想を理解するのに大日如来以外の法身説を讃仏として扱った伝承がある。その資料として大和竹林寺の長老所持本を以て校点したという賢宝本が現存する。すなわち賢宝筆写の『文殊讃仏法身礼』一巻である。縦三二・〇センチメートルの巻子本で、文和二年（一三五三）十二月二十四日の写し、杲明が妙観院より相伝したものである。奥書等は次のとおり。

表　題「文殊讃仏法身礼　不空訳（朱書）「三本有」御請来　」

旧表紙「□□讃法身礼　賢□」

旧表紙見返

「□□録」（入蔵カ）

如来篋厳智恵光明入一切仏境界経

一部二巻、元魏、三蔵曇摩流支訳

右経下巻文殊以偈説十礼不空序先道

所行唯有十礼、於文不備□□未円者当□矣異令生

盲徒　頓悟三昧灌仏本具、我心二諦真俗倶是常住、

禽獣卉木皆是法音安楽覩央本来胸中」

内　題「大聖文殊師利菩薩讃仏法身礼此礼出大乗一切由分

智先明篋仏境厳経

唐大興善寺三蔵沙本大広智不空奉詔訳」

奥　題「大聖文殊師利菩薩仏法身礼　千心」

奥　書「（朱書）文和三年甲午十二月八日於和州大聖竹林寺以御本

長老持本写点了当寺行基御廟文殊霊地也、感得有便可

喜〻〻」

「一交了」

「文和二年癸巳十二月廿四日、於東寺西院

僧坊、以当寺安置高祖請来聖教内

本、書写訖、編所資過去幽霊得脱

也、永宛転読、持経廻被追福耳

仏子（花押）生年廿一」

別　紙「文殊讃仏法身礼一巻　内云大聖文殊師利菩薩讃法身礼幷序不空訳貞元新入目録仁珍云、大聖文殊師利菩薩讃仏法身礼一巻」

別　紙「高祖請来録又載之

此本裏反古者、祖師杲宝御状也、表者祖師賢宝御

筆也、然此法身礼在妙—観院、自公遍法印房相仁

伝矣、両祖筆一巻感得随喜無極者也、延徳—弐年

六月日「（梵字）金剛」資杲明四十才」

別紙（軸付）「右一巻補蠹魚損失、納金剛蔵秘函了、

是偏為密教弘伝、為成弟子所願而已、

延享三年丙寅五月晦日、真言一宗勧学院僧正（花押）

春秋六十三」

(34) 俊然本の「聖天」を含む「四巻」は南北朝時代の写本であるが、縦三〇・三—三一・〇センチメートル、全長約一七八〇・〇センチメートルの巻子本。本紙は二五—三三枚前後で淡藍紙、墨界線があり奥書は次のとおり。

ⓐ「已上灌頂幷別尊法諸作法惣一百三十七法併先師法務御房

幷已講（明）—大法房（観祐）（実）—助阿闍梨観祐千四人奉伝受了皆以小野
流也私集為四巻書今奉付属律師御房了閇眼之後毎経御覧
可令思出給候也見苦々々不可及他見々々々々建久五年
六月十三日三寅阿闍梨大法師興然于時歳七十四可哀〻〻」
「貞和三年八月三日一部四巻授杲宝僧都了栄海」
（正和二年五月一日の記述略）
「貞治四年五月一部四巻以師縁授与賢宝律師了法印俊然
（草名）」
「応永元年十一月於勧修寺宮御所申出理明房自筆本令一見
了件正本外題下有注書仍令書加之了祖師真迹尤以可遺
貴々々」
「宝暦第五竜集乙亥七月四日起首八月廿九日於当院奉授寛
宝親王了興応敬宝侍座
僧正 春秋七十二法臘六十三
同第六歳丙子三月七日一部始終授与高野山新別所妙瑞比
丘幷瑞宝師善住沙弥了
同第十龍集庚辰二月十一日起首定額上座僧正賢賀第四度至于同廿六日
都合十一席於当院客亭授津軽国上寺法印朝宣明堯朝快朝
養了第五度僧正賢賀年七十七戒六十八明和二年次乙酉四月廿二日於
当院客亭授寂然上人実道大法師了教宝渓岸侍座　学頭僧
正 年八十二戒七十三」

ⓑ（正和二年六月十八日の記述略）
「明和二年歳次乙酉四月廿七日於当院寂然上人幷実道大法
師一部始終授与之了敬宝第六度渓岸侍座清水寺義乗院学頭僧正 年八十二戒七十三」

（裏）（小野円護の図）
（壇供の図）
（裏）「貞和二年九月十五日一部四巻以相承秘決授　杲宝律
師了
前僧正栄海
貞治三年六月五日一部四巻相承口決近日授与之段旁以
雖有其悔法命断絶非無其怖畏之問不顧後難授与賢宝律
師卆
権大僧都□□（草名）」
「宝暦五歳次乙亥四月廿日起首会場或時勧修寺或時東寺通
計十七席奉授寛宝親王了興応法印敬宝法眼侍座聴聞之
勧修寺両親王師範浄土院　俗歯七十二
東寺定額僧貫　内読師　法夏六十三
宝暦第六竜集丙子正月十六日起首至于二月十九日都合十
三席於当院授高野新別所妙瑞比丘幷瑞宝沙弥善住了興応
法印敬宝法眼在坐右今般伝授闍梨　第四度
真言宗勧学院僧正賢賀　七十三歳
宝暦十年歳舎庚辰二月二日起首至于同九日都合十八席於
当院客亭授津軽国上寺法印朝宣幷明□（堯カ）朝快朝養之四口僧
了敬宝僧都侍坐覚恵上人
伝授阿闍梨第五次　僧正 俗歯七十七法夏六十八」

（35）禅遍の「二階堂」を示す奥書の一部は次のとおり。
ⓐ「倶支作法」一巻「弘安五年十二月十三日於相州二階堂真
言院禅宝書写了金剛仏子専空生年卅三」
ⓑ「（梵字）阿字肝心抄」一冊「于時弘安四年霜月廿日於鎌倉二階堂

真言院北坊書写了金剛仏子円誉生年廿五」

ⓒ「今宮御灌頂記」一巻「本云正応元年十二月十六日於二階堂賜阿弥陀堂御本書写了　仏子浄雅」

ⓓ「開田御室御灌頂記」一巻「本云正応二年三月十八日於二階堂賜佐々目御本書写了　仏子淳雅本名専空」

ⓔ「宮中記」一巻「本云正応五年七月二十四日於相州二階堂大弐法印御房本染筆了抑此法宗大事当流秘法也（略）

求法比丘　浄雅」

(36)「供養法々則」一冊「永仁元年十二月廿日於二階堂書写畢

求法比丘　浄雅」

(37)「五大虚空蔵秘法」一巻「本云正応五年二月五日於二階堂以阿性上御本書写了浄雅」

(38) 仁遍本で内題は「大聖天歓喜双身毘那夜迦法一巻」という。本紙七枚、八行あての押界あり、縦一九・一×横一六・五センチメートル。奥書は「建久八年後六月廿五日一日之中書之」「移点了一校了同廿九日奉受了　仁遍」とある。

(39) 鎌倉時代の密教は、明恵の胎蔵界大日の信仰理念とは別に、建久年間に源頼朝が勧学法令を発願せしめたという高野山の勧学院がある。本尊に金剛界大日如来を安置している。弘安四年北条時宗は、これを創建し山上の金剛三昧院に管理させた。その後、文保二年には後宇多法皇が鎌倉円覚寺道戒の勧発により院宣を下して頼願会場にした。

(40) 本書は不空訳で内題に「大聖天歓喜雙身毘那夜迦法一巻」「出陀羅尼集経第十一諸天下巻」とあり、本紙八枚、押界線七行あて、奥書は次のとおり。

「此校真然僧正歓喜天次第真言傍対梵字了　歿次第小野僧正廻向明被出之

貞治四年四月九日金剛乗・記之」

(41) 奥書は「弘治二年丙辰九月廿八日於《テ》二東寺宝菩提院《ニ》一浴油法伝二授《ス》之《ヲ》一此式《ヲ》申請書写《テ》之《スヲ》桑島住侶法印恵雄」とあり（『興教大師全集』下巻、一二六九―七六頁）、足利時代には覚鑁の著として疑義がもたれている説（『仏解』第二巻、一一三頁）もあるが、筆者は上人の作とみなしたい。

(42) 拙稿「東寺蔵弘法大師行状絵詞伝の一考察」（『密教学研究』第二号、一九七〇年、一二五―一三八頁）。

(43)『阿娑婆抄』童子経法（大日仏、第五九巻、二九八頁b）には、五色の絲（「縒二五色糸一」の略であろう）について、染色法を示す。すなわち、「似二五色染一、入二浄器五口一。以二弁事明一加二持之一。白牛粉、赤紅若ハアカヒユ黄蘗、青青草ノ汁能也、黒墨字云云」の五色を「白赤黄青黒もしくは青黄赤白黒」の順に五色糸を縒り並べる。

(44) 毘那夜迦誐那鉢底瑜伽悉地品秘要一帖（紙本墨書　粘葉装　縦一八・八×横一七・四センチメートル）

序文に含光が不空に従ってこの法を受けたと記されている。建保四年に実厳が誰かに書かせたものである。

表　書「三本有異同」（朱書）（右下）

「誐那鉢底瑜伽悉地秘要」

旧表紙「誐那鉢底瑜伽悉地品秘要一巻」「實厳」

奥　書「校点了」（朱書）

「安元二年四月廿六日於法住寺法花堂僧房依一院御

命令書進法橋増連給以本　令書写之了

筆走書之了　心恵記之　校合了　實厳本

建保四年卯月十九日以少輔阿闍梨御房御本以他筆　同年月廿二日奉受了」

愛染明王曼荼羅図の立体化
――理趣会の発想――

はじめに

わが国における愛染明王像（彫刻・絵画）の展開は、鎌倉時代になると天弓愛染などの異形も含めて伝世の作例は急速に増える傾向にある。ところが鎌倉期以前ということになると、現存例から見ても平安期の愛染明王像の指定品（絹本著色）は一件を数えるのみである。そうした作例の傾向についてはしばらくおくとして、ここで問題にしようとする愛染明王曼荼羅図とは金剛智訳出の『瑜祇経』所説の図像ではなく、不空訳出の『金剛王菩薩念誦儀軌』に基づく十七尊形式による。それに該当する作例の調査・分布・本尊から見た教義との関係など、栂尾祥雲博士が残された課題でもある。(1) 本稿では関東の称名寺に伝来した厨子入金属製愛染明王坐像一軀（重要文化財）をとりあげる（口絵1～6・図1）。そして厨子に描かれた四菩薩像を手がかりに、そこに組み立てられた愛染明王曼荼羅の図像の立体化ともいうべき発想について考察しようとする。

一　作品について

この厨子入金属製愛染明王坐像は鎌倉時代より称名寺に伝来するもので、現存する金銅仏中これほど精巧で小型（像高七・九センチメートル）のものも少ない。本尊としての坐像そのものについてはすでに田辺三郎助氏(2)の調査報告が公表されている。しかし厨子とその内壁に描かれている四菩薩との関係について十分な論究がなされていないのが実情である。ただし筆者はこの四菩薩が図像学的に見て、きわめて重要な意図のもとに作画されていることには以前から注目していた。とくに愛染明王曼荼羅の根津美術

背　面

側面部分

図1　厨子入金属製愛染明王坐像（称名寺蔵・金澤文庫保管）

館本（十七尊様）に比較してみると、四金剛（欲・触・愛・慢）を本尊の四方に配したことが明白であるとともに、その理由づけをも簡単に指摘したことがある。(3) この理由の細部については後で十分にふれるとして、ここで本尊の技法等について概要を記しておきたい。まず小型の金銅仏であるということは、田辺氏が最初に注目するところである。これは、構想上、本尊を曼荼羅の中央に配置する意図が当初からあったがために、（曼荼羅独特の細密画法という視点から）彫金の技法も精密な技巧を駆使せざるを得なかった事情が考えられる。その根底にある理由は、以下に述べるごとく愛染明王曼荼羅（十七尊様）の内院中央に位置づけられた中尊として造像されたからにほかならない。

まず中尊（金属製愛染明王坐像）について、田辺氏の調査研究をふまえながら概要を述べることにしたい。田辺氏によると「この愛染明王像はきわめて小型の金銅仏であるが、後述のようにまことに精緻な技巧を駆使したもので、同様に精巧な光背、台座を具備し、しかも永仁五年（一二九七）の年紀とともに作者をも明確にしており、鎌倉時代の金銅仏技

図2　台座の最下框座の底面と刻銘

法の一頂点を示す規準的作例として注目すべき一作である」という。たしかにこの愛染明王像は像高七・九センチメートルのきわめて小さい坐像で、わが国に現存する作例から見ても金銅仏技法の頂点を示す優品であることは疑う余地がない。本像の造像技術は銅・銀・真鍮を併用し、持物、光背、台座を含めて全体を三十六の部分に解体・組み合わせができる。小像ながら面相（顔）も肢体も力感と迫力がみちあふれている。本軀それ自体は鍍金および銀象嵌であるが、光背（円光）にも鍍金がほどこされている。また台座は蓮華座で同じく鍍金銀製の仕上げが見られる。衣文はやや宋様の影響をうけて複雑に起伏している。台座の最下框座の底面に刻銘がある（図2）。

永仁五年二月
廿七日金澤寺
是作
大工左近入道浄胤
子息藤右衛門尉藤原
秀吉

これによると、永仁五年（一二九七）二月に金沢称名寺においてこの愛染明王像が造像された。願主は明確ではないが、上総国の大工（金工）すなわち左近入道浄胤とその子である又五郎藤原秀吉（藤右衛門尉となった）によって造像されたことがわかる。これらの金工を得意とする浄胤と秀吉の二人は重文の金銅装宝篋印塔（同じく称名寺蔵）の製作にもたずさわり、弟の胤吉（左兵衛尉となった）も加えて、当時は鎌倉・極楽寺などを中心に活躍していたようである。

金銅を中心とした材質の中尊愛染明王像は精緻な技法を本躰の構造の中に見出すことができる。田辺氏によるとそれは九ブロックに分割できるという。その像の上部から下部へと分けられた主要部分を見ることにしよう。「①頭上の獅子冠（頭頂へ前後のアリ枘留め)、②後頭部とその上方および左右の焔髪(頭部へ左右のアリ枘留め)、③④額左右の焔髪(各基部を斜めにアリ枘留め)、⑤⑥左右第一手(各前方より斜め肩にアリ枘留め)、⑦⑧左右第二および三手(各後方より横に肩アリ枘留め)、⑨本躰幹部(膝部を含め、内部を抜く)。なお冠上の五鈷杵、冠垂紐(左右欠)、胸飾(瓔珞、吹玉付き)、腕・臂釧(左第一手腕釧欠)、持物(左第一手五鈷鈴、同第三手宝弓、右第一手五鈷杵半分が現存)等は別製である。また以上のうち、獅子冠のすべて、胸飾と腕釧、臂(1)の花飾は銀または山金製で、左手第三手の宝弓もだんだらに銀または山金の象嵌をほどこしている。衣の部分、つまり条帛と裳は鍍金かと思われ、そこに金色の七宝繋ぎや山金象嵌や刻み出した小花文をあしらっている。その技法の細部は明らかでないが、精緻なことは驚嘆すべきである。(4)」

この六臂像は製作時期の明確な西大寺の宝治元年(一二四七)八月に仏師善円によって造立された像容を比較すると、きわめて装飾性の高いものに変わっている。西大寺像は永仁五年銘の称名寺像より五十年ほど前に造立されているが、同像には像内に造立願文や『金剛峯楼閣一切瑜伽瑜祇経』が納入されていた。(5)いうまでもなくサンスクリットでいうラーガラージャ(Rāga-rāja)の羅我(ラーガ)は赤色・愛情の意である。背にする赤色(朱)の日輪は、その具象である。西大寺像は「成四種法身六大無㝵四種曼荼本尊界会離愛金剛還念各各之本誓令成弟子所願弟子範恩脆以敬白　宝治元年八月十八日　弟子範恩敬白」と『瑜祇経』書写の奥書に伝えるごとく三宝紹隆とともに離愛金剛(愛染明王)すなわち愛欲貪染を浄菩提心に変容せしめる秘密の威力に願意がこめられている。

私はこの西大寺愛染堂の秘仏を過去に入念に見た記憶があるが、教義にいう愛欲貪染が実に神秘的なイメージにまで高められていたことに興味をおぼえた。その後、浄化されているはずの煩悩即菩提の表象は神護寺にある文永十二年(一二七五)の愛染明王像を見ることにより、愛欲貪染が神秘的な情感をもさらに包括する場合があることを知らされる。

いうまでもなく、この愛欲貪染の美化の根拠は『瑜祇経』を本軌とする。後述する根津美術館本の愛染明王像(重文)は鎌倉中期を下らない作例であるが、像容は最も『瑜祇経』の所説に近似している。その六臂像は「愛染金剛を描け、身色は日暉《じつうん》の如く、熾盛輪《しじょうりん》に住す。三目で威怒視、首髪に獅子冠あり、利毛忿怒形をなし、また五鈷鉤を獅子頂に安じている。五色華鬘が垂れ、天帯が耳を覆っている。左手に金鈴をもち、右に五峯杵をとる。その形は薩埵の如し。次左に金剛弓を右に金剛箭をとり、衆星光を

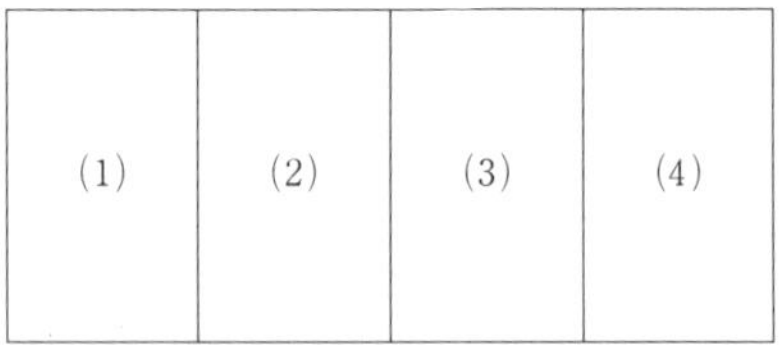

図3　厨子の左右扉と後壁に描かれた四金剛菩薩

射る如くする。それはよく大染法を成す如くである。左下手は彼をもち右にもつ蓮で打つ姿勢である。[6]」

この六臂像はこれまでにも指摘[7]されているように、異形像を生み出す基盤を様式上もちあわせている。しかも六臂像は異形の他に付加的な要素をも描写する。その好例である根津美術館本は左手の第三手に日輪を意味する三足の烏を載せる図様を描く。図上の賛文は『瑜祇経』第五愛染王品の偈文を引いたもので、書風より見て愛染明王の信仰厚かった後醍醐天皇の宸筆とみなされる。また同本の本紙は縦一〇二・四×横五三・六センチメートルの法量であるから、遺存する画像としては典型的な御願所（祈禱用）の所用である。このような例は、醍醐寺本の白描図像によれば、「法勝寺図様」と称する注記により、白河天皇（一〇五三―一一二九）の御願所法勝寺円堂愛染明王があったことが知られる。いずれにしても、この公家（とくに平安時代末期の藤原氏）などの御願所の愛染明王は別尊法の愛染法というより、修法と本尊という係わりから見るならば、むしろ如法愛染法の形式が如法尊勝・如法北斗法とともに大法立で行なわれることが多かったとみなされる。この「如法《にょほう》」とは、東密では本尊を如意宝珠の三昧に引入することを前提にするもので、「宝珠立」の意である。それゆえ最極深秘の修法である。

ところで称名寺伝来の厨子入金属製愛染明王坐像は、既述の『瑜祇経』所説の像容を伝えている。この本尊は木製の木爪形厨子に納められている。外側はすべて漆塗でおおわれ厨子の全高二一・三センチメートル×框張一五・一センチメートル×奥行一四・〇センチメートルで、前面に観音開きの扉が取りつけられている。その扉の裏面および厨子後壁には、円相内に彩色の見事な四菩薩を描く。扉は向かって左側に(1)欲金剛菩薩、後壁向かって左に(2)触剛菩薩、後壁向かって右に(3)愛金剛菩薩を描く。そして残る右側の扉には(4)慢金剛菩薩を各々描く。また天井には火焔光（円形）につつまれた幡龍を鮮やかに表現する。これらの円相外の地は群青を下地とする。その四金剛菩薩の配置は図3のとおりである。そして中央にはこの四菩薩に取り囲まれるように既述の金属製愛染明王坐像（六臂）が安置されている。愛染明王像の頭上に描かれている幡龍の設定は厨子を龕と想定した中国の考え方で敦煌等に類例が認められる。田辺氏もふれているごとく、『金澤文庫古文書』（仏事篇下）の「唐櫃底内重宝記」（永享十一年＝一四三九）によると、その追記として「金銅愛染王一躰厨子入、方丈御持仏堂本尊也」と挙げている同像がこの厨子入愛染明王坐像に該当するものであろう。

二　愛染明王曼荼羅図との関係

愛染明王坐像を納める厨子（木爪形）の両扉と後壁に、それぞれ描かれている四金剛菩薩を手がかりに、考え出される愛染明王曼荼羅図との関係を検討することにしたい。図は通常、二種（A、B）がある。(A)愛染明王曼荼羅（三十七尊様）の中尊（愛染明王像）は金剛薩埵と同体の愛染明王が中心である。この薩埵は究極には大日如来と同体で、その所説は『瑜祇経』が本軌とみなされている。

一方、本稿で問題となる(B)愛染明王曼荼羅（十七尊様）は、中尊（愛染明王像）が金剛薩埵と同体でありながら、なお金剛王菩薩とも同体であるという複線的な構想をもっている。(A)は三目六臂像を中尊として、向かって右下辺より上辺へ不動明王坐像、宝幢（蓮台上の三昧耶形）、両頭愛染明王像、弥勒菩薩像大勝金剛像、剣龍（三昧耶形）、大威徳明王、観音菩薩像が画面を囲繞する形式で描写される。ただし図像は『覚禅鈔』等に描かれている程度で彩色本の画像は伝存していない。同様に、(A)は観想上の曼荼羅としての意味がつよく、愛染明王像を中心に四仏・四波羅蜜・十六大菩薩・八供養・四摂菩薩が囲繞する。このように(A)の三十七尊の系統は教義を中心として伝承されているにすぎない。それゆえ、(A)にかかわる図像「愛染曼荼羅」はきわめて伝存例が少ない。図像（白描）と同様に観修寺流杲宝方などでは「愛染ノ大事」と称する印信相承を師資の間で出すことがまま行なわれた。

また三昧耶形として三十七尊様は「瑜祇一印三十七尊大事」という名目で中性院流、願行意教流に相承された事実がある。形式は瑜祇五股杵を示す一印に三十七尊を建立する。その表現方法は外縛印に三十七尊の種子を布字したものである。これは中性院流が組み立てた瑜祇塔と愛染明王像を同一視することである。これは「愛染王ノ極意」という諸流に伝わる考え方を具現したもので、愛染明王など三十七尊の内証を美意識におきかえたものである。同様に、願行意教流でも三十七尊が「瑜祇三十七尊」という印信にかわって伝えられている。これはすでに指摘(8)したように根幹の図像である「瑜祇十五尊同布字図」と「瑜祇灌頂塔図」を伝授の際に付与する。このことは密教美術において伝法と白描図像を結びつける好例である。むろん伝法と一組のこうした図像類が、い

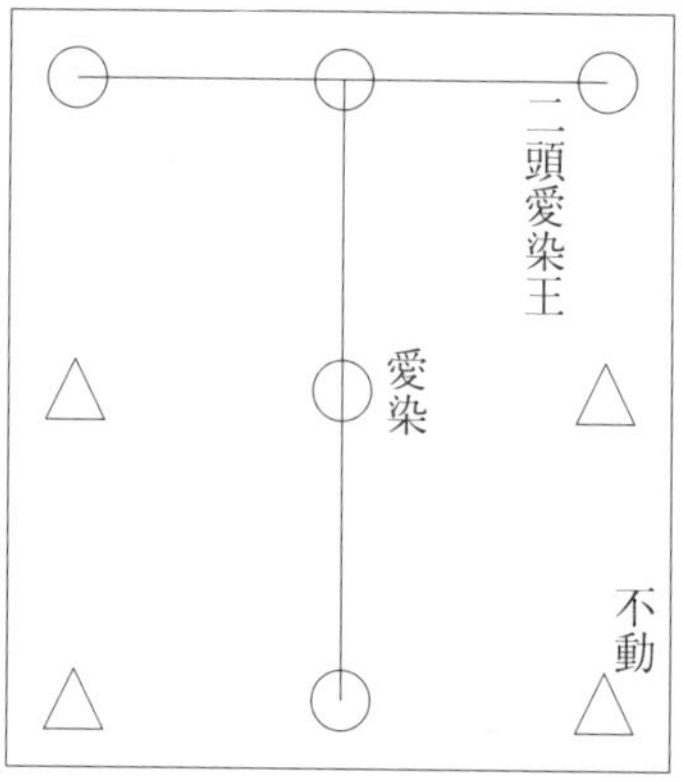

○は円相内尊容
△はフリーな表現で尊容と三昧耶形。

図4　愛染明王曼荼羅（『諸尊図像』上巻）

つ頃どのようにして付与、展開されたか、印信類の調査研究がまだ十分進んでいない現状から見ると不明な部分も多い。佐和隆研氏も密教と白描図像の関係を伝法の重要な一要素であることを述べられたことがある。(9)

しかし図像と一体のこうした行為があるのは、野沢十二流中すべてではない。ただ三十七尊は後述するように愛染明王と瑜祇の仲介をなすべき興味深い意味を有する。とくに構図から考えられるモチーフの異なる点も、金剛界と胎蔵界の組み合わせから理解すると可能な部分も多い。すなわち円相内に尊容を描き込む画材とフリーに尊容や三昧耶形を規定の位置に配置するという仕組みである。(A)の愛染明王曼荼羅は『中性院法流秘口決』では、行者の観想をおしすすめた証としてうけとられている。

また愛染明王等の三十七尊は金剛界三十七尊（種子）と同一視して構成されている。(A)の系統と考えられる『諸尊図像』の「愛染明王曼荼羅」(10)（尊像の名称は既述した）には画面右上辺に「二頭愛染王」と標記がある（図4）。これはモチーフから見るならば金剛界系の円相内に不二を表象する要素を配置したことになる。もとより(A)は愛染法に見る観想の一形態として重要なのである。ところが、この画面右上辺に、不二にかかわる解釈として両頭愛染明王像が中尊とは別に配置されている点に注意を要する。典拠の『諸尊図像』（上・下二巻）は心覚（一一一七—一一八〇）が編纂したものであるから、応保二年（一一六二）以前にはこの『諸尊図像』所収本が心覚の手元にあったと考えられる。(11)

このように心覚所収の愛染明王曼荼羅と画面の解釈のしかたは、後述するように理趣会（金剛界曼荼羅）と密接な関係が認められる。しかもこの別尊曼荼羅の新たな発想は金剛界曼荼羅の理趣会・降三世会の新三会出現の動向と類似している。この点を石田尚豊氏の両界曼荼羅の解釈に比較すると、構図上からさまざま考えてほぼ一致する。すなわち「現図の理趣会のごときも、その動向の先蹤をなすもので、顕教において否定した愛欲を肯定し、昇華し、清浄化する理趣経の経意にもとづいた理趣経曼荼羅の存否が、五部心観と現図を分かつものであって現図形成時に増大する般若理趣の勢力を背景に、独立した理趣会曼荼羅として向って右側上段に組みこまれていたのである(12)」と。

したがって画面の構成から見ると金剛界曼荼羅の理趣会の位置と、(A)の愛染明王曼荼羅の二頭愛染明王の位置は一致する。このように三十七尊の系統は瑜祇の大事を伝承する報恩院流でも重視し、「三十七尊印」として印信相承する。これは、第三種の本有大不二の法体《ほったい》として塔（瑜祇塔）を観想の原型とみなすからである。この口伝による塔印の完成は、第三種の極意であることから、瑜祇塔や三重塔の本尊として愛染明王像が安置される可能性を示唆せしめる。

(B)十七尊様の愛染明王曼荼羅は絹本著色の絵画が若干ではあるが現存している。と同時にその図像の一部は、称名寺伝来の愛染明王像の厨子（木爪形）の四金剛菩薩に比定される。

㈠根津美術館蔵「愛染明王曼荼羅図」（ただし重文の指定名称は「愛染曼荼羅図」という）は、一幅の絹本著色で縦一二一・五×横九一・〇センチメートルのやや大型の如法愛染法の本尊である。全図の区画は内院と外院に分かれる。内院は九会曼荼羅と同様に区画を九等分する。中尊は三目六臂像の仁和寺円堂様の肉身赤色の像容。六臂のうち前面に出る第一手（左右）は金剛杵（五鈷杵）と金剛鈴（五鈷鈴）をにぎりしめる。この限りにおいては、金剛薩埵の忿怒相をこの両手によって象徴化せしめる。第二手（左右）は弓と矢を持つ。第三手（左右）は拳印と蓮華を持つ。拳印は弓に矢をつがえるしぐさをとる。称名寺の愛染明王像は三目六臂であるが、第三手の右手は彫刻であるため矢をつがえる表現にはならず、右脇に拳印をあげる姿勢にとどめられている。しかし総じて、仁和寺円堂様（『覚禅鈔』）に図像が一致する。したがって永仁五年（一二九七）の製作時には、浄胤と秀吉が仁和寺円堂様の図像[13]あるいは画像[14]を参考にしながら造立したと解釈したい。そして台座の蓮肉天板、蓮肉蕊部、五段の各々別製の蓮弁、蕚、敷茄子、同座板、同蕊、受座、反花、上框、同覆輪、同小反花、下框、同覆輪、総框、心棒などの全容も仁和寺円堂様の描写にほぼ一致する。

ただしこの中尊・愛染明王坐像のみに限れば、木造ではあるが伝後村上天皇御念持仏と伝える観心寺の厨子入愛染明王坐像（像高六・三センチメートル）がある。これもモデルは仁和寺円堂様である。円堂様の根本ともいうべき「ラーガ」（愛染）は、「羅誐羅闍《ラーガラージャ》」（Rāga-rāja）の略で、その本身は金剛薩埵の所変である。称名寺の真言密教では、まったく愛染明本像から出発しており、もし聖教中から仁和御流の流れをくむ円堂様の図像が介在しても決して不思議ではない。

この円堂様の図像をきわめて忠実に伝えている作例として、称名寺の永仁五年（一二九七）よりさかのぼること四十一年前の建長八年（一二五六）に大仏師刑部法橋快成が四月一日に造像したと伝える木造愛染明王坐像（国＝文化庁保管）がある。三目六臂の典型的円堂様で像内に叡尊の高弟寂澄（生年四十七歳）書写の『瑜祇経』一巻を納める。称名寺にも愛染の書写本が多いので、真言律宗にみる西大寺系の愛染法ないし如法愛染法の本尊として注目すべきものである。この愛染法（愛染明王法・愛染王法）は、前述したⒶの三十七尊立とⒷの十七尊立がある。後者の十七尊立は彩色本の曼荼羅で如法愛染法に使われる。中性院流の頼瑜僧正（一二二六―一三〇四）によると、その根拠を「御口に云わく、此の法を修するに二様あり、或は十七尊に付て之を修す、謂ゆる小野僧正の大次第に依る。」（『薄草子口決』第十五、愛染王法）と述べ、小野仁海僧正の次第によっていることがわかる。この次第は「愛染王大次第小野」と外題にある。これによって十七尊様が仁海・成尊・範俊と小野流の各派に流布していったことは容易に推測できる。

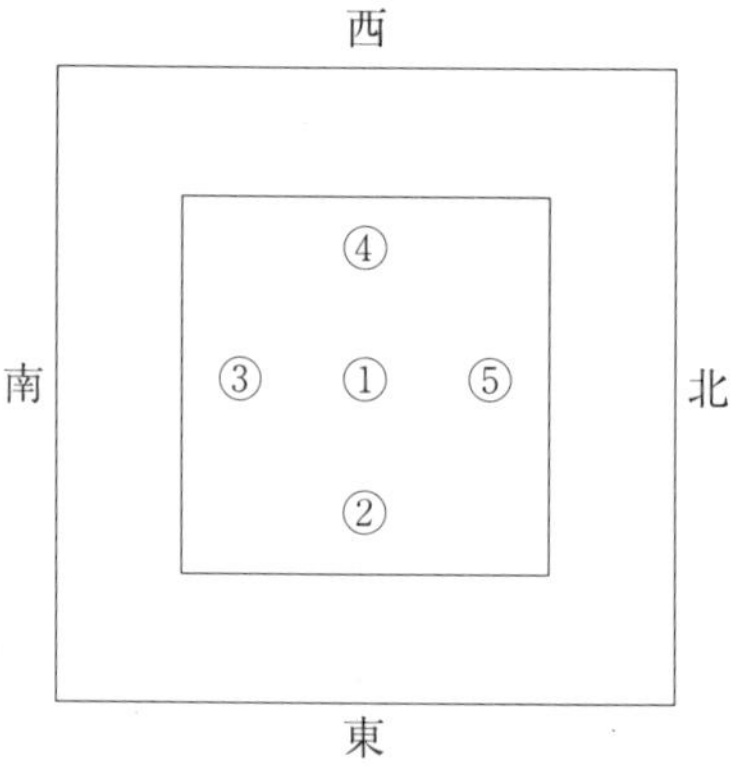

図5　愛染曼荼羅図

いうまでもなく小野の三流は安祥寺・観修寺・随心院である。その祖は成尊であって、付法範俊より観修寺厳覚のもとで三流に分かれるのである。そしてこの系統（観修寺三流とも別称）から有名な寛信法務が出る。寛信は後の『別尊雑記』を編纂した心覚などにも多大な影響を与えた。厳覚までの三流は正しくは小野三流といい、醍醐三流に相対する。十七尊様は範俊の口伝を厳覚が記録した『小野口伝厚造紙』（一巻）にも「如法愛染法」が納められており、Ⓑの曼荼羅が懸けられる。厳覚における小野の印信受法のきっかけをさぐると範俊よりうけている。舞台は康和四年（一一〇二）十二月二十三日の鳥羽壇所である。京都の随心院に伝来する「愛染曼荼羅図」（重要文化財）は絹本著色で、彩色の優美なやや大型（縦一三二・四×横一一五・二センチメートル）の十七尊様である（図5）。根津美術館本は①中尊愛染明王、内院は②欲金剛（東）、③触金剛（南）、④愛金剛（西）、⑤慢金剛（北）の四菩薩を描いて構成する。四隅は焼香（東南）、華（西南）、灯（西北）、塗香（東北）と四金剛女にあてた外四供養菩薩を描写する。外院は東に鉤《こう》、南に索《さく》、西に鏁《さ》、北に鈴《れい》の四摂《ししょう》菩薩を配し、さらに四隅に嬉《き》（東南）、鬘《まん》（西南）、歌《か》（西北）、舞《ぶ》（東北）の内四供養菩薩を配している。

称名寺の愛染明王坐像の木爪《もっこう》形厨子(15)の場合、扉を閉じると四金剛菩薩が互いに中尊愛染明王像を囲繞（向かって右より左へ②欲金剛、③触金剛、④愛金剛、⑤慢金剛の順に）する形式となる。これは(B)の内院自体を立体化する意図が含まれていることになろう。そして天井に該当する幡龍の描写はその立体的空間（仏龕としてとらえる）をしめくくる役割を果たしている。このように(B)の十七尊様は、別本の随心院本に照らしても同様のことがいい得る。

(二) 随心院蔵「愛染明王曼荼羅」は絹本著色で、根津美術館本よりやや大きく、縦一三二・四×横一一五・二センチメートルである。これも典型的な如来愛染法の本尊であって彩色をよく残している。図像学的に見るならば、根津美術館本とは内院・外院に描かれている供養菩薩の配置について若干異なるが全体の構図は変わらない。区画線はないが、いずれも現図の金剛界曼荼羅理趣会を移しかえたもので、中央の金剛薩埵を愛染明王像に代え別尊曼荼羅として構成されたものである。以下、称名寺の木爪形厨子に描かれている四金剛の現状についてふれておく（図7）。向かって左扉より右の順序である。

(1)欲金剛菩薩、（Iṣṭa-vajra）は坐像で切金による円相（径六・九センチメートル）内に描く。緑青地の頭光（径二・五センチメートル）と群青地の身光（径四・〇センチメートル）に黄丹地に金泥で模様をとった宝冠の愛くるしい菩薩坐像を描く。胸前で両手には左向きの箭をつがえて持す。それゆえ金剛箭、眼箭あるいは意生金剛（Manoja-vajra）ともいい、金剛薩埵の前に住す。箭（矢）は愛欲を表象する。『理趣会軌』等によると、この欲はまた一切仏法の基本をなす菩提心の象徴でもある。身色はやや白土に朱をまじえた肉身色である。細部の瓔珞・腕釧・臂釧は金泥、髪は群青、条帛は朱地に金泥で唐草に近い模様を入れる。天衣・腰衣は白緑、裳裙は緋に近い朱で描く。蓮台は紅に葉先から白で隈取りをほどこしたものである。蓮肉・蓮実などは緑青である。また頭光・身光外の火焔は朱で小さいながらも鮮やかな口唇の朱が美しい。顔相はていねいに描き白毫が入る。像高は台座から約四・八センチメートルである。

(2)触金剛菩薩（kelikila-vajra）は、『大楽軌』によると金剛喜悦の意でもある。触《しょく》（ふれる）はサンスクリットの「計里計羅《ケリケラ》」（kelikila）のことで五欲の境の部分にふれようとする、いいかえれば生きるための欲望を表象する。金剛薩埵の三昧耶形である大きな三鈷金剛杵を胸に抱いている。これは五欲の本性が不壊の性質をもっていることをシンボリックにあらわしたもので、それゆえ両手の臂を交えて三鈷を抱く姿勢を示している。彩色等は(1)にほぼ同じ。

図6　現図曼荼羅金剛界理趣会（御室版）

(1)

(2)

(3)

(4)

図7　称名寺の木瓜形厨子

(1)欲金剛菩薩像

(2)触金剛菩薩像

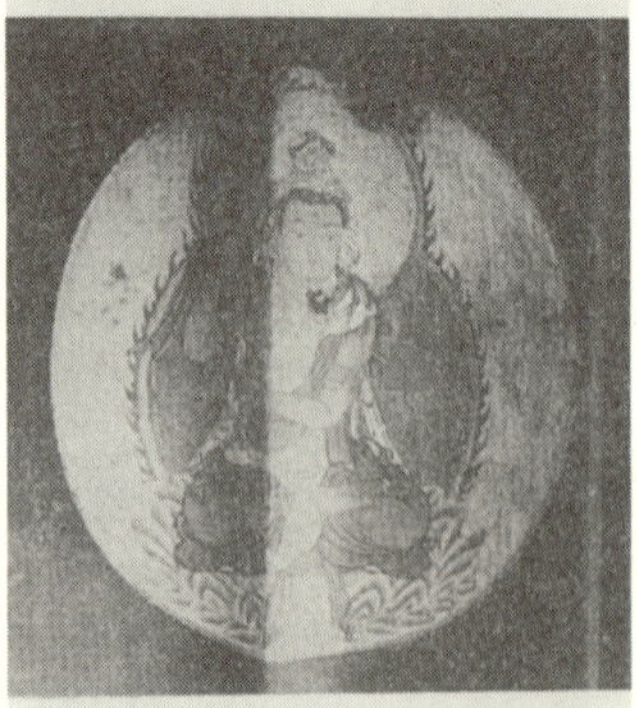

(3)愛金剛菩薩像

(4)慢金剛菩薩像

(3)愛金剛菩薩（rāga-vajra）は、衆生の愛着をあらわしたもので、『理趣経秘決鈔』第三によると愛縛・愛楽・非愍金剛の意を示す。両手で魔竭幢《まからどう》（魔竭魚《まからぎょ》・makala）を持し、食べても食べても腹がいっぱいにならないマカラ（摩竭大魚）と同様に愛欲の深さをも表象する。つまり「愛縛捨離倶幻平等」の智身をあらわす。ただし彩色は頭光が白土、身色が緑青である。幢の部分はマカラが朱を下地に金泥で魚を描く。幡は朱に金泥で模様を入れる。

(4)慢金剛菩薩（Māna-vajra）は、意気金剛、金剛欲自在とも訳す。慢は五欲の境にあって満足を得ておごる心がある状態を問題とする。それゆえ両手の二手を拳にして腰の脇におく姿勢を表象する。これは傲慢の姿をあらわしたもので、称名寺の向かって右扉には二手金剛拳の坐像が明確に描写されている。彩色は(1)にほぼ同じ。以上のように(1)、(2)、(3)、(4)は現図の金剛界曼荼羅理趣会の各尊（御室版）に比較してみると図像が一致する（図6・7）。

三　理趣会としての立体化

十七尊像の愛染明王曼荼羅、すなわちⒷの(1)(2)で見てきたような画面は、金剛界理趣会と同じ画面であることが明らかである。ただここで取り上げなかった太山寺蔵本[16]は、形式的に見て異質なので、対象からはずしたことを補足しておきたい。いずれにせよⒷの(1)(2)の図様を同一視する中心部分は、中尊（六臂愛染明王像）を金剛薩埵と同じような性格とみなすことによって、愛染明王の世界に逆に金剛薩埵が入り込む画面をつくりあげる結果が生じるのである。

また図像の構成上、中尊を立体化するという発想の根幹は愛染明王像に対して、強力な金剛薩埵としての尊容を彫金の組み合わせという（称名寺の重文「愛染明王坐像」は本体・台座とも三十余に金属部分が分割可能なように組み合わされている）彫技に意図が見られる。しかもその中尊・愛染明王を頂点とする立体化の発想は、十七尊Ⓑ本が如法愛染法の本尊として使われることにより位置づけ可能なのである。

いうまでもなく金剛界理趣会は、九会曼荼羅による構成上、西北隅にあり、一印曼荼羅としても独立した画面を描いている。この画面は人間の煩悩の前に立ちはだかる大問題すなわち金剛薩埵の内証、煩悩即菩提の理趣《りしゅ》（修行）をあらわす画面としてもよく知られている。ただしこの理趣会は栂尾博士も注意しているように[17]「この理趣会をもって金剛薩埵の一印会を描いたものとすると、何故に本経にある様に、これを金剛薩埵の一尊としないで、十七尊を描いたかという問題が起こってくる。しかしこれはすでに前章に説明した通りに、智身たる金剛薩埵の性格を精密に観ずる上から、欲・触・愛・慢の四親近と、その智用を示すための八供四摂を加えて、十七尊とすという十八会指帰の見解に準拠したがためである。すでに十七尊とする以上は、それを詳説せる第六会の経たる広本の般若理趣経を参照したことはもちろんである」と。この十七尊様愛染明王曼荼羅のうち、理趣会から指摘できる、内外の供養菩薩は、随心院本と根津美術館本の場合を比較しても多少は違っている。中野玄三氏もすでに注目されていることである[18]が、「根津美術館本に比べると、内院の四隅が随心院本では四金剛と同一印相・同一持物の妃形となり、外院も根津美術館本の内四供養菩薩に代わって外四供養菩薩となりその順序も普通ではない」と述べているとおり、内外四供養菩薩の入れかわりはあるものの、全体が愛染明王曼荼羅でありながら理趣会と同形式を伝えている。

したがって称名寺の厨子と愛染明王像の関係は内外のこの相互供養菩薩は描かれていないから、これらは問題の対象とはならない。ただし『理趣経』に説く大楽曼荼羅中の四金剛は図像学的には、補陀洛院版の大楽曼荼羅中では欲・触・愛・慢の配置に若干の問題があり、称名寺の厨子の四菩薩とも合わない。また広経本では意生金剛・金剛枳羅・金剛念・金剛慢と順序と配置はよいが、図像が合わない。順序・配置・図像の三者が称名寺のそれに合うのは、宗叡請来の大曼荼羅中に描く欲・触・愛・慢の四金剛である。

以上のように、称名寺の重文「厨子入金属製愛染明王坐像」が愛染明王曼荼羅の画像をもとに立体的な発想を彫技との組み合わせにより具現した稀な作品とみなすことができる。むろん愛染明王曼荼羅の立体化を意図したものとしては最古の遺品である。なお『理趣経』所説、とくに諸訳との相違の問題などについては、仏典からの考察として栂尾祥雲氏の「大楽の法門に於ける曼荼羅[19]」に詳しいので除外した。

註

（1）栂尾祥雲『曼荼羅の研究』（高野山大学、一九二七年）三八六―八七頁。ここでは『覚禅鈔』に二種の愛染曼荼羅が挙げられていることを指摘している。

（2）田辺三郎助「厨子入金属製愛染明王坐像」の解説（『神奈川県文化財図鑑』彫刻篇、神奈川県教育委員会、一九七五年、一〇九頁）。
（3）拙稿「厨子入金属製愛染明王坐像」の解説（『神奈川県立金澤文庫名品図録』一九八一年、九五―九六頁）。
（4）註（2）同書一〇九頁。
（5）長谷川誠「西大寺愛染明王像とその前後」（『仏教芸術』六三号、一九六六年、一四一―一四三頁）。
（6）金剛智訳『金剛峯楼閣一切瑜伽瑜祇経』巻上、（大正蔵一八、二五六頁c）。
（7）佐和隆研編『仏像図典』（吉川弘文館、一九六二年、一一九―一二〇頁）。
（8）拙稿「密教修法と美術」（『密教美術大観』第三巻、朝日新聞社、一九八三年、一七二―一七六頁における十五尊図とこの図像周辺の諸問題については詳しく述べておいた）。
（9）佐和隆研『白描図像の研究』（法藏館、一九八二年）一五頁をとくに参照。なお、この本文は『宝雲』第二四号、一九三九年の再収録である。また白描図の師資相承に注目し、芸術性との関わりを論究したものに有賀祥隆「白描図像―その伝承性そして資料性と芸術性について―」（『密教美術大観』第一巻、一九八三年、二一七頁）および濱田隆「図像」（『日本の美術』五五号、至文堂、一九七〇年）があり、有益である。
（10）大正蔵図像三、六九四頁。
（11）拙稿「心覚の『応保二年卯月記』と師説」（本書二〇二―二〇六頁所収）。
（12）石田尚豊「現図曼荼羅の成立と展開」（前掲『密教美術大観』第一巻、二〇四頁）。
（13）「円堂愛染王図、別尊雑記有之、」（『仁和寺史料』寺史編二、二八一頁）。
（14）拙稿『密教曼荼羅の研究』（美術出版社、一九七五年）一七一―一七二頁。
（15）佐藤昭夫編『鎌倉時代の彫刻』（東京国立博物館、一九七六年）三二七頁。
（16）拙稿『曼荼羅の美術』（小学館、一九七九年）七四頁。
（17）栂尾祥雲『理趣経の研究』（高野山大学、一九三〇年）三二八頁。
（18）中野玄三『密教美術大観』第三巻の解説一三二（二四三頁）参照。
（19）前掲、栂尾祥雲『理趣経の研究』一三〇―一四〇頁。

瑜祇塔図の成立

はじめに

あらゆる意味合いにおいて、また感性の評価という視点において、密教の活動の原理の根底に瑜伽の観法が実存することは、きわめて重要なことである。ところが、このことを一歩深めて感性そのものを美的な領域にまで仮に高め得たとしても、観法そのものの機能の側の本質は最後までぬぐいさることはできない。たしかに密教は美術の面でも現代のニーズに呼応して、多様な価値観(1)を現代的感覚の中で生かそうとしている。その一つに美術の本質を問う密教のモニュメント（立体・建造物）と主体的なアブストラクト（抽象）の関係の問題があり、これらの内容について成立と本質論を再検討しようとする動向が現実にあることも否めない事実である。そうした視点の中で瑜祇塔は密教と仏塔という関係においても、そのアブストラクトと機能的な美学の両極に位置づけられる興味深い課題がひそんでいる。

ところで仏塔の中でも密教独得の瑜祇塔は、最近になってようやく伊原照蓮博士によって『瑜祇経』との所説と造塔の関係において(2・3)メスが入れられ新たな展開をみた。本稿は『瑜祇経』所説の瑜祇塔図が絵図として真然大徳以降どの程度までの原図が確認できるのか、年代および作画の内容にふれながら考察を試みたものである。

まず瑜祇塔図と法性塔図を同一とみなすことを前提とする。それは大師（空海）が描いたもので、その伝承が東寺（金剛蔵）に残っている。

故自性上人の義には此経金剛頂部経なり、但本有金剛界の法門を説く故に自ら胎蔵に徹底して不二なる道理あり、両部の外に別に不二の重あるには非ず、故に題額料簡する所は金剛峯楼閣者大師の図し給う所の法性塔図にあたる。金剛峯は上の五つの五古なり、楼閣は下の塔なり、一切瑜伽瑜祇者六人無碍瑜伽の徳なり、別して不二を表わすには非ず、金剛界にして不二極際なり」（賢賀『瑜祇経伝受聞書』）

と。またこの不二の背後には十五尊図の想定がある。このことは弘法大師請来の梵字真言の中に十六尊に続いて八供養・四摂および右脇・左脇・額上・心上など十五尊図の身体に付する真言が含まれており、両者の関係が認められる。(4)

この梵字については、意教流が伝える十五尊図の持真言行者の三部四処に付した生身の像容の場合に類似している。経説を母体とした瑜祇そのものの相伝は、『覚禅鈔』に瑜祇相伝不同のこととして記されており、真然は「根本印を以て宗となす」というのが極意である。この結印の一点は『瑜祇経』の序に、

> 三十七尊、各々に本誓が持を以て自ら金剛月輪に住して本三摩地の幖幟を持せり、皆以て微細法身秘密の心地十地を超過せる身語心の金剛あり、各五智光明峯の杵より五億倶胝の微細の金剛を出現して虚空法界に遍満せり、諸地の菩薩すら能く見る事あることなし云云

と述べるように、塔の屋根の五峰の頂点に位置づけている。図1の『瑜祇経秘決』上巻に描かれている「瑜祇塔図」はその部分（五峰中央・頂）を宝珠形に描写したものである。(5) この頂点の部分図2『頓悟三密漸入一心口決』の三十七尊種子では、五解脱輪の中央の位置に符合する。鎌倉時代に描かれたと伝えられる龍光院本の『瑜祇大師図』では、下辺から石壇の上に蓮台があり、その中央に覆鉢の塔身をともなう瑜祇塔が建っている。塔身部分は根本大塔とほぼ同形であるが、屋根の中央と四方隅棟に五本の相輪が置かれているところが特徴である。このことについて望月信亨博士は『仏教大辞典』（四九二五頁a—b）で塔身の構築内容を「方三間の塔身を重ね、屋根の中央及び四方隅棟の末端に近く五個の相輪を立て、又塔内には八大柱を構築し、柱間に八大菩薩を図絵し、基壇羽目石には波形及び亀形を刻出

図1　瑜祇塔図（『瑜祇経秘決』上巻）

せり」と記されている。これは作図から見れば口絵8に近似する。

ところが八大柱の柱間に図絵されていたという八大菩薩は、必ずしも図像等が明確ではない。また基壇羽目石に亀（後述する「金亀」のこと）が波間に遊泳する場面を描写し、レリーフ（刻出）として再現しているという。後者は口絵8及び図3・4に示す『秘蔵記』系の図像の下辺の亀の形態を波と海中にまじえて刻出したものと考えられる。

このように瑜祇塔はプランの段階においてかなり明確な建築内容を伝えているにもかかわらず、瑜祇塔図そのものの成立については、不明な部分が少なくない。しかし新出の瑜祇塔図を検討しながら、また流派の伝承も考え合わせ原初の図面にどれほど口伝をさかのぼらせ得るか、以下のごとく考察してみたい。

『瑜祇経』は『相応経』とも別称し、また五部秘経の一本として東密ではとくに尊重する。空海・恵運・宗叡が請来し、基本的には『金剛頂経』と『大日経』のいずれにも偏せず両部不二の深義を説き明かすとされている。

そして理智不二の性仏は眷属三十七尊とともに不壊の金剛光明心殿に住し、心真言を説くのである。この三十七尊について見るならば、塔を具現するいわゆる造形化への具象の根拠が、実は金剛頂経系にあったと見なければならない。この解釈を金剛界に照らし合わせてみると、行者の極秘の形象化を実現しようとしたものが唯一、『臨終秘決』の理論の構築のしかたに共通する一面を見出すのである。この秘決は称名寺伝来（金澤文庫保管）の一紙で鎌倉時代の作図に該当する。図は真言密教行者の「不動極秘臨終の大事」に基づく秘決。図解の根拠は行者が生涯を閉じようとするときの姿を写したものと考えられ、真言密教の側から見るならば、入定する姿・かたちを表現したものである。空海の入定信仰に由来し、中世においても実践的修行の中で用いられた。ただし実行されたか否かは明確ではない。しかしいずれにしても、生きた（現身の）ままこの世で仏となる即身成仏思想を実践の根拠にしていたことは事実である。しかも図解の構想を考えながら図像を見ると、真言行者はすでに五輪塔内に入り、頭上（図の上段）に金剛界成身会内の三十七尊を体現すべく入我我入観をあらわしている。ところが下段の観想図は行者が五大成身観（五字厳《ごん》身観《しんかん》）を達成した場合の完成図として描写している。この部分は上辺に対して胸中に胎蔵界曼荼羅の中台八葉院（種子曼荼羅）を体現することを示し、その図中の梵字の三昧耶形を通じて大日如来像から金剛蔵王菩薩像まで二十尊を身体で感得することをあらわす。称名寺には醍醐寺三宝院系の『臨終印明』（益性本、二五六函、奥書「弘安十年八月廿六日奉授上乗院宮了　権僧正　頼

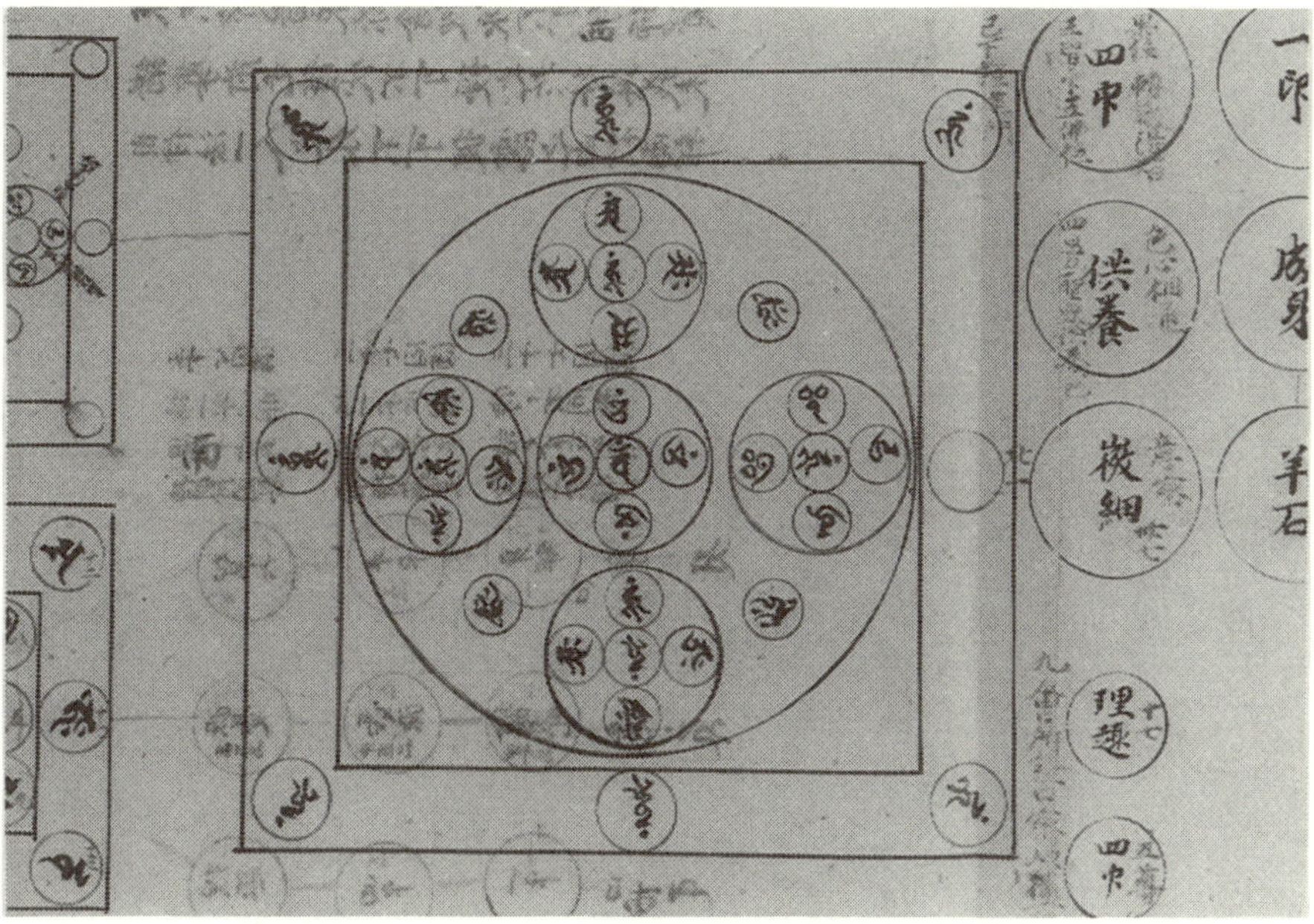

図 2　三十七尊種子の部分（『頓悟三密漸入一心口決』）

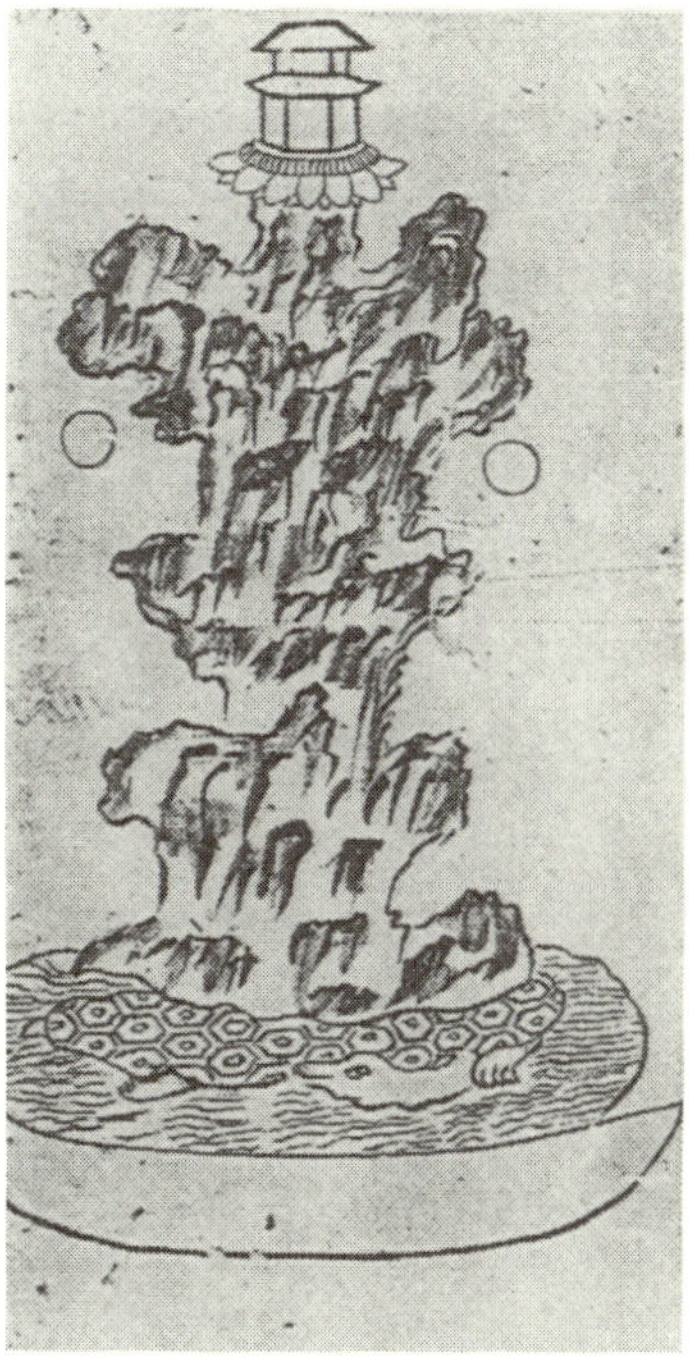

図 4　『秘蔵記』末（高山寺本）

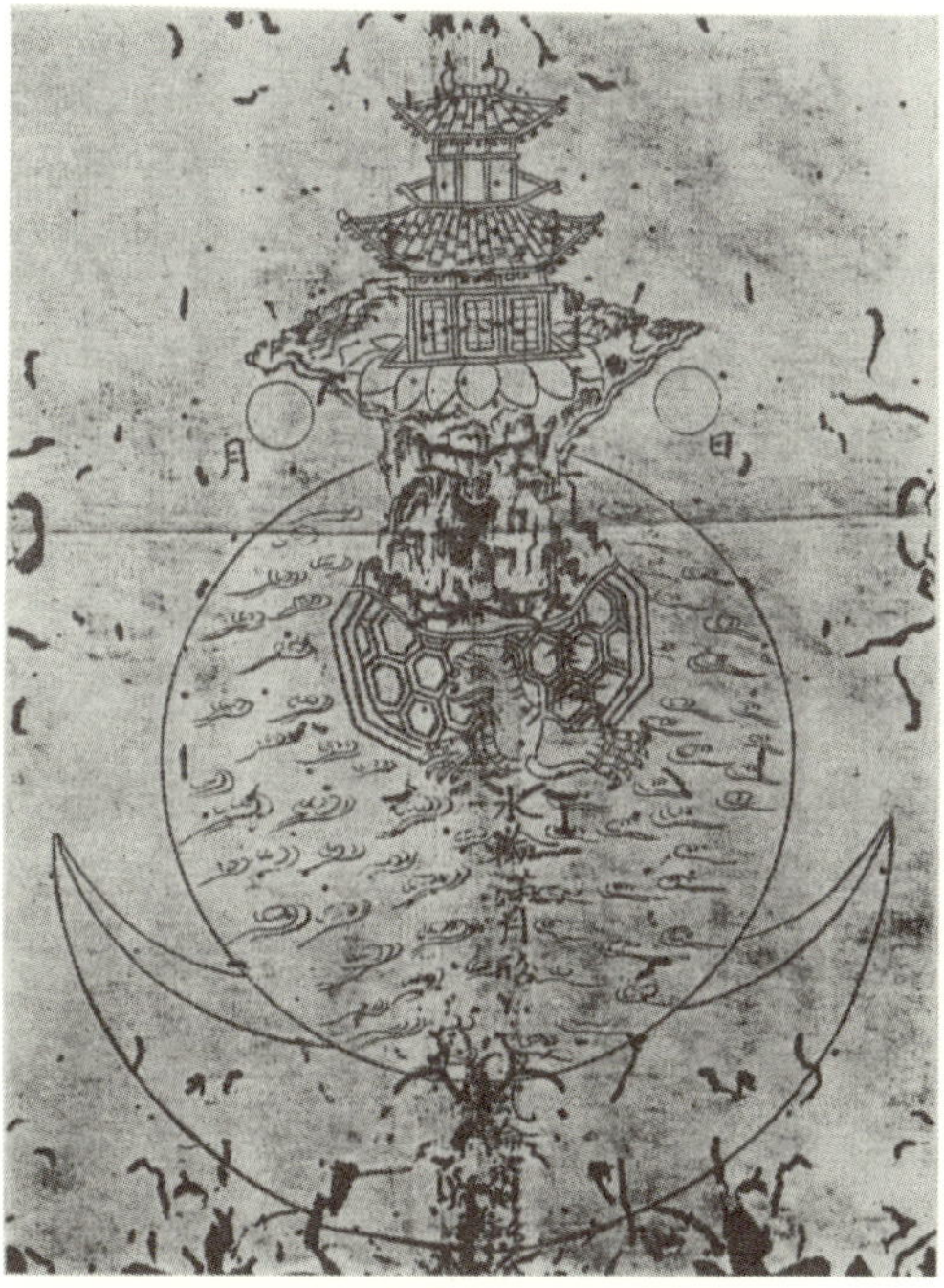

図 3　『秘蔵記』末（高山寺本）

助」）さらに釼阿《けんな》が建武四年（一三三七）十月六日に受法した『臨終大事』（三三三函「建武四年十月六日於金澤稱名寺授憲深大法師訖　金剛資釼阿（花押）」、西院流の『臨終正念作法』（「本云、嘉元四年五月十四日以宏教自筆傳書寫了」）などが伝来している。もとよりこれらは『瑜祇経』の塔の立体化より、さかのぼって所説のある理法身（仏身のカテゴリー以上の存在をイメージ化する）の具現を目的とするもので、プランの多くは『十五尊図』に帰する。それは『瑜祇経』の金剛薩埵菩薩菩提心内作業灌頂悉地品の所説によるもので、図像は金剛薩埵の全身に真言行者の十五尊の徳をあらわした観法図として描く。十五尊すなわち真言行者を観想することは意教流（慈猛方）の所伝でもある。慈猛（一二一二—七七）は三十四歳で高野山へ登り、金剛三昧院で意教上人頼賢（一一九六—一二七三）より伝法灌頂をうけた。高野山では実相院を開創、四代将軍九条頼経に招かれて鎌倉に下向、常楽寺をひらいた。著作の『師傳鈔』と『西々十箇』が知られている。この流れをくむ頼中は『十五尊布字位所』一紙（「位所」は「住所」とも墨書する）と題し作図している。図は行者が宝冠をいただき、十五尊の位置に印・明を付記し、その義釈を裏に墨書したものである。

ところで瑜祇塔は所説として『瑜祇経』に典拠が認められるが、塔そのものの造形的作例は、近年に長谷寺（南都・初瀬）で発見されたのが唯一である。高野山の中院・龍光院に小塔が伝来するが、金亀舎利塔の形式の遺品を瑜祇塔と呼称命名した例は少ない。その長谷寺の遺品は通称、金銅宝塔（金亀舎利塔）一基で総高八五・〇センチメートル。総体は金銅製であり、塔身をほぼ球状に作っている。塔身内部には、方形宮殿形の金銅製舎利容器を納めているから、この形式は南都に進出した舎利信仰の中心的作例であるといえる。むろんこれは金亀舎利塔（東大寺・唐招提寺[6]）と同一様式とみなされる。ここに仏舎利を安んじているシステムは、四面に水晶窓を装着したその軸部内部は棚で三段に仕切られている。仏舎利はその三段に各々奉安されている。銘が線刻されており（亀腹刻銘）、

瑜祇塔上段金色舎利壱粒
中段五色舎利五粒
下段仏舎利三百四拾三粒

と解読できる。

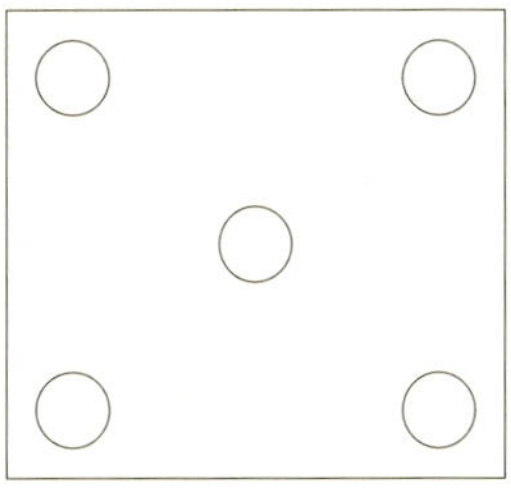

図5　瑜祇五峰図

これには続いて由来を述べているが、それによると、前妙見寺三十八世憲誉《けんよ》の寄附になる舎利を納めるべく、その遺弟頼誉《らいよ》と範《はん》誉《よ》の両師が天保十三年（一八四二）にこれを瑜祇塔として造立したという。亀の背に宝塔を乗せて海中を遊泳する特異な形姿は、一つは発想の根拠が霊亀の奇跡によるものだとする。これは鑑真和上が中国から渡来する際に、海中に沈んだ舎利を救い上げんとする亀の奇跡的な能力・行動を象徴化したオブジェ（実はその縮小）としてうけとめることができる。

そしてこの図像学的形態について、心覚阿闍梨（『別尊雑記』を撰集した）の師僧の一人として知られる実運（一一〇五―一一六〇）の撰述『瑜祇経秘決』の記述「塔下に金亀あり、これ世界建立を表わす」に作図の根拠が知られる。もとより瑜祇は涌亀にもあて、亀上の形態および構造は高野山の根本大塔が例示と考えられている。これには塔の上辺に付加した要素が認められる。とくに五智を象徴するものとして瑜祇五鈷杵の具現があるが、この塔の形式では龍光院に例があるように屋上に五本の瑜祇五峰を立てる。立っている位置は方形の四隅と中央である（図5）。

またその五峰（瑜祇五鈷杵がモデルとなっている五峰の意）は密教曼荼羅を基調[7]にした金剛界の五智を表象すると同時にユギの理論も内蔵している。そうした発想も含めて瑜祇塔は基本的には空海の発願をよりどころとして、それを建立の出発点としている。

そしてこの発願そのものは、空海の高弟であり甥である中院僧正真然《しんぜん》（八〇四―八九一）が貞観十二年（八七〇）八月七日に実現させ創建したと伝える。瑜祇塔建立のいきさつについては、意外に伝承を忠実に記したものが少ないので、ここにその『野山名霊集』第一[8]の部分を引用しておきたい。

瑜祇塔本中院谷龍光院にあり
具《つぶさ》には金剛峯宝楼閣瑜祇塔といふ、大師の遺嘱《ゆいぞく》に依て、後僧正真然貞観中に建立し玉ふ所、尤深秘の宝塔なり、はしめ承和元年十二月十五日、大師諸《もろ〳〵》の御弟子を中院に会《ゑ》せしめて、種々遺告の事あり、皆是令法久住の勝計なり、其法住《はふぢう》の宗本ハ専此塔及大塔にあり、金剛峯寺の称《せう》、深意《じんい》斯《ここ》にあるもの歟、五峯《ごぶ》八柱《ちゆう》の構《かまへ》、四九三十六の操《あやどり》、唐より将来の図《づ》を以親《まのあたり》真然僧正に授与し給へり、且遺命《かつゆいめい》を蒙て、大師入定の後中院に移て一山を管領し、師の志を継《つい》て此塔を建立し給ふ、貞観二年に始て同十二年八月九日に至て落慶す。本尊は大日如来及阿閦宝生等の五仏なり、四柱《ちう》の絵ハ僧正の滅後に入室の弟子会理《ゑり》僧都といふ人、師伝に依て画《ゑか》かれけるとそ、それは世変《よかハリ》星移て盛衰同しからすといへとも、今に到て天下の僧侶仰慕《けいぼう》倍《ます〱》深《ふか》し、中古にハ覚教《かくけう》阿遮梨信してこれを修理し、近世は直江《なをえ》山城守尊てこれを再興す、今ある所の塔是なり、其露柱《ろちゆう》《しんばしら》に寛永三年丙寅四月廿六日と記せるハ、落慶供養の年月なり、四柱に各《をの〱》九尊、四門の八柱は八大菩薩、其形色已下会理僧都の草木中院に在と云云、今案するに、瑜祇塔の図に真偽の両本ありて天珠《しゆ》地別なり、其偽本と八和州の阿日房といふ人暗推《あんすい》を以画《ゑかき》けるを、内山の真乗房これを感得して門弟に授けしより、展転相承《ちんてんさうぜう》してしかるへき阿遮梨の中にも真偽を弁するに及はすして秘重《ひてう》せし人多かりとなり、其正本の図は大師在唐の日、青龍の口伝を承《うけ》てみつから画《ゑかき》玉ふ所、これを御筆《ごひつ》の図と号して、師資相承の正本なり、然るに南池院源仁《なんちゐんげんにん》僧都のとき、御筆を標準《てほん》として、別に一本を写して、聖《しやう》宝《ぼう》僧正にさつけ、御筆の本を以、益信《やくしん》僧正に授与せられしを、益信又寛平法皇に授《さづけ》奉らる、法皇画工金岡に仰《おほせ》て一本を写さしめ玉ひ、これを寛空《くわんぐう》僧正に授《さづけ》られ、御筆の本をハ宝祚守護《ほうそしゆご》の御為《ため》にとて、延喜帝に授《さづけ》奉らせ給ひけるが、帝崩御に臨ませ給ひて、醍醐寺の経蔵に納させ玉ひけるよし、意教流《いけうりゆう》の重書《ちゆうしよ》にミへたり、其図説におゐてハ秘経の極意なり、師伝にあらすんは知へからすとそ。

この中で「意教流の重書」に伝承がある、と述べていることはきわめて貴重な示唆である。おそらく願行意教流相承の印信を指してのことに相違ない。『瑜祇経』の印信は現在ではほとんど絶えてしまって[9]当初の姿を復元することは困難である。しかし金澤文庫などに次第本が伝存しているので、内容を知ることは可能である。

それらの印信作法は大別して二種に分けられる。一には結印作法のみ、二には阿闍梨の支分生の上に投花する内作業灌頂である。このうち後者は、十五尊を布置して自身を仏形の如しと観ずることを目的とした灌頂伝承用の絵図が現存する。これには布置すなわち布字を実現すべきモデルの作図が伝存することはすでに述べたのでここではふれない。[10]この部分の所作は、いうまでもなく『瑜祇経』の第十一（内作業灌頂品）を具現化した動作（所作）が灌頂であり、作図が『十五尊布字位所』（一紙）である。

願行意教流には、まず一伝の印信の裏紙は瑜祇内作業灌頂を基盤とした「十五尊切文」を記す。これに続いて瑜祇十五金剛各別印明と切文（五十二句ある）の二紙を付属させる。これは二紙であるが、性厳房宥快（一三四五—一四一六）などの相承によると、一伝の印信は五通（八紙五裏）だと伝えるから、鎌倉時代以降すでに数種あったと考えられる。次に瑜祇三十七尊（一切衆生本有即体果上三十七尊建立密印）をうける。これは実運も『ユギスートラ秘決』下巻（『真言宗全書』第五巻、一〇頁a）でも述べているように、第八大勝金剛心の項で、「三十七尊の悉地を顕時するを一身支分生の曼荼羅と為す」、あるいは「大勝金剛十二臂にして三十七尊を摂在して一身一会の曼荼羅と為す」と記しているように、真言行者が生身の人であるならば、その胎内に三十七尊を具備しているかのごとき塔身の図解の根拠を示している。

実運は、同書一頁a―bで、「金剛峯とは五部の智の金剛界三十七尊本有の果分を顕し」とも述べる。この果分は法身仏の自内証であるが、イメージ的には空間に内から外へ向かって智の根幹がひろがる構図をつくり出す。「三十七尊とは自性身各於五智光明峯杵」ということがその具現ということになる。実運によると（同書、三頁）『瑜祇塔図』の絵図（図6）があるが、この図は天文十八年（一五四九）九月十三日写のもので、底本である正祐寺本（大阪市）に残されている。作図を詳細に見ると、五峰周辺の四親近菩薩の梵字に多少の誤字が認められる。これは『ユギスートラ秘決』の瑜祇塔図が、ほぼこのような金亀舎利塔様式の図像として、天文十八年以前に伝承されていたことを物語る数少ない例である。塔内の三十七尊は金剛界曼荼羅の根本的な位置を占めていることは、いうまでもない。

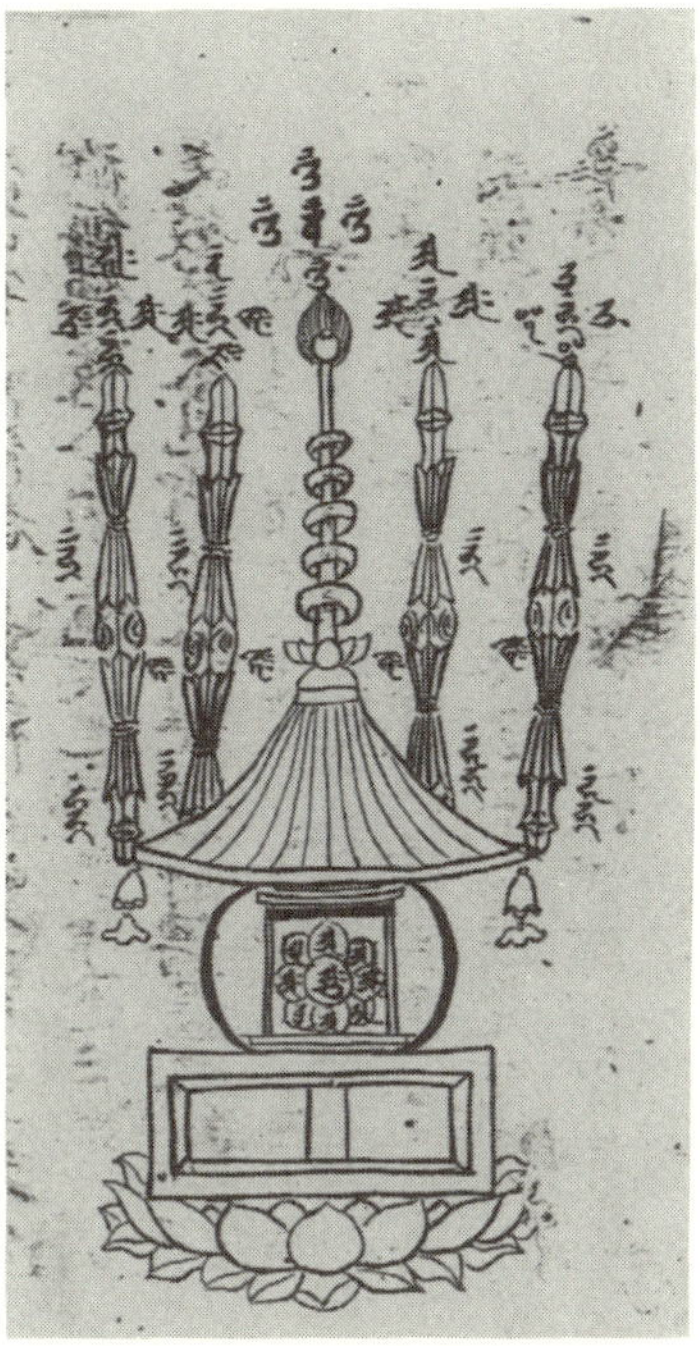

図6　瑜祇塔図　五峰・三十七尊の種子（実運『ユギスートラ秘決』）

実運の瑜祇塔図の五峰には、梵字が墨書されており、これらの梵字の配置・種子の尊名を解読してゆくと三十七尊に該当する。このことは何によって証明できるかというと、称名寺伝来の『瑜祇頓悟三密漸入一心口決』（三一九函）である。この口伝には剱阿（称名寺第二代住持）の手沢本（二九〇函、縦一五・五×横一四・〇センチメートル）があるが、別に折紙（『頓悟三密漸入一心口決』二九七函、縦三九・〇×横一七・三センチメートル）図2も伝存している。塔の絵図のうち五峰の梵字を照合し得る解釈は、その折紙中に見える朱書の説明によるものである。実運の図と折紙に写されている種子図は異なる相承でありながら正しく一致する。また五峰の梵字は、三十七尊を表わしているが、折紙の種子図と同じく東、南、西、北、中央の順に右廻りに墨書されている。図解の意図を見るならば、三十七尊が金剛界の中枢の部分として五峰を通じ虚空に放たれるという仕組みになっていることは明白であろう。この場合のユガユギ（瑜伽瑜祇）は、とくに大日の四智を四仏（四峰）とする活動の部分（あるいは舞台）が、高い塔上の虚空に設定されているということである。

この活動の場面は梵字によって表現されているので、外面からはなかなか解明しにくい。ところが活動そのものを倍増させようというプランがここに認められることは、相互供養によって意味づけられている。すなわち大日から四仏へ供養する内四供養の関係、また四仏から大日へ供養する外四供養の関係が密かに、相互供養を可能にする場として位置づけられている。この場合、五峰それぞれの描写は中央に一峰の独鈷《とこ》杵ほか同様の四峰によって示されている。中央以外はちょうど四本の独鈷が屋根の四隅に垂直に立っているのである。その下辺は根本大塔や既述の金亀舎利塔とほぼ同じ形式の覆鉢で支えられている。

この形式は東密の印信にも相承されている。とくに地蔵院流の『瑜伽瑜祇灌頂』に見える。三十七尊の種子を誦したのち、外五股印と称しつつ三十七尊の総印を結印するのである。この印を地蔵院流では五峰八柱の法性不二塔婆であると伝えている。しかも塔の名称は願行意教流の『瑜祇灌頂大事』の際に付属される「法性塔婆図瑜祇」（一紙）にそのまま作図の名称が使用されているが、瑜祇塔は法性塔婆であるという根拠は塔の建築上の形式からくる名付けかたである。ただし三十七尊の解釈について、中性院流や願行意教流の伝承では金剛界とは異なる説明をしている。この両流のうち憲静（字・願行）の系統では『瑜祇一印三十七尊大事』を伝え、次第中の外縛五鈷印に三十七尊の種子を配置している。この種の大事は『密教大辞典』下巻二二〇三―五頁にも流派別に列挙されているが、瑜祇塔図と五峰との関係、種子との対比を念頭においた解説は見られない。ここでは願行意教流の大事を基本として、ほぼ次のように順序の尊位と梵字を整理することができる。

折紙『頓悟三密漸入一心口決』の梵字・尊名

A　東方の四菩薩は①フーム（hūṃ）、②タラーク（trāḥ）、③フリーヒ（hrīḥ）、④アク（aḥ）

B　南方の四菩薩は⑤ジャク（Jaḥ）、⑥フーム（hūṃ）、⑦ヴァム（vaṃ）、⑧ホック（hoḥ）

C　西方の四菩薩は⑨ア（a）、⑩アー（ā）、⑪アン（aṃ）、⑫アク（aḥ）

D　北方の四菩薩は⑬イ（i）、⑭イー（ī）、⑮ウ（u）、⑯ウー（ū）

これに四峰の中央である各輪に⑰～⑳四仏フーム（hūṃ）、頂上の中央四方に㉑～㉔四波羅蜜菩薩オン（oṃ）、㉕～㉘内四供養菩薩ホック（hoḥ）、それに外院の四隅に㉙～㉜外四供養菩薩フーム（hūṃ）、その間に四摂菩薩㉝～㊱フフーム（hhuṃ）を配し、最後に五峰の中心をなす中央の頂点の突出したところに㊲ヴァム（vaṃ）を位置づけている。むろん梵字は実運『ユギスートラン秘決』と称する瑜祇塔図にも書き込まれている。ただし『真言宗全書』第五巻所収の瑜祇塔図は明らかに願行意教流以降の新しい図であるから、実運の作図とは考えられない。

瑜祇塔にかかわる願行意教流、すなわち憲静の一門における相承の根本は、塔に四身説を内蔵させそれを教説の具現としている点である。四身説は自性身・受用身・変化身の他に等流法身を加えるが、[11]「異本即身義」（『弘法大師全集』第四巻、七六頁）に「法界身を並ぶるが故に三十七と成ずなり」と述べている。これを四身説に三十七尊が図像学的にも含まれていることを示している。しかし三十七尊は種子のみであったとみえ、塔内は八大柱の柱間に八大菩薩を図絵するのみである。瑜祇塔の三十七尊は伊原博士も指摘しているとおり、必ずしも尊名は一定していない。頼瑜（一二二六―一三〇四）の『瑜祇経拾古鈔』と『瑜祇経』第十内護摩品の尊名を比較すると、次のようになる（↓は頼瑜の説）。⑴大日、⑵阿閦、⑶宝生、⑷無量寿、⑸不空成就、⑹金剛波羅蜜、⑺宝波羅蜜、⑻法波羅蜜、⑼業波羅蜜、⑽金剛薩埵、⑾金剛王、⑿金剛染↓金剛愛、⒀金剛称↓金剛喜、⒁金剛宝威光、⒂金剛光明威、⒃金剛幢大軍、⒄金剛笑、⒅蓮華自在王↓金剛法、⒆金剛猛利刀↓金剛利、⒇金剛転輪者↓金剛因、(21)金剛語言、(22)羯磨金剛蔵、(23)金剛甲冑光↓金剛護、(24)金剛怖畏噉↓金剛牙、(25)金剛密持尊、(26)金剛嬉、(27)金剛鬘、(28)金剛歌、(29)金剛舞、(30)金剛香、(31)金剛華、(32)金剛燈、(33)金剛塗、(34)金剛鉤、(35)金剛索、(36)金剛鎖、(37)金剛鈴。このうち⑿、⒀、⒅、⒆、⒇、(23)、(24)の七尊名については異なることが判明する。

さらにこの尊名の違いを一歩すすめて考察すると、真寂（八八六―九二七）記の『瑜祇惣行記』（『祇経口伝』、『瑜祇経手印』のこと）に一部の(36)金剛鎖に比較すべき箇所が認められるが、大正新脩大蔵経本（大正蔵六一、五〇九頁b―五一〇頁c）および日本大蔵経本（日本大蔵経、密教部章疏下二、二五三―二五五頁）ともに同じ尊名であることが判明する。すなわち瑜祇塔図の五峰の種子に基づく尊名は、名称のみさかのぼれば、真寂の晩年十世紀初期頃までにまとめられた可能性がある。

ところがこれは瑜祇塔の特徴である五峰にのみ着目した推測である。問題は覆鉢等の塔身の主要部分の構造が何を根拠にして、成立せしめたかという点である。いいかえれば、真然僧正が何をモデルにして塔身を構築したかということである。ここで興味深い記述に遭遇する。望月信亨博士の引用であるが、「中院の小塔は南天の鐵塔を寫し造る所なり。件の鐵塔は六尺の間三間なり。元来三十七は三十七尊を表し、六尺三間は三六十八にして十八會を表示す云云」（『高野山順禮記』）と。ここでは塔身は南天鉄塔を模したものだという。伝存する『覚禅鈔』の巻百二十三「造塔」上巻や「南天鉄塔法」、「鉄塔法」の作図もほとんど図7・8・9・10・11・12のごとく類似していることが確認される。[12] また独立した『鉄塔秘記』にも伝承が認められる。

また南天鉄塔は別の呼称を求めるならば法性塔に近似するが、その構造上の根幹は法身大日を内蔵[13]する覆鉢の中央部分である。道範の『瑜祇経口決』第一（道瑜写・手沢の『瑜祇蘇怛覧口決』称名寺・七四函）に序品で不二の意を説くが、その意味を問うくだりがある。それについて道範は、「三十七尊の次第は不二を表わす。また天師御筆の法性塔の図これにあり。実運僧都の記には聖賢阿闍梨の口決なり。仏塔は上に五峰有り。これ五智なり。下の扉の内に九尊有り。上の五智は金（金剛界のこと）なり。下の九尊は胎（胎蔵界のこと）なり。五智は果、九識は因なり。これすなわち因果不二なり。生仏不二の三昧耶なり。法界體性曼荼羅なり。真然僧正この塔を建てり。高野中院の小塔これなり」（称名寺本による）という。

道範の解釈では大師御筆様（少なくとも道範在世中はそう呼称されていた可能性がある）、それが法性塔であると説明している。しかもこれが実運の記した聖賢阿闍梨の口決だという。その三密房聖賢は後に金剛王院流を興し、著名な三宝院の勝覚に秘密灌頂を授かっている。

この場合、法性塔はどちらかといえば六大体大を表現するから、真如の理を追求[14]した具体的な形式を有していなければならない。称名寺伝来（七八函）の『瑜祇極秘決』上巻では、五峰に三十七尊の種子をほどこした「瑜祇塔図」（縦二四・九×横一六・二センチメートル、鎌倉時代）が収められているが、覆鉢と考えられる輪形の中（塔身の内部の意）には中台八葉院が種子で表現されている。[15] この図こそ道範の系統の具現ではなかろうか、と考えられる。

なぜならこの裏書（『真言宗全書』第五巻、二一〇頁b）に「彼中院小塔。上五輪。下水輪内に安二胎蔵大日幷二仏二菩薩……」と記していることでも明らかで、道範の所説を具体化している。「南天鉄塔は高さが十六丈あり」[16]。いずれも高野山で生み出された口

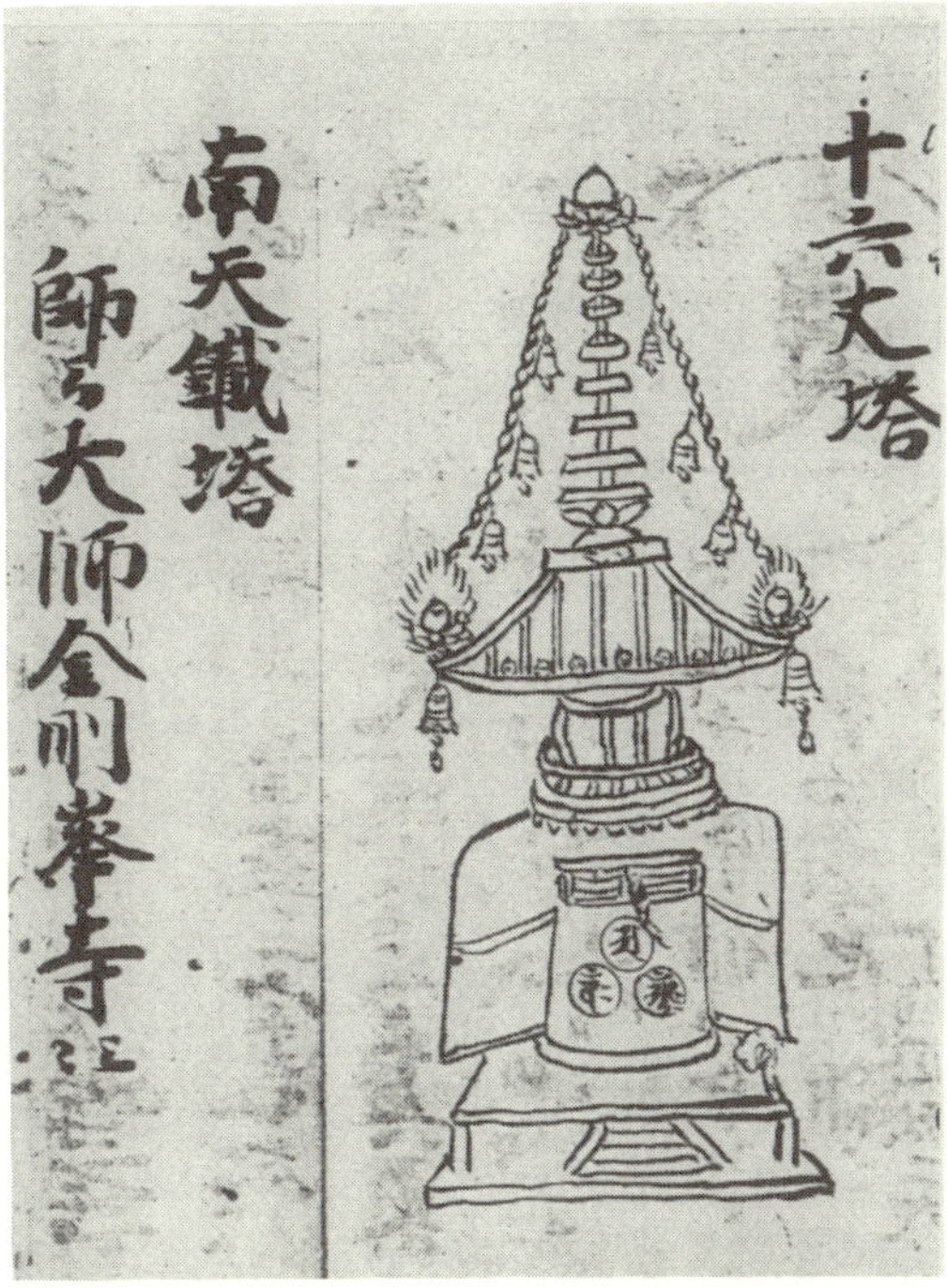

図7 「南天鉄塔法」（称名寺［二九二函］）十六丈塔

図8 「南天鉄塔法」（称名寺［二九二函］）

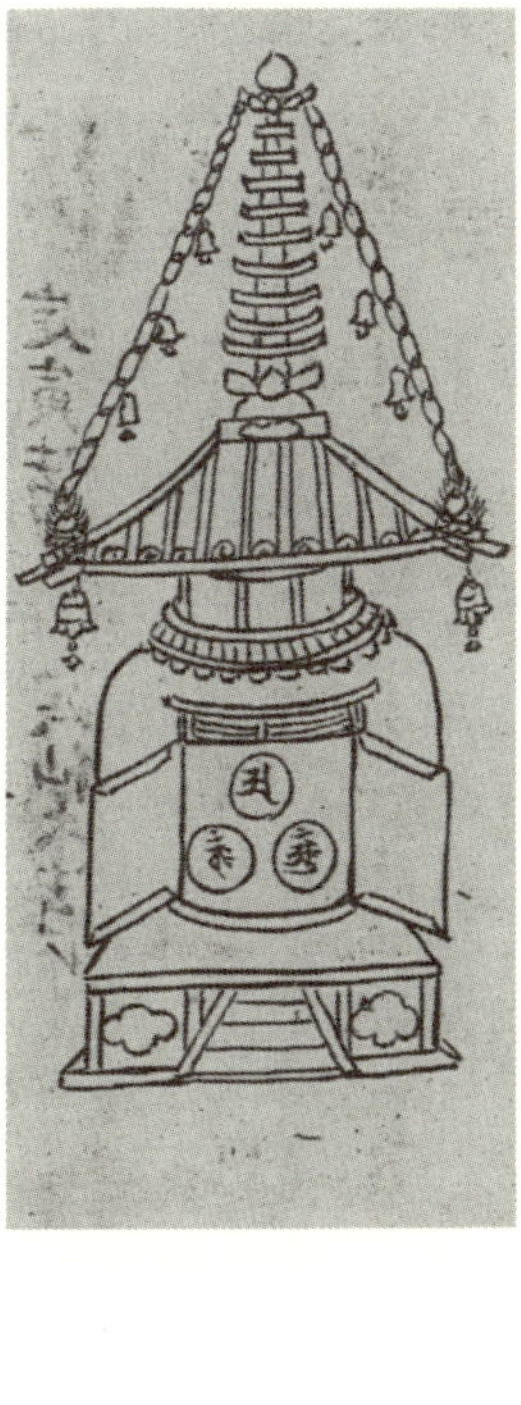

図9 「南天鉄塔法」（称名寺［二九四函］）

図10 「南天鉄塔法」（称名寺［二九四函］）

図11　『覚禅鈔』「造塔」（『大正蔵図像部』より）

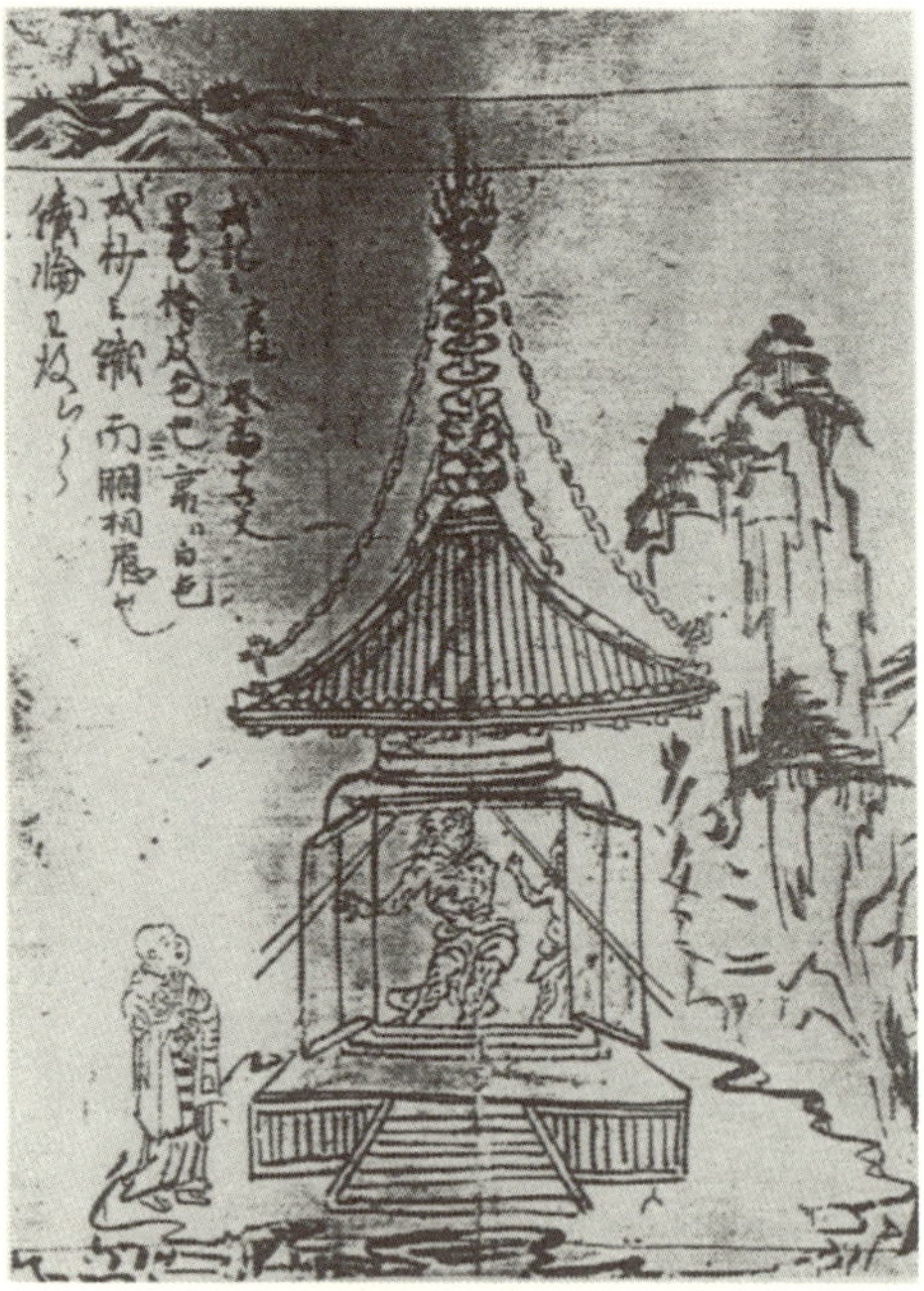

図12　釈迦文院本『覚禅鈔』「造塔」

伝が多い。

むすび

このように瑜祇塔所説の口伝は数多く伝存するが、その一本は瑜祇塔などとともに称名寺に残されている。『瑜祇経口伝』（称名寺伝来・二九三函）は、高野山正智院の学僧、本覚房道範（一一七八―一二五二）が醍醐寺三十三代座主実賢の口伝を貞応三年（一二二四）に著わしたもの。瑜祇の大意を述べ、つぎに経の題目、記述、さらには一経十二章の主要なところを抜き出して註釈をほどこしている。

巻下の奥書より熙允《きいん》が嘉暦三年（一三二八）八月下旬の頃、武州都岐郡佐江土（横浜市緑区）無量寿福寺（廃寺）護摩堂にて書写したことが知られる。この実賢→口伝→道範という順序で成立した『瑜祇経口伝』は十三世紀の前半（貞応三年）に著作が成立しているが、この成立時期とほぼ同じく瑜祇図も伝受されている事実が認められる。それは称名寺に伝来している『法性塔図』一紙（A本）で、これには「本記云貞應三年甲申正月八日傳受了、本記云嘉禎四年五月二十三日書畢同二十日傳受了」と墨書のある図によって証明できる。貞応三年（一二二四）は道範が口伝を完成した年である。称名寺には別に『法性塔図瑜祇』二紙（称名寺伝来・絵図函）と記した図があるので、内容は法性塔図すなわち瑜祇塔図であることは明確である。むろん屋根に五峰も描かれている。また弘安三年（一二八〇）に称名寺第二代住持剱阿が源忠から授けられたとする『瑜祇塔図』一紙（C本）および建治二年（一二七六）伝受の『瑜祇塔図』一紙（B本）によっても、これらの伝承を裏づけることができる。

これらの図は、願行意教流相承の瑜祇灌頂では瑜祇塔図を口決とともに伝法に際して付すことになっているので、A・B・C本はいずれもその伝存の流れをくむものと考えられる。貞応三年以前の系統の瑜祇塔図については未だ発見されていないが、ここでは十三世紀前半以前に成立時期がさかのぼることを指摘しておきたい。

註

（1）松長有慶「いまなぜ密教なのか」（『弘法大師と現代』、筑摩書房、一九八四年、九九頁）。

（2）伊原照蓮「両部不二と瑜祇経」（『弘法大師と現代』、四〇九―二二頁）。

（3）伊原照蓮「瑜祇塔と仏塔」（那須政隆博士米寿記念『仏教思想論集』、成田山新勝寺、一九八四年、二二五―三八頁）。

（4）宮坂有勝「弘法大師空海請来の梵字真言について」（註（2）同書所収、九五―七頁）。

（5）河田貞『仏舎利の荘厳』（奈良国立博物館編、一九八三年）図版36、三一五頁。なお石田茂作『日本仏塔の研究』（講談社、一九六九年）一九〇頁では、瑜祇塔とは述べていない。

（6）唐招提寺の金亀舎利塔については、奈良国立文化財研究所在任中の恩師守田公夫先生（美術工芸室長）の示唆による。守田公夫『唐招提寺蔵レースと金亀舎利塔に関する研究』（奈良国立文化財研究所学報第十四冊）参照。

（7）勝又俊教「平安初期における即身成仏思想の展開」（結城教授頌寿記念『仏教思想史論集』、大蔵出版、一九六四年、六三七頁）。

（8）宝暦二年刊の五巻五冊よりなる。縦二七・〇×横一九・二センチメートル。跋文は「宝暦歳舎壬申（二）南呂（八月）望日、此刻以収高野山青巌寺之経庫者也、装釘所同山大経師吉右衛門」とある。日野西真定編『野山名霊集』（名著出版、一九七九年、三七―八頁）。

（9）雑部密教と建造物の関係については、伊藤延男「密教建築」（『日本の美術』一四三号、至文堂、一九七八年、二一頁）参照。

（10）拙稿「密教図像と十五尊図」（『金澤文庫研究』二七二号、一九八二年、四四―五〇頁、本書三七四―三八一頁所収）。

（11）金岡秀友「両身説の源流」（前掲、那須政隆博士米寿記念『仏教思想論集』二四〇頁）。

（12）拙稿「南天鉄塔図について」（『密教文化』一四一号、一九八二年、八―四頁)。

(13) 加藤精一「金剛智訳経典の仏身観」(『密教学』一三・一四合併号、一九七七年、一五一頁)。

(14) 安原賢道「瑜祇経の研究」(一)(『密教研究』四五号、一九三二年、五九頁)。

(15) 安原賢道「瑜祇経の研究」(二)(『密教研究』四六号、一九三二年、一〇二―六頁)。

(16) F・Mトラウツ、河野清晃共編『高野山根本大塔の研究』(高野山金剛峯寺弘法大師一千百年御遠忌大法会事務所、一九三四年)一七頁。

IV

貞応三年銘の鏡弥勒像と百光遍照観

はじめに

明恵上人の念持仏として高山寺に伝来している鏡《かがみの》弥勒像は、京都国立博物館に長い間寄託保管されていたが、「阿字螺鈿蒔絵月輪形厨子弥勒菩薩像納置一基」という名で昭和五十九年六月六日に重要文化財に指定された。この作品に関しては、これまでに中野玄三氏の諸論考、[1]鈴木規夫氏の解説等[2]が公表されている。いずれも木像の厨子・弥勒菩薩坐像の技法・構造を分析しながら図像等の思想的背景を論じたものである。ただし内部（厨子の内側・弥勒菩薩像の裏面）を分解した内側からの考察ではなく、厨子を開扉しているものの、表側からのみ迫った全面的な解明とみなしうる。その限りにおいては、華厳ないし密教美術の作品としての価値観を位置づけるのにきわめて有益な成果といえよう。しかしこの作品に関する考察は、これだけでは十分とはいえない。そこで重複するかもしれないが、もう一度作品の全体の構造から考えることにしよう。

まず法量からふれると、円形の厨子総高（外径）が一二・五センチメートル、その奥行きが三・九センチメートルある。命名された阿字《アジ》螺鈿蒔絵月輪形厨子は、側面の素地を檜材で曲物につくり、表は円形（月輪形）を縦直径に仕切り観音開きとする。その扉や円形の背部は同じく檜の薄板を用いる。外側は総体に麻布をほどこし、黒漆が塗られる。表面は綿密な梨地の蒔絵で、扉には円形のほぼ全面に梵字のア（𑖀）字が螺鈿で配置されている（図8参照）。このア（𑖀）字は、中の弥勒菩薩像と相対関係にある象徴的な表現である。阿字観と同様に金蓮台にのせたもので、典型的な平安末期の悉曇字母を象り、その字型のとおり夜久貝を嵌装する。

側面は中央部に表現のポイントをおき、左右から交互に融合する霊芝状の飛雲を描き、総じて菱形に近い横長の文様を周囲の散り蓮華とともに研出蒔絵であらわしている。側面は表面の梵字のア（𑖀）字を観想するがごとく、正面から見るように仕組まれているのか、側面下（底部）に木製横板による足を平行して嵌め込んでいる（図8参照）。ただし右側は現状では失われている。

このようにア（𑖀）字は表であるが、裏面は五輪塔を月輪形中央に置き表現している（図10参照）。下から金蓮台（金研出蒔絵）の蓮実上に方形の地輪がのるが、これは金地、円形の水輪は螺鈿（表の阿字と同じ材質）である。そして円の上下をたち切り石造五輪塔のごときシルエットに似た意匠を示す。三角形の火輪は朱漆（朱金）であるから、火の彩色にかなった発想が察せられる。半月形の風輪は金蒔絵の輪郭線で下の火輪の突角部分をおおうがごとく黒漆を塗る。最上部の小円形・空輪は水晶を薄板として嵌め込んでいる。

また五輪の素材を意識的に変えていることは、真言密教で説く法界体性智を四智の総体とみなし、合計で五智を表現していることと同じである。この点について鈴木氏（前述の解説）も指摘していることであるが、その典拠は『大日経』に由来する。すなわち五顕色（下より上へ黄色、白色、赤色、黒色、青色）の彩色構成（下より上へ金色、夜久貝の白色、朱漆色、黒漆色、水晶の色）にほぼ等しいとみなされる。

次に表の観音開き、扉裏（つまり扉の内側）二面の絵についてであるが、向かって右側を開くと三角形内に火焔光でおおわれた青不動明王の坐像が見られる。一面二臂で二重の瑟々座に安定した姿勢で坐し、右手に宝剣、左手に羂索を持している。尊容は墨線で輪郭をとり、肉身は群青を全面に塗り、ところどころ白線による隅どりが見られる。不動をつつむ三角形は切金で区画がほどこされ、内側いっぱい朱・丹による生々しい火焔描写がひろがる。瓔珞、臂釧、腕釧および宝剣の三鈷柄は金の切箔を綿密に置き、条帛の一部と剣の刀などは銀泥で処理されている。左右の扉は縁側中央に金銅製の八葉蓮弁型（等分）蝶番を取り付ける。扉合わせは上下二カ所にL字型の受金具と、掛金具が組み込まれている。

また扉の下地は白土と群青を重ね塗りしたもので、三角形の周辺を入念に見ると今なお青々とした顔料が痕跡をとどめている。そして像全体をみなおすと、顔相、像容とも細密描写で朱、緑青、代赭および丹、紫（うす紫）などにより色分けされているのがわかる。

次に向かって左側を開くと半月形内に火焔光を背にした降三世明王の立像を描く。踏割蓮華台に立つ一面三目四臂で、ほぼ儀軌

図1　弥勒菩薩坐像（阿字螺鈿蒔絵月輪形厨子納入）

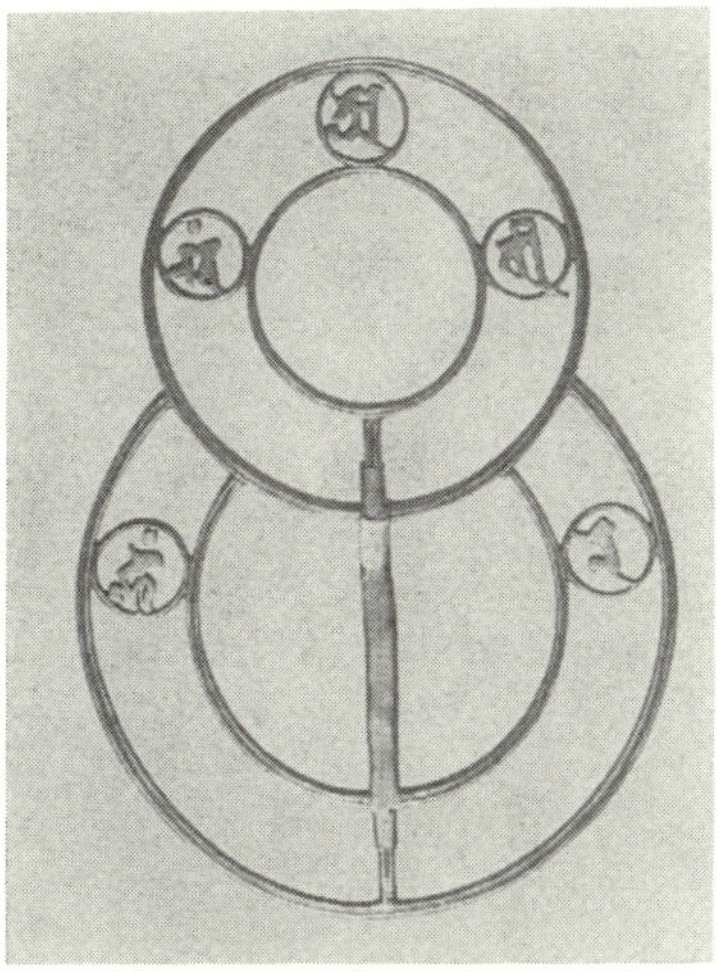

図2　鏡弥勒菩薩像光背

通り右一手は五鈷杵、左第一手は斧を持している。左右第二手は両腕をあげ、胸前で降三世印を結印している。

この二臂立像は胎蔵界曼荼羅では坐像が描かれている。像容は通常は『図像抄』などで伝えているように、三面八臂像や四面八臂像である。『摂無礙経』（大正蔵二〇、一三三頁b）あるいは『金剛頂経瑜伽降三世成就極深密門』（大正蔵二一、四一頁a）といった『大日経』以外の経軌を典拠にしているが、本作品のごとき弥勒菩薩を中央に置いた場合に限り、大円明下の右に降三世を描く一面四臂の降三世明王像（印相は「三昧耶心鉤印」と称する）の出典は善無畏訳『慈氏菩薩略修愈誐念誦法』巻下（大正蔵二〇、五四五頁b）である点にまず注意しておく必要がある。むろんこの作品が、弥勒曼荼羅の構想を基盤としながら成り立っていることはいうまでもない。しかし降三世の場合、左第一手に斧を持している例はきわめて少なく、わずかに『興然集』と呼称される曼荼羅集（大通寺本）収載の弥勒曼荼羅に描かれているにすぎない。なぜ慈尊院阿闍梨興然（一一二一―一二〇三）の弥勒曼荼羅中の降三世明王像が一致するのか謎であるが、この鏡弥勒像が、仮に念持仏としての明恵上人の意図が反映したとしたら、それは血脈のうえの繋がりであろう。すなわち小野流良勝方として、

大法房実任―興然―┬寛典
　　　　　　　　　└高弁（栂尾流）

の次第のごとく師僧（興然）の『曼荼羅集』三巻（大正蔵図像四、三三

頁所収の三九「弥勒曼荼羅」）を尊重するあまりである。いずれにせよ、興然と明恵上人高弁は密接な繋がりがある。

月輪形（図形）の厨子は扉をあけると、鏡板を背に五仏宝冠をいただく弥勒菩薩坐像が取りつけられている。光背は金銅透彫りの二重円光背で、頭光はア（𑖀）ビ（𑖪𑖰）ケン（𑖏𑖽）身光はラ（𑖨）ウーン（𑖮𑖳𑖽）と五大種子、すなわち「アビラウンケン」の大日如来報身真言を梵字で透彫りしている。弥勒菩薩坐像は吹寄せ形式の蓮華座を台座としその上に結跏趺坐し、禅定印を結ぶ。掌上には小形の金銅による蓮台を置く。台上にはおそらく当初は弥勒の三昧耶形である小さな五輪塔があった形跡をうかがわせる。宝冠下から群青がほどこされた頭髪や肩にのる垂髪が見られ、腕の前には天衣が垂れる。宝冠の冠帯には連珠が、のどには三道がくっきりと入念な彫技で認められる。また眉はやや太く、両眼には黒目が入る。口髭、あご鬚などは墨描きされている。唇は朱。臂釧、腕釧、瓔珞はやや大きく浮彫りし、全身は一木で丸彫りする。全体の彩色は粉溜の金泥で、檀像彫刻に近い精密さである。(3) 条帛は注意して見ると切金が認められ、格子文が見える。裳裙は麻葉繋文の細密な切金文様である。顔相の白毫は小さいが水晶等をはめ込んでいる。

以上のごとき弥勒三尊（降三世、弥勒、不動）は、実際には絵画として伝存している弥勒曼荼羅（ただし曼荼羅に描かれている四波羅蜜、四内供養をここでは省略）の図像的解釈だけでなく、厨子の内と外に見られるような別尊曼荼羅と、さらに複雑な密教の『大日経』に基づく観想本系の組み合わせという二つの意匠の融合を知ることができる。つまり厨子の外からは暗示的に縦に観想を貫くがごとく視点を設定し、厨子の内からは横《ワイド》に別尊曼荼羅を説明するがごとく視点を位置づけている。二種の意匠の組み合わせは、究極には真言密教の即身成仏を実現するための観法を媒体とする具現化を示したものである。

一　銘文と百光遍照観の梵字

厨子の内部は弥勒菩薩坐像の背後に銅製鍍銀の鏡板をはめ込み、側面の円周も同じ材質で覆われている。つまり側面は半円筒形で、外の出の部分はこれも外側に叩き出して木地にかぶせている。その奥行きはほぼ三・九センチメートルである。銘文は白銅製半円筒形の裏面（外側）に針書きされている。すなわち「貞応三年十月十八日為母供養之金剛仏子　玄朝」とあり、貞応三年（一二二四）十月十八日に玄朝が故母の供養のためにこれを製作したと解釈することができる。

さらに鏡板の裏面を入念に見ると、中心円の他に四重輪の同心円（円五重）が針書きで線刻されている。そして五重の線刻の間には全面にわたり、放射状にひろがる梵字が計八十八字ほど針書きされている。その内訳は表1の通りである。梵字は中心円に一字アーン（āṁ）を入れ、そこから光を発するがごとく外へ外へと無限の宇宙にひろがる構図を刻みながら、全体に『大日経』に基づく百光遍照観（百光遍照王観ともいう）を表現している。百光遍照観とは、真言密教秘法の観法（胎蔵法の一種）で、悉曇梵字を字輪に布字し、究極には大日如来をあらわす。

梵字の総数は通称は百字といわれている。その所説は『大日経』説百字生品である。しかし実際に書かれた字輪は六重ないし七重あって、全体では計百三十八字の布字がある。この厨子では残り五十字を鏡板の続きと考え、円周側面の半円筒形すなわちその銅板裏面に展開している。

表1　鏡板裏面

円五重	梵字数
中心円（第一円）	一字（āṁ）
第二円	十二字
第三円	二十五字
第四円	二十五字
第五円	二十五字

表2　半円筒形裏面

円二重	梵字数
第六円	二十五字
第七円	二十五字

表2のとおり第六円は二十五字、第七円も二十五字である。先述の銘は第七円の梵字アーハ（和読みでは「カーク」）以下に並行して針書きされている。この百光遍照観の百三十八字については、一字ごとに象徴的な意味づけがあり、それを集合して百光遍照王すなわち胎蔵界の大日如来像を表象する。如来は百の光を目に見えない支分《しぶん》生の一部とする闇の光を媒体として即肉体の中に合体するのである。また百の光源は光明も内蔵して無智の闇をつきやぶり、この厨子を開扉する礼拝者の眼前にたちはだかる。この厨子内の鏡板裏面の百光遍照観は針書きで、比較的判読しやすい悉曇の書体で刻字する。布字の全容を刻字どおり書きおこしてみると図4のようになる。本稿でこの布字百三十八字の各字について、象徴的意味を解説することは重要なテーマではあるが、すべてを記述することは煩雑になるので避けなければならない。ここでは、主要な梵字のみを中央から布字の順に記しておきたい。

(1)アーン（āṁ）字は、それ以下の布字よりやや大きく書く。字輪下辺（向かってやや右寄り）に二カ所の穴がある。これは表の弥勒菩薩坐像を留めるため銅線を通す小穴である。穴は四重輪の下辺（向かってやや右寄り）にも二カ所認

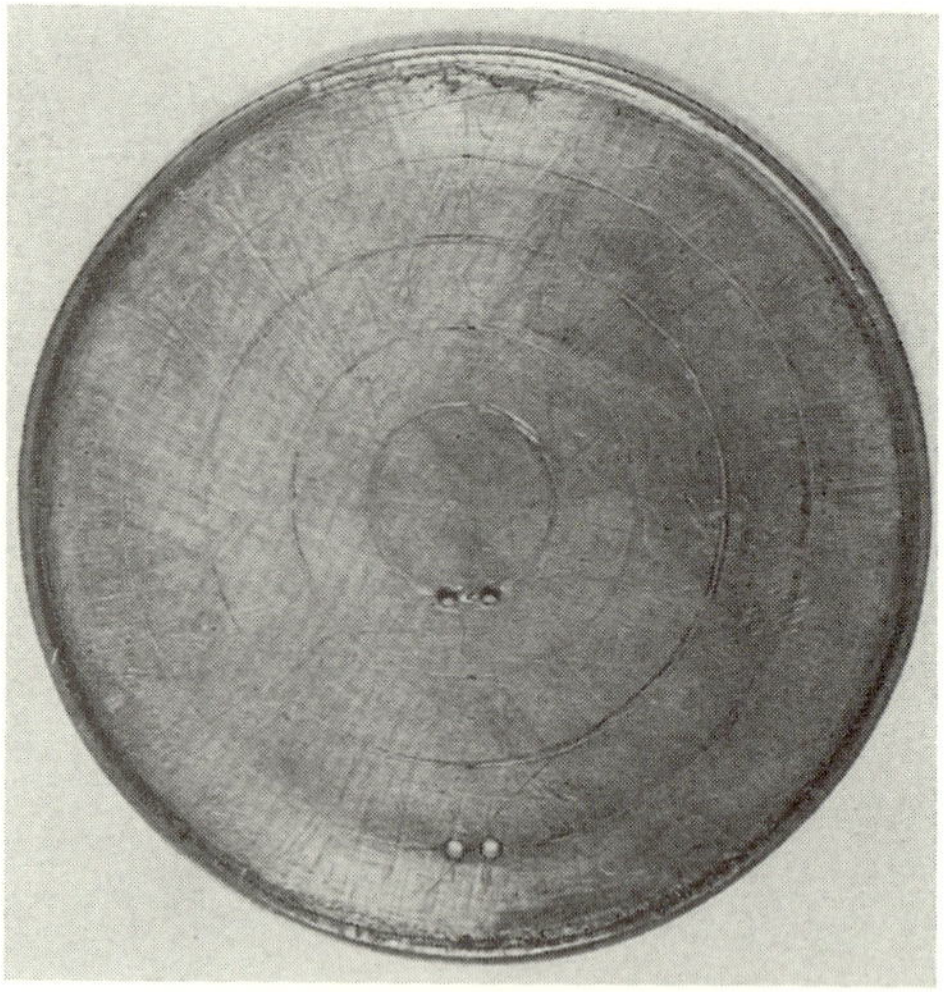

図3　鏡板裏面

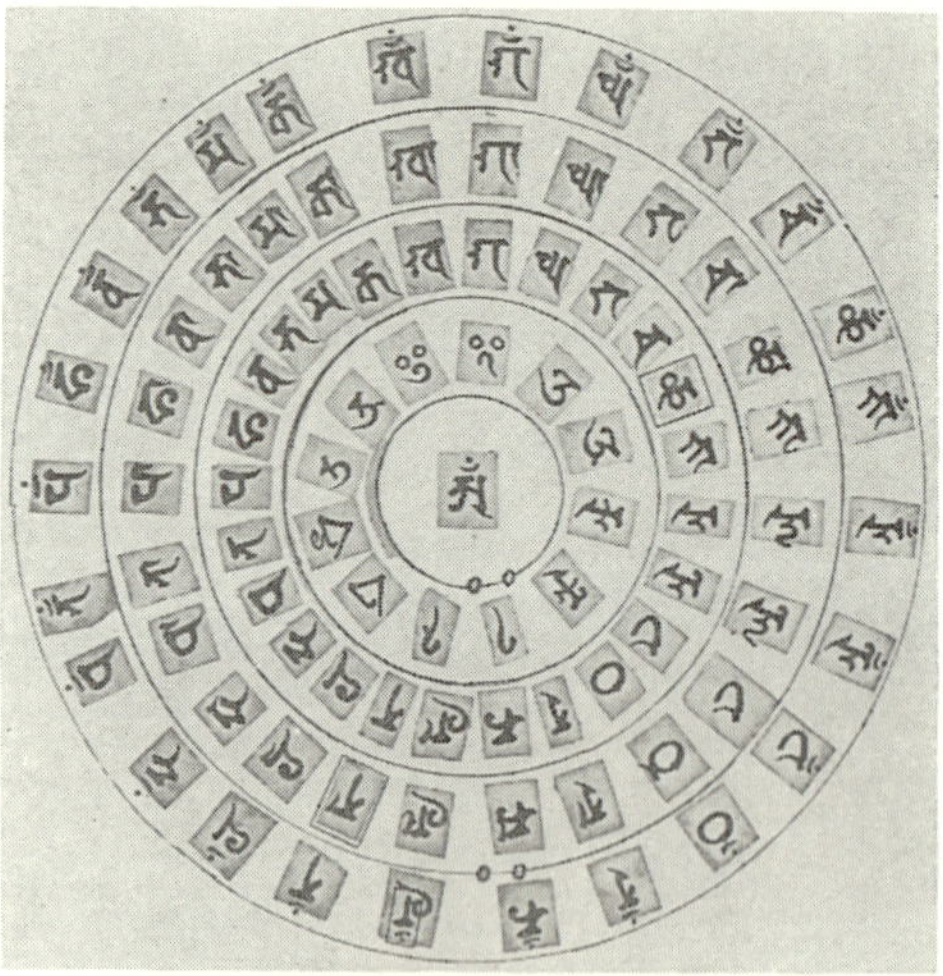

図4　百光遍照観梵字復原（筆者）第一～五円

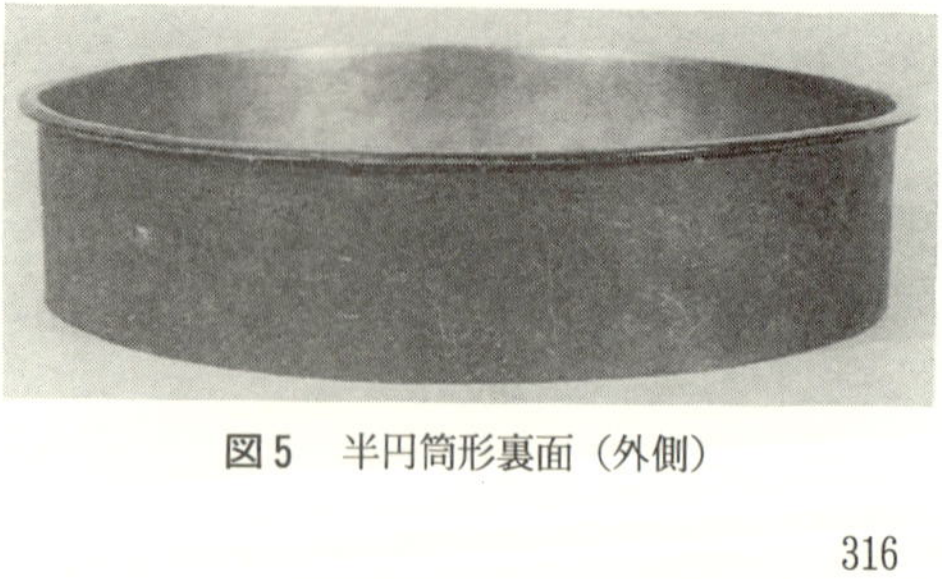

図5　半円筒形裏面（外側）

図6a　半円筒形裏面（外側）銘文部分

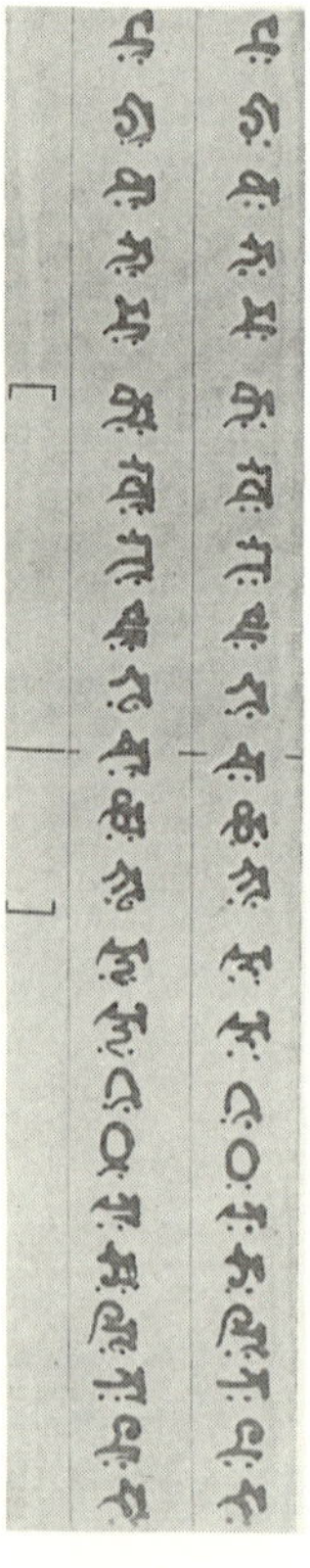

図6b　半円筒形裏面の百光遍照観梵字復原（筆者）第六～七円。「」内「貞応三年十月十八日為母供養之金剛仏子玄朝」

図7　側面の霊芝状の飛雲

図8　側面下（底部）

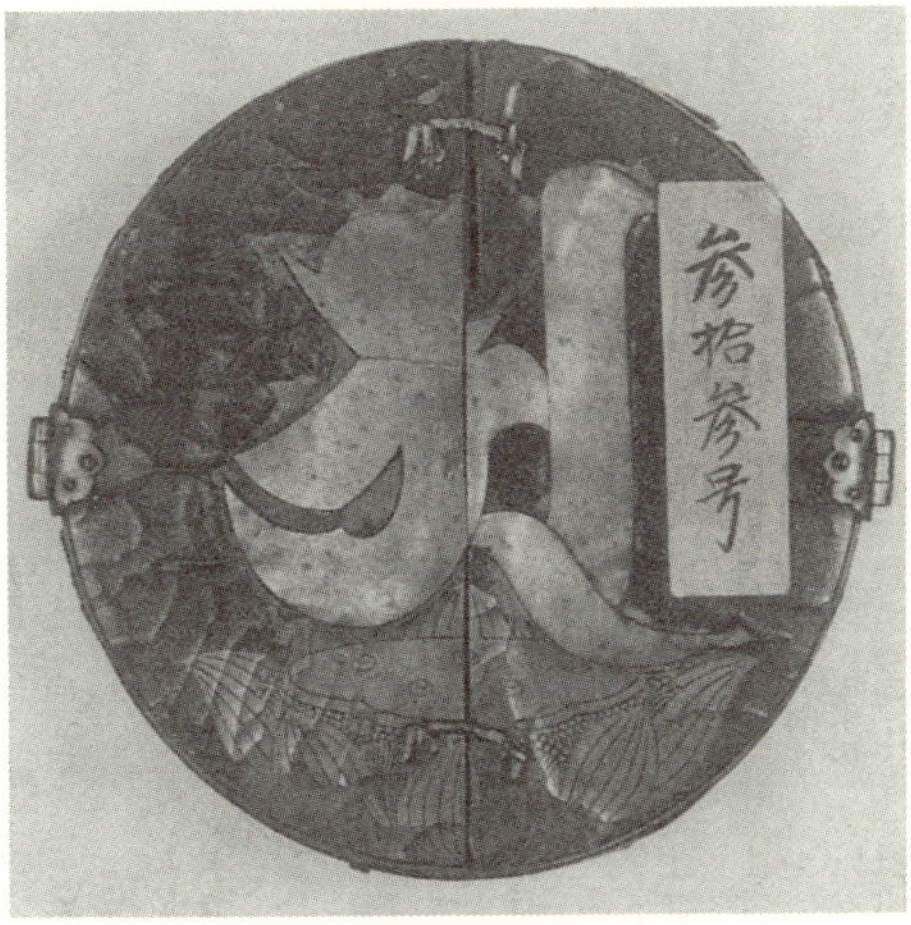

図9　鏡弥勒像厨子（表）

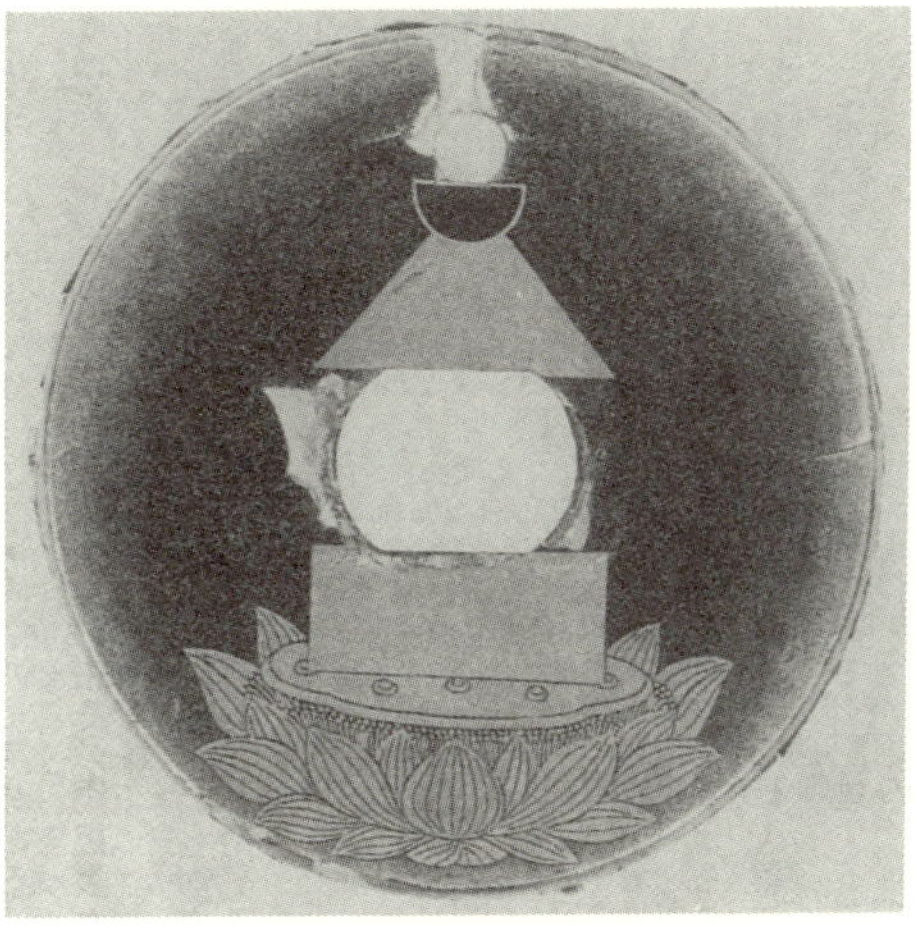

図10　鏡弥勒像厨子（裏）

められる。中央のアーン字はアン字であり、ア字は法界定印を結ぶ胎蔵界の大日如来である。このア字を基盤とする阿字観という観法は、八葉の白蓮華を直径一肘（約五三センチメートル）の月輪の中に描き（月輪の外に描く場合もある）、梵字ア字はその蓮華上に金色（主として金泥）で書くのが普通である。したがって、この厨子の表に見られる螺鈿の梵字ア字は、鏡板裏面の中央にある梵字アーン字とは密接な関係が想定され、媒体（中間）となる弥勒菩薩坐像を浮上させる役割を有する。おそらくこの厨子の表と裏の立案者は、百光遍照観のアーン字と表のア字を対立概念として位置づけることにより、命《みょう》をもよみがえらせるというきわめて主体的な美意識を主張しようとしたのである。

もしもこの作例を明恵上人の念持仏とするならば、上人自身の阿字観の解釈にも一脈通じる理論がなければならない。

月輪とは即ち阿《ア》なり阿字といわば我が一念の心なり。一念の心といわば出入の息なり。出入の息は即ち是れ命《みょう》なり

（「栂尾明恵上人『阿字観』」）

上人の阿字観は呼吸に重きがおかれ、命息《みょうそく》を重視したといわれている。すなわち古代インド、ウパニシャッドの生気（プラーナ）を一歩すすめた解釈（「一念の心」）であ

り、その限りにおいて上人のそれは、精神統一上の行の一手段としての調息法の域をはるかに超越したものといえよう。この厨子の立案者が、表のア字と裏面の百光遍照観のアーン字を同じレベルに位置づけた意図も実はそこ（命《みよう》の存在）にある。すなわちア字—心—命という流れであり、アーン字—法界定印—法界卒塔婆《そとうば》がさらに裏面の五輪塔に連結されるのである。その根幹をなすのがアーン字であり、その意味は「成菩提」である。ア字がアーン字となる典拠は『大日経』悉地出現品（大正蔵一八、二〇頁ａ）にいう「阿字を自体となし、並に大空点を置け」および同書、「息障品」（同書一三頁ｂ）にいう「阿字を我が体となし、心に阿字門を持せよ、（中略）阿字の大空点あり」である。大空点とはア字の上に点を打つ本作例にみる書体である。この一字のみの観法は阿字観ではとくに暗《あん》字観と呼称する。

(2)は第二円（第二重字輪）で十二字の悉曇母音からなる。中央真上左より右廻りにイ（i）、イー（ī）、ウ（u）、ウー（ū）、リ（ṛ）、リー（ṝ）、リ（ḷ）、リー（ḹ）、エイ（e）、アイ（ai）、オ（o）、オウ（au）の十二字でその内記は母音の摩多八字と別摩多四字（リ、リー、リ、リー）である。総じて大日如来の全身から発せられる光を意味する。

(3)は第三円（第三重字輪）で二十五字悉曇子音からなる。中央真上左より右廻りにカ（ka）、カ（kha）、ガ（ga）、ガ（gha）、ンガ（ṅa）、チャ（ca）、チャ（cha）、ジャ（ja）、ジャ（jha）、ニャ（ña）、タ（ṭa）、タ（ṭha）、ダ（ḍa）、ダ（ḍha）、ドウ（ガ）（ṇa）、タ（ta）、タ（tha）、ダ（da）、ダ（dha）、ナ（na）、パ（pa）、パ（pha）、バ（ba）、バ（bha）、マ（ma）の二十五字で発声からの内訳は、牙声・歯声・呑声・喉声・唇声に五字ずつ区分される。それは二十五字を集めて心（チッタ citta）すなわち菩提心（ボーディ・チッタ bodhi-citta）の存在を表象する。『大日経』の所説により密教では悟りの世界を意味する。(4)～(7)は第三円以下であるが第七円までの五重の字輪の、二十五字の根幹は変わらない。字体の中心もほぼ同形である。ただ若干変わる部分といえば半体といって一部が変化し梵字の発音に違いがみられるだけである。その違いと意味を第三円から第七円まで区分けして示すと、表3のようになる（例をカ〈ka〉字で示す）。第三円から第七円までの五段階は、この厨子の鏡板に書かれた百光遍照観の内容から見ると、理論の中心をなすのが階梯である。階梯そのものの名称は真言密教の修行のあり方、おき方を考えるシステムから取り出したものである。(A)から(E)までは修行の順序（次第）を通じて行者（真言僧）の中に育まれる菩提心のあり方を指す。つまり、こころの置きどころが少しずつ向上してゆく状態を位置づけている。この階梯は放射状の構図であるが、この連関を厨子内部の現状に照合すると、鏡板には阿字の五転にも準ずる修行システムの字輪ⒶⒷⒸが書き込まれ、それらのシステムも内蔵されている。続きは一段落して側面の円周におよび、ⒹⒺとなり展開されている。

図11Ⓐ発心（因）二十五字は、中央のアーン字（梵字）の光をうけて、菩提心を覚醒させ大きくふくらませる。そこに発心の原因（根源）となるべき要素を見出すことを表象する。

Ⓑ修行（行）二十五字は、菩提心によって起こる仏心を修練しなおかつ増大させる。これを正統な三密修行という。内からくる光は正しく無限の彼方にとどくよう、強力なテコ入れをして加工することを表象する。

Ⓒ菩提（証）二十五字は、修行によって得る智《ち》（ジュニャーナ jñāna）すなわち六波羅蜜の第六の般若波羅蜜を確立する。智は物事の道理を判断する精神作用である。思考によって得られる証《あかし》を表象する。

Ⓓ涅槃（入）二十五字は、同じく修行によって得られた理、すなわち不生不滅ありのままの相《すがた》を表象する。絶対・平等を説く法界真如の体（世界・空間）を確立する。

Ⓔ方便究竟（方便）二十五字は、Ⓓで組み立てた法界真如をここでは影像とし、大日如来の再現を表象する。そのシンボルは密教の妙果を確立した証であるから、シンボルの根幹を通じて他を化導する役割をもつ。それゆえこの鏡弥勒像は百光遍照観のシステムを内蔵することにより、その美化はかなり普遍的な意図を有している。

表3　修行システムⒶ—Ⓔと字輪（第三円—第七円）の関係表

第三円	第四円	第五円	第六円	第七円
カ(ka)～マ(ma)	カー(kā)～マー(mā)	カーン(kāṁ)～マーン(māṁ)	カハ(ク)(kaḥ)～マハ(ク)(maḥ)	カーハ(ク)(kāḥ)～マーハ(ク)(māḥ)
𑖎～𑖦	𑖎𑖯～𑖦𑖯	𑖎𑖯𑖽～𑖦𑖯𑖽	𑖎𑖾～𑖦𑖾	𑖎𑖯𑖾～𑖦𑖯𑖾
二十五字	二十五字	二十五字	二十五字	二十五字
Ⓐ発心（因）	Ⓑ修行（行）	Ⓒ菩提（証）	Ⓓ涅槃（入）	Ⓔ方便究竟（方便）

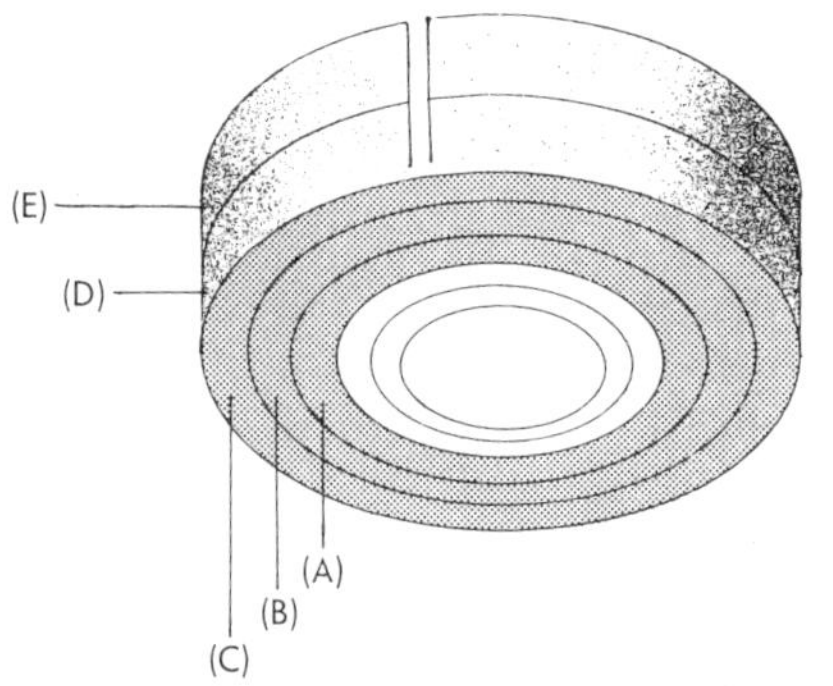

図11　半円筒形字輪見取図

この念持仏の全体的な着想が一体どのような過程を経て生みだされたのか、たいへん興味深い問題である。新出の資料によって従来、表から推測されていた理論を、ここでは入念に分析することにより、阿字と本尊（弥勒菩薩坐像）と百光遍照観の関係を接合することができる。そしてなお表の扉を開くことにより、裏より百光が眼前に遍満するであろうところの金色の光の存在を知る。これは演出によって光が湧現することをにわかに察知することができる。さて、この「ある演出」が誰によってなされたものか、さらに深く知る必要がある。阿字の光が目に見えないにしても、金色であるという美的感覚はすでに『大日経』悉地出現品第六に説かれている。すなわち「阿字を自体となし、並に大空点《だいくうてん》を置け、端厳にして遍く金色なり」（大正蔵一八、二〇頁ａ）と、また同経には浄月輪の観想のしかたを述べ、その持誦法則品第四にも「阿字は遍く金色なり。用いて金剛輪となして下体を加持す」（大正蔵一八、五二頁ｃ）と、いずれも阿字の光が金色であることを『大日経』が裏付けている。

たしかに金色は正面より礼拝する者に対して均等に円となり放射状にひろがる。この秘められた美意識の根幹は、この厨子に限り実は体系化されている。しかもその体系は観想をなかだちとする。媒体の中心は『大日経』を典拠にしていることはすでにふれた。おそらく阿字螺鈿蒔絵月輪形厨子は、鏡板裏面から側面の円周にかけて観想の時間を縮小するような百光遍照観の存在が立案されたであろう。そうした観法が内蔵されている以上、第三円から第七円までは字輪観と梵字各字の意味、両者の関係の典拠を解明することも問題となる。ただし百光遍照観の梵字の意味は『大日経』漢訳では、なかなか意味にかかわる情景を見出しがたい。むしろチベット訳のほうが具体性がある。

以下は、第三円から第七円に登場する各二十五字の梵字の意味を象徴的にとらえたものである。『大日経』説百字生品第十九漢訳を要約すると次のようになる。

この字輪の最中に真言王（百光遍照王）を置け。次の外の一輪に十二字有り。それは謂くイ字（i）より奥にアウ字（au）にいたるおよそ十二の三昧の声なり。次に外輪に百字を書け。まずカ字（ka）等の二十五字なり、次にカー字（kā）等の二十五字、次にカム字（kaṃ）等の二十五字、この中に俄ガ字（ṅa）若ニャ字（ña）拏ガ字（ṇa）那ナ字（na）摩マ字の五字は、これ大空の点として一切《すべて》の場所にあらわれる。それゆえ五字を配置するのである。

梵字の配置を考えると、字輪の第三円から第七円まで五重の輪に二十五字が布字される。しかし五輪の輪は、すでに述べたように中心は四重の輪で発心（a）、修行（ā）、菩提（aṃ）、涅槃（aḥ）から成る。四重を字輪の根本にすえる例は、宇治平等院に見られる定朝作の阿弥陀如来像（国宝）の納入品である蓮台上（円板）にも見られる。ここでは弥陀の大呪、小呪（甘露呪）が四重に墨書されている。ただし梵字の向きはすべて内側になっており、大日経系の応用と見られる。

次にこうした重輪の例もふまえて、鏡板の三重以降七重までの各々の梵字について解釈を深めておきたい。鏡板の第三円から第七円の二十五字につき、漢訳よりチベット訳（『大日経』自性を修する章）のほうが具体的であるので、ここではその記述にしたがってふれることにする。(4)

カ字（ka）あるものには、一切法カールヤ（kārya）より離れてしまった意味であるという理由からカ字（ka の字形）の形を示す。カ字（kha）あるものには、一切法は虚空（kha）に等しい意味であるという理由からカ字（kha の字形）の形を示す。ガ字（ga）あるものには、一切法は去（gati）なしとの理由からガ字（ga）の形を示す。チャ字（ca）あるものには、一切法は死転（cyuti）なしとの理由からチャ字（ca）の形（姿）を示す。チャ字（cha）あるものには、一切法は秋の雲（影像 chāyā）と等しい意味であるという理由からチャ字（cha）の形（姿）を示す。ジャ字（ja）あるものには、一切法は生（jāti）なしとジャ字（ja）の形（姿）を示す。ジャ字（jha）あるものには、一切法は濁（jhamara）より離れたという理由からジャ字の形（姿）を示す。タ字（ṭa）あるものには、一切法は我慢（ṭaṅka）より離れたという理由からタ字（ṭa）の形（姿）を示す。タ字（ṭha）あるものには、一切法は養育（viṭhapana）より離れたという理由からタ字（ṭha）の形（姿）を示す。ダ字（ḍha）あるものには、一切法は迷乱（ḍamara）より離れたという理由からダ字（ḍha）の形（姿）を示す。タ字（ta）あるものは、一切法は真如（tathatā）より離れたという理由からタ字（ta）の形（姿）を示す。タ字（tha）あるものは、一切法は住拠（sthāna）より離れたという理由からタ字（tha）の形（姿）を示す。ダ字（da）あるものは、一切法は施（dāna）より離れたという理由からダ字（da）の形（姿）を示す。ダ字（dha）あるものは、一切法は界（dhātu）不可得なりとの理由からダ字（dha）の形（姿）を示す。パ字（pa）あるものは、一切法は勝義諦（paramārtha）不可得なりとの理由からパ字（pa）の形（姿）を示す。パ字（pha）あるものには、一切法は泡沫（phena）のごとく中心はなしとの理由からパ字（pha）の形（姿）を示す。バ字（ba）あるものは、〔一切法は〕縛（bandhana）との理由からバ字（ba）の形（姿）を示す。バ字（bha）あるものは、一切法は有（bhava）不可得なりとの理由からバ字（bha）の形（姿）を示す。マ字（ma）あるものには、一切法は死（maraṇa）不可得なりとの理由からマ字（ma）の形（姿）を示す。〔中略〕秘密主よ、かくのごとくであるが、三摩地を修する個々の入口（門）はまた三十二あると知るがよい。秘密主よ、大丈夫の三十二相であるところのそれは、ここに出発点がある。〔残りの〕ガ字（ṅa）、ニャ字（ña）、ガ字（ṇa）、マ字（ma）などは、すべての三摩地を自在に可能にするものとして、ここから正等覚者の相（三十二相のこと）や種好（八十種好のこと）等もまた、現に成就することを得る。このように考えてみると、真言の門より菩薩の行を行ずる菩薩たちは、次のごとく仏の事様（密意）を究竟することを意図する。これより〔その究竟が〕十種心に転ずる量に合致し、それゆえに百字出生の三昧耶形（samaya）を表象するのであると。

二十五字の観想のパターンは、すでに述べたように漢訳ではそれほどイメージが明確ではないが、チベット訳になるとかなり具体的である。それに各字についてほぼ定められた観想独特のスタイルが見られる。つまり観想を通じて光の中に位置づけようとする各字（梵字）の形（姿）というものは、何々の理由づけにより、こういう文字（梵字）の形態が生じると断言するのである。その文字の集約は真言僧が観念する一つの大きな美意識の集合体である。この二十五字の集合体は観念の中で発光するがごとく美化され、しかも鏡板の範囲を出で、表の金銅透彫りの二重円光背の梵字（報身真言）ア・ビ・ラ・ウン・ケンに結びつく。この両者の関係は推測するまでもなく、この当時、この意匠の立案者が灌頂の受者であるならば、なおさら熟知していなければならない（印信許可などによる）基本的な考え方なのである。空海の高弟真雅は『六通貞記』に有名な「青龍和尚曰く」と引いて、「卒都婆はバン（梵字）一字の所成にして、またはア・ビ・ラ・ウン・ケン（梵字の阿・卑・囉・吽・剣）の五字の所成なり。一つひとつを取るに任せて、自性清浄心とも、真如とも、仏性とも、如来蔵とも、法性とも観ずべし」と述べていることは、百光遍照観と報身真言が密接に結びつく有力な理由があったからであろう。真雅がいう卒都婆は改めて述べるまでもなく、この厨子の裏面に表象されている五輪塔である。この厨子の立案者が、真雅の所説に反してバン（梵字）をア（梵字）と入れかえているところに創意工夫が認められる。というより、ア（梵字）と五輪塔の仲だちとして百光遍照観を介在させている事実からすれば、所依経典すなわちバンの『金剛頂経』よりアの『大日経』系に美の根源を見出したといえよう。『大日経』系はあらゆる面で女性原理を内蔵した世界観を有している。その美の表象を何に求めるか問題も多いが、仮にこれを宇宙的な生命感としてとらえてみよう。

密教図像や作画造像の中で、未来仏としての弥勒菩薩ほどこの生命感が意識された仏も少ない。それに釈尊入滅の五十六億七千万年後にこの世に下生（出現）して、三会の説法を試みるというのである。この龍華樹下における三会の法莚の舞台は、ある場合には金峯山のごとき自然に限られることもある。しかし観念として両界曼荼羅を媒介にした場合は、中台八葉院（胎蔵界）では東北、賢劫十六尊（金剛界）では第一位に位置づけられている。その東北の坐像は宝冠中に塔（法界塔）を安んじている。[5]これは後で述べる『大日経』三部字輪観中の梵字によるア、サ、バのサ（中央）に該当する。[6]サはむろん額（中央）であるが、宝冠中はその真上に当たる。百光遍照観は額も含めた弥勒菩薩坐像の顔相の部分に該当することが確かめられる。この額の位置を鏡板の中心アンに照合すると、この額の位置の重視は、後に『大日経』系美意識のシンボル的な存在と同一となり、同様の表現様式は、胎内納入品としても具現化されることになる。

たとえば、興福寺北円堂の本尊弥勒仏坐像は、仏師法印運慶が十人の仏師、五人の供奉仏師を指揮して造立した大作である。

この本尊から昭和九年の修理に際して、像の頭部内側（納入）より二枚の板彫り五輪塔にはさまれた厨子、および『宝篋印陀羅尼経』一巻が発見されている。[7]本厨子の場合は百光遍照観のさらに裏面が五輪塔であるから、究極には両者の五輪塔は弥勒菩薩と一体であることを示す。

また「建暦二年歳次壬申二月五日」の願文一通から見ても、建暦二年（一二一二）と本厨子の貞応三年銘（一二二四）は十二年ほどのへだたりであるから、弥勒に対する内面の解釈はほぼ同時代の考え方からするとさほどくい違っていない。ただ高山寺の本厨子は、すでにふれてきたように鏡板の内面から百光をあまねく照らし出す「出生」の義があることは、後者の興福寺の像内納入品が供養を背景とする場合と若干相違する。ただし前者の場合は表側に少し工夫があり、百光遍照観を可能にするような鏡（白銅製）になっている。ここには『大日経』の所説として重要な位置を占める五字厳身観（キャ・カ・ラ・ヴァ・ア）から五輪塔を生じ、「同経百字を建立し修法するの章」では「身より生ずる身は、尊の形相生ずるなり」と述べ、さらに、その観想を次のように述べている。「鏡の如く輝ける月輪を思惟しつつ、その中央に世尊アン（aṃ）と名づけられたものの存在を思惟する。（そして）これまた鏡中に於て影像が顕現する一瞬間があり、その時こそもっとも真実で静寂なとき（時間）である。しかもその時こそ心の置きどころ（住処）は、きわめて重要な意味をもつ。アン（aṃ）は導師となり、心と一体となり、これの住処は胸（心臓）にある」（大正蔵一八、四〇頁c）と。そしてさらに「真言者は智眼をもって、鏡をよく見つめたとき、行者自身というものは、そこ（鏡）に等覚者の相（すがた）と同じような寂静を見ることができる」と述べ、鏡（「鏡輪」という）に向かって思惟することに瞑想の実用的効果があることを示唆している。

また観想の終末の部分を見ると「観じおわって秘密主よ、法は通達慧に縁り、彼等互相に作業すれども、不住にして惟空なりと。如何んが秘密主よ、意より意を生じ、影像能く生ずる、とは通達は是れ証果の義なり。所至の処に至るなり。この通達は当さに証と言うべきなり。秘密主よ、これを観ぜよ、とは前の説の鏡喩の如く、心中の明鏡に影像現ずるは、分別有ることなし。ただし縁に従って起す。今この法を観ずるに鏡従り生ずると教える。〔像は〕面より生ずる。是のごとくこれを求むるにみな実処なし。もし鏡に従って有らば面なくとも」という。

これは弥勒の背後にある秘密主が、百光遍照観あるいは百光遍照王と同等の力となり、移乗する働きを有することもあらわしている。百光遍照観の造形的根拠はこれまで述べてきたように、『大日経』に説かれているもので、百光を出現（本文は出生という）する次の重要な部分、「（百字の）果のユガ（瑜伽）を示したる章」にそのイメージとなる所説の根拠が示される。そしてなお「百字果相応品第二十」にもおよぶ。

この章は幕あけに世尊毘盧遮那が、秘密主金剛手にこんこんと心呪（アン aṃ）の具体的な意味を説き明かす。それは入念に語りかけるというより、また仏対仏あるいは生きている人間対人間という関係そのものの状況（場面）を提示する。そして究極には、毘盧遮那が、世尊釈迦牟尼によって位置づけんとした虚空界を通じて、その世界観の限界を見ようとする。それはまさに無に等しい余りなき世界であることを表示している。このことは仏の所作《しょさ》（しぐさ）にも見られるが、ちょうど秘密主に対して、諸々の有情等をおしのけて世尊の語曼荼羅《ごまんだら》を出生するのと同じである。したがってこの語曼荼羅こそ百光遍照観の具象化なのである。

明恵上人は不等覚の地位を形而上の意味にとらえることなく、死の世界を超越してこの語曼荼羅中に自ずからの朽ちていく関係を見ようとした。すなわち肉体の肉魂を阿字の中に入蔵しようとしたのである。その具現的な世界のイメージ化が、胎蔵界の観法から発せられる百光遍照王の百字出生の輪、すなわち語輪にほかならない。語輪すなわち語曼荼羅は、理論的には明恵上人が隆弁などに語った（承久二年八月二十七日）「阿字本不生」にも通じている。

さらにつけ加えていうならば、裏面の百字真言は、中心に梵字でアン（aṃ）を書き、その力は表面の弥勒菩薩坐像に呼応するかのごとく「百光を発する」（『大日経』説百字生品）という所説を内蔵している。いうならば百光遍照観とは原語から解釈するならばサルバ・マントラ・ナータ「一切真言の自在者」あるいは「大威光」の意である。この光のイメージをさらに深く追究するならば、『大日経』所説の三三昧耶に住する者の人格的な大日如来像そのものの意をも浮上させることになる。三三昧耶とは三平等観のことで⑴入仏三昧耶、⑵法界王、⑶転法輪（金剛薩埵）の三種をいう。いいかえれば、我と仏と衆生の三者が各々三密（身密＝からだ、口密＝ことば、意密＝こころ）を有しこれが一体で本来不二《ふに》である、と理解される。この理論を前提にするならば、密教絵画や彫刻に見られる顔相や美意識の大部分は、この不二（二而不二《ににふに》）思想を基盤にして成り立っていることがわかる。したがって本厨子の表のア字（梵字）と裏の五輪塔は「二にして不二」の関係にある。両者の媒介となるものは、いうまでもなく弥勒菩薩坐像であり、百光遍照観である。

二　意匠の構造

考えてみると、この厨子（阿字螺鈿蒔絵月輪形厨子）と弥勒菩薩坐像は一体であるから、その全体の意匠の構造も一致している。と同時に、華厳および密教美術の側から考えても他に類例が少ないがゆえに、そのデザイン構成を考えることはきわめて有益である。まず第一に開ければ、別尊曼荼羅に基づく弥勒の内的な構成を知ることができる。また第二は厨子の正面から裏面に至るまで構成をつらぬけば、阿字、弥勒、不動、降三世、百光遍照観それに五輪塔と配置され、これらの多くは密教の象徴的な観法やさらには三昧耶形的な尊像で構成されていることが知られる。しかし個々に配置されたものの間をつなぐ説明的な要件というものは何もない。ただ今まで述べてきた百光遍照観が隠されてあるだけである。この関係を弥勒菩薩坐像の光背の部分に着目しながら、次のような視点を見出すことができる。すなわち胎蔵法の中には、身光をシンボル化したといわれる字輪観と、頭光をシンボル化したといわれる百光遍照観が組み込まれている点である。そしてそこに配置されている弥勒菩薩坐像の二重円光背に見えるア・ビ・ラ・ウン・ケン（梵字）は、金銅透彫りである。いかにも弥勒菩薩坐像にとって象徴的な暗示である。この五字真言（報身真言）は満足一切智智明といい、その原初形態は釈迦になりかわった大日如来が四魔を降伏した際に説いたものであるという。この厨子の弥勒は、この理論を内に秘めたものであり、五字真言はその表象である。

確かにこの五字真言は大日如来像と弥勒菩薩坐像が同体であるという根拠として位置づけ得るものである。また図像学的にも弥勒曼荼羅中の弥勒菩薩坐像を想定し、持物等を除外するならば大日如来坐像とほとんど変わらない表現となる。しかしこの作品を生みだしたと考えられる明恵上人周辺の舞台を考えると、上人が晩年（五十歳から六十歳）に宣布と実行に専念した光明真言法の中に百光遍照観が順序立てて組み込まれている点にも注目したい。『光明真言讃歎集』下巻所収の「光明真言本尊事」によると、

(a)　アーン（梵字）而坐以二百光遍照王中台大日一、為二光明体一、大日如来入二此光明三昧一、

(b)　以二胎蔵大日一、為二本尊一、百光遍照王大日也、是則衆生本有之光明也行者契二当本有一時即成二理仏法身一而手足二十指各放二五色光明一、成二百光遍照徳一、各具二五智用一故入胎如二灯焔一文可レ思レ之、大日経疏観二此蓮華一令二其開敷一為二八葉白蓮華一此台上当観二阿字一作二金剛色一首中置二百光遍照王一以二無垢眼一観レ之以レ此自加持故成二毘盧遮那身一与二我身一令二無二一無別二云云

と述べている。(a)は大日如来の心が百光遍照の光に変容して、そこにさん然と輝く。その造形上の形態はアーン字（梵字）によって象徴化される。明恵上人は実は、この神秘的な「輝き」光明体にほかならないという。おそらくそこに光明三昧であると断ずる理由があるに違いない。(b)はその境地が理仏法身というものを完成し、同時に五色の光明を発するというのである。その五色の光明は百光遍照の徳を完成し、よく見るとそこに五智を具備しているという。さらに『大日経疏』の所説を引用して八葉白蓮華の台上に阿字観を成り立たせる。その場所には究極には百光遍照王を安置し、像容のイメージとしては最終的に毘盧遮那身を完成する。ここで注目されることは、明恵上人の意図が単なる光明真言から光明体、光明三昧にとどまらず、理仏法身、百光遍照王、大日如来（胎蔵界）という広大無辺な宇宙を舞台にした造像の成就を目指していたことが判明する。この経緯は、むろん厳密融合すなわ

ち華厳と密教の教理の合体を目指した明恵上人の信仰を示したものである。この厳密融合の美術に、愛菩薩と観音、慢菩薩と弥勒、金剛薩埵と毘盧遮那の関係が説かれていると述べる。

この図像の特色は、一円相内に中尊（五秘密）を中心に四菩薩が重なり合って、前方からの直観を是認し、表情のある像容を背後に描いている点である。五秘密をこの鏡弥勒像と比較すると、厨子内の意匠、構造において工夫が見られるものの、直観による影像の重なり具合は同じである。明恵上人の側からは、直観によってのみ四枚の画面が成り立つ。この影像の重なり具合の展開にこそ特色が認められるはずである。阿字観を表から導入しながら、直観を静止させ、そこで像容のイメージを具現するというその表現方法は、結果的に五秘密など限られた図像しかあり得ない。百光遍照観もその意味では四重までの字輪を語曼荼羅の一部として重ね合わせ重厚な像容をつくりあげる。円相の中にある五秘密は石田氏の所説のとおり[8]、金剛界系の像容を観法によって静止させたものである。

しかしこの画面には、五秘密と仏光三昧の一体化したイメージの再生があってこそはじめて明恵上人のいう厳密（華厳と密教）融合が可能であろう。石田氏はこの点を、石井教道氏の所説を展開[9]してさらに「五秘密に対して華厳経の毘盧遮那を中心とする五聖は、文殊、普賢、観音、弥勒といずれも顕教の諸菩薩であり、その意味で厳密の合一とされるのももっともなことである」しかし五秘密と五聖の対応から五秘密が金剛界に通ずるとなると、五聖は逆に胎蔵界を示唆しているのではなかろうか。毘盧遮那をめぐる四菩薩が、胎蔵界曼荼羅の四菩薩と一致するからである。そして胎蔵界大日の座に華厳経主の毘盧遮那が置かれ、顕教の五聖の裏側に胎蔵界四菩薩が潜在し、五秘密と五聖の対応の底に、密教の金剛界、胎蔵界の合一が果たされているように思われる。

この図像学上の像の重なりを百光遍照観に比較してみると、観法上のシステムは別の分解図のように組み合わせることができる。すなわち「五秘密図」（図12）は観法の円相という画面内で、中央に五仏宝冠をいただき白蓮華台上に右手に五鈷杵、左手に五鈷鈴を把る金剛薩埵（第一）が坐す。この中心部分は「百光遍照観」（図13）では梵字アン（中央・第一円）に該当する。問題は第二円以降であるが、各々に第二円は欲金剛、第三円は触金剛、第四円は愛金剛、第五円は慢金剛に当てる。「五秘密図」（図12）は高山寺にも所蔵されているが、中央は不空訳『金剛頂勝初瑜伽経中略出大楽金剛薩埵念誦儀軌』に図像が同じである。すなわち「金剛薩埵は白蓮華台に坐し、端厳にして而も処す。形貌は前所成身法の如く。当に大印に住すべし」（大正蔵二〇、五一〇頁b）

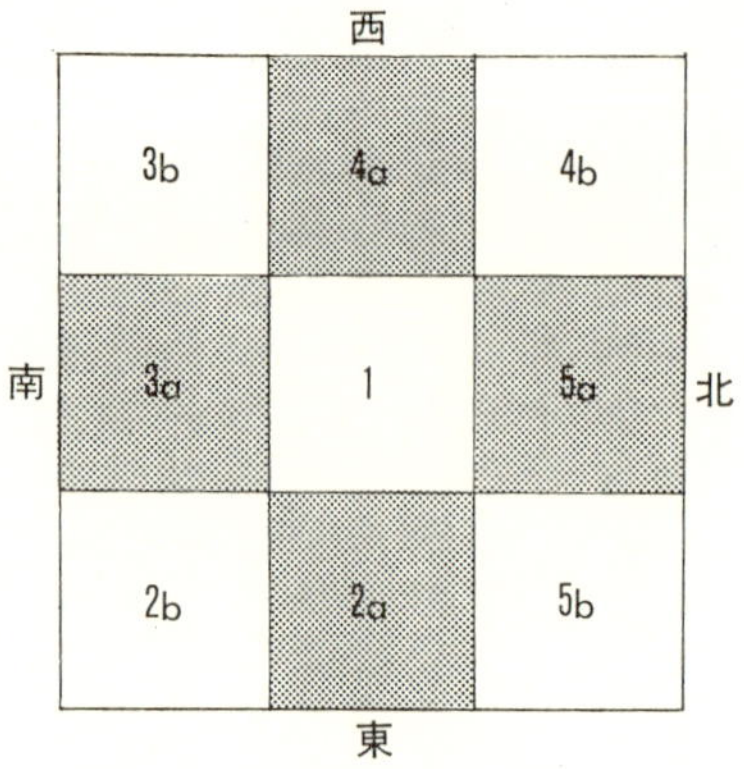

1 金剛薩埵
2a 欲金剛
3a 触金剛
4a 愛金剛
5a 慢金剛
2b 欲金剛女
3b 触金剛女
4b 愛金剛女
5b 慢金剛女

図14　理趣会（金剛界曼荼羅）

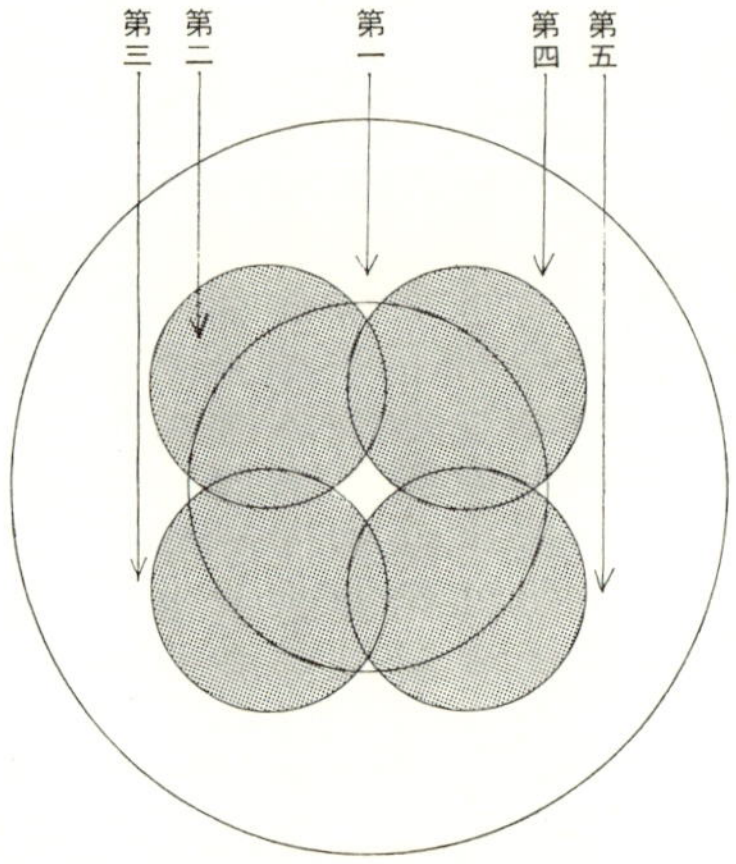

第一金剛薩埵
第二欲金剛
第三触金剛
第四愛金剛
第五慢金剛

図12　五秘密図

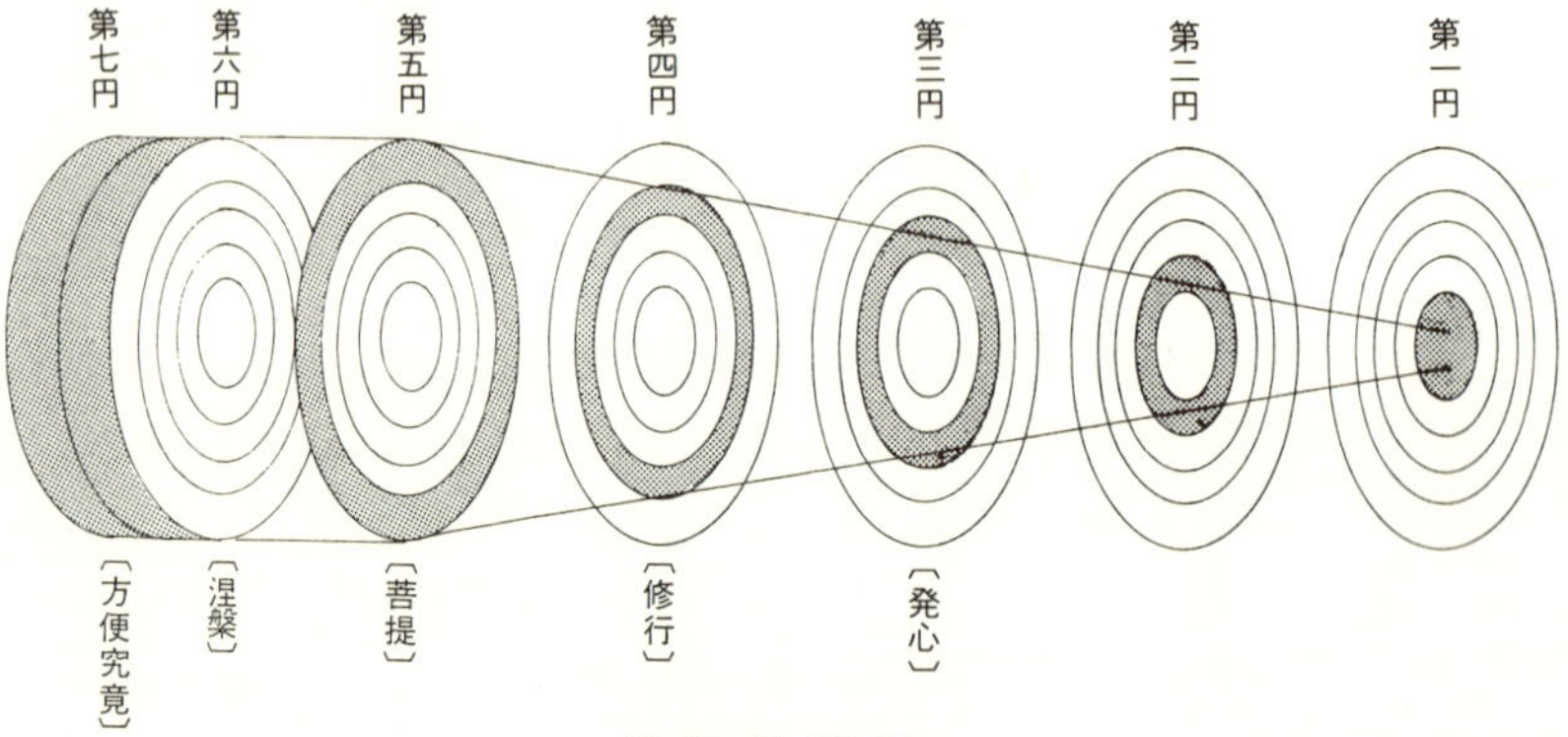

第一円（梵字アーン）
第二円（梵字十二字）
第三円（梵字二十五字）
第四円（梵字二十五字）
第五円（梵字二十五字）

図13　百光遍照観

と伝えるものと一致する。

彩色は儀軌によれば白色が中心である。五秘密図は円相内に直観的な観念を具現化したものであるから金剛界系の曼荼羅の範疇に入る。事実、画面を分析すると図像学上では、第二—四までの四菩薩が、金剛界曼荼羅の理趣会（図14）では平面上、右廻りに旋回して中央—金剛薩埵をめぐっている。東より2a欲金剛、南3a触金剛、西4a愛金剛、北5a慢金剛と下から右廻りに上へと螺旋状に平面をえぐるように中へ中へと入ってゆく。また四尊に付する明妃は四方四維に配せられ、そのうず巻き状の観相を拡大しながら画面に色を付随させる役割をなす。この場合の画面とは、いうまでもなく眼前の空間を指すことになるが、「五秘密図」の図像は中央の金剛薩埵ほか、すべてが正面から描写されており、円相内全域すみずみまで像容が広がることが観相の条件とされる。その像容の広がり方は百光遍照観の梵字アーン字からの第一円、第二円、第三円、第四円、第五円までの字輪の外への拡大のしかたと同様である。これは光源が一点から無限に広がることを示す。むろん一点から無限へと大きくなる階梯においては空間には彩色も見とどけることができる。高野山西禅院所蔵『阿字観秘決』[10]（四包外二紙）によると、㈠「発心」は青色、㈡「修行」は赤色、㈢「菩提」は黄色、㈣「涅槃」は黒色、㈤「方便究竟」は白色である。五色を阿字観から百光遍照観の中でとらえることが可能ならば、あながち五秘密との連関も無視できない。

このようにみてくると、この念持仏としての厨子は、密教美術のうち字輪観の美術というジャンルに属するものといえよう。字輪観はいうまでもなく密教の修行の行為に見られる観想の一過程である。これによって行者は眼前に「見えない」と世界から見える「観念」という行為を発見する。そして抽象的ともいうべきこの世（現世）とは区別される別世界に突入することになる。この世界観をおおよそ一多法界《いったほっかい》（ダルマダートゥ dharma-dhātu）といい、その根幹の部分を体性《たいしょう》（本体）という。字輪観はそうした法界体性の部分に迫りきった行為であって、実際の感覚では字輪観を達成するまでの、手だてを通して三昧に住する（到達する）ことを目的とする。これを法界体性三昧観という。

ただしこのような厨子の意匠とその造形化は、あくまでも観念の範囲で形や色を組み立てたものに他ならない。この三昧を本当に掌握しようとするならば、修行としての観想という行為の中で実践しなければ、この意匠の実用化を一歩進めたものにはなり得ない。その意味においては百光遍照観と弥勒菩薩の二種を超越して、入法界三昧観の完全性を意図した意匠と呼称することができる。この場合、字輪観が密教の修行の中心で本尊を象徴する種子（梵字）や真言（マントラ mantra）の悉曇を実感することは、いうまでもないことである。ただこの厨子は字輪観の実修という経験的な行為を相当入念に計算して意図された企画力が背後に働いているように考えられる。弥勒菩薩の背後にある百光遍照王の字輪観はその根拠を裏付けるものである。字輪（アクシャラチャクラ akṣara-cakra）は、すでにふれたように密教の修行中の行為としては、本尊および諸尊の像容を観想し（念じ）終わると同時に行なう口密《くみつ》（口に真言を唱える）の行為でもある。しかしそれは瞬間芸術と同じく一瞬にして陀羅尼《ダラニ》などの音声は消えてしまうものである。密教であつかう種子（梵字）はその一字から多字を生ずるので転生《てんしょう》といい、とくにこの厨子にも認められる阿字は元来は常住不動であるから不動の義ともみなされる。またこの厨子の全体の構想を包括する月輪《がちりん》は行者の心臓を意味しその象徴ともみなされる。それゆえ螺鈿による種子をつつむ文字輪を行者の自在の証《あかし》とみなし、本尊弥勒菩薩と融合一体の意匠構造が根底に見られる。

またこの意匠の各々の結びつき、関連性から考えると密教の理論では像容と悉曇文字の関係が観想の中で影像として再確認される場合が多い。それは梵字そのものの形態の中に文字の「かたち」を美化する一種のシステムのようなものが認められるからである。これは密教の教義（理論）からみれば字想字義《じそうじぎ》である。とくに空海の『声字実相義』あるいは『吽字義』などの著作から導き出される理論であり、同時に悉曇の文字は形相・音声・意義の表現形態からなるが、これを一つにまとめたものである。文字の形態は一字の場合と多字の場合では、若干受けとめ方が異なるが、いずれもきわめてシンボリックな感覚をもっている。この感覚を礼拝者の側でどう受けとめるか、各人各様、また流派によって多少解釈が異なるが、密教で大旨、四つのシステムがあるとみなされる。このシステムを四重秘釈《ひっしゃく》という。四重秘釈は密教画の構図、構想にあてはめて考えることができる。この考え方は基本的には東密の『大日経疏』第四に説かれている物の存在の解釈、方法をいう。

この厨子を素材に意匠の構造を四つに区分し、四重秘釈に照合してみることにしよう。

㈠第一重浅略釈は、厨子そのもの、外観をいう。㈡第二重深秘釈は、弥勒・不動・降三世の曼荼羅と百光遍照観や十二真言王の関係をいう。㈢第三重秘中深秘釈は、表の阿字観と五字真言、それに五字厳身観と裏の五輪塔という相対的な表象の意匠をいう。㈣第四重秘秘中深秘釈は、即事而真というようにこの厨子の意匠と内面の理論の一体観を率直に提示する。弥勒と百光遍照観は表裏の関係にあり、その内面のシンボルが阿字と五輪塔であり、この関係においてこの厨子が阿字本不生《ほんぷしょう》、字輪観、語曼荼羅、一多法界、二而不二即表裏一体であることを表示する。

ところで密教絵画は礼拝対象である以上、礼拝者の前方、すなわち正面に掛け安置される。その際画面の構図はきわめて平面的なアイデアかもしれないが、密教の諸尊が円相を伴ってその内部に表現されるか、あるいは仏が円相をまったく必要としないかの二種に大別される。この構図は両界曼荼羅から見れば、円相内に描写されるのは金剛界系で、ただの空間のみに描写されるのは胎蔵界系である。とすると、この厨子内の弥勒菩薩坐像は「鏡弥勒像」という伝承を信ずれば信ずるほど、円相を伴った弥勒菩薩を前提として、その構想の本質を理解しなければならない。円相を伴うということは、密教の修行の階梯からすれば、観心《かんじん》という次《し》第《だい》を除外しては考えられない。つまり正面に見える円は修行者の行為を包括しているもの（三昧耶形）である。この観心は密教美術の立体的な意匠構造はもとより、いずれの内部にも理論的には内蔵されているものと思われる。これまで小野流の成尊（一〇一二―一〇七四）は後三条天皇に奉進するため『観心月輪記』一巻を著わしたが、これは心月輪について体相《たいそう》・功能《こうのう》・方便《ほうべん》の三科目に分け、理由づけしている。

密教美術の個という存在感を解釈する内面からの理論づけは、当然観法にゆだねられた真言密教の教義と深い関わり合いを示す問題に違いない。その教義体系をすべて取り込んでこの厨子の美意識を論ずることは、必ずしも適切な手段ではないが、少なくともこの全体と内面の意匠の構造を考えるとき、その意匠の発想という出発点において観心は直観的な行為として無視しがたい。この厨子を外から見て表の阿字という不思議な字母に引きつけられ、扉を開くと弥勒・不動・降三世に接する。そこで弥勒の顔相とともにア・ビ・ラ・ウン・ケンという梵字による大日如来の報身真言に出あう。弥勒の背面の十二真言王等の梵字や百光遍照観は見えない。そして扉を閉じると裏の五輪塔を観想するがごとく心に映しながら、月輪形の中に再び阿字を観念する。[11] たしかにこのような意匠をつらぬくものは、字輪観のシステムであるが、厨子内に観想という行為を投入することによって時には変容する。それは空間に語曼荼羅を形成するからである。この曼荼羅はこれまで大日経系の字門（四十二字、五十字）の研究によると『大日経』[12] 具縁品に原初形態が見られるという。その中に本尊を映し出すのである。

このようにこの厨子の内面の字輪観を、百光遍照観の梵字（百三十八字）を根幹として、さまざまな視点で考察すればするほど、意匠の構造は観想を母体として成り立っていることが判明する。その典拠は『大日経』であるが、また一方では『華厳経』の観門の影響もとうぜん働いていたと見られる。

その一つに、『大方広仏華厳経』入法界品四十二字観門[13]（大正蔵一九、七〇七頁c―七〇九頁c）がある。これは梵字（悉曇四十二字門）の字義を字輪とみなし、観想を通じて徐々に円相を拡大してゆく方法で、真言密教の事相にも書写本が伝えられている。これによると四十二字は⑴ア字は一切法本不生で始まり、㊷ダ字は一切法究竟[14]処所不可得で字義が終わっている。その間の四十字はやや観念的な説明が認められるが、字輪観そのものの体系は、こうした厨子内に組み込む際の必要条件であったと見ることができる。

三　玄朝について

この厨子に貞応三年（一二二四）の銘文があることは一で述べたとおりであるが、その末尾にある「金剛仏子　玄朝」なる人名について言及しておきたい。銘文は四章で後述するように弥勒菩薩坐像の右膝の裏面にも墨書で「仏子玄朝」と記されている。ちなみに左膝の裏面は「為母供□《養カ》□《之カ》」と墨書が認められる。この事実から弥勒菩薩坐像も厨子と同時期に故母を供養するために製作されたと見ることができる。

玄朝は東密における月上院流の相承者で、図像に巧みであった閑（賢）観房玄証（一一四六―一二〇八）の孫弟子にあたる。月上院流の月上院とは、高野山月上院のことで玄証が書写した『百八尊法身印』によると奥書に「治承二年戊戌五月廿五日於金剛峯寺月上院僧房以宰相阿闍梨御房亥剋許比較移点了　玄証三十三」とあるように、治承二年（一一七八）当時は、金剛峯寺月上院と呼称されていたことがわかる。土宜成雄氏の『玄證阿闍梨の研究』[15]によると、法脈の考察中にこの玄朝の存在を数例伝えている。『伝法灌頂三国師資血脈相承次第』によると、

大日―金剛薩埵―龍猛―龍智―金剛智―不空―恵果―弘法大師―真雅―源仁―〈聖宝―観賢―淳祐／益信―法皇―寛空〉元杲―仁海―成尊―〈義範／範俊〉勝覚―一海―房海―玄朝

とあり、系統から見ると醍醐流[16]であるという。この次第は玄朝が貞応元年（一二二二）九月九日に房海阿闍梨を師僧として伝法灌頂を受けた際に付属された血脈である。また同じ次第には続いて、

寛空―寛朝―済信―大御室―寛助〈真誉／覚鑁〉証印―玄証―房海―玄朝已上十代寛空以前如上

と記し、この付法が「已上月上院流持明房於伝法院被授之／本願上人於密厳院被授之」というように、高野山月上院の相承であることが判明する。もっともこの次第は前掲書にて土宜成雄氏が「尚月上院流なる法系は、前述の証印方或は兼海方とは別に存在してゐるようである。即ち房海阿闍梨が、弟子玄朝に貞応元年十月九日伝法灌頂阿闍梨を授与した際に、付加されたと思はれる次第に見られるのであるが、此の原本は散失した為か見えず、今日室町時代に転写されたと思われる写しに依つて知られるのである」[17]とふれているように、後述する貞応元年十月九日の『伝法灌頂阿闍梨職位授与状』一通とともに後で写されたものかもしれない。しかし次第とこれら二通の折紙は相承が同時期であること、それに後述するように貞応元年前後の書写活動、灌頂受法等の動向を含めて奥書を勘案するならば、まず信頼してよい史料とみなされる。高野山の月上院は房海上人の時期に醍醐寺、勧修寺の流れをくみ、月上院流を大成することになるが、それはまた覚鑁がおこした伝法院流の本流でもあった。そして『広沢相承諸流印信血脈類聚』に、

寛助―覚鑁┬兼海―降海―覚尋―定浄―隆盛┐
　　　　　└証印―玄証―房海―覚禅――――┴経瑜―禅助

と示されるごとく、流祖は成就院寛助（一〇五二―一一二五）にまでさかのぼる。寛助はいうまでもなく『別尊雑記』五十七巻を大成した常喜院心覚の先師の一人として名高い。伝流と略称する大伝法院流は成就院流密厳院方をいうのであるが、覚鑁の門下、証印―玄証の系統は密教図像の作画（白描）が巧みであった。高野山の月上院は玄証が少なくとも一時期居住していたことのある僧房で、『紀伊続風土記』によると聖方の西谷に位置するという。また美福門院の尊棺を納めたところともいい、院の前身を菩提心院とも称していた。僧房そのものは『高野春秋』安元二年八月の条によると伝法院学頭であった大乗房証印の建立と伝えているが、土宜氏も指摘しているように『高野山大伝法院本願霊瑞并寺家縁起』にその建立のいきさつを伝えている。

　縁起によると本願上人（覚鑁）が隠岐上人明寂のもとにいるとき、回禄の難（火災）にあった。その際に往生院より西谷に移り住んだのが新坊となった月上院であるという。したがってこの縁起を信頼する限り、証印の師覚鑁上人のときすでに建立されてい

表4　貞応三年前後における玄朝の動向　〔　〕内の番号は末尾年表史料を示す（三四四頁―三四七頁参照）。併せて参照されたい

一二一〇	承元四年四月十□（九カ）日	（求法僧玄朝）〔1〕
一二一九	建保七年三月十八日	（玄朝）『建保七年伝法灌頂記』〔2〕
一二二一	承久三年三月二十八日	（金剛仏子玄朝）〔3〕
	同　四月三日	（求法金剛仏子玄朝）〔4〕
	同　四月五日	（金剛弟子玄朝）〔5〕
	同　四月七日	（金剛弟子玄朝）〔6〕
	同　四月九日	（金剛仏子権律師玄朝）〔7〕
	同　四月十日	（求法弟子玄朝）〔8〕
	同　同	（玄朝）〔9〕
一二二二	貞応元年□（七カ）月八日	『慈氏菩薩略修愈誐念誦法』（上）〔10〕
	同　七月四日	（金剛仏子玄朝）
一二二二	貞応元年十月九日	〔阿闍梨位職位授与　房海→玄朝〕〔11〕
	同　十月九日	〔血脈相承〕房海→玄朝（花押）〔12〕
一二二三	貞応二年八月二十三日	（玄朝）『慈氏菩薩略修愈誐念誦法』（下）〔10〕
	同　八月二十三日	
一二二三	貞応二（三カ）年□（八カ）月二十三日	（金剛仏子玄朝）『八名普密陀羅尼経』〔13〕
一二二四◎	貞応三年十月十八日	（金剛仏子玄朝）「鏡弥勒像」
一二二五	嘉禄元年十一月一日	（金剛仏子玄朝）〔14〕『大方広円覚修多羅了義経』（上）
一二二六	嘉禄二年六月七日	（仏子玄朝四十三）〔15〕『円覚経』（上・下）
	同　十二月十日	（金剛仏子玄朝）〔16〕
		（玄朝記之）『即身成仏義』〔17〕

たと考えられる。玄証が証印に師事（入室）した時期は、『月上院灌頂日記』に示すように承安二年（一一七二）十二月八日前後である。玄証がいかに密教図像に巧みであったかは、石田尚豊氏[18]も注意されるごとく、玄証の修行期である三十代までの花押を有する図像にその証拠を見出すことができる。また現存する仏画稿本五幅（東京国立博物館保管）ほか高山寺より流出した玄証本図像等によっても、その画技のすぐれたようすを知ることができる。このような高野山月上院の流れをくむ房海の直弟子玄朝は、一体どんな真言僧であったのか。またどういう意図をもって、この「鏡弥勒像」を供養せねばならなかったのか、これが次の問題である。玄朝に関する史料はそれほど多くはないが、銘にかかわる貞応三年を中心に整理すると表4の年表のようになる。

この事跡の中で注目すべきことは、玄朝自ら、貞応元年（一二二二）七月から翌二年八月にかけて『慈氏菩薩略修愈誐念誦法』二巻を入念に書写している点である。写経にも供養目的がある場合とない場合があるが、念誦法のような儀軌を写す

ことについては必ず何らかの目的がある。これは慈氏菩薩義軌とも別称し、金剛界・胎蔵界の合軌をねらった弥勒法である。つまり弥勒菩薩と大日如来の図像は相違するが、理論的にはもともと一体（不二《ふに》一体）であるという。まさに題名のごとく弥勒菩薩を念誦し、大日如来との合一を目指す愈誐《ゆが》（ヨーガ yoga）を修することがこの儀軌の所説である。玄朝は上巻をこの「鏡弥勒像」を供養する二年前より書写しているが、その出発点は入法界五大観門品にある。玄朝が百光遍照観とともに供養銘を付している事実は同時に、玄朝自身が単なる供養者という立場だけでなく、入法界五大観と百光遍照観を結びつける根拠をこの儀軌をとおして知っていた、と解釈することができる。

この五大観は五大（地・水・火・風・空）が五智輪とほぼ同じ世界の中に位置づけられていることを意味している。おそらく玄朝は阿闍梨位を職位として授かる前後、密教のさとりの根本的な世界観に肉迫しようとしながら真言密教の行法の実践に余念がなかったに違いない。その根底には、三密行の功徳を感応しうる三密瑜伽の集大成というエポックが当然あった。既述の儀軌名の「愈誐」は相応という意であるから、身・口・意という三密の加持渉入相応の極致こそ玄朝が求めていた真言密教のさとり境地であったといえよう。この「鏡弥勒像」の表と裏の梵字ア字と五輪塔の表面は阿字観と百光遍照観の構想で説明がつくが、裏面の五輪塔は五字厳身観の理論を新たに投入しないと説明がつかない。

この儀軌中には入法界五大観門品第一に玄朝が十分に理解し得たと考えられる弥勒と大日如来を不二一体化し得る理論が秘められている。とくに厨子の裏面に見られる五輪塔のモチーフは、この第一に説く五大すなわち五智輪という展開の中で初めて立案し得るものである。さらに大三昧耶像悉地品第十では本尊を金銀にて鋳することや白檀で彫刻することが示唆されている。すなわちこの儀軌に基づく限り「鏡弥勒像」は弥勒の典型という像容ではないが像高等は一致する。とくに中尊弥勒菩薩坐像が丸彫に近く檀像であること、それにすぐれた彫技を示し肉身・衣などが粉溜金色で表現されていることなど、この儀軌の所説を具現化している。ただこの儀軌の上・下巻の末尾に注目するならば、同時期の〔13〕『八名普密陀羅尼経』の末尾も含めて、南無弥勒仏と記している点である。前者はこの仏名の前に梵字ア字を入れている。これには何か意味があるはずである。この「鏡弥勒像」の流転の経緯は中野玄三氏が考察[19]されたように、仁真が弘安四年（一二八一）に記した以前のようすが必ずしも明らかではない。

しかしここで提示する貞応三年（一二二四）十月十八日に玄朝が母のために供養した、という銘を出発点に検討しなおす必要がある。おそらく善無畏訳〔10〕『慈氏菩薩略修愈誐念誦法』上・下の貞応元年（一二二二）に始まる書写は供養の準備段階と見ることができる。また一歩すすめて理解が許されるならば、故母の三回忌の法要に合わせて玄朝の立案でこの「鏡弥勒像」が造立された、と解釈できないこともない。さらに玄朝が供養の用意に書写した重要な経典に玄奘訳の『八名普密陀羅尼経』がある。これは奥書の一部に血書が認められる意味深い書写で、仏が金剛手菩薩に八名善密陀羅尼の功徳を説いている。供養目的は、この世に生きて後は地獄傍生餓鬼に堕ちないよう願をかける意図がある。しかも命がまさに終わらんとするとき心身を安穏に保つ目的も有しており、この陀羅尼の功徳ははかり知れないという。いうまでもなく玄朝は強い意志をもって供養の意味をもっていたに相違ない。「鏡弥勒像」に銘を入れて二年後の〔15〕『円覚経』上・下の書写は、供養を助成する証としてとらえることができる。仏陀多羅訳と伝える一年後の〔14〕「大方広円覚修多羅了義経」は追記によれば転読を前提に都率往生を願っているが、経名は『円覚経』に同じである。所説は大乗円頓の理論を展開、同時に三世の如来がわが身を守護し、根によって奢摩他、三摩鉢提、禅那の三種にわたる浄観を実修する旨、説き明かしている。この『円覚経』書写の嘉禄二年（一二二六）六月七日を玄朝は四十三歳と記しているから、元暦元年（一一八四）の生まれになる。

四　中尊と十二真言王等の梵字

中尊（弥勒菩薩坐像）の裏面（背面・図15）は、像全体が両耳後方部から縦に平板に削られている。なめらかな裏面には金泥が塗られ、その上に全面、梵字（種子）が墨書されている。さらに裏面の一部分とくに両肩の中央下と両膝のほぼ真ん中に、この中尊を鏡盤に取りつける針金（銅線）の通し穴が刳りぬかれている。梵字はちょうど、その二カ所の穴をうめるような配置で書かれている。頭部上方にオン（梵字）とあり、下方へ縦に二行ないし三行にわたって一身十二処の梵字を確認することができる（図16）。

この十二字は布字の状態（切継《きりつぎ》等の書法）や配列から考えて、胎蔵法の十二真言王（「十二字真言王」とも別称）を表示したものである。この第四節のタイトルの中で等と付したのは十二字以外に胎蔵界、金剛界五仏ほかの梵字も含まれているのでそのよう

図15　鏡弥勒菩薩像裏面

図16　鏡弥勒菩薩像裏面梵字銘

に分類した。既述の百光遍照王観もそうであるが、この十二真言王の梵字が仏像彫刻史上の関係で登場した例は今までほとんどない。その意味でもたいへん興味深い事実であるが、この十二真言王の原初形態は、『大日経』第十一秘密曼荼羅品に所説（大正蔵一八、三〇頁c—三一頁a—c）が認められる。「大真言王」（同三一頁b—c）「十二支句生」（同三三頁a）とも別称する。同経では金剛手菩薩が深遠な法界平等観の三昧に住してこれを説くが、その中心をなす考え方は支分《しぶん》（真言行者の身体）に十二カ所の梵字を配して大日如来をわが身に感ずることである。十二カ所とは、『十二真言王儀軌』（『弘法大師全集』第二、四九二—四九三頁）によると頂（アン、頭）、右耳（ガン）、左耳（アン）、額（アク）、右肩（サン）、左肩（サク）、心（カン、心臓）、喉（カク、咽）、臍（ラン、腹）、腰（ラク）、右足（バン）、左足（バク）である。十二字の最上段アンの上すなわち表から位置づけるならば、宝冠の部分に梵字オン字（帰命）を配置している。

このような十二真言王の梵字十二カ所は、実は「鏡弥勒像」の、厨子裏面に見られる五輪塔の描線の作図と密接な関係がある。つまりこの作図のねらいは五輪塔の空大輪下の主要部分に十二カ所の梵字を表現することにより、表に向いている弥勒菩薩坐像と一体になることを説明しようとしている。その理論を裏付ける史料は伝法院流などに伝わっている『胎蔵梵字次第』（弘法大師撰）に収められ

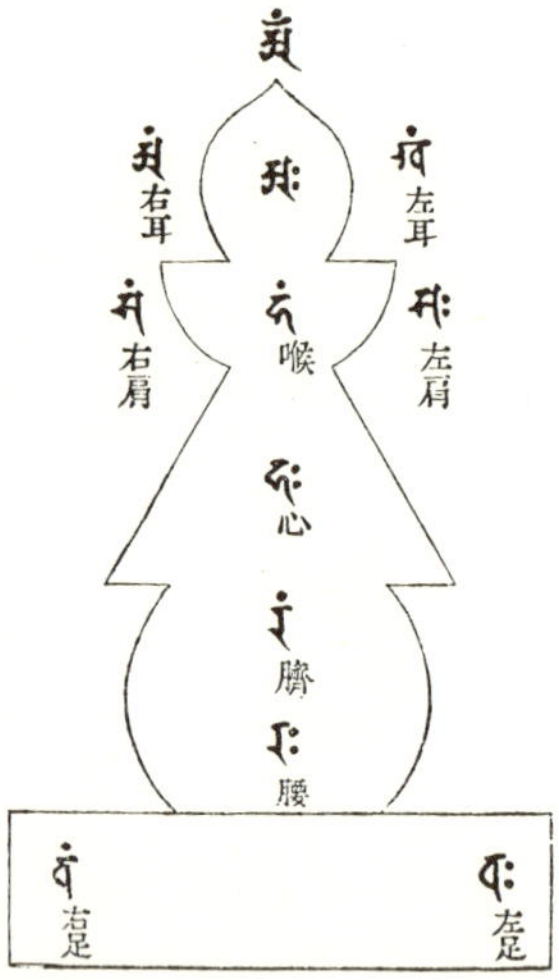

図17　十二字真言王の図（『弘法大師全集』第6巻、287頁より）

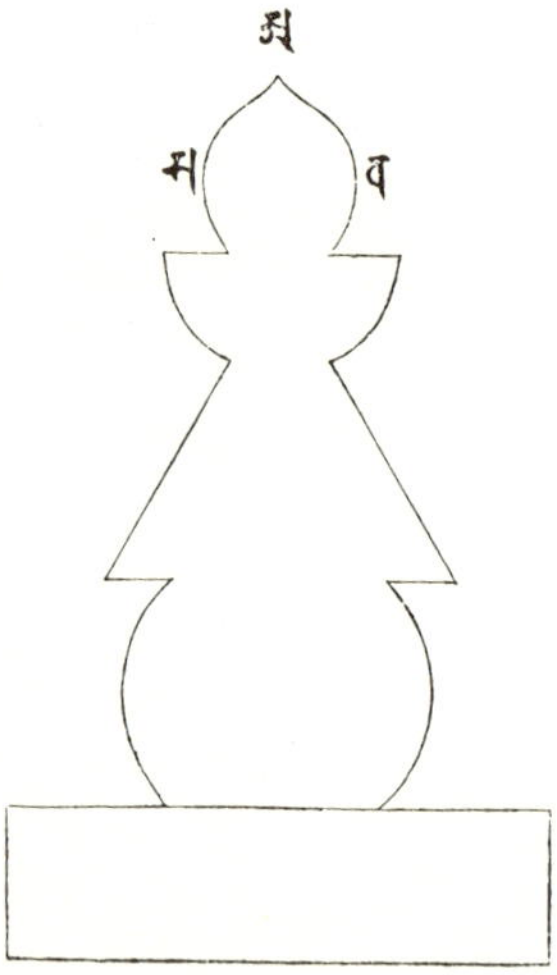

図18　三　部（向かってア＝中央、サ＝左、バ＝右）

図19　三　部（アサバ＝頭、アーサーバー＝喉、アンサンバン＝心、アクサクバク＝臍）

ている十二字真言王の図（図17、18、19）である。この図には梵字の配置だけでなく五輪塔の描写が見られる。またこの図と同系の三部四処字輪観図（アサバの三部と頭、喉、心、臍の四処を梵字で配す）を比較してみると、その途中には明らかに大日如来の坐像を正面からとらえた観想図の存在をつきとめることができる。この大日如来の観想図は、百光遍照王観[20]や十二真言王[21]の布字観と同じく胎蔵界系の図像であって、その典拠は『大日経』第五巻字輪品第十に説く。つまり「鏡弥勒像」の裏に秘された百光遍照観や十二真言王の布字観は生きて行ずる真言行者の観想体験によって、弥勒菩薩坐像と大日如来坐像を一体とみなしている。それは法界という、しかも眼前の空間において異なる像の機能も同一視されることを意味する。

　この大日如来の坐像は、胎蔵法の曼荼羅を観想する過程で試みられる「第四十七法界平等観」に登場する図像で、三部四処字輪観図（図20）と呼ばれている。ただし現存例は皆無に等しく、わずかに宅間様式と伝える南北朝時代の一幅が知られるのみである。この図像は本来、胎蔵法を行ずる過程では、口伝であるため描写されることが稀である。「鏡弥勒像」の裏面は総高が八・四（像高六・五）センチメートルであるが、その全面に四処を意識した梵字の布字が認められる。この四処梵字の位置は、本尊を観想して位置づけるので、五輪塔の布字とは逆になる。その表象（図21）を「鏡弥勒像」に当てはめてみると、縦に①頭の中央・右・左に位置するア・サ・バのラインに発心点が想定される。②喉の中央・右・左に位置するアー・サー・バーのラインに修行点が想定される。③心《しん》の中央・右・左に位置するアン・サン・バンのラインに菩提点が想定される。④臍の中央・右・左に位置するアク・サク・バクのラインに涅槃点が想定される。そして、これらの梵字の位置と同音の三部を「鏡弥勒像」に認められる十二真言王の梵字に照合すると図22のごとくである。すなわち梵字のアーン・アン・アクのⒶグループはア（中央）に、サン・サクのSグループはサ（右）に、バン・バクのVグループ（「鏡弥勒像」では左・右が入れ変わっている）はバ（左）の三部にそれぞれ該当する。むろん四処も縦にアク・カン・カク・ランが頭・喉・心・臍に当てはまる。かくして三部四処の字輪は称名寺蔵（金澤文庫保管）の白描図に見るごとく、三重の字輪を図像中に描くことになる。これこそ真言僧が観想中に瞑想して確認することのできる三密（身・口・意）の獲得にほかならない。「鏡弥勒像」の十二真言王は十二字中、九字まで墨書されているが、右肩サン、左肩サク、心カクの三字は欠落している。その理由は中央縦の左右に胎金五仏の梵字を配置したために省略されたものと考えられる。胎蔵界は右側に中台八葉院中よりア（宝幢如来）、アー（開敷華王

図20　三部四処字輪観図（称名寺蔵）

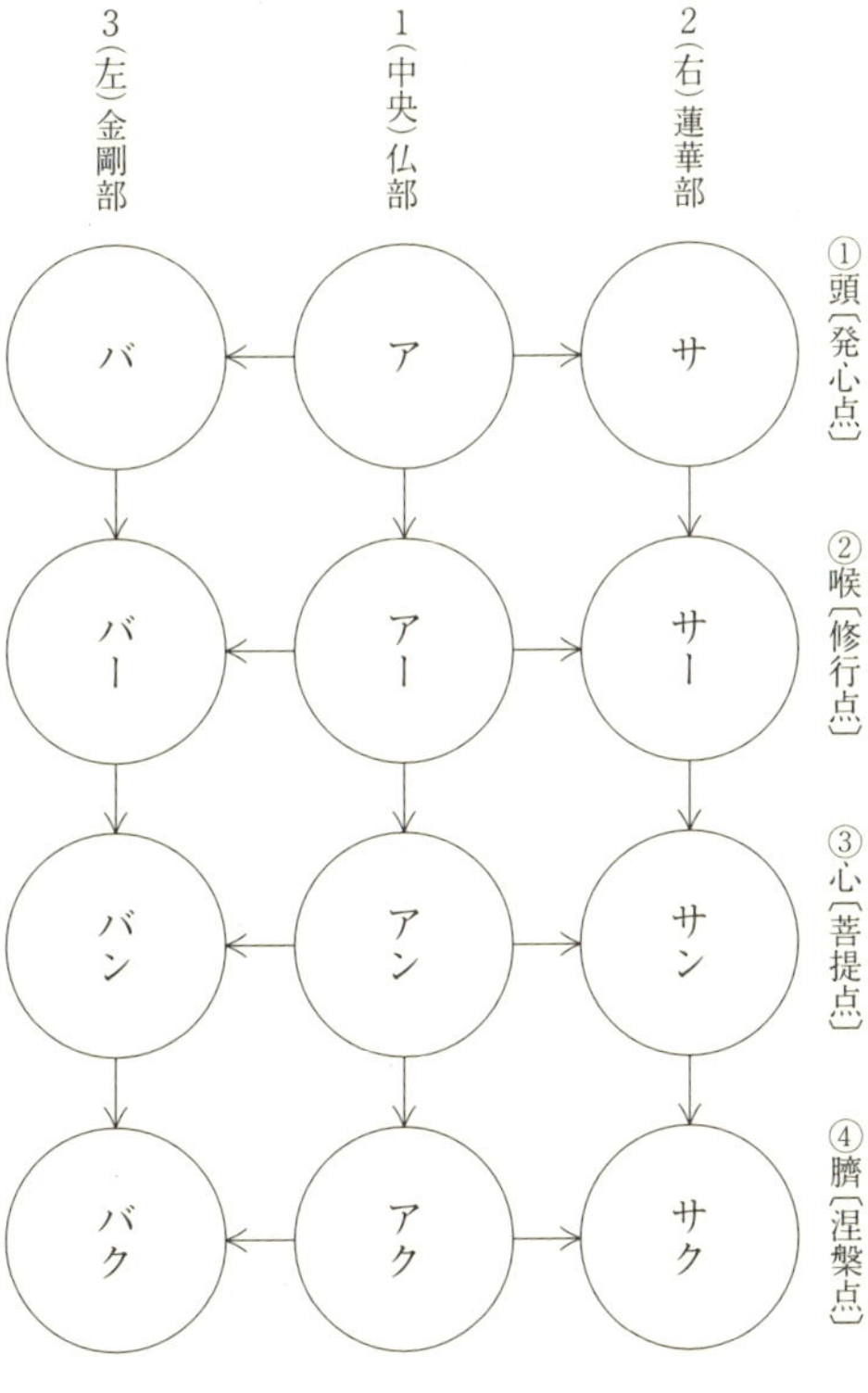

図21　三部四処字輪観図梵字読み一覧

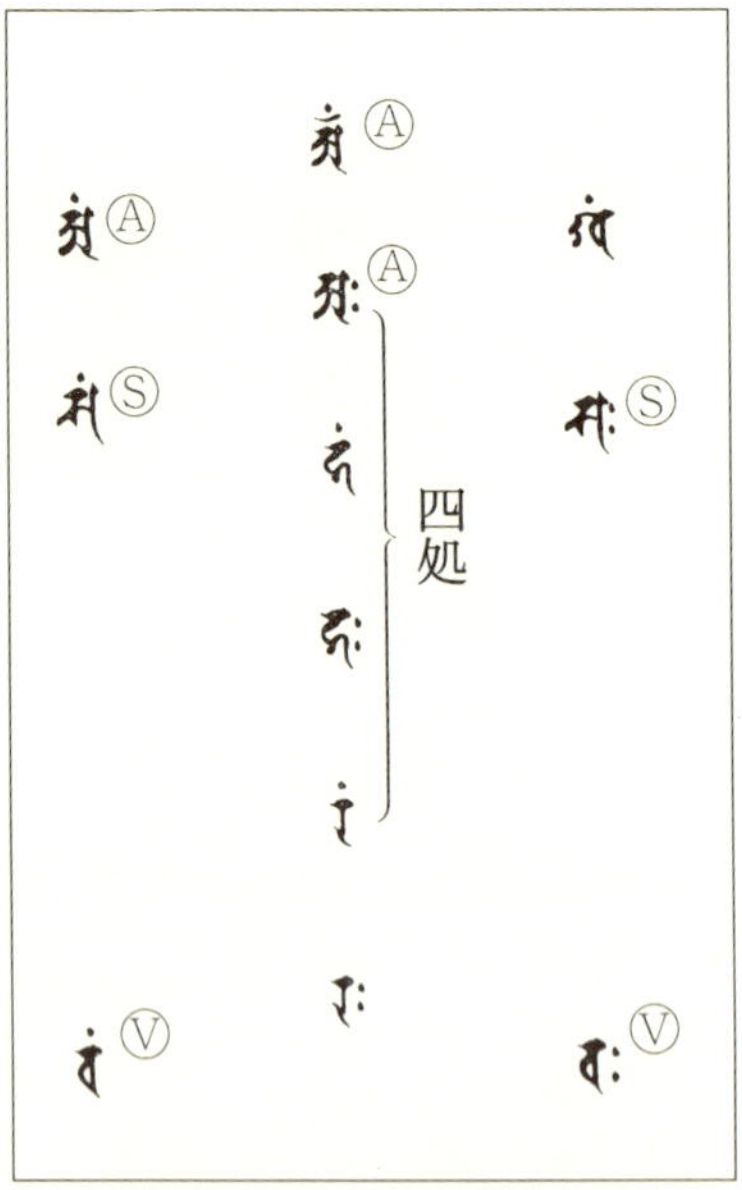

図22　三部四処字輪観図梵字

如来）、アン（無量寿如来）、アク（天鼓雷音如来）、アーク（大日如来）の五仏。金剛界は左側に四印会中バン（大日如来）、ウーン（阿閦如来）、タラーク（宝生如来）、キリーク（阿弥陀如来）、アク（不空成就如来）の五仏が配置されている。これにより「鏡弥勒像」の弥勒菩薩坐像そのものは裏面から次のように造像目的を知ることができる。十二真言王は阿字法界の根本的存在の表象であるから、いいかえれば六大体性という宇宙的生命の空間に同化することを意味する。その証が十二真言王の左右に墨書された胎金五仏の梵字である。と同時にこの胎金五仏の表示は、胎蔵界曼荼羅と金剛界曼荼羅の両界曼荼羅をも内蔵していることを示している。このこと（百光遍照と十二真言王と両界五仏の組み合わせ）は従来提起された宗教造型と密教の即身成仏が、どう結びついてゆくか[22]という美意識を理解するうえで貴重な作例である。

むすび

この「鏡弥勒像」について表からの考察があることは、冒頭で述べたとおりである。本稿の目的はこれまで解明されていない部分であって、厨子内部の線刻による貞応三年銘等と百光遍照観の伝承について考えることにある。また弥勒菩薩坐像背面の十二真言王および胎蔵界五仏・金剛界五仏の表示を入念に調べれば調べるほど、百光遍照観と三部の問題等[23]が密接につながっていることも容易にわかる。しかしこれらの表示の手がかりとなった素材の大部分が梵字である点で新たな問題提起がないわけでもない。その最も重要なところは、明恵上人と玄朝との関わり方である。今のところ筆者の手許には、この両者の関係を明らかにし得る史料をもちあわせていない。ただすでにふれたように嘉禄二年に四十三歳だという玄朝の年齢を信頼するならば、明恵上人はこの時、五十四歳である。十一歳年長の上人がたとえ何らかの理由で「鏡弥勒像」を造立させたにしても、玄朝の供養銘の目的を考えるとさまざまな理由で符合しない。最後に「鏡弥勒像」は造立の際に百光遍照観や十二真言王を組み込むために「大師御次第」と称する『胎蔵略次第』[24]を見ていることである。「鏡弥勒像」は正面から見ると弥勒菩薩坐像と同じ図像の大日如来の頭光は、百光遍照をあらわし、内蔵する三部字輪観は身光をあらわすとされる。しかも次第は最後の部分で、(1)「次五大種布子」、(2)（梵字）「ア・ビ・ラ・ウン・ケン」、「阿尾羅吽欠」、(3)「十二真言王」（布字あり）、(4)「迦等百輪四重及至五重」と順序を記し、少し先で「次人定」と記している。この過程は保元元年（一一五六）十二月十一日に小野で書写された写本『胎蔵略次第』によって明確に知ることができる。この(1)—(4)までの順序はいうまでもなく「鏡弥勒像」を正面から見て、扉を観音開きにして以後の梵字の組み込みにまったく同じことがわかる。それゆえ、この造立には浄三業と阿字[25]を入口とした胎蔵法等をきわめた玄朝の関わりを強く肯定することができる。そしてさらに明恵上人が五十二歳にして、楞伽山の峰に蟄居、あの国宝の画像「明恵上人像（樹上坐禅像）」が物語るように坐禅入観を果たした時期（一二二四年）と、この玄朝の供養銘が奇しくも一致していることも不思議な事実である。上人の姿かたちはまさに弥勒像そのものといい得るかもしれない。

註

（1）中野玄三「明恵上人と鏡弥勒像」（『学叢』四号、一九八二年）。同「弥勒図像と鏡弥勒像」（『仏教美術研究上野記念財団助成研究報告書』第十二冊、一九八四年、一〇頁）。同「重文鏡弥勒像」（解説）および「明恵上人と鏡弥勒像」（『来迎図の美術』、同朋舎出版、一九八五年、一八四頁、二五四頁）。京都国立博物館『明恵上人没後七五〇年高山寺展』目録（一九七八年）。

（2）鈴木規夫「新指定重要文化財阿字螺鈿蒔絵月輪形厨子について」（『仏教芸術』一五五号、一九八四年、一一八—一二〇頁）。

（3）湛慶造立説は中野氏前掲書はもとより、最近では松島健「西園寺本尊考（下）」（『國華』一〇八四号、國華社、一九八五年）に「明恵上人の臨終仏まで湛慶が造立しているらしい」とふれる。

（4）酒井真典『百光遍照王の解明』（高野山遍照光歴世全書刊行会、一九六七年）。

（5）現図曼荼羅の図像は『諸説不同記』第二に伝承している。「宝冠中に塔を安んじ」とあるが、図像は法界塔である。また法界塔の内面の解釈・伝承の分析については、田久保周誉「法界塔婆の研究」上（『豊山学報』第二号、一九五四年、一〇二—一八頁）参照。

（6）『慈氏菩薩略修愈誐念誦法』巻上（大正蔵二〇、五九一頁a）。

(7) 倉田文作編「像内納入品」(『日本の美術』第八六巻、一九七三年、五四頁)。「その奉籠の仕方はすこぶる入念なもので、さすがに北円堂本尊内奉籠たるにふさわしいものに思える。すなわちこれは像の頭部内面に納められているもので、頭部内に、内刳りに合せて不規則な円形に刳った木の台板があり、この台板の上に、二枚の板彫りの五輪塔にはさまれた小ぶりの漆塗厨子一基があり、この厨子の屋蓋の上方、つまり板五輪の火輪部に通枘を通して厨子を固定し、そのそばに前掲の宝篋印陀羅尼経一巻をそえて立てたもので、まことにコンパクトにまとめて頭部内に納めている。また前にふれた願文は、この厨子の内部、弥勒菩薩像のかたわらに立ててあった。この厨子は、高さ一一センチ、筒形で身部内面の奥壁には、薬師如来の坐像、その左右に不動、地蔵の立像を描き、扉には左に弘法大師、右には鑑真和上をそれぞれ極彩色に描く。その各頭上には円相内に種子を墨書する」。

(8) 石田尚豊「明恵上人をめぐる華厳変相図」(『明恵上人と高山寺』明恵上人と高山寺編集委員会、一九八三年、三一四頁)。

(9) 右同書、三一五頁。石井教道氏の所説とは「厳密の始祖高弁」(『大正大学学報』第三輯、一九二八年)のこと。

(10) 西禅院蔵『阿字観秘決』(高野山大学図書館寄託)。なおこの図について大野俊覧「西禅院本阿字観図その他について—併説、広観から無想観への転換—」(『密教文化』一〇六号、一九七四年、一〇—二一頁)の考察がある。彩色を示す『五色阿字』は釈迦文院、三宝院等に龍剛宥厳の写本が伝存する。

(11) 鈴木氏は前掲書一一八頁cにおいて「厨子表面のア字(梵字)はいうまでもなく密教における阿字月輪観を示すもので、円形の厨子そのものが月輪を形づくっている。背面の五輪塔は後記のごとく内に納められた弥勒像に由縁し、五輪塔の各輪が色分けされているのは、密教における顕色すなわち五大の色(黄、白、赤、黒、青)を表わしたものであろう」と述べ、外観からの推測で、表現を前提にした内面に関わる直接の理論の考察は今後の課題である。

(12) 酒井紫朗「大日経の五十字門について(一)」(『密教文化』五一号、一九六〇年、一七頁)および山田龍城「四十二字門に就きて」(『日本仏教学会年報』第三号、一九三一年)に字門の象徴的意味と展開を述べる。

(13) 空海は『三学録』にこれを収め、密教僧侶の必修すべき典籍とした。

(14) 「究竟」という語が曼荼羅に内蔵されていながら実際に用語として使用されている例は少ない。わずかに江戸時代に金剛仏子月幢が描いた宀一山《べんいっさん》の『奥院曼荼羅図』(松平文華館蔵)に賛文があり、「浄菩提心如意宝/満世出世勝希願/除疑究竟護三昧/自利利他因是生」と見られる。

(15) 土宣成雄『玄証阿闍梨の研究』(桑名文星堂、一九四三年)一四頁。

(16) 「已上醍醐流三寶院兩界木同授之 理性院兩界同葉授之」と記す。

(17) 土宣成雄前掲書二六頁。

(18) 石田尚豊「仏画稿本(東博保管)と玄証本」(『ミューゼアム』二一〇号、東京国立博物館、一九六八年、四—二〇頁)。

(19) 中野玄三前掲書一六―一七頁。

(20) 高山寺所蔵の『百光遍照王図』一通（高山寺聖教類第四部・一〇四函〔三二〕）は平安時代末期（院政期）の写。切紙にて百光遍照観の字輪観図が描かれ、外題下に「方便智院」の印がある。他に修法として鎌倉時代中期写の巻子本『百光遍照法』（同、一八七函〔十六〕）がある。

(21) 高山寺所蔵の『十二真言王』一帖（高山寺聖教類第四部・一〇四函〔三九〕）は粘葉装で平安時代末期（院政期）の写本で奥書に「交了」との墨書が認められる。［高山寺］朱印あり。他に鎌倉時代初期の写本『十二真言王儀』一通（同、二〇二函〔三八〕）および中期の写本『十二真言王儀印在口伝』一通（同函〔四八〕）があり、いずれも竪紙にて伝来している。

(22) 真言密教の造型意識の中心をなすと考えられる即身成仏論を美化の系譜の頂点として初めて位置づけたのは、水尾比呂志『日本宗教造型論』（美術出版社、一九六六年）である。水尾氏の解釈は空海の所説をまじえて「極無自性心とは、仏法もまた一切無性の空であると悟った心であって、顕教においては窮極の境地として華厳宗の説くところに住する。しかし密教においては、これを初心としてさらに最高の秘密荘厳心へと進まねばならない、と空海は説く」（同書、一〇八頁）という。これは『十住心論』を通して、厳密の融合を美意識の中でとらえた注意すべき視点であって、その根幹はそのまま鏡弥勒像の意匠の構造にあてはめることができる。

(23) 三部（仏部・蓮花部・金剛部）は大日如来を正面からとらえる場合の問題意識である。これと同様に東寺講堂の二十一尊に見られるように、左より右へ五大菩薩が自性輪身、五仏が正法輪身、五大明王が教令輪身の三身（密教彫刻）の構成に共通する。

(24) 『胎蔵略次第』（『弘法大師全集』第二巻、密教文化研究所、一九六五年、三三六―三三七頁）。

(25) 浄三業と阿字の関係を決定する「浄三業明」は、真言密教の加行のうち『十八道』次第の中に位置づけられ、次第の中で出発点にもなっている。この境地は声を発する真言によって美化され『阿字義』にも引用されている。その美化のために引いてくる阿字本不生という理論は、最終的には梵字阿字によって表象される。梵字の阿字は大旨、諸次第（十八契印・十八道等）を根拠にしているが、伝法院流に相承される極秘の『十六大菩薩惣灌頂密印』によると阿字は大日の種子であり、因位の十六生頓に満じて速やかに大日の果位を証するという。これは弘法大師御入定の際の印明である。松原茂氏は『阿字義』（藤田美術館所蔵）を初めて『続日本絵巻大成』第一〇巻（中央公論社、一九八二年）にて取り上げ、詳細な論考を寄せている。とくに「経典絵巻の種々相」一〇六頁では「浄三業」を解説しているが、根本的な十八道との関係についてはふれていない。ただしこの巻子について、十三紙以降の項目名を含んだ何紙かが欠失しているという見解は同感である。

年表史料

（　）内の番号は高山寺所蔵の聖教函の函番号、函と付さないものは、重文指定「高山寺聖教類一千七函」のもの。函を付し整理番号を加えたものは、高山寺資料叢書第十一冊「高山寺経蔵典籍文書目録索引」（代表者築島裕）によるもの。筆者も同資料を一部調査したが、大部分はこれら調査団の成果、労作に負うところが大きい。

〔1〕「唯仏覚知釈」一帖（一四六函―一八）

玄朝が承元四年に写した大和綴横本で奥書は「承元二二季卯月十□（九カ）日書了／求法僧玄朝」。内容は『大日経疏抄』および『釈法華大意』よりなる。

〔2〕「建保七年伝法灌頂記」一巻（一九八）

巻頭に「建保七年己卯三月十八日」の記録があり、仏母院の儀式に大法師源忠とともに「玄朝」の名が見え参集している。

〔3〕「雨法」一巻（四〇三）

玄朝筆の巻子本（小本）で、本紙端裏書に「甚秘〻〻理性院」とあり、奥書は「野州御次第云〻／承久三年三月廿八日書写之于時／春雨淋〻陰雲靉靆矣／金剛仏子玄朝」。

〔4〕「仁寿殿御仏事等」一巻（四二五）

玄朝筆の巻子本（小本）で、裏書（大治二年御修法の記録等）がある。奥書は「承久三年四月三日於一条／町壇所書之了／求法金剛仏子玄朝／成密房阿闍梨自筆本也／是理性院流矣」。

〔5〕「請雨経次第」一巻（三八九）

玄朝筆の巻子本（小本）で、奥書は「承久三年四月五日書之了／金剛弟子玄朝／此書（×□）者先年先以先師御本書持之雖然重今以彼（マヽ）／本書之交合可有得失／矣又為積功累徳也」。

（註）これは「永久五年請雨経法日記」一巻（②一九四）の写本。

〔6〕「真言院御修法事」一巻（三九〇）

玄朝筆の巻（子本）小本で本紙端裏書に「後七日理性院」とあり奥書は「承久三年卯月七日於一条町／壇所書写了／金剛弟子玄朝／成密房御自筆本也」。

〔7〕「永久五年祈雨日記権僧正御房」一巻（四四二）

玄朝筆の巻子本で、奥書は「権僧正御房御記也、執筆師頼卿／私云／以前日頭弁内〻祈雨法可被行之由被触権大僧／都厳覚之処国辞云〻以其旨被申上／白河（×川）院候所被召権僧正御房云〻云嘉応二年九月十一日巳剋於三宝院書／求法仏子乗―也（以上奥書）承久三年卯月九日於一条壇所以鳥羽／本書之了、金剛仏子権律師玄朝」。

〔8〕「鎮壇法」一巻（四一八）

玄朝筆の巻子本（小本）で、奥書は「承久三年卯月十日書写了／求法弟子玄朝」。

〔9〕「請雨経作法伴僧交名」一葉（二〇一函―二二）

紙背に「卯月十日玄朝」とある。

〔10〕「慈氏菩薩略修愈誐念誦法」上・下二帖（四三）

（上巻）玄朝筆の粘葉装枡型本で巻尾に「青龍寺山林院一切経」とある。奥書は「貞応元年□（七カ）月八日書写了（金泥カ）／願以此功徳往生都率天／見弥勒慈尊速澄（マヽ）无上道／」「貞応二年八月廿三

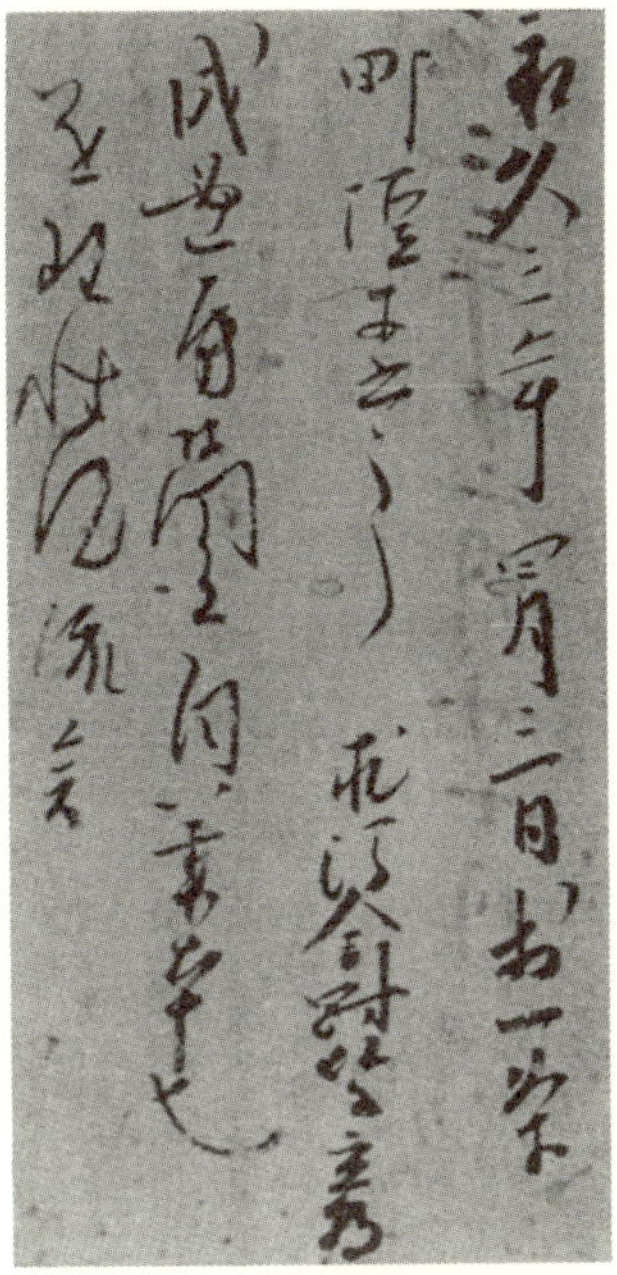

史料４　「仁寿殿御仏事」等奥書

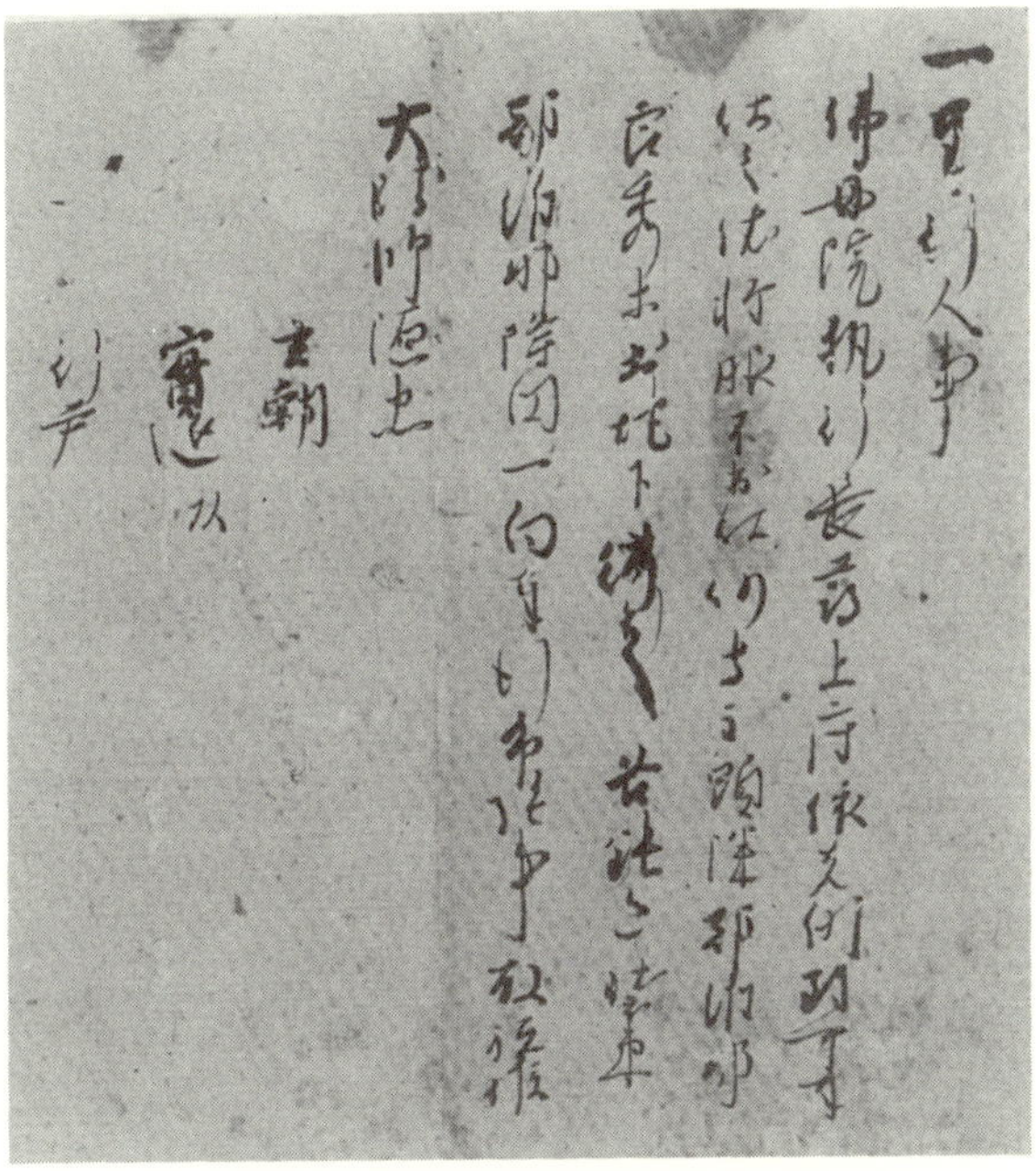

史料２　「建保七年伝法灌頂記」部分

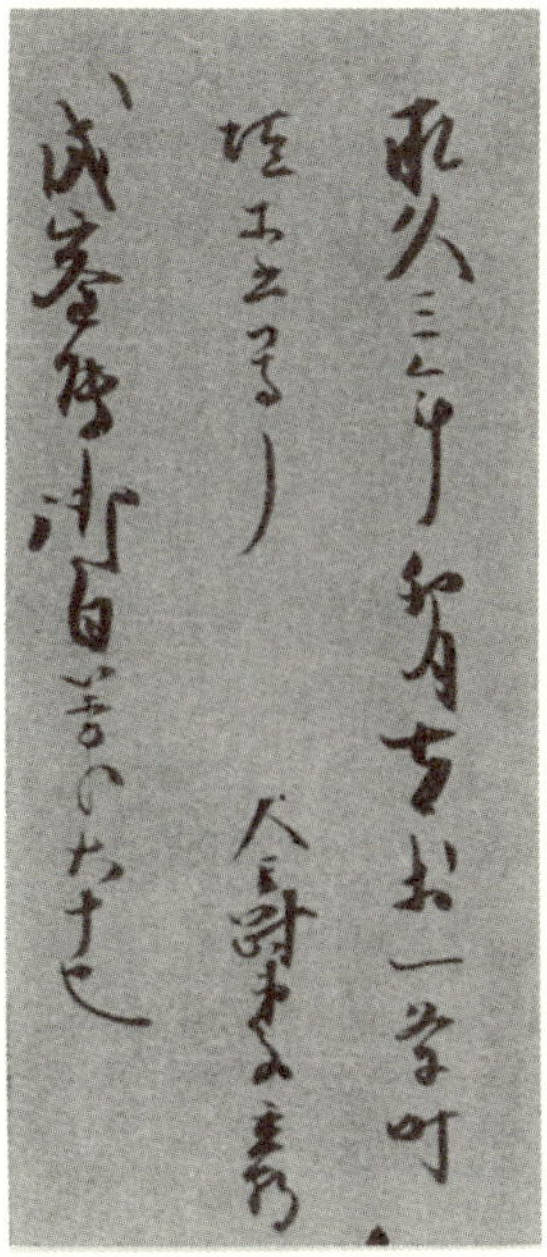

史料６　「真言院御修法事」奥書

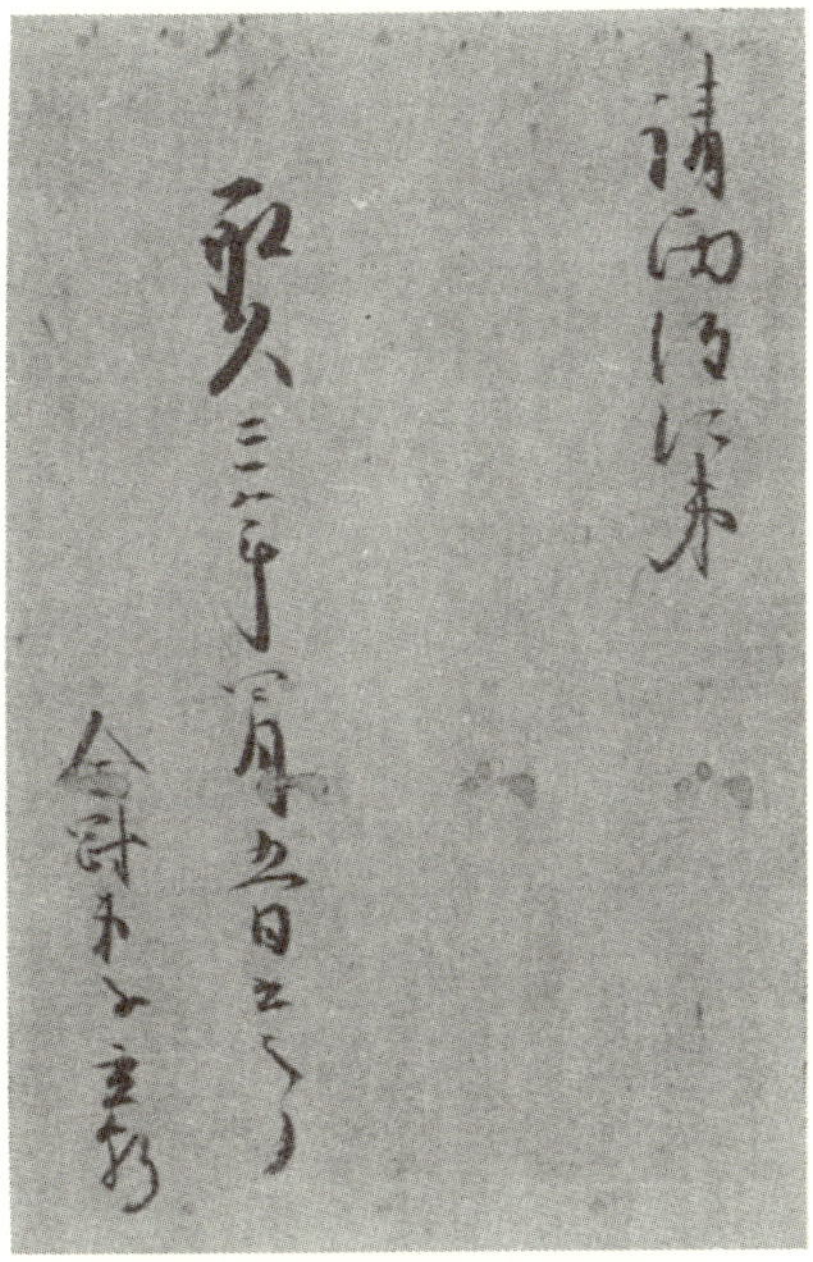

史料５　「請雨経次第」奥書部分

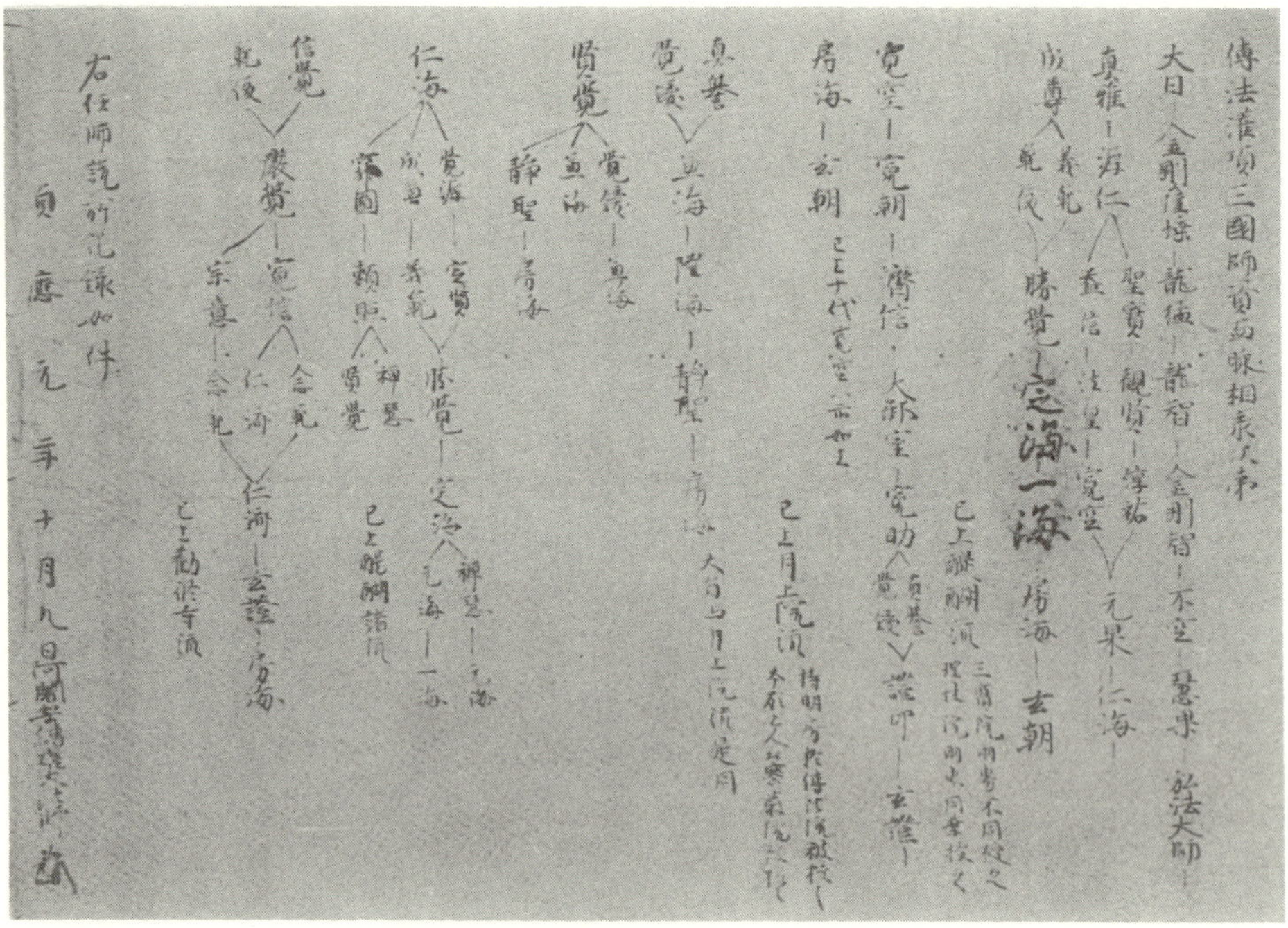

史料12　「伝法灌頂三国師資血脈相承次第」

日為先妣之／聖霊五七日開類了玄朝／ꣳ／南无弥勒仏」（巻下）奥書は「貞応元年七月四日書写了／願以此功徳、往生都率天／見慈氏如来速証無上道／金剛仏子玄朝／」「（金泥カ）貞応二年八月廿三日相当先妣五七日開体了（朱書）同九月五日点了／ꣳ／南无弥勒仏」

〔11〕「伝法灌頂阿闍梨職位授与状」一通（一一一―一）

伝法灌頂の授受を示す折紙。巻首に「金剛弟子権律法橋上人位玄朝」宛の標記があり、巻尾に「貞応元年十月九日／伝授阿闍梨伝灯大法師房海」とある。房海上人から玄朝に授けられた血脈の相承を意図した授与状。

〔12〕「伝法灌頂三国師資血脈相承次第」一通（一一一―二）

伝法灌頂の受法を示す血脈。巻尾に「右任師説所記録如件／貞応元年十月九日阿闍梨伝灯大法師（花押―房海）」。

〔13〕「八名普密陀羅尼経」一帖（一六三函―一）

玄朝筆。縦長四行本の旋風葉装で貞応二年（または三年写。高山寺 朱印があり墨界が引かれる。奥書は「（朱書）諸大乗経《ノ》所説《ノ》六度行、又、広義繁《ク》是以《シ（ク）ノ上二重書》修学諸井受持不易多□退屈／是以世尊為新学《ノ》井受持《シテ》易疾《ク》成般果《ヲ》速証菩提果《ノ》括惣《クリテ》諸大乗経《ノ》／（虫損）受持修行（法此）即是〔　〕也」「（血書）貞応二年《（三カ）》八月廿三日為先妣聖霊□□／生死証大井開題了金剛仏子玄朝／□／南无弥勒仏

〔14〕「大方広円覚修多羅了義経」巻上一帖（十八函―一四四）

玄朝筆の粘葉装本で奥書は「嘉禄元季十一月一日敬奉書写了／願以此功徳往生都卒天速《（マヽ）》澄无上道利益遍仏法界／金剛仏子玄朝」

（追記）「同三季三月十四日奉送梅尾《ママ》奉開題了同閏三月九日於賀茂社壇／奉転読了」

〔15〕『円覚経』巻上・下二帖（十九函—十五題⑴⑵）
玄朝筆の粘葉装で巻上のみ巻尾欠。奥書は巻下にあり「嘉禄二季六月七日比交功畢願以此功徳往生／都卒天常見仏聞法無上仏道仏子玄朝四十三」

〔16〕（題未詳）一通（五三函—六三八）
江戸末期慧友筆の写本（切紙）であるが、表に奥書が「勧進一万人転授此経巻半月半日誦菩薩十重禁／以此功徳力随願生仏前速澄《マヽ》無上道利益遍法界／嘉禄元季十二月十日書写了金剛仏子玄朝」と写され、裏に「嘉禄二年玄朝上人書写一万巻之／内禅浄房」（別筆）「菩薩戒本」とある。

〔17〕『即身成仏義』一帖（一二七函—九）
粘葉装で鎌倉期写。奥書は「（朱書）校点了以或人本一交了於今書広略本不同与其中今本首尾調／可依用云々」「（別筆）此書者先妣比丘尼持本也文字／狼藉不足亀鏡矣玄朝記之」。

入唐と船中湧現の図像

弘法大師や伝教大師をはじめ、入唐諸家には困難な渡海に際して得たと考えられる船中守護の思想を図像化したいわゆる船中湧現の尊像がある。現存する主な作例を示すと、⑴船中湧現観音像（平安時代末期）高野山龍光院、⑵波切不動（平安時代末期）高野山南院、⑶摩多羅神（江戸時代）叡山常行三昧堂、⑷A新羅明神（室町時代初期）大津市園城寺、B三井曼荼羅（室町時代末期）（画面の一部に「新羅明神像」を描写）大津市園城寺、の四種である。このうち⑵―⑷は、すでに研究がなされているので本稿ではふれない。⑴は空海が入唐するとき船中の航海を守ったと伝える観音像で、明算（一〇二一―一一〇六）の頃すでに「観音絵像一軸、大師筆御入唐の時船中影現の図なり」（『紀伊続風土記』第四輯高野山之部巻十六）と呼ばれていたものである。絵の構想は入唐という事跡と、その場面に観音が出現しなければならないという舞台効果の特異な状況を予測せしめる。しかし船中という限定された場所で霊応験現する姿にしては、きわめて難解な図像学的解釈をともなう。

無量寿院覚霊がこの尊容を見て『弘法大師年譜』に「大師（空海）御帰朝船中観音顕現、忽然トシテ還二去五色雲上一ニ云々、其ノ出現形相ハ者正観音結二剣印一是レ也」（守覚『北院御室拾要集』）と記録しているが、これは観音を立像としてとらえ、その足元と像全体が影向するさまに注目したものである。また守覚（一一五〇―一二〇二）が「船中に剣印を結んだ正観音があらわれ、五色雲に乗って還り去る」(1)と述べているが、画面の足元を見ると像は礼盤の上に立ち、その礼盤が空中を飛んでいるかのように見える。そして後方に雲がたなびき、雲流は捲き返ってさえいる。さらに細かく見ると像は足元危なげに立ち、いま湧現した瞬間の姿をとる。雲は上方から降り、盤の下に入り込む。立像は一瞬、絵身を厳飾する華麗な切金《きりがね》に幻惑され、観音としての異形な顔相に驚かされる。普通なら円満な慈悲相であるべきものが、目や眉間の表情はむしろ毘舎門天に近く曲眉瞋目の極忿怒に似る。しかも右手に一茎の蓮華をかるくささげ、左手に剣印を結ぶ。印相は腕を伸ばさず、むしろ胸前に横たえている。容姿は天部像のごとき龍女を想わせ、鰭のある袿襠を著し裾長く裙裳を風にひるがえしている。『如円巡礼記』(2)にはこの印相の異様さと礼盤下の海波のようすを克明にとらえているが、いずれにせよ、この像全体の性格づけを考えると、図像学的には観音像として顔の表情、印相、乗物など、既成の概念では理解できない要素が多いのに気づく。するとこうした着想は何処に由来するものなのであろうか。まず考えられることは海上にて観音に救いの祈願がこめられ作図されていることである。その図像学的根拠は、入唐の途次という状況設定において暴風に遭遇し、風波の平穏を祈るかのように左手を水平にさしのべ、人差指・中指二本の指（剣印）が描写されている点にある。この部分について、ほぼ同様の白描図像が二本伝わっている。(3)

(1) a 一切念誦行事勾当（「諸尊図像集」上巻）平安時代末期
　　b 一切念誦行事勾当像（「密教図像」のうち）平安時代末期

aは観智院旧蔵本（現在は世界救世教所蔵）で「高野心覚阿闍梨作」と伝える巻子（一一二二・〇×三二・〇センチメートル）である。常喜院心覚（一一一七―一一八〇）は高野に登り、晩年に成蓮房兼意に師事、その後まもない頃に船中湧現観音を拝観できたのかもしれない。いずれにせよ、心覚は若い頃に三井寺に居住しており、これと同一の図像をすでに知っていたと思われる。なぜなら、この図像を如円が呼んでいた「船中湧現観音」とは呼称せず、「一切念誦行事勾当」と記入していることである。さらに、その下に「智証大師流に尋ぬ可し」（大正図像三、一二頁）と註記があり、三井法流の図像であることを示唆している。bは仁和寺本で右肩に梵字の尊名を付す。一切念誦行事勾当の直訳であるが、印相を見ると、aが正確な剣印を表示しているのに対して、bは左手の五指を伸ばしぎみで掌の表現にちかく正確な剣印ではない点が違う。(4)またab両本とも龍光院本との関連性を比較する色注が墨書されている。

aでは蓮華の部分に「白黄色花」、衣装は「衣皆黄色」、「裳又黄色」、足元のたなびく雲は「黄色雲」、身体の胸の部分は「黄白色」（肌色）とそれぞれ黄色を強くとらえている。

bでは裏面に細字の片カナによる色注が見られ、彩色の表示はaより詳しい（以下原本のカナは漢字に改める）。頭髪は「淡墨」、花冠は「黄色」、帛は「白色」、肌は「紺青」、釧は「黄色」、上衣は「赤色」、この衣文の細部を見ると鰭は「紺青」、籠手は「うす紫」、その内側は「白色」、裙は「青色」、腰裳は「赤色」、その鰭は「紺青」、腰裳の上縁は「うす紫」、結紐は「白色」、前垂布は「うす紫」、礼盤は「黄色」、その縁は「黒赤色」、雲は「五色雲」、蓮華萼は「青色」、花弁は「白色」、その茎は青色。

以上の両本の配色を龍光院本に比較するとaがきわめて近似することは明白である。ただし顔の表情は、龍光院本が完全な曲眉瞋目の形相をとるのに対して、abとも忿怒の相はまったくない。aは老人の顔に近く、bは少女のように無表情である。

むろん曲眉瞋目の表現が観音像にとり入れられてゆく根拠は、『不空羂索神変真言経』の巻九、巻三十に見られる「面目瞋怒」（大正蔵二〇、二七一頁a）や「大奮怒王面目瞋怒」（同、三九四頁b）の影響も考慮しなければならない。しかも、この系統は坐像ながら興然（一一二〇―一二〇三）によって「阿暮伽観世音大奮怒王、面目瞋怒坐《ニシテ》二蓮花座一、一手執二蓮花鬘一、一手揚レ掌《ヲ》、繞レ身《ヲ》光焔《アリ》云々」（宝寿院蔵本「五十巻鈔」）と記録されていることを思えば、すでに十二世紀初期以前にこうした図像の粉本が存在していたことは十分に予想されることである。

また龍光院本やaの伝える身色が黄色であることに注意しなければならない。黄色の像とaの智証大師流系統の図像という注記は、そこに黄不動との関連性を容易に想定させるが、空海系統の観音でも一尊を黄色と表示して「次如意輪観音黄色……」（『秘蔵記』）という例がある。したがって黄色という根拠は、天台寺門派のみユニークにあつかわれていたのではなく、総身切金という身色の幻惑的な技法として東密でも用いられた。ただ龍光院本は船中湧現と呼ばれる画像だけに、必要以上に切金で黄色を夢幻的に輝かせている。その画面には黄色が船と関わり合うだけの何か意図的な背景を有していたともいえる。龍光院が高野山における空海住房の跡であることはいうまでもないが、空海が入唐する時点で果たして船中に観音が湧現したかどうか。この発想はむしろ帰朝の一部を想像した事跡と解釈せざるを得ない。その理由は空海自身の著作に船中湧現の記述が見当たらないことと『弘法大師行状絵詞』など後の伝記類に「入唐帰願」（『年譜』三）の場面(5)があるが、いずれも(イ)「宇佐八幡宮」「賀春明神」（『行状記』経範）、(ロ)「白檀薬師如来」「宇佐八幡宮」（『行状図画』二、白檀薬師のみ『要集』賢宝）、(ハ)「筑紫八幡大菩薩」（『高野見聞秘録集』元弘二年）のように神仏と薬師で観音は登場しない。龍光院本の作者は空海が入唐に際して観音像と関わる時点を西明寺（本尊は「観音像」）滞在以降と想定したかもしれない。また龍光院本の礼盤下の雲は、正智院道範（?―一二五二）が想定した「大師御入唐之時自図《ラシ》レ之奉《ルケ》レ預二御母儀《ニ》一同《ク》等身《ノ》像《ナリ》。大方様《ノハ》如《シ》二普通《ノ》御影《ノ》一。但於《シテ》二左上《ノニ》一。釈迦如来影現形像《ノ》有《リ》レ之」（『壒嚢抄』）のように入唐に際して御影を母に預けることによって、釈迦が影現するという状況下の雲の表現とよく似ている。それは釈迦が山上より雲に乗じて降りてくる救いの型の構図を意味している。これが海上ではどのような意味をもつのであろうか。入唐にあたって観音が船中で霊験を起こしたという珍奇な資料として『観音利益集』(6)(一〇・〇×一三・八センチメートル、粘葉綴)がある。

何ノ御門ノ御時ニカ、唐へ船ヲ被渡ケルニ、悪風ニ被放《テ》、イツチトモナク行キケリ。多ク日数ヲ経テ、アル島ニフキツケラレタリ。地ニ付タル事ヲ悦テ、船中ノ物《ノ》トモ、命《チ》ハカリハイキヌヘキニコソト思ヒアエリケルホトニ、少々船ヨリヲリテ世間ヲ見マワスニ、太方《ヲヽカタ》人ノ住メル気色ナシ。カクテ且クアリテ、タケ八尺ハカリナル浪ノ上ヘニ、日数経テ、呑ム水皆《ナ》ツキテ喉カワキ死ヌヘキホトニ成タル、観音ヲ念シタテマツル時《キ》大海ノ中ニスミ〳〵トアル水ノ河ノ様ニ流ルヲクミテ呑ミツ、命ヲタスカル事侍リケリ。大悲方便ヨリ出タル水ヲ呑ミケム輩カラ、二世ノ願定テ空シカラント、タノモシクソ侍リケル。

これは標題に「唐船観音」(7)と記すもので、入唐で漂流しある島にたどりついた際の観音名号念誦による利益を述べている。釼阿《けんな》(称名寺第二代、?―一三三八)の筆であるから時代は下るが、入唐を前提にした観音の応現という点では、話の素型を「観世音菩薩普門品」の「入二於大海一。仮使黒風吹二其船舫一。飄二堕羅刹鬼国一。其中若有下乃至一人。称二観世音菩薩名一者上。是諸人等。皆得レ解二脱羅刹之難一。」(大正蔵九、五六頁c)に求めることができる。この文の後に「是の因縁を以て観世音と名づく」とあるのは、観音の霊験の迅速な点を強調したものである。さらにこうした唐船と観音画像の結びつきは、空海以降、船中では円仁の入唐(一一七〇)中に見られ、藤原常嗣の発願によって粟田家継らの兼画師が「始めて観音菩薩を画き」(『入唐求法巡礼行記』)とある。(8)龍光院本は、こうした観音の霊力を空海という祖師讃仰の中で強調した珍しい作例である。

註

(1) 大正蔵七五、六一四頁a。長谷寶秀「二間観音供考」(『密宗学報』二三〇号、一九三三年、三七四頁)。また「年譜」四の二七左によれば『拾要集』を引いて「或説、白雲中正観音云々、是則二間本尊也、玄宗皇帝持念正観音也、不空三蔵毎月十八日供レ之給云々」とあるように、剣印を結ぶ正観音は仁寿殿観音供の本尊として使用され、この場面が『弘法大師行状絵詞伝』巻八(教王護国寺本)にも見られる。

(2) 「船中湧現観音像」という名称は如円によって見出されたという(亀田孜「船中湧現観音像をめぐりて」、『日本仏教美術史叙説』、学芸書林、一九七〇年、一六六頁)。如円とは叡尊の弟子「阿一如縁」のことか。

（3）　拙稿「伝船中湧現観音像」（『日本名宝事典』小学館、一九七一年、四五一頁）。またbの仁和寺本については有賀祥隆「仁和寺蔵密教図像について」（『ミューゼアム』二九九号、一九七六年、三一―三頁）を参照。

（4）　bの図像そのものを「不空羂索神変真言経」に照合すると、顔相が少女のようだという表現から「右自在菩薩。左手持蓮華。右手仰掌髀上。半跏趺坐。後多羅菩薩。左手持青蓮華。右手揚掌。半跏趺坐。」（大正蔵二〇、二七〇頁b）とある観音像の背後で青蓮華を持すターラ菩薩にも比定できよう。事実、龍光院本と多少違う点は、その未熟な図像の尊容である。

（5）　長谷寶秀『弘法大師行状絵詞伝』（弘法大師一千百年御忌事務局、一九三四年）四三―四頁。

（6）　金澤文庫古書目録では「観音霊験集」。称名寺二九八函所蔵。

（7）　関靖（『観音』巻十ノ三、一三頁所収）は「唐松」と読むが「唐船」の誤植。近藤喜博編『中世神佛説話』（古典文庫、一九五〇年）一七五―一七六頁。

（8）　小野勝年『入唐求法巡礼記の研究』第一巻（法藏館、一九八二年）九九頁。

三部四処字輪観図像の成立

一　問題の所在

三部字輪観は古くから天台宗・真言宗ともに三部四処字輪観と別称するが、その所説は『大日経』第五、字輪品第十[1]による。この所説に基づく布字図は、三部字輪を主体とする。すなわち仏部・蓮華部・金剛部の三部の種子ア、サ、バを観想するために墨書または朱字で字輪を描く。これは主として法身大日如来の大定・大悲・大智と同体であるサマージ（三摩地）を体現するための法具（観行の図）として記録されたものである。これには⑴布字図と⑵図像が伝承されるが、図像は新しく発見された資料である。本稿では⑵の新出によって、わが国における『大日経』字輪品の展開が、究極には布字図だけではなく図像をともなって成立していた事実をつきとめようとする。

二　布字図の解釈

布字は三部の真言ア（a）、サ（sa）、バ（va）の梵字（三字）に牙声カ（ka）の二十字に遍口声ヤ（ya）を加えて、帰命の句を冠しながら念誦する。それぞれの字輪は、額・喉・心・臍の四処に観じ、それは発心・修行・菩提・涅槃の意を表象する。この意のもとに各々の梵字を見ると、発心は無点の字輪、修行はアー（ā）点の字輪、菩提はアン（aṁ）点の字輪を、最終的な涅槃にはアッハ（aḥ）点を観ずるよう指示がある。こうして観想化された梵字は数重の字輪をともなって図解化されるのであるが、その際に法身との関わり合いが重視される三密加持の展開も究明する必要がある。しかしここでは、布字図にともなう図像学上の要因を見きわめるだけにとどめたい[2]。

布字の字輪は生の意味で、使用する悉曇の字母も各諸字を転生するのでそう呼称する。布字を主体とした三部四処字輪観についてはすでに概要がある。その目的は個々の経過において微妙な次元で異なるが、究極的には大日如来の身光を観ずることになる。すなわち「此四徳円具して終りに方便究意を成ず一切処に観ずる位これなり。また字輪を観ずる時輪より光明を放つ、この光明に照らさるゝものは悉く罪障を消滅す。字輪は三部の真言心たる阿・娑・嚩の三字および五類声中に等分声五字を除く二十字および遍口声中に当体重の濫字を除ける九字よりなる」(3)。この字輪観を百光遍照王の観(4)(略して百光遍照観)に比較するならば、三部字輪観は行徳を表示し百光王は果徳を表示する。そして究極的には大日如来の頭光を観ずることになる。以上のように布字図(5)は、それぞれ観想を介在させて、

三部字輪観→身光

百光遍照観→頭光

と法身の全体像を組み立てる。これは新しいものでは覚千が記録した『自在金剛集』第五の「四処輪布字法」にその用法が詳しく説かれている(6)。この次第を順に見てゆくと発心の額とは、「第一眉間発心輪」(大日仏、第三四、一九一頁b)とあり、眉間である。

これは古くは覚超(九六〇―一〇三四)の『三密抄料簡』に見えるもので「三密抄料簡云。頭為二阿字位一眉間白毫処最中置二阿字一。其阿字外正直当二于両眉之間一。与レ阿相対先観二迦字一。次ゝ右旋観布文」(7)という。布字の後は菩提心真言を誦しこれを加持する。この加持を含めた三密行の行為を前提にした場合、字輪観の図解化はさまざまな意味を伴ってくる。むろん内心では真理法界(または法界法身)の立場と修行者としての自己とが自身の中で対立することもあろう。そのような場合、眼前の字輪、念ずべき字輪は自己の中に入り込んで、本尊の意密と行者の意業が融合不二となるよう表象化される。行者が法界法身を本尊として仰ぎ、常にそれを礼拝し供養する立場をとるならば、字輪観の中においても行者の意業が活動する。しかし実修の段階では「本尊の三密と行者の三密と平等法界を自証(8)」しなければならない。これは観想を組み立てる次元で、字門布列の描写を前提にしながら何度も本尊に近づこうとする行者の側の発想である。自証とは胎蔵五仏の種子ならば、通観本有五大の字を、文字の内に向かうよう配列することである(『別行秘記』六)。いうまでもなく字輪観は、入我我入観、正念誦とともに三業を本尊に同化させることが目的であるから、布字図の必要性は『大日経』字輪品の成立と同時にあったと考えられる。略図のようなものは同品が説く、仏・蓮・金の三

部の種子と、これを周匝する悉曇の体文（父音）三十五字のうち鼻音の五字と、重体のランの六字を除いて二十九字を布置することが所説の中にある。むろん所説には図解を可能にし得る方法（布字輪の位置、順序）がすでに内蔵されているから、字輪品の翻訳直後に布字図が出てくる可能性もあったと考えられる。字輪品のうち四処輪は四徳を満ずる義をもち、その四徳を円具、終極的には方便究意を成ずる一切の場所に観想の基点を置く。四処はこれを基点として広がり、字輪を観ずる時輪より光明を発す。先述した身光の成就がここにある。四処輪については天台系の口決で覚超が著わした『胎蔵三密抄』に「四処輪玄法三巻軌。此題云転字輪入八曼荼羅品。摂大儀軌題云大悲胎蔵転字輪成三藐三仏陀入八秘密六月成就儀軌」（大正蔵七五、六二一頁c）という。ここでは『玄法寺軌』の系統を引きながら、四処輪と転字輪入八曼荼羅品からの依用であることを示唆している。この場合の四処は「眉間咽心臍」（同、一〇行目）と同じであるが、「初行果円寂。方便一切処。身外如光焔」（同、一一―二行目）と身体中に光を放ち、伊等の十二字を外へ散布するところが表現形式としては詳しい。このことは四処輪具現の際に引いた『玄法寺軌』を底本の一部とみなした覚超が、身光を重視していたことを示す。さらに同師の『三密抄料簡』下巻に詳説する四輪布字法を考え合わせると四処輪の布字は、三密加持から転じた除障の意味づけがあったと考えられる。ここでは数珠法、加持数珠法、四種念誦、五輪異名、十二宮等の問答を行ない、最後に顕密劣観、除障論を説く。この除障について覚超は、三密加持の真言にはおよばずと述べ、なお「除障之勝術は三密の教門」という所説を基点におくことを確認している。

ただこの勝術をうながす勝身の前提条件が必要である。三部輪観図そのものから見れば四処輪は図像化の一歩手前にあり、全身の三昧耶とも解釈できる。金剛界の好例は『自在金剛集』第五の「勝身三昧耶印記」という「勝身トハ自受報ナリ。三昧耶トハ法身ナリ」（大日仏二二四、一九一頁a）であろう。これは円行が恵果からうけた結印からの発想（同、一九〇頁b）であって、「此ノ印前ノ三昧耶形ヲ変ジテ以テ仏形ト為ス」（同、一九一頁a）と仏形を想定するところに特色がある。そのかたちを「理智身理智法身」と名づけながら、印相を基調として仏形をシンボル化する。つまり、ここでは変異の可能性を秘めた仏身の規定のしかたに問題があるように思われる。印相はいうまでもなく「住二此形ノ中ニ一名二自受用報身ト一」（同、一九一頁a）とあるように、所説に基づくものは冥合の印である。むろん報身は三身のうち仏を実践面の行の中からとらえた報いの仏身である。法身は仏の本身である法を指す。かたちとしては前者が情景描写を伴う場合があり、後者は三昧耶など抽象的な観念の描写を伴う。その観念的な表現を重視すればするほど印相との関係は強力な意味をもつ。

その法身に布字法を組み立てたものが天養元年（一一四四）写の『法身三密観図』（石山寺蔵）である。[9]「天養元年六月二十七日於テ二光明山草庵ニ一以テ二未ノ刻ヲ一拭ヒレ汗ヲ書写シ了ヌ　経雅」と奥書があり光明山から伝承された経雅本である。これには大永五年（一五二五）写の金剛三昧院本や桜池院本があるが、原本が空海の著作かどうか古来から真偽が問題にされている。本文中、別本の部分[10]はともかくとして法身の字輪観図は『性霊集』第三の「円図」[11]に該当する訳図と解釈してよい。図は三つあり、ともに三重の同心円で最外の周を各々四十に分ける。中の文意は『大聖文殊師利菩薩讃仏法身礼』の四十一頌より引いたもので、最外の円は第一頌第一句「無色無形相」（大正蔵二〇、九三七頁ａ）を身密観、第二句「無根無住処」（同）を語密観、第三句「不生不滅故」（同）を意密観として右廻りに記入する。第二重円は第四十一頌目の「一切平等礼無礼無不礼一礼遍含識同帰実相体」（同）を同じく右廻りに配す。内側の円には阿（a）、娑（sa）、縛（vaḥ）を蓮台上に置くが、石山寺蔵本のように「娑」の梵字を天地逆にして書く場合もある。梵字の周囲には八葉の蓮弁を描写するのが通例である。

このように法身を対象に三密観を具現化する略図が現存するわけであるが、その構想は「四十行の頌、一行ごとに四句あり上の三句を以って三密に配す。下の一句は皆、敬礼無所観という。四十行倶に同一言なり、故に図中に之を挙げず。蓋し、敬礼は心に在るが故ならん。其の制且《しばら》く円図に就て之を云わば、三の円相あり、以って三密の図となす。横に四十行の第一の四十句を取って右行の一の円画の中に並べ安じ、身密の礼の図となす。之を読むに循環転釈して文旨鉤鎖し、義理幽邃あり。宛も瑜伽の中の字輪観の如し。又横に第二の四十句を取り、右行に一の円画の中に並べ布く。口密の礼の図とある。又横に第三の四十句を取って右行に一の円画の中に並べ置く。意密の礼の図となる。円図三にして成る。一句ごとに一礼三あり。四に乗じて一百二十礼となる。方図も当に准知すべし。然も図後に曰く、三密は即ち三部なり。三部とは、仏・蓮・金なり。即ち大悲胎蔵において円壇の諸尊を摂尽すと云えり」（『便蒙』）にもあり、『性霊集』にいう「方円二図」を作って義註を撰したという。「一百廿《いちはくにじゅう》の礼《らい》」とは『大聖文殊師利菩薩讃仏法身礼』中に出る第四句敬礼無所観をいう。名称はこれを省略したものが一二〇句なので、そう呼称したのであろう。ただし三部は、「大悲胎蔵の円壇の諸尊を摂尽す」というように像を出現させる要素を伴っている。したがってこうした布字化を前提にした場合、法身の分析とそれに伴う図像化も可能ではなかったかと思われる。

三　図像の成立

従来、三部字輪観には布字図しか知られていなかった。しかし図像が現存する。[12]それは「三部四処字輪観図」（南北朝時代）と呼称し、紙本墨画（縦八八・五×横六四・五センチメートル）の掛幅装である。本図はもと称名寺の聖教として伝承されたもので、全図は四枚の紙継ぎの上に流麗な白描図像を描く。宝冠の大日如来（胎蔵界）で、禅定印を結び蓮華座上に結跏趺座し、長髪を両肩まで垂らす。像の上から朱色の三重円を頭、心、喉、臍、四カ所、横列に三輪ずつ配す。計十二輪の種子は朱色であるが、面部下には淡い墨線が見られる。種子は上段中央の眉間に阿（a）、その第二重円には父音の迦以下二十八字を書く。右側は娑（sa）は第二重円に二十字、第三重円に七字を書く。左側は縛（va）は第二重円に五字のみ書き、第三重円は空白。中断中央の喉に阿長韻（a）、その第二重円には長韻で二十字、第三重円には八字のみを書く。この字数は右側、左側とも同じ。下段中央の心に暗（aṃ）、その第二、三重円は省略して空白。最下段中央の臍に噁（aḥ）、その第二、三重は省略して空白。以上のように図像と字輪観が一体となって作画されている。この事実を見ると、すでに述説してきたように、布字図と法身を同次元に位置づける考え方が、この白描図像を考案する以前にあったと解釈せざるを得ない。たしかに三部字輪観の真言を口誦する立場は、今日でも延命院元杲の私記[13]に伝承されているのと同じである。しかし「りんくわん」という言葉が金澤文庫古文書や満済准后日記に引用されている例を考えると、口誦を重視しながらも、布字図以上の図像が作画された可能性が他にもあるように考えられる。本図の描線を見ると宅間系の運筆であることは、称名寺に現存する他の遺品によっても裏付けられよう。しかしここで大事なことは、三部字輪観が身光を基盤にして成り立っていることである。この点を考えれば、本図は描写力より教理が先行して成り立った図像とみなすことができよう。教理には覚鑁以降、急速に高まった五輪との関わり合いを見直す必要がある。むろん覚鑁にも「興教大師御作目録云。法身礼図一巻方円二図」（石山寺本）と伝があるように、『法身三密観図』との関係も考えられる。これは持明房によれば、三部字輪観は布字する身体の中に曼荼羅身を必要とするのである。「三部四処輪布字法。持明房決云。布字謂法界曼荼羅身成」（『胎記諸会末』大正蔵図像八、一三六頁c）というように持明房真誉（?——一一三七）の口決には、図像化につながる伝承が潜んでいたようにも思われる。さらに十五尊の図像すなわち「観レ身如二仏形一」あるいは「これ全身先ず仏身となるなり、之を理法身とす」という『瑜祇経』所説の「十五尊布字住所」（称名寺蔵、二九七函）の影響も考えられる。これは金剛薩埵の尊容に本有胎蔵法界定印を示す図像で、慈猛意教流頼中の相承である。むろん金剛界は曼荼羅観を重視したので口密[14]である。

結びとして、この図像が宅間系のものであることはすでに述べた。この宅間系とは高山寺を中心に活躍していた絵仏師であるが、高山寺関係者に三部字輪観関係書を写した僧がいたかどうかである。それより以前、『法身三密観図』を高野山月上院の玄証が書写したことがある。これは高野山の桜池院蔵本の奥書「承安三年五月十一日書写此校了　高野山月上院玄証」「丁酉歳仲夏二十一日　常喜院心覚宰相阿闍梨御房本校点了」によって知られるもので、それは承安三年（一一七三）という。玄証は後に高山寺に住んで多くの図像を残した。玄証はおそらく三密観図の書写だけにはとどまらなかったのではあるまいか。その模本が宅間系の手に入ったとしても決して不思議ではない。さらに三密観図を図像の収集として著名な心覚が写していたとなるとなおさらである。いずれにせよ、三部字輪観の図像は身光と布字の関係でまず成り立ち、曼荼羅身を強調する次元で図像化の構想が具体化したと見られる。その時期は遅くとも鎌倉時代の前半である。

註

（1）大正蔵一八、三〇頁b—c。また字輪建立の構想等については、『大日経疏』第一四、「次明字輪品」第十（大正蔵三九、七二二頁c—七二五頁b）を参照。普遍的なものでは、『胎蔵界念誦次第』の秘密道場分に出る。

（2）高井隆秀「真言密教における観行について」（『仏教における行の問題』、平楽寺書店、一九六五年、二二六—七頁）。加持成仏は三密瑜伽のとき本尊身を現じて仏になる。この三摩地からの発想とまた真言密教の基本的な立場、本有本覚の法門において、仏が仏になるという前提に立つならば、布字図は平安時代後期から鎌倉時代初期にかけて百光遍照図と同時に作図されていたものが、時代が下るにつれて次第に分離されてくる。

（3）那須政隆「密教における真理観の諸形態」（『仏教の根本真理』三省堂、一九五六年、六四五—七頁）。『密教大辞典』八二二頁、三部字輪観の項。その他に次の資料がある。
「百光遍照布字図」（持明院本）一紙
与謝郡九鬼山西光寺大疏諸伝之日以能化等空師之御本写得為了苾芻律開　百字輪」（朱線で大日如来を描き、身体および周辺に梵字を配す）。他に別本「三部四処輪百光遍照示座図」（金剛三昧院本、表紙とも七紙）あり。

（4）⑴布字図の各本は次のとおり。「三部四処輪幷百光遍照図」

中（三宝院蔵書）仏子寿雄（五紙）第一輪、第二輪、第三輪、第四輪、（紙に墨で字輪を書く、字は梵字）（奥書）「享徳四年己亥五月十八日於高野山如意輪寺宥勢法印之御本書写畢
　金剛仏子実盛生年廿三、明暦六年、元禄十四年、元文二年、安永七年、亨和元年、文化九壬申十月七日以見人本校合了
　俊雄」
(2)「三部四処輪百字輪百光遍照」（光台院本）苾芻律厳（表紙とも六紙）字輪九個、（梵字のみ字輪）。
（奥書）「文化五歳以戊辰天中夏七日於丹後国」
（奥書）「三宝院憲深流　南都東大寺新禅院経蔵　以御本写憲深僧正御自筆　第六之伝本也　朝意　順良房　五十九歳　在判　長精書写畢」

（5）『大疏演奥鈔』四十七、『胎蔵対受記』五。

（6）大日仏、第三四、一九一頁a―二〇〇頁b。覚千（一七五六―一八〇六）とは、「寛政二年十月以《テ》二西塔院大仙観公之本《ヲ》一写ス　此本《ノ》布法《ノ》前本《ノ》二妙法院本所謂三部総合《ノ》布字也　山沙門覚千誌」に見え、布字が三部（ア、サ、バ）の総合的な表象であることを認めている。この布字法の原本は「此ノ布字法口決一本者《ハ》。原《ト》妙法院庫之本也」（同、一九七頁a）とあるごとく、妙法院の抄本である。覚千の自筆本は、寛永寺に「寛永寿子院現住法脈記凉泉院覚同法脈」（もと二十巻）が九巻残っている。

（7）大正蔵図像八、一三七頁a。

（8）註（3）同書、六三六頁。

（9）大正蔵図像一二、二一七頁。『弘法大師全集』第四巻（密教文化研究所、一九六五年）八三九―五二頁。

（10）智山の運敞は開匳編弁疑附「三密観弁疑」にて真言宗義の部分を偽作とする（『弘法大師全集』第四巻、八五一頁）。吉祥真雄氏も同じ説（『仏書解説大辞典』第一〇巻、大東出版社、一九三三年、一〇六頁）。運敞の擬しかたは、信憑性に乏しいという。高木訷元「空海と最澄の交友について」（『高野山大学論叢』第二巻、一九五九年、一四頁）。

（11）『日本古典文学大系』第七一巻（岩波書店、一九六五年）二一六頁および五〇〇頁における宮坂宥勝博士の註。

（12）称名寺蔵・神奈川県立金澤文庫保管。『金澤文庫図録』（絵画編）一二四頁に有賀祥隆氏が解説をよせている。筆者が調査した百光遍照図との関係は、二九三函に「三部四処輪幷百光遍照図」があり、また禅海手択本「百光遍照図」（同、二九七函）があるように、この絵はもともと百光遍照観を前提にして図像化されたものと考えられる。なお百光遍照王については酒井真典『百光遍照王の解明』（高野山遍照光院歴世全書刊行会、一九六七年）を参照。

（13）栂尾祥雲『秘密事相の研究』（密教文化研究所、一九五九年）四一九―二〇頁。三部字輪観の付属のものとして鼻音字輪観をあげる。この四処観は、醍醐延命院元杲『胎蔵界念誦私記』によれば菩提心三昧耶句、菩提行発恵、成菩提補闕寂静涅槃をいう。

（14）金剛界では「頓悟三密漸入一心図」（同、二九七函）に「九会所註口密以極位也　己上教門」とあるように口密の位置づけをいう。

覚鑁と『五輪九字秘釈』の彩色図像

興教大師覚鑁上人（一〇九五—一一四三）の生涯において、『五輪九字明秘密釈』（「頓悟往生秘観」ともいう。以下『五輪九字秘釈』と略称）の撰述ほど重要な意味をもつものはない。

むろんこれらの本文にかかわる校訂および撰述の年代、内容、曼荼羅観の解釈、註釈等における究明については、すでに先学の労作[1]があるのでここではふれない。しかしいずれにしても、本文にこの挿入された図像の価値観を重視した論及は見当たらない。しかも原本の図像が、どのような系統を経て作図されるようになったのか、また『五輪九字秘釈』の原本の図像が白描のみであったのか、あるいは白描に彩色がほどこされていたのか、などその基本的な課題についても問題を残したままなのである。

そこで本稿ではとくに新出の『五輪九字秘釈』の諸写本[2]のうち、「A—一本」（註（2）の一覧による）に見られる彩色図像を中心に考察してみたい。と同時に、覚鑁上人の生涯の一部分を史的に見つめながら、五輪観に基づく曼荼羅の理論づけから図像化に見られるであろう上人の著色の作図の可能性についても分析を試みたいと思う。

ところで『五輪九字秘釈』中に残されている図解ないし図像は、大別すると次の二種に分けられる。いずれも正入秘密真言門における解釈にかかわるものである。説明的に挿入されたもので、㈠は「五大五輪自身成仏図」の一群で、安立器世界、法曼、三曼、大曼、五趣、羯曼を表現した作図・図像。㈡は「五蔵神形」の図像である。

このうち㈠は、後に流布をみた五輪塔の原点と考えられる作図であるが、「A—一本」では白描だけではなく、明確に顔料が塗られており、彩色本では最古の写本と考えられる現状から上人の撰述本はすでに紙本著色の図像であった可能性が高い。いうまでもなく、㈠の大曼の五輪図には五大の地・水・火・風・空に黄色・白色・赤色・黒色・青色の標記が見られ、「A—一本」では実

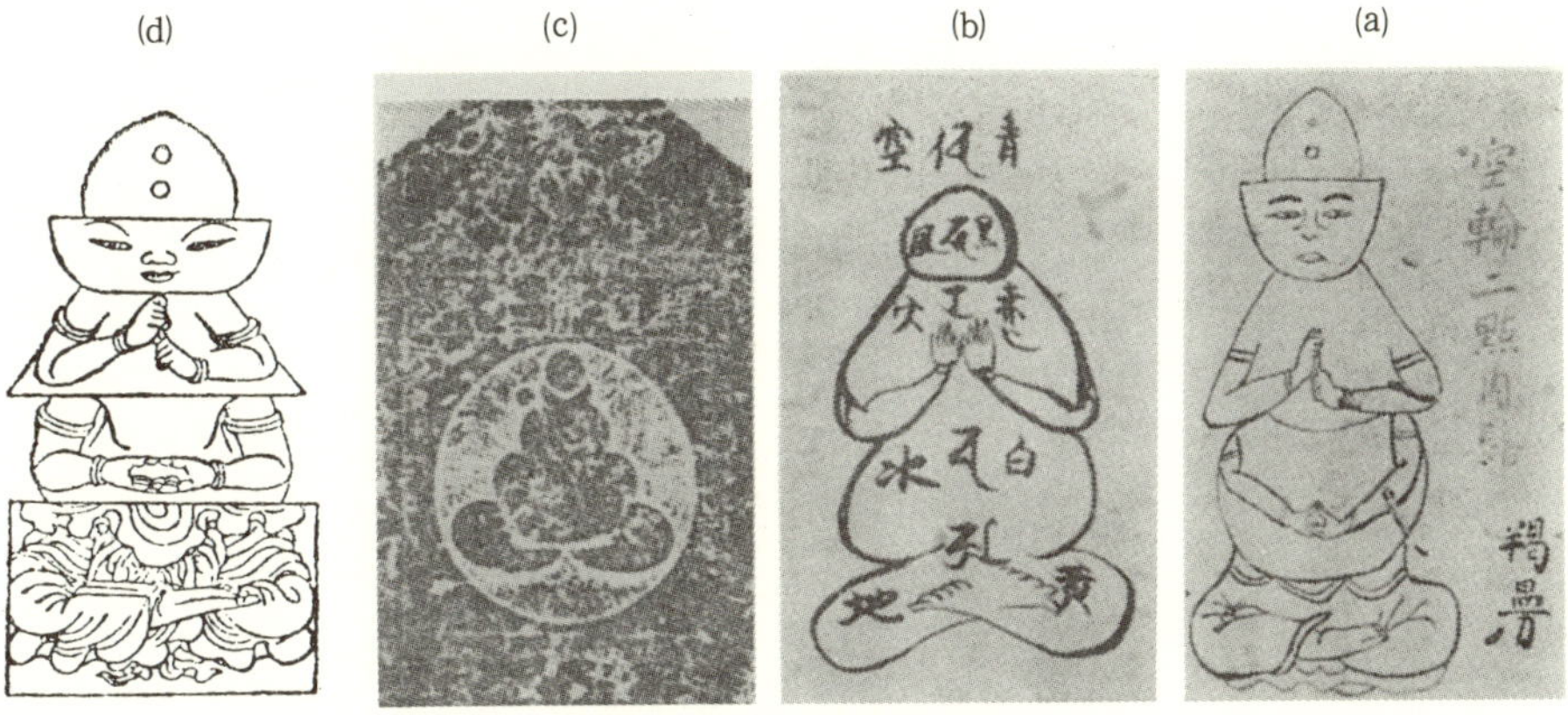

図1　支分生曼荼羅の諸例

際に五色に応じた彩色がほどこされている。しかし「A―一本」における顔料のほどこし方は、㈠の大曼に見られる注記的な性格も帯びている。すなわち㈠の安立器世界（「A―一本」では「安立界器」と墨書）では、地輪のア字（梵字）を強調するかのように円相を入れ黄色をぼかして塗る。また五仏を標記した㈠の「五輪為五部、五部為五智、五智為五方」では、大日に黄色、不空に黒色、宝生に赤色、阿弥陀に白色、阿閦に青色とそれぞれの脇に彩色の覚え書きのように顔料を付置している。しかし「A―一本」において顔料がどの部分に、どれだけほどこされたか、という意味を考えるとき、次のような注意すべき問題が生じてくる。それは㈠の支分生曼荼羅の図像である。

この絵柄は智拳印の坐像を五輪塔内にはめ込んだもので、世に「支分生曼荼羅」と呼ぶ、有名なものである。ただし「A―一本」では彩色が認められない。つまり写本として、この㈠の「羯曼」のみ意識的に顔料をほどこした形跡がないのである。「A―一本」には他の部分に彩色が認められながら、これのみ白描であるのは何故か。筆者は、この支分生曼荼羅こそ中国にすでに図像が存在したのではないか、と考えるものである。というのは『大日経』秘密曼荼羅品の本経の意によって作図されたのであろうことは予想されないことはないが、実際に(a)『五輪九字秘釈』の「A―一本」、とその注釈的存在といわれる(b)『五蔵曼荼羅和会釈』[3]の支分生曼荼羅を比較すると、明らかに図像学的な相違が見られる。さらにこれらの二図を中国本土の史料に照合してみると、きわめて近似の図像が(c)『釈迦如来双跡霊相図』に認められることである（図1）。

図像を(a)と(b)について比較してみると、(a)では一身に二臂があり、智拳印と定印を標示し、同時に全胎両部の不二をシンボル化して曼荼羅となし結跏趺坐していることがわかる。ただし風輪に該当する頭部が半月形である点を注意したい。(b)は印相が(a)のいず

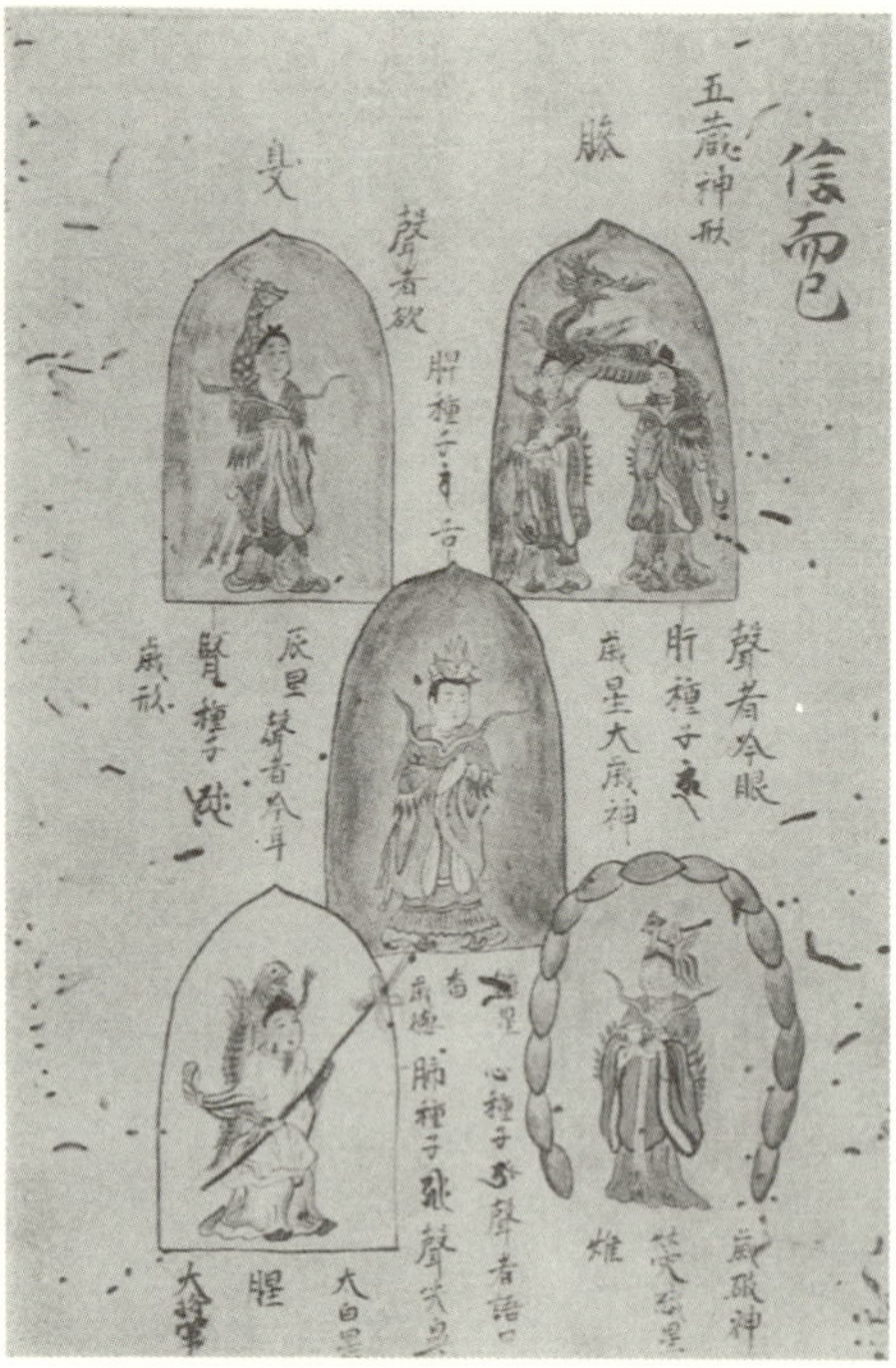
図2　『五輪九字秘釈』
（A— 一本・五蔵神形の彩色部分）

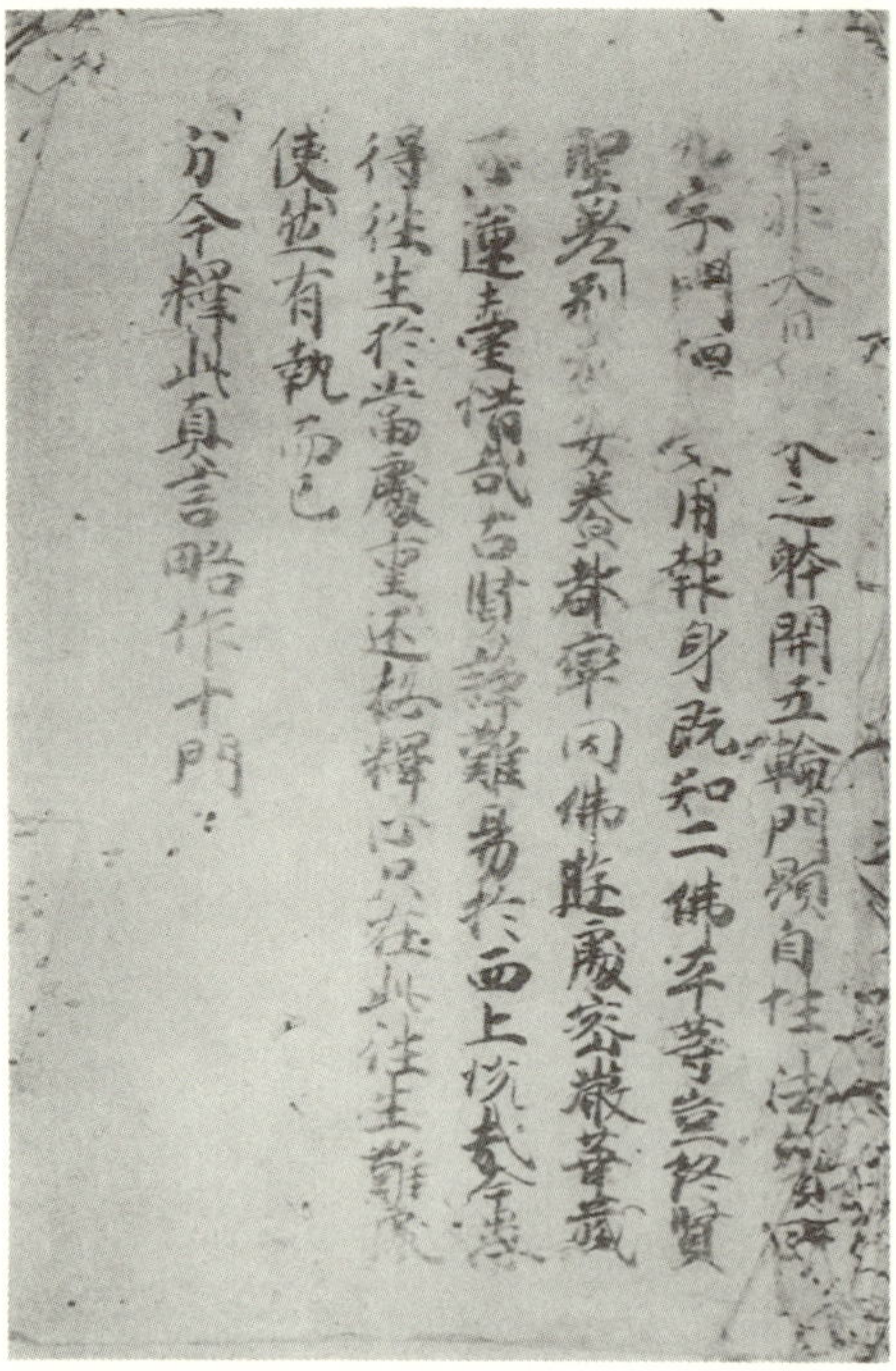
図3　『五輪九字秘釈』（A— 一本・本文の部分）

れにも合わない。胸前にて五指を張り伸べている（説法印のつもりか）。(c)は西安にある宗泐の寺記碑の裏面で、下辺に仏足石を陰刻し、上辺に釈迦如来の坐像が描かれている。[4] ただし頭部は半月形と円珠によって描写されているのが(b)に近似する。この製作年代は明の洪武二十年（一三八七）である。この(a)との類似の関係は、覚鑁以降の五輪塔ならびにその原型を考える場合に一つの示唆がある。というのは仁安二年（一一六七）に入宋した俊乗房重源が中国により請来したとも伝える三角五輪塔は、(a)の火輪の部分に原点が見えるようである。つまり両肩から左右に広がる三角形にはめ込まれた肘の張りに智拳印を成り立たせるべく造形意識が強く感ぜられる。(d)は近世の写本から描き直した図像。日本に現存する五輪塔の最古の在銘は中尊寺にある仁安四年（一一六九）四月二十三日のものである。[5] 覚鑁が火輪部分の三角形について注目したか否か明らかではないが、上人の著とされる『金剛頂経疏蓮花部心念誦次第沙汰』によると「諸仏の三昧耶形は方円等の五輪出でず、猶之を略すれば方と円との二を出でず。尋ねて云わく、三角と半月とに云何が方円の義ありや。師の云わく。円ある者を中より切れば半月となる、方なる者をスヂカへに切れば三角となる。大空はバン（梵字）となりて水輪の義同じ、水の色は水色にして空の色も青色なり。空は法界に周遍す、水輪のバン（梵字）字、其の義同ならば法界に周遍せざらんや」と述べているように、五輪というものは「かたち」のうえでは、あくまで方形と円形に帰するもので、その各々を半分に分割すれば、最終的には半月と三角形が生ずる。しかもこの半月形と三角形は、もっとも重要な部分である。(b)本の頭部は宝珠形であるが、(c)本の頭部は明らかに半月と三角形の区別ができない。しかもこの坐像は二臂で胸前に印相を配置している。

次に五蔵神形の図像であるが、これは「A―一本」の記入や彩色図像でも明らかなように、帰すれば図像は彩色で覚鑁の原本にも描かれたと考えられる。しかもこれらの図像は覚鑁における「五字五蔵曼荼羅観」との接点、すなわち五輪法界におけるシンボルとしての重要な背景をなすべき造形描写とみなすことができる。これまで「A―二本」、「A―三本」、「B本」、「C本」、「D本」、「E本」など白描の五蔵神形は知られているが、「A―一本」のように著色の図像は新たな資料である（図2・図3）。ここでいう五蔵神形は、中国に素材があり、覚鑁が五輪観に五行をあてて「五字五蔵」および「五字厳身」と成し、それより即身成仏の観行をときあかしたものとされる。五輪観の前段階として彩色の暗示がイメージ化されているのは『尊勝仏頂修瑜伽法儀軌』による。それによると「金剛輪三摩地に入りて己身の臍已下を方形紫、便ち真言を誦して之いわく」、といい「阿字は金剛輪黄色なり。次に臍中バン（梵字）字を観じて大悲水輪と為す。色は商佉の如く、或は乳色の如く」。また火輪については「心上に当て三角の火輪を観ず。色は日の初出の時の如く、光焔猛利にして劫火の形の如し。其の形は三角曼荼羅の如し」。といい、大風輪すなわち大空点は「形は仰月の如く、黒色なり」とする。

いうまでもなく善無畏訳の『尊勝仏頂修瑜伽法儀軌』の序品第一では、五仏、四波羅蜜、四供養、八大仏頂に恭礼し五輪、五智輪を説くが、究極において彩色は四供養にも共通する金色（黄色）・黄色・商佉（乳色）・日ノ出（赤色）・黒色であらわす。しかしこのうち四色は方位を照合すると五蔵神形の配色とは合わない。それは五行思想にあてはめられる五蔵神形が青龍・朱雀・玄武・白虎の四神配色によるからであろう。つまり木・火・水・金の四精が、地上に降りて来たものとして「生きもののごとく」あつかわれているのである。中央はむろん「勾陳」であるが、通常は黄龍とする。これらの五蔵神形は、したがって生きものとしての生々しさを保持するためにシンボル的彩色が与えられるのは当然のことである。この場合、道教で五蔵神を通した五蔵観をどのようにとらえているかが重要な課題である。吉岡義豊氏[6]はその関係を次のように述べる。「昼夜これを存（観想）すれば、おのずから長生するといい、梁丘子の註には五神の服色を思存すれば、日は前にあり、月は後にあり、左は青龍、右は白虎、前に朱雀、後に玄武がしたがえて去邪長生する」という。五蔵神を観ずることが長生の道であることを明言している。つまり、五蔵神形の青龍は龍、白虎は虎か麒麟、朱雀は鳳、玄武は亀そして中央の勾陳は聖人であると伝える。しかし那須政隆氏も指摘(7)されているように、玄武の図像は後世の写本、版下は鼠（ねずみ）の姿に変容している。おそらく原本（「興教大師の真筆本」）は、『三才図会』の五蔵神の形像、すなわち「朱雀（心）、鳳（脾）、虎（肺）、両頭の玄鹿（腎）、龍（肝）」を描いていたに違いない。この部分を「A—一本」に比較してみると、やはり両頭の鹿を背負っていることが明確である。

次に五輪観における曼荼羅の解釈について考えてみよう。

五輪観が曼荼羅としてどのように図像化されたかは古くから重要な課題であった。ここでは曼荼羅観といわれる、きわめて内面的な仏果の真実をさぐるかのごとく平面の鏡に映し出している。それは直観力が介在して初めて可能となる作画上の問題である。しかし『五輪九字秘釈』は別に頓悟往生秘観と呼ばれるように、そうした直観力は、四種曼荼羅のうちの法曼荼羅における仏・菩薩の自内証（教法）の表現にのみ許され、その力が内面の世界と重要な関わりをもって初めて出現させ得る。つまり尊号の梵字の三昧耶形が両界曼荼羅として描かれ、かつその礼拝対象としての浄土も融合する。それを試みた例は、大原三千院の往生極楽院に認められる。すなわちここには阿弥陀堂の来迎壁、小壁、舟底天井に優美な彩色をほどこした両界種子曼荼羅を中心とした壁画がある。この壁画の位置は須弥壇の背後にあり来迎壁と舟底天井が中心となる。ちょうど壇上の阿弥陀三尊像の彫刻と背面の絵が表裏一体となって礼拝者の側に迫ってくるのである。来迎壁は縦二五八・五×横二九二・四センチメートルからなり、八枚の板を上に積み重ねた突付の壁面である。わずかに残る矧目から麻布貼りの漆の痕跡も見られる。彩色は板の素地に白色顔料をほどこし、大画面を三分して東方（右側）に胎蔵界、西方（左側）に金剛界の両界種子曼荼羅が描かれている。

この両界曼荼羅の重要な点は、描かれている場所にどのように関わっているかという、本尊阿弥陀三尊像との関係すなわち中心と背後の異なる関係を融合しようとした画面の構想にある。堂内をよく見ると、四本の円柱からなり内陣と外陣に区切られている。(8)画題は阿弥陀三尊像の背後の上辺にある、両界種子曼荼羅である。ここで注意すべきは尊形ではなく、表現形態に種子を使っている点である。覚鑁の法曼荼羅（種字・梵字）に対する考え方からすれば、舟底天井下のこの壁面は、まさにその理想的具現の境地と解釈すべきである。とくに両界の各々の種子は蓮台上の輪円内に描かれているところから、種子に変容させてゆく目に見えない部分に注目すべき課題も考えられる。そしてこの壁面から順・逆を観ずる字輪観の真髄をくみとる一面も看取される。いずれにしても、壁面に描かれている種子は、舟底天井を仰ぎながら観法を通して三摩耶形へ、さらに転じて尊形へ、すなわち最終的には種子三尊として完成される。

ところでこの種子で両界曼荼羅を描くという考え方（法曼荼羅）は、覚鑁の理にかなったものである。その図像学的着想の最も著しい点は、曼荼羅の下方に大蓮華座を朱暈鮮やかに描いていることである。つまり蓮華座を横幅いっぱいに描くということは、左右の金・胎が法身として位置づけられ、前面の阿弥陀に同化を意味することになる。ここには覚鑁のいう五輪と九字のシンボルを超越したモチーフの具象化が考えられる。もとよりこの往生極楽院は藤原時代の建造物である。壁画の製作時期は南北朝時代と推定されているが、この時代は覚鑁のような着想が天台系に自然に流布した一時期とも認められるのである。

かつて覚鑁の思想と天台の影響について、関係を考えることが行なわれたが、覚鑁の『一期大要秘密集』や『阿弥陀秘釈』などは、その意味において問題の書である。しかもこうした覚鑁の造型的要素が自然に天台へ流れる影響力について、思想面から考えれば一説には源信[10]の『観心略要集』では阿弥陀の三字に空・仮・中の三諦を配しているが、覚鑁の『阿弥陀秘釈』にはこの天台の阿弥陀三諦説も受け容れられている。けれども阿字本不生の義をもって阿弥陀の三字に配した密教独自の解釈は当然、そこにリアルな覚鑁の造形的意識を反映させることになる。

覚鑁が院政期において観想念仏の体系をどのように浄土思想のもとに組み立てたか、それは来迎思想の具現化を組織する過程において考える必要がある。上人の著とされる『一期大要秘密集』によると、その一部を入念にうかがうことができる。この『秘密集』によると、阿字観を修することによって浅観小行の人も身を転じて密教浄土へ上品上生することを〔会得する〕と説いている。したがって恵心流（天台系）などに見られるように、最終臨終の用心作法を示すことにより、ここに阿字の月輪のみをあらわした妙曼荼羅を完成する。もとより覚鑁のこの『一期大要秘密集』は実範の『病中修行記』を素材として述作されているとされる。しかし覚鑁が重要視したのは、密教では娑婆と異なる極楽は観じないとし、ここでは観念の禅房の中で自分の身というものが弥陀に入り、弥陀をかえることなしに大日に成るという。そして自分の身は大日より出ることなしに、これこそ「即身成仏の妙観なり」

（『興教大師全集』下、一一二一三頁）という。覚鑁の『五輪九字秘釈』にも同様の場面が見られる。すなわち第八「決定往生用心門」の部分に、「我も頭北面西に臥し、眼を本尊に懸け、合掌して五色を取れ。若しくは本尊の印を結び、真言念仏し三密懈らずんば是れ則ち決定往生の相状なり」という。

ここで注意しなければならないことは、「合掌して五色を取れ」と述べている点である。わざわざ五輪を五色と念じて決定往生の姿を想定しているところに、五輪観を生じさせる根拠がうかがえる。このことは「A―一本」にも見られる支分生曼荼羅の智拳印・定印をとる大日如来の図像が、弘法大師空海の入定の姿・かたち（当然、智拳印を結んで入定した）と発想のうえでも類似していないかという推測が成り立つであろう。

弘法大師の御入定説にかかわる解釈は古来から盛んである。しかし御入定寸然の大師のリアルな姿・かたちをとらえた情景描写を伝える史料は少ない。ただ覚鑁『五輪九字秘釈』中の五輪塔図解の過程に注目するならば、仁海撰の『金剛峯寺建立縁起』の様相は注意しておきたい。

三月二十一日寅の刻、大日如来の印を結び、坐禅の正坐のまま入定した。それまでの十日間は弟子たちも共に弥勒の名号をとなえていたが、この時に至って目を閉じ、言語を出さなくなった。そのほかは全く生身のごとくであった。そのままにして四十九日目に弟子たちが拝する顔色すこしも変らずひげやかみの毛がのびていたのでこれをそり、衣服をとり周囲に石壇を築いて人の出入を許さず、上を石でおおいさらにその上に宝塔を建立した。(11)

と記してはっきり入定の様相を説明している。この様相を念頭におくならば、たとえば、『弘法大師行状絵詞伝』の地蔵院本『高野大師行状図画』第六巻の末尾に描写されている大師の坐像はまさしく支分生曼荼羅が描かれる寸然の姿と解すことができる。

しかも、こうした「A―一本」に見られる支分生曼荼羅の曼荼羅観の図像と金剛界曼荼羅の関係を見るならば、『頓悟三密漸入一心図』がそれに該当しよう。頓悟の「頓」は、「ただちに」、「たちどころに」、「たちまち」の意で真言でいう頓証仏果（たちどころにして仏にあい仏道の真理を悟って菩提を得ること）の意味で別に即身成仏ともいう。したがって「頓悟」はその境地に到達すべき方法を簡単に記したもので、称名寺の第二代釼阿（一二六一―一三三八）の自筆である。この「一心図」の作図は、釼阿の意図のもとに作図されたものと考えられている。その根拠は即身成仏であるが、究極には金剛界の種子曼荼羅九会のうち成身会である羯磨会をよりどころにしている。そして曼荼羅全体を口密によってシンボル化しながら、そこに他の身・意を含めた三密を位置づけようとしている。『頓悟三密漸入一心図』は称名寺に二紙（鎌倉時代）が現存し、次の注記も見られる。「〔梵字〕九会所詮密以極位也　已上教門」。これによると金剛界曼荼羅の九会を三密にあてて教門の極意としている。この教門のあり方は『十五尊図』（同、二九七函）では白描の如来形（坐像）を描き、極意の図解と共通する可能性を有している。この場合に図は壇上で描かれることも多い。その際に修法壇上の中央は四方、四周の側面のシンボル（配色）をも支配することになる。そのよい例が壇上に見られる。五方五色との関係である。

いうまでもなく真言密教における五方色は、壇上に張る金剛線にも見られる。金剛線は五色で縒《よ》られ、最近の調査によると鎌倉時代の縒器《よりき》も現存していること[12]が判明する。それによると当時、壇上で使用した金剛線は、その縒器の穴により太糸の線索であったことがわかる。修法壇は四方隅の金剛橛に張ることはいうまでもない。それは四方をとり囲むように張られるが、線は一辺の中心が垂れ、結線・臂月線と別称されるようにやや曲がって縒られている。五色の配色は白・赤・黄・青・黒の順である。これはむろん五如来の五智をシンボルとする。と同時に、信・進・念・定・慧の五法をあらわす。いずれにしてもイメージの側から見直すならば、釈迦如来の禅定の姿・かたちが基調となって支分生曼荼羅は類似しているが、そこには仏身の解釈が自ずから異なっている。おそらく四神・五配の配色は、この壇線に見られる結界の観念に共通する理論の裏づけがあったに違いない。このことは覚鑁の説く五輪観というものが、「語」のイメージによって変容し得る解釈学の可能性を観念的に内蔵させていることを示す。

ここには五輪が曼荼羅観の中でイメージとして重要な位置を占めながらも、なお即身成仏と対比させて考えるべき問題も残る。即身成仏という言葉そのものは理解しやすいが、それをイメージ化し造形的概念として高めるには、きわめて抽象的な「形」でしか置きかえる方法がないようにも思われる。しかも「語」の原型は、中国天台の系統である。その身そのまま、たちまちにして仏になる、という「即身成仏」の意味を源信（?—一〇一七）が『真如観』に「此ヲ成正等ト云也此ヲ捨ズシテ仏ニ成レバ此ヲ即身成仏トイフ」と引くように、もとは中国の円通尊者の妙楽湛然（七一一—七八二）が『法華文句記』巻第八之四において龍女成仏と釈した語であることがわかる。[13]

ところでこの曼荼羅中に見られる「仏性」と「真如」の関係について見よう。両者のロジックを考えると仏性というのは、仏のあり方をいい、真如は法のあり方を指している。仏とは法を悟り、それと一体となった（状態の）者をいう。つまりイメージの側からこの二種の語を考えると、仏に関わるタームと法に関わるタームが結びついた状態を認めることによって、初めて「仏性とは真如」と同一次元に位置づけることが可能となる。また『真如観』で、「五体身分生《しんぶんしょう》」（身＝支）と引いているように、身体を分けて対象化し、改めて五輪観で統一するという造形感覚を除いては考えられない、作図はまさしく支分生曼荼羅である。したがって身体を分割した、このような曼荼羅はある意味において密教芸術史上最もリアルな感覚を内包したものといえる。しかも身体を分割（支分）して五輪観の中に配置しなおすことは、後の瑜祇系統の印信に見られる図像にも大きな影響を与えている。

たとえば弘安十年に写された『瑜祇頓悟三密漸入一心口決』（称名寺蔵、二九〇函）は奥書に「弘安十年八月廿四日於金剛峯寺勧学院書写畢　金剛資　源寂」という。つまりこれは頓悟三密漸入一心にかかわる口決が当時、隆盛をきわめていた南山の勧学院に伝受されていた事実を物語っている。普通の口決だけではなく瑜祇塔を五輪塔に作図しなおした師資相承の証《あかし》ともいうべき図像が付随していたのである。そして図像は(1)『瑜祇構在自身図』（同、二九二函）と称する巻子本の中にも今なお収録され、内題に「瑜祇経構在自身図」とある。これは鎌倉時代に流布した五輪曼荼羅と瑜祇塔の観法を伝受の中で具現した数少ない図像であろう。この作図にあたっては、おそらく元仁二年（一二二五）二月十二日に高野山の往生院で伝受された証菩提院の『瑜祇経秘決』[14]なども当然参照されたに違いない。というのは、この史料は当時、隆盛をきわめていた心覚系統の流布の多様性を反映したものの一図だからである。それゆえ瑜祇経所説における作図は覚鑁系統の図像（五輪観等）と相まって金剛界曼荼羅などの観想の展開ともその後、急速に高まるようになった。このことはこの史料の周辺を詳しく調べてみると、そうした経緯がよくわかる。たとえば次第、儀軌の他に(2)『頓悟三密漸入一心図』（同、二九七函）と称する金剛界の「羊石会」（羯磨会）を重視した折紙がある。これは金剛界の成身会を図解した別本・支分生曼荼羅ともいうべきものである。図の本質を考えてみると、究極には金剛薩埵の一字心印明を誦しながら五相成身観を完成しようというものである。図像化にあたって、この成身会を支分生と見直す考え方は、他派の印信にも少なからず影響を与えたと考えられる。

ここで注目したいのは常喜院心覚が図像家としてではなく、常喜院流を組織する過程で印信をつくっていることである。それは覚鑁滅後の早い時期につくられた『常喜院流相承印信』の中でも「生身大日事常」として伝承された。これはヴァジラダートゥバンの印明を読誦しながら智拳印を結ぶもので通常の諸流の印信には少ない「生身大日」の確固たる伝承である。この印信は「奉拝生身大日事」と標記し、日中に親しく日天を礼拝する。いうならば、覚鑁が大日と阿弥陀を同一次元において五字と九字の語密を融合させたように、常喜院心覚もまた生身大日の印信を組み合わせたと考えられる。このことからも真言密教における阿弥陀仏の位置づけとして真言と念仏との融合という考え方は欠くことができない。それは覚鑁や道範など秘密念仏を母体とする本書、および『阿弥陀秘釈』、『秘密念仏』等に説かれているように、明らかに真言行者の即身成仏門を包括した上根上智を目的として成り立つものである。いうならば小機利根のものは念仏門によらなくてはならない。したがってそうした核心の部分を見れば、極楽浄土も密厳浄土も同じ意となる。つまり覚鑁の念誦は無量寿仏の九字の陀羅尼によって、この身すなわち大日如来の密厳浄土を現ずると説く。井上光貞氏はこうした経緯を「この念仏論は、聖道門と浄土門を会通しようとした点において源信の往生要集と軌を一にするものである」[15]と述べる。ちなみに真言宗でみかける『日輪大師像』などは「生身大日」と太陽の融合と考えられる。

ここで重要なことは、聖道門と浄土門の会通というものは、終局において『往生要集』の出発点ときわめて類似性があるという指摘である。この点を氏は続けて「しかし、源信が像末凡夫の自覚から浄土門に著しく比重をおいたのに対して、覚鑁は、末法思想と浄土教の滔々と風靡する世相のただ中にたって、真言の即身成仏門の中に浄土門を包摂し組織した観があるといえよう。このような立論は、祖師空海の理想を末法の世に昂揚しようとした覚鑁にとってふさわしいものであり、大伝法院の復興運動にみられるような、男性的な気力と強烈なカリスマ的人格とも首尾一貫している」。要するに覚鑁は、ここで述べているように真言の即身成仏門の中に浄土門を包摂し組織したことで成功している。このことは五智、五仏、五転、五方、五行、四季、五色に対応して五輪観（地・水・火・風・空）を完成したことでも明らかである。その往生の状況を見ると維範（一〇一一—一〇九六）は『拾遺往生伝』上巻によると、嘉保三年（一〇九六）に『法華経』一部と不動尊一万体を模写し、弥陀定印を結び仏手に繋げた五色の糸を結印につないだまま遷化したという。この場合「五色の糸」を使っている点は大野達之助氏も注目しているが[16]、要するに密教と念仏をあわせ行なっている証拠である。覚鑁在世以前に両界曼荼羅と阿弥陀を一日の行法の中に組み入れて修練を重ねるという考え方は、別所聖人として仰がれていた教懐の伝にも存在している。その時期は少なくとも十一世紀の後半で覚鑁が生まれる二年前である。

高野山の和合院開基[17]である教懐（一〇〇一―一〇九三）の行状について『高野山往生伝』は「毎日なすところは両界の修練、弥陀の行法なり。大仏頂陀羅尼を受持し、阿弥陀真言を念誦す」と伝えている。ここでは両界の修練と見えるだけで、日課として実際の作法等は明らかで重視していることは確かである。教懐はもと法相教学を修め南都の出身である。「興福寺喜多院林懐」（『本朝高僧伝』第七〇）についたが、後に高野山に登り小田原谷に二十余年住し、迎接房・小田原上人と呼ばれている。ただし、この場合は後の三千院に見られるような両界曼荼羅を背後（壁画）に設定しながら阿弥陀を礼拝するまでには至っていない。あくまでも両界と阿弥陀は日課の中で別々に行ぜられていたと解釈される。これにかかわる問題として考えておかなければならない点は、後の覚鑁における仏身に対する解釈であろう。『真言浄菩提心私記』における覚鑁の解釈によると、仏身における法報応の三身は、ともに「今、この三身は体同で用意なり[18]」と説き、さらに応化身の釈迦如来も法身であると述べる。ここで注意すべきは三身を覚鑁が解釈して、釈迦も法身である、と述べている点である。というのは最後にも触れるように清涼寺の釈迦如来像の胎内には五蔵が納められているから、法身としてはきわめて具体的なことを表現しているといわざるを得ない。

すなわち、この胎内には絹で喉《のど》・胃・腸・肚・䐗（膀胱）および上焦（六腑の一つ）、さらに心・肝・胆・肺・腎を連結し背皮につるしている。喉は註にて「白色」とあり、胃は「白」とあり、オーム（梵字）を両面に墨書している。法量は約九・二センチメートル。また腸は白斑色で表に墨点を打っている。肚は綿で香を蔵す。約八・八センチメートル。䐗は黄色とあり、両側にア（号字）を墨書する。心は赤、玉を蔵すとあり、表裏に梵字があるが、とくに表にバン、アク、フーム、キリーク、タラーク、裏にボ、オーム、キリーク、ア、キリークの梵字が明確に墨書されている。これらは縦二九・〇×横一七・六センチメートルの五蔵背皮一枚（国宝）が付され、次の墨書がある。「維雍熙二年歳次乙酉八月初五日丑製二五蔵一幅」（以下略）」。ここでは雍熙二年（九八五）に五蔵が、胎内に納入品され清涼寺の釈迦像（国宝）として伝えられた。これらの梵字の配置は、これまであつかってきた『五輪九字秘釈』の五蔵神形の注記を比較すると、黄龍は脾でバン（梵字）、朱雀は心でタラーク（梵字）、青龍は肝でフーム（梵字）、白虎は肺でフリーヒ、玄武は腎でアク（梵字）と各々は清涼寺の釈迦像の像内納入品の五蔵に一致することが判明した。この釈迦像を請来したのは、いうまでもなく永観元年（九八三）八月一日に入宋した奝然である。納入品の梵字ならびに墨書の筆跡は奝然自筆であるから、覚鑁以前に五蔵と金剛界五仏の種子をあてはめる例はすでに存在していたことになる。ただし五蔵神形の図像そのものは中国の粉本として、また彩色図像として覚鑁の手元にあったか、覚鑁自から描いたかのいずれかということになろう。その意味において、「A―一本」の彩色図像は新たな価値を有する。

註

（1）那須政隆『五輪九字秘密釈の研究』（鹿野苑、一九三六年）における正入秘密真言門六九頁より五行思想の梗概三六七頁まで。富田敦純校訂『興教大師全集』上・下（世相軒、一九三五年）および中野達慧『興教大師正傳』（世相軒、一九四年）。櫛田良洪『覚鑁の研究』。宮坂宥勝『興教大師撰述集』上・下（山喜房仏書林、一九七七年）。

表1　『五輪九字明秘釈』写本類

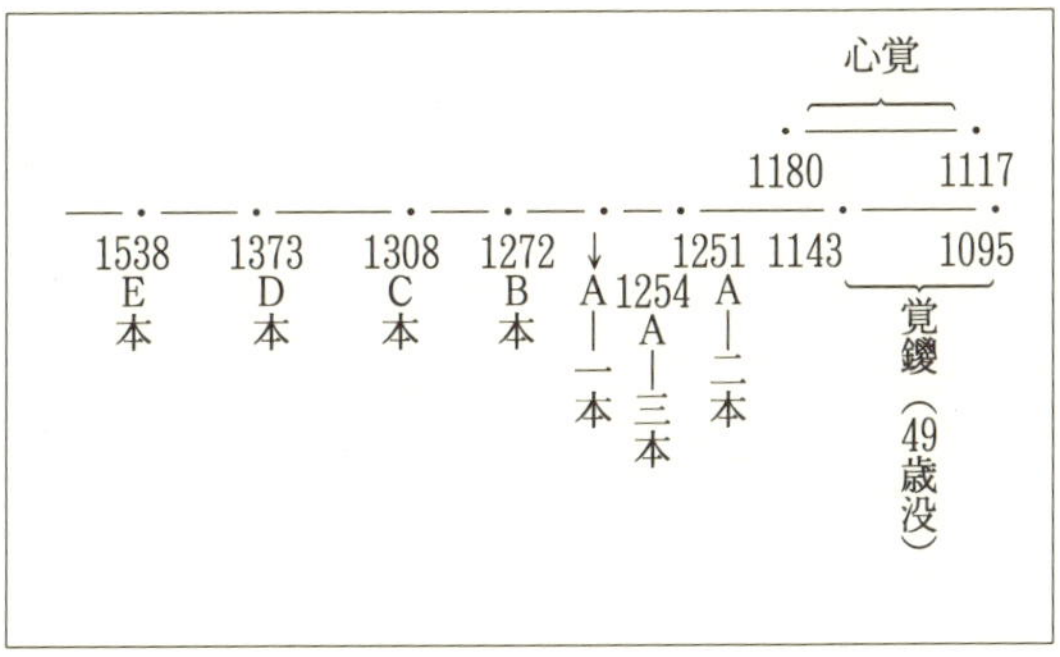

（2）『五輪九字明秘釈』の写本類を一覧すると表1のとおり。

(イ)A―一本

金澤文庫保管、称名寺蔵、首・尾欠、彩色図像入。

(ロ)A―二本

中山法華経寺蔵

（奥書）「建長三年十一月廿四日戌時了五帖之坊門富小路西門坊門ヨリハ南富小路ヨリハ西」

(ハ)A―三本

金澤文庫保管、称名寺蔵、寂澄手択本

（奥書）「建長六年甲刀九月三日未時了清澄山住人肥前公日（フーム）生年廿七歳為佛法興隆法界衆生成佛得道也」

(ニ)B本

高野山宝亀院蔵

（奥書）「文永九年壬甲十二月廿七日於二光寿院一令二書写畢一云云後　伝者澄恵」

(ホ)C本

仁和寺蔵

（奥書）「此記也密厳聖霊所レ作聖心消二広文一取二略小一以定二趣入一也

本奥云弘長三年十一月　於二河波犀国成相寺一令レ書二写之畢是如来内証之奥義誠衆生頓之祕門也甚祕々々　権律師玄瑜生年卅二徳治三年十月六日於二灯下一終二写功一畢

法印権大僧都　禅忠

別筆

仁　西坊本也　裔深」

(ヘ)D本

東寺蔵本（金剛蔵）

（奥書）「応安六年七月三日以或本書嗣所欠了　賢宝生四十一」

なおD本とは別本であるが、康応二年（一三九〇）の写本が那須政隆氏所蔵としてある。

(ト)E本は高野山宝亀院蔵の別本で天文七年（一五三八）の写本。F本は東大寺蔵の天正十八年（一五九〇）の写本。この他、写本で大谷大学蔵のものがある。G本は慶安元年（一六四八）の版本で高野山三宝院蔵、真別処蔵等に伝来している。また版本は江戸中期のものが奈良の薬師寺蔵等にも流布している。

（3）『五蔵曼荼羅和会釈』の諸写本および五蔵観については、栗山秀純「五蔵曼荼羅和会釈と五蔵観思想」（『印度学仏教学研究』一五巻—一、一九六六年、一七〇—一七一頁）。同『興教大師の五輪九字明秘密釈と中世日本文化における五蔵観思想』（『高僧伝の研究』、山喜房仏書林、一九七三年、二四一—二五二頁）を参照。

（4）この寺記碑については、筆者が昭和五十五年古代仏教美術研究者訪中団の一員として中国を訪れた際、陝西省博物館で七月三十一日に調査した。

（5）拙稿「金澤文庫保管十二神将像の宋様について」（『金澤文庫研究』第二四九・二五〇号、一九七八年、二一頁）。

（6）吉岡義宝「五輪九字秘釈と道教五蔵観」（『大山教授古稀記念論文集』上巻、高野山出版社、一九六五年、九〇—一頁）。

（7）註（1）同論文、一八三頁。

（8）三山進『三千院』（中央公論美術出版、一九七〇年）一七—一八頁。

（9）平田寛「三千院阿弥陀堂の壁画」（『仏教芸術』七四号、一九七〇年、八〇頁）。田中重久「大原極楽院阿弥陀堂の壁画」（『日本壁画の研究』、東華社書房、一九四四年）。

（10）佐藤哲英「中ノ川実範の生涯とその浄土教」（『密教文化』七一・七二号、一九六五年、二〇二—二〇三頁）。

（11）勝野隆信『比叡山と高野山』（至文堂、一九五九年）二〇二—二〇三頁。

（12）壇線の縒器は二種（金剛界用・胎蔵界用）あり、表と裏は縒糸の穴に表示した彩色の墨書が一致するように書かれている。いずれも長さ一一・五—一八・〇センチメートルの木板で材は黄楊・杉である。墨書は称名寺第二代釼阿（一二六一—一三三八）の法具で十四世紀前半（釼阿が称名寺へ入寺した一三〇八—一三三八）の間に使用された遺品と考えられる（図4）。

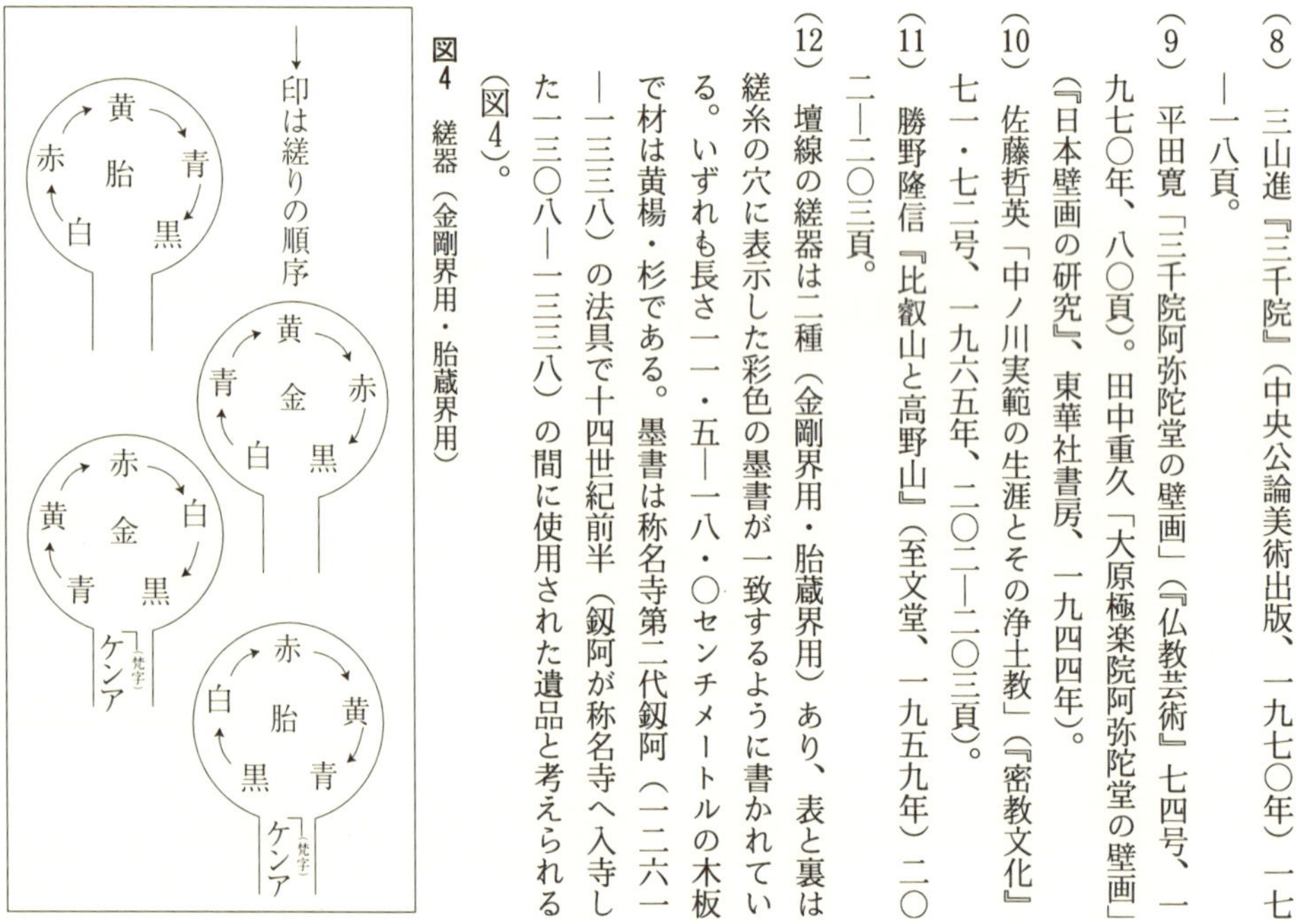

図4　縒器（金剛界用・胎蔵界用）

（13）大正蔵三四、三一四頁bに見える『法華経』提婆達多品第十一による。
（14）この『瑜祇咒秘決』（同、二九五函）は奥書によると「暦仁二年二月二日交了　於高野山清浄心院書了　同六日不審決了師命云我報恩ニハ不可披露云々」とあり、当時の往生院谷における流伝であることが明らかである。
（15）井上光貞『日本古代の国家と仏教』（岩波書店、一九七一年）二五六頁。
（16）大野達之助『上代の浄土教』（吉川弘文館、一九七二年）二三〇頁。
（17）高野山に和合院を開いたことは、『高野山総分方風土記』第十に見える。
（18）大正蔵七九、四四頁c。

密教図像と十五尊図

密教図像の大日如来像のうち、胎蔵界大日は法界定印を結び結跏趺坐している。この像容は善無畏系の『胎蔵図像』、不空系の『胎蔵旧図様』はむろんのこと、現図曼荼羅・胎蔵法に関わる諸図像においても中尊・大日如来（または毘盧遮那如来）として描写されている。いずれも現図に集大成されているように高く結い上げた頭髪に宝冠（ただし胎蔵図像にはなし）および装身具をつけた菩薩形で表現されている。

この大日如来像をめぐる諸像の展開については経典所説の教理がいかに具現化されているか、入念な比較研究が必要であることはいうまでもない。こうした問題に早くから注目されていた佐和隆研氏は「仏眼は釈迦・金剛薩埵の所変ともされているといわれている。瑜祇経に説く曼荼羅は金剛薩埵の説くもので、中尊の姿は説いていない(1)」と述べている

しかし経典の解釈では金胎合一を図像化の段階で推考するにとどまるのは当然である。ここでは鎌倉時代の道範を中心にする『瑜祇経』の注釈を前提にして、むしろ大日如来化の図像化は『瑜祇経』をバックボーンとして印信・血脈とともに師資相承される図像の一部に展開が見られることを指摘しておきたい。当然これらの問題は従来から推考されている印信と図像の新たな関係など秘密伝持の世界でのみくりひろげられ、図像以前の課題、究明の必要性が認められるが、ここでは鉄塔・瑜祇塔・十五尊図を中心に周辺で展開された図像と伝承の問題をさぐっておきたい。

ところで南天鉄塔法に基づく仏身（ブッダカーヤ）の観想および大事は、真言のみを誦するとはいえ、究極には三身による完全な仏形・相好のイメージ化を意図したものである。金剛界系ではこの「完全な」という視点は五重結護の所作により、さらに事相上の意味が広げられている。たとえば五重結護の場合は、作印・成身・護身・辟除・結界というように、五重作法を基盤にしなが

ら各字の部主の印契を結び護身結界する。この護身と結界の関係はむろん成身を前提にした真言行者の身体の周囲を支配している。後述する『十五尊図』（詳しくは『十五尊布字位所図』）では「持真言行者　観身如仏形」と記しているように、成身の相好全体を「仏形」とみなしている。

いずれにしても、こうした仏形の完成は『大日経疏』第一にいう「究二竟諸法実相三昧一円明無際而無レ所レ増」のように実相三昧の表現であることがほぼ察知されよう。そしてこの仏形の表現の根底には常に正面向きの坐像であると同時に『大日経』系の観法をともなう最も完全な図像化[2]が必要であった。これを『三部四処字輪観図』（金澤文庫保管）という。この図像（縦八八・五×横六四・五センチメートル）は南北朝時代に描かれたもので、真言宗の諸派の伝承では相当数多く存在したと考えられるが、今日では現存例がきわめて少ない。

真言密教が中世に入ってもなお枝葉のごとく分派し続けた背景には、六大仏形と大日如来の関係、とくに定印をとる胎蔵界大日の正面像の観想をともなう解釈に数種の流れがあったことでも裏づけられる。すなわち空海がうちたてた六大体大説の造型化にともなう解釈の論争は、「六大仏形之事」（金澤文庫保管）に集約されている。六大は法界に周遍しており、宇宙の万有がことごとく六大より縁起すると説く。大日如来の坐像はこの場合、空海が開示した阿字と同じ意味になり、表現の根拠はその間に不二説がどのように関わっているかにある。その不二説を育むものは、法身の具現化である瑜祇塔と行者自身の密接な関係である。これにも抽象的ではあるがプランとしての図が伝承されている。

その図『瑜祇構在自図』（金澤文庫保管）は、巻子で内題に「瑜祇一経構在自身図」とあり、『瑜祇経』に基づく五字成身図を拠りどころにしている。この自身図は五輪塔を示し、文庫本によると「両部法身所依」と文中で述べているから、五輪そのものの中に(1)地大・腰・大日如来、(2)水大・腹・阿閦如来、(3)火大・胸・宝生如来、(4)風大・額・無量寿如来、(5)空大・頂・不空成就如来に当てはめている。また本図の図解もそのように注記を示しながら五輪塔が描かれている。五輪塔のうち地・水・火・風大の表現をとる四輪と、それを包む空大という関係で能作生が問題となる。これには、諸注釈・口伝があり配置法をともなう略図が伝来している。『能作図』（金澤文庫保管）によると、能作生そのものは銀色の器に金色の蓋を合わせ宝珠形の容器をつくり、その中に四輪をはめ込む（相応する）ように入れる、とある。その図は金銀泥など若干の彩色がほどこされているが、金銀の使用については

表1　瑜祇灌頂授受相関図

釼阿

年齢	年	月	事項	人物	備考
20歳	1280	(5月)	瑜祇経口伝伝受	(不祥)	
		(8月)	瑜祇塔図伝受	(源忠)	
24歳	1284	(8月)	瑜祇経聞書書写	(不祥)	
26歳	1286	(4·5月)	瑜祇経口伝上・下書写	(不祥)	釼阿手沢本による
42歳	1302	(11月)	瑜伽瑜祇理供養私記伝受	(審海)	実真手沢本による
		(同)	瑜祇灌頂受法	(審海)	煕允手沢本による
		(同)	瑜祇経内作業灌頂式私書写	(不祥)	
75歳	1335	(5月)	瑜祇灌頂授法	(実真)	

『瑜祇経』の所説にないので和様的解釈というべきかもしれない。この容器は禅遍宏教（一一八四―一二五五）の口伝『能作生口伝私』（金澤文庫保管）によると「八角」と規定している。このモチーフの根拠は三つある（(1)中台八葉、(2)八輻輪、(3)蓮台）。このうち(1)はすでに五如来（五輪に該当）を引用した胎蔵界の中台八葉院の八葉蓮華をモチーフに転用したものと考えられる。

形態としては、宏教の口伝が述べているように柑子の皮をむき中味をとり出した形の模造であるが、理論上は中台八葉院を当てはめている。(2)は通常の解釈。また(3)について同口伝では蓮台が下方の銀器（口伝では「銀珠」）に近似することから、むしろ蓮台にこそモチーフを求める発想の出発点・根拠がある旨、とくに宏教の『六通貞記』は伝えている。

しかし(1)、(2)、(3)いずれも『瑜祇経』の所説に基づくもので宝珠の中味および銀器上に表現（観想）される物体（描写される対象）についてすべて本修不二の立場をとる。つまり表現される図像学上の形態は、所説では金胎両部不二の深遠なものであるから、どうしても抽象的な法身塔、すなわち幾何学的な図解にならざるを得ない、というのである。

実際の行法ではこの抽象的な形態を強力に観想し念ずる。

ここでいう行法は、いうまでもなく『金剛頂瑜祇経』金剛薩埵菩提心内作業灌頂悉地品に基づくもので、極深秘の瑜祇灌頂を達成しその職位を得るために行ずる。その行法の過程を見ると、悉地品の説に基づく行法者または阿闍梨（アーチャルヤ）が肉体に十五尊を布字・観布（観想の一種であるが規定の順序にしたがって種子をちらすように念ずる法）するという目的があることに気づく。また一身だけではなく、弘法大師の御影に十五尊を配することもある。これらの観布はともに三十七尊曼荼羅を観想することにより、金剛薩埵一字心印明を誦す。

また行法をともなう瑜祇灌頂は師資相承の過程で一字心印明（略称）を唱え、印信とともに図像も付属していた。これには支分生曼荼羅壇に弟子を引導し投花させる投花得仏作法が付随する。この次第・手順は鎌倉時代においても真言各派の流儀で多少は作法を異にするが、いずれも印明を授ける内作業の灌頂という点では変わりがない。金沢称名寺では第二代釼阿（一二六一―一三三八）が二十歳で瑜祇塔図を受法しており、晩年（七十五歳）になると実真に瑜祇灌頂を授けている。もちろんこの間にも称名寺開山審海（一二二九―一三〇四）より瑜祇灌頂を授かっており、瑜祇に対する関心の度合はきわめて高かったようである（表1参照。ただし（　）内は釼阿が相承を受けた師僧名、〔　〕内は逆に法を授けた弟子の僧名）。

釼阿の書写の奥書を欠く瑜祇経関係資料のうち手沢本は、⑴『瑜祇開心抄』、⑵『瑜祇経』、⑶『瑜祇行軌』、⑷『瑜祇十二品大綱』、⑸『瑜祇経伝授次第』、⑹『瑜祇経内作業灌頂品秘決』、⑺『瑜祇極秘決附印明』、⑻『瑜祇頓悟三密漸入一心口決』等（いずれも金澤文庫保管）であるが、このうち『瑜祇経』の内面的な境地を図像化させる可能性のある事相の理論書は⑹である。また『瑜祇経』と曼荼羅の関係を重視するならば⑻もその対象になろう。⑹は本経で第十一の「金剛薩埵菩提心作業灌頂悉地品」に該当するが、⑻は曼荼羅図の口決で、わずかに『瑜祇経』所説の理論も呈示されている。つまり金胎両部不二の深秘を説く体系的な世界にふれているが、常に理智不二の性仏が眷属三十七尊とともに光明心殿に住し心真言を説いているという。

この⑻の具体的な作図は『頓悟三密漸入一心図』（金澤文庫保管、一件二点・二紙）といい、種子曼荼羅図に注釈を加えたものである。しかし⑻は必ずしも京都周辺で完成されたものではなく、奥書に「書本云　弘安十年（一二八七）八月廿四日於金剛峯寺勧学院書写畢　金剛資　源寂」とあるように弘安年間に高野山で盛行した勧学院での金剛界系曼荼羅の探求を物語る資料として注目したい。とくに高野山の清浄心院で暦仁二年（一二三九）二月に書写されたものの転写本（称名寺で熙允が元徳三年二月十日に書写）が『瑜祇経秘決』巻上・下、二冊（金澤文庫保管）という書名で伝来しているが、これこそ瑜祇塔の代表的な注釈書である。とくに印信図像を具体化した『十五尊図』（金澤文庫保管）の理論を『瑜祇経』中より要約しながら、「十五尊支分安立事」として曼荼羅と十五尊のつながりを説き明かしている。

瑜祇塔図については、表1で示したように釼阿が弘安三年（一二八〇）八月二十九日に源忠より伝受した『瑜祇塔図』（一紙）

が現存（金澤文庫保管）する。この図については他に類似の図様が残されている。それは弘安三年八月二十二日に写されたと考えられる『瑜祇塔灌頂大事』（一紙）であるが、これも瑜祇灌頂を受法する際に師資相承する阿闍梨付属の印信図像の一種である。『法性塔婆図瑜祇』（二紙・金澤文庫保管）とも別称する。なぜならこの瑜祇塔は、文字のうえでは「ユギ」を「涌亀」とあて、高野山中院（龍光院）の形態を基調とする。塔は上層に瑜祇五鈷杵を表現し、下方でその塔を亀が背に乗せ遊泳している図である。上方すなわち宝形造りの屋根（中央・四方隅）にある五本の相輪は瑜祇五鈷杵に模したものである。瑜祇五鈷杵の部分は、図を入念に見ると蓮台に独鈷杵を乗せ、その上に半月・宝珠を立てるように描く。正しくは瑜祇塔婆上の五古峰という。したがって、裏書でも知られるように密蔵と花蔵はこの塔の形態より着想されたものと考えられている。しかも両部（胎蔵界と金剛界）は金蓮月形なりと注記している。そして「口伝」によれば、下方の亀は器界のシンボルとして表現されている。ちなみにこの『法性塔婆図瑜祇』は願行意教流の印信に不可欠の印信図像の一種で、とくに『相応経』（『瑜祇経』の別称）とともに伝受することが多かったようである。また西院流八結中にも瑜祇塔図の相承がある。

いずれにしてもこの瑜祇塔は、空海の発願を真然大徳が貞観十二年（八七〇）に建立したと伝えるものである。この場合の瑜祇五鈷杵の特徴は、五股（鈷）の鋒先が曲がらず真っ直ぐな形をとり、金剛界の五智を具すという。この表現の根拠は両部不二である。『瑜祇経』所説によると、既述のように理智不二の性仏の意であり、それが曼荼羅の構想の中で三十七尊の眷属を位置づけている、と理解される。

ただ、稀には真言と功能の説明、大勝金剛頂の根本印、仏眼尊の大呪など本経の十二品にわたって口伝が付記される場合もある。そうした口伝がなぜ記されるようになったのか、根拠は必ずしも明らかではないが、おそらく十二品中の三品（第二品、第五品、第七品）以外の九品については、とくに伝法灌頂受法者以外には伝受されないという相承に関わる定めが、各流儀の中に滲透していたからにほかならない。

この定めと規則は三宝院流ではとくに厳密であったようである。釼阿は早くから本経の口伝に注目していたが、二十六歳で書写した道範著の『瑜祇経口傳』（上・下二巻二冊）は（奥書）「弘安九年（一二八六）四月十五日書写了」（上巻）とあり、表紙に「三宝院末資金剛仏子　釼阿」と自から記している。したがって『瑜祇経』の解釈についても、三宝院流直系の口伝を伝承しよう

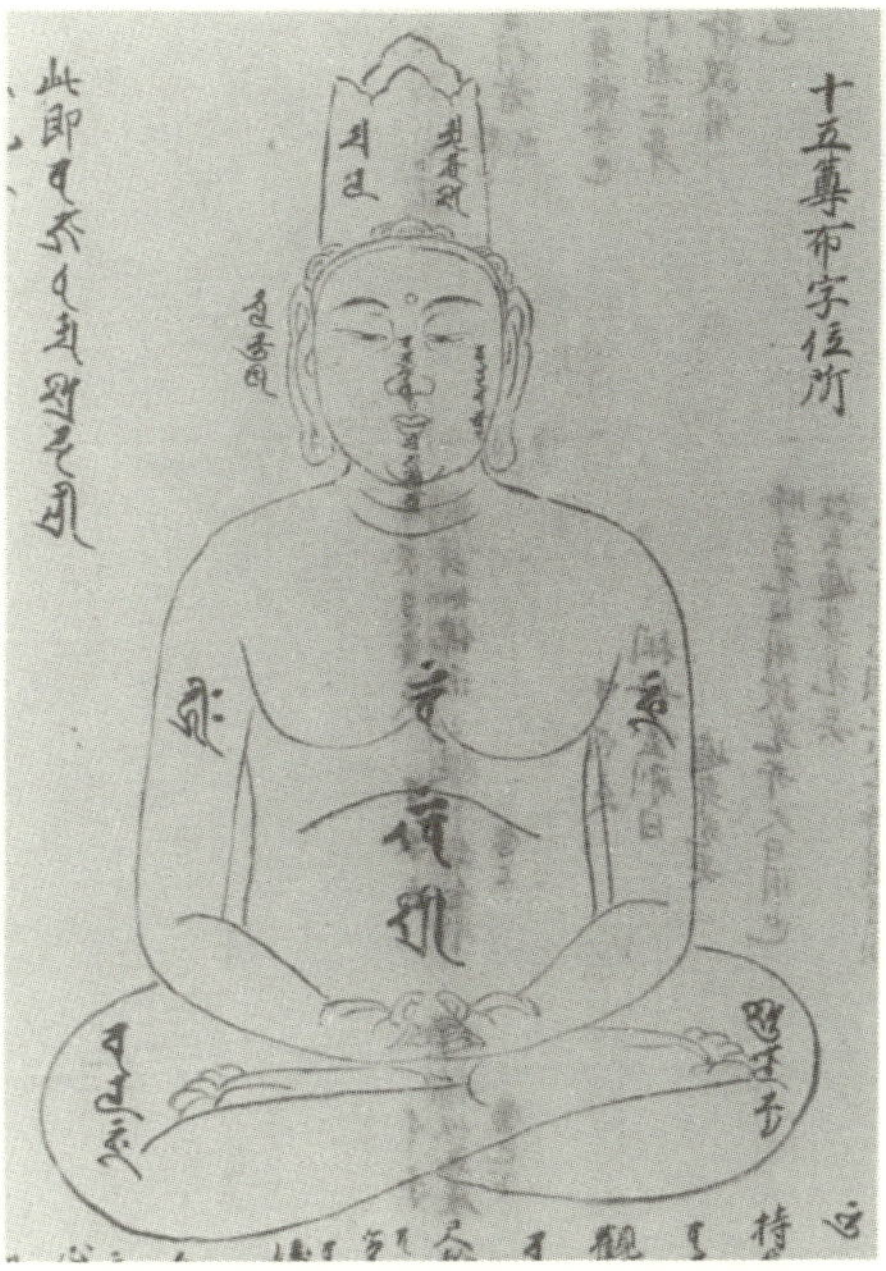

図1　『十五尊布字位所図』（A　十五尊図）

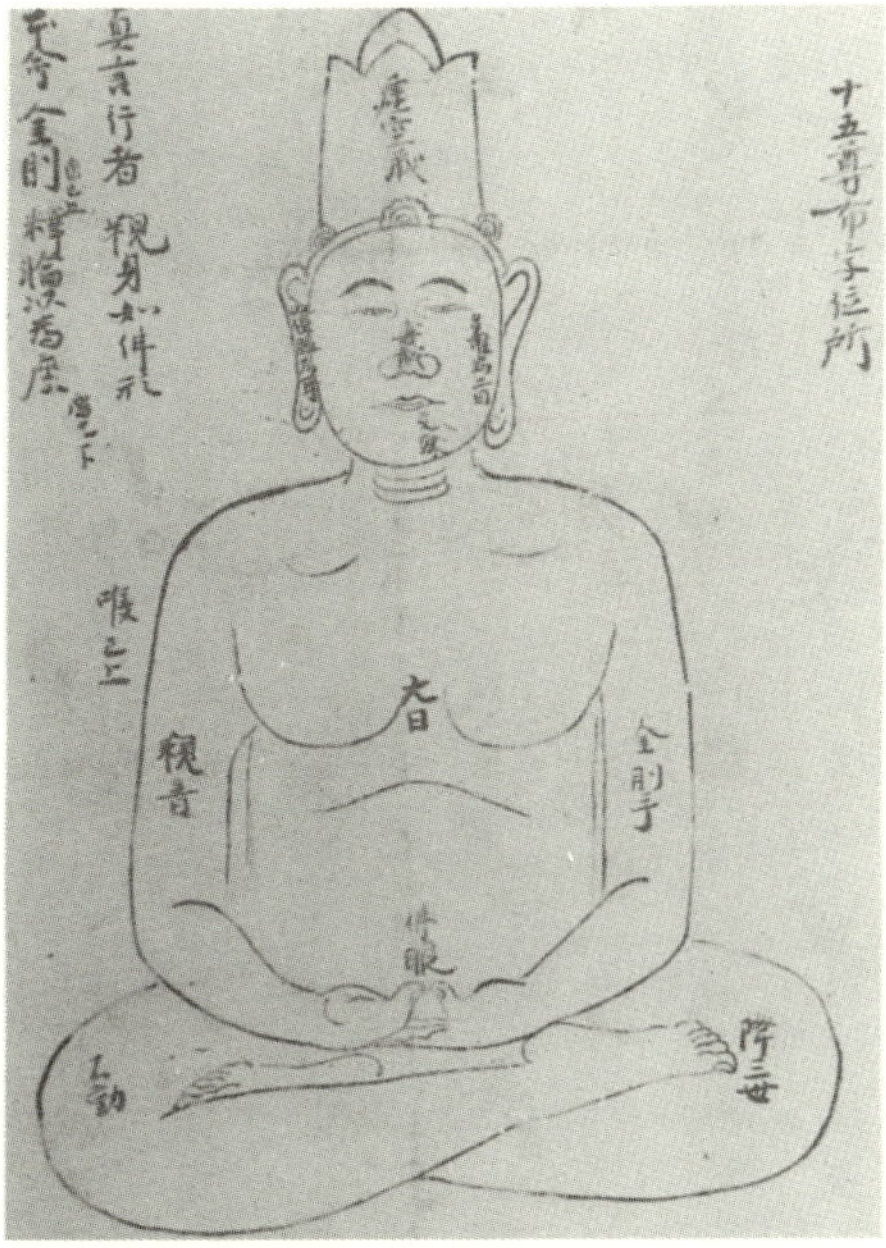

図2　『十五尊布字位所図』（B　十五尊図）

という意図が、釼阿のなかに早くから芽生えていたことが知られる。この口伝は後に煕允によっても書写され、弘鑁が略注をほどこしたと伝える『瑜祇経口傳』（金澤文庫保管）も書写された。とくに瑜祇について釼阿は弘鑁を先達の一人として重視していたことが、[3]『瑜祇十二品大綱』（金澤文庫保管）によって知られる。これらの口伝に基づく瑜祇灌頂の印信（「瑜祇印信」）は、現在は行なわれず断滅している。しかし金澤文庫保管の瑜祇灌頂に関わる資料を見る限り、灌頂第二重・第三重に極秘の印明を授与するのが通例である。五尊という図像は、その際に師匠が必ず弟子に付与するのである。

『十五尊図』（金澤文庫保管）は二紙あり、鎌倉時代の白描図像である。ともに楮紙に墨線で頭上に宝冠を戴く真言行者の結跏趺坐像を描いている。印相は各々法界定印を結び、全容は裸形像。ここでは他に類似がないので「図像の一種」と限定せざるを得ないが、図の余白に墨書で記された釈義によると、冒頭に「持真言行者」と述べている。したがって、この像容は真言・陀羅尼を誦持しながら功徳を得ようとする行者が真言密教の奥義をきわめた姿をあらわしている。二紙は便宜上、A図・B図に区分けして図像の概要を述べることにする。

A『十五尊布字位所図』。一紙。紙本墨画。縦四九・二×横三〇・五センチメートル。鎌倉時代（図1）。

B『十五尊布字位所図』。一紙。紙本墨画。縦五三・〇×横三三・三センチメートル。鎌倉時代（図2）。

AとBの関係は表裏一体で、ともに本像を釈して持真言行者という。そして姿はAとBいずれも観身仏形のごとしと述べている。仏形については右下に注記が認められ、「法身」である旨伝えている。十五尊はAは梵字で、Bは漢音で、像容十五カ所に各々布字・標記されている。その十五尊の坐像に位置づけられる位所を、観想の順序にしたがって列記すると次のようになろう。以下、布字の名称「　」はAによる。

(1)「観身如仏形」は全身を理法身と成じて、それがすなわち仏形であることをいう。

(2)「根本命金剛」は発心の最初の形像である、金剛薩埵の身をあらわし「金剛」とはその略称。全身を智法身と成ずる。

(3)「釈論以為座」は腰より下の金剛輪座をいう。この座は曼荼羅壇と同じで化身をあらわし、別に帝釈天の住する忉利天の座の意もある。Aでは「化身」と注記。

(4)「多羅為二目」は観音の両眼（二目）より出た眷属、すなわちターラ（多羅）菩薩そのものを目の機能となす。

(5)「毘倶胝為耳」は観音より出た眷属、ビクティ菩薩が両耳（二耳）の機能をなす。

(6)「吉祥為口舌」は文殊菩薩の大きな智恵によって法輪を転ずるがゆえに「吉祥」であるという。これを「口舌」（顔相のうち口の部分をさす）に合致せしめ、図像学的根拠は蓮華部門の解釈によると利菩薩が口舌に該当する。

(7)「喜戯為鼻端」は金剛嬉戯菩薩の機能を応用して八供養菩薩の一部をあてたもの。

(8)(9)「金剛観自在」であるが、金剛手（尊名はBによるが、金剛業という解釈もある）を左臂、蓮華部の観音（観自在）を右臂に各々あて、両菩薩に基づく両者の機能を両腕の動きとして表現したもの。

(10)(11)「三世不動尊」は降三世と不動尊の略称で、位置は両膝で左足は降三世、右手を不動にあてる。この両明王に四摂菩薩を摂する。

(12)「心為遍照尊」は心すなわち胸（心臓）の上に大日如来をあてる。

(13)「臍成虚空眼」（尊名は『瑜祇経』による）はBでは「仏眼」と墨書している。いずれにしても仏眼仏母尊のこと。そして仏眼には諸仏能性の徳を得る性格があるので、とくに臍輪という。この尊は外金剛部の二十天を摂する。

⒁「虚空為宝冠」は虚空蔵菩薩（宝部の金剛宝菩薩の別称）の宝冠を頭部にあてる。虚空蔵菩薩は宝部に属するが、ここでは灌頂の徳を得るので、頭部の頂上に位置づける。

⒂「相好金剛日」は金剛光菩薩を相好（すがた）の理想像とする。これには四波羅蜜菩薩を摂する。

以上のように十五項目の観想を行なうのであるが、像の位所（定められた位置）に布字を行なうのは、手順としてAに記された梵字・種字にもとづき瞑想しながら行なう。その布字の出典の根拠は『瑜祇経』下巻に収める『金剛薩埵菩提心内作業灌頂悉地品』第十一の所説（大正蔵一八、二六七頁a）である。真言行者は布字し終わった十五尊を一身に秘しながら、さらに金剛界と胎蔵界に描かれている両界曼荼羅中の諸尊を体現すべく身体に観想する。その手順を示したものは、次第のうち灌頂の前後に書写されることが多いが、奥書に釼阿が四十二歳（正安四年十一月十六日）に書写したと伝える『瑜祇経内作業灌頂式私』（金澤文庫保管）はその代表的なものである。これは「内題云瑜伽瑜祇理供養法幷内作業灌頂式」とあるように、理供養を母体にしたものである。式次第の系統は同奥書の末尾に「師云阿性上人日記也」と付記されているので、あるいは阿性房覚宗の伝承が含まれているかもしれない。同時期の『瑜伽瑜祇理供養私記』（金澤文庫保管）には血脈の伝受記録のほか覚宗の奥書も伝えているので、先の灌頂式とは一連のものであることが判明する。このように十五尊図は両界曼荼羅を十五尊以外にも体現したものであるが、この伝承を印信とともに伝受した法流は慈猛意教流である。そして伝承について中心的役割を果たしたのは頼中である。

以上のように鉄塔・瑜祇塔に始まる図式は、瑜祇灌頂および印信図像という密教秘奥の儀式の中で、中世において、稀にみる展開を示すに至った。その法流は意教流であるが、この流儀については称名寺開山審海も重視していたようである。称名寺第二代釼阿はその密灌に浴する機縁にめぐまれながら、図像の一種としての十五尊図等を伝法の過程の中で相承したものと考えられる。

註

（1）佐和隆研「大日如来像の研究」（『仏教芸術』七三号、一九六九年、一一頁）。

（2）『鎌倉時代の密教儀式』（神奈川県立金澤文庫、一九八三年）五三頁。拙稿「三部字輪観図像の成立」（『印度学仏教学研究』二五―二、一九七七年、四四頁）。

（3）弘鑁は称名寺伝来の印信・血脈などから三輪の宝篋上人慶圓の弟子で、「羽州山北米室羅城寺本願」ともいう。文暦二年（一二三五）と建治三年（一二七七）等の伝法が知られる（『金澤文庫資料全書』第六巻　真言篇㈠、一九七四年、二八九頁）。

紅頗梨色阿弥陀如来像の図像

一　作例から見た考察

浄土教絵画に描かれる阿弥陀如来像のうち、とくに坐像は、西方極楽浄土の教主であると同時に、来迎引接の姿をとる独尊像として作例も多い。ところが藤原期から鎌倉時代にかけて隆盛をきわめた阿弥陀如来像のこのような図像学的位置づけとは別に、密教教義の側から、現実即絶対という即事而真の価値観を与えようとして、この像の変身を一部余儀なくさせた真言僧がいる。一人は仁和寺慈尊院の済暹（一〇二五―一一一五）であり、もう一人は高野山で大伝法院を建立し、これを鳥羽上皇の御願寺としながら後に根来に移った覚鑁（一〇九五―一一四三）である。両者は真言密教の立場から、発声する真言（マントラ）と念仏との融合を秘密念仏（真言念仏）という実践形態により具現し、平安時代の中期以降に普及した浄土教思想に新風を吹き込んだとされている。

ここでとりあげようとする赤色の身色を有する紅頗梨色《ぐばりいろ》阿弥陀如来像（絵画）も、そうした浄土と密教が結びついた弥陀即大日の思想的融合の具現と考えられている。その儀軌の所説は図像が描かれる以前に両者の影響を多分にうけながら成立したと考えられる。いうまでもなくこのテーマのねらいは、この図像を成り立たせている儀軌と最古の図像を検討することにある。図像を紅頗梨の理論の具現だとすると、不空訳『無量寿如来観行供養儀軌』との関係が当然検討されなければならない。この供養儀軌は密教経典中でも不空訳の代表的著作に挙げられているにもかかわらず、密教学では従来あまり問題にされなかった。いうならばこの儀軌は浄土・密教の両者の側から見直すと、ちょうど谷間に放置された位置にあったとみなされるからである。むろんこの儀軌を請来したのは空海であるが、所説に含まれる無量寿如来根本陀羅尼（いわゆる阿弥陀大心呪、甘露呪）の効能は現世安穏と罪障消滅の功徳があるとされ、浄土・天台宗でも盛んに誦された。つまり儀軌所説の陀羅尼だけ、一人歩きして、密教以外にも早くから流布していったのである。しかしこの呪法の礼拝対象は定印相の阿弥陀如来坐像である。もとより密教の阿弥陀は、図像学的に見ても両界曼荼羅に登場する。胎蔵界曼荼羅では通肩に定印相、金剛界曼荼羅では偏袒右肩で定印相を結ぶというそれぞれ典型的な阿弥陀如来である。この両界に描かれている像容は若干の相違はあるにせよ、後者の金剛界曼荼羅中の定印相のものは多い。法界寺、法金剛院はもちろんのこと、あの頼通が力をそそいだ平等院鳳凰堂の本尊阿弥陀如来でさえ、大仏師定朝はこの種の図像に強い影響をうけて新しい阿弥陀如来に傾倒していったのである。こうした傾向は平安期の阿弥陀如来造像史の中でもきわめて重要な問題であるが、このことについては、これまでにも美術史上かなり検討されてきた[1]のでここではふれない。

ところでそうした阿弥陀如来製作過程の中で特異な位置を占める紅頗梨色阿弥陀如来像は、絵画より彫刻の作例が先行するという解釈がある。その根拠は、當麻寺の「伝紅頗梨弥陀」の製作時期を遅くとも平安時代後期に位置づけるからである。筆者はこの経緯に異論を提起するつもりはない。しかしこの問題を論ずる前に浄土観というものが密教の視点と教義においてどのような意味づけをもっているのか、その前提条件を検討しておかなければならない。阿弥陀如来に関しては覚鑁の『五輪九字秘釈』(『興教大師全集』所収)、道範(一一七八―一二五二)の『秘密念仏鈔』三巻(大日仏・七〇巻所収)によると、三重の秘釈を伝法の前提にしている。まず初重は浅略と称し、法蔵比丘が成仏するまで。二重は深釈で大日如来の一門を主だった如来化への変容。三重は秘中の秘で大日如来即阿弥陀如来の融合。四重は秘々中の秘で衆生本来の心と阿弥陀如来が密接につながる過程をあかす。そして究極にはこれらの四重の解釈をとおして、真実の極楽浄土は(人間の)自己本来の両部曼荼羅の構図に位置づける。したがって大日如来と阿弥陀如来の一体感が、逆に密教においてはその根本ともいうべき両部曼荼羅に説く理智不二の理論中に、間接的にせよ対応していることに気づくのである[2]。

阿弥陀如来を介して説く即身成仏は、現身往生という。つまり四十八願でさえ、凡夫本具の仏徳以上に六道の衆生は八葉の仏・如来を具するというのが、常識的な解釈である。したがって現実のこの世を穢土と呼ぶ考え方は、密教の立場からすれば、密厳国土から導かれた浄土観とは本質的には言いがたいのである。ただし、金剛三昧院の開祖である明遍(一一四一―一二二四)がその師法然上人より伝領したと伝える『阿弥陀三尊像』(縦一五三・九×横一三四・九センチメートル)〔蓮華三昧院蔵〕は、従来から

図1　紅玻璃阿弥陀如来像（正智院蔵）

浄土図でもなく雲を描いているものの来迎図でもないといわれている。むしろ現身往生を目的とした紅頗梨色阿弥陀如来像と同じ浄土観のスケールをおさめた観想図に近いものという解釈がある。

　そうした観想図との関係を考える場合、紅頗梨色阿弥陀仏の身色の位置づけが問題になろう。この像容は真言密教の教義では、金剛界五仏のうち五色に配当するうち、妙観察智の赤色をいう。これに観想を媒介させて紅蓮華色に観じ表現することは、『摂真実経』中巻あるいは『守護国界経』第二巻に所説がある。観想の部分を「次想壇中有《リ》二紇哩字一、放《テ》二大光明《ヲ》一如《シ》二紅頗梨色一、偏照《ス》二十方世界《ヲ》一」（『無量寿儀軌』）と述べている。ここでは阿弥陀如来の尊像はまだ現じないが、実際の尊形は蓮華座上に結跏趺坐して五智宝冠をいただいている。印相は定印、まさに胎蔵界の大日如来坐像と近似している。[3] 観想は下から上へ視点が移るように設定されているが、蓮華上に五鈷杵を横におき、その上に独鈷杵を竪てる。弥陀が坐すべき蓮華（蓮台）も描かれている。阿弥陀はその上に登場し空間に浮上するがごとく表現されるのである。現存する紅頗梨色阿弥陀仏の画像は、高野山を中心に五本ほどが知られている。

　(1)重文「紅玻璃阿弥陀如来像」（縦一〇七・八×横八二・四センチメートル）〔正智院蔵〕（図1）。この画像についてはすでに紹介[4]があるように、構図は画面を全図いっぱいにはりめぐらし、金色に輝く衣をつけた正面像を堂々と描く。作画において注目すべきことは、身色（赤色）から判断して観想上に明確に五智宝冠像を焼きつけるように強い描写力が介在していることである。この像は西に没する夕日を浴びた日想観上のいわゆる正面向きの阿弥陀に近似する。高野山上から見るご来光も美しいが、沈む夕日もまた見事である。紅頗梨色は高野山を中心に作画されたと考えられる。筆者もかねがね思うのであるが、密教の画像というものは、構図を画面の中に決める際に、自然の情景を瞬時に生かし得るような発想上の根拠（原型あるいは原風景）がひそんでいるように見える。むろん構図から説明できない部分もあると思われるが、正智院本は『無量寿如来供養作法次第』所説の「五智の宝冠を着し、定印に住したまえり。身相は紅頗（原本は「玻」）梨色なり。頂上より紅頗梨の光を放ちて、無量洹沙の世界を照す」を暗黒の画面にくっきりと描き込んでいる。

肉身は鮮やかな赤色で朱を下地にした洋紅で描く。瓔珞や臂釧、腕釧は金泥で区分されて表出されている。円相の月輪は白土を入念に敷きつめている。これにより頭光・身光の外から燃え上がる火焔の異様なさまを強調することになる。画面を横いっぱいに円相を配置する構図のとり方は、『無量寿如来供養作法次第』の観想の部分を再現しようとしたものにほかならない。それほど作者は高野山の念仏信仰を背後にすえた紅頗梨色阿弥陀如来像の具現に力をそそいだようすがうかがえる。この画像に比べて知恩院本は、やや趣が相違する。

(2)重文「紅玻璃阿弥陀如来像」（縦一三八・八×横八四・八センチメートル）〔知恩院蔵〕（図2）は、画像の着想がまったく違

図2　紅玻璃阿弥陀如来像（知恩院蔵）

う。構図は金剛界曼荼羅の配置で、阿弥陀如来坐像は偏袒右肩の朱衣を着ている。身光・頭光を背後に蓮台は五彩色にいろどられている。そして坐像そのものは、さらに下の朱色の蓮台上にある月輪（大円相）内に収まっているように描かれている。そして四隅には小円相内の梵字が蓮台上に描かれている。三昧耶形で金剛界・無量寿如来四親近菩薩を右下より右廻りで配置したものである。中央の阿弥陀如来像は胸に卍字相を描き込み、如来像であることを強調している。定印の両手の部分には（大指の下）三十二相の一種である縵網相を表示している。知恩院本は基本的には四親近菩薩の梵字の描写によって金剛界曼荼羅の五解脱輪の一場面を表象していることは明らかである。その順序と位置と尊名は西輪の中に次のように分解しまとめることができる。

中央①阿弥陀如来（無量寿如来）→尊形

東　②金剛法菩薩→梵字フリーヒ〔hrīḥ〕

南　③金剛利（剣）菩薩→梵字ダン〔dhaṃ〕

北　④金剛因菩薩→梵字マン〔maṃ〕

西　⑤金剛語菩薩→梵字ラン〔raṃ〕

この四親近菩薩は阿弥陀如来の内証を展開させる役割をになっている。全体の構図と四親近菩薩の関係は、構想においてすでに妙観察智をあらわしている。

紅頗梨色を内から表現する妙観察智は、密教教義では自性清浄の全一の法を支配するといわれている。ここでいう妙観の法と画面とは、知恩院本の場合、①を除いて②から⑤を四隅にシンボル化して表現している点で特徴がある。しかも紅頗梨色阿弥陀如来の画像としては他に類例がない。画面のシンボル（四親近菩薩）が全体をどう支配して中央と関わってゆくのか説明しておきたい。②の金剛法菩薩は、妙観察智の出発点でもある。

もとよりこの妙観察智は五智の一種で蓮華智とも呼ばれサンスクリットはPratya vekṣaṇajñāna である。九識のうち第六識から転じた智慧で、密教のとくに金剛界曼荼羅の智の面を強調、その中でも衆生というものを最もよく観察して（妙観）、先々の転じ方を誤らない方向に導くという。栂尾祥雲博士は教相の立場で「微妙に観察するのが、観自在菩薩としての金剛法（菩薩）である。この妙観察智によりて、種々の対立観念に基づく戯論を、超越し除去することが、文殊菩薩としての金剛利（菩薩）である。

この無戯論智を基因として、この現実世界をそのまま曼荼羅世界なりと開見するのが曼荼羅菩薩としての金剛因（菩薩）である。而してこの境地を一切のものに如実に開演するのが金剛語（菩薩）である」[5]と述べている。

この教相の理論の背後には金剛界曼荼羅などの画像を具現化する（あるいは成り立たせる）以前の重要な課題として、生きたままのこの肉体以上の仏身のとらえ方に、観法のシステムが介在することを指摘せざるを得ない。知恩院本はまさにこの観法のシステムを意識した作画であり、彫像にも類例の少ない入念な構想である。

このような考え方をさらに深めて彫刻の作例にあてはめてみると、紅頗梨色阿弥陀如来の一歩手前で造像された特異なものにぶつかる。もと伊豆山（熱海市）上の常行堂にあった本尊、「阿弥陀如来及両脇侍像」（中尊の像高六七・二八センチメートル）がそれである（図3）。現在は伊豆の逢初地蔵堂（静岡県）に安置され、脇侍が当初は四軀あったが、現状では一軀失われている。いうまでもなく、常行堂の阿弥陀如来坐像は天台系の円仁請来になる八十一尊曼荼羅（金剛界）を基調にしている。同曼荼羅に描かれている阿弥陀如来と四親近菩薩（金剛法・金剛利・金剛因・金剛語）を図像の根拠とした、いわゆる阿弥陀五尊像である。図3から判断しても当然逢初地蔵堂像は宝冠があったことになる。今は亡失しているが、このことからまさしく常行堂本尊の古姿をしのぶことのできる優作である。常行堂本尊宝冠阿弥陀如来像は天台の実践行法（四種三昧の一つ常行三昧のこと）の礼拝対象として特異な位置を占めると同時に、真言系の紅頗梨色阿弥陀如来像およびその系統のものとは双璧をなす。ただ両者に共通しているのは、いずれも金剛界曼荼羅の阿弥陀如来像をモ

図3　阿弥陀如来像（逢初地蔵堂蔵）

デリングの要素として造像作画していることである。

このことは天台・真言両宗を比較すると、円仁の天台宗系が造像等では先行したと考えられる。円仁は仁寿元年（八五一）に、比叡山にわが国最初の堂行三昧堂を建立した。本尊は金剛界八十一尊曼荼羅から五尊形式（阿弥陀・金剛法・金剛利・金剛因・金剛語）を安置したという。その構想は、円仁が念仏三昧法を修した五台山竹林寺（般舟道場）の本尊によっている。今日、この五尊形式を伝えるものは、輪王寺（栃木県）に平安時代（本尊は十一世紀末頃）の作例が伝存しているにすぎない。常行三昧堂の遺品中最古のもので、中尊（像高六七・〇センチメートル）は胎内銘（墨書）により大仏師慶範の作であることが判明する。脇侍三軀は文永頃、一軀は応永頃の後補である（図4）。

①阿弥陀

図4　五尊形式

③金剛法　②金剛語

⑤金剛因　④金剛利

以上のように彫刻の造像の基盤には、金剛界曼荼羅と観法の関わりが考えられる。もっともこのような彫刻は、浄土系紅頗梨色を直接生み出す背景がまったくなかったわけではない。次にそうした作例にふれておきたい。木像漆箔で「伝紅玻璃弥陀」と呼称される當麻寺の阿弥陀如来坐像（重文）は、像高一〇四・〇センチメートルの重量感あふれる優品である（図5）。アーサナasana（坐像）から見ると弥陀の定印を少し前面に押し出すように結印された通肩像である。紅頗梨の秘法の本尊として古くから知られ、造像年代は井上説により、十世紀と考えられている（井上一稔「螺髪宝冠阿弥陀如来像について」、『美術研究』三四三号、一四頁）。もと宝冠があった植え付けの螺髪部分は欠失し、現状の頭部は異様である。榉材一木造りで内刳をほどこしている。

ただしこの當麻寺像は、同じ弥陀定印相でも平等院・法界寺像とは結印にやや異なる表現をとる。正面からの視点ではこの結印の相違はなかなか見極めがたいが、当麻像は左手を上（前）に置き、五指を相叉した定印であって、仁和寺の阿弥陀三尊像（国宝）や岩船寺の阿弥陀如来像と同型である。この種の弥陀定印は密教教義から見ると五智のうち妙観察智をあらわすもので、それは具体的には金剛界曼荼羅中の五仏である西方・阿弥陀如来坐像より抽出したものである。五智はいうまでもなく大日如来の五智であるから、当然、空海が請来した両界曼荼羅（現図の金剛界）の系統を典拠にして彫像し細部も表現したものである。なお當麻寺像と同様の宝冠阿弥陀如来坐像（偏袒右肩）の例として、やや小さい（像高五四・五センチメートル）が安楽寿院（京都）に伝存する。

このほか五智を含めて妙観察智を表現した安祥寺の国宝・五智如来像（西方・阿弥陀如来像に示される）はいうまでもない。さらに左大臣源融（八二二―八九五）の一周忌（八九六）八月十六日の願文（『菅原文章』）でも明らかなように、棲霞寺（大臣の別業棲霞観）伝来の重文・「阿弥陀如来及両脇侍像」（清凉寺蔵）は定印像では最古の部類に属する。これについて濱田隆氏も示唆する[6]ように、源融と宇多天皇との間柄から仁和寺の造像との関係を想定できよう。いずれにしても重厚な密教像（阿弥陀）として注目される。むろん仁和寺金堂本尊（国宝・「阿弥陀如来及両脇侍像」）もこれと同じ頃の製作年代であるが、単なる密教像という より、浄土系の三尊形式を再構築してゆく姿勢が見られる。

(3)重文「紅玻璃阿弥陀如来像」（縦一二四・八×横八四・五センチメートル）〔桜池院蔵〕（図6）。この画像は高野山に伝来したもので『無量寿如来供養作法次第』に最も忠実に描いた紅頗梨色の阿弥陀である。像容の下辺は次第に述べる観想（道場観）をほ

図５　伝紅玻璃弥陀（當麻寺）

図６　紅玻璃阿弥陀如来像（桜池院蔵）

ぼ完全な彩色・描線により再現している。その部分は「この字変じて開敷紅蓮華となる。独鈷の首の上に蓮華あり。横なる五鈷の上に立つ」という表現に一致する。画面は阿弥陀を配置した大円相内は全面が紅色で敷きつめられ外側から隅取りされている。そして頭光・身光が内から輝いているように見えるのは観想の対象としての礼拝像であることが明瞭である。紅色の肉身表現は正智院本に同じ。下辺は大円相下で背景の画面が区画されている。下区画は緑青地に切金と細かく方形に交叉させている。上辺はさらに細部を入念に見つめると大円相の外側に飛雲がうすくたなびいている。この画法から考えるならば、作法次第の道場観は、山野の虚空を観想していたことになる。

この着想（山林の中での観想行の証）によって成り立つ構図をもう一度画面を入念に見つめながら、大円相内の赤色の部分を検討する。すると、頭光とも思われる光背のうしろから、九本の放光が認められるのである。『無量寿如来供養作法次第』に照合すると、それは道場観にこの場面（九本の光）は確かに説かれている。すなわち「池水の中に頡哩二合字を観ぜよ。大光明を放って紅頗梨色の如し」と。次第によると、この場面は梵字フリーヒ字（キリク字とも読む）から上辺に三本ずつの筋光を放っているように描いている。桜池院本では二本ずつを一本の筋光として、九本描いているのである。九という数字を考え極楽浄土のスッカ

（sukha）から見るならば九品の表示であろう。既述の妙観察智印を含む九品印を内蔵している根幹の部分（頭部・宝冠の五智）は、正しく九本の線光を放つ。桜池院本では九本の放光を自然の情景の中に配置し、とくに月輪観を大円相とし、その円内に収めている。これは上品上生から下品下生までの九種の印相を内に秘めることをあらわす。同時に描かれている阿弥陀如来、蓮台などすべての画面の要素に九つの意味（九等級の品位）が組み込まれていることを示している。

正智院本の説明でも触れたが、次第では「頂上より紅頗梨色の光を放ち無量世界を照らす」と所説がある。ここでいう無量世界は、鳩摩羅什訳の『阿弥陀経』に「かの仏を何がゆえに阿弥陀と号すや、舎利弗よ、かの仏の光明は無量にして十方の国を照らすに障礙するところなし」というアミタ（無量）、アミターバ（無量光）によって光り照らされる世界の意である。これを自然の描写（風景）の中に表現する考え方は、剥落がはなはだしいが、平等院鳳凰堂内扉絵に九品来迎図の名で認められる。また記録の上では、九品来迎図は比叡山東塔の堂行三昧堂に描かれていたという。さらに藤原道長が造営した法成寺無量寿院、鳥羽勝光明院、それに四天王寺絵堂などがある。所説は観経に基づいているものの、すべての表現は自然の景観を重視し、山水の中に九品を融合させようとする意図がありありとうかがえる。このような桜池院本と画面の上で再現する赤色の大円相（大月輪）は、筋光によって究極の部分が骨組みとなって表現されている。夕日の赤色は密教画のモチーフから見るならば、生きている人間の血脈としての血液そのものである。極楽の原語スックハーヴァティー（sukhāvati）はもともと混雑している中で車などがたやすく流れる状態をいうが、車が動くという意は人の活動を容易にするから、血液の流れとほぼ同じ意味になる。

次第の本文で「紅頗梨の光を放って無量恒沙の世界を照らす」と述べているのは、恒沙すなわち「恒河沙」、物の無数の数量の意味を込めた放光の舞台を指している。密教の紅頗梨色阿弥陀如来像はここに説く無遍の光（光明）と乳海で攪拌される功徳数量の両者を観法の中で描こうとしたのである。紅頗梨色の中で放たれるジヴァラ（jvala 光明）は、九品の範疇を内に秘めている。とはいえ、光体は智慧そのものの智光（心光）と智慧の外にある具体的な「いろ」などを示す身光（色光）に分けられる。次第では道場観の冒頭のところで、乳海の中から梵字フリーヒ字が出現するように説いている。独鈷杵を立てる観想は古代インドのバラモン教神話に登場する攪拌作用の原理を応用した着想である。このような乳海と観想を成り立たせる所説が、金澤文庫保管の次第に見える。

金澤文庫保管の紅頗梨色阿弥陀仏の作法集は二本（A・B本）あっていずれも外題に『阿弥陀御作』と墨書がある。A本『阿弥陀御作』（縦一六・五×横一七・〇センチメートル）、B本『阿弥陀御作』（縦一七・〇×横一六・二センチメートル）で、A本は完本、鎌倉時代後期のとくに仁和御流系統の写本である。B本はA本の転写本であるが、作法次第の道場観の一部を欠いている。観想の出発点となっている乳海を説く項目・所説はA本の「安楽世界を観ぜよ」以下に述べている。A本の『阿弥陀御作』とは、『無量寿如来次第』、『阿弥陀次第』、略して『作法次第』と別称する。A本の外題にいう「御作」とは東寺、仁和寺、三宝院（醍醐）等で大師（空海）作の著書の意を呼称する相承名である。とくに仁海の『小野六帖』の第四帖に「大師記」を「大師御筆次第」、「大師雑私記」と呼称を与えているように、小野流では雨僧正以来、大事な伝承とされている。

二　観想上の彩色と道場観の関係

A本『阿弥陀御作』（金澤文庫保管・称名寺蔵）はB本『阿弥陀御作』（同）と同類の内容であるが、ともに東密に伝来する紅頗梨色阿弥陀如来像の観想を実践する作法集であり作法次第である。全文は供養法の形式で構成され、『無量寿如来供養作法次第』とも別称する。

作法の中で問題となるのは、第一に文中の二箇所に描かれている白描図像が、道場観をどのように具現していったか、という成立過程との関わりである。第二はその造形上の仏身の像容と肉身、身色の彩色についてである。配色は、衣文等を除いた顔相をはじめとする身色の紅頗梨色は桜池院本などに例を求めるならば、深味のある洋紅がほどこされている。ただし、この紅頗梨色の設定がどのような発想によったかという点について、諸儀軌は何も述べていない。結論から先に言及するならば、これこそ密教の諸尊像のうちでも観想（道場観）の実体がそのまま造形上の規定におよんだ珍しい例と見ることができる。彩色と道場観の直接的な関係を示す部分は、

面前に安楽世界を観ぜよ。瑠璃を地と為す。功徳の乳海あり、其の海中に於いてフリーヒ頡字を観ぜよ。大光明を放って紅頗梨色の如く、遍く十方の世界を照らし、其の中の有情斯の光に遇う者、皆苦を離るることを得ざるなし。其の字輪変じて独股

と成る。首の上に微妙に開敷せる紅蓮華あり、横の五股の上に立つ。即ち変じて其の華、無量寿如来の身となり、宝蓮華満月輪の上に在し、五智の宝冠を着して定印に住す。身相紅頗梨色となり、頂上より紅頗梨の光放って無量恒沙の世界を照らす、皆悉く紅頗梨色なり。諸の聖衆のために前後囲繞せらる。

である。この本文について、底本のA・B本と『無量寿如来作法次第』を比較するならば、若干の欠字・出入りが見られるが要旨は変わらない。この観想によってA本では白描図像が挿入されている（図7）。しかもこの道場観はA本では「如来拳を結印し心に当てる」と付記されている。つまり真言行者は、胸部前で両手を如来拳にして赤色の阿弥陀如来坐像を心の中に描くのである。その次第の順序は、A本によると⑴道場荘厳、⑵行者威儀、⑶入堂観、⑷加持香水、⑸加持供物、⑹浄三業、⑺普礼、⑻開白幷神分、⑼五悔、⑽発願、⑾五大願、⑿普供養、⒀三カ偈、⒁仏部三昧耶、⒂蓮華部三昧耶、⒃金剛部三昧耶、⒄被甲譲身、⒅大金剛輪、⒆地界、⒇金剛墻、(21)道場観という次第順序になっている。次第の形式は、真言密教のとくに鎌倉期に流布した十八道立の典型である。道場観のうち「字輪変じて独鈷と成る」部分には、この文句をそのまま図解した白描が示されている。『紅頗梨秘法』と別称する神光院本（京都市）の『無量寿如来供養作法次第』には独鈷の右側に片仮名で墨書が認められ、観想上の独鈷杵と五鈷杵は「デイ」（金泥のこと）で描写し、それをとりまく火焔は「ウスアカ」（朱色のこと）と同じく付記されているから、金色の法具が赤色の火焔の中に湧現するように表現することが定められている（図9）。このことは観想図と密教図像の成り立ちを考える上でも貴重な示唆をするものであろう。

また蓮弁は「赤」（洋紅系の赤色か）、円相は内側を「白く」、そして蓮台は「ロク」（緑青のこと）とある。円相の描き方はこの注記から白土をうすく隅取りしてボカしたに違いない。また、内から発光する慈悲の放光の表現はどうかというと、そこから四隅に光を発して内から外へ三本の線条が墨線で描かれている。四隅より線条を放つという描き方は、おそらく両界曼荼羅などにまま示される東南、西南、北西、東北という四方の荘厳のしかたからの着想の影響が考えられる。その全図（観想図）は神光院本の作図のとおりである。しかしこの図像の変遷から見るならば、A本の作図のほうが原形に近いと考えられる。するとこのA本の道場観の作図は、何を根拠に描いたのであろうか。紅頗梨色の阿弥陀如来像は、これまで見てきたように妙観察智の具現といわれる観想上の大前提がある。桜池院本も正智院本も、それに知恩院本も、紅頗梨色で描かれているものは阿弥陀如来像であるが、その作

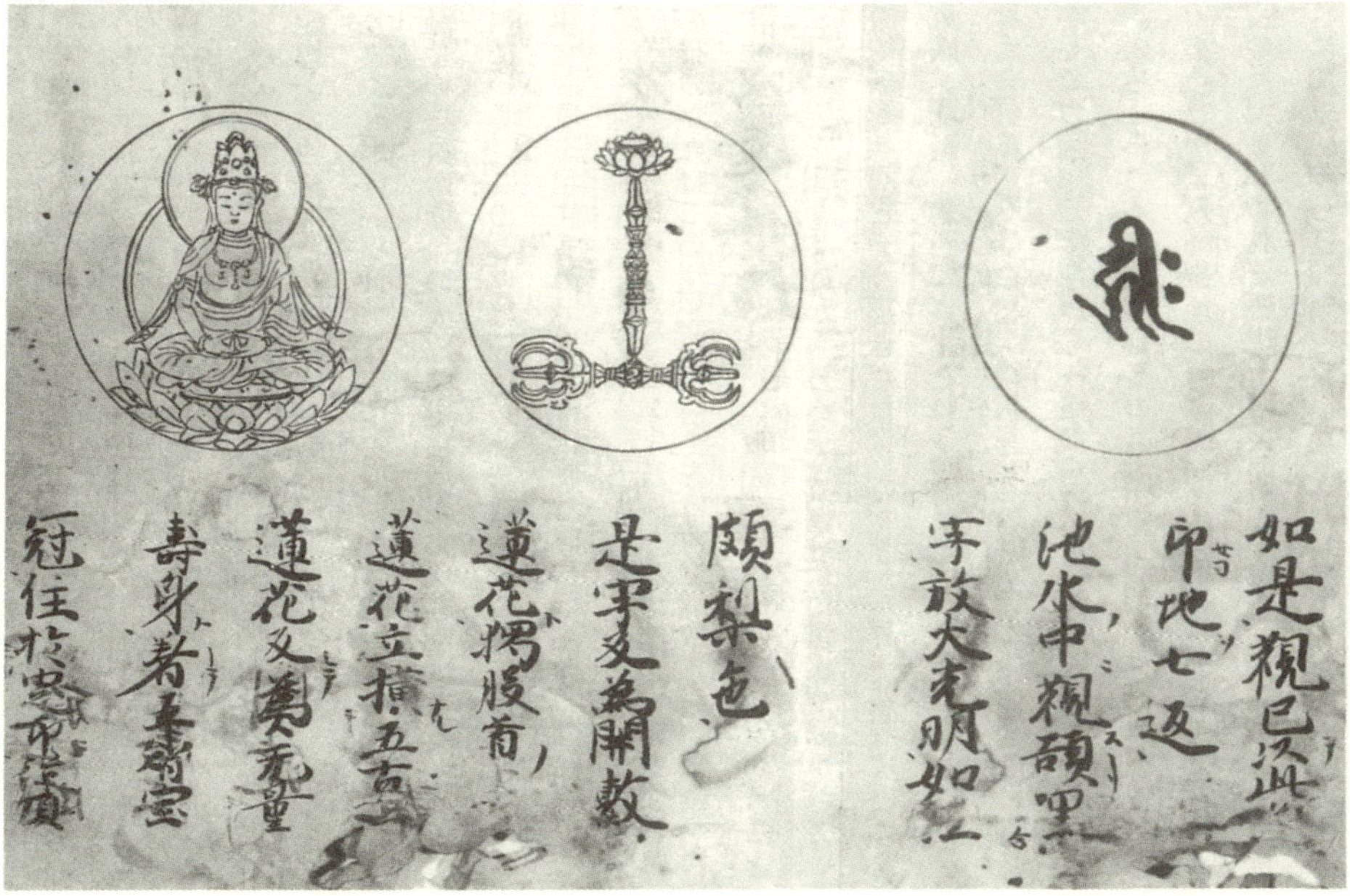

図7　A本の道場観

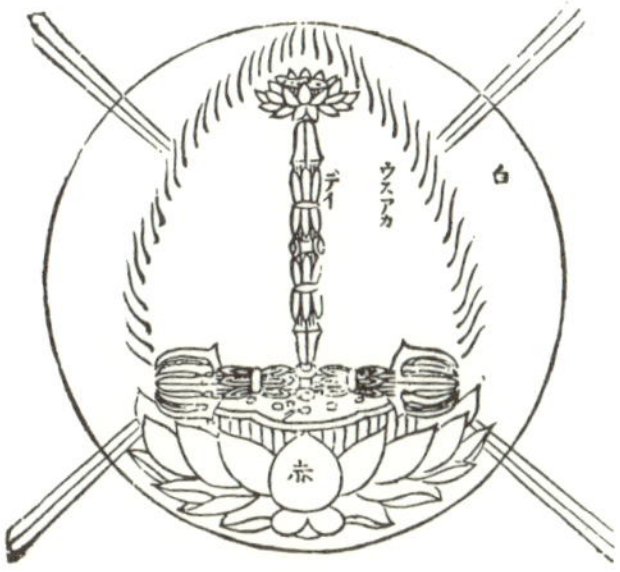

図9　神光院本道場観

図8　長谷寺本　紅玻梨色阿弥陀如来像

図の一歩手前には、道場観を根拠とする「フリーヒ字変じて」という三昧耶の観想が基調となって描かれている。このことは紅頗梨色阿弥陀如来像が道場観の作図を基盤として、さらに金剛界三昧耶曼荼羅（降三世三昧耶会）の無量寿如来を下図にしていることがわかる。その白描図を比較にA本以下の道場観の作図を、〔イ〕から〔チ〕の類似の部分八図を比較してみることにしよう（図10）。

〔イ〕A本
〔ロ〕御室版金剛界曼荼羅（降三世三昧耶会）
〔ハ〕大法房実任本
〔ニ〕法輪院本
〔ホ〕石山寺本金剛界三昧耶曼荼羅図
〔ヘ〕法輪院本（写）
〔ト〕長宗本の作図
〔チ〕御筆第三伝本

このうち鎌倉時代以前にさかのぼると、平安時代の白描図像が基本となるが、〔ハ〕の大法房実任（一一三八―一一六八）の系統は〔ニ〕と〔ホ〕の三井法輪院および石山寺に金剛界三昧耶曼荼羅が伝来しているので、この系統との関わりを考える上で重要である。

『無量寿如来供養作法次第』の道場観において九本の光明を放つ場面については、池中に梵字のキリーク字を観想し、それが紅頗梨色として順次ひろがり拡散する状態において彩色は色相とともに感得する。つまり赤色の空間は真言僧が観想している眼前の全面をすべて覆い、その証として独特の阿弥陀如来の坐像を会得するのである。この場合、真言密教の観想の手続きをとくに「観念する」と呼んでいる。この紅頗梨色阿弥陀仏をよく見つめ、観念するというシステムは、金澤文庫保管のA本・B本ともに所説があり、白描図像をも付加され挿図の目的で描写されている。ただし密教美術でとりあつかわれる放光は放光仏頂（光聚仏頂のこと）あるいは放光菩薩（『行林抄』第四十八に説く）の具現である。しかしこれから二尊と放光との関わりを考えると、「光明遍

図10　道場観の作図（模写＝筆者）

(イ)A本

(ロ)御室版金剛界曼荼羅（降三世三昧耶会、供養会）

(ハ)大法房実任本

(ホ)石山寺本

(ト)長宗本

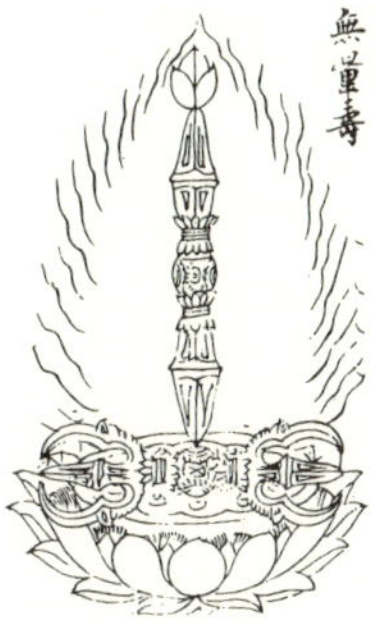

(ニ)法輪院本

(ヘ)法輪院本（写）

(チ)御筆第三伝本

照」との関係は皆無である。むしろ図像学的には、宝生仏の像容に類似しているのが紅頗梨色阿弥陀といってよい。ただし印相の結印作法は違う。宝生は左手の五指は衣角を執持し、右手の五指は舒べて掌を仰いでいる。紅頗梨の阿弥陀は定印である。両者の関係を金剛界四仏で見ると、南→西と宝生→阿弥陀の順に成身会は構成されている。胎蔵の場合は、南→西と開敷華如来→無量寿如来の順に中台八葉院は構成されている。開敷華王の印相は離苦三昧に住する尊であるから、左手を臍の部分に当て袈裟の角を執り、右手は掌を外に向けて指頭を垂下して胸に当てる。無量寿は定印である。このように密教の両界曼荼羅中には金・胎ともに阿弥陀・無量寿如来の正面像が宝生開敷華王という、各々一歩手前の段階で興味深いしぐさを提示していることに気づくのである。もちろんこれら金・胎の四仏はその中に阿弥陀・無量寿を含むという点で浄土教の尊格とは少し異なる正面像の特質を提示している。これまでたびたび述べてきたように、紅頗梨色阿弥陀如来像は偏袒右肩の如来の衣に宝冠をつけた坐像で、肉身はすべて赤色に描いたものである。赤色は五色・五大に該当させると、西方の阿弥陀は火大で赤色にあてはめることができる。

以上のような仏身の問題が終わると道場観の観想が示される(7)。その次は曼荼羅の具現である。次第の続きは以下のとおりである。
(22)大虚空蔵、(23)宝車輅、(24)迎請聖衆、(25)馬頭辟除結界、(26)金剛網、(27)金剛火院、(28)閼伽（まず行者の右辺にこれを献ずる）、(29)蓮華座、(30)振鈴、(31)壇上供物一一献（行者の右方に供す）、(32)普供養（ならびに三カ偈）、(33)本尊讃、(34)四智讃、(35)入定（定印を用いる）。紅頗梨色阿弥陀如来像の曼荼羅の具現とは、この入定の作法を経て、観自在菩薩の三摩地（サマージ samādhi）に入ることを意味する。次第には「目を閉じて心をすまし自身中を観ずるに、円満潔白なること満月の如し」といい、浄月輪上にフリーヒ字を再び観想するのである（図11）。しかもその後、大光明を放った証として八葉の蓮台上に観自在菩薩（聖観音菩薩坐像）を観想する（図12）。その像容は、A本に白描図像が描かれているから容易に知ることができる。左手に蓮華を持し、右手は開敷蓮華の印相を結んでいる。そして周辺は八葉蓮華を下地とし、その上に如来像を描いている。しかもその各々の面相は中央の観自在菩薩に向いている描写である。様式的には敷曼荼羅と同じ形式をとっている。そして作法は、A本によると次第は続行して行なわれる。(36)観自在菩薩印（四処を加持せよ）、(37)無量寿如来根本印真言、(38)念珠を用いる法（ならびに正念誦法）、(39)浄珠真言（加持すること七遍）、(40)千転念誦真言（加持すること七遍）、(41)発願、(42)三度引転、(43)定印（印を結び身中の菩提心は円明なること満月の如し）である。この(43)で再び定印を結印する過程は、フリーヒ字の観想→紅頗梨色阿弥陀如来像→曼荼羅としての、葉蓮華上の観自在菩薩像↓フリーヒ字の観想の順で作法集において繰り返されている。しかもその間に定印（紅頗梨色阿弥陀如来像のシンボルとして）の結印作法が二度にわたって登場する。このことは、真言行者が身中に菩提心を満月のごとしと観想することによって初めて無量の光明を発する。そしてこの関係を根拠として強く阿弥陀と観音を結びつかせようとしている（図13）。

しかし見方によっては、これはあくまでも観想上の観念的な具現化にすぎない、とかたづけてしまうのはいかにも早計である。その理由は、A本に基づくならば「字から無量の光明を流出して、一一の光明において極楽世界を成す」と観想で具体的な世界を追求しているからである。その観想はさらに複雑になる。つまり、フリーヒ字（次第では「紇哩字《キリーク》」と記す）を梵字の筆順にしたがって分解し、各部分に字義をあてる。それは四字義から成るといい、(A)「賀字」は一切法因不可得を示す。(B)「囉字」は一切法離塵を示す。(C)「伊字」は自在不可得を示す。(D)「二点」は涅槃を示す。この四つの字義の理解は究極には観想のイメージ化の証明となるものであるが、最終的には空間に一度、観念した文字（フリーヒ字の梵字）を取りはらうことを意味する。『十一面観自在菩薩心密言念誦儀軌経』（巻中）によると、「月輪面に於て紇哩字を観じ、紅玻梨色の如く、光を放って十方の世界を照曜す。光明の中に於て自身は観自在菩薩と成り、等しくして差別なし」と述べているように、フリーヒ字そのものが紅頗梨色であり、光明中の自身（真言行者）は観音に等しく差別がない、というのである。ここでは明らかに、『無量寿如来供養作法次第』の道場観をベースにしてA本・B本のように観自在菩薩の八葉曼荼羅を重視していることが判明する。観想上の空間に観音を中心とする曼荼羅観を置くことにより、紅頗梨色（阿弥陀如来像の身相の彩色）と八葉曼荼羅は同一視するのである。あるいは少し言い方を変えて、この両者を同一次元の礼拝対象とみなし得るのである。前述の『十一面観自在菩薩心密言念誦儀軌経』にいう「等しくして差別なし」の部分は、観想の体験を前提として表現した（観想上の）空間のとらえ方であろう。それ故にこの作法の最終部分は次のように構成されている。(44)本尊根本印真言（身の五処を印ず）、(45)散念誦、(46)仏眼仏母、(47)壇上供物（行者の左辺に供す）、(48)普供養、(49)本尊讃、(50)四智讃、(51)礼仏名号、(52)廻向、(53)閼伽（行者の左辺）、(54)振鈴、(55)解界（火院、網界、馬頭、牆界、地界）、(56)奉送、(57)三部三昧耶、(58)被甲護身、(59)普礼、(60)出道場、ここで次第は終わっている。出道場はいうまでもなくA本に見る観想の体系を完成した後の作法である。この部分を他の諸儀軌も同様に伝えている。『守護国界主陀羅尼経』第二に「観想成じ已りて、漸く徧身を観るに皆紅蓮華色なり、此の身即ち阿弥陀如来と成る。此の観成じ已れば、即ち頂上より紅蓮華色の光を放ち、亦無数百千

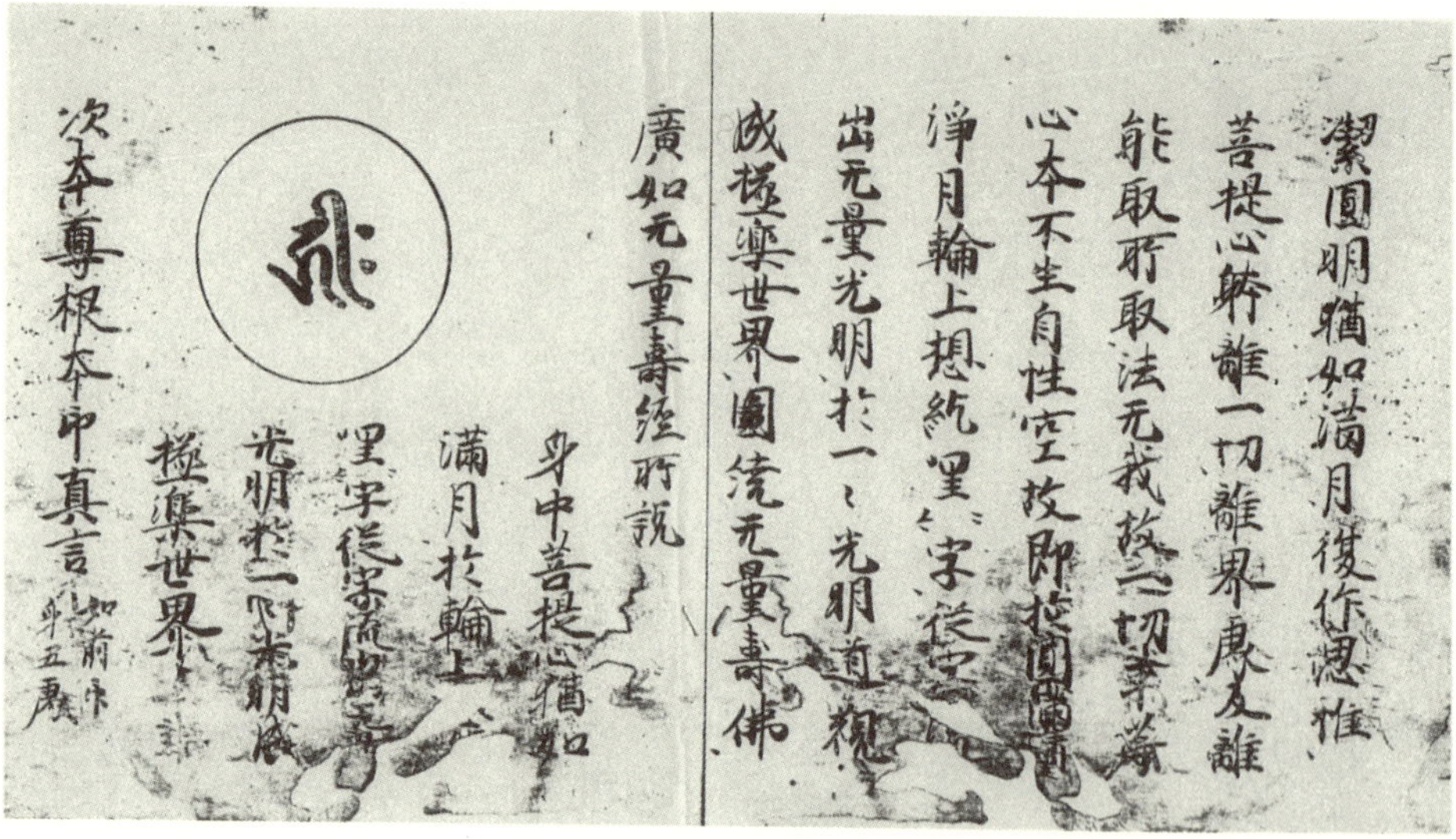

図11　A本道場観

図13　A本観想の結印

図12　A本紅頗梨阿弥陀如来像（観想は聖観音）

億の光を以て眷属と為す。一々の光の中に皆無量の紅蓮華色の菩薩ありて現ず、各此の印を為して深三昧に入り、光り西方恒沙の世界を照らすに、彼の中の衆生、斯の光に遇う者は皆三昧に入る」と述べる部分は、まさにA・B本に説く観想の具現とみなすことができる。いずれにしてもA本は、『阿弥陀御作』と題するものの、紅頗梨色阿弥陀如来像を説く写本として現存最古の伝本である。

註

（1）この儀軌に阿弥陀如来の大呪および定印から注目したのは、濱田隆氏である。「定印阿弥陀像成立史考」上・下（『仏教芸術』一〇〇号・一〇四号、一九七五年）参照。また「胎蔵図像」で突如釈迦の印相になり、奇異な阿弥陀定印（力端印）が出てくる。このことに注目しその発生の根拠として金剛界系の外導尊との関係を想定したのは、石田尚豊氏である。「恵果・空海系以前の胎蔵曼荼羅」（『東京国立博物館紀要』第一号、一九六五年）に詳しい。さらに田村隆照氏は阿弥陀如来の造像史から「定印阿弥陀如来像をめぐる諸問題」に「不空訳無量寿如来観行供養儀軌一巻には三密門を修し、念仏三昧を証することによって浄土に生を得ることを説き、極楽世界に上品上生することも明らかにしている」（『仏教芸術』六五号、一九六七年、七頁）と述べ、念仏三昧との接点にふれている。

（2）光森正士「阿弥陀仏の印相図解」（『阿弥陀仏彫像』東京美術、一九七五年、三一九頁）。

（3）石田茂作「阿弥陀佛の造像について」（『仏教考古学論攷』二、思文閣出版、一九七七年）三一頁。および山本興二『浄土教絵画』（京都国立博物館、一九七三年）二一五頁。

（4）佐和隆研『秘法高野山』（講談社、一九六六年）三三八頁、図版解説。

（5）栂尾祥雲『密教思想と生活』（高野山大学出版部、一九三九年）一六四頁。五股金剛の曼荼羅で解脱輪の構造についてふれている。しかし妙観察智をとおして、紅頗梨色阿弥陀如来との関係については述べていない。おそらく、知恩院本の伝承は念頭に入れてなかったものと考えられる。

（6）濱田隆『極楽への憧憬』（「浄土教絵画の展開」および「阿弥陀如来の諸相」、美術出版社、一九七五年、二一八頁）。

（7）拙稿『密教美術大観』第二巻（朝日新聞社、一九八四年）所収、「如来・仏頂部」の図版解説、二〇三―二一五頁。自然描写と密教の観想行との意識の関連性については、これまで図面、像容の解説の過程でふれた。五智如来坐像（安祥寺）、五智如来坐像（金剛三昧院）、阿弥陀曼荼羅図（頴川美術館）、板彫阿弥陀曼荼羅（開法寺）、紅玻璃阿弥陀像（知恩院）、紅玻璃阿弥陀像（正智院）、紅玻璃阿弥陀像（桜池院）。

絵所澤間長祐と三千仏図

承和五年（八三八）に宮中で始められたと伝える仏名会（懺悔会《さんげえ》）の本尊・三千仏図は、通常二種が伝存している。すなわち㈠は過去・現在・未来の三世の主尊とそれに付随する各千仏をまとめて一図とするものである。㈡は三世の主尊と各千仏を各々別個に描き、合計三幅で構成する二タイプである。しかしいずれも主尊と周辺の諸仏を、三世各一千づつ三千描くという点で、形式上は共通している。仏名会における礼拝者は、この三千仏図を前に三区分に分散した主尊と諸仏が縦横に並び整然として描かれている画面を念じつつ、各々の名号三千回を唱する。(1) それにより信者・縁者等が背負う無限の罪障を消除・除去する仏の功徳に浴しようとするものである。その時期は『続日本後紀』に、

己亥（十五日）。天皇於㆓清涼殿㆒。修㆓仏名懺悔㆒。限以㆓三日三夜㆒。律師静安。大法師願安。実敏。願定。道昌等遞為㆓導師㆒。内裏仏懺悔自㆑此而始。

と記すごとく、承和五年（八三八）十二月十五日から三昼夜行なわれたことを示している。(2) 名号も最初は『馬頭羅刹仏名経』（偽経）などに基づき一万三千回を頂点として唱えていたようであるが、画像は延喜十八年（九一八）には『三劫《さんごう》三千仏名経』等により現行の三千仏図が用いられ、また名号数も三千が多く行なわれるようになったという。しかし一万三千という名号数は、平安時代を通じて記録では相当長期にわたって続いたようである。

現存最古の仏名会本尊で十三世紀の制作と推定される広隆寺（縦三二一・五×横三〇八・〇センチメートル）本は、タイプ㈠の形式に該当する三千仏図で、しかも三世の主尊は各々一図の中心部分に区画を引き、その中に並列配置されている画像である。ただしこの主尊のうち一尊は声聞形で表現されているから、三千仏の画像に見られる構図としてはきわめて珍しい例である。(3) 三千仏

図が仏名会とはいえ、この広隆寺本は仏名会が盛行してゆくなかでは本尊としても過渡的な位置づけにあり、以後それほど多彩な展開を見ることなく三世の主尊は如来形で描かれることが通例となる。

ところで鎌倉地方において、仏名会と三千仏図が定着するようになったのは鎌倉時代後期と考えられているが、必ずしもその歴史的状況は明らかではない。金沢称名寺の資料を見るかぎり、宝蓮房祐真（寛宴阿闍梨の高弟）手択の『仏名導師作法』が仏名会修法の数少ない作法次第書の一つである。祐真はもと高野山金剛三昧院の住僧で、後に鎌倉に下向した声明家覚意[4]（三十七歳）にも文永七年（一二七〇）に伝法（高野山薬師院）している。

この時期の称名寺は、開山審海やのちに第二代住持となった釼阿も活躍していた称名寺草創期にあたり、戒律復興や釈迦信仰が関東にも流布しつつある様相を呈していた。祐真を師とする覚意は高野山に在住（三十歳頃）していたが、十三世紀の後半に鎌倉に下向し金沢に入ったといわれている。そして称名寺建立に際して審海を始終助けていた行事比丘覚意として登場する。むろん祐真も高野山で声明をよくした[5]。真言密教において仏名会がどのような仕組みで取り入れられ展開をなしたかはあまり注目されていないが、近世に数年間行なわれていたことは長谷寺などに絵図と経典が伝来していることでも裏づけることができよう。金沢称名寺に伝来する『三千仏図』（甲本）は、一幅装で絹本著色（縦二八五・六×横二四八・六センチメートル）の大幅画像である（図1）。近年の修理の際に、軸木内刳より墨書銘が見出された。

（軸木内銘）

（Aイ）　絵所澤間式部法橋長祐（花押）　結縁衆　圓阿弥陀仏　真賢　長寿　若犬　夜叉　夜夜叉　空性
　　理（太カ）本　貞和六年五月廿五日始之

（ロ）　奉作金澤大工大夫太郎延正軸也　結縁衆　良賢　了知　道本　妙心　了音　感能　朗賢　幸聖　了文　辰鶴　辰戊　多
　　利　乙若　守高　守吉　法如　法観　西連　西仏　乙　徳性　連陀弥　有菊　菊　菊玉　菊寿　弟子　弟子正　刀菊夜叉
　　尼　犬鶴　道念

（右下）　弥二郎　松夜叉　利定　季之　季利　薬師　弥二郎入道　空禅　景吉　住安　吉重　道明　妙心　行印　蓮阿弥
　　熊玉　鶴江丸

（左下）宮法師　松鶴　妙心　実利　長兼　西圓　道圓　伊豆岩　妙善　長吉　妙春　智圓　西念　妙観　顕阿弥　犬楠
徳松

（Bイ）金澤花蔵山海厳尼寺重宝多年破之如此　伏願頓証菩提乃至法界平等利益而已　于時永禄元戊午年臘月十二日修補之　比
丘聖忠為本願然間文盛僧細工之
殊彼隙三五日合力之志不小□

（ロ）当三千仏表者玄（茲カ）慶長二歳其後澤宿住西坂戸表具細工原田源左衛門之自所修補也　嘉永元歳在戊申九月吉日
細工人長谷川才輔

このうちA(イ)・(ロ)の銘には貞和六年（一三五〇）に鎌倉に絵所をかまえていた澤間長祐により正月から絵の制作が始められ、同時にこれの完成と相前後して結縁者も決まった。そして(ロ)は当地の金沢大工大夫太郎延正による軸木の作成にあわせて、七十六人におよぶ僧俗の結縁者が列記されている。(B)イ・ロは永禄元年（一五五八）と慶長二年（一五九七）および嘉永元年（一八四八）に、各々修理がほどこされた旨を記し、本図がもと金沢称名寺の支院である金沢花蔵山海厳尼寺の重宝であったことが知られる。

この海厳尼寺は近世の廃絶時には「海岸尼寺」（現在は廃寺）と称され、称名寺赤門より東側に位置していた。したがってこの『三千仏図』（甲本）は、少なくとも修理をした永禄元年（一五五八）には海岸尼寺の什宝であり、その時期まで当寺で仏名会の本尊として掛けられていたことが知られる。大工等を除いたこの絵図の結縁者は七十六人であるが、筆頭者は円阿弥陀仏や良賢である。しかしその多くは職業等を明らかにしていない。その中には「夜叉」等の白拍子・遊芸者もいた。ところが銘文中で注目すべきは、結縁者の「空性」なる二文字は漆書きによるものと思われ、また年号の下辺には女性の毛髪と臍緒と見られる納入品があり、それとほぼ同じ場所に紙一片が付属されている。納入の一紙には「ちゝはゝのため云々」と墨書が認められる。そしてこれらを一括した包紙は紀年銘の下に漆で貼りつけられていた。

長祐の描いた『三千仏図』（甲本）の画面は、中央区画に過去・現在・未来の三世における主尊が坐像で配置され描かれている。像容はいずれも数段の框を重ねた蓮華座上に結跏趺坐し、通肩にて袈裟衣を着けている。そのうち保存の良好な弥勒菩薩像（未来世）は緑青地の縁取りも鮮やかで、単純な頭光は胡粉の白色の中にも明解な顔相を入念に描き込んでいる（口絵12）。しかも頭部の周辺は淡い丹地でぼかされ、当初の彩色効果がよく残っている。身光は頭光をも包む円相で光背を形成しているが、それらが正面像として三尊とも見事なバランスを感じさせ、周囲の千仏の中にもよく融合している。

また衣端は蓮華座の左右より足下に垂れている。肉身の身色は白色に淡い朱暈をほどこす。尊像下方は緑青地に群青の隈取りのある石畳文様を描いている。この石畳文様は長祐が宋代仏画の中に見出した特徴のようにも思えるが、これと同じ描写が、称名寺蔵の『焔摩天曼荼羅図』（県重文・鎌倉時代）に見られる。すなわち、外院の閻羅大王の周辺を敷きつめる緑青地に切金の石畳文様がそれである。

このような文様とも水波ともつかぬ線を主要にした幽玄なる筆致・画技は、平安期の文様描写をひきずりながらも宋元画風の受容を明確にしている。平田寛氏もこの長祐の三千仏図について述べておられる。

栄賀以降の宅間派は、絵画史の問題というよりは美術文化史の問題として考えるべき面も多いが、貞和六年（一三五〇）正月の三千仏図（称名寺伝来）の絵所澤間式部法橋長祐の事蹟を中心にみればたりる。三千仏図はその時期の絵画としてすぐれたものである。宋・元画風の受容のはっきりとした、いわゆる中世仏画の典型的作品であり、倭画の風と中華の筆法が、すでに一つの伝統として折衷的画風をつくっている。安定した画技は、絵所の安定を暗示している。長祐の前後、『常楽記』にみる嘉暦三年（一三二八）九月没の絵師入道了尊、元徳二年（一三三〇）五月没の宅間式部大夫、同四年（一三三二）八月没の宅間遠法印朝勝、くだっては至徳三年（一三八六）五月、法光寺地蔵菩薩像彩色の絵所詫磨部助入道浄宕（宏）など、一群の絵師の存在も知られている。絵師が地方に定着した事例として注目される。(6)

むろん長祐の描いた画面の中心はこの三千仏図の場合、中央の尊像であるが、それぞれ尊容の寸法は並列を意識してほぼ同じである。それゆえ顔相は、礼拝者の側からの視点にゆだねられた一定型化したボリュームと質感を感じさせる。

向かって右の阿弥陀如来像は定印（上品上生印）で、緑青の衲衣の上に黄土に墨染の袈裟を着ける（図3）。対比の構図からすれば、既述の向かって左の弥勒菩薩に等しい配色である。中央は釈迦如来で、施無畏、与願印で緑青の衲衣の上に朱地に朱の具の田相（条）のある袈裟を着けている。これら三体とも衣文の描線は、同じ称名寺伝来の『仏涅槃図』一幅（縦三三二・五×横二八一・九センチメートル、南北朝時代）の諸菩薩・仏弟子などの衣文の線に共通の運筆を見出すことができる（図4）。

図3　三千仏図（甲本）部分・右　阿弥陀如来

図1　三千仏図（甲本）・南北朝時代（金澤文庫保管）

図4　仏涅槃図　部分・南北朝時代（金澤文庫保管）

図2　三千仏図（甲本）の描表具

この作品は無銘であるが、あるいは『三千仏図』（甲本）と同様に長祐の手によって描かれたのではないかと考えられるものである。しかも両者に共通している点は描表具が認められることである。すなわち『三千仏図』（甲本）の下辺は、縦三一・八×横二四八・四センチメートルあり、濃彩な大牡丹唐草が描かれている（図2・口絵14）。『仏涅槃図』は絵絹を描き割って牡丹に丸紋を交えた表具である。また三体以外の各千仏の描写を見ると、三千仏としての彩色構成は千仏ごとに着彩が組み変えられ変化している。これを衲衣、蓮華座、頭光、身光の順に配色を列記すると、左右の千仏は黄口朱、白緑、白土、群青でいろどられ、中央の千仏は代赭、朱、緑青が主である。さらに描線を見ると内身と衣文線は入念に一軀ずつ描き起こされ、二重円光や蓮弁は墨線で強調されている。

また各々の像容は通肩で両手を腹前で組み合わせ、その上から衣が覆っているという、つつましやかで愛くるしい構え方である。顔相は単純明快で童顔に近似する。千仏の像容は縦横に整然と並べられているが、この多数の尊像が礼拝者の側から仏名を唱えるという称名懺悔の行為（所作《しょさ》）とあいまって、画面中に名号の音声が溶け込む仕組みをかもし出す。

この仏名会における本尊の大画面は仏名号を唱える職衆側の声明（音声）の対称画面で、それと本尊の一体感により儀式は頂点に達する。その荘厳なさまは承和十三年（八四六）頃には年中行事化した儀式で明らかである。儀式は十二月十五日より三日行なわれたが、宮中で盛行していた村上天皇の頃には清涼殿でも行なわれたようである。これは後に弘徽殿《こきでん》、常寧殿《じょうねいでん》でうけつがれたようであるが、いずれも諸仏の名号を唱えて罪障を懺悔する内容は変わっていない。ただ略式もあったようで、その際は宮中での一例を挙げると、仁寿殿の仏像を移し御帳の中にかけたという。その形式は仏像の前には香花机《こうげのつくえ》を供え、地獄変の屏風を立て、仏名を十度ほど唱えるというものである、そして名号唱礼が終わると教誨《きょうぐ》、礼拝などの次に暁、導師が礼盤に着いて礼拝する。ここではさし油をつとめた蔵人をはじめ、王卿、導師らに禄を賜わることになっている。この場合、初夜・二夜・三夜と導師も交替する。

このように宮中の仏名会と称名寺の仏名会とではやや異なっている。すなわち寺側で実際に行なわれた次第内容を検討してみると、前者はやや簡略化されている。長祐の描いた『三千仏図』（甲本）が海岸尼寺で使用された時期は正確には限定できない。ただし、この尼寺は熊原政男氏(7)によれば弘安元年（一二七八）頃から元亨元年（一三二一）の間には創建されたのではないかと推測されている。

(1)「悲母遠忌旨趣　賀島妻悲母七年　嘉暦二年三月五日　海岸寺弥陀別功徳」

(2)「嘉暦二年三月廿四日　海岸寺大夫入道御息第七年」

(3)「嘉暦二年十一月十一日　海―為賀嶋入道　海顕房修之」

(4)「題未詳　嘉暦三年五月二日　海厳寺用之」

(5)「題未詳　嘉暦三年九月廿九日　海岸寺賀島入道一周忌円□房」

(6)「弥陀　嘉暦三年十月十四日　海岸寺了願房百ヶ日」

(7)「尺迦惣別功徳　嘉暦□年五月二日海岸寺山本□□□忌」

(8)「悲母旨趣　正慶二年三月五日　海岸寺鹿島□□悲母十三年」

(9)「題未詳　康永元―六月廿四日　海―長老四十九日」

(10)「弥陀　康永三五廿三　海岸寺―祖母七年」

(11)「称名寺授与汀記　康永四年乙酉四月廿八日　大阿闍梨湛睿俗七十五法五十　初日七人　皆三宝院　知足寺尼衆　栄雲房禅海厳寺尼衆

融泉房賢誉　海厳寺受者好相事　戔如房永享四年二月十九日」

(12)「豊臣秀吉禁制状　禁制　武蔵国金沢　称名寺　寺之前　海岸寺　以上三ヶ寺、一、軍勢甲乙人等乱妨狼藉事　一、放火事

一、対寺家門之輩非分之儀申懸事　右之条々堅令停止訖若於違犯之輩者忽可被処厳科者也　天正十八年四月　日　御朱印」

この他に海厳寺にて周恵が書写した『弥勒講式』（三七一函）がある。この書写は称名寺本尊あるいは三千仏中の弥勒を目的として行なったものである。さらに表白文として海岸尼寺の名が見える初例は、嘉暦二年（一三二七）三月五日である。鎌倉幕府滅亡の七年前であるが、この嘉暦二年は称名寺（海岸尼寺の本寺）の壇越金沢貞顕が執権を一年前の嘉暦元年（一三二六）三月十六日に就任して間もなく同職を辞し出家した時期にあたり、一族内部でも揺れていた。また鎌倉では勝長寿院および建長寺造営料船が中国（元）より帰国した時期（嘉暦元年九月）でもあり、夢窓疎石が浄智寺に住して瑞泉寺創建に着手した年（嘉暦二年二月）にもあたる。このような政治的動乱の状況下で仏名会は続行されている。

金澤文庫に伝来する『仏名中間伽陀』（折紙一紙、縦二九・八×四二・〇センチメートル）によると、その法会の様子をある程度推測し得る。その内容は仏名会の称名礼拝の際に百仏ごとに唱える伽陀の一種であるが、「一切業障」「衆罪如霜露」の語句は仏説『観普賢菩薩行法経』の偈の末尾の文と同一である。したがってこの伽陀は、仏名の名号を数多く唱えることにより、除障と滅罪を願う念誦を目的としていることが明確である。称名寺もその支院の海岸尼寺も、寺の性格として北条氏滅亡後は供養を重んずる傾向を強めたことは否めない。

称名寺＝『仏涅槃図』（澤間派）

海岸尼寺＝『三千仏図』（甲本）（澤間長祐）

という二幅の大幅画像をともに澤間長祐ないしその同系の絵所に製作させている状況を考慮すると、結界内の本寺称名寺と結界外の末寺（海岸尼寺）という関係の中で、現世の釈迦如来に対して供養の実践を入念に行なっていることがわかる。このことは称名寺が真言系から律と浄土系の性格を南北朝から室町時代には強める結果をまねく。それを裏づける例は釈迦に対する讃歎・供養の法会の実情そのものであり、法令も二月の涅槃会、四月の舎利講と続行していることで、そのようすをうかがうことができる。とくに声明は実乗平沢の『舎利講（伽陀）』一紙や応永二十年（一四一三）四月十七日の紙背を有する『舎利講伽陀』一紙などとともに「遺身舎利ネガハクハ……」という文句を発句にしており、釈迦とのつながりを舎利信仰をとおして明確にしている。

また称名寺伝来の澤間派の作例として大幅の『仏涅槃図』一幅がある。これは称名寺の常楽会（涅槃会）で使用されたと考えられ、南北朝時代のもので絵絹七幅一鋪よりなる。画面は涅槃についた仏陀を中央に諸菩薩、仏弟子、八部衆、諸王、禽獣を周囲に、そして中心となる釈迦の前に参集している比丘、比丘尼、諸神、動物など五十二類が悲号し、上辺の沙羅双樹は白色に変じて白鶴のごとき状態を描く。時は二月二十五日夜半である。

その供養のために集まった群像のモチーフづくりには龍王や力士の姿も描かれているから、あるいは南北朝時代の東国における巷の情景や風俗なども多少はイメージづくりに影響があるかもしれない。沙羅双樹の背後には拘尸那城《くしなじょう》の阿夷羅跋提《あじらばだい》河が流れている。画面の中央・真上には満月にも似た円月が浮かび、上空向かって左手には迦陵頻伽《かりょうびんが》が羽根をひろげて飛んでいるさまを描く。ただし頭は鳥ではなく人頭で、それも悲しい表情をしたりしている。また向かって右上方には群像が雲に乗じて下降してくるようすをとらえている。さらに忉利天より駆け下る摩耶《マーヤ》夫人の一行がいる。そのうちの幾人かは仏陀身辺近くの中に描かれ、とくに夫人は仏陀のそばに近寄り最後を見とどけているのである。

像容の描線の墨線は一見して澤間派の筆致を感じさせ、群像表現のとらえ方はリアルである。賦彩はやわらかいが、当初は明快な配色を感じさせる。仏陀は白土色の身色で、群青地の田相部と丹地による条線をあしらった袈裟を着ける。周辺の弟子たちは黄土の身色、諸菩薩は仏陀と同じく白土色による身色で、細部を入念に見ると群像表現にも区分が見られる。本図全体の賦彩を見ると、『三千仏図』(甲本)と同じように白線などの中間色が効果的に配色され、そうした力強い群衆のとらえ方と他方ではやわらいだ雰囲気が、宋代仏画を随所に受容し影響をうけている状態と重ね合わせて実に妙味のある作図を展開している。

濱田隆氏は本図について[8]「称名寺本は大勢としては鎌倉時代の一般的な涅槃図の形式を継承するものであるが、また独得の発展的要素、即ち阿那律尊者に導かれる摩耶夫人の一行を上空に表わしている点は多くの涅槃図と変らないが、この一行をふたたび涅槃の座の足辺の近くに描き加えているからである」と述べている。この時間・空間を超越した涅槃の摩耶夫人下降の光景は、忉利天から地上に降りるという場面を一画面で集約しているが、この絵巻物的手法すなわち法華経絵や八相涅槃の系統などの説話的手法はチベットの仏伝図をはじめ、わが国でも展開した経絵・物語絵巻の多くに見られるものである。この視点を澤間長祐にあてはめてみると、濱田氏も指摘しているが、法雲寺(茨城県)の『仏涅槃図』にもすでにこの説話的展開が見られる。称名寺本の製作年代は南北朝時代を下らないと考えられるが、法雲寺に比較して私は、画面の整備が細部にわたってすでにゆきとどいていたのではないかと見ている。つまり表現技法は法雲寺より形式化が目立つという見方もあるが、比丘尼衆や仏弟子たちの悲しみにくれる表情はより深みを増しているように思われる。法雲寺本は軸木内に納入していた文書と記録から『三千仏図』(甲本)と同じ澤間長祐の作であり、文和三年(一三五四)八月二十九日に描かれたことが知られる。これは『三千仏図』(甲本)の四年後の製作である。その法雲寺の『仏涅槃図』についての縁起は次のとおりである。

武州六浦荘蔵福寺常住涅槃像　大勧進聖別当浄願坊圓慶在判

涅槃像縁由

絵所澤(宅)間式部法橋長祐在判文和三年甲午八月廿九日
嘉吉四年甲子号浄願寺融真法印表紙修理
六浦浄願寺去戊戌為兵火焼失了為其寺形金澤町屋造立之号龍華寺仍此本尊破損之間奉修復之当月涅槃会供料引之作之了
　時弥勒二暦丁卯二月九日　願主法印融弁
　　細工寿福寺常住能精

抑此涅槃像者武州六浦荘元号浄願寺改名龍華寺今山中有之意趣者累年北条宗瑞嫡々四代氏康悩乱関左年久哉然処時至永禄三年之九月景虎三越之軍旅引卒而扶持管領憲当翌年三月八州之天下相調自上州発向武相氏康所楯籠之小田原不残一宇一国不日成曠野其後至玉縄之塁士民家悉放火狼烟宇宙盈満十一国之勢衆二万余騎歩兵鑓九万九千人乱妨之雜人不知其数破却在々古跡没収処々名監之砌此像取持来従知家十三代別当太夫頭(顕カ)朝奉拝尊像感涙染肝歓喜合掌而自持而帰筑波山釈迦院永代為至宝者也今日結制日重加修複畢
　永禄四辛酉閏三月廿日　筑波山別当
　　　　　　　　　　大夫頭(顕カ)朝判在

抑七涅槃之事去永禄辛酉閏三月念日源朝臣大檀頭(顕カ)朝於金華山禅源寺常住公用法菩提之御為号以寄進之有委細先書然出雲国住人天台沙門栄尊権小僧都成慶再興表紙名人也仕千ン以上壱貫文三百文祝七百文之寄進於末代各為公用之云々
于時当而住持比丘清音禅寺松栄和尚監寺當而泰雲軒明圓首座山中萬氏之相進事一紙半銭之助扶早銭一貫五十文在万氏此以功徳長命福貴自在成仏二世大安楽福寿海無量云々
　次順番之事細工奉行明通蔵司
　　芳首座受真蔵主春茂上座通亀上座
此順番当事不思議哉右如件

于時元亀四癸酉雪月中旬日表紙之

謹記

大日本国常陸国筑波山之南高岡村大雄山法雲禅寺涅槃之像僉以敗壊貴賤男女拝覧之衆雖悲歎之不及其修飾然処爰有源正首座其父宝山道珎其母明岳妙光両親為後生菩提修補焉者也当寺什物之像者先乱之節紛失此尊像者筑波山禅源寺之什物也為后昆記之尓云右竊惟吾祖中峰国師法語云守護常住物者如護眼中之玉云々勤哉後生暁達之僧衆門外不出之珎像也能護持焉

維時寛永四年丁卯令月如意珠日

現在大雄山法雲禅寺前禅興寺

雪伝和尚徒月峰叟謹誌

此図像寛永四丁卯歳月峯珊和尚自修飾己往巳七十五霜太半敗壊損其金鏤失具彩飾住持碩億不堪拝閲吾老漢以祠堂料傭大経師橋氏修補焉尚貽永古尓云

于時元禄十四歳次辛巳

季春十六蓂

現住法雲中峯十七伝

億獅林謹誌　（方印）□□

涅柈（ママ）像図画暦数

図画暦数　文和三（甲午ヨリ元禄十四辛巳マテ三百四十八年

此像修補始　文和三甲午ヨリ嘉吉四甲子修復マテ九十一年　但嘉吉八三年ニシテ終甲子ハ当文安元年

弥勒二丁卯（ママ）修飾　嘉吉四ヨリ永正四丁卯マテ六十四年　但弥勒二暦合運未見

太夫頭朝将来　永正四丁卯ヨリ永禄四辛酉マテ五十四年

禅源寺修補　　永禄四辛酉ヨリ元亀四癸酉マテ十三年　但元亀三年ニシテ終四八天正元年ニ当ル
月峰修表　　元亀四癸酉ヨリ寛永四丁卯マテ五十五年
元禄修補　　寛永四丁卯ヨリ元禄十四辛巳マテ七十五年也
右之本書在軸中写而入軸本書換而為什者

別記

抑此涅槃像獅林大師現住元禄十四巳之季春自修補今歳迄凡経星霜百有余年表荘及敗壊雖有修複志不任手刀悲歎之処幸予知音洛西嵯峨三秀徒崇且首座尋来而澤辺邑無量菴居俗来表具之名人也不拘一銭之價為仏恩再表重加修複者也

于時天保十一年庚子林鐘下旬

現在廿三伝苾栴谿謹記

（白文方印）（朱文方印）

□□

表荘修理

無量看護崇且首座

この縁起によると、もと蔵福寺（武州六浦荘）の所有で浄願坊円慶の所持になる。この蔵福寺について熊原政夫氏[9]は、『新編武蔵風土記稿』に寺名が見えないが称名寺末の常福寺に当てている。大道山常福寺は応永二十九年の文書（金澤文庫文書）に「六浦庄の内、常福寺」とあり、ここは後に足利持氏の祈願所になった所である。しかし、蔵福寺から常福寺に当てる根拠は明確ではない。蔵福寺の本図はさらに金沢の龍華寺に移り、さらに常州筑波山釈迦院に移った。その時期は永禄四年（一五六一）三月で、越後の長尾景虎が上杉憲政を奉じて北条氏康（小田原）を攻め鎌倉入りしたときである。そのとき常州三村の城主八田知家の十三代、筑波山別当である大夫頭（顕カ）朝がこの『仏涅槃図』を感得した筑波山に持ち帰ったという。三村は鎌倉極楽寺開山の忍性が出自した所であり、また八田頭朝が忍性ゆかりの六浦浄願寺の後裔である龍華寺に保存されていた本図を入手したことは大きな因縁があるからに相違ない。ちなみに三村山極楽寺は八田知家の菩提寺であった。八田知家はその子孫が天正末期まで相承していた。

『三千仏図』（甲本）は長祐の代表作であるが、その軸木内の結縁者家には不思議と女房が多い。その中には女性の念仏者や遊芸にたずさわった白拍子、くぐつ（傀儡子）の系統の人たちもかなりいたことが判明する。彼女たちは心の安らぎを信仰に求めたのであろう。その境地の想いの一つが涅槃寂静であった。それは煩悩の火が吹き消された悟りの世界にあっては、静かな何人をも包括する安らぎの境地、すなわち寂静である。この境地はこの頃行なわれた仏名会の逆修《げきしゅ》とも密接に関わっていたのである。

以上のように、称名寺に所蔵する諸資料[10]をもとに文院の海岸尼寺に伝来する澤間長祐の『三千仏図』（甲本）の周辺を中心に考察した。三千仏図は仏名会の本尊として、広隆寺の作例がすでにまとめられているが[11]、鎌倉文化圏の金沢の地で伝承されたこのような三千仏図や仏涅槃図の製作にも澤間派が深く関与していたことが知られる。

註

（1）承和十三年十月廿七日「応レ行二諸国仏名懺悔一事」と称する太政官符（『類聚三代格』巻二、新訂増補国史大系）にも五畿内七道諸国において十二月十五日から十七日の三日間行なわれたことを示す。この官符には仏名の宝号が一万三千回唱えられ、それは『十六仏名経』を典拠としていたことが知られる。

（2）仏名会の創始等の問題については、竹居明男「仏名会に関する諸問題―十世紀末頃までの動向―(上)」（同志社大学『人文学』一三五号、一九八〇年）に詳しい。

（3）この形式については濱田隆「『三千仏図』甲本の解説」（『金澤文庫図録』絵画編、一九七一年、二九頁）参照。

（4）声明家覚意については櫛田良洪『真言密教成立過程の研究』（山喜房仏書林、一九六四年）四三〇頁参照。

（5）東寺宝菩提院蔵『血脈』によると、高野山の南山進流血脈譜では「阿闍梨憲海上足―阿闍梨祐真」という。金澤文庫にも称名寺伝来の相伝系譜があり『竜女散花』に「寛宴阿サリ―祐真宝蓮房」とある。このことにより祐真が声明家であったことは明白である。

（6）平田寛「宅間派における伝統性」（『國華』一〇八五号、一九八五年、一五―六頁）。

（7）熊原政男「海岸尼寺の新資料」（『金澤文庫研究』一〇六号、一九六四年、二一頁）。

（8）濱田隆「仏涅槃図」解説（『金澤文庫図録』絵画編、一九七一年、一二二頁）。

（9）熊原政男「金沢竜華寺の成立―常州法雲寺涅槃像縁由を

めぐって―」(『金澤文庫研究』一三三号、一九六七年、九頁)。

(10) 神奈川県立金澤文庫には他に『仏名会因縁』(称名寺、三〇九函)、『表白』(仏名経供逆修)(同、三三〇函)があり、これらの資料によっても脈絡を見出すことができる。

(11) 濱田隆「広隆寺三千仏図考」(『國華』八八六号、一九六六年、五―九頁)。

女神像の図像展開と三弁宝珠
——吉祥天と弁才天——

はじめに

密教美術史上における女神像の大部分は、中世・鎌倉時代以降に数多く登場する垂迹美術・神道美術に属している。ここでとりあげようとする彫刻・絵画・図像の女神像は吉祥天と弁才天を中心とするものであるが、両者の持物である宝珠（摩尼宝珠）に注目してみると、図像展開の系譜においても、時代変遷においても、単体宝珠と三弁宝珠の違いが認められる。

その理由は儀軌等には明記されていないが、これだけモチーフの形態に違いがある以上、何らかの意味づけがひそんでいるのではないか、と考えたのである。つまり造像や作画の過程において、あるいは弘法大師空海の影響が信仰史の側からもはたらいていたのではないかと推測されたからである。

いうまでもなく、吉祥天も弁才天も持物（主として左手）として胸前あるいは左上脇で宝珠（密教では火焔光をともない工芸品では単独に密観宝珠ともいう）を位置づけるが、その大部分は手の掌にのせている。

この宝珠というモチーフは、大小はともかくとして、両者には図像展開が多少違っていても持物としての位置づけは一貫して継承されている。それは神と仏という二つの礼拝対象の習合という状況（本地垂迹美術）を念頭においても、現世利益等の信仰を可能にせしめるモチーフの中枢であり要であるように考えられる。

まず、白描図像として三弁宝珠を持物とする『弁才天像』（鎌倉時代）は醍醐寺所蔵の『天部形像』（弁才天第一図）の二臂像（図1、立像）である。この像は大袖衣と裲襠衣を身につけた女神像であるが、服装は通常の八臂像に近似している。ということは、天部の図像の一部は形態上まとまった時期に神像としての意識が造型の際に加味されていることを物語っている。この図を見

図2　吉祥天第六
（白描『天部形像』）「左手、三弁宝珠」

図1　弁才天第一（白描『天部形像』）

図3　吉祥天第三
（白描『天部形像』）「中尊、左手三弁宝珠」

ると左手に持しているのはまさしく三弁宝珠火焔形であり、右手の持物は開敷蓮華である。弁才天の持物の表現として三弁宝珠を二臂像の図像で示すのは、この醍醐寺本系が最も多い。むろん弁才天に限らず、吉祥天においても同様のことがいえる。すなわち醍醐寺所蔵『天部形像』（吉祥天第六図）では、正面像の吉祥天（図2、立像）二臂像の頭光に火焔光が描写されており、その点が前述の弁才天図と異なる程度で、像容はほとんど類似している。その右手は施無畏印で掌を挙げ、左手の持物は同じく胸前で明らかに三弁宝珠を持している。この系列はさらに同本の吉祥天第三図（図3）にもうかがえる。この図は蓮台上に二臂坐像の吉祥天が坐し、右手は掌を右膝前で下げている。左手はしっかりと胸前で三弁宝珠を手のひらにのせ持している。

以上が醍醐寺本の『天部形像』に見られる弁才天・吉祥天の像容であるが、いずれも単体宝珠で展開されてきた持物が、突如として三弁宝珠に変容してくる事実を指摘できる。ただし他の尊像と三弁宝珠の関わりが、まったく皆無かというと、決してそうではない。空海あるいは弘法大師信仰と密接な関わりのある礼拝対象、すなわち空海と一対ともいわれている虚空蔵菩薩像は、さらに強調された三弁宝珠を持しているし、宗祖作といわれる准胝観音（所持）にも最極秘仏としての三弁に一顆を付加したいわゆる四顆形式の三弁宝珠が認められる。この四顆系の三弁宝珠は後に五顆の系統を生じることになる。その一例として河内の観心寺所蔵の不動明王像の頂上の蓮華上宝珠に類似な形式を挙げることができる。

このような醍醐寺系図像の展開ともいうべき脈絡は、三弁宝珠が弘法大師信仰をとおして、その根拠ともいうべき何らかの理由がひそんでいるようにも見える。三弁宝珠は真言宗内でよくいわれるように三密（身・口・意）の具現だとされ、所作の際の結印にも「三弁宝珠定印」という呼称が鎌倉時代末期に伝承されている[1]。このことから考えても、真言行者の身体には禅定に入るとき、空海を介して密接に関わる三弁宝珠との結びつきが考えられる。このような視点を事相の側から考えてみたい。

たとえば如意宝珠法は醍醐寺三宝院流では「駄都法」と同一としている。この修法は空海が中国より恵果和尚より相承した如意宝珠を中心に組織されたもので、一度は室生寺山中に埋納されたとする伝承がある[2]『御遺告』（二十五箇条）の第二十四条の宝珠護持に由来する。そこでは「東寺座主大阿闍梨は如意宝珠を護持すべき縁起」に述べるように、恵果の口決というより、相承はさかのぼって大日如来の所説に根拠があることを強調している。このことは鎌倉時代になっても同様の伝承を保持しており、金澤文庫保管の称名寺本『能作性《のうさしょう》』にもその所説は認められる。つまり如意宝珠は阿闍梨の意楽を介して成立した能作性珠なのである。

一説によると、能作性珠は金胎両部不二を基盤とする和合能生の形態を〔造型的に〕有するから、宝珠の形を分割すると、上部の先の三角形は金剛界智差別を、下部のふくらみのある半円形は胎蔵界理平等の意味をシンボル化した合成であるという。この単体宝珠の三角と円形の合成ともいうべき物心二元の形態は、如意宝珠法においては、秘法の中で生身の舎利のかたちと理解されている。この舎利はわれわれの本具の内証、すなわち覚性（如来蔵）とも同一視するがゆえに、真言密教最極秘の深秘、衆生本具の浄菩提心ともみなす。むろん浄菩提心の原型は『大日経』第七巻に所説があり、また、真言学処品および『大日経疏』第四巻には仏舎利と同一視されている。したがって浄菩提心が如意宝珠の三昧を具現していることにもなり、その観想を行なうことにより、宇宙遍満の現象はすべて如意宝珠の具現を意味する。先述した如意宝珠の和合能生は、そうした宇宙に遍満した如意宝珠の機能・働きをも包括していることを意味する。

それでは宝珠の中にあるその機能・働きは、造型上の裏に何か特別な意味を持たせたのだろうか。これが宝珠という形態を考える上で重要な意味をもつことになる。それは単体（宝珠）以上に分化して宝珠の機能や働きを拡大することであり、単体から三弁に移行する形態の変容を意味する。すなわち宝珠の機能を重視したがゆえに、単体宝珠から三弁宝珠の具現が必要になってきたのである。しかし単体から三弁に、というには異論もあるかもしれない。それは空海が請来した両界曼荼羅（根本）の金剛界の四波羅蜜菩薩の三昧耶形として宝波羅蜜ほかに先行する図像が認められるからである。とするならば、三弁宝珠を重視したのは空海自身ではなかろうか、という推論が成り立つはずである。その一つの根拠は後述するように、空海請来の『梵字法身偈』一巻の原文が三弁宝珠という形態に、それぞれの顆に割りふられ内蔵された表現をとっているからである。

さらに、国宝に指定されている三件の請来様の「金銅三昧耶五鈷鈴」が四波羅蜜あるいは宝波羅蜜三昧耶形として、鈴身に「三弁宝珠を蓮台上に置く」表現を考慮しなければならない。請来様の遺品（五鈷鈴）は、㈠「金銅三昧耶五鈷鈴」〔口径七・一、高一七・七センチメートル〕（重文・奈良・金峯山寺蔵）。平安時代の請来様の典型で把の中央四方に鬼面を配するが、鈴身側面に蓮華の台座に安じた四個の三昧耶形を右廻りに金剛杵（金剛波羅蜜）、宝珠は三弁宝珠（宝波羅蜜）、蓮華杵（法波羅蜜）、羯磨（羯磨波羅蜜）を鋳出浮彫りしている。

㈡「金銅三昧耶五鈷鈴」〔口径八・八、高一九・七センチメートル〕（重文・東京・護国寺蔵）。平安時代の請来様の典型。鈴身側面に四波羅蜜の三昧耶形を鋳出。三弁宝珠の形式は㈠に同型。

㈢「金銅三昧耶五鈷鈴」(口径九・〇、高二二・五センチメートル)(重文・大阪・高貴寺蔵)。平安時代の請来様の中でも口径・高さともに屈指の豪快さを誇り、圧倒する威容を有する。

㈣「金銅三昧耶五鈷鈴」(口径九・〇、高二〇・九センチメートル)(重文・奈良・長谷寺蔵)。㈢の系列に属する平安時代の請来様を鎌倉時代に再現した優品。総体一鋳で、鎌倉期の宝波羅蜜の三弁宝珠を他の類品と比較する上でも貴重な作例。

以上の四種のうち㈠～㈢は平安時代の空海請来様と考えられたもので、いずれも鈴身側面に三弁宝珠(宝波羅蜜)を浮彫りしている。このことから、とくに高貴寺所蔵の大型の五鈷鈴の原型は、あるいは大師自ら請来した録外の逸品(唐時代)ではないかと考えられる。もしそうだとするならば、当然『請来目録』の記載と合致する密教法具(国宝・東寺蔵)以外の金銅製鍍金の五鈷鈴が現存したことになろう。また、その鈴身に四波羅蜜の三昧耶形を表現する根拠は、曼荼羅では金剛界大日如来の宝塔を囲繞する四親近であり、そのうち宝波羅蜜は三昧耶形が函の上にあらわされている。三弁宝珠の祖型を安置した火焔をともなう宝珠は、こうした金銅三昧耶五鈷鈴においても厳密に守られている。ただここで注意すべきは、四波羅蜜の発想が(阿閦等の四仏が大日如来を供養する菩薩として)四仏智から出生した諸尊、すなわち能生の母に当てて女形の像容を表現している点である。このことは、単体宝珠から弘法大師信仰と並行して隆盛してくる三弁宝珠の保持が吉祥天や弁才天・弁才天十五童子の女神の一群に限られて強く表出していることと軌を一にして符合するのである(3)。

観音と女神との顔相に見る接点、その表現の根本は慈悲の Karuṇā(呻《うめ》き、わめき)にあると考えられる。現世利益を密教ではことさら祈禱を介して願うが、これを苦から解き放ち救うことを礼拝者に対して顔相で約束する表情、それがこのカルナーに基づく仏・菩薩のめぐみの一歩手前の顔である。現身すなわち応身《おうじん》(Nirmāṇakāya)は三身(法身・報身・応身)あるいは四身(法身・報身・広身・化身《けしん》)とも呼ばれるが、このうちの法身大日如来、とくに空海請来本に最も近い国宝『伝真言院曼荼羅』胎蔵曼荼羅の中台八葉院の中尊は童顔で短軀である。この顔相の表情はカルナーを内蔵しているように考えられる。請来本の原本はもう少しこの表情が悲しさを内に秘めながらも、衆生を教化しようとする、いわゆる呻きを超越した顔相になっていたかもしれない。

童顔は図像学の分類では「童形」「童子形」という。童子形の童子は、いうまでもなくクマーラ(Kumāra)の音写である。四歳・八歳から二十歳未満のまだ剃髪も得度もしていない男子をいう。仏が王であれば童子は菩薩である。このように童子形を菩薩と見立てる考え方、表現のしかたは、インドから中国へ仏教美術が定着すると、とくに唐代（九世紀）に表出してくる。真言八祖像の画像のうち、空海が入唐中に李真に描かせたという金剛智・善無畏・不空・一行・恵果の真言五祖像に、弘仁十年（八一九）に補写した龍猛・龍智像を加えて真言七祖像という。恵果像は脇に童子を描いている。この画面をこれらの歴史的経緯による見立て（たとえば恵果との師資の関係で空海）と見るか、主題との組み合わせによるか、意見の分かれるところである。いずれにしても、密教の祖師画像の中に舎利を代弁する本質的な意味が含まれている。

この意味は絵巻にも当てはめることができるように考えられる。すなわち前者は、鎌倉時代—南北朝時代に描かれた重文『弘法大師行状絵詞』（東寺・十二巻）には、文殊の化身として中国で空海の前に童子形像が湧現することと、恵果との師資相承の証として、童子は空海自身かもしれない。後者は道釈画（道教は老子、釈は仏教、儒教）の宋代以前の原型の理論に基づく組み合わせの構想・構成によるコンポジションではなかろうか。この視点は仏身の解釈に関わることである。

大乗では身（Kāya；カーヤー＝身、肉体）に対して心は心《しん》（Citta）、意（Manas）、識（Vijñāna）を設定する。心は集起を意味し、諸法（現象）発生の因子のあつまりである。諸法が生起する根本体は第八阿頼耶識を指し、意は思量思惟作用（第七末耶識）をいう。識は了別の意で認識作用（前六識）を指す。仏教とりわけ密教の側から見ると、道釈人物画、たとえば宋石路筆の虎渓三笑図は、中国廬山《ろさん》で修行する慧遠《えおん》を訪ねた陶淵明《えんめい》（儒）、陸修静《しゅうじょう》（道）との談笑の帰途、慧遠がそれ以外に出ないと定めていた石橋を三人ともとっくに渡り過ぎていることに気づいて大笑いする図。後に儒仏道の三つの親和を象徴したもの。三人の話し合いのなごむ高まりを通して、「笑い」というカテゴリーの中で情趣《ラサ》が高まる境地を示している。静かな画趣の中に人間の笑いという主題を、山河・山水の情景の中に共鳴させている。いわゆる宇宙との対話である。密教の両界曼荼羅は抽象的な円形・方形という宇宙空間のたくみな構想・構成のコンポジションの中で、色心不二を宇宙空間の中に共鳴させている。曼荼羅画面中の随所に見られる繧繝彩色は、パンチャーヴァルナ Pañca Varṇa（青 Nīla、黄 Pīta、赤 Lohita、白 Avadāta、黒 Kṛṣṇa）の五色に支えられて、それぞれの彩色は段階的に徐々に彩度と濃度を高めたり低めたりする。五智に五色が配当されることも、情趣の高まりの意識があるのはそのためである。単なる五つの配列ではなく、バランスのとれた方位に基づく段階的な生物（人間）の生命をモチーフとして採り入れている。密教画中の繧繝は、ある意味では情趣《ラサ》の具現なのである。

　また顔相の特徴は、眉をつりあげ、忿怒相を一部踏襲している。国宝の船中湧現観音像、清滝《せいりょう》権現像（畠山記念館蔵）がその好例である。後者は弘長二年（一二六二）七月権律師盛深の夢の中に現われた女神ということで、その姿を描いたことがすでに知られている。忿怒相は「怒り」の姿で「強い怒り」の顔相と全身の肉身に力を入れた、いわゆる怒りの内的な力を爆発させる一歩手前の表現にゆきついたのである。それは執金剛像＝仁王像に見られるように筋骨隆々とした様相と同じである。清滝権現像は空海が中国より帰国するとき、清滝山より勧請した真言宗の護法女神だといわれている。畠山記念館本は、和装の宮女としてやはり左手に青色の宝珠をのせて描かれている。

図4　宝珠羯磨文横被

　このように観音菩薩像の慈悲相に例を挙げるまでもなく、密教絵画とりわけ自身の肖像（空海の場合は御影）の背後には、真言八祖から継承されてきた人物像の内面（平安期―鎌倉期）、すなわち人物の似絵《にせえ》にも通じる寿像（生前の姿）と供養像（死後の供養などで生前の姿を想い起こして描く）を包括している。それはまた、人間の生命を信仰の側でつなぎとめる魂の根元を何で表現するかという課題を背負っている。いいかえれば密教では、現世利益という儀式の継続的な意識の中で、その魂の部分と本質の両方を表現しようとするのに似ている。空海はこの生命の継承という本質的な問題を精神と肉体の両面において意識したがゆえに、密教美術はその両方の交叉を根底においたのである。その具現が宝珠というシンボルである。それは仏の内証を暗示しているから、生命と同じイメージの丸い宝珠を表示する。その発想の拠点は、平安後期以降、弘法大師信仰の隆盛にともない仁和寺や醍醐寺、東寺であった。その後、舎利信仰が再熱し南都にも舞台が移っていったのである。

　京都・仁和寺に伝来する「宝珠羯磨文横被」（図4、重文・一領、長二二七・〇×幅七九・四センチメートル）は、現存するものでは鎌倉時代の横被と七条袈裟の例として最も完備した例であろう。いうまでもなく横被は僧侶の右肩を覆うものであるが、この布の田相部に注目すると、大柄な三弁宝珠と羯磨文をあしらった紺地錦が配されていることに気づく。この横被の使用者は、寺伝によると仁和寺の寛助の師として名高い三条帝第四皇子・性信法親王（一〇〇五―一〇八五）であり、この衣は親王の所用という。ただし衣にデザイン化された三弁宝珠等の文様が平安期の製作としては固く色調も若干異なり、どう見ても鎌倉時代に下るという意見が関係者のあいだでは強い。ところが、この時代認識はともかく、近時、東寺の弘法大師請来の舎利を納める舎利容器の包裂の一部に、この仁和寺の裂地と同じものが使用されていることが判明している。東寺にはいうまでもなく、空海請来の綴《つづれ》織りで知られている国宝「犍陀穀糸袈裟」一領（唐時代）と、これの裏裂と同じ裂の国宝「大唐花文綾横被」一領（唐時代）が伝来している。この袈裟と横被が同じ東寺所蔵の国宝「海賦文蒔絵袈裟箱」一合（平安時代）に納められていたことは、『東宝記』に「蒔絵文海賦一合　納乾陀《けんだ》穀糸袈裟一帖」と記されていることから、内蔵が確認される。横被は養和二年（一一八二）の『後七日御修法記』にやはり、「乾陀穀子《マヽ》袈裟一帖、横被一帖」が同箱に納められていたと記録されているから、もとは一緒に入っていたことは間違いない。袈裟箱の蓋表・裏側面を見ると、木製墨漆塗の地の平塵を淡く蒔いた上に、研出絵《とぎだしえ》で銀粉の波間に見え隠れする金粉の海獣・怪魚・亀・飛び交う鳥などの「海賦文」が配されている。この空海自身の袈裟・横被の請来と袈裟箱（すべて国宝に指定）のグループ（東寺所蔵）と宝珠羯磨文横被（仁和寺所蔵）のグループが、十一世紀後半の時点で弘法大師請来舎利と容器を媒介として強く結びついていることは、大師信仰の証《あかし》というより、もう少し別の視点に基づく意味を知る必要があろう。

ここでいう仁和寺伝来の三弁宝珠と同じ裂で包まれている東寺の舎利および容器とは、空海に直接関係のあるものである。東寺では弘法大師空海請来の仏舎利八十粒を経蔵に安置して、それを長者が代々にわたり守護することになっている。康和五年（一一〇三）に忠縁が願主となり舎利会が行なわれて以降、恒例化し十月十五日に金堂で修せられるようになった。この時より十五年後の『永久六年（一一一八）後七日御修法道具目録』には、舎利会で使用される大壇上の舎利塔が記載されている。東寺伝来の重文「金銅宝塔」一基（総高四九・五、台座径一四・八センチメートル）が現存のそれに該当するものと考えられる。

しかし、この塔の製作年代は㈠河田貞氏は永久六年説に比定しているが、㈡中野政樹氏は鎌倉期と推測している（日本古寺美術全集第十二巻『教王護国寺と広隆寺』、一三七頁）のである。大師信仰の脈絡の中でもう一つ考慮しなければならないことは、吉祥天も弁才天も宝珠を持物とすることはすでにふれた。宝珠と舎利の関係は両尊の源である法身大日如来を讃仰することにも通じる。声明の大日讃を法身讃と称することでも、その原型との脈絡を指摘し得ることができよう。すなわち法全の『青龍寺儀軌』におさめる法身・報身・応身の三身（法身讃）を讃えることを前提にしているのである。これは流布している前讃の梵音、後讃の漢音（いわゆる心略讃）にも関わっている。両者はもともと大日如来の功徳を讃歎する偈文で構成されているが、基本は胎蔵界大日讃と金剛界四智讃である。この法身を讃えること、シンボルの美化という視点が、仏舎利の媒介をさそうのである。

図5　吉祥天曼荼羅図解

●功徳天女　●四天王（二天王）
●帝釈天
乗雲
●吉祥天（左手、三弁宝珠）
●白象
七宝＝三弁宝珠
●功徳天女　●梵天　●呪師
●四天王（二天王）

それを示唆する画像が東寺旧蔵の『吉祥天曼荼羅図』（重文、静岡・世界救世教美術館蔵）である。鎌倉時代（十三世紀）の絹本著色の画像であるが、中尊・吉祥天像（立像）は右手を施無畏印、左手は胸前で三弁宝珠を横にささげている。全図は縦一二三・五×横六五・五センチメートルと別尊曼荼羅の典型を示す。この図像と同系のものがボストン美術館本（鎌倉時代）としてあるが、いずれも『陀羅尼集経』功徳天品に依拠している。

また、この構図と同様の白描が醍醐寺本の『天部形像』（（吉祥天第三図）に収載されているが、吉祥天像は坐像である。立像は心覚の『別尊雑記』（吉祥天曼荼羅＝立像）、覚禅の『覚禅鈔』（吉祥天曼荼羅＝立像）、永厳・恵什の『図像抄』（吉祥天曼荼羅＝『別尊雑記』の系統）、承澄の『阿娑縛抄』（吉祥天女並毘沙門天王＝倚坐）などに描写がある。典拠の『陀羅尼集経』には、吉祥天曼荼羅中の吉祥天を中心として七宝山（香酔山）を背に六牙白象が流雲に乗じておりてくる。そして左右に散花する功徳天女を配置すると説く。旧東寺本は一二五〇年頃の作例であるが、七宝山の前に吉祥天が立ち、左右の梵天（左）、帝釈天（右）の立像を描く。乗雲の白象は経典の所説どおりであるが、その象の頭上には七宝と称する部分を三弁宝珠で表現しなおしている点が違う。むろん本尊の左手の三弁宝珠は同じである。ただしモチーフ（七宝＝三弁宝珠として）が、本図でなぜ白象頭上にあるのか、興味深い表現といえる。また吉祥天を描く画面の左右に四天王像（立像）を描いていることは、明らかに吉祥天と同体ともいうべき三弁宝珠の護持を意味するものではなかろうか。護世四天王は須弥山上にあり、帝釈天に仕えて仏法とその帰依者を護持する使命を有していたから、元来は吉祥天両脇の梵・釈二天と密接につながっていたものである。全図を図解すると図5のとおりである。

　この吉祥天曼荼羅の中尊は、いわゆる「薬師寺像」（国宝）のごとき空海が生まれる以前の八世紀（麻布著色に描くもので左手に如意宝珠＝単体宝珠を持つ。宝亀三年（七七二）始修の吉祥悔過会の本尊という）の蛾眉豊頰《がびほうきょう》の顔相ではない。空海以降の純密で育まれた吉祥天曼荼羅の場合は、画像そのものに、不空訳『大吉祥天女十二名号経』が示すような目的、すなわち一切の貧窮や業障を取り除くことが眼目である。そのうえで、それを前提としてこの法は大富貴（精神的にも物質的にも）を確立し、豊饒をもたらし、場合によっては富と財宝（財産）が得られることを約束するのである。したがって中尊の顔相はやや細く、むしろ受者に対応して機能性をただよわせているように表現する。この機能性を有した顔相表現および像容表現が、平安末期から鎌倉末期頃までの密教の別尊曼荼羅における中尊の特徴の一つと見てよいのではないだろうか。ゆえに吉祥曼荼羅の場合はその機能を支えているモチーフの重要な部分が、舎利と三弁宝珠の合体ではなかったかと考えられる。

　空海以前の奈良時代では、吉祥天信仰が大和（奈良）を中心に展開されていた。当時の礼拝の目的は『金光明経』功徳天品、『最勝王経』大吉祥天女品に基づき、吉祥天像独尊の前でただ読誦するだけで福徳を得るという、息災法を中心とするものであった。ただ、最勝王経会や吉祥悔過会には吉祥天像が礼拝対象とされることが多かった。吉祥天曼荼羅中の七宝山と三弁宝珠を頭上にのせた白象の乗雲とその降下、それと中尊・吉祥天像が左手で持つ三弁宝珠は、構図の設定では離れている。しかし吉祥天像の脇侍の梵天と帝釈天像の由来を考えると、二つの三弁宝珠は究極において結びつき、やがては一つの画面をドラマチックに支配する情景を表出させている。画面中の敢花をつかさどる功徳天女は、一説によると左右いずれかが「妙見天女」であるとする解釈がある。その根拠は『陀羅尼集経』には示されていないが、吉祥天像右足下に描写される呪師像の視点に対比されるという。事実、呪師はこの吉祥天曼荼羅に祈禱する真言行者の心象と祈願のようすを代弁するかのように、中尊に向かって供養の気持ちをたやさず祈り続けるのである。

　さらに仁和寺蔵『摩尼珠像』一紙（図6、重文、平安時代、縦九〇・〇×横五五・〇センチメートル）、これは最近、写本が発

図6　右：『摩尼珠像』（仁和寺蔵）／左：同部分拡大「三弁宝珠」

見され、神奈川県立金澤文庫保管・称名寺蔵『摩尼珠像』一紙（鎌倉時代、口絵7）と親子関係であることも判明している。その理由は金澤文庫本の端裏に「大法房本」と墨書があることから、鎌倉時代に仁和寺本を基に写したことが確認される。したがって仁和寺本は「大法房」すなわち実任《じつにん》が作図した原本（あるいは所持の図）そのものか、あるいは実任在世中よりそれほど遠くない時期に写されたものといえる。実任は『血脈類聚記』第五によると、醍醐寺に伝存する『諸愛染明王像』一紙（縦九〇・九×横五六・〇センチメートル）〔応保二年八月十一日写〕の書写で知られる長宗の師僧に当たる。

また長宗は文泉房朗澄と同じく保元二年（一一五七）十二月十日に実任より灌頂をうけている。この時は『五十巻鈔』で知られる理名房興然も同じく受者として参集している。この頃はまた「勧修寺学講実任」と呼ばれているが、長宗の門下でもあった宗実は、兄弟子と同じく「大法房御本」から「三十七尊賢劫十六尊金剛部二十天三形図像」一巻（醍醐寺蔵、縦二七・八×横一一三八・九センチメートル）を文治四年（一一八八）十一月六日に上野阿闍梨（長宗）の所持本により写している。大法房実任は嘉応元年（一一六九）四月二十七日に寂している。このように醍醐寺に残る白描図像に名をとどめる長宗・宗実は、佐和隆研氏により初めて脚光を浴びた（「長宗と宗実」、『画説』三八号所収）ので

あるが、その背後には勧修寺の良勝門下の実任の底本が重要な位置を占めていたと考えられるのである。その血脈は、

範俊—勝覚—良勝—実任┬朗澄—宗実
　　　　　　　　　　└長宗

である。

この実任が描いたと考えられる『摩尼珠像』は、図像の形態としては請雨法に基づく「摩尼宝珠曼荼羅」と呼ばれているものである。この仁和寺本の図像は、大海面中に須弥山が突如として湧出するかのごとき海中より重層の楼閣が構築されている。その前面には、左右より波浪と湧雲に乗じて躍り上がる龍が生き生きと描かれている。宝珠を讃仰する両龍は勢いよく上にかけ昇る姿勢である。楼閣の中央には明確に蓮華座に安置される三弁宝珠が墨描きされている。建物には内・外陣ともに四柱が計八本あり、とくに内陣の柱の内に宝蓮華として安置されているが、これが三弁宝珠なのである。珠の周囲はそれを囲むように火焔を描いている。この三弁宝珠の中には㊤に五行、右㊦に四行、左㊦に三行の梵字が書き込まれている。この梵字については誤字があるが、全容についてはかつて考察したことがある（拙稿「空海請来梵字法身偈と摩尼宝珠曼荼羅」、『仏教芸術』一二二号、一九七九年所収）ので、ここでは正しい梵字に改梵することのみにとどめる。

(1)Ye dharmā hetuprabhavā,　(2)hetu teṣāṃ tathāgato hraṃ evaṃ vā,　(3)dī teṣāṃ ca ya nirodha,
(4)evaṃ vādī mahāsraveṇa

「因縁によって生ずるこれらの法は、因縁とこれを滅するところのものもまた、如来が宣えたものなり、このように説かれるのは大沙門なり。」

(1)いかなる物事も縁〈因縁〉によって生起する。(2)如来はそれらの因〈要因〉を説くものなり。(3)またこれらの滅〈滅尽〉をも(4)大沙門が説かれたものなり。これら四頌の偈は漢訳では『義釈』第五巻等にある縁起法頌、すなわち「諸法従縁起　如来説是因　彼法因縁……是大沙門説」（大正蔵二五、一三六頁c、一九二）に該当する。この偈が弘法大師空海請来の「梵字法身偈」に当たることは、「嘉禎元年（一二三五）十二月二十三日交点了」とされる覚増の『四種護摩要鈔　坤』の写本（高野山・宝寿院蔵）によって「三十六字可得漢梵」とあるから明らかである。また東寺の杲宝（一三〇六—一三六二）が著わした『護摩秘要抄』（十

図7　信海筆「毘舎門天像」（左側、吉祥天、左手、三弁宝珠）

巻・観音院蔵）には、

「法身偈、梵本大師御筆本可ㇾ比ㇾ校之」

曳達磨醯覩鉢羅二合娑嚩醯都帝私

怛他議覩賀哩翳鑁嚩泥帝私者喩

儞魯駄翳鑁嚩儞摩訶室羅摩拏

と伝え、この法身偈を弘法大師空海請来の『梵字法身偈』に比定している。さらに慈雲（一七一八―一八〇四）は梵語学僧としても知られているが、『南海寄帰内法伝解纜鈔』巻四之一を四十一歳のとき著わし、そこで法身偈にもふれ、舎利は「大師（空海）の身骨」（大日仏、遊方伝叢書二、一八九頁b）といい、「縁起法頌」と述べている。したがって慈雲の頃には、平安末期より鎌倉時代に隆盛した三弁宝珠への法身偈組み込みが、吉祥天、弁才天、摩尼宝珠曼荼羅に、それに後でも取り上げる毘舎門天と吉祥天の持物となった三弁宝珠の展開が中世から近世にかけての弘法大師信仰に並行して加速していったと考えられる。あるいは弘法大師信仰と同化した三弁宝珠は、法身偈組み込みは消えてしまったが、形態はそのまま残り、それぞれの女神の持物として維持されてきたとも考えられる。

　慈雲が三弁宝珠を弘法大師の身骨と同一視するようになった動機と根拠についてこれまで多くは語られなかったが、義浄訳『仏説浴像功徳経』所説の影響が強いと考えられる。それによると釈迦世尊には法身・受用身・化身の三身が認められ、その三身を供養することが涅槃の後の重要な身骨舎利の在り方だとする。これを「大師（空海）の身骨」と同一視する考え方は、鎌倉期―南北朝時代に描かれる『弘法大師行状絵詞』十二巻（東寺蔵）の空海幼年期と釈尊幼年期を重ね合わせる考え方(4)（空海の誕生から幼児期までが、釈尊のメタファーあるいはレトリックであること）と共通している。

　この考え方は、南都（奈良）で舎利信仰が西大寺を中心とする真言律宗宗団、すなわち叡尊の伊勢感得の影響によって大神宮御正体（金銅・三弁宝珠）の作例を生み出す本地垂迹信仰をも助長することになる。しかも中心となる法身偈が弘法大師請来であることは、『駄都秘決鈔』第五で我宝（『真言宗全書』第二十三巻、二五〇頁b）によって「塔中に縁起の偈を置く」と指摘され、三弁宝珠の中に梵字法身偈が組み込まれ安置されることを前提としている。我宝のいう「塔中」とは元来、四天王（持国・増長・広目・多聞天）が守護するモチーフを示す。したがって、このことから既述の『吉祥天曼荼羅』（東寺旧蔵・世界救世教蔵）に四天王が描かれているのは、中尊吉祥天像の守護というより持物の「三弁宝珠の守護」を目的としていることが判明する。

この意図を明確にとらえ、作図し図像化したものが醍醐寺に残されている。すなわち信海（十三世紀頃の画僧）の三尊形式の「毘舎門天像」（図7、白描、紙本、縦一三〇・一×横五七・三センチメートル）がそれである。この画面には岩座の上に立つ毘舎門天の左脇に吉祥天の立像が描かれ、明らかに左手は胸前で三弁宝珠を持している。右脇には善膩師《ぜんにし》童子が立っている。三尊形式の画像は彩色本が滋賀・実蔵坊（九二四・〇×五三・〇センチメートル）、ボストン美術館、高野山・光台院（一一〇・六×六〇・六センチメートル）などに残されているが、いずれも鎌倉時代中期から後期頃の作品である。信海筆の作例は、弘安五年（一二八二）に信海様「不動明王像」（白描、紙本）を描いた時期よりさかのぼる弘安元年（一二七八）十二月六日の作であることは明らかである。

信海は一般には似絵で知られる隆信の子、信実の子で藤末鎌初（平安末期・鎌倉時代）の古様の仏画をよくした絵仏師であるという。原本は「雑時所本尊」（現存しない）を模写したものである。とするならば、すでに信海が活躍した十三世紀後半には、吉祥天の単体宝珠は三弁宝珠にとってかわる常用の時期を迎えていたのではなかろうか。そしてこの弘安五年前後こそ、真言密教教団にとっても蒙古襲来という国難に対処する息災法の拡大解釈が図像構築に影響を与えていった時期に違いない。元寇の世相に合わせての異形像、すなわち肩に宝剣をかついで『走り不動像』（井上家蔵）が描かれたのも、ちょうどこの頃である。信海が「不動明王像」で宝剣を逆に杖とした独特の異形の不動を描いたのも、この作家の意楽として現世利益に応じた密教図像の新解釈を具現している（顔相は波切不動像にも近い再現か）。空海請来の法身偈を基調とした単体宝珠から切り換えられた三弁宝珠は、これ以降、福徳を求める吉祥天法の中心となり、それは奈良時代の吉祥悔過会《けかえ》をしのぐ勢いで庶民信仰と結びついてゆくことになる。もし、吉祥悔過会にて吉祥天像が持す単体宝珠から、吉祥天法にて吉祥天曼荼羅中尊が持す三弁宝珠の切り換えの時期を平安時代

図8　八大菩薩像のうち「虚空蔵菩薩」重文・十三世紀（左手、三弁宝珠）

図9　白描「善女龍王像」（左手、三弁宝珠）

末期から鎌倉時代とするならば、やはり醍醐寺を中心とする絵仏師の創案・伝承と考えられる。その例が二点（図8、図9）ある。

その頂点はおそらく勝賢（一一三八—一一九六）であるに相違ない。勝賢は宝珠を製造する方法を㈠「御遺告」に基づくもの、㈡範俊自ら造成したものを伝えている。この相承は醍醐寺伝では一顆は室生山に埋めたとし、これを証明する資料が金澤文庫に蔵し、「宀一山図《べんいっさんず》」一紙（鎌倉時代）という。室生山中ここに描かれた宝珠・仏舎利は空海—真雅—源仁—聖宝—観賢—一定—元杲—仁海—成尊—範俊と伝えられたが、この鳥羽僧正範俊（一〇三八—一一一二）は、その収納方法に工夫をこらしたという。すなわち銀瓶内に数粒の仏舎利を納め、五色糸線を用いてこれをしっかりと終結し、重ねて銀箱に納め、さらに五色糸線を以て終結するという。

また別の宝珠（仏舎利）を唐櫃に納むる記には、「銀箱一合、納物あり秘して之を書せず」という。この宝珠・仏舎利を納める箱が銀瓶ないし銀箱であるという点について、ふれておく必要があろう。それは建久九年（一一九八）正月四日に書かれた栄然の口伝の「私云」という記述であるが、それには「本尊宝珠ニハ法身偈ヲカキテ上ニ銀箔ヲシテミセス」と付記していることである。つまりこれによると、如法尊勝法の法性塔内に梵字法身偈を書き込み、三弁宝珠形を各々銀箔で封じ、その上からうすい彩色（白色系）をかけ、外から見えないように工夫したというのである。これは明らかに弘法大師空海請来の法身偈そのものの梵字の三十六（または三十七）字に法従縁生の意味を与えると同時に、大師（空海）身骨の力が外に流出しないよう封じ込めた一種の錬金術の具現とみなされる。このことは奈良・円成寺蔵「聖徳太子像」（延慶二年）納入品中に梵字法身偈を組み込んだ三昧耶形（三弁宝珠、縦三一・三×横一〇・〇センチメートル）があることと類似している。中世・鎌倉時代に南都を中心として「空海＝聖徳太子」という結びつきが封じ込められ、さらに法身偈を中心軸として位置づけている点は法頌舎利の特徴とみなされる。また三弁宝珠の三弁を各々銀箔で覆う処理方法は、「摩尼宝珠曼荼羅」（室生寺・三室戸寺蔵）にしばしば見られる例（春日厨子《ずし》に納められた「能満院三弁宝珠舎利塔」）である。このことは仏舎利・宝珠が立体的な空間において銀瓶や銀箔で何重にも覆うという工芸的な考え方に合致する。

このように平面的な絵画の中心部に三弁宝珠を安置することは、その後の南都に流布した舎利信仰に多大な影響を与えたといえる。しかもそれら三弁宝珠をになってきた像容が、吉祥天・弁才天という女神像であることも意味のあるところである。

註

（1）金澤文庫所蔵『秘鈔』弘安―文永・元徳写（六八、一二四―三二九函）記述の「三弁宝珠定印」。醍醐・報恩院流に多く認められる。

（2）金澤文庫所蔵『室生山図』（一一七函）（五〇・五×八一・四センチメートル）鎌倉時代。建治三年（一二七七）四月に室生山へ参詣した忍実が作図した絵図。これに宝珠埋納の図が描写されている。同所蔵、別図（一二二函）の右端裏に「醍醐流」と墨書が認められるから、その系統の作図と解釈される。

（3）拙稿「日本密教と女神」（『女神たちの日本』サントリー美術館、一九九四年、五―一〇頁）。

（4）拙稿「東寺蔵弘法大師行状絵詞の一考察」（『密教学研究』第二号、一九七〇年）において、空海と釈尊降誕の信仰史上の重層についてふれている。

初出一覧

I

密教の絵画・彫刻・図像　講座密教第四巻『密教の文化』、春秋社、一九七七年
「蘇悉地儀軌契印図」の考察——東寺観智院蔵本と石山寺蔵本——『密教文化』六二、高野山大学密教研究会（以下同）、一九六三年
蘇悉地儀軌の系統について——訳図における東寺本と供養法の図像学的比較研究——『仏教史学研究』一二—四、仏教史学会、一九六七年
石山寺蔵「蘇悉地手契図」——火焔の着想と背後にある問題——『大和文化研究』一〇—一二、大和文化研究会、一九六五年
虚空蔵求聞持法画像と儀軌の東国進出『金沢文庫研究』二九四・二九五、一九九五年

II

心覚と『別尊雑記』——伝記および図像「私加之」の諸問題——『仏教芸術』七〇、毎日新聞社（以下同）、一九六九年
『別尊雑記』の図像学的背景——両界と不動明王曼荼羅観の描写——『成田山仏教研究所紀要』三、成田山新勝寺（以下同）、一九七八年
心覚の『応保二年卯月記』と師説『金沢文庫研究』二七五、一九八五年

III

白描下絵伊勢物語梵字経の梵字——光明真言の分析とその解読——『大和文華』五三、大和文華館、一九七〇年
空海請来梵字法身偈と摩尼宝珠曼荼羅『仏教芸術』一二二、一九七九年
灌頂堂曼荼羅の史的考察——御室灌頂堂を中心として——『密教文化』八八、一九六八年

愛染明王曼荼羅図の立体化　――理趣会の発想――　『密教図像』四、密教図像学会（以下同）、一九八六年

瑜祇塔図の成立　『成田山仏教研究所紀要』一一、一九八八年

Ⅳ

貞応三年銘の鏡弥勒像と百光遍照観　『國華』一〇九五、國華社、一九八六年

入唐と船中湧現の図像　『印度学仏教学研究』二四―二、一九七六年

三部四処字輪観図像の成立　『印度学仏教学研究』二五―二、一九七七年

覚鑁と『五輪九字秘釈』の彩色図像　『密教学研究』一三、一九八一年

密教図像と十五尊図　『金沢文庫研究』二七二、一九八二年

紅頗梨色阿弥陀如来像の図像　『金沢文庫研究』二七九、一九八七年・『同』二八一、一九八八年

絵所澤間長祐と三千仏図　『密教図像』一一、一九九二年

女神像の図像展開と三弁宝珠　――吉祥天と弁才天――　『密教学研究』二八、一九九六年

写真図版一覧

『別尊雑記』の図像学的背景
——両界と不動明王曼荼羅観の描写——

白描下絵伊勢物語梵字経の梵字
——光明真言とその解読——

空海請来梵字法身偈と摩尼宝珠曼荼羅

灌頂堂曼荼羅の史的考察
――御室灌頂堂を中心として――

愛染明王曼荼羅の立体化
――理趣会の発想――

瑜祇塔図の成立

貞応三年銘の鏡弥勒像と百光遍照観

寺蔵〉

図3 吉祥天第三（白描『天部形像』）「中尊、左手三弁宝珠」

〈醍醐寺蔵〉

図4 宝珠羯磨文横被〈仁和寺蔵、写真提供＝奈良国立博物館〉

図6 右：『摩尼珠像』／左：同部分「三弁宝珠」〈仁和寺蔵〉

図7 信海筆「毘舎門天像」（左側、吉祥天、左手、三弁宝珠）

〈醍醐寺蔵〉

図8 八大菩薩像のうち「虚空蔵菩薩」重文・十三世紀（左手、

三弁宝珠）〈醍醐寺蔵〉

図9 白描「善女龍王像」（左手、三弁宝珠）〈醍醐寺蔵〉

あとがき

つたない本書をまとめるにあたり、はからずも、序文を恩師である宮坂宥勝先生から、いただく栄誉にめぐまれた。この紙面をかりて心から篤く御礼申し上げたい。同時に、初歩から密教美術の調査方法やインド美術史を、丁寧にご指導いただいた義父の故山本智教先生にも御礼を申し上げなければならない。ただ残念なことは、先生のご存命中に上梓できなかったことである。私は僧籍にある関係で、大学を卒業した後、四度加行と勧学会を修め、開教師としてアメリカ・ロサンゼルスにある真言宗高野山別院に赴任する予定であった。昭和三十七年当時、高野山の親王院徒弟として故中川善教前官に師事していたが、これは祖父戒善や父隆城の強い要望でもあった。しかし僧侶だけの生活を続けることに、納得がいかなかった。もう少し好きな勉強を続けたい、そんな気持ちが日増しに強くなり、結局、東北大学で研究を続けることになった。高野山をいざ離れる段になって、あの厳しい中川前官に話したら、二つ返事で承諾してくれたのが、今もって不思議でならない。

東北大学では、先輩の松長有慶先生（高野山大学名誉教授）や高木訷元先生（高野山大学教授）、北條賢三先生（大正大学名誉教授）がおられ、いろいろ親切にしていただいた。今日こうしてやってゆけるのも心温かな先生方のおかげである。インド学仏教史学研究室では、仏教美術史を専攻した。懇切丁寧にご指導いただいた故羽田野伯猷先生の学恩は、今もって忘れることができない。とくに助手時代に東洋日本美術史の故亀田孜先生にお引きあわせいただいたのも羽田野先生のお力添えによるものである。亀田先生には美術品調査で大変お世話になった。また同じ時期に美術史研究室助手であった有賀祥隆先生（東北大学教授）には、多くの御著作・論文から、限りないご示唆をいただいた。このことにも感謝申し上げたいと思う。

本書の企画は、数年前にさかのぼるが、論文をまとめるようになったきっかけは、自宅に近い東洋大学図書館で、大正新脩大蔵経図像部の資料を読む機会が出来たからである。また、インド哲学・美術の図像学、とくにラサ（Rasa）にかかわる研究で著名な清水乞先生（東洋大学教授）の影響も大きいと考えられる。とりわけ、ここにおさめた「貞応三年銘の鏡弥勒像と百光遍照観」という論考は、清水先生のインドの諸論文に啓発されて手がけたものである。

また図像と儀軌の研究を、公務の合間に続けるべく、ご指導いただいた故佐和隆研先生や高田修先生（元東北大学教授）、それに石田尚豊先生（聖徳大学教授）、川﨑信定先生（東洋大学東洋学研究所所長）にも再度、心から御礼を申し上げなければならない。

なお、論文作成にあたり、仁和寺、高野山、教王護国寺、醍醐寺、輪王寺、知恩院、石山寺、唐招提寺、西大寺、長谷寺、円成寺、當麻寺、慈眼寺、称名寺（金澤文庫）、神護寺、高山寺、大和文華館、京都大学附属図書館（順不同）から図版掲載許可をいただきましたが、このことにも心から御礼を申し上げたい。とくに、神奈川県立金澤文庫の職員の皆様や教育委員会の多くの先輩や後輩の方々には数限りないお世話をいただいた。また、調査を御許可いただいた高山寺住職・故小川義章僧正、そして助言をいただいた故守田公夫先生にも心から御礼を申し上げる次第である。最後に、このような煩雑な原稿を出版いただいた、法藏館の西村七兵衛社長、上別府茂編集長、そして、何よりも厄介な原稿の整理、校正、図版等で長期にわたり本当にご苦労をおかけした大山靖子さんには、心からお礼を申し上げ、筆を擱きたい。

平成十二年十月

真鍋俊照

真鍋俊照（まなべ　しゅんしょう）

1939年東京生まれ。1962年高野山大学文学部仏教学科卒業。1964年東北大学文学部研究生修了。1964年東北大学文学部助手。1965年奈良国立文化財研究所文部技官を経て、1970年神奈川県教育委員会・神奈川県立金澤文庫主任学芸員。1997年同文庫長。2000年3月停年退職。現在、宝仙学園短期大学学長（造形芸術学科教授）。

〔主要著書・論文〕

（訳書）J・オーボワイエ『東アジアの美術』〈クセジュ文庫388〉（白水社、1965年）。

（著書）『密教曼荼羅の研究』（美術出版社、1974年）、『タンカ・チベットネパールの仏画』（同朋舎、1979年）、『曼荼羅の美術』（小学館、1979年）、『曼荼羅美の世界』（人文書院、1980年）、『弘法大師行状絵詞　上・下』（中央公論社、1983年）、『マンダラは何を語っているか』〈講談社現代新書1066〉（講談社、1991年）、『邪教立川流』（筑摩書房、1999年）他多数。

（論文）「Meaning of Esoteric Maṇḍala in Japan」（カナダ・ブリティッシュ・コロンビア大学、1988年）。

密教図像と儀軌の研究　上巻

二〇〇〇年一一月三〇日　初版第一刷発行

著　者　真鍋俊照

発行者　西村七兵衛

発行所　株式会社法藏館

京都市下京区正面通烏丸東入

郵便番号　六〇〇-八一五三

電話　〇七五-三四三-〇〇三〇（編集）

〇七五-三四三-五六五六（営業）

印刷・製本　亜細亜印刷株式会社

ISBN 4-8318-7643-7 C3015